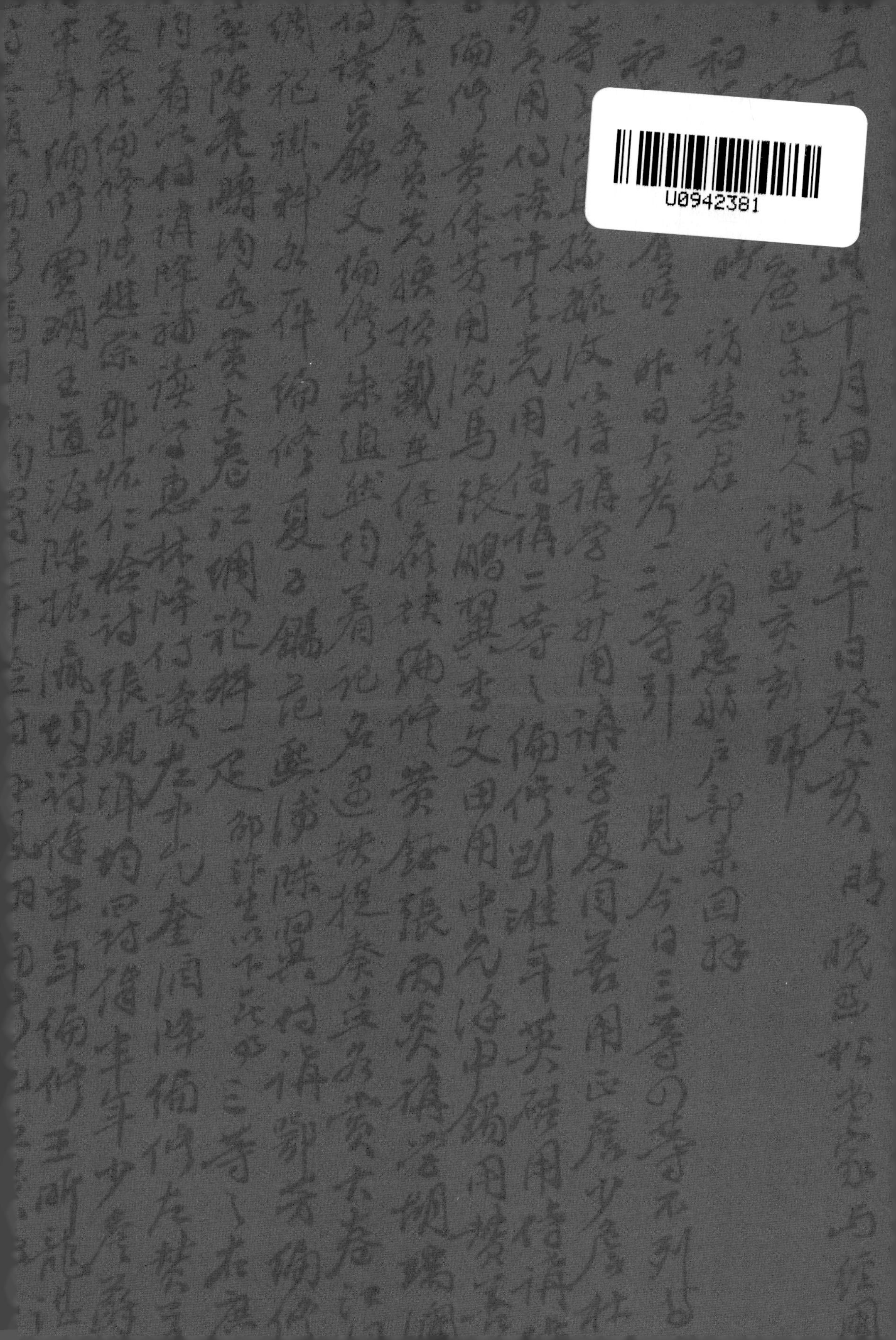
U0942381

晚清官場鏡像

杜鳳治日記研究

邱捷 著

中華書局

作者簡介

邱捷，1945 年出生於廣州，1981 年獲歷史學碩士。中山大學歷史系教授，曾任歷史系主任。著有《孫中山領導的革命運動與清末民初的廣東》《晚清民國初年廣東的士紳於商人》《近代中國民間武器》《孫中山與中國近代軍閥》（合著），點註《杜鳳治日記》，參與《孫中山年譜長編》《孫中山全集》的編纂。

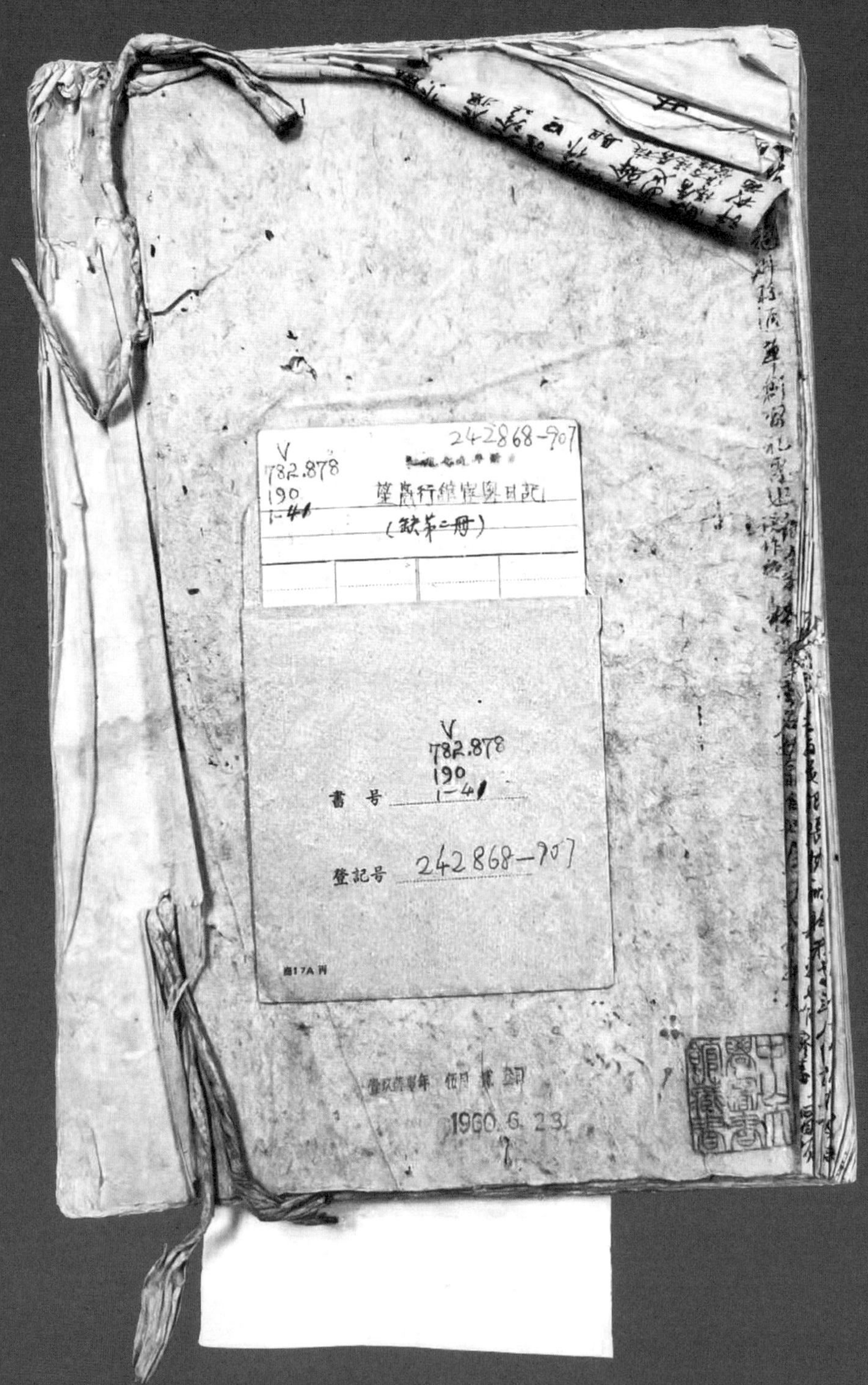
242868-907
V
782.878
190
1-41
書号
登記号 242868-907
1960. 6. 23

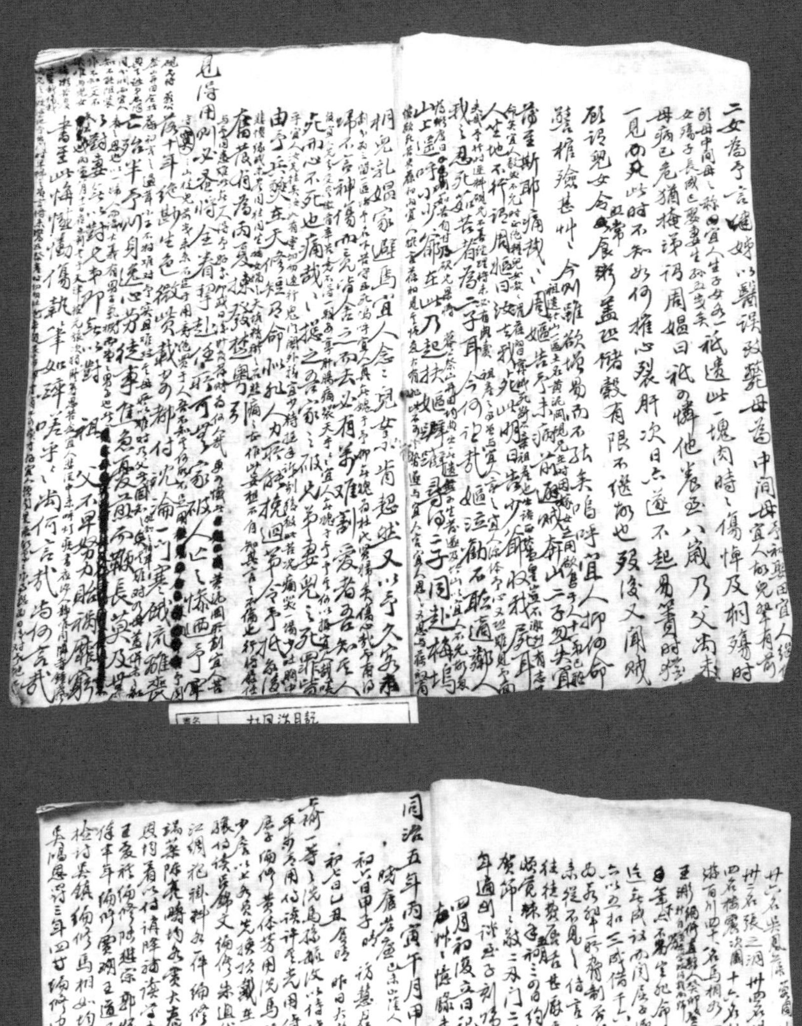

同治五年丙寅午月甲午午日癸亥 晴

宣廟御極之二十二年壬寅秋予始入都 時立日記 丁未春試报
罷南旋 季冬奉 先君諱 日記遂廢 鄉居埽墓
因循逢計偕北三 庚戌以禫服未闋不赴 壬子以改歸原籍
停科 癸丑正初戒塗行 抵王營 正值粵逆掠猖 金陵不守
東道阻梗 悵然返棹 自居憂以來 賦閒頹曠 虛擲光陰
蓋已八年 乙卯春王謁選北轅入京 後朋儕過從 遇事
瀨多遺忘 舉凡切要之語言 新知之名號 時過更難追
憶 爰復續訂日籍 以當記跡 命蹇才庸 所如不偶 佯狂
落魄 人或以怪物目我 往往挑燈獨嘆 愁苦煎瀞 焉命
筆滿懷憤懣鬱㳫 每于記中發之 迄至今

桐兒亂嘔 家避焉 宜人念之 兒女不肯起 然又以予久客未
歸 不言神傷 而竟諸人舍之而去 必有萬難割愛者 吾知宜人
死而心不死也 痛哉痛哉 提之吾家之破 兄弟妻兒之死 罪皆
由予 兵燹在天 修短乃命 似非人力所能挽回 第令予抵
省莅何為 兩夏涑發 楚粵引
見得用則必卷將全眷挈赴任所 可望家破人亡之慘 西遇予寧
處十年 絕斷生色 微貲載家 都付沉淪 一門寒餓 流離喪
亡殆半 予以身免 心勞徒事 徒急憂煎 而艱長莫及 世
之對妻 對兒 對 祖父 不早努力 貽禍靡窮
書至此 悔恨慟傷 執筆如 嗟乎嗟乎 尚何言哉 尚何言哉

目　錄

緒　言

中山大學收藏有一部現存 40 冊、共三四百萬字的晚清州縣官日記，作者為杜鳳治。2007 年廣東人民出版社出版了《清代稿鈔本》第 1 輯，杜鳳治日記以《望凫行館宦粵日記》為書名被全部影印收錄。不過，「望凫行館宦粵日記」其實只是第 1 本封面的題署，以後各本封面的題署不盡相同，而日記之第 37 本後半部分到第 41 本所記係作者告病回浙江山陰故里後鄉居的內容，已非「宦粵日記」。

日記的第 41 本封面有「張篁溪先生遺存」長方形印章，「張篁溪」即張伯楨（1877～1946 年），廣東東莞篁村人，近代著名學者、藏書家。1958 年 10 月，張伯楨子張次溪曾致函容庚提及想出售家藏的《杜鳳治日記》。經容庚、周連寬先生的努力，該日記被中山大學收購，入藏歷史系資料室，21 世紀後轉藏中山大學圖書館特藏部。這部日記入藏中山大學歷史系資料室幾十年間，知道的人不多，利用的人更少。20 世紀，周連寬先生撰文做過介紹，[1] 冼玉清先生在研究廣東戲曲時也引用過。[2] 在《清代稿鈔本》出版前，何文平的博士學位論文《盜匪問題與清末民初廣東社會（1875～1927）》[3] 亦引用過該日記。《清代稿鈔本》出版後，張研利用日記中杜鳳治任職廣寧知縣的部分，對清朝州縣對地方的控制、知縣衙門組織等問題做了研究。[4] 徐忠明利用日記的個別案例對清朝官員如何偵破、審理命案做了研究，論述非常精彩。[5] 陳志勇則在前人研究的基礎上，利用該日記研究了同治、光緒年間官府演戲的情況及對戲劇的一些政策。[6] 王一娜在自己的著作和論文中引用了日記的若干記載。[7] 筆者也利用這部日記先後撰寫了幾篇論文。[8]

這部日記份量很大，用較草的行書寫成，以蠅頭小字補寫、插寫之處甚多，有的地方簡直讓人眼花繚亂。杜鳳治又有自己的書寫習慣，不一定按照草書、行書的規範來寫，很不好辨認，他還喜歡用些冷僻的異體字。加之，杜鳳治是一名中下級官員，在史籍中相關記載極少，要重建他的歷史，難度相當大。日記涉及的人物數以千計，多數也是不見於史籍的小官、幕客、吏役、士紳、庶民等，又往往用字號、官職別稱、綽號、郡望等來稱呼，弄清日記中每位人物是誰已不容易，了解他們的事跡更難。日記中涉及徵收、緝捕、審判等事項，以及官場交往的禮儀等，往往與《會典》等官文書規定有出入，很多情況下必須結合其他文獻才讀得明白。鑒於以上種種，字面上讀懂這部日記已不容易。日記內容豐富，但又散亂，記載流於瑣碎，不少事情沒有下文，要在幾百萬字的日記中梳理出頭緒很費時間和心思。據筆者所知，《清代稿鈔本》影印出版後，不少學者知道這部日記的史料價值，但翻閱後就知難而退了，多數人也沒有足夠時間把這部幾百萬字的日記手稿仔細讀完，因此，日記中大量有價值的信息尚未得到充分利用。

筆者在近 20 年間一直閱讀這部日記，2011 年在廣東省社會科學規劃辦申請了一個「杜鳳治日記研究」的項目，2012 年又接受了廣東人民出版社點註這部日記的任務，因而得以反覆、認真地讀這部體量巨大、相當難讀的日記。在點註過程中，也隨手摘錄下一些自己覺得有趣的片段，這些摘錄就成為本書的基本史料。筆者對摘抄的日記做了認真的解讀，再參考其他文獻，結合鴉片戰爭以來廣東政治、社會、經濟的變化進行分析，旨在寫出一本介紹、研究杜鳳治日記的書。希望點註本出版後，杜鳳治日記會被更多研究者注意和利用。

本書主要探討以下問題：第一，杜鳳治的生平及日記的史料價值；第二，官員之間、官紳、官民的關係，並講述同治、光緒年間廣東各級官員的一些故事；第三，晚清州縣官的公務，包括主持考試、審理案件、地方教化、緝捕盜匪、管理省城、對外交涉等方面；第四，州縣錢糧催徵和州縣官的收支；第五，州縣官與士紳的合作與衝突。

對清代州縣制度、司法、賦稅、官員生活等問題，中外學者都做過深入研究，成果豐碩，但以往的論著對「細節」和「故事」注意不多，且基本沒有引用過杜鳳治日記，筆者寫這本書，很大程度上就是想提供一些以往或未被充分注意的「細節」或「故事」。

因此，筆者在選擇「細節」或「故事」寫作本書時注意詳人所略、略人所詳。對前人已經做過系統深入研究的問題、學者都熟知的事就儘量不重複或少重複。例如，研究清代州縣制度的著作很多，但對州縣官如何管治大城市則很少論及，杜鳳治兩任南海知縣時是廣東省城（廣州）的「市長」之一，筆者對南海知縣與一般州縣官不同的公務就多花了些筆墨。又如，關於清代佐雜，目前有不少新成果，提出很多有新意的論點，促進了清代制度史的研究，但這些成果引用的州縣官著述不多，杜鳳治的日記則有很多關於州縣官與佐雜關係的記錄，對討論是否存在縣以下行政區劃的「佐雜分防制」以及「佐雜聽訟」等問題，都提供了很有意思的一手資料，故也稍微多寫。再如，對州縣衙門的書吏，學界已有很多研究成果，故本書就沒有寫書吏的身份、選用、職責等問題，對書吏的舞弊也只順帶提及幾個比較有趣的事例，更多的篇幅寫了書吏役滿頂充時圍繞州縣官「公禮」的討價還價。杜鳳治作為知縣，所寫討價還價的細節真實可信，從中可反映州縣官如何分享書吏的非法收入，以往研究者不容易找到這樣的資料，所以本書就詳寫了。再如，前人有關清代州縣司法的論著對州縣官在羈押、死刑判決與執行等方面的權力論及不多，杜鳳治日記則有些前人或未注意的案例，所以，寫的時候也是以「前人或未注意」作為材料選取的原則。再如，學界對清代賦稅制度也有很多高水平研究成果，所以本書對賦稅制度就沒有多做討論（杜鳳治在日記中也沒從賦稅制度的角度多寫），而是側重寫了學界或未充分注意的州縣官率隊下鄉催徵、殷丁與士紳參與催徵、普遍以暴力手段催徵等事實與細節。再如，清朝的基層政權設立在州縣，州縣官被稱為「親民之官」，但手上資源、人手畢竟有限，不可能有效地直接管治數以十萬計的轄區人口，而士紳階層在本地自有其雖非法定而實際存在的權力網絡，州縣官必須通過這個網絡才可以把官府的權威延伸到基層社會。對此，前人研究成果也很多，但杜鳳治筆下的廣東官紳關係有其特點，尤其是官府鼓勵、諭令設立的公局，是廣東士紳掌控鄉村基層社會的權力機構，這樣的機構在其他省份似乎少見，因此，筆者選取日記中官紳關係的史料時就比較注意有關公局、局紳等反映「廣東特點」的記載。

杜鳳治日記有關聽訟的記載，完全可作為一部清朝司法制度研究專著的核心史料，特別值得研究清代州縣司法的學者注意。研究清代州縣司法需要利用各種檔案與州縣官自己編寫印行的公牘、官箴書，但上述經過加工整理的文本通常不易反映州縣官審案時的真實思考過程，杜鳳治日記可以補充這方面的不足。本書舉了杜鳳治辦案的若干案例，主要不是想反映州縣官「如何」審案，而是想反映州縣官「為何」如此審案。對杜鳳治某些不顧案情、不合王法的判決，也提出一些粗淺的看法。

筆者主觀上希望提供一些有價值的新史料，提出一些有啟發的新問題，但是否做到，也不敢太自信。此外，本書有些內容，筆者也知道學界同行並非沒有注意，但為論述方便，或者覺得頗有故事性，也寫了，只是寫的時候不展開，以免陳詞濫調太多。

杜鳳治大半生在官場浮沉，他對一切與做官有關的事都很感興趣，「宦海」「官場」兩詞在日記中反覆出現，常說宦海險惡、宦海飄零、宦海無定、宦海艱辛、宦海升沉、宦海風波、浮湛宦海，又常說官場險惡、官場鄙陋、官場如戲場、官場如搶如奪、官場可笑、官場惡薄。杜鳳治對官場知之甚多，感慨極深，日記所記最多的是官場之事，故其日記是研究晚清官場不可多得、極具特色的史料。本書主要寫的也是晚清官場，故以《晚清官場鏡像 —— 杜鳳治日記研究》為書名。「鏡像」是借用光學、幾何學的一個概念，書名的意思無非是說杜鳳治的日記像一面鏡子，照出了晚清官場的百態。不過，這面鏡子，有時是平面鏡，有時則是哈哈鏡，故成像效果各異。而且，「鏡子」只是比喻，「鏡子」中的「鏡像」不僅是散亂、扭曲的，而且是抽象的，因此，就需要分析和研究。

希望本書對於清代政治制度史、清代賦稅史、清代法制史、近代社會史、近代廣東地方史等領域的研究有些參考價值。

註釋

[1] 寬予：《望凫行館日記手稿跋》，《藝林叢錄》第 7 編，香港，商務印書館，1961。周連寬，筆名寬予，周先生的文章不長，但看得出他通讀過這部日記。

[2] 冼玉清：《清代六省戲班在廣東》，《中山大學學報》1963 年第 3 期。

[3] 中山大學中國近現代史專業 2002 年博士學位論文。根據學位論文修改的成果是《變亂中的地方權勢 —— 清末民初廣東的盜匪問題與社會秩序》，廣西師範大學出版社，2011。

[4] 張研：《清代縣級政權控制鄉村的具體考察 —— 以同治年間廣寧知縣杜鳳治日記為中心》，大象出版社，2011。張研還在多篇論文中引用過這部日記。

[5] 徐忠明、杜金：《誰是真兇 —— 清代命案的政治法律分析》，廣西師範大學出版社，2014。徐忠明還在若干篇論文引用過日記。

[6] 陳志勇：《晚清嶺南官場演劇及禁戲 —— 以〈杜鳳治日記〉為中心》，《中山大學學報》（社會科學版）2017 年第 1 期。

[7] 王一娜：《清代廣府鄉村基層建置與基層權力組織 —— 以方志的記述為中心》，南方日報出版社，2015；王一娜：《方志中的歷史記憶與官紳關係 —— 以晚清知縣邱才穎在方志中的不同記載為例》，《社會科學研究》2016 年第 6 期。

[8] 邱捷：《知縣與地方士紳的合作與衝突 —— 以同治年間的廣東廣寧縣為例》，《近代史研究》2006 年第 1 期；《同治、光緒年間廣東首縣的日常公務 —— 從南海知縣日記所見》，《近代史研究》2008 年第 4 期；《關於康有為祖輩的一些新史料 —— 從〈望凫行館宦粵日記〉所見》；《中山大學學報》（社會科學版）2009 年第 2 期；《同治、光緒年間廣州的官、紳、民 —— 從知縣杜鳳治的日記所見》，《學術研究》2010 年第 1 期；《潘仕成的身份及末路》，《近代史研究》2018 年第 6 期；《晚清廣東州縣催徵錢糧探微 —— 以〈望凫行館宦粵日記〉的記載為中心》，《安徽史學》2021 年第 1 期。

第一章
杜鳳治和他的日記

一、杜鳳治其人

（一）家族與家庭

中山大學收藏有一部晚清州縣官日記，作者杜鳳治，榜名人鳳，字平叔，號後山（有時寫作垕三，曾號五樓），浙江省紹興府山陰縣長塘人，生於嘉慶十九年四月二十三日（1814 年 6 月 11 日），卒於光緒九年二月二十七日（1883 年 4 月 4 日）。同治五年（1866）到廣東任廣寧縣知縣，以後繼續在廣東四會、南海、羅定等地任州縣官，光緒六年（1880）因老病辭官回鄉。[1] 他辭官回鄉後預先為子孫擬定的自己訃聞的功名、官銜是：「皇清郡庠生、道光癸卯科副榜、甲辰恩科舉人、誥授奉政大夫、晉授中憲大夫、欽加四品銜、賞戴花翎、廣東南海縣知縣，歷任羅定直隸知州，佛岡直隸同知，廣寧、四會知縣。」[2] 可見，杜鳳治終其一生是清朝的一個中下級文官。

杜鳳治的高祖杜文光，廩生，康熙丁酉（1717）科舉人，曾任四川南部縣知縣；曾祖杜章傳，文林郎；祖父杜若蘭，原名華封，號榮三（一作蓉山），廩生，朝議大夫、通奉大夫；父杜清鑒，號種墨，太學生，朝議大夫、通奉大夫。[3] 日記遇到「清」字往往寫作「青」，顯然是為避父諱。杜鳳治的祖母陳氏出自大族，其族先輩陳大文（簡亭），在乾隆、嘉慶朝仕至兩江總督、兵部尚書。杜鳳治第二位妻子何氏是乾隆年間河南巡撫何煟（加總督、尚書銜）的姪孫女，第三位妻子婁氏的父親當過河南滑縣知縣。祖孫的婚姻都可反映山陰杜氏是簪纓世族。杜鳳治的伯父杜金鑒曾任湖南瀏陽知縣。[4] 曾祖杜章傳的文林郎散階當係因杜金鑒官職所得的貤贈。杜氏家族、宗族中有功名而又任官者不少，如日記中多次出現的杜聯（蓮衢）是杜鳳治的遠房族姪，翰林出身，官至內閣學士加禮部侍郎銜，曾任廣東學政。堂兄杜鳳梧（尺巢）曾任安徽涇縣知縣。日記中又提到一位族親杜藻，其時在山西任知府。杜鳳治兩個成年的兒子都捐有職銜，他的幾個姪兒，或有科舉功名，或捐納了官職。

但杜鳳治的祖父、父親都沒有做官，其祖是生員，其父是「太學生」，當係捐納的監生。日記中先稱其父為「先朝議公」（朝議大夫，從四品官的散階），後來稱祖、父為「兩代通奉公」（通奉大夫，從二品官的散階）。朝議大夫虛銜，係杜鳳治得選廣寧知縣後由同知銜加一級，為父母請得的從四品封典；通奉大夫虛銜，係光緒帝登極時有恩詔，杜鳳治就由四品銜加三級獲得誥贈祖父母、父母從二品封典。[5]

到杜清鑒這一代，杜家家境已不富有。杜鳳治說其父某次因祭祀祖先費用無着，「漸以廢讀」，自己幼年跟隨父親在湖南，其時父親「公務旁午」，大概杜清鑒曾以官親身份幫助其兄杜金鑒處理公務。杜清鑒對孩子的教育甚嚴，要求他們勤習書法。杜鳳治謙稱自己「筆致不佳，又心野而懶，且憚勞，以故無成」，但實際上他的字還是不錯的。他赴京後父親還寫信予以教誨，杜一直珍藏父親的信函和書法，並要求子孫「奉為世寶」。[6]

杜鳳治在家鄉先娶田氏，生子女各一，田氏早死；續娶之何氏，生一女後亦死；道光二十七年（1847）續娶婁氏，生子女各二。咸豐五年（1855），杜鳳治赴京候選時婁氏已懷孕，留在家撫養未成年的幾個子女（田氏所生者已成年），生活極其艱難。咸豐六年，婁氏致函杜鳳治，備述困苦之狀，其中說道：「欲死則難捨兒女，不死則支持實難。」但杜鳳治只能覆信說幾句安慰的空話。何氏所生之女，得病後無錢醫治夭折。

同治元年（1862），太平天國忠王李秀成佔據蘇、浙，太平軍攻入杜鳳治家鄉紹興，杜鳳治的長兄在戰亂中病死，弟弟被太平軍擄去下落不明，妻婁氏帶着幾個小孩逃難。稍為安頓後，婁氏與幼子桐兒都得了病。不久，杜鳳治赴京期間出生、從未見過父親的桐兒病死。次日，婁氏也病死，死前還擔心糧食不夠，囑咐兒女要照常食粥。杜鳳治記錄了家庭變故後悲歎：「乃予落寞十年，絕少生色，微資載寄，都付沉淪，一門寒餓流離，喪亡殆半；予則身逸心勞，徒事焦急憂煎而鞭長莫及；無以對妻，無以對兄弟，即無以對祖、父，不早努力，貽禍靡窮，書至此，悔憾慟傷，執筆如醉。」[7] 他對三位亡妻都頗有感情，尤其是婁氏。杜鳳治後來雖又續弦，但一想起婁氏就悲痛不已。同治九年他在潮陽催徵，七月初一日半夜睡不着，就起來寫了悼亡妻詩十首。[8] 光緒八年八月十一日是婁氏忌日，其時杜鳳治已 68 歲，在日記中再寫婁氏去世時的苦況，「回想及此，肝腸寸斷」。[9]

有十多年杜鳳治在外都是孤身一人，開始時無力續弦，後來境遇改善，也沒有納妾，因為選擇合適者不易，「倘因不佳而令去，亦不好看，且此等人賢德者必少，恐兒女輩不服，則不如娶正之為得也」。[10]

同治五年杜鳳治到廣東後，同鄉陶澄（安軒）向他介紹了一位同族的女子，該女子在廣東出生長大，當時 28 歲。日記以調侃的語氣記載了這場婚事的由來：

> 予初意要求一三十八九、四十一二之老女，庶可壓服兒女。乃家中說媒年餘仍無就緒，一到廣省，安軒即說此家，予以為太年輕，安軒以為太老亦不成樣，予意未定。無如此外並無來說者，亦是因緣，看光景似乎要成。外間說現年三十四歲（八折），已與蓉生信：予既如老童應試倒填年貫，新人亦應如老生望邀欽賜，不得不偽增其年矣。[11]

新妻子陶氏應在同治六年與杜鳳治成親，但日記第二本已佚，所以具體情況不詳。

杜鳳治對這位續弦妻子很尊重，兩人相處得不錯。陶氏為杜鳳治生了五個兒子，其中一個夭殤。他先前的三位妻子也生了多個兒女，但其中四個在他赴粵前已殤，仍存活的有田氏生的杜子榕（桂兒、念田）、婁氏生的杜子杕（楨兒），還有兩個女兒杜紋和杜線。[12]。

杜鳳治來粵後，兒子作為官親也跟來，杜子榕、杜子杕在粵也都生了子女，衙署裏陸續就有六子、五孫、一女、二孫女等未成年子孫輩。紋女與女婿生了一男一女，也與杜鳳治同住。杜鳳治的四哥、八哥以及姪兒杜子楢

（師姪），還有外甥、內姪等都作為官親住在衙署，並都參與公務。

除這部日記外，未見杜鳳治有其他著述。他來粵後公務繁忙，還幾乎每天寫詳細的日記，估計也沒有多餘的時間和精力從事其他著述。然而，他留下的這部日記，其史料價值要超過很多著述。

（二）赴粵前的經歷

杜鳳治是道光癸卯（1843）科順天鄉試副貢，道光甲辰（1844）恩科鄉試舉人，道光二十七年（1847）會試報罷回鄉，當年冬父死，此後幾科會試都沒有參加。咸豐三年（1853）初，杜鳳治赴京會試，但是年春太平軍進抵江蘇，杜鳳治無法繼續北行，不得不半途折返浙江。

按清朝選官制度，舉人還可以通過揀選、大挑、截取三個途徑獲取官職。嘉慶年間後規定，三科會試未中之舉人，可參加大挑。大挑每六年舉行一次，候挑舉人取得同鄉京官印結後，由禮部查造清冊，諮送吏部，吏部對申請者過堂驗看，然後請旨派王公、大臣會同挑選，挑選標準重在形貌與應對，參與大挑之舉人大約有六成可入選。咸豐五年，杜鳳治入京，以舉人大挑二等獲得「揀選知縣」資格。此後幾年，遇到各省有知縣揀發的機會，杜鳳治都到吏部參與候揀，前後共 30 多次，但由於種種原因，每次都落空。在這幾年，杜鳳治到過一些官員家中當教書先生或書啟幕客。他晚年回憶當年在京教館時「每月僅得脩金京錢十六千，合銀一兩三四錢之則」。[13] 東家提供的飯食很差，不食無法養命，食又難以下嚥，有時只好買臭腐乳兩塊才吃得下。[14] 即使後來境遇稍微改善，但因戰亂，北京同家鄉聯繫不便，他對家人「分文未能將寄」。在赴粵任官前一兩年他才得以把兒子、兒媳接到北京，但因收入無多，捐官又花費了大部分積蓄，以至於連蚊帳、席子都買不起，子、媳要用一個被囊帶着孫子阿來睡覺。[15]

杜鳳治以舉人大挑獲取任官資格，也屬於正途出身，但如果按照正常的順序揀發，他基本上沒有機會補缺。清中葉後，除了翰林院庶常散館以知縣用者可以迅速得缺之外，一般進士也有可能等候多年，而舉人之知縣銓補，有遲至 30 餘年者。[16] 道光、咸豐以後捐納大開，再加上有大量軍功人員，舉班候缺更難。咸豐十一年（1861）後，杜鳳治在京先後為顧姓、韓姓官員司筆札，收入稍豐，想到「捒發難憑，馬齒日長」，決心另闢蹊徑以求出任官職。同治二年（1863），他註銷了舉人大挑二等的資格，改「由捒選舉人加捐不論雙單月知縣，兼不積班選用」。

有清一代都實行捐納制度，晚清內憂外患頻仍，捐納的花樣更多，除俊秀（平民）捐監生後可捐官銜外，正途出身者也可「捐加」官銜以及捐某種加快選缺任職的程序，杜鳳治加捐「不論雙單月知縣，兼不積班選用」，就是如此。此後，他又「捐加」了一個同知銜。知縣的品級是正七品，同知一般為知府的副手，正五品。在多數情況下同知的實際職權未必比得上知縣，但品級較高，且加同知銜不妨礙知縣委缺。官員還可以在本身加銜的基礎上再往上為先輩加捐封典，杜鳳治祖、父的朝議大夫（從四品）、通奉大夫（從二品）封典也是加捐而來的。

同治三年春，杜鳳治這批候選官員被吏部歸入「三十七卯」，七月底，杜鳳治抽籤在「不積班」四人中名列第三。按以往慣例，單月選一人，雙月選一人，杜鳳治在本卯排第三名，必須重輪，等到所有卯次輪完後，再由第一卯輪起，大約要七八年。杜鳳治正自歎命運不好時，排第二名的孫潤祥丁憂，杜鳳治排名升為第二，得缺機會增加。但他仍沒有很快就得到官職，同治四年初，第三十六卯最後一名被選，六月，三十七卯的第一名選去。當年五月，翰林院庶常散館考試名次較後的庶吉士改為知縣任用，庶吉士改知縣者俗稱為「老虎班」，其他候選者全得讓路。按清朝制度，本來州縣官任缺之權在吏部，但太平天國戰爭後督撫基本掌握了州縣官的委任權，由吏部選缺的知縣每月只有一兩名或三四名。所以，杜鳳治等到同治四年底還未輪上。幸而這年是大計之年，不少知縣被彈劾，空出一批知縣官缺，於是，杜鳳治到次年（同治五年）有了機會，三月到吏部抽籤，抽得廣東省廣寧縣知縣缺，四月二十七日，到吏部領到赴任的憑，於是成為清朝的實缺官員。

在清朝，對中下級地方官，吏部發給赴任的憑（有關官員任命的諭旨、文書會先通過驛站寄給督撫），杜鳳治的憑上面寫明限本年八月初七日到任，但這只是官樣文章，超過一點時間不會受到處罰。對官員赴任，朝廷既不安排交通工具，也不發給、借支路費，一切由官員自行解決。因此，杜鳳治領憑後就必須設法籌措赴廣東的旅費和其他費用。杜鳳治的族親兼摯友、內閣學士杜聯其時被任命為廣東學政，杜聯是從二品高官，學政是欽差，可以通過驛道赴粵，沿途官府提供食宿。但杜聯以驛道難行，決定自費取道山東至清江，再由長江到江西入粵。

州縣官從北京到廣東赴任，本人加隨行者的旅費，還有各種打點、餽贈費用，共需幾千兩銀。一般人借貸甚難，但赴任官員總能借到，因為官員沒有這宗銀兩就無法赴任，官就當不上，所以，利息再高也得借。北京的票號以及某些有錢人看準了這一點，也知道多數官員赴任後有能力償還，於是就把「官債」做成了一項對象固定、高回報的生意。杜鳳治中簽後一個來月，就有四五十人上門向他介紹債主。有一個裁縫名王春山，有數千兩銀，都是從放官債積蓄而來，但杜鳳治覺得此人「驟富而驕」，而且王裁縫還要求杜鳳治介紹他與杜之族親、摯友、新任廣東學政杜聯相見，有所請託，結果雙方未談攏。與杜鳳治同時得廣東缺的海豐知縣屈鳴珍和永安（現紫金）知縣陽景霽，因怕借不到錢，都以「對扣」（借款的一半扣為利息）借得官債，這就使同為赴粵官員的杜鳳治難以同金主討價還價，最終他也不得不以「對扣」向票號借銀 4000 兩，實際只到手 2000 兩，而且銀子成色不足，還要給介紹者中人費。[17] 不久，杜鳳治又以「對扣」借了 680 兩，實際到手 340 兩。這些銀兩，說定到任後迅速歸還，通常債主會親自或派出夥計跟隨赴任官員，取得債銀後回京，往返旅費也由借債者承擔。

杜鳳治想到到任之初手頭會很緊，為節省旅費，就讓跟隨自己在京居住的大兒子、兒媳、孫兒與兩個女兒乘內河船先回浙江家鄉，因為乘坐內河船較乘輪船便宜。杜鳳治說，為籌備赴任，自己「身勞心灼，魂夢不安，兩目日覺昏暗」，白髮白鬚都多了，不禁感歎「一官甫得，老境已來」。[18]

由於籌措路費和辦理其他事項，杜鳳治拖到八月初三日才離京赴粵。當日早上，杜鳳治同 14 歲的兒子杜子杕、外甥莫雨香等人和四個「家人」（僕役）僱了 5 輛馬車出發，路上歇宿兩晚，在八月初五下午到達天津。八月十四日從天津登上輪船，十八日到上海，因辦事和等船期，杜鳳治到九月初五才登上赴香港的輪船，九月初八抵達香港，第二天即乘坐輪船赴廣州，當天到達。

杜鳳治同治五年八月初三（1866 年 9 月 11 日）離開北京，九月初九（10 月 17 日）抵達廣東省城，共用了 37 天。

（三）宦粵經歷

到達省城廣州，稍安頓好以後，杜鳳治就派「家人」持手本到總督、巡撫、布政使、按察使、糧道、知府等各級上司衙門「稟到」「稟安」；此後連日到各上司衙門謁見，其間又分別拜會、會見各上司衙門的幕友和在省城的其他官員，並隨時打聽上司之間的關係等官場信息。他每次到上司衙門都要給「門包」，還有其他數不清的用費，因為帶來的銀兩不夠開支，杜鳳治先後向廣州的銀號和私人借了 3500 多兩，多數要支付一分半到二分的月息。協成乾銀號掌櫃孟裕堂很看好杜鳳治，認為杜相貌堂堂，做官一定春風得意，而且廣寧縣是優缺，「可做至開方」（年入過萬兩），所以借出 650 兩短期債務不講利息，並表示如杜有需要還可以幫忙。[19] 用今天的話來說，孟裕堂是做「長線投資」和「感情投資」。

按清朝制度，州縣官分發到各省後，由布政使掛牌宣佈赴任的命令和頒發赴任的公文，才算走完任職程序，當然，布政使要秉承總督、巡撫的意旨去做。杜鳳治是持吏部憑正常分發的知縣，總督、巡撫、布政使知道新任學政杜聯同杜鳳治的關係，且沒有特別理由不讓他赴任，於是，杜鳳治在九月廿九日接到布政使衙門送來飭赴任的劄。杜鳳治給送札的來人「規費」10 元，但來人嫌少不肯收，最後給了 24 元才打發走。[20]

杜鳳治赴廣寧就任前按官場慣例應到各上司衙門辭行聽訓。杜鳳治到總督衙門辭行時因為沒有帶門包和各種小費，督署門上（門政「家人」）不肯代遞稟辭手本，杜鳳治派「坐省家人」（州縣官派駐省城辦理事務的「家人」）來談妥門包數額並過付後，門上才肯通報。杜鳳治動身赴任前，這類費用花了 200 多兩。

十月十五日，杜鳳治帶着幕客以及十餘個「家人」乘坐兩艘船赴廣寧，十月廿四日到達廣寧，同前任張希京（柳橋）舉行交接儀式，正式接任廣寧知縣。

杜雖然精明強幹，但畢竟第一次出任地方官，經驗不足，因徵糧問題與廣寧士紳產生尖銳的矛盾，引發上控和「鬧考」事件。經幾個月的博弈，事件得以化解，在學政杜聯以及巡撫蔣益澧、署理布政使郭祥瑞、肇羅道員王澍的幫助下，杜鳳治沒有受到處分，調署四會繼續當知縣。他於同治七年正月廿六日（1868 年 2 月 19 日）交卸離開廣寧，同年二月初一（2 月 23 日）到四會接任。

不久，杜聯離開廣東，蔣益澧、郭祥瑞均被罷職，杜鳳治一度被視為「蔣、郭之黨」，總督瑞麟對其冷落，署理按察使蔣超伯挑他毛病，這兩年是杜鳳治宦粵十餘年最「黑」的時期。他一度哀歎：「何苦如此？所為何來？若回頭有路，三百水田，決不幹這九幽十八地獄營生也！」[21] 他赴任時的債務未清，初任廣寧又有虧累，還要養家和賙濟親屬，除了硬着頭皮把官當下去別無選擇，於是千方百計走門路，終於保住了官職。

四會比廣寧收入少，但事務較簡，杜鳳治又有足夠的才具，四會任上做得相當順利，在上司和地方紳士當中都獲得了好名聲。到同治八年七月十八日（1869 年 8 月 25 日）卸四會任，回到省城等候新的委任。

同治八年十一月，杜鳳治被上司委派到潮陽縣催徵，十一月廿四日（12 月 26 日）到達潮陽，下鄉催徵七八個月，得到督辦潮州催徵的道員沈映鈐的賞識。同治九年（1870）夏，杜鳳治接到藩臺調其任簾差的劄文，於七月十五日（8 月 11 日）回到省城。當年廣東鄉試，杜鳳治被派為外簾官。

本次鄉試，肇羅道方濬師為鄉試提調，與同為外簾官的杜鳳治在闈差期間建立了良好關係。出闈後，方濬師在布政使王凱泰面前為杜鳳治說話，杜雖沒有得到新的「優缺」，但不久就接到回任廣寧的劄文，同治九年十月廿七日（11 月 19 日）再任廣寧。再任廣寧後，杜鳳治注意處理好同地方紳士及各級上司的關係，也逐漸引起總督瑞麟的注意，終於迎來了仕途的輝煌時期。因方濬師推薦，瑞麟把杜鳳治列入署理南海知縣的人選，同治十年二月廿五日（1871 年 4 月 14 日），杜離開廣寧，調署南海縣。

杜鳳治於同治十年三月初六日（4 月 25 日）接署南海知縣，六月正式補授。南海是廣東首府廣州府的首縣，一般也稱為廣東省的首縣。杜鳳治在第一次南海知縣任期內以其才能得到總督瑞麟等省級高官的器重，當然，饋送、賄賂也起了重要作用，因此還算順利，以至於很多同鄉說，在廣東的浙江人中杜鳳治官運第一。[22] 當了兩年多南海知縣後，杜鳳治因擔心虧累以及按察使張瀛在緝捕問題上找他麻煩，主動要求卸任。瑞麟等高官曾挽留，但杜鳳治去意堅決，得到上司的同意，並讓他升任知州，署理羅定直隸州。杜鳳治於同治十三年三月廿五日（1874 年 5 月 10 日）交卸，因為南海是首縣，交代事務繁雜，杜鳳治在省城逗留了近兩個月，到五月廿六日（7 月 9 日）才到羅定州接印，一年九個多月後，於光緒二年三月十七日（1876 年 4 月 11 日）交卸，回任南海。

光緒二年春杜鳳治回任南海知縣，三月廿五日（4 月 19 日）接印，到光緒四年三月二十日（1878 年 4 月 22 日）交卸。他兩次任南海知縣共五年多。第二次任南海知縣的前期，由於同巡撫張兆棟、布政使楊慶麟是同年，與楊的關係又較好，開頭也算順利。但總督劉坤一逐漸對杜鳳治有看法，曾對人說杜「兩次南海亦不見佳，署羅定時亦不過爾爾」。[23] 加上此時南海縣盜案三參四參期限將到，於是杜鳳治又一次主動請求卸任。

光緒三年十一月，羅定知州黃光周休致，杜鳳治希望卸去南海知縣後正式升補此職，巡撫張兆棟、布政使楊慶麟都表同意。但次年二月佛岡發生土匪搶劫事件，總督劉坤一奏報佛城失守，佛岡同知朱兆槐被參劾，總督、巡撫、布政使都要杜鳳治署理佛岡廳同知辦理善後。佛岡是苦缺，辦理所謂亂事善後更要賠墊，杜鳳治不願意去，本來想立即告病，但其妻陶氏提醒說，「兒子均幼小，不能不忍氣，過幾年再說」，杜只好勉強赴任。其實佛岡亂事不大，沒有多少事務需要善後，杜鳳治很快就處理完畢。五月，杜鳳治染上瘧疾，六月回省城就醫，上司委派別人調署佛岡廳同知。十月初三日（10 月 28 日）杜鳳治再次署理羅定州知州，十一月初十日（12 月 3 日）接印。但他再任羅定後一切不順。光緒五年四月，他上年七月所生的幼子病殤，接着他本人又被劉坤一撤任，四月二十七日（6 月 16 日）新羅定知州范子昂來接印，八月，其子杜子榕（桂兒）病死。杜鳳治想到自己來粵，一直仕途順暢、家口平安，「順風走了十五年，可云久矣，日不常午，月不常圓」，自己年已望七，身體日漸多病衰弱；其時張兆棟、楊慶麟先後丁憂去職（楊丁憂後不久去世），上司均已換人，不可再戀棧，產生了辭官歸里的念頭，但又未下最後的決心。在省城十個月，前思後想，終於在光緒六年三月上稟求退。在此後幾個月內，杜鳳治處理了南海任上部款 7600 餘兩等交代未清的事項，在九月初一日（10 月 4 日）離開廣州踏上回鄉之途。

杜鳳治在日記裏一再稱在廣東官不好當。杜聯有一次同杜鳳治說：「天下宦途險惡未有如廣省者，念及此實為寒心。既入網羅，何日得擺脫離此苦海也！」[24] 杜鳳治深有同感。在第二次南海知縣任上，有一次杜鳳治同布政使楊慶麟談及各省官員任免，也說「天下官之難作、吏治之難未有如廣東者也」。[25] 廣東民情強悍，人心浮動，盜匪多，錢糧難收，涉外事件多，清朝各種則例已遠遠不適合廣東實際，且廣東經濟發達，物價高昂，官員必須比其他省份的官撈取更多銀錢才可以維持，故各種貪污受賄案件層出不窮。在這種大背景下，廣東官場勾心鬥角格外嚴重。各級官員都說廣東的官難當，而且普遍認為州縣官甚至比佐雜還難當。當州縣官除了辛苦以外還相當受氣。同治十年八月，因為辦案受了鹽運使鍾謙鈞的氣，杜鳳治在日記中寫了州縣官們調侃的一段順口溜：「前生不善，今生州縣；前生作惡，知縣附郭；惡貫滿盈，附郭省城。」幾年後，按察使周恆祺升任外省布政使，不滿杜鳳治不送程儀，在總督劉坤一面前對杜「大有微辭」，杜再次引用這 24 字「口號」。[26]

古今中外經常會有人說官不好當，清朝州縣官也確實不容易當。然而，官員們儘管調侃、抱怨，但都願意到富庶的廣東當官，尤其是願意補上南海知縣這種要缺、優缺，杜鳳治也是如此。為什麼杜鳳治當知縣當得那麼賣力？因為在清朝，當官是讀書人最能實現自己理想、最有社會地位、最能光宗耀祖，也最容易謀取經濟利益的職業。他做官的收入是家庭生活的主要來源（後來雖參股錢莊，但收益不是很多），宗族、親戚還要他接濟，僅僅為了自己、家庭、宗族和親戚，他就必須當官。通過十幾年的宦粵經歷，杜鳳治大抵實現了這個人生目標。

（四）為人處世

杜鳳治53歲開始任官，當時這個年歲已算暮年，但他身體強壯，很少生病，腿腳靈便，眼不花，耳不聾，到六十三四歲時仍為自己「無甚疾痛，腿腳穩健，耳目尚無翳障」感到欣幸。他說「予向無肝胃氣血內傷之疾，即寒熱外感亦偶然，以是首劇五年，年逾六旬，鮮請病假」，只是偶有腸胃不適，到了光緒戊寅年（1878）後身體才變差，一年半以後就辭官歸里了。[27]強健的體魄和充沛的精力使他能應付繁劇的公務，而且還有餘力寫下詳盡的日記。

杜鳳治是一個對自身要求比較嚴格的士大夫，在日記中反覆提醒自己要講究三綱五常、孝悌忠信，以「格物、致知、誠意、正心」和「修身、齊家、治國、平天下」的原則要求自己、評論人和事。每逢父母生辰、忌日，日記都會記載祭祀的情況。對家鄉的宗祠、祖祠、祖墓的維修祭祀他都非常重視，為此從宦囊付出不少。有一次父親忌日因公務不能祭祀，他感到非常內疚，在日記中感歎：「一官忙促，遂致以先人諱忌，不克親身一拜。」[28]他對兄弟、妻子很尊重，不納妾，對子女、孫輩、媳婿、姪甥等關照有加，又嚴格管教。在日記中他提到，族內「諸房皆不能振起，待臣舉火者實不乏人」，除自己家庭、杜氏家族外，他對舅族以及前妻、妻子家族亦經常予以接濟。[29]他還花費巨資為子姪捐官。[30]他的兒子杜子榕回鄉後來信流露不願意花錢賙恤族人的意思，杜鳳治認為兒子「眼光如豆，視骨肉如陌路」，「與予另一肺腸」，還去信教訓他。[31]杜鳳治告病回鄉後，對於早年借款，不管債主是否健在，不管是否有借據，只要對方提出而自己又有印象，就都一一清還。[32]總的來看，他屬於士大夫當中修身謹嚴的那一類。

儒家提倡「仁者愛人」，杜鳳治對朋友、同僚、下屬、下人甚至一般人，都會表現出富有人情味的一面。杜家老僕樊茂發、張三、蔣升，已殤亡子女的乳媼，生活都很困苦，這些人早與杜家沒有關係，但杜鳳治仍予以一些資助。[33]州學增生張琦父為佃農，兩兄在武營當兵，自己教館，願拜為門生，杜鳳治知其家貧，囑咐來見時不必用贄儀，但張琦來見時仍送贄敬 10 元及水禮八色，杜不收贄敬，只收取部分禮物，還對張琦勉勵有加。[34]

然而，作為官員，杜鳳治有時也官威大發，表現得蠻橫兇狠、決絕任性。他在審訊命盜等案疑犯時經常用酷刑，致受審者重傷；在催徵錢糧過程中也毫不憐憫地採用拘押、燒屋等強制手段。有時明知是無辜者也因對方頂撞或看不順眼而扣押、責打。同治九年春，他在潮陽催徵期間，有一次外出因轎伕失足致其跌倒受傷，他正對上司不給他委缺卻派他幹這份苦差惱火，於是遷怒轎伕，恨不得一頓板子將其打死。但闖禍的後肩轎伕逃走，於是就鞭責沒有過錯的另一個後肩轎伕出氣。第二天，杜鳳治氣消，命令不要再追究逃走者，只是將逃走者的轎錢給冤枉被鞭打者作為補償。[35] 類似的事日記記下不少。

杜鳳治雖然只是乙榜出身，但很好學，從其日記的文筆、所寫的幾首詩看，他學問功底還可以，且對自己的學問很自信。他辭官歸里路過江西南昌滕王閣，看到當日江西巡撫劉坤一和時任學政李文田寫的兩副對聯。他所抄下劉坤一的對聯是：「興廢總關情，看落霞孤鶩、秋水長天，幸此地湖山無恙；古今才一瞬，問江上才人、閣中帝子，比當年風景如何。」杜鳳治評論：「亦是摭拾而成，取其筆意尚倜儻耳，必有捉刀者，峴莊（按：劉坤一字）安能為此？出聯頗有思議，對語欲問當年風景於帝子、才人，竟如夢囈，大不成話。」所抄李文田聯是：「峰碣已千金，事往人來，有低回樓觀古今山川開闔；闌干仍百尺，隔鄰呼酒，且領略帆檣星斗車蓋風雲。」杜評：「聯語故為怪僻，多不可解，非得蘇、虞二先生詩證之，不能豁然也。賣才弄怪，一見可知；字亦學板橋，取法即未見高卓。」[36] 劉坤一曾任兩廣總督，是杜鳳治的上司，李文田是探花，但杜鳳治並不把他們兩人的學問放在眼裏。

日記記載了很多買書的事，有時花費一二百兩銀子。在公務繁忙的情況下杜鳳治一直保持讀書的習慣，也注意結合實際讀書，到任所前後都認真閱讀該地地方志，到潮陽催徵時又認真閱讀藍鼎元的《鹿州公案》。有一次，他在致周星譽的信中一口氣寫了 18 頁紙討論《明史》的史事。[37] 其議論雖迂腐，但從中可見他對明代史事相當熟悉。同治六年十一月，他在廣寧知縣任上，其時催徵錢糧辛苦且艱難，廣寧士紳又認為他「催徵太嚴」，於是發起抵制縣考。他找不到解決的辦法，心煩意亂，於是索性忙裏偷閒，有一天完全不理公事不見人，在縣衙閉門不出，拿出一部《北史》閱讀，讀到「琅琊王儼被害於和、穆、令萱」一段，在日記裏大發了一番議論。[38]《北史》這一段與他當時的境遇毫無聯繫，他的心得、議論也無甚高見，但在這個時候能把無關緊要的書讀進去、讀出心得，用以減輕壓力，足以反映其讀書人本色。他還讀了不少雜書，例如，在日記裏就幾次很恰當妥帖地運用了《聊齋志異》的典故。[39] 在四會任上還曾向學官黃聖之（紀石）借閱以男同性戀為主題的「禁書」《品花寶鑒》。[40]

特別值得一提的是，杜鳳治對外國新事物表現出了解、學習的興趣。來粵後他買的第一批書中就有徐繼畬的《瀛寰志略》，他的新知識很多來自這部書。他曾在賞月時想到：「泰西人謂大地如一球，金木諸星亦一地球，在我地球中以為地，而在金木星中者，視之則亦一星耳。日居中不動，其動者地球運行耳。諸星環日運行，地球亦如一星，星多如許，可知天日之中，如地球者當不知凡幾也。」[41] 同治九年七月，他在汕頭與德國魯麟洋行的買辦郭紫垣談話。郭對他談及普法戰爭，他在日記中用了六七百字記錄郭紫垣所說的內容。[42] 杜鳳治所記普法戰爭的來龍去脈大致靠譜，說明他對世界大勢的變化有一定理解能力。在南海知縣任上時，英國駐粵外交官員閒談中通過翻譯告訴他有關蘇伊士運河的事。[43] 儘管他聽得不是很明白，沒有記下這條運河的名字，但仍把這件新鮮事寫入日記。他辭官歸里後在報紙上讀到俄國沙皇「被人用開花炮轟斃」的消息時，在日記中寫下：「叛黨謀弒俄皇業已五次，至第五次竟被轟斃。叛黨何人，該國君臣久已深知，乃竟不克剷除，至五次而終死其手。何叛黨之悖逆強橫、該國君臣之泄沓至於斯極也，怪哉！」[44] 可見杜鳳治雖然關注世界大事和西方新事物，但他始終是從一個中國士大夫、清朝官員的角度去觀察和思考的。

在日記中隨處都可以反映出杜鳳治沉着冷靜、精明務實、觀察入微的性格。這裏舉一個小例子，如他在日記中記下對英德知縣朱雲亭的觀感：「在（藩署）官廳遇英德朱君名雲亭號惺園，年約三十餘，其神氣恐非正路，亦似有才，口不擇言，其行走時兩手如兜，較張石鄰（按：南海知縣張琮，杜鳳治的後任）兩手如縮更覺難看，不知是何路數也。」[45] 寥寥幾筆就把朱雲亭的儀表、性格特點寫出，眼光和語言都很刻毒。在晚年，杜鳳治見其次孫（炯孫）讀書不成，要他學習錢舖生意，教訓他「留心時務學經紀」：

> 經紀謂何？如買米柴磚木一切家用物，於平日留意，與人閒話亦可留心，何處好何處歹，何處貴何處賤，熟悉於心，一到買用之時，胸中早有成算，自然不致受虧。百作工匠入門，一經開手，即無了期，亦當早定算計，如竹木油漆，每項工程幾何，幾日可畢，用竹木油漆若干，亦有數目，自不能偷挪遊衍。最難防者裁縫一項，必要徹底算計，現綢幾丈幾尺作衣一件，尺寸分明，親看督工，與彼閒話，在彼不防而一切弊病盡入我目。諸如此類，楮墨難罄，全在凡事留心，觀此知彼，一隅三反，日久經紀自能精通。[46]

杜鳳治對孫子的教導無疑來自他自己的人生經驗。事事留心、勤於觀察、謹慎細密、精明警覺，這種能力對他在官場趨吉避凶，以及處理公務，尤其是聽訟、理財，是很有用的。

（五）為官之道

杜鳳治出身於仕宦家族，曾跟隨父親在伯父杜金鑒的湖南瀏陽縣衙度過一段童年生活，壯年後在京城歷練，結交不少翰林、進士出身的官員，又在官員家當過教書先生和筆札師爺，早就熟諳官場規矩和運作，無須像草根階層出身者那樣，考中科舉、得選後才學習各種官場禮儀。他進入仕途時已是人生成熟期。家庭出身、幾十年的經歷加上自己的稟賦和努力，他很快就適應了州縣官的角色。

在任官兩年後，他在日記中寫道：「予奉檄來此，自誓要作好官，不敢望作名臣，冀幸作一循吏，自問自心不敢刻不敢貪，可對天地、祖宗、神明。」[47] 他的日記並不準備給別人看，這些話不能視作虛言假語。稍後，他在四會縣衙自撰了兩副對聯。一副是：「屋如傳舍，我亦傳舍中一人，明昧貪廉自存公論；堂對綏江，彼皆綏江上百姓，是非曲直何用私心。」另一副是：「上不負朝廷，下不虐百姓；前不玷祖父，後不累兒孫。」[48] 公開掛出來的對聯自然有官樣文章的意味，但也是他自勵的目標。他對清廷忠心耿耿，對教化、考試、徵輸、緝捕、聽訟等州縣官例行公務努力完成，作為「父母官」，對治下的庶民百姓不至於做得太過分。他後來雖然沒有飛黃騰達當上高官，辭職歸里時只是正五品的直隸州知州（捐加四品銜），但仕途順利，如果按晚清官場的一般標準，杜鳳治不失為一個好州縣官。

州縣官公務繁忙，而且要處理好同上司、同僚、下屬、地方士紳的關係，恩威並濟地統率管理書吏、衙役、「家人」。杜鳳治對自己勇於任事、任勞任怨的性格頗為自豪，他教訓兒子杜子杕說：

> 生怕任勞任怨，可躲則躲，可推則推，非丈夫所為。目前蔭下優遊固無不可，倘要單槍匹馬卓立人叢中作一番事業，不任勞怨能出人頭地乎？只須看我為官十餘年，首劇五年，承上啟下，大紳大富，旗務洋務，何處不要精神去對付？何事不任勞怨？即欲畏首畏尾且躲且推萬不能也。且予生性能作事，肯任勞怨，汝輩自病自知，不必他求，效法於予斯可矣。[49]

杜鳳治十幾年間都很勤奮。在日記中說自己到任廣寧知縣後「從無一月在署安居」，「偶見貓犬安臥，心實羡之歎吾不如」；[50] 南海知縣公務更繁忙，「日日奔走，公事山積，日事酬應，夜間每閱至三四更，往往五更，黎明即出署有事，亦未嘗一言告勞」。[51] 他經常一天之內處理多件公務。例如，在廣寧任上，同治六年十二月二十一日（1868 年 1 月 15 日），他清晨起牀立即出發到幾十里外的鄉間勘驗一宗搶劫案的現場，再到另一處為一宗人命案驗屍，其間還召見當地紳耆催徵錢糧。[52] 下鄉催徵錢糧時，經常是白天召見紳耆催徵，晚上要督促、責比糧差、殷丁，每晚還得處理衙署專人送來的公文。他即使生病也不敢多休息，稍有起色即起來處理公事。他審案也很認真，說自己：「堂判至少亦數百字，否則千餘言數千言不定，均附卷可查，亦一片心血也。公平持論，毫無私曲，據理直斷，天人鑒之。」[53] 日記中有他審訊多件案件的詳細記錄，說「公平持論，毫無私曲，據理直斷」當為自誇，但在大多數情況下，杜鳳治是以「青天大老爺」自居並為此努力的，確實比多數州縣官勤於和善於審案。對未能勤政的官員，杜鳳治頗有批評、譏諷。杜鳳治的摯友周星譽（叔芸、叔云）以翰林科道外放廣西道員，一度被撤，杜在日記中議論周「性懶而又暗，一經得位，授柄家人，己則高臥」，這樣當官一定當不好。[54]

杜鳳治常說自己不愛財，以不苟取自詡，在日記中也極少記錄「額外」的收入。他當然也收受銀錢，但比較審慎。日記常記拒絕、璧還別人饋送的銀兩。但他精於計算，當州縣官十幾年還是積累了一筆可觀的財產。

杜鳳治非常注意編織官場關係網。他在京候選多年，結交了各種於官場進退有用的朋友。潘祖蔭（侍郎、尚書、京筵講官，潘任軍機大臣時杜鳳治已辭官歸里）是其「薦卷」師，[55] 李鴻藻（後任尚書、軍機大臣）是其同年，還有幾位翰林如周星譽、楊慶麟等同他是至交好友，日記中常有致送潘、李、周、楊等京官炭敬、冰敬的記載。潘祖蔭對其補缺、調署等事相當關注，並施加了影響。楊慶麟後來任廣東布政使，對杜就頗為關照。杜鳳治在北京時同吏部、刑部、兵部的辦事官員和書吏建立了交情，來粵後這種關係就成為他重要的人脈資源，上司也要託他打通北京的關節。肇慶府知府蔣立昂（雲樵）之子軍功保舉並加捐同知，但名字被搞錯，又想加知府銜，乃託杜鳳治致函「京友」設法辦妥。肇羅道道員王澍與杜鳳治同鄉且有戚誼，杜鳳治曾拜王為師。王澍調任後大計得「卓異」，按定例須引見，吏部應調取。上京引見要花費很多銀兩，又未必能升官，王澍想不去。吏部考功清吏司書吏致信王澍：如欲免調取，每年需銀 200 兩。王澍接信後向杜詢問來信者底細，並託杜與「京友」講價減為 100 兩。[56] 同治十年初，杜鳳治得知督撫把自己列為調補廣東首縣南海知縣的候選人，立即疏通活動，後順利得到吏部的同意。[57]

杜鳳治初到廣東時有一個很硬的後臺 —— 廣東學政杜聯，杜聯是他的同宗、同年。在日記中，杜聯被稱為「蓮翁」（杜聯號蓮衢）。杜聯的籍貫是浙江會稽，杜鳳治的籍貫是浙江山陰，[58] 兩人是同宗族較疏遠的親戚。杜鳳治早年在杜聯門下讀書，在京候補時，與杜聯結下極深的情誼。此前廣東學政多數放翰林院編修、檢討之類的中下級京官，最高為侍講學士、侍讀學士（四品），杜聯卻以內閣學士兼禮部侍郎銜出任。學政本是欽差，在省里地位僅在將軍、督撫之下，在藩、臬兩司之上，杜聯是從二品大員，可說與督撫相當，且任滿回京後還有可能被重用。杜聯多次直接過問有關杜鳳治的事，督、撫、藩、臬都不能不給面子。後來的巡撫張兆棟與布政使鄧廷枏、楊慶麟等高官是他同年，在晚清注重同年的官場倫理氛圍下，杜鳳治得到一些照應。

在北京的朋友不斷向杜鳳治提供各種官場信息和建議。如翰林周星譽是杜鳳治摯友，杜不斷慷慨地對周予以「資助」。據日記所記，周為人自負貪財，不甚愛惜羽毛，但有才氣且交遊廣泛，作為京官有一定政治能量，經常向杜鳳治提供各種政壇、人脈信息和建議，並為杜疏通各種關係。廣糧通判方功惠（柳橋）是瑞麟的親信，杜鳳治同他建立了交情，兩人互相欣賞，方功惠也向杜鳳治提供了大量廣東官場高層的信息，兩人還經常毫無顧忌地議論各級上司。杜鳳治在幾年間得到瑞麟的信任，方功惠起了一定作用。

為編織、維護官場關係網，杜鳳治在省城一有時間就去拜客；平日送禮饋贈、問候應酬、書信往還，他都不會疏忽。儘管心裏對上司經常不滿甚至暗地裏咬牙切齒，但巴結逢迎的功夫卻做得很足，該送的銀兩只多不少。對同寅、下屬，在涉及銀錢的事情上做得也比較漂亮。例如，同治七年春，杜鳳治調署四會，按「規矩」給道、府兩位頂頭上司各送 100 元「到任禮」，其時正是舊肇慶知府郭式昌和新知府五福交接之時，在這種情況下很多官員只送給後任，但杜鳳治「新府一份，舊太尊一份」，「一切門包小費均照例」。[59] 兩廣總督瑞麟病故後，官員所送奠儀，都是按缺份「肥瘦」定所送多寡。杜鳳治其時署理羅定州知州，收入一般，但想到送奠儀「是舉雖為死者，乃作與生者看」，因瑞麟賞識自己，讓自己當上南海知縣，少送會有「物議」；本來已打算按較高標準送 600 元（「佳缺」連州知州才送 200 元），但後來決定再加到 500 兩，以表示自己不是「忘恩負義者」。[60]

杜鳳治能巧妙地周旋於省級上司之間。他初任廣寧時，兩廣總督瑞麟與廣東巡撫蔣益澧、署理布政使郭祥瑞與署理按察使蔣超伯水火不相容，藩、臬矛盾還直接與處置廣寧士紳控案有關。蔣益澧、郭祥瑞被視為杜鳳治的袒護者，但杜鳳治沒有使瑞麟把自己列入蔣、郭一派予以打壓，後來還逐漸得到賞識。蔣超伯雖視杜鳳治為對方的人，但杜通過多方努力設法減少蔣的敵意，保住了官位。他在官場的進退頗有分寸，總結出「欲不大黑，切不可大紅，最為作官要訣」。[61] 十多年間，杜鳳治避免捲入高官的鬥爭當中，使對立的雙方都接受、重視他。他很自豪地認為自己全靠本事，與總督瑞麟素無淵源卻當上了首縣南海知縣。瑞麟特別信任武將鄭紹忠，杜鳳治心裏對鄭不大看得起，但處處恭敬迎合，加以籠絡，所以贏得鄭紹忠的尊敬和好感，在廣寧、四會任上，杜都得到鄭紹忠的幫助和支持。

杜鳳治頗有心計和手腕，這在處理官場關係、解決棘手問題、審理複雜案件中都有體現。例如，同治六年十月鄭紹忠招撫盜匪黃亞水二之後，打算把他斬首，找杜鳳治商量。杜認為這樣做違背了原先免死的承諾，還會嚇跑其他有投誠意願的盜匪；建議殺掉黃亞水二的一些羽翼，把黃帶回營中「管束防逸」，「伊已如釜中之魚，砧上之肉，一二月後，欲加之罪，何患無詞？尋一事作為違令斬之，更兩面俱圓」。鄭紹忠「大為歎服」，後來就完全按杜鳳治所說的辦，一年以後才殺掉黃亞水二。[62]

有時，杜鳳治也會抓住一些機會在官場中表現自己不畏權貴的風骨。如在南海知縣任上，翰林潘衍桐兄弟與某戶蛋民因爭奪沙坦涉訟，杜鳳治實地勘查後沒有按照潘氏的要求做出判決。儘管潘衍桐有信來，但杜鳳治「當堂申斥，並於堂判中批明，責其以編修之清高而不知自愛」。[63] 杜鳳治知道潘衍桐未必能直接為難自己，偶爾不給翰林面子，以體恤小民的面目出現，反而有利於在官場和民間提高自己的聲望。

初任南海以後，杜鳳治也逐漸成為「老州縣」，在官場建立了自己的名聲、地位和人脈關係，他不必像在廣寧、四會任上那樣處處小心翼翼。在後期的日記中，他對上司的議論越來越大膽，後來對一些上司也敢冷落、頂撞了。按察使張瀛幾次批駁了杜鳳治對案件的處置並派委員來調查，但杜不怎麼害怕，反而同上司、同僚譏笑、指斥張瀛。光緒二年，杜鳳治在羅定州任上，署理肇羅道齊世熙派一名巡檢為委員來催各房承充典吏。杜覺得此舉無謂，且要自己花費，在日記中寫道：

> 予蒞此已將二年，方道臺從未委過委員來州，即有委，亦係照例差使，本人從不到者。茲齊世熙以一餓不死之候補道，到任無幾即委委員，名為公事，實調劑佐雜耳。該巡檢以為絕好美差，各房典吏必有賂遺，豈知本州十房罔不清苦，食用為難，安有閒錢飽委員之餓壑？該委員初到稟見，予辭以冗，嗣見各房（十三日事）不肯饋貽，又再三求見。予不能為彼勒各房書供欲壑也，仍不見。蔑視委員即蔑視委之者也，不識好歹輕重之人只可如此待之。[64]

杜鳳治以蔑視委員來表示對委派者署理肇羅道齊世熙的蔑視，齊後來也沒有對杜鳳治怎樣。

在任官初期，杜鳳治兢兢業業，不敢有嗜好、嬉遊，但後來他吸上了鴉片，煙癮還頗大。任南海以後日記中又經常有與其他人「手談」的記錄，從日記看不出杜鳳治玩的是何種賭博遊戲，但看得出其興趣頗濃。下面是光緒元年他在署理羅定知州任上給學正黃怡（榮伯）的一封短簡：

> 大禮已畢，積雨未晴，衙齋閒曠，不但先生官獨冷也。遺哀破睡，盡可仍續舊譚，唯敝處不便遍邀。敢浼飛符，都為知會，弟則若為不速之客來者，煮茗以俟，勿哂荒嬉。想元規興復不淺，定有同心，如個中有一人不願，幸勿強之，囑之。興發偶然，狂汹數字，藉頌榮伯學博吟佳，閱訖付之祖龍。[65]

其時正值同治皇帝大喪期間，杜鳳治連日率領羅定州的文武官員在城隍廟舉行哭臨典禮。典禮結束的當日晚上，杜鳳治就請黃怡出面約幾個人來州署「手談」（杜作為知州不好親自出面）。杜鳳治知道在國喪期間嬉戲賭博有違官箴，所以囑咐黃怡閱信後燒掉。這種事如果在清朝前中期是不可思議的，從這件小事也可窺見晚清官場觀念和規則的微妙變化。

二、日記介紹

（一）日記各本的主要內容

2007 年，廣東人民出版社出版了《清代稿鈔本》第 1 輯，杜鳳治日記以《望凫行館宦粵日記》為書名被全部影印收錄。「望凫行館宦粵日記」是第一本封面的題署，可能作者本想以此作為日記的總名，但以後各本封面實際上的題署各不相同。

杜鳳治在日記第一本的開頭說，在道光二十二年（1842）至二十七年（1847）寫過日記，後停寫幾年，咸豐五年（1855）至同治元年（1862）又記了幾年，輯為五本，但同治元年秋得知家庭成員多人在太平軍進攻浙江時遇難，萬念俱灰，日記再停記，直至同治五年選官後才重新寫日記。前兩次的日記已佚失不存。

同治五年五月初五日，杜鳳治再次開寫日記，此後十幾年基本沒有中斷過，即使在審訊案件、下鄉催糧、緝捕盜匪，以及到省城謁見上司、辦事，甚至在遇到麻煩、仕途出現危機時（如廣寧紳士上控、鬧考那段時間），也都堅持記日記，往往連續幾天都寫兩三千字。同治六年十二月初二日（1867 年 12 月 27 日），他同道臺王澍等在傍晚接見廣寧廩生岑鵬飛等人、處置鬧考事件後已近午夜，但這天仍記了 3600 餘字。同治八年六月初四日（1869 年 7 月 12 日），他到肇慶府府城辦事後，在歸途的船上足足寫了 6000 多字。

現存日記共 40 本，都用宣紙寫成，開本大小不一，各本封面題署與該本內容不盡一致。絕大部分日記是當天所記，但也有過一兩天補記的，少數是若干日後一起補記，甚至有幾年後一總補記的。有時杜鳳治會對日記稍作修改補充。

多數日記雖寫於繁忙的公私事務之餘，但往往幾千字一氣呵成，筆誤不算多，且思路清晰，記錄詳細而有條理；舉凡與上司、同僚、士紳的對話，處理公務、案件的過程，祭祀祠廟，科舉題目，典禮儀式，與他人的爭論、矛盾，多有詳細記述，對公文、信函往往也摘要抄錄，日後如發現誤記則在兩行之間或頁面天頭以小字更正、補充。從日記補寫的情況，以及從杜鳳治公務的繁忙程度，可以斷定，他不可能先寫草稿、修改後再抄正，多數日記保留了記錄時的「原始狀態」。

當日紙張價格不便宜，杜鳳治任官之初，仍保留寒士的習慣，節約用紙，每頁日記都寫得很密，而且字寫得很小，補寫的字更小，這使今人閱讀時很困難。後來杜鳳治境遇改善，他無須再如此撙節，所以，後面的日記就字體寫得較大，行距也較寬，閱讀起來比前面幾本容易些。

日記第一本封面署「望凫行館宦粵日記」，杜鳳治父母墳墓所在地土名「棲凫」，「望凫行館」之名應從此而來。第一本開頭寫重立日記的緣起，其中有不少篇幅追述了家庭在太平天國戰爭期間的苦難，以及自己參加科舉考試、舉人大挑、候選補缺、得官等事的概略。日記正文從同治五年五月初五（1866 年 6 月 17 日）開始，記籌款赴任、離京赴粵及到廣寧赴任等經過。其中有不少有關北京官員生活以及杜鳳治對天津、上海、香港、廣州的觀察印象，還寫及到粵後續弦事。

第二本已缺失。第 40 本封面用小字寫了丟失第 2 本的經過：「失去任廣寧之第二本，真堪悵。着跟班吳進由佛岡運書箱晉省，一箱登岸失手落水，失去第二本，究不知落於何處，無從查考。」

第三本到第六本前面部分，均為首任廣寧知縣時之事，其中寫了清剿廣寧土匪黃亞水二與謝單支手、廣寧紳士控告「浮收」、應對士紳鬧考等事。這幾本頗為詳細地記載了徵糧時官吏的各種手段，以及官、紳、民之間圍繞徵糧的種種紛爭。

第六本後面部分到第十一本前面部分，記署理四會知縣的經歷，有較多聽訟辦案之記載。第十一本後面部分與第十二本前面部分寫卸任四會回省城候缺的經歷。第十二本後面部分寫接到赴潮陽催糧差委、動身赴潮陽的經過。

第十三本與第十四本前面部分寫在潮陽催徵新舊糧事，對潮汕地區強悍民風、長期欠糧抗糧以及官、紳、民複雜的關係有頗為生動的記載。第十四本後半部分寫奉調回省城參加簾差考試、準備入闈等事。第十五本大部分寫自己在同治九年庚午科廣東鄉試時作為外簾官的經歷。

第十六本到第十八本前面部分，記再任廣寧知縣時之事。

第十八本後面部分到第二十八本前面部分，為首任南海知縣時之事。

第二十八本後面部分到第三十四本，為首任羅定州知州時之事。這幾本有關催徵、聽訟的記載較多且較詳細。

第三十五本到三十七本，為回任南海知縣時之事。第三十七本在光緒三年十一月廿七日（1877 年 12 月 31 日）後停寫近三年。至光緒六年九月初一日（1880 年 10 月 4 日）才重寫。辭官回鄉路過三水蘆苞，補記光緒三年十一月廿七日至光緒六年九月的「前事大略」，這 37 頁總記三年前卸任南海、短暫任佛岡直隸廳同知，以及再任羅定知州，到辭職歸里等事的概況。第三十七本後面還有 43 頁係回鄉後所寫，其中 26 頁記述告病回鄉經過，處分財產的「分房另爨條款」，最後 17 頁的「補記」是有關家族祭祀安排和自己身後安葬等事項，及對「分房另爨條款」的一些修改。

第三十八本前面部分寫回鄉旅途，後面部分到第四十一本都寫回鄉後的生活，其中有不少追憶早年生活的文字。後面的日記多數比較簡略，大約是因為無大事可記，且杜鳳治日漸老病，難有精力多寫。日記記到光緒八年十月初十（1882 年 11 月 20 日）為止，當日日記最後一句還沒有寫完，很可能是寫日記時突然發病。

杜鳳治兩次廣寧任上以及四會、首次羅定任上的日記都很詳盡，基本無漏記、缺記。任南海知縣時的日記有時相對簡略，因為南海知縣的公務繁忙得多。他兩任南海前後任交接期間本來會有很多令我們感興趣的重要事實，但遺憾的是，交接期間多日缺記，補記的一些內容也較凌亂。

（二）日記特點

杜鳳治精力充沛，思路清晰，下筆很快，十幾年間大部分時間天天寫日記，特別是對公務記錄得很詳細。他把自己看到的、聽到的、想到的以及親身經歷的平實記下，很多時候似乎是想以此宣泄情緒。在當時，幾百萬字的日記絕無刻印出版的可能。日記中有大量對上司、同僚、下屬甚至至親好友刻薄的評論及若干個人隱私，[66] 也說明杜鳳治寫日記時並不打算把日記示人。日記所記應該是杜鳳治經歷、觀察、思考、判斷的真實記錄。作為史料，這樣的日記更為可信。日記多數是當天記下，記憶失誤也會少一些。

體量巨大、記錄連貫、記載詳細都是杜鳳治日記的主要特點。日記記錄了杜鳳治考試、催徵、緝捕、聽訟等公務的詳情，還有大量官員任免、官場內幕、中外交涉、風土人情、物產物價、奇聞逸事等內容，如此詳細的日記很少見。因為公務忙閒不同，杜鳳治各本日記的重點也不一樣。在廣寧任上，較多記述催徵以及與士紳的矛盾、衝突。在南海任上的日記雖也算詳細，但偏重於記督、撫、藩、臬交辦的事項與官場內幕，對催徵、審案的記述則相對簡略。在四會、羅定任上，因為其他公務較少，所以記述下鄉催徵和審案就特別詳細。很多案件逐日記述，涉案者、勘查現場、驗屍、案件來龍去脈以及自己思考、判斷的經過都寫得頗為詳盡清晰。如同治七年九月在四會處置江昆漢被殺案，十幾天內日記就此案記述了一萬多字。

有聞必錄、毫不隱諱也是杜鳳治日記的重要特點。如署理布政使郭祥瑞和巡撫蔣益澧同杜鳳治關係很好，還支持他渡過與廣寧士紳衝突的難關。但日記仍記下郭祥瑞、蔣益澧濫支公帑以及蔣益澧被罷免離任時以「賞銀」的辦法讓紳民多送萬民傘、高腳牌等事。[67] 總督瑞麟對杜鳳治有知遇之恩，杜鳳治對瑞麟亦頗有佳評，但日記多處記載瑞麟納賄的事實及他人對瑞麟貪財的議論。不過，日記極少議論太后、皇帝、朝廷；[68] 對自己的支出記錄詳細，對收入則記錄不多，於此等地方也可見他精明謹慎之處。

日記的文筆頗為生動，下面抄錄一段。

同治五年十一月，他在廣寧任上下鄉催糧，記錄下自己的觀感：

一路山連水繞，彌望皆竹，始沿河行，兩岸因山鑿路，僅如線然，窄處唯容一人，而又竹枝橫出，甚礙行路。繼入山坳，中間溪水縈細，其清可鑒。民居錯落，有六七處水碓，頗饒山居之勝，令人大動歸隱之思。使我有家可歸，此身無累，吾鄉風景有過之無不及，胡為昕夕焦勞、棲棲僕僕？為官乎？為私乎？行年五十有三，何日得身心寧靜也！追溯一生心傷往事：父母固不可留，而妻至再繼，猶不克偕老白頭，屈指死已五年，我則塊然老鰥，絕無生趣，殤二愛女一幼子，想起亦甚可憐。又兼兄弟無存，迄今內署誰能助我？真是一個獨生！前後左右寥寥無幾，術家謂我命凶強，信然！

出山入竹林，蓊翳天日，中通一線，無論輿馬，即單身獨行，亦須低首側身而過，右數尺許仍為河道，左則一望叢綠無際矣，渭川千畝不足數也。惜生筍苦而不可食，大殺風景，羨煞「清貧饞太守」，且將奈何？（蘇詩有「料得清貧饞太守，渭濱千畝在胸中」）[69]

上述文字一氣寫成，既寫景又結合自己的境遇抒情，還引用典故，沒有一個字塗改，只是後來把詩句出處補寫在日記天頭空白處。

如前所述，杜鳳治寫日記多是當時記下，「為寫而寫」，他肯定沒有考慮過後人是否容易讀懂。讀這部日記，尤其是前面幾年以較草行書寫成、寫得密密麻麻那幾本，僅辨認字跡就需要花費不少力氣。此外，日記提及的人物通常使用字號（且當時字號往往可用同音、近音字書寫）、小名、綽號、簡稱、代稱、官名、官名別稱、姓氏郡望，而多數人是名不見經傳的小官吏、幕客、地方紳士等，為各種史籍及《古今人物別名索引》等工具書所不錄。有時，同一個人在日記不同地方稱謂往往不同，如日記寫及潘祖蔭就有「伯師」「潘伯師」「伯寅師」「河陽師」「河陽」等稱謂；不同的人稱謂相同的也有，如廣寧前任知縣張希京與廣糧通判方功惠在日記中都以號相稱，稱作「柳橋」，蔣益澧和蔣超伯在不同地方都曾用隱語稱為「三徑」。同一官名所指往往是不同的人，如日記多稱布政使為「方伯」，但十幾年間本任、署理的布政使有七八人，不清楚交接時間，就很難判斷日記某處所寫的「方伯」指誰。有時寫到官場人物、事件，還使用隱語。有一次，他抄錄其幕客顧學傳（小樵）來函談廣東官場事的大略：

小樵信中謂回件專遞福地，因月中匠頭銜在前，故須月中公開，折履、長納公為此甚生氣。內事有知者，西狩公察議，三徑、七里均嚴議，落落大議處。詩婢主人撤銷，惠已另簡，本守及載戢干俱回原省，我姑大約非休文先生（韶）即舊主彭城郡也。督幕事無確據完結，有杖之聞，有暫信，卯金有一枝之想矣。牧有來東之說，琅邪則無升信也。[70]

根據相關典故、姓氏郡望以及當時廣東官場的變化，筆者猜測「西狩公」指總督瑞麟，「三徑」指巡撫蔣益澧，「七里」指署理布政使郭祥瑞，「落落大」或指方濬頤，「本守及載戢干」指代理肇慶知府郭式昌、署理羅定州知州戈聿安，「休文」或指沈映鈐，「彭城」或指知府劉湝年，「我姑」指新肇慶知府，「詩婢主人」指署理知府鄭夢玉，「卯金」指督幕劉十峰，「牧」或指蔣益澧調來之雲南知州沈雲駿（仲驤），「琅邪」或指王澍（有升任傳言），其餘就猜測不出了。書信、日記用隱語未必是為保密，也可能是文人文字遊戲的積習，然而，這就增加了今人閱讀的困難。幸而在這部數百萬字的日記中，這類文字不是很多，而且，即使讀不懂這些段落，對利用日記中的重要史料影響亦不是很大。

（三）日記的史料價值

在 20 世紀五六十年代，史學界關注的都是重大事件和重要人物。杜鳳治只是個州縣官，沒有機會參與高層決策和全國性的大事，他宦粵期間又恰恰是近代中國沒有特別「重大事件」發生的年代，因此，他的日記對研究太平天國、中法戰爭、戊戌維新、義和團運動、辛亥革命等參考價值不大，日記涉及洋務運動的內容也很少，這很可能是日記收藏在中山大學歷史系資料室多年卻無人利用的重要原因。

時至今日，史學研究的對象更為廣泛、更為多元，政治制度史、社會史、法制史等成為發展迅速的學術領域，在研究中，學者對歷史的「細節」更加關注。在新的學術環境下，這部體量巨大、記載詳盡、內容豐富的晚清日記自然會受到重視。而且，日記作者杜鳳治作為州縣官承上啟下，上面接觸督撫以下各級官員，下面要同紳民直接打交道，涉及面廣，所以，日記的史料價值是不言而喻的。

本書全部內容，其實也是論證這部日記的史料價值。在這一目只做概括論述，除後文不會再提及的內容外，本目將儘量少引用日記的具體文字。

筆者認為，杜鳳治日記最大的價值在研究清朝司法與清朝州縣制度兩個方面。清代州縣官留下著作、日記者不少，近年出版的《清代稿鈔本》等史料叢書，收錄了若干種州縣官日記，有些日記也寫到公務，但像杜鳳治日記這樣連續十幾年、幾百萬字、絕大部分寫公務的，似乎沒有第二種，在研究清代州縣制度與司法方面，很難有其他日記可與杜鳳治日記相比。

第一，這部日記是研究清朝法制的獨特且難以替代的史料。

幾十年來，中外學術界對清朝法制史做了相當全面深入的研究，成果極為豐碩，相關史料舉不勝舉。吳佩林在《清代縣域民事糾紛與法律秩序考察》一書的學術史部分對 1980 年後 30 多年的清代法律史研究做了全面、深入、客觀的述評，他的述評很重視從史料的角度寫，尤其是檔案史料。[71] 遺憾的是，該書的參考文獻中並沒有列入杜鳳治的日記。據筆者所見，除張研、徐忠明外，也鮮有學者在研究清朝法制時利用這部內容如此豐富的日記。

對於清朝法制史研究，刑部檔案以及州縣官們編撰的公牘、案例都是必須特別重視的史料；四川巴縣、南部縣以及臺灣淡水、新竹等地的檔案也常被引用。不過，全中國那麼多州縣，留下檔案的卻不多。例如廣東清朝州縣的檔案就極難尋覓，巴縣、南部、淡水、新竹的檔案未必能反映廣東的情況。而且，清朝多數司法文書是官吏按照法律、制度以及各種慣例加工整理出來的。州縣官寫的官箴類著作以及編撰成書的公牘，隱諱、加工的情況就更多了，作者對入選的公牘也必然做過選擇。[72] 這些檔案、官箴書、公牘如何形成今人看到的最後版本，實際情況同檔案、公牘所反映的有何差異，州縣官審案時是怎麼思考、判斷、決定的，這些從檔案、官箴書、公牘中都不容易看出。杜鳳治日記則會詳細記錄案件審訊過程以及自己的觀察、疑問、分析判斷、做出判決的理由。清朝州縣司法實踐中一些完全違背法律、制度的做法，學者們不是沒有注意和做過研究，但日記還是有很多前人沒有注意到的內容（例如以「釘人架子」釘死捕獲的盜匪而不上報）。當然，筆者完全知道檔案等史料具有不可替代的價值，並不是說杜鳳治日記比檔案更重要，但說這部尚未被研究者廣泛注意的數百萬字的日記，是研究清朝法制史相當獨特、相當有用的史料，可對以往史料做重要補充，相信是可以成立的。

第二，這部日記對研究清朝州縣制度有重要價值。

多年來，中外學者對清朝州縣制度做了深入研究，成果之多難以詳為列舉。瞿同祖的《清代地方政府》可說是當代學術界研究該問題的奠基之作。[73] 近些年，魏光奇的《有法與無法 —— 清代的州縣制度及其運作》是中國學界研究該問題的高水平成果。[74] 瞿同祖、魏光奇兩書所附的數以百計的參考文獻，都是研究清朝州縣制度的基本文獻，其中有大量州縣官寫的官箴書、公案以及輯錄的公牘等。這些文獻中，似乎沒有州縣官的日記，更沒有杜鳳治這部日記。張研的《清代縣級政權控制鄉村的考察 —— 以同治年間廣寧知縣杜鳳治日記為中心》一書以及若干論文引用了這部日記，但她只是引用了杜鳳治廣寧任上的一小部分日記，而未引用其他部分更為豐富的內容。

杜鳳治日記有助於進一步探討清朝州縣衙門的實際運作，官府對基層社會的管治，州縣官行使權力時對律例、會典、則例的遵循、漠視和違背。這部日記以記載公務為主，又很詳盡，因此，有助於學者了解大多數文獻沒有記載的官員關係、機構運作、官場禮儀等方面的具體細節。

例如，清代的直隸州，學界一般認為「有着與府相等的地位」。[75] 清人也是這樣看的。杜鳳治想正式題升同知，但方功惠不贊成，勸杜力求題升直隸州知州，方說：「目下之同知尚值錢乎？直牧何等體面，即捐知府亦得便宜幾許。直牧分位與知府埒，且可署知府事，未聞同知能署知府也。」[76] 雖說「直牧分位與知府埒」，但直隸州知州畢竟品級低於知府（前者正五品，後者從四品）。從杜鳳治署任羅定州的日記可知，二者差別不僅在品級上。杜鳳治在羅定任上，必須下鄉催糧、負責案件初審、主持州試（童生第一級考試，與縣試同），這些知府都無須親自做。知府對上司自稱「卑府」，但杜鳳治署理羅定州時對上司不是自稱「卑州」，而是與散州知州、知縣一樣自稱「卑職」。於此看來，直隸州知州的地位與權責又與一般州縣有近似之處。

日記記載了多位學官在非考試期間可以兼作局紳，又可以離開衙門到其他地方辦自己的事，這恐怕也是一般研究者沒有注意到的。

又如，州縣官是如何徵收錢糧的，有關資料、論著可以說浩如煙海，但這些資料、論著對細節的記載、敘述卻不豐富。杜鳳治十幾年連續記載自己徵收錢糧的經歷，對催徵錢糧過程中官員、書吏、差役、士紳、殷丁等人的言行有生動詳細的記述，這是在其他史料中不易見到的。又如，有關明清科舉考試的資料、論著不少，但主持考試與入闈參與考務的官員留下的記述並不多。杜鳳治對每次縣試的題目、錄取情況以及出案名次的考慮都會詳細記述。日記的第 15 本《鄉試奉調入闈日記》，用了 5 萬多字記載自己在同治九年廣東庚午科鄉試做外簾官的經歷。我們對清朝鄉試在關防嚴密的情況下竟會出現弊案難以理解，杜鳳治雖然沒有具體寫到科場弊案，但他關於內簾、外簾操作細節的描述，可使我們想象出各種作弊的可能性。

早有學者注意到，儘管清朝對官員的職權、責任、獎懲、行為等，有很多《會典》《則例》等成文法予以規定，《大清律例》中也有不少條文是針對官員特別是州縣官犯罪的，但「王法」既被官員標榜和遵守，卻又隨時隨地被官員視為具文，大小官員心照不宣地集體做違反「王法」的事。魏光奇的書名《有法與無法 —— 清代的州縣制度及其運作》可視作對這種情況的概括。日記中大量記錄的士紳參與徵收錢糧甚至被責成催徵，佐雜參與審案，州縣官在拘押、用刑方面大量的「違法」行為，以「借盜銷案」的辦法消弭任內的緝捕責任，實際上已經制度化的士紳基層權力機構公局，等等，都不符合清朝成文的典章制度。杜鳳治既按「王法」辦事，但更多是遵循官場中實際存在的運作規則。杜鳳治的言行和想法在當時州縣官中具有代表性，這些將有助於我們對清朝地方政府機構的運作以及晚清政治制度改革面臨的社會基礎和思想基礎加深認識。

第三，這部日記是研究晚清社會生活史，特別是官員生活史的珍貴資料。

杜鳳治從北京到廣東赴任，宦粵十幾年，然後辭官攜眷回到浙江山陰故鄉，無論居與行，他都把自己的經歷和所見所聞詳細記錄。晚清民生的方方面面，如年成物價、衣食住行、風俗祭祀、演戲賽會等都會被記入日記，這就為我們了解晚清社會生活提供了大量細節資料。因為杜鳳治是官員，因此，這部日記對了解晚清官員的生活更具價值。

這部日記以大量篇幅詳細記載日常公務、各級官員之間的公私交往以及官員的衣食住行、家庭家族、閱讀娛樂等事實，包括州縣官的收支與日常生活。美國學者曾小萍（Madeleine Zelin）寫了一本書《州縣官的銀兩——18世紀中國的合理化財政改革》[77]，這部著作從陋規、養廉等問題切入，對雍正年間的財政改革做了出色的研究，但我們如果想要知道清朝州縣官具體的收支情況，在曾小萍這本書中難以找到答案。杜鳳治日記為「州縣官的銀兩」提供了一個可以連續考察的案例。杜鳳治雖然極少將自己的「法外」收入寫入日記，但還是留給我們不少了解真相的線索，甚至有若干直接記錄。對於支出，杜鳳治多數都詳細記錄。讀完這部日記，我們可了解州縣官在微薄的俸祿以及有限的養廉這兩種「合法」收入以外，如何通過各種已成規則、慣例獲取更多銀兩，以保證公務所需的額外支出、對各級上司「規範性」的貢奉以及維持家庭生活、接濟親屬的開銷。

筆者參與討論近代歷史題材文學、影視作品時，常會遇到諸如「官員之間如何見面、稱謂」等問題，從這部日記中可以找到不少答案。有人聽筆者介紹日記的一些內容後甚至說，這部日記中的一些情節完全可以作為電視連續劇的題材。

對官員與書吏、衙役、幕客、官親、「家人」的關係，日記中也提供了很多以往我們難以獲得或不會注意的細節。官員、幕客雖有不少著作提及上述人物，但多為冠冕堂皇的詞語，真實情況未必會寫出來。杜鳳治日記則如實記下，有些敘述甚至會令我們覺得有點意外。

杜鳳治對自己生病、治療的記錄相當詳細，他對疾病症狀及同醫生的討論、不同醫生的處方、服藥後的感覺與療效等寫得頗為細緻，也可以作為研究清代醫療史的資料。

第四，為研究很多歷史人物提供了補充資料。

儘管杜鳳治是下級官員，但他接觸了各種人物。例如，研究潘仕成、康有為家族，就可以利用這部日記。[78] 日記裏記載甚多的瑞麟、劉坤一、蔣益澧、鄭紹忠、方耀等人，在晚清都相當重要，但迄今相關研究成果很少，今後如果有學者要研究上述人物，杜鳳治這部日記是應該參考的資料。

第五，可為研究廣東地方史提供不少資料。

日記中的很多記載是研究地方史踏破鐵鞋難覓的資料。如多次記載了廣州的觀音山（越秀山）、白雲山、南海神廟的風景，對其他地方的名勝如肇慶七星巖、南海西樵山等，都有頗為詳細生動的記載。日記還記下了一些重要地標的變化沿革，如原位於賣麻街的舊兩廣總督署在第二次鴉片戰爭中毀於英法聯軍之手，原址後來還被法國人用以修建教堂（廣州聖心堂，又稱石室），日記同治五年十月初六日（1866 年 11 月 12 日）記下了當時督署遷到司後街（今越華路）新址。同治十年十月和同治十一年十一月的日記，分別寫了自己跟隨總督、巡撫祭祀南海神廟的情形。迄今學界對廣東地方官府定期祭祀南海神廟的情況知之不多，日記的記載就很有參考價值。又如，日記多次記載轄境中有虎豹，同治十年正月的日記詳細記述了自己購買獵戶以洋槍獵獲的老虎以及剖割老虎的情況，[79] 是探討大型貓科動物在廣東分佈歷史的一手資料。再如同治十一年十月、十二年五月，杜鳳治兩次到藩署辦事，順便遊覽了藩署的鹿園。藩署原來範圍很大，但「洋人進城，東邊園地房屋被法國佔去為領事府」，杜鳳治用了一千多字記錄藩署圍牆、署內道路、鹿園以及藩署雜亂無章的情況。[80] 如果研究廣州動物園、南越國宮署遺址的沿革，杜鳳治日記的有關記載值得參考。[81]

杜鳳治在四會知縣任上，「繪刊全省地圖委員五品銜候補批驗所大使潘名露移文諮送全省地圖一大部，又肇屬圖三本」。[82] 筆者請教過廣東的圖書館專家，得知目前廣東的圖書館藏有同治五年、光緒二十三年的廣東輿地全圖，前者或就是杜鳳治收到的那種。但日記提到「繪刊全省地圖委員」，可見其時有一個專門負責繪製、刊刻地圖的機構（應該是臨時的），並委派了一批官員做這件事。清朝官員懂得測量實地、繪製地圖的應該沒幾個人，而鴉片戰爭後很多新變化要在地圖上體現，究竟實際上完成地圖、從事測量繪製的是什麼人，地圖是如何繪製、刊刻出來的，分派、管理有什麼規定，等等，都是近代歷史地理學、圖書館學等學科值得研究的問題。

杜鳳治對每天天氣都有記載，有時各個時辰的變化也會記下，還會提及天氣對農業、居民生活等方面的影響，一些異常、災變的天氣也會詳細記錄。鑒於晚清連續的天氣記錄幾乎無存，方志的記錄又較粗疏，因此，這十幾年日記不間斷地記下的天氣變化，對研究近代廣東氣象、天氣的變化也很有參考價值。

註釋

[1] 據杜鳳治日記的內容及《清代廣東官員履歷引見摺》第 5 卷，第 58 頁（廣東省檔案館藏複印件）。引見單上杜鳳治自稱 46 歲，但同年的日記稱自己 53 歲，同治十年二月十四日的日記提到當年接受「門斗諸友」的建議，少報了 7 歲。關於科舉時代譜年與官年不一致的分析，可參看郗志羣《封建科舉、職官中的「官年」—— 從楊守敬的鄉試硃卷談起》，《歷史研究》2003 年第 4 期。

[2] 《望岜行館宦粵日記》（下文簡稱《日記》），「分房另爨條款」，《清代稿鈔本》第 18 冊，廣東人民出版社，2007 年影印版，第 676～677 頁。

[3] 《日記》，光緒六年十二月三十日，《清代稿鈔本》第 19 冊，第 123 頁。

[4] 同治《瀏陽縣志》卷 15，「職官」。

[5] 《日記》，光緒八年正月初十日，《清代稿鈔本》第 19 冊，第 382～383 頁。

[6] 《日記》，同治七年九月初四日，《清代稿鈔本》第 11 冊，第 148 頁。

[7] 《日記》，日記開頭之「序」，《清代稿鈔本》第 10 冊，第 8 頁。

[8] 《日記》，同治九年七月初一日，《清代稿鈔本》第 12 冊，第 307～308 頁。

[9] 《日記》，光緒八年八月十一日，《清代稿鈔本》第 19 冊，第 605 頁。

[10]《日記》，同治五年十一月廿七日，《清代稿鈔本》第 10 冊，第 101 頁。

[11]《日記》，同治五年十一月廿七日，《清代稿鈔本》第 10 冊，第 101 頁。清朝有些高齡童生怕被取笑，應縣試時會少報年齡。因清朝有對多次赴鄉試不中的高齡生員欽賜以舉人的慣例，有些老生員為得到這個待遇，就把年齡報大。

[12] 據《會稽杜氏家譜》。日記稱兩人為「紋女」「線女」。

[13]《日記》，光緒六年十二月初九日，《清代稿鈔本》第 19 冊，第 93 頁。

[14]《日記》，光緒七年閏七月十四日，《清代稿鈔本》第 19 冊，第 288 頁。

[15]《日記》，同治十三年十二月初八日，《清代稿鈔本》第 16 冊，第 376 頁。

[16] 商衍鎏：《清代科舉考試述錄》，生活·讀書·新知三聯書店，1958，第 94～96 頁。

[17]《日記》，同治五年七月初二日，《清代稿鈔本》第 10 冊，第 37 頁。

[18]《日記》，同治五年七月初六日，《清代稿鈔本》第 10 冊，第 39 頁。

[19]《日記》，同治五年十月十四日，《清代稿鈔本》第 10 冊，第 84 頁。

[20]《日記》，同治五年九月廿九日，《清代稿鈔本》第 10 冊，第 74 頁。

[21]《日記》，同治七年四月十三日，《清代稿鈔本》第 10 冊，第 562 頁。

[22]《日記》，同治十一年三月十六日，《清代稿鈔本》第 14 冊，第 48 頁。

[23]《日記》，光緒庚辰九月初四日後補記部分，《清代稿鈔本》第 18 冊，第 615 頁。

[24]《日記》，同治八年八月初二日，《清代稿鈔本》第 11 冊，第 504 頁。

[25]《日記》，光緒三年八月廿七日，《清代稿鈔本》第 18 冊，第 461 頁。

[26]《日記》，同治十年八月十七日，《清代稿鈔本》第 13 冊，第 360 頁；《日記》，光緒庚辰九月初四日後補記部分，《清代稿鈔本》第 18 冊，第 625 頁。

[27]《日記》，光緒庚辰九月初四日後補記部分，《清代稿鈔本》第 18 冊，第 649～651 頁。

[28]《日記》，同治六年十二月十八日，《清代稿鈔本》第 10 冊，第 442 頁。

[29]《日記》，同治六年九月初十日、十二月十八日，《清代稿鈔本》第 10 冊，第 232、451 頁。

[30]《日記》，同治九年十二月初九日，《清代稿鈔本》第 13 冊，第 27～28 頁。

[31]《日記》，光緒元年六月十一日，《清代稿鈔本》第 17 冊，第 164～165 頁。

[32] 《日記》，光緒六年十二月廿四日，《清代稿鈔本》第 19 冊，第 118 頁。

[33] 《日記》，同治七年九月十六日，《清代稿鈔本》第 11 冊，第 159 頁。

[34] 《日記》，光緒元年六月初一日，《清代稿鈔本》第 17 冊，第 137～138 頁。

[35] 《日記》，同治八年三月廿九日，《清代稿鈔本》第 12 冊，第 213～214 頁。

[36] 《日記》，光緒六年十月十五日、十六日，《清代稿鈔本》第 19 冊，第 37、39 頁。杜鳳治是派人抄錄，顯然有錯字。「蘇、虞二先生」指北宋文學家蘇轍（1039 — 1112）、元代文學家虞集（1272 — 1348）。

[37] 《日記》，同治七年八月初三日，《清代稿鈔本》第 11 冊，第 109～112 頁。

[38] 《日記》，同治六年十一月初七日，《清代稿鈔本》第 10 冊，第 368 頁。此數人為北齊琅琊王高儼、和士開、穆提婆、陸令萱。

[39] 如他曾因方功惠所請名師教其子寫出的八股文「調高響透，滿紙琳琅，按之無一字題中語」，認為這種文章完全沒有理法，但有機會考中，議論説：「倘僅以博功名，則爛泥磚亦可敲門，闈中盲於鼻者正多，挾此以往，取進士舉人有餘。」「盲於鼻者」一句就暗用了《聊齋志異· 司文郎》的故事。（《日記》，光緒元年七月初十日，《清代稿鈔本》第 17 冊，第 221 頁）

[40] 《日記》，同治七年閏四月廿二日，《清代稿鈔本》第 11 冊，第 22 頁。

[41] 《日記》，同治九年十月十八日，《清代稿鈔本》第 12 冊，第 518 頁。

[42] 《日記》，同治九年七月十二日，《清代稿鈔本》第 12 冊，第 323 頁。

[43] 《日記》，同治十年九月初三日，《清代稿鈔本》第 13 冊，第 393 頁。

[44] 《日記》，光緒七年二月廿三日，《清代稿鈔本》第 19 冊，第 172～173 頁。

[45] 《日記》，光緒三年九月初九日，《清代稿鈔本》第 18 冊，第 403 頁。

[46] 《日記》，「分房另爨條款」，《清代稿鈔本》第 18 冊，第 685 頁。

[47] 《日記》，同治七年四月十三日，《清代稿鈔本》第 10 冊，第 562 頁。

[48] 《日記》，同治七年八月三十日，《清代稿鈔本》第 11 冊，第 146 頁。

[49] 《日記》，「分房另爨條款」，《清代稿鈔本》第 18 冊，第 684 頁。

[50] 《日記》，同治六年九月初十日，《清代稿鈔本》第 10 冊，第 231 頁。

[51] 《日記》，光緒庚辰九月初四日後補記部分，《清代稿鈔本》第 18 冊，第 637 頁。

[52] 《日記》，同治六年十二月廿二日，《清代稿鈔本》第 10 冊，第 448～449 頁。

[53] 《日記》，同治七年七月二十日，《清代稿鈔本》第 11 冊，第 92 頁。

[54] 《日記》，同治十三年七月二十日，《清代稿鈔本》第 16 冊，第 71 頁。

[55] 咸豐六年潘祖蔭是丙辰科會試同考官，曾推薦杜鳳治卷，但杜於該科未中。薦卷的考官與應考者也屬於師生關係。

[56] 《日記》，同治九年十月二十日、閏十月廿二日，《清代稿鈔本》第 12 冊，第 522、569 頁。

[57] 《日記》，同治十年二月初四日，《清代稿鈔本》第 13 冊，第 109～111 頁。

[58] 《大清縉紳全書》(同治七年春)，「京師· 內閣」及「廣東」部分。會稽與山陰為同城而治的鄰縣，兩人籍貫不同，當分屬同宗族的不同支派。

[59] 《日記》，同治七年二月二十日，《清代稿鈔本》第 10 冊，第 508 頁。

[60] 《日記》，同治十三年十一月初九日，《清代稿鈔本》第 16 冊，第 303～304 頁。

[61] 《日記》，同治十年二月三十日，《清代稿鈔本》第 13 冊，第 162 頁。

[62] 《日記》，同治六年十月十五日，《清代稿鈔本》第 10 冊，第 324 頁；《日記》，同治七年十月三十日，《清代稿鈔本》第 11 冊，第 207 頁。

[63] 《日記》，同治十一年七月廿七日、八月初十日，《清代稿鈔本》第 14 冊，第 212～213、240 頁。

[64] 《日記》，光緒二年正月十二日，《清代稿鈔本》第 17 冊，第 521～522 頁。

[65] 《日記》，光緒元年正月廿五日，《清代稿鈔本》第 16 冊，第 463 頁。元規，指北宋時大臣孫沔(字元規)，有軍政才能，但不拘小節。

[66] 例如，《日記》第 1 冊就多處記載在北京時與被稱為「梅」和「蕙」(或「慧」)的兩個人分別「作竟夕談」，這兩個人看來地位不高，杜任官後還寄給這兩個人各幾元，猜測兩人都是「相公」(男妓)。雖然其時官員常狎玩「相公」，但這畢竟不是可以公開告訴別人和讓子孫知道的事。

[67] 《日記》，同治六年六月十三日、九月廿九日，同治七年二月二十日，《清代稿鈔本》第 10 冊，第 126、286、506～507 頁。

[68] 一個例外是杜鳳治在日記中詳細記錄了其族姪杜元霖(葆初)信中關於翰林院侍講王慶祺以善唱二黃得同治寵，「已以仇十洲春冊及房中丹藥進，兼啟之以龍陽之好」的傳聞以及同治皇后自殺的傳聞。(《日記》，光緒元年三月初七日，《清代稿鈔本》第 16 冊，第 524～525 頁)

[69] 《日記》，同治五年十一月廿三日，《清代稿鈔本》第 10 冊，第 99 頁。

[70] 《日記》，同治六年十二月十八日，《清代稿鈔本》第 10 冊，第 443 頁。

[71] 吳佩林：《清代縣域民事糾紛與法律秩序考察》，中華書局，2013，緒論。

[72] 杜鳳治的同僚聶爾康著有《岡州公牘》（光緒己卯刊刻，香港致用文化事業公司 1993 年出版了影印本）。該書輯錄了聶爾康新會知縣任上的公牘，其中有不少值得研究者注意的內容，但引用過該書的學者似乎不多。

[73] 瞿同祖：《清代地方政府》，范忠信、晏鋒譯，何鵬校，法律出版社，2003。

[74] 魏光奇：《有法與無法 —— 清代的州縣制度及其運作》，商務印書館，2010。魏光奇早些時的另一本書《官治與自治 —— 20 世紀上半期的中國縣制》（商務印書館，2004）也有大約三分之一的篇幅討論晚清縣制。

[75] 瞿同祖：《清代地方政府》，第 5 頁。其他有關清代州縣制度的論著基本沿用此説。

[76] 《日記》，光緒三年六月十八日，《清代稿鈔本》第 18 冊，第 368 頁。

[77] 〔美〕曾小萍：《州縣官的銀兩 —— 18 世紀中國的合理化財政改革》，董建中譯，中國人民大學出版社，2005。

[78] 邱捷：《潘仕成的身份及末路》，《近代史研究》2018 年第 6 期；《關於康有為祖輩的一些新史料 —— 從〈望嶴行館宧粵日記〉所見》，《中山大學學報》（社會科學版）2009 年第 2 期。

[79] 《日記》，同治十年正月廿六日、廿七日，《清代稿鈔本》第 13 冊，第 99～100、101 頁。

[80] 《日記》，同治十一年十月初四日、同治十二年五月初三日，《清代稿鈔本》第 14 冊，第 323～324、558～560 頁。

[81] 從民國一直到 20 世紀 50 年代，鹿園舊址都圈養野生動物供市民參觀，是今日廣州動物園的前身。

[82] 《日記》，同治七年九月初三日，《清代稿鈔本》第 11 冊，第 147 頁。

第二章
杜鳳治宦粵時的廣東社會

一、同光之際廣東的治亂

（一）晚清廣東短暫的安靖時期

杜鳳治在粵時間是同治五年到光緒六年，即1866～1880年。無論時人還是後人，都認為同治中期到光緒初期是清朝的一個「中興時期」。[1] 杜鳳治來粵前兩年（同治三年，1864），曾國荃部攻陷天京，對清朝威脅最大的太平天國運動失敗。杜鳳治來粵的那一年（同治五年，1866）春，太平軍餘部譚體元部在粵東被清軍消滅。此後兩三年，縱橫馳騁於蘇、皖、豫、魯等省的捻軍也被鎮壓下去。儘管西南、西北少數民族起事延續時間較長，但已不會危及清朝的生存，清朝統治的核心地區東北、華北和財賦來源所在——富庶的東南省份，出現了一個相對平靖的時期。在中法戰爭以前，雖一再出現邊疆危機，但沒有發生外國侵略中國的大規模戰爭，邊疆危機對中原和富庶的東南省份影響不是很大。由於一批滿漢「中興名臣」的努力，清廷的權威得以重建，全國大部分地區的統治秩序得以重整，雖然出現督撫軍政權力擴大、中央大權旁落等權力格局的變化，但畢竟沒有對清朝的統治構成顛覆性威脅。通過洋務「新政」，清朝的軍事改革、官辦新式學堂、官營近代企業等都取得了一定成績。廣東則是這段時期相對「安靖」、經濟文化等方面有所發展的省份之一。

杜鳳治任職的廣寧、四會、南海、羅定等州縣，從道光、咸豐到同治初年，曾是戰亂、動亂嚴重的地方。在道、咸之際，階級矛盾、社會矛盾極其尖銳，省和州縣對地方普遍失控，因此才會醞釀出中國歷史上最大規模的農民起義——太平天國運動以及蔓延大半個廣東的洪兵起事。道光末年兩廣總督徐廣縉、廣東巡撫葉名琛的一份聯銜奏摺，向朝廷報告了廣東「士習日壞，民氣日囂」的現象，列舉了多個士民挑戰官府、朝廷權威的典型事例，說到東莞 91 鄉鄉民「非肆行劫掠，即隨處搶奪」，甚至「平日良民」也敢於明目張膽參與搶劫，士紳則庇匪分贓，徐、葉對到處都有紳、民犯上作亂感到焦慮。[2] 其時大動亂尚在萌芽狀態，此後十餘年，廣東戰亂、動亂不斷，其間還有英法聯軍的入侵。杜鳳治在日記多處回顧了咸豐年間廣寧、四會、羅定的州縣城被洪兵圍攻、滋擾的情況。

不過，到杜鳳治抵粵之時，局面已大為改觀。雖然小的亂事不斷，中等的亂事有粵西土客大械鬥的餘波、潮汕地區的抗糧抗官等，但在杜鳳治任職的各州縣，清朝統治秩序還是比較正常的。省一級官員對州縣實現了有效管治，杜鳳治作為州縣官，儘管不斷抱怨紳民不聽話、不納糧、不守法，但其「父母官」的權威得到紳、民尊重，可以通過官府、宗族、士紳權力機構實行管治，諭令、判決也基本得到執行。在杜鳳治日記中可看到，其時廣東官、紳的合作關係比較正常，州縣官比較有效地把清朝的統治秩序延伸到各鎮、各鄉、各村。而且，官府經常派出軍隊舉辦規模不等的清鄉，以「就地正法」等嚴厲手段懲處搶劫、拐賣人口等案的疑犯，高壓手段也是維持一段時期安靖的重要原因。

從日記看，在這十幾年間，從督、撫、藩、臬到州縣官，對清朝的統治秩序都是頗有信心的。下面舉幾個事例。

杜鳳治到廣東後，在日記中也記載過官府對參與「亂事」者追究懲處的事。但大局穩定後，官府處置政策趨於寬鬆。同治十二年七月，杜鳳治在南海知縣任上，有人密報「連平州有著名巨匪鍾華甫」，以往曾「抗官戕勇，窩匪搶劫」，現此人到了省城，住在督署附近的華寧里。杜鳳治接報後沒有馬上去拘捕，而是同廣州知府一起去向總督瑞麟稟報。瑞麟指示：「咸豐以前，廣東遍地皆賊，封王拜帥者現今存尚不少，如准人告發，不勝擾擾，以故既往不咎。今既反正，概不追究，如果是此等人，拿之也不便辦之也。」杜鳳治為免出意外仍將鍾華甫拘押，審訊中得知，鍾華甫當年曾開炮抗官，但後來已將家中「炮火刀械」都上繳官府了，自己也捐了縣丞，分發江西，身上還帶着捐官的收據。[3] 日記沒有記載最終處置結果，但有瑞麟的指示，估計不會重辦。瑞麟作為在廣東的最高官員，顯然是對局勢穩定有信心才會如此表態。

杜鳳治在署理羅定知州任上審理過一宗前任留下的「張啟昌控郭佐宸偽照誆騙伊錢捐監案」。郭佐宸不到案，其父郭汝龍控告張啟昌「係從賊著匪」，因此前任知州亦將張押候。杜審理時認為：「粵省紅匪滋擾之時，裹脅跟隨為賊用者，鄉間愚民十有八九，肅清以後首逆就戮，即有名著匪亦多駢首市曹，其餘裹脅跟隨情尚可原者，聖朝寬大，辦理善後，概不深究，予以自新。以此論之，張啟昌為賊與否初無實據，即真有之，無人切實指證亦應寬恤。郭汝龍架詞越控何為乎？」於是就事論事，只判決郭姓偽照騙錢案，「張啟昌無辜久押，當堂釋之」。[4] 他對此案的處置與瑞麟所定原則是一致的。

咸豐年間，羅定州的戴永英兄弟起事，失敗被殺，其妻妾子姪拘押監中近 20 年。杜鳳治認為「罪人不孥，事已日久，不能詳辦，何苦任其瘐斃」，就把他們全部釋放了。[5] 對所謂「叛逆」首要，清朝並非「罪人不孥」，戰亂期間會株連親屬甚至斬草除根。杜鳳治之所以敢於不稟報上司就把「首逆」戴永英的親屬釋放，除了同情心以外，也因為其時已經承平，把他們放出來不會危及清朝的統治秩序，自己也不會因此被上司指責追究。

日記還記載了其他省份的類似事例。杜鳳治的同鄉、遠親趙又村，曾「失身」太平軍，太平天國失敗後成了清朝的候補官員，將要署事，上司質問他「髮逆」佔據浙江時他幹了什麼，但上司沒有參揭他，只是「改為新班，與新到者挨次輪署」，趙又村只是失去了委署的機會而已。杜鳳治在致趙的信中寫了很多指責的話，但答應日後有機會予以幫忙。[6] 另一位為太平軍辦過鹽務、「人謂伊已受偽官」的舉人鮑存曉更為幸運，他雖然在壬戌會試中一度被阻止入闈，但後來一些京官仍為他出具印結，鮑存曉在戊辰會試中中了進士，還「居然點庶常」。[7] 在中國歷史上大規模的農民戰爭中，太平天國起義是士大夫參與特別少的一次，太平天國高層與骨幹沒有清朝舉人、進士出身者。但太平天國曾佔據廣大地區，士紳與之有過合作者必不在少數，廣東洪兵起事也有士紳參與，然而，以往學界對此研究成果很少。[8] 上述案例提醒我們，士紳投靠太平天國和其他農民起事以及戰後清朝對「失身者」的處置，是一個可以進一步探討的問題。

同治九年冬，開建（今封開縣）知縣俞增光兩次稟報上司，稱毗連開建之廣西懷集縣（今屬廣東）凝洞地方千餘「匪徒」前來開建縣徐村滋擾搶劫，部分「匪徒」來自廣寧，「倘不速辦恐釀成大變」，請求派官兵剿捕。其時杜鳳治再任廣寧知縣，他和懷集知縣貴蒸（雲翥）都對俞增光的稟報表示懷疑。杜鳳治便派人打聽，查清只是懷集縣的吳、羅六姓與開建縣徐姓大械鬥。他一面據實上稟，一面「發諭諭紳耆辦團練，禁子弟往凝洞幫鬥」。肇羅道員、肇慶知府認可了杜鳳治的判斷，督撫也接受了他的意見，只是派出數百兵勇平息械鬥。俞增光則因鋪張上稟、驚慌失措被撤任。[9] 大械鬥當然屬於嚴重危害清朝秩序的大事，往往還會有土匪參與，演變成大亂也並非沒有先例。但杜鳳治判斷這場波及兩省轄境的大械鬥並非豎旗起事，也不是大規模匪亂，無須重兵剿辦。從這個案例可知，雖有些官員遇事驚慌失措，但像杜鳳治這樣有一定見識的官員，則因為了解大局，遇事就比較鎮定，杜鳳治對自己能夠控制廣寧縣的紳耆、限制廣寧人參加械鬥還是有信心的。

杜鳳治初任廣寧時，總督瑞麟對副將鄭紹忠招安處置黃亞水二一再「札諭面諭」，面授機宜。[10] 杜鳳治任南海知縣時，總督、巡撫為省城普通搶劫案、殺人案也會不斷過問。瑞麟等高官可以把注意力放在規模不大的盜匪團夥首領和某宗刑事案件上，也說明那時沒有嚴重威脅清朝統治秩序的大事。杜鳳治再任廣寧知縣時，地方紳士報告有一個以羅啟為首的盜匪團夥，有二三十人，杜鳳治認為：「蓋賊匪亦一時不及一時，此番較之謝單支手、劉狗、黃亞水二不逮遠矣。」[11] 所謂「賊匪亦一時不及一時」正是 19 世紀六七十年代廣東局勢相對平靖的反映。

同治十一年十月，杜鳳治到南海、番禺交界處履勘地界後乘船回省城，其時已天晚，日記記曰：「時兩岸燈火如星點，予往來省河非一次，未見上燈時景象，太平富盛，比戶安居，蘇杭不是過也。」[12] 日記又記載了多次「官民同樂」舉辦大規模巡遊慶典的盛況，也說明社會的相對平靖。廣州以往有迎春巡遊的習俗，咸豐年間因戰亂停止。同治十二年，廣州知府馮端本想到「現在年豐民安，迎春大典一切仍舊，亦見太平景象」，與南海、番禺兩首縣知縣商議，決定「仍十餘年前洋人未入城之先之舊，兩縣飭各行頭制辦春色抬閣，一切執事均要鮮明」。[13] 同治十二年是雙春年，十二月官府又出面飭各行舉辦另一次全省城數十萬人參與的迎春抬閣。[14]

同治七年，杜鳳治在四會知縣任上時，民間有遊龍燈之議，杜鳳治認為：「本地此時向無龍燈及臺閣扮戲各樣燈之戲，以此時非節之故。民間以一縣無事，比戶安平，訟獄稀少，年穀豐登，與民同樂，共為此戲，亦古人鄉人儺之意，故不禁之。」遊龍燈的隊伍請求遊進縣衙，杜鳳治也同意了，而且還給予了賞錢。[15] 可見此時四會也是相對平靖的。

（二）大亂餘波與匪患

當然，所謂安靖只是對比道光咸豐年間、同治初年及清末而言，小規模的亂事仍存在。杜鳳治宦粵期間，粵西的土客大械鬥尚有餘波。這場大械鬥始於 19 世紀 50 年代中期，大約平息於同治六年。大致情況是：廣東粵西各縣有較多客家人，本來就存在土、客矛盾，咸豐四年洪兵起事，最初粵西參加洪兵者以講四邑話的土著為多，官府為對抗洪兵，着重發動客籍士紳組織團練，而土著士紳也組織了團練，兩者在與洪兵作戰時已互鬥，洪兵主力被消滅或離開廣東後，土客互鬥不僅沒有停息，還因雙方都有軍事組織而升級。其時廣東又適逢英法聯軍入侵，粵西很長時間仍有陳金等洪兵餘部，官府沒有力量平定，土客械鬥於是愈演愈烈，蔓延到恩平、開平、鶴山、新寧（今台山）、高明、陽春等十幾個縣。僅鶴山、高明、開平、恩平幾縣，就有數以千計的村莊被焚毀，「無老幼皆誅夷，死亡亦無算」，「兩下死亡數至百萬，甚至彼此墳墓亦各掘毀」。[16] 清朝官員有些支持客家，有些支持土著，到同治初年，則以清剿客家方面為主。時人與後人對這場延續多年的大械鬥有不少記載。[17] 因其延續時間長、範圍廣、殺傷多，有學者認為這場大械鬥是「被遺忘的戰爭」，並做了全面的專題研究。[18] 同治五年初，蔣益澧出任廣東巡撫，親自帶隊平息動亂，用軍事、政治、經濟等手段，終將這場動亂平息下去。

杜鳳治到粵時土客大械鬥的戰亂已大致平息，其任職之處，除羅定外，都不是土客械鬥嚴重的州縣，所以，他在日記中較多是間接或追憶性的記述。如同治六年十一月的日記記：肇羅道王澍「往鶴山辦土客事」，打算帶在鶴山任過學官的肇慶府學教授陳遇清同去。[19] 一年後的日記記「武營與學官僉言曹沖、恩平客匪仍起滋擾，一日各縣同起，與土民大相仇殺，高明、鶴山業已閉城防守。制憲聞已飭令臬憲詣辦」，[20] 稍後又有「府報謂高明客匪屯聚搶劫」的消息。[21] 可見，土客大械鬥雖大致平定，但餘波未平，其陰影仍籠罩在官員心中。

杜鳳治在粵任官十幾年，沒有面對過真正的造反者，也沒有遇到過聚眾千人的大股盜匪團夥。他初任廣寧時，在廣寧、四會一帶有兩個盜匪團夥，一個以謝單支手為首，一個以黃亞水二為首。杜鳳治上任後第一次接到地方紳士來報股匪案：「為有綽號單隻手者，姓謝，著名土匪巨魁，其一手不知何時為槍所傷折，邇來橫行一鄉，手下餘匪三四十人而積年漏網老賊。」[22] 杜鳳治接報後立即親自帶兵勇、衙役前往剿捕。

謝單支手是四會杜榔鄉人，手下曾達二百二三十人，但杜鳳治任廣寧時只剩下幾十人。謝單支手得到厚田紳耆黃能信、黃佐中（武生）以及巡塱紳耆黃國芳（軍功）等的支持、接濟，有五品功牌的劉玖（劉九、劉瓊玖、劉狗）也支持謝。四會書吏謝龍光經常向謝單支手通風報信。同治七年，謝單支手、劉玖均被捕獲斬首梟示。

黃亞水二是廣寧厚田鄉人，其團夥規模略大於謝單支手團夥。他與本宗族的厚田紳耆黃能信、黃佐中有很深仇怨。石橋紳士黃河光、黃炳輝（在籍廣西典史）、李拔元（武舉）、溫良華（監生）等「則與單手為仇，縱容黃匪……積棍陳瓊林（按：已革武舉）為黃匪母舅，而邑中紳士多與陳棍相交，故庇之者多」。[23] 後鄭紹忠稟報瑞麟後招安了黃亞水二，又按杜鳳治的建議一年後找個理由將其處決。

謝單支手、黃亞水二兩個團夥各有勒索、開賭、搶劫、掠賣人口、焚毀屍棺等嚴重違法行為，又經常互鬥。兩個盜匪團夥背後都有宗族、紳耆、書吏、衙役的支持。支持謝單支手的厚田黃姓是土著，巡塱黃姓是客家；支持黃亞水二的石橋黃姓則為土著，與厚田黃姓不同宗。[24] 而這些村莊之間也時常發生械鬥，又經常向官府互控對方縱匪助匪。這兩個團夥反映了晚清廣東匪、紳、民之間的複雜關係。

因為對不久前的粵西土客大械鬥記憶猶新，杜鳳治擔心如處置不當，「即使亞水二已降，而厚、巡二村之於石橋，必如恩平等縣之土客日起仇殺之心」，[25] 因此並不主張一概嚴厲鎮壓。於是，他同鄭紹忠商議，宣佈「聚者即為匪類，散者即為良民」。[26] 先制止械鬥，迫使盜匪團夥撤走，勸諭兩方紳耆具結不再互鬥，不再接濟和引入盜匪助鬥，並利用黃、謝兩團夥的矛盾各個擊破，先招安黃亞水二，然後再設法拘捕謝單支手，終於把兩個團夥先後剿滅。此後，日記記錄杜鳳治任職之地的盜匪團夥都只有幾個人或一二十人，聲勢、實力都不如上述二人。

在日記中多處記載了盜匪使用洋槍，這很值得注意。太平天國戰爭是西方槍炮大量引進中國的重要契機。如李鴻章的淮軍，已放棄冷兵器而基本使用西式槍炮，但大多數清朝軍隊仍是冷熱兵器並用，杜鳳治在日記中從未提及縣衙差役使用洋槍。同治五年杜鳳治初任廣寧時，查夜中遇到典史張國恩也在巡邏，「帶三人，穿短衣，手持鳥槍」。[27] 日記很少記載綠營、勇營官兵有洋槍。然而盜匪謝單支手本人和隨從的三個人都有一支或兩支洋槍，還時時放槍。[28] 在另一次追捕中，也有盜匪「連放鬼槍拒捕」。[29] 杜再任廣寧時，圍捕盜匪黎亞林等，圍捕者「畏其洋槍不能近」。[30] 他在四會任上時，縣城東門外登雲街遠昌綢布舖被搶，劫匪持有洋槍，鄰居、更練不敢出頭。[31] 任四會時抓到的著匪李佑，帶有「五響洋槍一支」。[32] 他任南海知縣時，省城油欄門外盜匪搶劫錢舖，開洋槍把更伕打死。[33] 同治十一年，日記提到一宗搶劫渡船、槍斃洋人的案件。[34] 另一則日記記載了省城太平門外六名持洋槍的盜匪搶劫銀號事。[35] 同治十二年，杜鳳治到南海縣沙頭公局拜會局紳，討論該地發生的盜匪搶劫並用洋槍打死更練的案件。[36] 他在羅定知州任上，也發生過一二十人「手放洋槍，又執利刃」行劫的案件。[37] 短短幾年間，在杜鳳治任職州縣的城鄉都發生過涉及洋槍的劫案，於此可見同治後期廣東盜匪持洋槍行劫已漸漸成風。

廣東毗連港澳，購買洋槍洋炮有特殊的便利，一旦被追緝，也可以輕易逃往港澳。日記記載，南海縣一次大劫案後，盜匪多逃往香港，並在香港銷贓。[38] 盜匪被追緝時還有逃往新加坡的。[39]

日記中記載了不少其他州縣嚴重的抗官、焚劫事件。縣丞沈茂霖（雨香）作為委員在廉州查洋藥、收軍餉，帶領差、勇捉拿走私鴉片的團夥，私梟首先開炮，然後「將雨香及滿船人均擒去，書差、丁勇人等俱破膛，雨香則懸之高竿，欲其曬死。正在將死未死，縣官往求，那邊亦有紳士向其說，如官不死尚可不奏，爾等亦輕，倘一死，事鬧大矣。那邊不肯，活活死在竿上」。[40] 此事既說明鴉片私梟的猖獗兇殘，也透露了私梟團夥同官、紳都有勾結，平日很可能通過賄賂造成一個「貓鼠互利」的局面，沈茂霖因為太認真卻缺乏實力而送了命。

至於粵東的潮汕地區，更是充滿小規模動亂。海豐知縣屈鳴珍（子御）往潮出差，為盜圍攻，焚燒十餘船，僕從十死八九，屈投水獲救。[41] 同治八九年間，杜鳳治作為委員被派往潮陽縣催徵新舊糧欠。日記記載此地：

> 風尚不古，民情強悍，弱肉強食，械鬥成風，各村連橫從約，互樹黨援，仇仇相尋。稍有資產者甚至一步不可行，偶然不戒，即為仇鄉捉去，性命隨之；否則羈押勒贖，稱其家資，盈千累萬，不滿所欲不釋也。各鄉寨垣如城，堅固逾石（乃三和土作成，云以蔗糖、糯米和成），炮不能石。搶劫之風，甚於廣肇二府，夜不安枕。其垣之堅，蓋為拒盜計，迨恃眾抗官，國課數十年不名一錢，凡官催徵，必須募勇數百，謂之打村，鄉人則以槍炮拒之，兩相攻擊，官勝則入村任所欲為，不勝則無望徵收一分一厘矣。[42]

但在民風強悍的潮汕，豎旗起事反抗朝廷的事也並不比珠三角、粵西多。在這兩年的日記中，提到潮汕地區的土豪擁有舊式火器，卻沒有提到洋槍。

日記中對盜案的記述給我們留下了很多了解晚清廣東治亂情況的信息。如杜鳳治再任廣寧時，日記有如下一段記載：

> 晚上忽有古水開至石狗之渡船舟人陳亞六呈控：本月廿八由古水開行至曲水石山下敢扇灣河時，已二更時候，遇賊艇二隻，共匪約二十餘人，亂放鬼炮，不敢與敵，夜深喊救無人，將各客人身上衣服及銀櫃中一切銀信盡數劫去。當時傳訊，陳亞六供：該渡伕江積陳姓，自同治二年開和合餉渡至今，從未遭事，兹被劫後次早奔投石狗源昌等店。匪二十餘人，有三人用布包頭，聽其口音甚生硬，不辨何處人。判令回去候會勘，飭差嚴拿按辦。[43]

這只是一宗不算重大的案件。從上述記載我們可知：

（1）其時廣寧有定期定點往返的渡船，經營渡船需要向官府繳納特殊的賦稅，故稱為「餉渡」；

（2）渡船不僅承載旅客，而且還有代客帶送銀信的業務，但渡船沒有自衛的槍炮，可見當時社會秩序大抵上安靖；

（3）其時雖無大股盜匪，但攔河搶劫等案時有發生，在本案中二十多名盜匪既有本地人，也有外地人，行劫時還開洋槍威嚇；

（4）渡船被劫後船主「次早奔投石狗源昌等店」。為何這些店鋪會成為報案的第一處所？推其緣故，當係石狗墟為公局所在地，晚上、清晨公局無人接案，但店鋪中的紳商有局紳，所以船主就把源昌等店作為首先「奔投」報案的地點了。

（三）杜鳳治對廣東風氣與治亂的議論

在日記裏，杜鳳治一再認為，廣東民情風俗不好，「治」是暫時的，日後仍不免大亂。

在清朝，浙江是全國文教、科舉最發達的省份之一，作為浙江籍的正途出身官員，杜鳳治在道德、文化方面有着優越感。他經常拿家鄉浙江與廣東比較，大發議論。首次去廣寧赴任途中，杜鳳治就感歎：「江面亦平坦，大有江浙之風。兩岸風景亦頗秀美，但少山耳。惟江中竊盜出沒，行路戒心，民情刁悍，習為不善，不及江浙遠矣。」[44] 在羅定知州任上，他總結宦粵近十年的觀感：「粵東人情貪愚，知威而不知恩，所謂德化或者他省可行，此間斷不能行。」[45]

杜鳳治尤其看不起廣東的紳士。同治六年冬，他催徵時順便到涉及浮收的書吏沈榮家的祠堂，沈榮有五品頂戴，「為此立伊母生祠請封，門標大夫第」。杜鳳治因為沈榮祠堂的「僭妄」，感慨說：「其體面皆孔方兄所為，在江浙地方，方且鄙之不暇，而此間則真畏之尊之如大紳士矣！」[46] 後來，他看到例貢、例監也稱為「成均進士」，因而議論廣東風俗：

> 廣省人情嗜利、喜體面、信淫祠，既嗜利則無錢不想，不義之財亦所不顧，不得不信淫祠。且利與體面不相並，體面必要臉，識羞恥才為體面；而既嗜利，則其體面亦不能顧羞恥矣。雖見笑大方，而彼自以為得意也。盜賊多者亦中此三病，稱大王一呼百諾，任我指揮，又搶擄有錢，以淫祠惑人，故寧為盜。即儼然不為盜而為紳者，其心其行甚於盜，且有為盜賊所不屑為、不肯為而靦然為之，並不盜賊若矣！[47]

其時，「廣東風氣，一經發達登科及第，則不論千百里外、異府各縣不同宗之本家，皆請其祀祖，即不往請，登第者亦必往拜」，祭祖時不僅大排筵席，而且還厚贈並無親族關係的同姓中式者，「一藉其榮，一圖其利」。順德梁耀樞中同治辛未科（1871）狀元後，全省各地梁姓紛紛請他去祭祖，梁「所獲不貲」。廣寧拔貢何瑞圖中舉後，「凡姓何者無不與聯宗祖，亦獲千金之則」，往順德途中落水溺亡，杜鳳治評論說「可憫可嗤」，認為這是江浙所無的陋俗。[48]

他在潮陽催徵時，日記中論潮州風俗：

> 是地非無生性本正直厚篤者，天生人無私，不以海濱蠻荒而外之，

而山川鍾毓未免強悍，不識理者多耳。予謂此地人分而為三：三中一分為真好人，一分為可善可惡人，一分則為爛仔不好人。而不好人中又分為三：三中之二尚可恕，或重懲令改，或墩禁終身；而其一分則皆窮兇極惡，逢赦不赦，一經弋獲立置重典者也。且淫風流行，少年男子往往名為妹為娘，而搔頭弄姿，顧影自憐，爭賽嫵媚，惡俗不可僂舉。

他認為，潮州風俗中唯一高雅的只有功夫茶。[49]

他在南海知縣任上，經常處理「賣豬仔」出洋的案件，還經常奉命「就地正法」盜犯。日記記曰：「廣東搶劫、拐賣兩案，一經審實，臬臺過堂，即便定罪棄市，每月兩縣辦此數次，多至百餘名，辦愈嚴，犯愈多，聖人複起亦無法可以弭之。」[50] 有一次監斬後又議論說：「臬憲府憲發辦審定斬決之犯，通省皆有，約以千計 …… 而犯者仍接踵，滑不畏死，口稱十八歲後又一少年好漢。（廣東）民情強悍，嗜利輕死，究與江浙等省不同也。」[51] 同治十二年底立春巡遊過後，杜鳳治因省城觀看巡遊人數眾多，發出感歎，認為廣東雖富庶，但「人心浮動，男女好嬉遊，少務正業，娼賭二事甲於天下，必非久承平者」，「十年之後必有變動」，「設有一陳涉、黃巢輩起，攘臂一呼，十萬眾可立致也」。[52]

杜鳳治認為，廣東人口太多是日後仍會發生大亂的重要原因。同治十二年鄉試考生入場時，一路旁觀者人數眾多，杜鳳治感歎：「廣東人何如此之多也！是何處來的？真不可解！每年出洋不下千萬，犯法正典刑者亦不少。」[53]

在羅定知州任上，他對當地「溺女」的惡俗感到不解和深惡痛絕。他注意到：「此地婦女最苦，在田作工者皆婦人，婦人如此得力，而生女奈何溺之乎？死者可憫，生者如牛馬作苦亦可憐，不知男子何事何在，習懶性成，風氣惡極。往往老婦年已五十六十，生子七八個皆強壯有力，倘皆無妻，猶待此老婦勤力耕種養之也。此等男子，大半為盜，殺之不勝殺，何不生時即溺之乎！」[54] 杜鳳治有一次看到沿途男孩多，想到：

男子如此之多，十年後長大何事可作、何飯可吃？未有不流為盜者也。故予嘗言：廣省風氣不善，重利輕命，設有一不逞者出，攘臂一呼，十萬眾可立致，十年以後，恐必有事。目下雖安平，瑞中堂在此十年，一味羈縻，其辦中外事亦如此，一旦潰裂，勢不可遏。所以予常言此地不可久居，刻刻思歸。吾越自來少罹兵革，長髮之亂，為古今所罕覯，此後或不至有事，居家過日，必以吾越為最善之區矣。[55]

杜鳳治對廣東的富庶頗為讚歎，但對廣東的民風、民情卻始終不看好。光緒二年九月，他到佛山一帶勘查劫案，看到南海田園暢茂，覺得已達到了孟子所言之「土地辟、田野治」的境地，但他又說，「地方官何暇及此？乃民間不待官勸，俱肯勤力田園」所致。接着，他想到粵省土地肥沃、物產豐富，謀生不難，但盜賊多，乞丐少，為盜賊者非盡貧苦人，便認為原因是廣東風氣奢侈、嗜煙賭者多，加上生育過多，人滿為患，父兄管束不嚴，人心浮動，因此他又說，「不出十年，設有一大奸慝出，口稱仁義，好客疏財，攘臂一呼，十萬眾頃刻可立致」，廣東「不出十年必將大變」。[56] 次年七月，總督劉坤一召集廣府、六大縣、四營將、紳士討論水災引起物價上漲如何應付，有紳士說：「廣東現在情形，謂不日即有咸豐四年紅頭之變。」杜鳳治則認為眼下尚不至於，但十年內外必有事，廣東「遊手好閒之人太多，思亂可以有為之人亦不少，皆散處未萃耳。設有仗義疏財、輟耕歎息之奸雄出，攘臂一呼，勢必人如歸市，十萬眾可立致也」。[57]

二、日記反映的中外關係

（一）日記中的西方新事物

西方國家以槍炮敲開中國大門是從廣東開始的。兩次鴉片戰爭中，廣州都蒙受戰火，連兩廣總督衙門也被毀，舊址成為法國教堂的所在地。布政使署這樣重要的衙門，東邊一部分也被法國佔為領事館。同治末年，越南「已被法國佔據數郡」，其時欽州、廉州屬廣東，與越南接界，廣東高官對越南局勢很擔憂。[58] 這些都是杜鳳治目睹、耳聞、親歷並記入日記的。

廣州又是西方新事物傳入中國的窗口。廣州在鴉片戰爭前是唯一的通商口岸，從戰後到同治、光緒年間的二三十年，西方的新事物進一步傳入：外人的洋行、銀行、船塢等紛紛設立，沙面淪為英法的租界，著名的西醫醫院 —— 博濟醫院於 1866 年成立（其前身於 1835 年已建立）。洋務運動期間，廣州建立了同文館、機器局、招商局分局等。中國人開設的洋貨店、西餐館、照相館等改變了居民的消費習慣。西方的外交官、商人、遊客與廣州的官、紳、民有更多的接觸交往，也發生了不少糾紛。廣東人可以隨時到香港、澳門，從而又有機會接觸更多西方新事物。杜鳳治是一位參與對外交涉的地方官員，他又勤於記錄，其日記對了解同治、光緒年間西方事物在廣東的影響是相當有價值的史料。

同治、光緒年間是洋務運動開展時期，廣東在瑞麟主持下也有制器設廠、創辦新式學堂等舉措，小官杜鳳治基本無緣參與洋務，但因其有時跟隨督撫察看地方政務，也留下一些側面記錄。

其時廣東的高級官員因公在省內往來已經常乘坐輪船。如同治十年，瑞麟乘坐輪船前往拜祭南海神廟，日記註明：「此船係中堂發帑自製，僱洋人駕駛已久矣。」[59] 鹽運使署也有專用的輪船。[60] 光緒三年七月，總督、巡撫赴虎門閱看炮臺，半夜乘坐火輪前往，天明可到，當天返回省城。[61] 甚至私人活動也乘坐輪船。同治十三年四月，都司黃添元（捷三）約杜鳳治與番禺知縣胡鑒、廣糧通判方功惠到省城西郊泮塘的彭園遊玩。黃添元表示自己有公務要晚一點到，杜、胡、方三人就租了一條船，以小火輪牽引。回程時，胡鑒乘坐另一艘火輪與杜、黃、方分頭回城。[62] 這說明當時官員使用小輪船已經相當普遍了。

同治十一年五月，廣東得到福州船政局製造的安瀾號兵輪，杜鳳治跟隨瑞麟和一干文武官員去看這艘中國自製的軍用輪船。日記記曰：「據言其船造成共該實銀五十萬兩，工料俱精緻堅固，勝於廣東所製，聞有洋人去看亦云勝於外國所製⋯⋯ 其船妙在無一洋人，皆漢人自為之，一切排場與洋人無異。」[63] 當年十月，杜鳳治又跟隨督撫乘坐這艘輪船視察炮臺。[64] 安瀾號一直使用到清末民初，在歷史上有一定名氣。

日記又記載了同治十一年糧道、海關監督、四營將等一干文武官員到省城外之海珠島「同觀洋人機器，用火輪自能織布、造衣之類」。[65] 以往研究者不知道海珠島這所工廠，作為洋務運動期間的官辦民用企業，海珠島的機器織造廠要早於光緒二年創辦的上海機器織布局，但沒有持續辦下去。日記又記載同治十三年閏六月總督瑞麟、巡撫張兆棟率領布政使、鹽運使、糧道以及廣州知府、兩首縣知縣等官員「赴炮局閱看機器」，「機器係溫瓞園掌管，初製就試演，為鑄槍炮用，與火輪船上各物異曲同工」。[66] 溫瓞園即溫子紹（1834～1907），「於泰西機器製造之事悉心考究」，被瑞麟任用總辦軍裝機器局。[67] 日記又記載光緒三年二月總督劉坤一、巡撫張兆棟等一眾官員「看火藥局所辦之機器」，「此機器局係批驗所大使潘露（號鏡如）承辦，已有兩年，為鑄大炮、裝輪船而設，非比新城炮局只可鑄造洋槍小件也」。杜鳳治也參與了觀看，「遍閱機器，其運用之妙，殆非思議所及」。日記稱潘露係時任福建布政使潘霨（後任貴州巡撫）之弟，一度因採辦洋人機器價格參差被撤任，杜鳳治認為潘露是被冤枉的。劉坤一對機器甚為滿意，杜鳳治估計潘露很快就可以回任。[68]

從日記看，很多外國之器物已進入中國人的生活。杜鳳治已使用鐘錶，他南下赴粵路過上海時就買了一隻錶，花了 10 元。[69] 日記記時間干支、「幾點鐘」並用。他剛到廣州時，「至大新街照小影，中小兩鏡面，計三洋五錢銀」。[70] 其時拍照片價格可說相當昂貴，能消費得起的當為比較富裕的官紳、商人。他又曾為兒子請醫生種牛痘，「送醫生種資洋銀四元，痘漿小孩銀二錢，轎錢五百，揹小孩來之人二百文」。[71] 這個價格也不便宜。

廣州已經有專賣外國產品的商號。他剛署理南海知縣，就遇上徐雲甫、梁月亭開牛欄宰牛發賣，「假洋人名免多費」。徐、梁還在鬼基（按：「鬼基」在今廣州六二三路一帶）高橋腳開設安源泰洋貨店，該店「實無他貨，只洋酒矣」。[72] 如果購買洋酒的只是居住在廣州的外國人，那麼這種生意應由外國商人做，但開店的是兩個中國人，因此，筆者推測這間「洋酒專賣店」的顧客也有中國人，其時中國人已接受了洋酒的口味。

有些外國人甚至還在廣東省城開設娛樂場所，清朝官員為防止「滋事」，對這類事都會設法禁止，洋人為此同中國官員進行了反覆交涉。同治十年四月，總督瑞麟以「鬼基洋人演鬼戲」，且「戲廠中有賭場」，命杜鳳治與督標副將喀郎阿去查看，杜查明確有「鬼基洋人因演戲誘中國人賭博」。可能由於法國人堅持，瑞麟只好與法國領事商定鬼基只准演戲不准開賭。[73] 次年，德國領事照會，要求允許德商在城西黃沙開戲園，瑞麟示意杜鳳治覆照拒絕並出告示禁止。[74] 又有「洋人在四牌樓開門延人看西洋景致」以及「番禺河南地方有洋人賃屋演戲法事」。[75] 四牌樓（按：今廣州解放路）在省城老城中心，督、撫、藩、臬、南海縣等重要衙署近在咫尺。從上述記載看，洋人似乎曾經在廣州開演過「鬼戲」，估計觀眾有限，仍以演中國戲為主，官府對此一再阻攔，但洋人則一再照開。這些戲園主要還是以營利為目的。遺憾的是，我們無法知道所演出的「鬼戲」的具體劇目。

由於口岸陸續開放，廣東原有的社會經濟格局受到衝擊，發生了不少變化，日記也有所反映。同治十二年的日記說：「予初到時，省河大眼雞即頭網船尚多，年深月久俱已霉爛殆盡，非洋人奪其利之故乎！即自澳門、香港有火輪渡，中國之商船絕跡不行，而火輪船俱已大發財源矣。言之可恨！」[76] 幾年後他辭官歸里路過粵北南雄州，以前該州「只收船稅一款有數萬金，今則只二三千金矣。自洋人火輪船盛行，既便且速，官、商多由火船出入，粵省度嶺者十無一二，以故行店坐食賠本，伕子不多，且亦呼喚不靈，客到須坐候伕集，盛衰情形，今昔如判天淵，蕭索至此，猶恐日甚一日也」。[77] 這都反映了輪船航運發展後，廣東原來的水陸運輸業急劇衰落。

其時廣東官、商已通過電報獲取必要信息。但在同治年間廣東還沒有電報，很多重大信息要靠香港轉來，「京信由洋人電報來，最速亦最準」，香港洋人的電線曾因故中斷，致使消息不通，一度有瑞麟要調動的傳聞，但官場無法證實。[78] 同治皇帝去世的消息也是先由外國人傳到廣東的。同治十三年十二月廿八日（1875 年 2 月 4 日）的日記記：

皇上遇天花之喜，均臻康吉，已普施恩澤矣。聽事由省中馳報云：某日英國領事有密信致署制臺張中丞，不知何事。中丞當傳馮首府密語，首府出，又往見將軍，轉拜尚中協（本次日要去看火船，見將軍、拜尚協者，為次日看火船不去也），皆密語。從此外間轟傳英國電報云十二月初六日有非常之變矣，坐省亦竟敢作函與門上通知，恐英國必不敢擅造謠言也。[79]

其時省城到羅定的信件一般要四五天，這封「馳報」的信時間會短些。同治帝去世的時間是十二月初五日（1875 年 1 月 12 日），也就是說同治帝死後 23 日，清朝中級官員署理羅定知州杜鳳治才通過坐省家人得到皇帝已「龍馭上賓」的消息，如果聽事所說屬實，那麼廣東省城的高官也是在同治帝駕崩多日後才通過英國人得知了這一消息。《申報》在同治帝死後 14 日（同治十三年十二月十九日）已報道說：「昨日接得京都本月初六日來書，驚悉本月初五申時大行皇帝龍馭上賓。」[80] 其時香港已有電報，港滬時有輪船往還，粵港每天來往的人員成百上千，廣東高官也會閱讀報紙和通過香港獲取信息，何以廣東官場對同治帝去世這個重要消息知道得如此遲？抑或早有風聞卻不敢表露要等清廷正式的哀詔？但從杜鳳治日記看，他本人確實是十二月廿八日才得知這個消息的。

同治帝死亡信息過了很久杜鳳治才知道，這又說明在同光之際，即使在廣東，外國新事物的影響也不宜估計過高。其時外國輸入廣東的商品，不算鴉片，最大宗、最影響民生的就是洋米了。光緒三年七月因水災引發米價上漲。杜鳳治在日記中寫道：「蓋廣東全賴洋米接濟，現在米價如此高昂（如以他日論，洋人電報甚速，洋米早接踵而至矣），洋米無至者，為五印度年荒，安南洋米均被截留，船無來者，來源不旺，得不日漲價乎！」[81] 不過，其他外國商品，尤其是工業產品，對廣東居民日常生活的影響不如今人想像的大。我們可以根據粵海關對 1860 年與 1881 年幾種進口貨值最高商品的比較看到一些端倪（見表 2-1）。

表 2-1　1860 年與 1881 年粵海關幾種進口商品貨值比較

單位：海關兩

年份	棉織品	米	棉紗、棉線	毛織品	棉花
1860	1546808	1480663	663093	661033	3813938
1861	538344	4839243	1100383	——	818887

資料來源：《近代廣州口岸社會經濟概況》，暨南大學出版社，1995，第 258 頁

以往我們談鴉片戰爭後中國社會經濟變化時，經常會引用外國工業品進口引起某個地方「衣洋布者十之八九」這類史料。但從表 2-1 以及粵海關這二三十年的統計數據看，與居民生活關係特別密切的棉紡織品增長不算迅速，每年價值幾十萬兩、一百幾十萬兩的棉織品，不足以使全省幾千萬居民的衣料發生根本改變；而且，從粵海關進口的外國棉織品還要分銷到其他省份，並非僅供廣東消費。於此可見，同治、光緒之際，即使在開放最早的廣州，外國工業品影響居民生活的情況也不宜誇大。另一個佐證是：杜鳳治日記中為自己和家人購買洋貨、洋衣料的記載極少，也沒有請西醫看病的記錄。

（二）杜鳳治對洋人的觀感

杜鳳治是一個受過系統儒家教育的士大夫、清朝的中下級官員。在當日的中國，他在自己所在羣體中或屬於佼佼者，也具有一定代表性，因此，他在日記中對外國事物和洋人的態度值得一提。

第二次鴉片戰爭時杜鳳治正在北京，但這個時期的日記沒有保留下來，後來的日記也沒有追述英法聯軍攻打京津的事實，但他赴粵前顯然對外國事物接觸不多。日記寫他第一次乘坐輪船時的所見和感受：

> 同諸君看火輪機關，轉動處物件甚多，精妙無匹。下錨、上貨以及取水、磨刀瑣事，無不以機關轉運，不費人力，亦巧甚矣！奪造化之奇！是何鬼物，有此奇妙之想，亘古絕無。人事至今發泄殆盡，吾不知後又將如何。[82]

當日的中國人，第一次看到輪船往往都會有一種震撼之感。孫中山也記述了自己 1879 年（時年 13 歲）第一次上輪船的感受：「始見輪舟之奇，滄海之闊，自是有慕西學之心，窮天地之想。」[83] 不過，杜鳳治的年齡、地位、閱歷與少年時代的孫中山完全不同，所以，他雖然把觀察到的外國新事物記入日記，感歎洋人之巧與奇，卻沒有進一步的探索。

杜鳳治對外國新事物關注、欣羨，但對洋人威脅清朝統治、霸佔中國土地、以蠻橫態度欺壓中國官民是反感的。同治五年九月，他來粵赴任路過香港，記下了香港夜景和自己的感慨：

> 滿山滿江燈火，如萬點星光，真乃大觀！洋房自岸直至山半，又沿岸約數里；夾板火輪百餘號停泊江心，燈火達旦，迨曉猶熒熒未絕也。此地及上海北門外俱為夷人佔去，非我所有，整治改觀，不惜財力。樓閣巍峨，燈火連宵，笙歌四起，遊人如織，不必秉燭，真千古未有之奇，亦千古未有之變，不知伊於胡底！凡事有始必有終，看他橫行到幾時耳。[84]

同治八年十一月，杜鳳治取道香港赴潮陽，途經虎門炮臺舊址，他慨歎：「真為天險，使當事者誠心守此，島夷豈能越此哉？可歎也！」[85] 路過香港時他有機會上岸，再次記下了對香港的觀感：

> 街道開闊潔淨，即漢人開店者亦皆洋樓。其路往往由底而高，蓋本山也。因山作屋，故層層疊疊，背山又逼，以故屋以後又見屋，樓以後又見樓耳。夷人於此設官，照漢例，有督、撫、藩、臬、府、縣，亦延漢人作師爺，又有人帶刀及鞭巡街，因此行人各安各業，無爭鬧者。[86]

從潮陽回省城路過香港的記述是：「夷人夜禁綦嚴，九點鐘不准人行，街衢寂靜，有數紅衣鬼查夜而已。地燈遍處皆是，其明如晝。」[87] 英國人按照本國標準對香港建設、管治，其市容、秩序往往予有思想的新來訪者以震撼，康有為、孫中山日後都談過香港印象對自己改革、革命思想產生的影響。然而，作為州縣官，杜鳳治則更關注英國人在香港的官治和秩序。

同治十一年冬，他的堂弟杜澍（若洲）傳聞乘坐輪船失事，杜鳳治在日記中議論說：「西人數萬里來此，往來如織，若平地然，雖為開闢以來所無，而此道既通，日見其多，不能因其險而不行也。火輪不畏風不畏水，只畏船中失火與遇礁石。如夾板船則非風不能行，風大常壞事。」[88] 儘管他對輪船的了解還比較膚淺，但也明白輪船代替帆船是必然的，即使偶然出險，洋人還是會乘輪船來，中國人也不得不乘坐輪船。

杜鳳治在四會任上，有一次肇慶府發下各州縣文書，「內有法國天主教傳教廣肇羅頭目（駐紮肇、廣府）行文來，為傳教事，恐人不信致滋事端，出示開導，囑代書六張懸掛，並高要一文亦一告示、府一劄亦一告示，來文官封亦照中國樣移文，亦同鈐一長印，上半一十字架，下半左八字右八字，係篆書，乃『聖號遺訓，振道東傳』八字」。[89] 這是法國利用不平等條約傳播天主教的一個例證。清朝官員杜鳳治對外國傳教士的「僭妄」行為非常反感。

有一次，杜鳳治在藩臺衙門遇到外國領事官員會見布政使。日記記下：

> 先進一四人藍呢轎，次進一四人綠呢轎，又一三人小轎。兩大轎出二鬼子，仍照平日穿着，長褲腿、尖鞋，二人帽不同，外罩一黑短衫。藍轎一人，衫上左右肩下有兩盤金圓物，不知所繡伊何。綠呢轎一人，帽兩頭尖，右邊亦有一繡金圓花，左則無。小轎一人，周身着黑，似是僕人，亦非黑鬼。其狀沃若，其服支離，真是衣冠犬羊。[90]

杜鳳治的觀察、記錄非常細緻。在今天看來，這三個外國人的儀表行為並無不當之處，杜鳳治斥之為「衣冠犬羊」，完全是一個中國傳統士大夫「夷夏」觀的體現。

等他任南海知縣後，同洋人打交道多了，受洋人氣也不少，對「洋鬼子」難免又多了一層怨氣。同時，也直接了解、感受到中國各階層民眾對洋人橫行霸道的反感。同治十三年，他在日記中抄錄劉長佑辦理越南情形的奏摺，評論說：「法國鬩於越南，日本窺視臺地，同一意也，狡焉思啟。中國人痛恨洋人深入骨髓，日前通商衙門有洋官去，言天津又有謠言要殺盡洋人，各國無不驚慌，雖無實事，然究不妙，恐不久必有敗約之事。」[91]

同治、光緒年間，歐美人在華有大量的經濟活動，不僅有條約認可的生意往來、產業買賣，而且還有條約沒有規定的投資建造工廠、經營航運（或與華人合資）。一旦錢債、土地案涉及外國人，官員判決時就為難得多。中外都有人千方百計把外國人引入官司，以使獲得有利於自己的裁決。例如，道光、咸豐年間廣東著名的富商兼大官、巨紳潘仕成由於鹽務失敗，被官府查抄家產。其姪潘銘勳與其父把屬於潘家的部分房地產賣給英國人沙宣。潘銘勳父子原先估計潘仕成是奉旨被抄之人，為避免匿留之罪，不敢承認這些產業。誰知潘仕成不甘，一再控告潘銘勳盜賣自己的產業。[92] 租賃這些房產的若干店戶開頭不承認沙宣「管業」的權利，英國駐廣州領事許士（Hughes，P.J.）出面干預，照會廣州各級官員。瑞麟指示承認沙宣的產權，潘氏家族的糾紛另行歸斷。[93] 誰知案情又起新波瀾。美國領事趙羅伯（Jewell，R.G.W）照會瑞麟，稱潘銘勳出售給沙宣的產業，內有潘氏家族早就典與美國人的地段。瑞麟、杜鳳治都認為，潘仕成、潘銘勳叔侄都是有意拉洋人涉入訟案，「明係以洋人挾制官長」；[94] 承審官杜鳳治更是惱火，但又沒有辦法，只好儘量滿足洋人的要求。潘氏叔侄（尤其是潘仕成）涉訟經年，苦累不堪，最後得到好處的是外國人。同治十二年閏六月，「在鬼基擺西洋景攤，據稱出洋十七年」的冼日山慫恿德國署領事福察法發照會干預一宗標的只有百兩的錢債案。杜鳳治認為冼索債無據，「串謀訛索，希圖藉洋人以鉗制官長，殊屬可惡」。但冼有德國人支持，杜不敢懲處。[95] 杜鳳治對這些添麻煩、損官威的洋人，心中自然非常惱恨。

同治、光緒年間發行量較大的中文報紙往往由外國人創辦、華人主筆。杜鳳治到粵後，《申報》《中西日報》《香港華字日報》相繼創辦發行。廣東省城各級官員都會閱讀這些中文報紙。同治十二年，佛山同知喬文蔚違規派出差人辦案（本為南海知縣職權），鄉人毆差致斃，「新聞紙說得差役兇惡至萬分」，廣州知府與杜鳳治商量如何處置，知府命杜先把新聞紙寄與喬看。[96]

杜鳳治很快就對新聞紙有了看法。有一次按察使對杜鳳治說起新聞紙上譏諷杜的報道，杜答覆說：「省城不快意之訟棍甚多，知臬臺看新聞紙，特費數金刊上譏予自命太高、誇張得意，欲臬臺知之耳。」[97] 後來，杜鳳治在日記裏譏諷臬臺作為司道大員不應該喜歡看新聞紙，否則，洋人、小人、無賴人都可以利用新聞紙來播弄、欺蒙，臬臺靠新聞紙了解下屬很可笑。[98] 光緒元年二月，新聞紙言杜在南海任上對白契議罰太重，諷刺杜「善於理財」。又有新聞紙報道「羅定近時被受屈人燒毀衙署，又押死一生員」。杜鳳治非常惱火，寫道：「如果造謠言刻新聞紙為有憑，則人人皆為之矣。洋人不知就裏，唯得銀即為之刷刻，混淆黑白，顛倒是非，莫甚於此，官安得而禁之哉！」[99] 在「新聞控制」這個問題上，杜鳳治算是一位「先驅」了。

瑞麟曾對杜鳳治談道：「有夷人領事官來見，甫坐即由懷中掏出一紙，上寫十姓，云武鄉試求中此十姓，此必廣東人打闈姓，浼其來託情，啖以重利者。」[100] 即使對晚清官場貪污之風司空見慣，開列名單公開要求在科舉考試中錄取也是不可思議之事。在日記裏，多數駐粵外交官貪財顢頇、胡攪蠻纏、喜歡奉承、無法無天，而且還經常兜攬詞訟。杜鳳治認為領事館官員干預案件主要是為了獲得利益。領事館官員出頭往往比一般官紳有力有效，涉案人請求他們幫助，事前事後也會按照慣例予以銀錢酬謝。杜鳳治雖主要以中國官場的經驗看待在粵洋人的言行，但他的記載有很大的可信性。

與洋人打交道是幾面受氣的事（洋人、上司、百姓），且難以謀取任何好處，杜鳳治在日記中所表達的對外國人的觀感毫無疑問是真實的。他的心態，在晚清辦理涉外事務的府州縣官中應有代表性。

杜鳳治在南海知縣任上參與了很多涉外的公務，將於後文第四章予以論述。

（三）「神仙粉」事件

同治十年，廣東發生了一次中外交涉危機。當年五月下旬，廣州、佛山等地訛傳洋人派人在水井灑放「神仙粉」，人飲水後要求洋人醫治，洋人就逼人信教，官府還拿獲了所謂「灑藥」的人。民間一時羣情洶涌，有人聲言要燒毀教堂。各國領事紛紛抗議，瑞麟等廣東官員心急如焚，千方百計平息事態。杜鳳治作為南海知縣秉承瑞麟意旨參與處置，日記相關內容反映出當時中外關係、民眾對外國人的態度以及清朝官員處理中外交涉危機的一般手法。

六月初二日清晨，瑞麟緊急召見司道等官以及廣州知府梁采麟、南海知縣杜鳳治、番禺知縣胡鑒等官員討論，其時武營已拿得一「施藥粉」的婦女梁何氏送交南海審訊，番禺又拿得一男子郭亞元。民間哄傳，以訛傳訛，匿名揭帖各處出現，至有拆毀外國教堂之謠言，佛山更甚。瑞麟指示廣州府、兩首縣立即發告示安民，緝拿「施藥」者與造謠者，但告示內容不要牽涉洋人。[101]

英國領事許士致函瑞麟，要求中國官員迅速彈壓，瑞麟即命人將許士的信帶交杜鳳治及其他主要文武官員閱看。安良局的官紳調查各鄉，得知「各鄉尚屬安靜，亦實無食粉致死者」。瑞麟又命自己的幕僚另擬告示稿，宣佈「造言生事者斬」，並懸賞捉拿「首先起事、揑佈蜚言之人」。後瑞麟收到美國領事館官員的一份申陳，附有佛山刊刻的揭帖兩紙，係抄寫的四言詩，署名是「除暴安良護國佑民大將軍官夢鐘」，詩中說「廣東無福，遭夷淫毒，為今之官，番鬼奴僕，受鬼使令，有如六畜」，瑞麟也發交杜鳳治等一干官員看。此時，有人又報稱在省城河南某處見一人將藥灑放井中，哄動了許多人。杜鳳治對外國人授意施放「神仙粉」之事半信半疑。瑞麟要把捉到的「人犯」正法以威懾民眾，但杜鳳治表示：「番禺所拿之郭亞元予不知，即如梁何氏、劉吳氏，一老婦、一愚婦人耳，未必受僱分藥者，無非見人分藥取得一包耳。供詞如此，雖人情叵測未可知，但究無實據，殺之未免不忍。」[102]

其時有傳言外國人將保釋施放「神仙粉」的人，毀教堂的謠言越傳越烈。西關又報稱有「將藥丟入井中」之梁亞福被扭送到文瀾書院，千餘民眾聚集書院外。紳士表示要把梁亞福送官究治，但聚集的民眾鼓譟說送官後法國人必來保釋，要把梁亞福打死，紳士不得已，將梁亞福推出，眾人擁至大門內，石子木棍齊下亂毆，頃刻殞命。但日記也說「梁亞福素有瘋疾，紳等問其所擲何物，供係石子，何人授與，無有實供」。[103] 顯然，梁亞福是個無辜者。

佛山也傳言吃了「神仙粉」的有千餘人，卻並無死者。杜鳳治認為事情沒有那麼嚴重。但瑞麟認為，揭帖不僅針對洋人，還「辱詈官長至於斯極」，怎可說無事？英國領事許士又建議瑞麟以總督名義再發單銜告示。瑞麟一再表示擔心鬧成去年天津教案一樣的事件，自己和各級官員都會受懲處。杜鳳治說了一些讓瑞麟寬心的話，建議儘快公開處決郭亞元和自認施藥、平日唸咒誦經為人治病的婦女鄭曾氏以平息民憤，瑞麟點頭。鄭曾氏的口供是：「惠州人，寡居，年五十六歲，一身在小北門住，現遷東校場，平日與人拜神畫符，醫治小兒病症。因六月初一日在校場口遇一不識姓名的男人，給與神仙粉一包並銀五兩，令往東便一帶村莊分派，業已分派殆遍，初三日午刻至東關百子橋地方，正把神仙粉施送，被人看見叫喊，把該婦人捉獲亂毆，神仙粉搜去，牽至東校場將其丟入水塘，適差役巡到，將其扶起解案審訊。」不久後郭亞元被處斬，鄭曾氏則傷重身死。[104]

派往佛山調查彈壓的游擊黃龍韜（小姜）回來向瑞麟報告，佛山有揭帖，「上畫四人，又畫四狗，題云：『看似人，實似狗，實在非狗，是謂分府與五斗，都司、千總不知醜，日日與教堂看門口。』」許士致瑞麟的信「言佛山尚要拆教堂並戕官之言」。[105] 佛山人煙稠密，但官府力量遠不及省城，所以，瑞麟把佛山作為關注的重點。

官府的告示聲言要查拿施放「神仙粉」和散佈謠言、張貼揭帖者，卻沒有特別說明外國人與「神仙粉」無關，於是英、法領事都發照會抗議，甚至有「齊欲發兵來省自行拿辦造言污衊之人」的傳聞。瑞麟越發緊張，又擔心土匪乘外國兵來之機作亂搶掠。杜鳳治認為外國人只是空言威脅，「伊所云兵船將來者，純是虛聲恫喝，看光景即不為出示，亦未必來，即來亦不能到即開炮亂打。伊要拿人，何處拿起？我們俟其船來時，先問其起此無名之師何意，伊必云中堂不為洗恥，自來拿人泄憤；則又問他我們和好條約上並無外國人可拿中國人之理，如外國人而拿中國人，我們中國官亦可拿外國人矣。此事不在條約約之，須大家移文通商衙門請示核辦，如要打仗，亦俟通商衙門信到再打。且私意揣英、美、布各國亦未必任法國人橫行也」。杜鳳治這番話反映出他對中外交涉的天真無知，不過，他只是下級官員，不知道也難怪。瑞麟已拿定主意對外國人「從權曲意順從，為目前苟全計」，於是又命令將拿到在佛山張貼揭帖、長紅的任亞興先行正法。任亞興供認並不知道「神仙粉」之事，「不過藉洋人為名鼓眾鬧事耳」。[106]

這時，省城官場上下已亂作一團。任亞興所供「神仙粉」與洋人無干、污毀洋人是為製造作亂機會，這正是瑞麟需要的，準備出告示稱洋人與此無涉。但官員擔心這個告示百姓不會信，反會激起民變。外間流言法國人帶來「神仙粉」四千箱，胡鑒審問任亞興時所記錄之供詞有「神仙粉」來自香港的話，瑞麟一見便大怒，認為胡鑒並未體諒自己洗刷洋人、消弭大禍、維持大局的苦心，這樣的供詞傳出去會引起人心變動，質問為何不用嚴刑把供詞打回去。如果出現民變，官員要受處分，洋人打過來，土匪即起，廣東頃刻變為焦土，官員性命也不可保。要求官員不要怕因向洋人讓步而引發民變，如民間生事可以調兵辦理。諭令胡鑒、杜鳳治等官員加速審訊，儘快獲取「與洋人無涉」的口供，然後公開，並回覆外國領事。[107]

按照瑞麟的指示，杜鳳治帶領兵、差押送任亞興、沙亞滿到佛山處決，不久，被指為任亞興指使者的蘇亞貫也被捉到，瑞麟命按照對待任亞興的辦法將其儘快處決。瑞麟對殺人後局勢迅速平靖很滿意。[108]

在 19 世紀 70 年代，「神仙粉」這類事件很多地方都發生過，就常識而論，說外國傳教士或其他外國人授意施放「神仙粉」毒害人逼中國人入教，經不起推敲。但由於民眾痛恨外國人尤其是外國傳教士干預褻瀆中國傳統禮俗和民間信仰，又不滿官員事事畏懼順從外國人；加之其時絕大多數民眾缺乏科學知識，愚昧迷信，因為誤會（如瘋人梁亞福往水井丟石頭）或有人故意煽動（如蘇亞貫），「神仙粉」事件就造成了廣泛的社會恐慌。社會下層也確存在某些希望發生動亂的人，他們同時把矛頭對準洋人和官府，指責官員的言辭甚至更為尖銳。民間廣泛的敵意、不滿一觸即發，造成嚴重的事件甚至動亂是很容易的。

較之杜鳳治等下層官員，瑞麟「委曲求全」「穩定大局」的想法更為強烈，他曾與英法聯軍作戰，對外國人心懷畏懼，[109] 比未與外國軍隊交過鋒的官員更怕洋人，只求外國人沒有藉口擴大事端，相安無事，為此不惜一再順從外國領事的要求，向下屬施加壓力。對胡鑒記錄的供詞生氣，以及急於處決供認「神仙粉」與洋人無干、散佈揭帖是為製造作亂機會的任亞興，都是為儘快對外國人有所交代。

但同時，官員對民情也必須有所顧及。如果處置不當，也會鬧出大亂。所以，郭亞元、鄭曾氏就成了平息「民憤」的犧牲品，所謂施放「神仙粉」的供詞肯定是屈打成招。瑞麟並不在乎口供是否屬實，不在乎是否冤枉，只在乎口供是否符合他維護清朝在廣東統治秩序的需要。對地位低下的小民自然無須顧惜，幾個人「無札無文，憑空請令」就被押去殺頭，連「就地正法」的簡易程序也沒有走。梁采麟、杜鳳治等官員雖曾勸諫瑞麟不要輕易處決太明顯無辜的人，但他們也不反對借幾個人頭平息事態。

「神仙粉」事件發生之日，正是晚清教案進入高發期之時，此事在廣東演變成一場教案並非不可能。但由於瑞麟不惜代價迅速處決「施藥」者（可以肯定是無辜者）與造謠者，千方百計在不得罪洋人和「順從民意」中間尋找平衡點，終於把民間的反抗壓下去，避免了一場大教案的發生。

三、日記中的廣東民生禮俗

（一）對社會生活細節的記錄

前文說到，杜鳳治宦粵期間是晚清廣東相對安靖的時期，不僅沒有波及全省的戰亂、動亂，也沒有大面積、持續時間較長的自然災害，這十幾年廣東還算風調雨順。光緒二年，杜鳳治稱自己「來此整有十年，無一荒歲」。[110] 日記多處記載了年穀豐登的景象，同治八年早稻豐收，穀每百斤只值銀六錢。[111] 雖有「穀賤傷農」、增加田主繳納地丁負擔的問題（因為交納錢糧要用銀），但自清朝中葉開始廣東就已需要大量糧米輸入，米貴是引發社會不安的重要因素，因此，連年豐收也是這十幾年廣東相對安靖的重要原因。

杜鳳治對廣東富於他省很有感慨。有一次，他因省城一次演戲就花費幾百兩銀，議論說：「所費不但可作中人之產，在鄉村可作一素封之家也。予謂廣東誠為美地，即如此舉，他省恐不能。回憶賊匪橫行軍務各省，朝不保夕，安能夢想及此？即現在軍務已靖，瘡痍未復，亦斷無餘力及此。」[112] 杜鳳治在廣東當了十幾年官，對廣東的高物價已經習慣，所以，當他因病辭官離開廣東進入江西贛州後，見物價便宜，感慨「牛羊雞鵝豬魚鴨，柴米油鹽醬醋茶，及市中食用，粵東無一物不貴者（省中更甚），天下所無也」。[113] 日記很多地方反映了廣東的物價水平要超過他的家鄉浙江。日記記載，「浙江幕脩甚微，如嘉興大缺，刑席脩脯六百元為最多耳」，浙江幕客的收入遠低於廣東。[114] 在咸、同年間的大戰亂中，浙江所受破壞較廣東嚴重，同、光年間的恢復發展也不如廣東。幕客收入的差異主要是由兩省經濟水平和物價水平決定的。因為廣東富庶，所以從司道、州縣到佐雜都希望到廣東任職。

其時廣東商業也逐漸恢復和發展。同治八年，杜鳳治得知四會附近的水口厘卡一次上解 5000 兩銀，兩個月收入就相當於四會一年的地丁，於是感歎說：「會邑雖小，縱橫亦百餘里，一年徵賦不及一水口出入商賈貨物之厘頭，予以為嗣後何必徵收，只設局抽厘足矣。每石糧抽幾何田賦，亦何嘗不可抽厘哉？可哂可歎也！」[115] 厘卡收入高反映了清朝對商人的盤剝，但也反映了商業、交通的發展，如果社會動亂、民生凋零、交通阻塞，厘卡就不可能穩定地獲得大量收入。

同治五年，杜鳳治從北京取道天津、上海、香港到廣東赴任；同治九年，杜鳳治從省城赴潮陽催糧；他任廣寧、四會、羅定的州縣官，經常舟行西江；光緒六年九月，杜鳳治與家人取道北江跨梅嶺，經江西回鄉，水陸兼程，旅途艱辛，共用了 80 多天回到浙江山陰。每次行程，他都對沿途陸路、水道、城鎮、名勝、風景、船費、旅館住宿費、飲食費、挑伕費、居民生活、各地物價等做記錄。例如，同治五年的日記記下：乘坐輪船從天津至上海每人船票價 19 兩；在上海住店每日房飯大錢 280 文，杜鳳治認為「可云貴極，別處一百六十至足矣，而所吃僅一粥一飯」；由上海乘輪船到香港每人票價 15 元；由香港乘輪船到廣州坐「樓上」每人票價 1 元，坐「平面」每人票價 6 角。[116]

又如，光緒六年九月辭官歸里時全家老小、家人坐轎過梅嶺，「予與太太大轎伕每名行中實給三百文，賬上每名開六百五十文；擔夫一百卅餘名，每名行中給錢不過一百數十文，賬上開每名三百數十文。他如保伕、伕頭、行中夥友各費以及行李上河、行李安放，行中無不要錢、無不加貴，共計銀四十餘兩」。[117]

日記記錄了廣東米糧價格。同治十年初冬，米價上漲，杜鳳治記，省城米價「上白每元銀買得廿五斤，次白每元銀廿八斤，下白每元卅四斤。合成上米每百斤銀二兩八錢五分，次白百斤銀二兩五錢十分，下白百斤銀二兩一錢五分」。[118] 比較同治八年的穀價，該年米價顯得比較高。光緒三年，廣東米價每斤需四十六七文，廣西每斤僅十七八文。但廣西境有厘卡七道（廣東各厘卡不抽收穀米厘金），所以廣西往廣東販米，除去厘金反要虧本。[119] 上述兩年的米價都是因高於平日才被記入日記的。

日記還提及省城米糧的消費，據此有助於推算其時廣州的人口。關於晚清廣州城人口有各種不同的數據，1882～1891 年海關的十年報告估計廣州人口有 160 萬～180 萬。[120] 這個數字恐怕過高。杜鳳治調查過米埠的糧食售賣數量：省城地面人口「每日須食米七千石左右，此則文武各衙門、河下往來船隻、疍戶人等、洋人地面尚未在內」。[121]7000 石約折合今 80 多萬斤，從米糧消耗估算（其時一般人只吃兩頓飯，而且糧食不止大米一種），再加上食米並非來自米埠的人口，廣州人口超過百萬是完全可能的。

日記幾處記錄了廣州房產的價格。前浙江鹽運使、著名紳商潘仕成因為鹽務失敗被抄家，官府決定把潘家在西關聚族而居的大宅院出售，總督瑞麟親自定價 38000 兩，杜鳳治作為南海知縣具體執行此事。這所宅院因為價格太高沒有人買得起，後被西關商人管理的愛育善堂以 3 萬多兩的價格購得，作為愛育善堂的「公局」（辦事場所）。[122] 潘仕成的宅院是超級大豪宅，但如果折合糧價，也只相當於兩三萬擔白米。道員沈映鈐的公館，號稱廣東省城第一大房子，出售價格是 4200 兩銀子。[123] 潘仕成、潘銘勳涉訟的 68 間舖屋，總價是 27710 兩銀子。[124] 這批舖屋位於繁華商業區，平均每間價格為 400 多兩。但較之房價，廣東省城房租價格貴得多。同治八年，杜鳳治的幕客金玉墀（楚翹）在省城租了一處小房子，每季度房租 15 元，且並非按月交租，即便住幾天也要按三個月算。[125]

日記有不少買書的記錄，比較房價和書價，今人很可能會覺得晚清的書籍貴得離譜。廿四史一部，白紙價 160 兩，黃紙價 140 兩，還都須自行裝訂，加裝箱 200 兩以上。[126]《通志堂經解》一部價 200 兩。[127]《全唐文》一部 200 餘本價銀百元，「皇朝三通」一部價銀百兩。[128] 也就是說，買兩套廿四史（連裝箱）或四部「皇朝三通」的錢，就可以在廣州繁華商業區購買一處舖屋。宦粵時，杜鳳治同方功惠軟硬兼施逼迫潘仕成租借書版印刷了一批《佩文韻府》，回到紹興後杜送了一套給女婿陳仲和，陳「大喜過望，踴躍歡忻」。因為一套《佩文韻府》「極便宜需三四十金」，陳雖富家，也捨不得買。[129]

當時還沒有近代意義的郵政，信件通過信局、馬差等寄送。同治七年，杜鳳治託錢莊轉寄兩封京信，寄給周星譽（叔雲）的一封因為頁數多，且有重要文件，所以要四千文，另一封要六百文。[130] 光緒二年，杜鳳治派專差從羅定送信給岑溪縣知縣壽祝堯（玉溪），「給工食銀九錢，限八日來回」。[131] 杜鳳治派到省城在督署前開設駐省機構的施高、潘泰，僱一專差函告杜鳳治回任南海已為定局的消息，「足費五兩零」。[132] 這封信很重要，要專人加快送到，郵資就特別貴。

一些有關金融、貨幣的記錄也很有趣。杜鳳治在京城習慣使用咸豐年間的大錢，同治五年到粵赴任。剛出京就記：「出京至俞家園（出砂鍋門三十里）已純用銅制錢，每兩銀（漕、庫等平）僅換京錢二吊四五百文。自鑄大錢以來，留京十餘年，不見用制錢，今忽睹之，猶有舊時風景也。」[133] 路過上海時又記下：「上海均用規銀，規銀者，較京中常用松江銀尚可每兩申出五分，其平較京平亦可每兩申出二分，以京平九十八兩作為百兩。」[134] 日記中的大量類似記錄，對研究晚清貨幣、財政、經濟和社會生活具有參考價值。

日記記下不少社會經濟史研究者會感興趣的細節。例如，杜鳳治在南海知縣任上，處理過一宗「長生會」案件。南海縣神安司劉某牽頭設立了一個「長生會」，辦法是每人每次收銀 6 分，共收 180 次計 10 兩 8 錢後不再收，如有喪事，會中給予 20 兩喪葬費。數以千計的人入會，但劉某等會首後來無法兌現承諾，於是引發三四千人鬧事，將劉姓所住房屋及宗祠拆毀，又攻打其他會首居住的村莊，土匪也乘機搶劫。杜鳳治一面設法彈壓，一面通過紳士處置，設法將會首家產查清變賣。根據長生會細賬，會友所交每銀一兩可歸還四錢。[135] 這說明晚清已有規模頗大的民間互助、互濟的金融活動。當時，喪葬對一般居民而言是一項很沉重而又不能不開支的負擔，因此劉某的「長生會」才有如此大的吸引力。但劉某的承諾，是不可能兌現的。後來查出長生會有「主會人」軍功彭盛華，彭的背後還有進士黃嘉端父子。[136] 這些紳士在舉辦「長生會」時不可能不謀私利。後來，杜鳳治又處理過佛山染紙色行東家、西家（僱工）的一宗訟案：

> 此案經前縣斷結（西家必欲東家用染色人聽其指揮，一味把持挾制，不許東家自用人，不遂所欲，數眾罷工涉訟。其實西家為首皆非工作人也），如用三人，准東家自用一人，用西家二人；收徒亦只許收一人，照斷相安日久。去年西家刁翻，又經委員照前斷斷結，乃西家又翻。昨請姚朵雲訊斷，謂西家言結上無「遂志堂」三字，不肯遵斷。遂志堂者，西家自立名目，凡工作人入其堂（必是捐入堂也），禡首派令各處工作。本有生色行，凡染紙如色綾行、聯輿行，所用工作皆由生色行出，自立遂志堂，東家不堪其挾持，以至多事。朵雲昨晚見予言：「予前於結上塗去遂志二字，故又翻控。」予言明日親自提訊，諭原差將兩造暫留一日。自海關回，不得不看卷，見卷頁繁多，毫無頭緒，且其名目、情由多不可解，看至一半，尚不知其為何事，迨全卷閱畢，略略懂得伊兩造所爭之故。外面伺候已久，即出堂判一切仍照前斷，唯將遂志堂名目革去，不准復設，嗣後東、西和好，毋得再生事端，如敢再翻，定將起意為首之人嚴辦，以儆效尤。飭令具結，否則將西家收押。堂判傳出，兩造均具結完案。[137]

從這段記載可知，其時佛山染紙色行西家行會有脫產的專職首領，並有同東家、官府博弈的一套辦法。杜鳳治的判決偏於東家，但他對行會內東、西家的關係和矛盾很不熟悉和不明白。

（二）各種祭祀、慶典

作為州縣官，杜鳳治的一項經常性的工作就是進行朝廷規定的拜祭（如拜祭萬壽宮、同治帝的祭奠、歷代皇帝皇后忌辰的例行祭祀等），定期祭祀該州縣入祀典的各個神廟，不屬於「淫祀」的當地神靈也入祭祀之列。因此，只要杜鳳治本人在衙門，每月朔、望，日記基本上有到各廟「照例行香」的記錄。杜鳳治還參與、目睹了各級上司的祭祀活動。日記對這類祭祀做了詳略不等的記載，可為清代祭祀典禮研究提供系統的參考資料。

這些官方的祭祀活動非常頻密，現以同治八年春杜鳳治在四會知縣任上的祭祀為例。當年元旦，作為知縣，他「五鼓朝服率領同城文武各官詣萬壽宮望闕叩首朝賀。更蟒服詣聖廟、文廟、武廟、天后宮、五路廟、真武廟、城隍廟、包公祠，衙內土地祠、灶神、倉神、五樹將軍各行禮」。這個月除元宵日的照例行香外，還有多位先帝先后的忌辰要祭祀。二月份的祭祀活動更頻繁。初一日照例行香。初三日是文昌帝君聖誕，天未亮就到文昌廟率屬祭祀。初五日，「寅正三刻起來，恭詣聖廟行釋菜禮……予獻至聖先師暨複、宗、述、亞四聖，正副老師分獻東西兩哲，典史、把總分獻兩廡。禮畢，二學官、捕廳又祀鄉賢、魁星、土地神，未大祭，先祭後殿」。初六日，「黎明率捕衙、城守詣鳳山堂借地恭祀社稷，又詣南門外沙尾東岳廟借地沖大門祀風雲、雷雨、山川神祇，並祀城隍；又率捕廳祀包公及衙內土地、尊神」。初十日，祀天后，又祀明都御史、總督談愷、王鈁。十三日，春祀文昌帝君。十四日，春祀祝融火神。十五日，武廟關帝行春祭禮，照例各廟行香。廿四日，清明。廿六日，孝昭仁皇后忌辰。[138] 這些頻繁的祭祀是清朝把統治秩序深入州縣的重要禮儀，杜鳳治本人也非常重視，為籌辦和舉行這些祭祀活動花費了不少時間、精力和錢財。

同治十一年，總督瑞麟立下新規定，省城朔、望聖廟和文武二廟行香，官員皆須親到，可見此前有些官員會缺席。當年正月十五，首縣知縣杜鳳治寅初即起，到天后廟等候，然後四處行香。二月初一，也是如此。按慣例，初一先到文廟，十五先到武廟，文武廟由總督、布政使輪流去，按察使、鹽運使、糧道、廣州知府等則分別到文昌廟、天后宮、城隍廟、龍王廟，兩首縣知縣就到風火神廟。省級高官往往不親到，委員代理，但重大祭典，高官也到。當年因為萬壽宮新維修，二月初一祭祀後，瑞麟還率省城大小官員到此恭聽聖諭。二月初三的上丁祭，恰好又是文昌聖誕，由總督主祭聖廟，布政使主祭文昌宮。初四日總督主祭東門外神祇壇，巡撫主祭西門外社稷壇。[139]

然而，瑞麟的規定並未改變官員缺席祭祀的情況。如光緒三年七月十五日照例的三廟行香，總督劉坤一、布政使楊慶麟都告病缺席，很多官員也以各種理由不來。[140]

日記多次記載對南海神廟的祭祀。南海神廟位於省城東南 80 里處（今廣州市黃埔區廟頭村）。「每歲春秋仲月壬日致祭南海廟，主祭官具蟒服，行二跪六叩頭禮⋯⋯ 每年十月內，巡撫擇壬日照例致祭一次」。[141] 但存世的南海神廟文物、文獻對南海神廟的例行祭祀記載很少。杜鳳治的日記記下，每年八月的例行祭祀，「照例應藩憲往承祭，番禺隨往陪祀」，但布政使有時也委託廣州府理事同知或廣糧通判代祭。[142] 日記提及巡撫蔣益澧、張兆棟乘船往祭南海神。同治十年，瑞麟兼署廣東巡撫，十月到南海神廟祭祀，杜鳳治作為首縣知縣陪同，日記用了 1200 字描寫自己隨祭的經歷。因神廟外河道水淺，南海、番禺知縣事先令在泊船處搭成浮橋九十丈，僅這座浮橋就花費了二三百兩銀子。瑞麟乘輪船，預祭的文武官員提前乘船到廟外河道停泊等候一夜。等次日瑞麟到達，登岸進廟拜祭，行三獻禮畢，瑞麟先回船返程，其他各官也乘自己的船回省城。[143]

官府還有不少臨時性的祭祀、祈禳。例如，同治十一年三月，廣州一帶天旱不雨，總督瑞麟及一干官員連續多日祈雨。先是十二名幼童，「唸雨經，設大八仙桌兩張，按八卦擺列，用五色旗幟八幅，亦按八卦，令幼童執旗，按方位站立、參互行走」，司、道、府、廳各官到大佛寺看幼童演練。本來，番禺知縣應到龍王廟井中恭請聖水（白雲山龍王廟在番禺境），但其時番禺知縣胡鑒不在省城，杜鳳治代替胡鑒於三月初七日晚上打火把前往白雲山龍王廟井中取得聖水。初八日天明，瑞麟及以下文武各官到城北觀音山龍王廟，杜鳳治把聖水瓶安放在大殿的香案上，瑞麟率領各官三跪九叩，十二童子唸經走旗，少頃又讀文告，僧道唪經，整個祈雨祭祀花了大半天。[144]此後仍未下雨，各官又在東門外神祇壇祭祀雲雨風雷、名山大川、本境城隍之神，並下令禁屠宰三日。十六日下雨，但不多，瑞麟及各官乃步行到神祇壇祈雨。[145]有官員獻議「蜥蜴祈雨之法」；有人又說觀音山五層樓新維修，「全壁皆紅色，且新，此係坎位，火氣過重，旱言必有旱災」，提議在五層樓「設壇建醮誠祈，並豎一黑色旗，上畫一白圈，取天一生水之義，三日內必有雨也」。杜鳳治就設法找到蜥蜴、童男，在城隍廟祈雨，藩、臬等高官再上白雲山祈雨。[146]上下折騰不已，到三月二十四日後，終於等到連降大雨。其實，廣東春旱不可能持續很久。官場連續的祈雨活動，可以反映出官場文化以及當時社會的思想水平。

同治十一年五月初一（1872年6月6日）發生日食，督、撫、司、道、府「各衙門延僧道鳴鼓救護，初食，出大堂對日行三跪九叩首禮」，杜鳳治也虔誠地參與。[147]他從《瀛寰志略》等書得來的有關太陽、地球、月球的新知識，並沒有使他對祈禳儀式產生懷疑和提出異議。

杜鳳治在廣東續弦的妻子陶氏是生長於廣東的浙江人，「粵人信鬼甚於江浙，即一小家、一小舖、一破船，每日燒香無算。在衙門、公館，恭人敬奉神鬼。然粵人風俗，門有門官，檐有『天官賜福』，神廳除『天地君親師』供正中，左為財神、右為歷代昭穆宗祖外，正中桌下供五方龍神、地主貴人。至於灶神，則家供奉、普天同之者也」。杜認為「粵中所祀，尚存古禮」，回到浙江家鄉後，仍讓陶氏按廣東風俗祭祀。[148]

日記記載了不少民間祭祀、賽會活動。同治八年八月，杜鳳治在省城候缺，曾目睹城中心雙門底大醮盛況：

> 至藩司前一直抵雙門底，兩邊所懸掛除燈外皆作成人物，每方約長七八尺，內人物七八九枚不等，合成一齣戲。其人面貌生動，喜怒如生，間能動則暗洋鼠牽引使然，衣冠、宮室、雜物以及刀劍、盔甲均極

鮮明。廣東呼人物為公仔…… 外縣亦偶有其事，雖俗亦南徼勝景也。藩司前直通雙門底，一路皆布篷，雙邊中間均懸公仔斗方，不下數百方。至雙門底，則搭花臺，臺不甚高，其邊皆雕鏤木板，四面及頂，高約如三層樓，仰望墮幘。其寬如街，其長則有七八丈。臺上前臺空空，後一臺正唱小清音…… 唯前後兩副錫五事，兼嵌玻璃，內雕人物，高如予一人又半。在後臺者略矮。此物雖不稱奇，亦云罕覯，晚間上燈更可觀。[149]

雙門底每年大醮有一定羣眾基礎，各店舖東主擔心鬧事、火災，本不是很願意舉辦，但「各舖手作工夥則專望此快樂數日」，官府屢禁亦徒然。[150]日記還記下了城隍聖誕的盛況：「都城隍廟神聖誕，昨夜在廟坐地過宿不下萬千人，廟中廟前已滿，直坐至清風橋、雙門底。」[151]

同治八年的龍王廟賽會，被督、撫分別招請入衙署。[152]日記記載了其他多次「官民同樂」舉辦大規模巡遊慶典的盛況。如同治十二年正月初六立春的「春色抬閣」：「南海屬各行頭制抬閣三十二臺，各頭役部勇數百名。各同官觀者，謂南海有藤牌手四十名，俱袒右臂持刀，左手持牌，其臂肥且白，粗如栲栳。竟能挑選四十名之多。」因為周邊州縣早知道消息，外地來者甚多，「道旁及東郊觀（者）不下百萬人。先日刻賣經過路程單，經過之地，兩邊房屋無不租賃與人搭臺觀看，男婦雜沓，舉國若狂，竟有一樓房租十餘洋銀者…… 」巡遊從南海縣署出發，到番禺縣署，經府署、學院、臬署，再經撫署進入督署，穿行出督署後，抬閣隊伍又繞行到各司道衙門，由東向西行再次進入督署，總督瑞麟在儀門外坐看。全部隊伍出東門到演武場，然後祭祀芒神（太歲神），祭後各官回自己衙署。[153]當年是雙春年，十二月官府出面飭各行再舉辦一次迎春抬閣，早在一個月前兩縣就派出差役催辦，「南海三十臺，番禺二十臺」。在省城的地方官由知府起到河泊所止都參與迎春儀式，每個衙門「儀仗執事、裝潢修整、僱請人伕」，至少要費數十兩銀子。事前知府和杜鳳治確定了巡遊路線，保證總督、巡撫等高官及其親屬可以在衙署觀看；將軍、副都統以巡遊線路不經其衙署派人來詢問，杜鳳治表示可以安排。巡遊時，百姓把官員也作為觀看的對象。[154]這種大規模的巡遊活動，既反映了官民的信仰和社會風俗，也體現了官府在省城的管治能力。兩次春色抬閣大巡遊，觀看、參與的人有數十萬甚至百萬之多，但日記沒有說出現較大事故。

（三）官、民與戲劇

因為不少演員參與了咸豐年間的洪兵起事，廣東官府一度禁止演戲，後來也沒有明令開禁。但因為官員娛樂、慶典的需要，特別是總督瑞麟喜歡看戲，在同治中期戲劇已成為城鄉文化生活，特別是官員、富商文化生活不可缺少的內容。日記多次記載總督、巡撫、布政使、按察使等高官因升官、到任、離任、生日設戲宴的事，兩首縣都要出力出錢，因為「戲班歸南海管轄」，[155] 所以杜鳳治通常是這類戲宴的主要操辦者，並承擔大部分費用（一般是南海負責六成，番禺四成）。

同治十一年慈禧太后誕辰，瑞麟在督署演戲三日，「向來每逢萬壽慶辰，中堂演戲三日，兩縣所費約千金」。[156] 可見遇有重要皇家慶典，在督署連演數日戲已經成為慣例。同治九年鄉試後的鹿鳴宴有演戲，後省中高官公宴主考，「即在主考住之行臺演戲一日」。[157]

官場演戲相當頻密。同治十年七月，瑞麟被授為文淵閣大學士（後轉文華殿），省城各官為慶賀共送戲宴。[158] 七月十二日慈安皇太后萬壽，演戲三日，杜鳳治「初次聽廣東戲班」，但他對廣東戲評價不高。[159] 同月廿八日，省城眾官餞別剛來即調走的巡撫劉長佑，設戲宴於省城大佛寺。戲班本來定好廿九日到香港演出，大佛寺的戲宴結束後，戲班就立即去碼頭登上赴香港的輪船。[160]

公宴演戲花費大，白銀數百两只為一天用，不僅兩首縣要花費大筆銀兩，有時瑞麟自己也出錢。同治十年萬壽演戲，瑞麟詢問戲班，得知官府令戲班演戲，兩首縣每日只給 40 元，民間則要給 200 元，於是「諭令好演，每日除首縣四十元，本署外賞百元」，杜鳳治後來知道瑞麟為這三天戲花費了 300 元。[161] 即使加上瑞麟的賞銀，戲班的收入仍低於為民間演出，平日杜鳳治付給戲班的價錢只及民間的 1/5。可見官府命戲班演出實際上是一種「官買」或變相徭役。

同治十年末，瑞麟下諭擬次年正月十二日現任官團拜時在大佛寺善後局後廳演戲，費用由藩臺以下各官分攤，「如不敷兩縣包圓」。瑞麟還命傳周天樂戲班正月十六到十八在督署演戲，十九日傳連高陞班進督署演出，二十日則傳周天樂班在大佛寺為原按察使孫觀陞任直隸布政使餞行。但周天樂班預定了正月十二日到澳門為洋人演出，於是又命傳普堯天班。杜鳳治還對省內其他戲班演員、行頭等做了比較。[162] 演戲不僅要請戲班，還有費用、場地、宴會、排位、治安等事務，杜鳳治連日與番禺知縣胡鑒以及瑞麟親信廣糧通判方功惠商議、籌備。廿二日，胡鑒又在番禺縣署演燈戲，廿四日讞局委員、知縣聶爾康等公請海關監督崇禮。二十六日，布政使鄧廷枏在自己衙署演戲為孫觀餞行。事後，瑞麟對兩縣籌辦的燈戲很滿意。[163] 同治十二年瑞麟生日時，各官送戲祝壽，在炮局搭戲臺演戲。後來，瑞麟又在督署演戲三日酬謝各官賀壽之情。[164]

瑞麟去世後，接任的兩廣總督英翰排場比瑞麟還大，跟隨來粵者「上下約百餘人，幕中星、相、醫無所不有，太夫人最喜聽戲，聞戲班亦帶來」。[165]

其他高官也喜演戲。同治十二年二月初四，新任布政使俊達宴請前任鄧廷枏以及除督、撫外的各級文武官員。當日是杜鳳治母親忌日，他本不想參與，但作為俊達下屬，且身為首縣知縣，不得不出席戲宴。[166]

其時送戲已成為下屬巴結上司的慣例，省城以外各官也如此。杜鳳治調署羅定知州，赴任路過肇慶，就與高要知縣孫鑄（慕顏）商定，知府瑞昌的太太、道員方濬師的老太太生日，請檔子班演出，杜、孫各分擔一日，每日洋銀 60 元，較省城的「官價」多 20 元。[167] 即使多 20 元，戲班收入還是遠低於民間演出。

中下級官員也經常為自己的喜慶演戲。如同治八、九年間，杜鳳治作為催糧委員出差潮陽，潮陽知縣張璿為其母祝壽演戲三日。[168] 在潮海關當委員的小官婁鳳來兒子考中秀才，為此斷續演戲十幾次慶祝，其中一次連演三天。[169] 杜鳳治在羅定任上時，曾請一男女檔子班大喜班來衙署演出，在三堂特地搭建一小戲臺，還請同城官觀看。吏目鐘詰也請大喜班清唱請客。

杜的下屬、州衙書吏以及衙署「家人」本想在杜鳳治太太生日前送戲三日，杜鳳治起初拒絕，經再三請求，乃同意演戲，但不准以太太生日的名義。官員看戲肯定不會支付合理費用，所以戲班請求在外面演出。州城東門外地保「稟知該地紳富居民請示，擬於神灘廟演唱大喜檔子班三日」，杜本認為「檔子不比男班，恐生事端，本宜不准」，但以其虧本，批准演三日，責成地保並簽差值日總役提防宵小、火災，令戲班演後不准留在羅定。[170]

光緒三年七月，杜鳳治的好友許其光（涑文）問杜鳳治想不想看戲，於是杜記下了一次官員集資看戲的事：

> 予問：「何處有戲？廣東班乎外江班乎？」涑文言：「亦非廣東亦非外江，官廳中廣西人如湯雪門諸君，因廣西人在東就館及跟官者均能上臺演劇，如京城之玩兒票者。無有行頭及鑼鼓、管弦之人，另叫一外江檔子班同演，不放賞不加官，十餘人每人出十元洋銀約百餘元，檔子班價值一切在內，演十一、二兩日，正逢萬壽普天同慶（戲臺即在伊西間壁陳宅），即上遊聞之亦無妨也。」[171]

這次演戲，演員既有身為官員幕客、跟班的業餘演員，也有一外江檔子班同演，也就是說有女演員參與，看戲的官員各集資 10 元。因為是「私人」性質的演戲，且有一干票友，所以沒有完全按「官價」，但每人 10 元看兩天戲，費用仍不算低。

在各州縣，民間也有演戲之事。民間演戲多與祭祀酬神有關，一則因民間信仰，二則便於籌資與獲得官府同意。對民間的演戲，同意或禁止就憑地方官一句話。

有些演戲是官府提倡的。四會縣每年五月衙署內福德正神生日都演戲，「並請鄉間阮、梁二位聖佛真身同座」。「阮、梁二佛」即南宋時期「修道證果」的當地人阮子郁、梁慈能，據稱「代著靈異，捍患禦災」，在其廟中有金漆肉身神像，因被地方官請旨敕封，所以屬於正神。[172] 每年城中、署內演戲酬神，必迎此二神，演戲「官亦出錢」。同治七年祭神演戲時，杜鳳治的妻子、女兒、孫子孫女都想去觀看，杜鳳治因此事與「瞻仰二位活佛」有關，就同意她們去，只是多派「家人」、衙役去照料。[173]

對民間的演戲酬神，官府往往並不樂見，但又很難一概禁止，因此，就會以防範奸宄、鼓勵節儉風俗等理由加以限制。同治六年八月，廣寧西門外伏虎祠有四日夜戲，杜「恐滋事端，囑嚴查城門，彈壓眾庶，緝拿奸宄」。演了幾夜後，就派典史去禁止繼續演出，但禁不了，杜鳳治很惱火。[174] 到十月，廣寧民間又有演戲和傀儡戲的事，杜「以附城紳士完納不前，而於嬉遊征逐則不惜財」，並擔心演戲時「藏奸」，諭令禁演戲、拆戲臺、驅逐戲班。[175]

同治七年閏四月，四會紳民請求在城中天后宮演戲，因為天后也是正神，年年都祭祀演戲，不能禁止。但其時四會監獄關押着謝單支手、劉玖等要犯，杜鳳治擔心出事，就同師爺金玉墀、守備蔡釗商議後，要求紳士、書役再商議：「可否城外擇地搭臺，恭請神牌，亦足將敬。否則在城中本廟，天甫明即演至暮即止，不演夜戲。兩說如均難行，則令紳士、書役等具結共保無事方可。」[176]

其他地方也有各種演戲活動。杜鳳治在潮陽催徵的日記記下：「書差在土地祠演影戲敬神」，「潮屬皆行此戲」。又有「騎竹馬、唱徽調」的馬燈戲。村人賽會時「演紙影之戲」。[177] 東莞賽會演戲，觀者數千人，不幸發生火災，燒死男女七八百人。[178]

光緒二年，南海「澳邊鄉演戲，扒龍舟奪標開賭、賣戲臺看戲，前已禁止，拆臺，將戲班驅逐，取具耆民永不敢演戲、開賭甘結」，到八月，杜鳳治「聞有復搭臺演戲之事，飭差督勇往拆戲臺，並諭吉慶公所將戲班叫回」，還拘捕、掌責了演戲的首事耆老。[179] 因為民間演戲會引發治安問題，有時為預防事端，官府便一禁了之，或通過戲班行業組織「吉慶公所」進行管理。

同治十三年，杜鳳治同吉慶公所打過一次交道。當時他到佛山與當地紳士籌劃疏浚河道，經費主要靠派捐。杜鳳治和紳士商量後給吉慶公所派捐 2000 元。吉慶公所司事鄧清吉表示只願意捐銀 1000 兩，杜就將鄧傳來拘押，最後吉慶公所答應再加 500 兩，鄧清吉才被釋放。[180] 吉慶公所有錢，所以才被派捐巨款。雖說疏浚河道是為公益，鄧清吉不願多捐，也並無違反王法之處，但杜鳳治立即把他拘押，可見吉慶公所司事人在官員眼中也沒有什麼地位。

南海縣是著名的富庶之地，所以演戲的場面非其他地方可比。在前文提及的澳邊鄉驅逐戲班後，杜鳳治到石灣勘查劫案，得知此地曾「高搭戲臺、四班合演」，連演三日，花費二三千金，又有七八醮臺。[181] 官山演戲花費更多。光緒三年十一月，官山大醮，「醮篷高聳雲霄，華麗掀昂；又三戲臺，名班三部同時分演，需費萬餘金」。[182] 僅翠山玉一個戲班四日五夜的報酬就要 1200 兩。萬餘金的花費，係來自「各生意中抽提存儲，三年一次」。[183]

杜鳳治任過職的廣寧縣、四會縣、南海縣、羅定州、佛岡廳每年地丁額（因有無閏略有不同）約為八千多兩、一萬五千多兩、四萬八千餘兩、九千幾百兩、三千四五百兩。[184] 拿石灣、官山一次演戲的支出與上述州、縣、廳的地丁額比較，可見某些民間演戲花費之大。

其時戲劇既有廣東班，也有外江班。同治十三年正月十六，巡撫張兆棟太夫人有祝壽演戲，看外江班，但因「中堂（瑞麟）太太不喜看桂華外江班」，十八日又請中堂太太看廣東班。[185] 光緒三年十月，按察使周恆祺升布政使，在家演女檔子班，「有幾個老女檔昆腔佳極」。[186]

日記記錄了不少戲劇劇目。總督瑞麟宴請幕客和文武官員，演出劇目有《胡迪罵閻》《繡襦記》《羊叔子杜元愷平吳擒孫皓》《梁山伯與祝英臺》，瑞麟另一次請客演戲正本是聊齋的《胭脂》。日記還記錄了瑞麟對《擊石緣》《白羅衫》兩劇的議論。[187]

（四）男花旦與「女檔子」

在官府、民間受到如此廣泛歡迎的演戲活動，自然會形成行業並有相當數量的從業人員。戲劇演員雖然給官、紳、民帶來很多歡樂，但他們本身，甚至戲劇行業組織的主持者社會地位都很低，演員（優伶）與娼妓、皂隸、獄卒、僕役等都被視為賤民。因此，在典籍中有關清代戲劇演員的記載不會很多。杜鳳治的日記則記下了同、光年間廣東戲劇演員的一些有趣片段。有些演員因演技高超已頗有名氣，如堯天樂班有三名旦角，「一名立新仔，一名立德仔，一名新英銀，為班中翹楚，演唱揣摩出色」，在演出時贏得各官稱讚。[188] 但這三個演員是男是女、姓甚名誰杜鳳治都沒有記下，大概也不關心。

光緒三年，杜鳳治審理了大紳伍子猷與翠山玉班頭牌小旦（男伶）劉亞蘇的一宗訟案。劉亞蘇又名劉蘇，自幼賣身伍家，是伍家蓄養的優伶。由於演技高超，每年戲班「工價」達 2500 元。伍家稱：劉亞蘇出名後沾染奢侈惡習，揮金如土，「工價」不足其揮霍，伍子猷「已為向班主蔡南記借銀兩次共五千五百元之多」。而劉亞蘇則想脫離伍家「自立場面」。伍子猷一怒之下把劉亞蘇捆送南海縣丞衙門（南海縣丞與知縣不同衙），後又解送到南海縣。杜鳳治對「簪纓世族」的伍家「蓄養優伶」大不以為然，且估計劉亞蘇原先的大部分「工價」其實是被伍家收取；但又不能不給伍家面子，只能採納伍家為劉亞蘇向班主借銀的說辭，判決劉亞蘇承擔這宗巨額債務。但劉亞蘇肯定拿不出，就責令劉亞蘇繼續在翠山玉班演出，每年「工價」的一半贍養母妻，另一半用於還債，逐年扣還。另外判罰劉亞蘇 3000 元，作為離開伍家的身價（因顧及伍家身份和體面不便明言是身價）。但杜鳳治的判決又說明，劉亞蘇贖身後並非賣身給翠山玉班，還清債務後可以離開翠山玉班到「工價」更高的戲班演出。判決後，翠山玉班的司事立即代劉亞蘇繳交「罰款」。因為劉亞蘇在香港也「紅極」，缺演一次就要罰一二百元，所以戲班要把劉亞蘇保出讓他儘快赴港演唱。[189]

杜鳳治的判決其實是對劉亞蘇有利的：允許立即保釋繼續演出，又允許劉亞蘇贖身，還允許劉日後可以選擇「工價」較高的戲班，不排除有喜愛劉亞蘇的官紳背後為他講情。劉亞蘇本是奴僕兼優伶，社會地位屬於最底層，但因演技出眾，受到廣泛歡迎，每年「工價」竟遠高於官府高級幕客的脩金，高於南海知縣俸祿與養廉之和，也高於一些州縣官的實際收入。

劉亞蘇是男旦，而其時已經有不少女演員，有女演員的戲班稱為檔子班。不少官員還對檔子班情有獨鍾。同治十一年正月，海關監督崇禮設宴演戲請客，客人以旗人為多，「亦演外江女檔子班」。[190] 幾天以後，一干府縣官員回請崇禮，由兩首縣操辦，「各班女檔均叫來，所演兩班，一連喜班，一福升班，女檔中以小環、連好、勝仔為翹楚」。[191] 崇禮夫人和他本人分別於六月廿一、廿二生日，為慶雙壽，「每年必演檔子班請各官」。[192] 就連「大有非禮勿言、非禮勿行之概」的劉坤一，光緒三年八月廿六日也「忽傳男女檔子班晉署演劇，至三更方罷」，此前劉「從未叫女檔子進署」，曾問身邊的門上、巡捕請檔子班進署演出會不會讓人閒話。[193] 似乎瑞麟、崇禮等滿族高官對檔子班在衙署演戲比較不介意，劉坤一則有點擔心影響其一省表率的形象，但最終還是屈服於檔子班的吸引力。

杜鳳治署理南海知縣不久，同方功惠（柳橋）到原任南海知縣陳善圻（京圃）家看戲，日記記下了一段有關女演員的細節：

> 班中男女皆有，即檔子班，女孩子為多。有女妓安仔者，年長矣，向有微名，唱老生戲，京圃、柳橋諸君欲伊唱《轅門斬子》，安仔不肯。京圃唆予與言，且言南海杜大老爺昨封衛邊街一大屋，你亦居衛邊街，不怕得罪大老爺封屋乎？安仔遂無言，《琴挑》《山門》畢即演《轅門斬子》，果然名不虛傳。[194]

陳善圻曾任南海知縣，與安仔地位懸殊，從日記描寫的情景看，兩人似乎熟悉，可以開點小玩笑，而且陳善圻還知道安仔的住處。安仔在陳善圻面前任性了一下，但對不那麼熟的杜鳳治還是有點怕，畢竟南海知縣一句話就可以決定演員和戲班的命運。從「安仔」「勝仔」這類藝名，也可猜測女演員被社會廣泛接受的時間不會太長，否則藝名不至於如此土氣。

劉坤一這樣的高官對請女檔子進署演出還有點顧慮，而中下級官員就不僅看女演員演出，而且把她們作為獵艷的對象。督署前的華寧里有一趣宜館，有女優陪酒，光顧者多為官員、幕客。清餉局委員張仲英迷於女優，鬧得虧累不堪，致使其妻自殺。[195] 知縣彭翰孫（南坪）、曾海珊「有女檔子癖」，據說知府劉湝年曾想納一女檔子為妾，瑞麟還向方功惠問起此事。[196] 杜鳳治在羅定州衙署看戲時，知道戲班女演員采蓮的姐姐也是「檔子」，被知縣葉大同（穆如）買為妾，便特地詢問采蓮，在日記中用了七八十字寫關於葉大同納妾的事。[197] 本來，《大清律例》對官員「娶樂人為妻妾」可予以「杖六十，並離異」，[198] 但此時官場已不以此為怪，還將其作為八卦話題。

註釋

[1] 可參看〔美〕芮瑪麗《同治中興 —— 中國保守主義的最後抵抗（1862 — 1874）》房德鄰等譯，中國社會科學出版社，2002，以及虞和平、謝放《中國近代通史》第 3 卷《早期現代化的嘗試（1865 — 1895）》（江蘇人民出版社，2007）等著作。

[2] 劉志偉、陳玉環主編《葉名琛檔案：清代兩廣總督衙門殘牘》第 2 冊，廣東人民出版社，2012，第 444～445 頁。

[3] 《日記》，同治十二年七月初二日、初三日，《清代稿鈔本》第 15 冊，第 73～74 頁。

[4] 《日記》，光緒元年七月初九日，《清代稿鈔本》第 17 冊，第 217 頁。

[5] 《日記》，光緒二年二月十五日，《清代稿鈔本》第 17 冊，第 557 頁。

[6] 《日記》，同治五年八月廿九日，《清代稿鈔本》第 10 冊，第 59～60 頁。

[7] 《日記》，同治七年閏四月初一日、五月十一日，《清代稿鈔本》第 11 冊，第 4、38 頁。

[8] 賈熟村的《太平天國時期的地主階級》（廣西人民出版社，1991）有所提及，但未展開。近年也有一些論著論及這一問題，如劉晨《太平天國鄉村政治再研究 —— 以鄉官羣體為中心》，《安徽史學》2019 年第 6 期；劉晨的《太平天國社會史》（中國社會科學出版社，2019）對士人參與太平天國政權的活動也

有很精彩的論述。

[9] 《日記》，同治九年十一月至十年二月多日記載，《清代稿鈔本》第 13 冊，第 6、39～41、46、89、117 頁。

[10] 《日記》，同治六年十月初六日，《清代稿鈔本》第 10 冊，第 296 頁。

[11] 《日記》，同治九年閏十月初八日，《清代稿鈔本》第 12 冊，第 546 頁。

[12] 《日記》，同治十一年十月初五日，《清代稿鈔本》第 14 冊，第 325 頁。

[13] 《日記》，同治十二年正月初六日、初九日，《清代稿鈔本》第 14 冊，第 427～429、430～431 頁。

[14] 《日記》，同治十二年十二月十七日，《清代稿鈔本》第 15 冊，第 271～273 頁。

[15] 《日記》，同治七年十月十四日，《清代稿鈔本》第 11 冊，第 180 頁。

[16] 民國《赤溪縣志》卷 8，「附記· 赤溪開縣事紀」。

[17] 如陳碧池撰輯《海隅紀略》，章伯鋒、顧亞主編《近代稗海》第 10 輯，四川人民出版社，1988。

[18] 劉平：《被遺忘的戰爭 —— 咸豐同治年間廣東土客大械鬥研究（1854～1867）》，商務印書館，2003。鄭德華：《土客大械鬥 —— 廣東土客事件研究，1856～1867》，中華書局（香港）有限公司，2021。

[19] 《日記》，同治六年十一月廿六日，《清代稿鈔本》第 10 冊，第 399 頁。

[20] 《日記》，同治七年十一月初十日，《清代稿鈔本》第 11 冊，第 216 頁。

[21] 《日記》，同治七年十一月十二日，《清代稿鈔本》第 11 冊，第 217 頁。

[22] 《日記》，同治五年十一月十二日，《清代稿鈔本》第 10 冊，第 93 頁。

[23] 《日記》，同治六年七月初八日，《清代稿鈔本》第 10 冊，第 150 頁。

[24] 《日記》，同治六年七月十四日，《清代稿鈔本》第 10 冊，第 159～160 頁。

[25] 《日記》，同治六年十月初六日，《清代稿鈔本》第 10 冊，第 297 頁。

[26] 《日記》，同治六年七月初十日，《清代稿鈔本》第 10 冊，第 153～154 頁。

[27] 《日記》，同治五年十月廿七日，《清代稿鈔本》第 10 冊，第 88 頁。

[28] 《日記》，同治六年七月十四日，《清代稿鈔本》第 10 冊，第 158 頁。

[29] 《日記》，同治六年十月廿八日，《清代稿鈔本》第 10 冊，第 357 頁。

[30] 《日記》，同治九年閏十月初八日，《清代稿鈔本》第 12 冊，第 548 頁。

[31] 《日記》，同治七年三月三十日，《清代稿鈔本》第 10 冊，第 552 頁。

[32] 《日記》，同治七年十二月初九日，《清代稿鈔本》第 11 冊，第 241 頁。

[33] 《日記》，同治十年十月初六日，《清代稿鈔本》第 13 冊，第 433 頁。

[34] 《日記》，同治十一年七月十六日，《清代稿鈔本》第 14 冊，第 189 頁。

[35] 《日記》，同治十一年十月十二日，《清代稿鈔本》第 14 冊，第 332 頁。

[36] 《日記》，同治十二年四月廿二日，《清代稿鈔本》第 14 冊，第 541 頁。

[37] 《日記》，光緒元年二月廿五日，《清代稿鈔本》第 16 冊，第 505 頁。

[38] 《日記》，同治十年九月廿四日，《清代稿鈔本》第 13 冊，第 417 頁。

[39] 《日記》，同治十年十一月初三日，《清代稿鈔本》第 13 冊，第 464 頁。

[40] 《日記》，同治九年七月初三日，《清代稿鈔本》第 12 冊，第 309～310 頁。

[41] 《日記》，同治六年十一月廿二日，《清代稿鈔本》第 10 冊，第 389 頁。

[42] 《日記》，同治九年三月十一日，《清代稿鈔本》第 12 冊，第 196～197 頁。「炮不能石」一句原文如此。

[43] 《日記》，同治十年一月三十日，《清代稿鈔本》第 13 冊，第 105 頁。

[44] 《日記》，同治五年十月十五日，《清代稿鈔本》第 10 冊，第 84～85 頁。

[45] 《日記》，光緒元年十月十六日，《清代稿鈔本》第 17 冊，第 403 頁。

[46] 《日記》，同治六年十二月二十日，《清代稿鈔本》第 10 冊，第 446 頁。

[47] 《日記》，同治六年十月廿五日，《清代稿鈔本》第 10 冊，第 354 頁。

[48] 《日記》，同治十一年十一月十八日，《清代稿鈔本》第 14 冊，第 373 頁。

[49] 《日記》，同治九年六月廿四日，《清代稿鈔本》第 12 冊，第 300 頁。

[50] 《日記》，同治十二年四月初四日，《清代稿鈔本》第 14 冊，第 523 頁。

[51] 《日記》，同治十二年十一月十九日，《清代稿鈔本》第 15 冊，第 233 頁。

[52] 《日記》，同治十二年十二月十七日，《清代稿鈔本》第 15 冊，第 273 頁。

[53] 《日記》，同治十二年八月初六日，《清代稿鈔本》第 15 冊，第 118 頁。

[54] 《日記》，光緒元年十月十九日，《清代稿鈔本》第 17 冊，第 410 頁。

[55] 《日記》，同治十三年十月初四日，《清代稿鈔本》第 16 冊，第 239 頁。

[56] 《日記》，光緒三年九月十一日、十三日，《清代稿鈔本》第 18 冊，第 69、74 頁。

[57] 《日記》，光緒三年八月廿七日，《清代稿鈔本》第 18 冊，第 429 頁。

[58] 《日記》，同治十二年十一月初一日，《清代稿鈔本》第 15 冊，第 208 頁。

[59] 《日記》，同治十年十月初四日，《清代稿鈔本》第 13 冊，第 432 頁。

[60] 《日記》，光緒三年四月初九日，《清代稿鈔本》第 18 冊，第 248 頁。

[61] 《日記》，光緒三年七月十八日，《清代稿鈔本》第 18 冊，第 416 頁。

[62] 《日記》，同治十三年四月十二日，《清代稿鈔本》第 15 冊，第 451 頁。

[63] 《日記》，同治十一年五月十九日，《清代稿鈔本》第 14 冊，第 128～129 頁。

[64] 《日記》，同治十一年十月廿五日，《清代稿鈔本》第 14 冊，第 346～347 頁。

[65] 《日記》，同治十一年三月初七日，《清代稿鈔本》第 14 冊，第 35 頁。

[66] 《日記》，同治十二年閏六月廿八日，《清代稿鈔本》第 15 冊，第 65 頁。

[67] 民國《順德縣續志》卷 17，「列傳二· 溫承悌傳」。

[68] 《日記》，光緒三年二月廿七日，《清代稿鈔本》第 18 冊，第 170 頁。

[69] 《日記》，同治五年九月初一日，《清代稿鈔本》第 10 冊，第 61 頁。

[70] 《日記》，同治五年十月初七日，《清代稿鈔本》第 10 冊，第 80 頁。

[71] 《日記》，同治九年十月十三日，《清代稿鈔本》第 12 冊，第 512 頁。

[72] 《日記》，同治十年四月三十日，《清代稿鈔本》第 13 冊，第 205 頁。

[73] 《日記》，同治十年四月二十、廿二日，《清代稿鈔本》第 13 冊，第 183、191 頁。

[74] 《日記》，同治十一年五月十六日，《清代稿鈔本》第 14 冊，第 125 頁。

[75] 《日記》，同治十一年十月廿二日，《清代稿鈔本》第 14 冊，第 342 頁。

[76] 《日記》，同治十二年五月十八日，《清代稿鈔本》第 14 冊，第 575～576 頁。

[77] 《日記》，光緒六年九月廿五日，《清代稿鈔本》第 19 冊，第 20 頁。

[78] 《日記》，同治十年五月初四日，《清代稿鈔本》第 13 冊，第 209 頁。

[79] 《日記》，同治十三年十二月廿八日，《清代稿鈔本》第 16 冊，第 423 頁。

[80] 《申報》1875 年 1 月 26 日，第 1 頁之頭版頭條新聞。

[81] 《日記》，光緒三年七月廿七日，《清代稿鈔本》第 18 冊，第 424 頁。

[82] 《日記》，同治五年八月十三日，《清代稿鈔本》第 10 冊，第 53 頁。

[83] 《覆翟理斯函》，《孫中山全集》第 1 卷，中華書局，1981，第 46 頁。

[84] 《日記》，同治五年九月初八日，《清代稿鈔本》第 10 冊，第 63 頁。

[85] 《日記》，同治八年十一月廿一日，《清代稿鈔本》第 12 冊，第 61 頁。

[86] 《日記》，同治八年十一月廿二日，《清代稿鈔本》第 12 冊，第 62～63 頁。

[87] 《日記》，同治九年七月十五日，《清代稿鈔本》第 12 冊，第 327 頁。

[88] 《日記》，同治十一年十二月十六日，《清代稿鈔本》第 14 冊，第 403 頁。

[89] 《日記》，同治八年五月十一日，《清代稿鈔本》第 11 冊，第 394 頁。

[90] 《日記》，同治八年十一月十五日，《清代稿鈔本》第 12 冊，第 54 頁。

[91] 《日記》，同治十三年八月十三日，《清代稿鈔本》第 16 冊，第 120 頁。

[92] 《日記》，同治十年四月十八日，《清代稿鈔本》第 13 冊，第 177 頁。

[93] 《日記》，同治十年五月十六日，《清代稿鈔本》第 13 冊，第 226 頁。

[94] 《日記》，同治十年七月初七日、十一月初十日，《清代稿鈔本》第 13 冊，第 301、478 頁。

[95] 《日記》，同治十二年閏六月廿四日，《清代稿鈔本》第 15 冊，第 66～67 頁。

[96] 《日記》，同治十二年六月廿二日，《清代稿鈔本》第 15 冊，第 4 頁。

[97] 《日記》，同治十三年三月初一日，《清代稿鈔本》第 15 冊，第 370 頁。

[98] 《日記》，同治十三年三月廿四日，《清代稿鈔本》第 15 冊，第 411 頁。

[99] 《日記》，光緒二年二月廿二日，《清代稿鈔本》第 17 冊，第 564 頁。

[100]《日記》，同治九年十月十三日，《清代稿鈔本》第 12 冊，第 489 頁。

[101]《日記》，同治十年六月初二日，《清代稿鈔本》第 13 冊，第 252 頁。

[102]《日記》，同治十年六月初三日，《清代稿鈔本》第 13 冊，第 254～256 頁。

[103]《日記》，同治十年六月初四日，《清代稿鈔本》第 13 冊，第 257～258 頁。

[104]《日記》，同治十年六月初五日，《清代稿鈔本》第 13 冊，第 261 頁。

[105]《日記》，同治十年六月初七日，《清代稿鈔本》第 13 冊，第 263 頁。「四狗」指駐佛山的文武「四衙」，即佛山同知（分府）、五斗口司巡檢、佛山都司、彩陽塘千總。

[106]《日記》，同治十年六月初十日，《清代稿鈔本》第 13 冊，第 267～269 頁。「布」國指普魯士。在近代廣東，「長紅」指大幅紅紙所寫或大幅紙上寫紅字的通告。

[107]《日記》，同治十年六月十一日，《清代稿鈔本》第 13 冊，第 270～273 頁。

[108]《日記》，同治十年六月十二日、十三日，《清代稿鈔本》第 13 冊，第 273～275 頁。

[109] 後來瑞麟曾向杜鳳治等講述同英法聯軍作戰慘敗的情形，見《日記》，同治十一年五月初三日，《清代稿鈔本》第 14 冊，第 114 頁。

[110]《日記》，光緒二年九月初六日，《清代稿鈔本》第 18 冊，第 55 頁。

[111]《日記》，同治八年五月廿一日，《清代稿鈔本》第 11 冊，第 406 頁。

[112]《日記》，同治十二年正月十二日，《清代稿鈔本》第 14 冊，第 437 頁。

[113]《日記》，光緒六年十月初三日，《清代稿鈔本》第 19 冊，第 27 頁。

[114]《日記》，光緒六年十一月廿八日，《清代稿鈔本》第 19 冊，第 75 頁。

[115]《日記》，同治八年五月廿一日，《清代稿鈔本》第 11 冊，第 388 頁。

[116]《日記》，同治五年八月十一日、十八日、廿四日，九月初八日，《清代稿鈔本》第 10 冊，第 53、55、57、64 頁。

[117]《日記》，光緒六年九月廿五日，《清代稿鈔本》第 19 冊，第 18～19 頁。

[118]《日記》，同治十年十一月初九日，《清代稿鈔本》第 13 冊，第 476 頁。

[119]《日記》，光緒三年七月廿七日，《清代稿鈔本》第 18 冊，第 424～425 頁。

[120]《近代廣州口岸社會經濟概況 —— 粵海關報告彙集》，第 877 頁。

[121]《日記》，光緒三年七月廿九日，《清代稿鈔本》第 18 冊，第 427 頁。

[122]《日記》，同治十年九月初四日，十一月十六日、二十日，《清代稿鈔本》第 13 冊，第 384、486、494～495 頁。

[123]《日記》，同治十三年十二月廿四日，《清代稿鈔本》第 16 冊，第 417 頁。

[124]《日記》，同治十年四月廿九日，《清代稿鈔本》第 13 冊，第 202 頁。

[125]《日記》，同治八年八月十三日，《清代稿鈔本》第 11 冊，第 513 頁。

[126]《日記》，同治十年五月十五日，《清代稿鈔本》第 13 冊，第 223～224 頁。

[127]《日記》，同治十一年正月廿六日，《清代稿鈔本》第 13 冊，第 588 頁。

[128]《日記》，同治十一年二月十四日，《清代稿鈔本》第 14 冊，第 6 頁。「皇朝三通」現在的排印版是《清朝通志》《清朝通典》《清朝文獻通考》。

[129]《日記》，光緒七年五月二日，《清代稿鈔本》第 19 冊，第 230 頁。

[130]《日記》，同治七年八月初一日，《清代稿鈔本》第 11 冊，第 108 頁。

[131]《日記》，光緒二年正月初六日，《清代稿鈔本》第 17 冊，第 517 頁。

[132]《日記》，光緒二年正月廿九日，《清代稿鈔本》第 17 冊，第 534 頁。

[133]《日記》，同治五年八月初五日，《清代稿鈔本》第 10 冊，第 50 頁。

[134]《日記》，同治五年八月廿九日，《清代稿鈔本》第 10 冊，第 59 頁。

[135]《日記》，同治十年八月十二日、十一月廿六日，《清代稿鈔本》第 13 冊，第 353、504 頁。

[136]《日記》，同治十一年三月廿一日、五月初三日，《清代稿鈔本》第 14 冊，第 54、114 頁。

[137]《日記》，同治十一年十月初八日，《清代稿鈔本》第 14 冊，第 328 頁。「禡首」本義是工商行業祭祀的主持者，也是行業與官府打交道的代表。

[138]《日記》，同治八年正月、二月各日，《清代稿鈔本》第 11 冊，第 260～316 頁。

[139]《日記》，同治十一年正月、二月各日，《清代稿鈔本》第 13 冊，第 555～602 頁。

[140]《日記》，光緒三年七月十五日，《清代稿鈔本》第 18 冊，第 411～412 頁。

[141] 同治《番禺縣志》卷 17，「建置略四· 壇廟」。

[142]《日記》，光緒三年八月廿一日，《清代稿鈔本》第 18 冊，第 452 頁。

[143]《日記》，同治十年十月初三至初五日，《清代稿鈔本》第 13 冊，第 429～433 頁。

[144]《日記》，同治十一年三月初六日、初七日，《清代稿鈔本》第 14 冊，第 33～35、37 頁。

[145]《日記》，同治十一年三月十二至十六日，《清代稿鈔本》第 14 冊，第 43～48 頁。

[146]《日記》，同治十一年三月十八至二十日，《清代稿鈔本》第 14 冊，第 49～51 頁。

[147]《日記》，同治十一年五月初一日，《清代稿鈔本》第 14 冊，第 110 頁。

[148]《日記》，光緒六年十二月廿八日，《清代稿鈔本》第 19 冊，第 122 頁。

[149]《日記》，同治八年八月廿六日，《清代稿鈔本》第 11 冊，第 522～523 頁。

[150]《日記》，光緒三年十月三十日，《清代稿鈔本》第 18 冊，第 572 頁。

[151]《日記》，同治十一年七月廿四日，《清代稿鈔本》第 14 冊，第 206 頁。

[152]《日記》，同治八年十月初二日，《清代稿鈔本》第 12 冊，第 15 頁。

[153]《日記》，同治十二年正月初六日，《清代稿鈔本》第 14 冊，第 427～429 頁。

[154]《日記》，同治十二年十二月十七日，《清代稿鈔本》第 15 冊，第 274 頁。

[155]《日記》，光緒三年十月廿八日，《清代稿鈔本》第 18 冊，第 567 頁。

[156]《日記》，同治十一年十月初九日，《清代稿鈔本》第 14 冊，第 329 頁。

[157]《日記》，同治九年九月十四日、二十日，《清代稿鈔本》第 12 冊，第 430、450 頁。

[158]《日記》，同治十年七月初九日，《清代稿鈔本》第 13 冊，第 306 頁。

[159]《日記》，同治十年七月十二日，《清代稿鈔本》第 13 冊，第 310 頁。

[160]《日記》，同治十年七月廿八日，《清代稿鈔本》第 13 冊，第 330～331 頁。

[161]《日記》，同治十年七月廿八日，《清代稿鈔本》第 13 冊，第 331 頁。

[162]《日記》，同治十一年正月初四日，《清代稿鈔本》第 13 冊，第 558 頁。

[163]《日記》，同治十一年正月二十日、廿六日，《清代稿鈔本》第 13 冊，第 579、589 頁。

[164]《日記》，同治十二年三月廿六日，四月初三日、初九日，《清代稿鈔本》第 14 冊，第 515、522、566 頁。

[165]《日記》，光緒元年二月十五日，《清代稿鈔本》第 16 冊，第 487 頁。

[166]《日記》，同治十二年二月初四日，《清代稿鈔本》第 14 冊，第 447 頁。

[167]《日記》，同治十三年六月廿九日，《清代稿鈔本》第 16 冊，第 38 頁。

[168]《日記》，同治八年十二月廿九日，《清代稿鈔本》第 12 冊，第 121 頁。

[169]《日記》，同治九年正月十一日，《清代稿鈔本》第 12 冊，第 131 頁。

[170]《日記》，同治十三年十月廿四至廿九日，十一月初三日、初七日，《清代稿鈔本》第 16 冊，第 279～285、291、296～297 頁。

[171]《日記》，光緒三年七月十二日，《清代稿鈔本》第 18 冊，第 408 頁。

[172] 光緒《四會縣志》編 7，「人物志· 仙佛」。

[173]《日記》，同治七年閏四月廿九日、五月初二日，《清代稿鈔本》第 11 冊，第 29、33、34 頁。

[174]《日記》，同治六年八月十九日、八月廿四日，《清代稿鈔本》第 10 冊，第 197、210 頁。

[175]《日記》，同治六年十月十二日，《清代稿鈔本》第 10 冊，第 315 頁。

[176]《日記》，同治七年閏四月初九日，《清代稿鈔本》第 11 冊，第 10 頁。

[177]《日記》，同治八年十二月廿四日，九年正月初九日、二月初二日，《清代稿鈔本》第 12 冊，第 114、128、147 頁。

[178]《日記》，同治八年十月廿二日，《清代稿鈔本》第 12 冊，第 28 頁。

[179]《日記》，光緒二年八月十六日、十九日，《清代稿鈔本》第 18 冊，第 30～31、34～35 頁。

[180]《日記》，同治十三年三月二十日，《清代稿鈔本》第 15 冊，第 402 頁。

[181]《日記》，光緒二年九月十二日、十三日，《清代稿鈔本》第 18 冊，第 71～73 頁。

[182]《日記》，光緒三年十月三十日，《清代稿鈔本》第 18 冊，第 572 頁。

[183]《日記》，光緒三年十一月初六日，《清代稿鈔本》第 18 冊，第 580～581 頁。

[184] 廣東清理財政局編訂，廣東省財政科學研究所整理《廣東財政説明書》，廣東經濟出版社，1997，第 46～47 頁。

[185]《日記》，同治十二年正月十六日，《清代稿鈔本》第 14 冊，第 439 頁。

[186]《日記》，光緒三年十月初六日，《清代稿鈔本》第 18 冊，第 532～533 頁。

[187]《日記》，同治十一年七月十二日、十月初九日，同治十二年四月初七日，《清代稿鈔本》第 14 冊，第 184、330～331、527 頁。

[188]《日記》，同治十三年正月十九日，《清代稿鈔本》第 15 冊，第 309 頁。

[189]《日記》，光緒三年七月廿八、八月廿六日，《清代稿鈔本》第 18 冊，第 425～426、459～460 頁。

[190]《日記》，同治十一年正月十五日，《清代稿鈔本》第 13 冊，第 575 頁。

[191]《日記》，同治十一年正月廿四日，《清代稿鈔本》第 13 冊，第 586 頁。

[192]《日記》，同治十二年六月十四日，《清代稿鈔本》第 14 冊，第 615 頁。

[193]《日記》，光緒三年八月廿九日，《清代稿鈔本》第 18 冊，第 464 頁。

[194]《日記》，同治十年四月廿四日，《清代稿鈔本》第 13 冊，第 202 頁。

[195]《日記》，同治十二年二月廿六日，《清代稿鈔本》第 14 冊，第 479～480 頁。

[196]《日記》，同治十二年十二月十一日，《清代稿鈔本》第 15 冊，第 264 頁。

[197]《日記》，同治十三年十月廿六日，《清代稿鈔本》第 16 冊，第 282～283 頁。

[198]《大清律例》，張榮錚等點校，天津古籍出版社，1993，第 224 頁。

第三章
官場眾生相

一、官場的生態

（一）官員之間的關係網

清朝官員如果是文官而又處在實缺位置的話，多數在城鎮辦公和居住；不過，在州縣所在的城鎮和省城，官員羣體的人數和構成就大不相同。以杜鳳治任過職的州縣為例，廣寧全縣僅有知縣、典史、教諭、訓導 4 個文官。[1] 羅定州一州的文官也不多，同城只有知州、學正、訓導、吏目幾個文官，州城外還有一名州判（駐羅鏡）、一名巡檢、三名驛丞。[2] 他在南海知縣任上時，屬下同城文官有典史、教諭、訓導、河泊所所官，縣丞駐西關也算同城（不同衙）；不同城的有主簿（駐九江）和六名巡檢。[3] 但因為南海縣城也是省城，因此，同城官員羣體就大不一樣，上起督撫、學政、藩臬，中有運司、糧道、廣府，同級的有番禺縣知縣，再有其他衙署的佐雜官、首領官；此外，還有將軍、副都統以下的旗營官員，督標、撫標、廣協的綠營武官和粵海關的官員等。在省城候缺、候補的官員，雖與實缺官員有別，但候補、實缺之間會經常流動。上述這些官員形成省城或府、州、縣城的特權階層，主導着當地的政治、文化生活。

清朝在各省省城還設有從制度看是臨時但實際上已成常設的局所。有學者對道光、咸豐、同治以後各省的局所作了頗為詳細的論述，分析了局所的起源、擴張情況、擴張原因以及衙門、局所並行對晚清地方行政的影響。[4] 實際主持、負責局所運作的都是候補、候缺的道府、同通、州縣、佐雜。日記寫到廣州城中的局所有善後局、厘局、劃撥局、交代局、報銷局、清餉局、保甲局、安良局、讞局、讞盜局、積案局、海防局、洋務局等。局所的設立並無會典等行政法規依據，存在職權交叉重疊的情況。

從晚清的廣州地圖可以清楚看出，上述督撫、學政、司道、廣府、兩縣、將軍、綠營的衙署，基本集中在內城中心狹小的地段內，只有粵海關署在外城。[5] 無論實缺還是候補、候缺官員，為公務、交往的方便，多數選擇住在城內。官員及他們的幕客、隨從等人，大部分時間都在內城狹小的空間中活動。在外州縣，除巡檢外多數文官衙署也在州縣城內。

相對於廣大民眾而言，官員是一個特權階層。官員的圈子並不大，文官多是外省人（學官可以是廣東人，但他們不主導官場），而當時廣東人能聽說官話者不多。杜鳳治十幾年的日記很少有與普通居民交往的記載，他在省城紳商中也沒有結交多少朋友，與之交往者主要是官員、幕客以及在粵的親友、同鄉。

官員之間有相當規範的上下行文書、公務會見等制度，還有大量的私人交往。下文將着重討論官員如何獲取信息及他們的私下交流。

作為官員，及時取得官場信息自然重要。日記提到，京報、省報、轅門抄、紅單、私人通信以及新聞紙、電報，都是省城官員獲得信息的重要途徑。其中京報、省報是官方或半官方印刷發行的，杜鳳治任州縣官時會定期收到。如同在京城一樣，廣州的山西票號消息也十分靈通，「西號放債，一有風聲即截止不借」；當官場高層有變動的傳言時，官員通常以票號的消息來判斷其可靠性。[6]

官員之間的交往，受成文的典章制度約束，不成文的規矩、習慣，上不了檯面的規則也起到不小作用。多數官員會按照這些制度和規矩、規則行事。明顯違反官場規矩、倫理者，如果是高官就會有損威信，如果是中下層官員就會讓上司有看法，同僚鄙視。在這種氛圍下，在涉及自身利益時官員彼此之間明爭暗鬥，但也注意維護共同利益，尤其在與紳民、上司打交道時，頗能彼此照應。官官相護、官官相幫被認為是理所當然的事，上司在委缺、委差時，在公務上適當照顧同鄉、同年、親故，只要不過分，也會被官場理解容忍。

遇有涉及官員臉面、影響整個官場聲譽的事，總有一干官員出來設法大事化小、小事化了。杜鳳治在南海知縣任上經常為無差無缺的官員向上司求情疏通，有時明知某個官員的年齡、健康、能力、操守等條件完全不適合任缺任差，但往往以如果無缺無差這個官員及其家人將無法生活下去為理由為其爭取。他這樣做既有為自己在官場獲得好名聲的功利考慮，也有自覺遵循官場倫理的一面。

善於處置官場關係可以提高自己在官場上的威信。如廣東巡撫李福泰調往廣西病故後，兩廣總督瑞麟不計以往兩人的嫌怨，在廣東官場為李福泰張羅了豐厚的賻儀，這使杜鳳治等很欽佩。廣東官場根據「受恩」「戚誼」「交誼」的深淺和缺份優劣、任職時間長短等分配李福泰賻儀份額，受過李福泰提攜的官員不夠盡力則被視為忘恩負義。[7] 官員在交往時都會趨利避害，但面子上又不能太勢利。例如蔣益澧、郭祥瑞同瑞麟爭鬥失敗後被降職，廣東官員自然怕被視為蔣、郭之黨，但在蔣、郭離粵時多數官員都去送行。杜鳳治因為受過蔣、郭之恩惠，更是從四會專程趕到佛山、三水相送。

清朝鑒於明朝的教訓，嚴禁官員「朋黨」。但從杜鳳治的日記看，官員們儘管沒有如明代那樣的以政治態度結交、抱團、對立的黨派，但每個人都儘量編織和充分利用自己的官場關係網。從督撫到佐雜，無不把編織、維護、擴大、鞏固自己在官場的關係網視作要務而不敢絲毫疏忽。

從日記看，官員之間經常進行坦率的交談，這既是及時交流、獲取信息的重要途徑，也是結納官場朋友、表示和鞏固互信的一種方式。日記中描述官員之間說話有時可說是百無禁忌，與今人想像中等級森嚴、謹言慎行的清朝官場大相徑庭。杜鳳治常常與同自己關係良好的知府馮端本、廣糧通判方功惠等人議論其他官員，甚至以相當尖刻的語言抨擊鹽運使鍾謙鈞、按察使張瀛等上司。有時高級官員接見下屬時說話也相當隨便。如瑞麟就經常向杜議論其他各級官員，還隨口透露自己對官員任免的考慮或官員之間的恩怨等信息。說話行事較謹慎的張兆棟有時也如此。同治十二年，杜鳳治當了兩年多南海知縣後向巡撫張兆棟提出卸任，張兆棟問杜是否真心求卸。杜申述求卸原因，其中之一是支出太巨，僅總督衙門一年就過萬金。張兆棟聽了就說：「既真亦好，我告君一言，君可不必在外宣揚。武場時一日晤中堂言及君，中堂意似不足，謂用君為南海非出彼意。中堂言雖如此，而用捨之權操於我，不能由他如願，作只管放心作去，外間亦不必漏言。」[8] 稍後，杜鳳治對張兆棟說瑞麟的親屬、家人廣收賄賂，瑞麟本人未必分肥，張兆棟笑着回答「未敢具結，難說難說」。[9] 巡撫向下屬透露總督其實不是很信任你，但用不用你由我說了算，還與下屬議論總督受賄；無論在什麼時代的官場，這樣說話行事都有點犯忌，但這也反映了「常規」的另一面。

爭權奪利是官場的常態，上司和靠山會升降浮沉、調動死亡，官場的關係網存在很大變數，每個官員都會覺得自己的仕途命運不可捉摸。例如，道員華廷傑深受巡撫李福泰信任，但總督瑞麟卻不喜歡他，李福泰一調走，華即難以在廣東官場立足。杜鳳治與華關係較好，因此慨歎：「官場風波，可云險惡，莫不用盡心機，真如槍往刀來，性命相撲者也，然亦何苦有勢時定要作到極頂紅也。」[10] 曾任南海知縣的陳善圻也是巡撫李福泰的紅人，將軍長善不喜歡他，想把他參免，但陳有李福泰庇護得以平安無事。李福泰一調走，陳即由「紅」變「黑」。對此，杜慨歎：「官場險惡，廣省尤甚。一失所恃，立見升沉。」[11] 又說「官場如搶如奪」。[12] 官場升降瞬息萬變、出人意料，各種煩瑣禮節、各種口是心非的表演，讓杜鳳治一再感到「官場如戲場」。[13] 杜鳳治初入仕途時對官場三味領會尚淺，比杜年輕得多的上司、肇慶知府郭式昌提醒他：「（君）太認真太直性，官場不可與人有真性情，廣東更甚，治民不可一味正道，如開古方，須要權術，如一味直道而行，究受虧不少。」杜鳳治認為郭的話「真藥石語言也！」[14] 隨着杜鳳治官場歷練的增多和關係網的拓寬加固，其在官場中也逐步遊刃有餘。

（二）上司下屬之間的禮儀、規矩與饋贈

關於各級官員的權責、公務活動以及祭祀、拜會等禮儀，會要、則例都有記載，一些在粵任職的封疆大吏如林則徐、張之洞、劉坤一等人的奏稿、書信、日記也寫了他們在粵執行公務的情況。杜鳳治日記則以一個中下級官員的視角記錄了很多會要、則例所不載的上司下屬關係的細節。

在各省，從督撫到佐雜形成各種上司與下屬的關係。官場上下尊卑等級

森嚴，各級衙署之間的上行、平行、下行公文有一套相當嚴密的制度，大量請示、彙報、指示都通過公文來處理。同時，督撫、司道、廣府等高中級官員，通過堂期和臨時召見的方式接見下屬討論公務。下級官員到任、離任、外出、回歸等，都要向各級上司稟到、稟見、稟辭，在一些場合要為上司站班（下屬按級別排列站立迎送上司）。官場平日的稱謂也有很多講究，以外官而論，下屬稱督、撫、司、道為「大人」，稱知府為「大老爺」，後來同知、通判、知州也被稱為「大老爺」，知縣因通常有加銜，後來也稱「大老爺」，佐雜一般被稱為「老爺」。下屬對上司的自稱也有很細的規矩，藩、臬、運對督撫自稱「司里」，道員對上司自稱「職道」，知府對上司自稱「卑府」，同知以下自稱「卑職」。[15]平日各種公務活動甚至私人聚會都必須注重上下尊卑。杜鳳治對宴會的座席常有詳細記錄，日記提及重大宴會有座位圖，對赴宴者的官職、頭銜有註明，座位嚴格按照官場的級別安排。對這套慣例官場上下都會自覺遵守，如果違反，尤其是下級官員違反，就會被鄙視，甚至影響仕途。

上級官員，特別是督撫、布政使，掌握下屬官員的仕途命運，下屬任免升降，基本要看上司的意志。當然，不同級別的上司、下屬情況不盡一致。上司有對下屬考核並出具考語的權責。督、撫與布政使對下屬任免升降權力最大。遇到大計之年，督、撫都要把若干官員列入「六法」予以「甄別」，如被列入，仕途就從此黯淡無光甚至到此為止了。道、府對下屬沒有直接任免之權，但他們推薦、指控以及出具的考語，多數情況下會被督、撫、藩認可。州縣官也要對屬下的學官、佐雜進行考核，出具考語。例如，同治十年，杜鳳治就對屬下的南海教諭、訓導、縣丞、九江主簿、典史，金利司、神安司、三江司、黃鼎司、江浦司、五斗口司巡檢，河泊所大使等官出具八字考語祕密呈報廣州知府。[16]

在清代，官場的上下級關係還體現在下屬對上司的銀錢、禮物奉獻方面。上司與下屬形成的利益輸送關係是有規矩的，不同缺份上送的節壽禮都有「向章」，少送了上司不滿意，多送了開了先例後任為難，其他官員也會認為這是向上司獻媚。杜鳳治是州縣官，也有學官、州判、縣丞、典史、巡檢等下屬，日記記載下屬送禮物的事不少，送銀錢則沒有提，但按常理不可能沒有。逢年過節，以及上司本人、上司的父母、太太生日，州縣官都要送「乾禮」（銀兩）和「水禮」（物品）。上司對下屬所送的「乾禮」會照單全收，但對「水禮」則都只收部分以表示客氣。

尤其是府、道兩級，他們與其他官員一樣，靠俸祿、養廉不足以維持公務開支及本人和家族生活，但府、道不直接徵收賦稅，需要有其他收入來源。有些府、道有固定的特殊收入來源，如「廣省道員以南韶為第一缺，為其管理太平關也。自蔣香泉中丞改章將羨餘提公後大不如前，然猶較諸道之專靠節壽者尚為優也」。[17] 又如肇慶府是廣東第一府缺，主要是因為肇慶知府管轄下的黃江厘廠，「每五年一充廠役，公禮五六萬元」，每年上解後尚可剩餘五六七萬兩甚至十萬兩銀。[18] 廣州知府獲得額外收入的途徑也多，如省城的都城隍廟以往奉送廣州知府到任「規矩銀」二萬兩，後來香火衰落，但送給知府的「公禮」仍有五千兩。[19] 而多數道、府沒有那麼闊氣，如「肇羅道無節壽則署中不能舉火矣」。[20] 同治十一年，嵩齡掛牌署理惠州府，杜鳳治評論：「惠缺無甚肥美，全靠各州縣節壽。」[21] 光緒三年，布政使楊慶麟問韶州府、雷州府的優苦，杜回答：「韶有七屬，雷僅三屬，此等府缺無他潤澤，唯靠節壽耳。」[22] 而且，道、府兩級同樣也要向自己的上司送節壽禮以及向京官送炭敬、冰敬，因此，州縣官對道、府的節壽禮必不可少。

日記中沒有杜鳳治送錢銀給督、撫、藩、臬的記載，不排除送了而不記。但所送禮物也價值不菲。同治十一年，杜鳳治給兼署巡撫的總督瑞麟送壽禮，「制臺一邊禮收大紅碧髓朝珠、翡翠搬指、翎管及燭、面共四色；撫臺一邊帶件二：一翠玉一碧髓，及綢匹、酒腿等四件，連門包在外約在三千金以外」。[23] 後來調署收入少得多的羅定州，杜鳳治想到自己受瑞麟知遇之恩，所以所送禮物遠超羅定州的慣例，給督署的堂禮與門包也加倍。但瑞麟只收價值不高的幾件禮物，杜鳳治非常感激，認為瑞麟對自己「器重、體恤俱全」。[24] 瑞麟根據親疏、缺份肥瘠，對禮物全收或收部分或不收，以表達對下屬不同的態度，適當收部分禮物，是為表示謙遜以及對某個屬員的器重與體恤。

作為州縣官，杜鳳治處於官場偏下的位置，他經常以下級官員的視角觀察、評判官場的上下關係。有一次，他看到兩名候補州縣官對布政使萬分巴結，在日記中評論這兩個人：「所希冀者無非盼得一美差、委一佳缺耳，非真心悅誠服，謂事上之禮宜如是也。予作第一缺雖不敢誤差，然亦不能先意承旨若是也，然而不足奇也。我輩事司道，司道於督撫亦如我輩之於司道也。」[25]

杜鳳治本人其實在巴結上司方面也頗為費心費力，認為對上司「先意承旨」是理所當然的，只是要注意分寸，司道對督撫也是如此。因為當下屬不易，尤其是做南海知縣要應付多個上司，杜在日記中也經常會為「作小官之難，作小官而權大任重之更難」叫苦。[26] 因為上司雖有權，但意見往往不一致，未必有明確指示，更不願意擔責，一旦出了事就追究下屬。

上司對下屬雖處於主導地位，但也不可以對下屬任性妄為。一個受到下屬尊重的上司，要有掌控官場的能力，要注重官場規矩禮儀，要明白典章制度不切實際之處而不苛求下屬，對下屬利益有所體諒，對窮官、苦官予以體恤，等等。杜鳳治佩服的上司有總督瑞麟、巡撫張兆棟、布政使王凱泰、廣州知府馮端本等（但也不是沒有看法），而對總督英翰、劉坤一，署理按察使蔣超伯、按察使張瀛、鹽運使鍾謙鈞等上司就有不少負面評論。杜鳳治剛走上仕途時，對各級上司是比較敬畏的，在廣寧、四會任上，他對署理按察使蔣超伯的畏懼時時流露於筆端。等到後來當了幾年南海知縣，官場中有了較多歷練，積累了一定人脈，宦囊也充實了，於是膽氣漸壯，對一些看不上眼的上司就敢於議論甚至頂撞。在清朝，承平時期上司只掌握下屬仕途的命運，但要置下屬於死地，或把下屬送進監牢是很困難的。杜鳳治宦粵十幾年，日記沒有記載過上司讓下屬文官吃官司的案例（武官則有「軍法從事」的個別例子）。一個文官，即使級別很低，如果決心不當官了，有時上司也毫無辦法。廉能正直、在官場威望極高的林則徐，晚年在雲貴總督任上，也被降職的知縣廣和京控案搞得疲憊不堪，此事成為林則徐決心告病的原因之一。[27] 杜鳳治日記也記錄了多起小官挑戰上司的事例。

縣丞伊齊斯歡與布政使成孚是同鄉，且同為紅帶子，屢求成孚關照不遂，於是將成孚任內受賄委缺之官員、官職、涉案者與行賄數額寫成文字，先呈送給成孚，意欲威脅，成孚不理。伊某便向巡撫、總督衙門呈遞，聲明做了這件事這輩子不再打算做官了，既經翻臉，不與我終身衣食費用斷不干休，督撫如不理就到北京呈部。巡撫只好託粵海關監督俊啟（星東）調處。杜鳳治聽說伊某因此勒索到萬金。[28]

曾任南海、電白知縣的吳信臣（服齋），進士出身，任南海不及半年被撤，鄭夢玉（雲帆）接任。吳因在收入較多的季節前被撤，虧累巨萬，懷疑按察使梅啟照與鄭同鄉，上下其手，「與梅公大鬧，甚至懷刃拚命，梅公助以萬金，雲帆亦認接數萬始罷」。後吳以「浮躁」被彈劾。[29] 杜所說細節與數額或有誇張，但吳信臣「大鬧」之事應屬實。有時下屬甚至頂撞更高層的上司。瓊山知縣袁祖安（敦齋）被委署潮陽知縣，拒絕接受，同總督瑞麟發生爭拗：

> 伊力求免署潮陽，謂該處民情刁悍，費用浩煩［繁］，才力實在不足，恐有誤事，反辜中堂栽培。中堂言：「我正要一才力不足的去，非要能員去作潮陽也。」敦齋下跪叩頭苦求。中堂生氣言：「你不到潮陽去，我要送你回家去矣。」敦齋亦負氣，大聲言：「送卑職回去，亦是中堂恩典。」即站起坐下，大相齟齬。好容易梁山翁、方柳橋、諸領袖官為之再三婉求，並為彌縫飾卸，現算已說開，而瓊山一時不能去矣。[30]

然而，袁祖安沒有因為這次頂撞被參劾和變「黑」，後來還被委任為首縣番禺知縣。大概是袁不僅認了錯、納了賄，而且有總督特別信任的人（如方功惠）疏通關說。而且，瑞麟位高權重，不計較一個小小知縣的冒犯，反可博取寬容大度的名聲。

日記中記下官場上下關係的常態和特殊事例，都可豐富我們對晚清官員上下關係的了解。

（三）應酬與公務耗時的比較

看杜鳳治的日記，一個很深的印象是清代官場的應酬真多，尤其在省城。作為首縣知縣，杜鳳治公務本來就多，但在應酬上花費的時間也不少。

禮儀性的稟見、稟辭、站班、參堂，主持或陪同祭祀，上司出行到省城接送，上司迎新送舊，節日、朔望日到上司衙門例行祝賀，同僚之間彼此祝賀，佔用了很多時間，從制度上看這些活動屬於公務，但與南海縣的治理關係不大。

以同治十年四月下旬為例看杜鳳治的應酬與公務。二十日討論公務與純屬應酬的拜客、會見穿插進行，連續幾天都有與公務無關的客人來見。二十三日是杜鳳治生日，前一天已有客人來賀壽。生日當天是督撫堂期，見總督（瑞麟其時兼署巡撫）後又順路拜客、送行，「歸則客坐待拜壽者多，到門即去更多，捕、巡各屬亦請見，均見拜壽」。[31] 二十四日是府試頭場，兩縣按規例去站班、參堂，然後順路拜客，為幾家官員、幕客嫁女娶媳賀喜，接着到番禺知縣胡鑒家為其母祝壽，接着是戲宴，到下午又赴按察使孫觀的宴請，飲到二更。二十五日匆匆忙忙處理公文，然後到知府衙門商量已故巡撫李福泰賻儀事，出來又多處謝壽、拜客，下午到撫署請令，押犯監斬。二十六日除公務外又有送行、弔唁，回到家快天黑，再處理公文。二十七日上午看南海武試射箭（下午委託其他人看），下午見布政使稟告公事，又為別人缺、差之事說項。二十八日是督署堂期，見總督報告請示公事，回署時順路答拜、送行，到縣署就為武縣試出圖。廿九日奔走公事，傍晚洋人來拜。三十日上午出門後先看瑞麟親自審訊案件，然後向瑞麟稟報請示洋務事件，出來就去請令押犯監斬，斬訖便會同游擊黃龍韜到鬼基新填地「假名洋人」引發鬧事之安源泰洋貨店抓人，回署寫武童初覆案，寫完已經三更。[32]

可見，即使在公務忙得一塌糊塗的時候，很多應酬仍不可免。其他時段日記所記的應酬甚至更多。官員本人及其父母、太太生日，以及臨時喜慶（如升官、得到朝廷賞賜、調任新職、生子娶媳嫁女、搬遷），不僅下屬、同僚，就是上司也會來祝賀送禮。官員及家人去世，其他官員一定會去弔唁。這是身在官場的人都必須留意不可怠慢的要事。日記裏杜鳳治拜客的記載很頻繁，一個半個時辰內拜很多家是常事，有些只是「飛片」拜客（留下名刺而不進屋），這種拜客方式是官員們保持聯絡的一種簡便方式。

在其他州縣任上，因為公務較南海少，杜鳳治為應酬所費時間更多。如同治十三年七月初三是肇羅道方濬師太夫人生日，杜鳳治在六月廿七日即從羅定出發前往肇慶府城祝壽，抵達後連日送禮、拜壽、赴戲宴，又拜訪其他官員；七月初五日開船回羅定，初十日回到州城。為這次祝壽前後花費了十三日。回來後，杜鳳治在當月十九日、二十日、廿一日、廿二日又連日宴請羅定文武官員、局紳、幕客等人。

瞿同祖引用清人的言論指出，在清朝州縣官是真正行「政」之官（「治事之官」），而州縣官的上司知府、道員、按察使、布政使、巡撫、總督都只是監察官（「治官之官」）。[33] 因此，這些上司應酬所用的時間會比州縣官更多。

省城的高級官員會在「堂期」定期接見下屬，堂期以外的時間，除非召見或因特別重要的事求見得到批准，否則下屬是很難在堂期以外見到上司的。堂期一般是十天內固定兩天，如督、撫的堂期是逢三、八日。是日，司道、四營將先見巡撫，然後輪到府、縣級官員；而首府、首縣先見總督，然後輪到司道、武官。督撫通常只用半天或大半天時間接見下屬，如杜鳳治四會任上有一次謁見瑞麟，督署號房告訴他「中堂每早即兩司來亦不上手本，向來未初見客，一交二點鐘概不見矣」。[34] 號房所說或有誇張，但杜鳳治首縣任上的日記也經常提到瑞麟下午就概不接見了。只有布政使、按察使、鹽運使才可經常單見督撫，首府、首縣一般也可以，對其餘官員，督撫往往每「班」（次）接見若干人。每個高級衙署都按級別設有「官廳」，供下屬官員等候召見；往往快輪到了，臨時有無須輪候的高官或洋人來拜，小官們又要繼續耐心等待。等候大半個上午才被召見，甚至到時督撫「道乏不見」是常事。乾隆年間的王文治寫有「平生跋扈飛揚氣，消盡官廳一坐中」的詩句。[35] 王文治是翰林侍講外放的知府，別說見藩臬，見督撫通常也優先，他尚且覺得難忍，一般下級官員官廳等候時的心情就更可想而知了。

杜鳳治沒當首縣知縣之前，除非有上司特別關注的公務，否則在堂期與多人一同謁見，只能同上司講上幾句話。而且，十天兩次的堂期並非都如期進行，督撫、藩臬因本人病、親人喪病、老夫人生日甚至戲宴等理由，都有可能「擋堂」(取消堂期，概不接見)。瑞麟「擋堂」的情況很多。例如，同治十一年七月十三日本應是督撫堂期，但「督撫均擋衙門，督轅尚演戲，撫臺亦為今日申刻請司道、各候補道暨本府酒，故均擋衙門」。[36] 即便是比較勤政的劉坤一任粵督，也經常「擋堂」。杜鳳治說:「近來兩院堂期不見時多，故司道堂期亦不見客也。」[37] 每年十二月到第二年一月，各級衙署都「封印」停止公務，這一個月官場都忙於應酬，既有省城全體官員都參加的「公宴」，各高官又互請，下屬有急事也無從稟報請示，正月下旬開印後宴請仍在繼續。[38]

地位相近的省級高官並無制度性的會商辦事機制，正式拜會禮儀煩瑣，就往往利用共同祭祀等機會交換意見，而這類場合很難深入討論和做決定。光緒三年，總督劉坤一因擔心方耀在惠州清鄉時濫殺，打算派道員級別的委員到惠州會同辦理，巡撫張兆棟意見也相同。張就在九月初一共同祭祀的時候詢問劉坤一，劉只是含糊答應。張兆棟感到很難理解，同多位下屬談及。杜鳳治認為這是劉坤一的「權詐」，因為祭祀時不少官員在場，人多口雜，劉坤一不想方耀知道自己想制約他的權力。布政使楊慶麟也認為劉坤一這樣做是「權詐」，既然祭祀時人多不願公開討論，「二位大人何不互相拜見面談？」[39] 從杜鳳治的日記看，督、撫之間應酬性拜會很多，遇有重要公務卻很少當面認真討論，寧肯讓下屬傳話。

因為督、撫接見下屬的堂期在同一天，藩、臬、糧道等高級官員與府、廳、縣官員見督、撫的時間剛好錯開，而督、撫在堂期的指示通常是「口諭」，兩人的指示又未必一致，廣州知府、廣州理事同知、廣糧通判、兩首縣這五個主要辦事的官員必須既知道督、撫的指示，也知道司、道的意見，否則會無所適從。廣州知府馮端本便提出五個省城主要辦事的官員在見巡撫後在撫署等候，司、道見總督後再到撫署同他們「彼此一見，庶可照會」。[40] 但督、撫接見下屬時間長短不一，馮端本的提議難以長期堅持，而且這種短暫的會見也不可能對稍為複雜的問題深入討論和做出決定。

很多官員，包括州縣官，並沒有把多數時間用於公務。日記記了不少懶官，如廣寧知縣饒繼惠(柳夫)有「懶」名。日記記載:「聞柳夫高臥衙齋，未申間始起，懶於行動。」不願下鄉催徵，離任時就嚴重虧累。[41] 羅定協副將熙昌（熾甫）常對杜鳳治說自己「清閒無事、無可消遣」，要找杜下圍棋。[42] 但熙昌極熱衷於官場應酬，杜臨調離羅定時在日記中寫道：「予畏此公多禮糾纏不了，如今去了倒也罷了，臨別猶絮絮以不及送行祖餞為歉，俱浮文也。予嘗謂此公有揖癖，朔望或祭祀到必一人一揖，彼此拜會，見即兩揖三揖，只有多無少，舉茶必起立，臨行又一揖或兩揖，每來必太太處請安，即便衣來亦然⋯⋯ 幸是武官無甚公事，設令作首府縣，即分身作十個熙熾甫亦日不暇給也。」[43]

省城的讞局、讞盜局、積案局負責審訊，審的主要是下面州縣上送的要案、要犯。有次劉坤一問積案局委員、候補知府貴某按察使是否常到局，委員每天何時到局何時散歸，貴某回答說，按察使只是偶然到局，委員「午正到局，未正散歸」。劉坤一掐指一算說：「僅一時乎？只有一個時辰，何卷可看，何案可辦？進去天熱，還要飲飲茶、乘乘涼，即刻閱卷，僅得半時，不論如何明敏，辦得何事？」[44] 讞局、讞盜局、積案局審案關乎人的生死，關乎清朝統治秩序的穩定，與官員們的仕途也有關，但主管的按察使以及辦事的委員都如此懈怠，於此可見官場懶散的風氣嚴重到何等地步。劉坤一雖做了指責，但讞局等機構與督署近在咫尺，何以他平日一無所知？對話時杜鳳治在場，反覺得貴某冒昧向劉坤一說出真相是不懂官場規則，回縣署後立即把貴某的話函告按察使周恆祺。

官員們在公事上未必勤奮，但在應酬上都不會掉以輕心。應酬與公務孰輕孰重，官員們都要權衡。公務有疏忽差錯，如果不是太過分，只要上司關照尚可大事化小小事化了，如果讓上司不高興，缺、差就會不保。過年時廣府六大縣 [45] 知縣都會到省城給各級上司拜年；杜鳳治在廣寧、四會任上也常到肇慶府城給肇慶知府、肇羅道員拜年、祝壽。同治十二年十二月，杜鳳治下鄉催徵，半路遇到南海縣五斗口司巡檢鄧紹忠，鄧說上省城為巡撫張兆棟祝壽，並說佛山官員如佛山同知喬文蔚、佛山都司塔清阿等都已上省城，順德、東莞、香山、新會知縣都已經去了。[46] 高官生日，從要缺知縣到佐雜微員都專程到省城祝壽，張兆棟不算是特別講究這類應酬的高官，尚且如此，如果瑞麟過生日就更加熱鬧了。

（四）委缺委差與官場關係

在清朝官場，缺和差都是珍貴和稀缺的資源。圍繞缺和差的委任，各級官員經常進行複雜的博弈，委缺委差最能體現清代官場中的人際關係。

清朝文武官員的缺額是固定的，缺額增減要經過繁複程序再由皇帝下旨決定。無論何時，候補、候委官員的人數都遠多於缺額。咸、同以後，一方面由於軍功人員大增，另一方面由於廣開捐納，有資格當官的人更多，補缺署缺更難。即使有機會補缺，不同的缺份也有優苦肥瘠之別。實際上已成為官府機構的局所需要候補候缺官員去辦事，還有大量臨時性的事務需要官員去完成、檢查、監督，在局所辦事以及臨時委派的任務都稱之為差使，既有局所的總辦、委員等「長差」，又有由督、撫、藩、臬、運、糧、道、府衙署為某些事務派出的短期或一次性的差使，州縣官也會給候補佐雜派差使。上司衙門為某項事務委派的委員往往是調劑下屬的一種手段，後文將對派往州縣的委員進行較詳論述。差使既是清代地方行政運作必不可少的措施，也是候補候缺官員得以獲得收入的重要途徑。相對於人數眾多的候補候缺官員，差使也難以滿足需求，而且，差使同樣存在優苦之別。官員們為得缺得差，尤其是為得到優缺優差，無不使盡渾身解數。

按清朝典制，布政使在州縣官赴任、署理等事項上有較大權力，但在太平天國戰爭過後，督撫基本掌握了州縣官以下官員任免的權力，甚至道府任免也以督撫意見為轉移。[47]督撫在行使委、署缺的權力時還出現了很多腐敗的情況。[48]杜鳳治曾在日記中議論：「目下更無論，方伯即一小缺亦無權，兩院明擺出各用其人，官場如是，意謂廣東為甚。」[49]「方伯即一小缺亦無權」或過甚其詞，而布政使的人事權被大為壓縮則是事實。杜鳳治偏重說廣東，是他出於自身感受的感慨，其實各省皆然。

以州縣官缺為例，通常由布政使根據制度和慣例提出候選者名單，督撫批准後布政使掛牌公佈與頒發赴任的公文。候選名單或事前請示督撫，或揣摩督撫的意旨提出，而督撫也會對名單再進行討論。按察使、鹽運使、糧道以及道員、知府有程度不等的發言權。廣州將軍雖不管吏治，但品級高，有時也會對州縣以下官員的委任發表意見。此外，從京城高官到在籍大紳對地方官的任命也會有影響。一般而言，一個州縣官要成功委、署缺，總督、巡撫、布政使三人的意見要基本一致，督、撫的意見最關鍵，其他重要官員也沒有太強烈的反對意見才行。重要的長期差使（如厘金局、讞局、交代局等局所的總辦、委員），雖由布政使、按察使、糧道等司道級官員主管，但督、撫經常會過問。

督、撫同布政使在委、署缺事務上經常會有分歧。王凱泰是一個很有能力、朝廷也看重的布政使，因為勇於任事，同總督瑞麟、巡撫李福泰都有點過節。同治九年，王凱泰已委知州桂芬署理樂會縣，樂會是瓊州極苦缺，桂芬不願意去。因桂芬與瑞麟有親故，李福泰與桂芬亦有情分，恭親王也有信來為桂芬說話。按慣例，桂芬的委任事先已得到過督、撫的同意，至少打過招呼，但王凱泰公佈桂芬的任命後督、撫卻支持桂芬抗命，王凱泰無法，只好將桂芬改委署虎門廳。[50] 王凱泰曾打算委任余恩鑅（杜鳳治的同年、同鄉、好友）署理連州知州，先開單給巡撫李福泰，李不置可否，王再請示瑞麟，稱巡撫沒有意見。「及中堂往拜中丞，中丞即大言有如此能幹方伯，要我們督撫何用？」強烈反對委任余。余恩鑅自然署理不成，王凱泰因此也很難堪，於是請了一段時間病假。[51]

個別強勢的布政使也會堅持自己的主張。楊慶麟翰林出身，當過京兆尹，在京城廣有人脈，總督劉坤一對楊頗為忌憚，而巡撫張兆棟則不願與楊爭權，楊慶麟任粵藩後就比較放手行使委缺權力。但多數布政使不可能像楊慶麟那樣。楊的前任俊達事事唯總督瑞麟馬首是瞻。此後任廣東布政使的姚覲元（浙江湖州人），為署東莞缺開列孫鑄、姚頤壽二人作為候選人，總督張樹聲毫不客氣地予以否決，「謂二員皆湖州同府縣人，又且姚姓，大言廣東大缺非湖州人、姚家人不能作乎？」從此姚不敢開委缺名單，督、撫又不可能撇開布政使直接委缺，故而「大家擱住，如擠船擦車，一時匯不通也」。[52]

清朝本來對升官、委缺有一系列制度，省一級也會制定委缺、署缺的實施細則，如同、光年間廣東就有《地方官員委署章程》，對知府以下直至佐雜挨委、酌委各缺的資格、程序有相當細緻的規定，甚至對多個具體缺份何種資格的官員方可補、署也有詳細規定。[53] 日記也記載王凱泰任粵藩後制定章程，「同通不得署州縣事，餘仿此，各歸各班，又州縣補缺先正途、次勞績，又次超委、試用、委用等項」。[54] 然而，再詳盡的制度、章程也不可能解決官員委缺遇到的各種複雜情況。一些官員確實不適合任本缺，優、苦缺之間也有必要調劑，久不得缺而又符合制度、章程規定的官員又要有所安置，督、撫、布政使必須根據實際情況裁量變通。而且，委缺是高官最重要的權力，也是得到賄賂的最好機會，所以，督、撫、布政使無法也不願完全按照制度、章程委缺。制度、章程以及官場輿論都不能不顧，但最終能否得缺，就看個人的條件、關係以及手段了。

督、撫、布政使在委缺，尤其是委要缺、大缺時，表面上會顧及程序及委任者的資格、能力、官聲，與此同時關係與機緣也特別重要。杜鳳治在日記中稱自己調署南海縣，既因自己完全符合規定，又有貴人助力，也因碰上機會。其中，肇羅道方濬師的大力推薦起了作用。瑞麟也了解到杜鳳治是個有能力的官員（很可能方功惠等親信進了言），且官聲不錯，上司、同僚、紳士都有好評，布政使鄧廷枏是杜的同年且關係好，而杜在吏部的人脈也減少了調署和後來正式補授的阻力。光緒二年春杜鳳治回任南海，是因為上年冬署理南海知縣胡鑒捲入了一宗外國人租賃碼頭的糾紛案件，開篆後又發生縣署差役因庇賭刺死兵丁之事，督、撫不得不把胡鑒撤任，南海是杜鳳治本任，藩臺把杜鳳治列作接任南海的第一人選，巡撫張兆棟與杜關係良好，新到任的總督劉坤一不反對，於是杜鳳治迅速回任南海。

光緒三年，杜鳳治的族姪杜承洙（菊人）在讞局審案有勞績，按察使周恆祺按照相關章程和慣例，表示要為杜承洙爭取一個大缺。其時剛好博羅縣缺將空出，周恆祺就同布政使楊慶麟商量，楊慶麟答應了，並向周出示博羅缺候委人選名單，杜承洙排在第一，官場中人都知道了杜承洙將得到博羅缺。[55] 過了兩天，未見掛牌，周恆祺對杜鳳治說還要通過督撫最後決定，但督撫事先已表示同意。誰知事情卻突然變化，楊慶麟見巡撫後告訴周恆祺，巡撫提出要把博羅缺給楊夢龍，因為楊夢龍剿匪出過力，杜承洙可改委和平縣。周恆祺認為所謂巡撫的意思其實只是楊慶麟本人「於中作怪」。和平是小缺，為讓杜承洙不失去署大缺的機會，周恆祺建議杜鳳治去跟楊慶麟說杜承洙委和平事不要掛牌，「既憲恩欲與大缺，此次不能，何妨少待」。杜鳳治同廣州知府馮端本商量，請馮出面說。[56] 稍後杜鳳治就得知禮部尚書萬青藜致函張兆棟、楊慶麟為楊夢龍說項，以及不久前楊慶麟同周恆祺因公事有過節，所以就拿這件事報復。杜鳳治見事已至此，只好對杜承洙說：「在汝以捐班試用甫及兩年，得委署事，和平縱小，不至賠累，如是亦云可矣。汝獨不見讀書捷南宮即用來此數年之久，尚未見印是方是圓，出入聽鼓，旅況艱難……此去官聲如佳，安知不調署繁缺乎？」[57] 日記記杜承洙委缺一事沒有提及賄賂，新到任的總督劉坤一也沒有參與意見，幾個高官在委任杜承洙問題上的分歧與態度變化仍屬於「正常程序」。杜承洙以捐班試用知縣、讞局審案勞績的資格，差點得大缺而落空，最終得到一個不至賠累之小缺，這個結果主要是由官場關係決定的。

杜鳳治的外甥陶子筠（友松）在交代局任差，得到督撫、布政使賞識，按章程應該得缺。陶子筠是同知、通判班，省城只有廣糧通判一個著名優缺，無論如何輪不到他，所以，陶子筠希望在省城附近謀求一個缺。虎門同知可以不必常駐，佛山同知離省城近，公務不算繁忙，故欲謀求此二缺中的一個。杜鳳治為他向楊慶麟說項求署佛山同知。楊說因為陶在交代局得力，怕巡撫以無人可代替為理由不肯放行。杜鳳治說：「此缺與虎門同，常可在省，陶丞自願兼局務，不領薪水。藩臺問此缺何如？予對約每年可作到兩吊光景。」[58] 杜鳳治與楊慶麟的對話如談一宗生意。但陶子筠未能得到佛山、虎門缺，剛好前山同知（又稱澳門同知）缺出，經廣州知府馮端本力薦，陶子筠以「兼差不領（交代局）薪水」為條件得以委署此缺。[59]

日記裏記載了很多靠賄賂打通關係獲得委缺、委大缺優缺的例子。如張經贊（南陔）通過巡撫親信陳善圻（曾署理南海）得到新會缺，「聞費二方以外」。[60] 新寧知縣秦廷英，派「家人」持二萬兩的銀票走總督英翰親信裕庚（候補道）門路，希望調署新會。這個「家人」又同時走英翰從安徽帶來的某巡捕門路，以八千兩成交。英翰已囑咐布政使俊達上詳，「家人」就到裕庚處取回銀單。裕庚大怒，告訴英翰，英翰「疑經手人食油餅，事大決裂」，秦廷英最終調署不成。[61] 看來二萬兩是大缺新會的「正常」價格。知縣田明曜（星五）「素不識字，不知吏治」，對瑞麟「送禮最勇，不計貴賤」，以緝捕得力，得以署理香山知縣，但嚴重虧累，巡撫張兆棟也不喜歡他。然而，田設法走通潘祖蔭門路，而張兆棟與潘關係很好，田又得以調署廣府六大縣之一的東莞。[62]

為得缺得差，官員們會走一切可能的門路。知縣陳元瑱（幼笙）在惠來缺任上時民眾鬧事，撤任後怕上司追究影響委缺，於是求與其有年誼的在籍尚書羅惇衍（陳之叔父與羅同年）向督、撫、藩緩頰，還想懇求羅幫忙調劑優缺。[63] 杜鳳治認為，為謀缺謀差求人向督撫進言，在廣東最有力的就要算羅惇衍了，如果向總督瑞麟進言，也可以通過方功惠。[64]

總督、巡撫、布政使委任佐貳、佐雜缺更為隨意。日記稱瑞麟「於府、州、縣缺尚慎重，而佐雜往往不耐人求，允向藩臺交條，以為佐雜無關緊要，以故現在佐雜官缺皆有來頭」。[65] 瑞麟在委任府、州、縣時也納賄和徇私，但較之委任正印官，佐雜可以更無顧忌地委任私人。署理五斗口司巡檢鄧紹忠善於相面，當年瑞麟在廣州將軍任上，鄧說瑞麟不久就會到督署這邊來，不久，粵督毛鴻賓降調，瑞麟果然署理粵督，鄧紹忠因瑞麟的關照得以長期署理著名「肥缺」南海縣五斗口司巡檢。[66] 杜鳳治推薦通判許如騆（次歐）給楊慶麟看病，楊病情減輕，就立即給許一項優差，又允諾「將來必為委一長差。通判班署州縣極難，然只要有勞績，亦一樣委署」。許如騆因此十分感謝杜鳳治的推薦。[67] 任南海知縣時，杜鳳治只要在家，來客即絡繹不絕，很多客人並無公事，「來則無非求差」。[68] 從日記看，杜鳳治還是滿足了很多客人的請求，為他們得缺得差出力。

（五）虐政與「仁政」之下官民關係若干側面

本目的「民」指沒有功名職銜的庶民。日記寫及官民關係之處甚多，本目只寫一些令人感興趣的事例。

清朝官府在省城與在外州縣，處置官民關係的原則與手法不盡相同。在廣寧、四會、羅定等州縣，杜鳳治一方面會做一些憐老惜貧、重視農事、體恤「良民」、疏河修路、催建義倉、禁溺女嬰、設育女堂之事，另一方面又會對百姓採用極為嚴厲的手段。例如清查「盜匪」時，經常會燒毀「匪屋」；對被認為故意欠糧抗繳的紳民，動輒拘捕、燒屋、責打；與「匪」無關、並無欠糧的人也會無辜受牽累。同治十一年，杜鳳治率差、勇到南海縣倫表村查案，但很難找到人，因「廣東風氣，凡遇官到一村，老幼皆逃避去」。[69]為何無論紳民都要躲避？無非是因為官員下鄉通常會對紳民責罵處罰，隨從的書吏、差役、勇丁更會滋擾勒索。

在清朝官員心目中，自然不存在庶民生命財產合法權利之說。同治九年，候補知縣朱用孚（尹伯）奉總督命帶領兵勇、火輪船到潮陽縣清鄉並協助催徵，在柳崗鄉，勒令該鄉紳民交出抗糧和橫行鄉里的惡紳陳同，否則開炮轟村，「玉石無分，良莠同毀」。然而，陳有勢力、有武裝，家裏還收藏有火器，柳崗紳民根本沒有能力「交出」陳同。正在該處催糧的杜鳳治認為不可開炮轟村，朱用孚不聽，還提醒杜鳳治及早離開，以免轟村時誤傷，表明他不是空言恐嚇。[70]後來朱用孚雖然沒有開炮，但於此足見在官員心目中普通民眾人命之輕。在清鄉以及處置民眾大規模抗官抗糧行動時，官吏、兵差殺人、燒屋都是常事，日記中有不少記載。

有些官民關係緊張的地方，民間也會實力抗官。同治八年，杜鳳治奉差委到潮陽催徵。看到潮陽沿途「大村四圍牆皆如城，亦用三和土築，其堅固直過於石，名為備盜，實藉此以拒父母官」，「村口柵門低小不容轎入，亦為拒官計」。[71]杜鳳治認為必須拆毀這些堅固的村牆，但實際做到並不容易。杜鳳治在羅定任上曾委託晉康司巡檢劉嵩齡（玉峰）為一宗田土糾紛勘界，當地竟然「糾集男、婦多人，預儲糞溺撒潑，器械火炮無不齊備」，把劉嵩齡搞得十分狼狽。杜鳳治迅速拘捕了為首者，鞭責枷號，但沒有治以更嚴重的罪名。[72]如果真有「器械火炮」，已嚴重違反王法。這個案例反映出民間抗官有時會有相當激烈的場景，但官員只要能控制局面，也不願把事情鬧大。

當時官府以「民之父母」自命，對百姓又有一些約定俗成的仁惠之政。例如，杜鳳治審理山場界址糾紛時說過：「廣東官山曠土，各處皆有小民勤力墾植，聽其自便，收花入己，原為例所不禁。」[73]「山盡官荒，二百年來小民勤力開墾以資餬口，處處皆有，亦只聽之。」[74]「官山原准民間造墓安葬。」[75] 官員這樣做，一則是無法改變多年已形成的官山被民眾大量開墾、營葬的客觀情況，二則是希望官民相安無事，維護安靖局面。

在廣州這樣的大城市，民眾容易聚眾鬧事，官府在「硬」的一手以外，也有懷柔的手段，設立了一些救助救濟機構，還鼓勵、支持紳商設立慈善機構。例如，南海縣地界就有官紳聯合創辦的廣東最大的積穀防災機構 —— 惠濟倉。[76] 在番禺縣地界，也有官府設立的育嬰堂、普濟院、恤嫠公局、痲風院、瞽目院以及大有倉。[77] 官辦的慈善救助機構由不同衙門管理，除南海、番禺兩首縣外，有時高級衙署也會直接管理慈善救助機構，如大東門外收養孤寡老婦的普濟院，由廣東督糧道管理，現仍存普濟院建築一間及光緒十二年署理督糧道李蕊有關普濟院規則的告示碑。[78] 官府也會對遇災居民捐廉賑濟，對殘疾人定期發放一些救助錢米，日記就有多次「放瞽目」的記載，來領取的男女失明者各數千人，總督親自過問，官府對發放安排、安全保障等也有頗為細緻的考慮。[79]

對居民某些違法行為，官府有時也會網開一面。本來，「例載，城垣下濠以內不准民間建屋」，但廣州城壕內實際上建了不少房屋，歸德門附近城牆外華德里（俗名黃婆蘭）早已形成街巷，「舖小屋貧，所居皆手作人」。城內旗丁勒索不滿所欲，竟然指使「無賴」放火擲石（似未造成嚴重後果），附近店戶早痛恨旗丁，因此「羣起紛拿，有眾怒難犯之勢」，手作人「摩拳擦掌，定要與旗人死不干休」。杜鳳治極力勸阻，並允諾日後嚴禁、懲處肇事「無賴」，實際上是承認並允諾保護華德里貧民的「違章建築」，總算平息了這場風波。[80] 省城有一萬壽宮舊址，衙役私將其地租與手工業者及小販搭建住處，官府要求在內居住者遷走，對其中貧病交加的人，杜鳳治酌量給予銀兩。[81] 西關玉帶河是廣州的排水道，一些窮人在上面建造了浮屋。同治十二年，官紳決定疏浚玉帶河，官府決定，對應拆之浮屋，住者「如實窮苦，給以數兩屋值」。[82]

前文已寫過舉辦大規模巡遊慶典的盛況。當日的城市，大規模的「官民同樂」慶典極少，在狹小的省城舉辦這類活動，組織工作和防火、防盜、防止踐踏傷人事故等，難度相當大。但從日記看，杜鳳治等官員頗為努力，巡遊時官民關係顯得少見的融洽。

有時官府演戲，百姓也可從旁窺看。同治十年七月，省城各官在內城大佛寺開戲祝賀瑞麟大拜（當月瑞麟授文淵閣大學士），「閒人」在附近屋上觀看，兵役打算驅趕，杜鳳治出來阻止，說「聽其自然，我們散後戲止，自然去矣」，杜主要怕驅趕時引致民眾鬧事。[83] 劉坤一也說過：「督撫兩衙門演戲，有人闖入，你府縣亦不能彈壓，督撫亦說不出要府縣彈壓。何則？以非正務也。」[84]

在今人心目中，清朝的衙署應該是官威所在、任何人也不敢冒犯的，但從杜鳳治日記看卻不盡然，有些情況還頗為有趣。日記記載了在布政使署、督署有很多下層執事人員亂搭亂建的房屋。[85] 還有一次，撫署巡捕稱，在撫署後牆外居住的陳亞貴，因撫署後花園芭蕉葉有礙風水，竟爬牆入園內砍伐百餘棵，要求杜鳳治查究。陳亞貴聞風逃走，其寡媳梁氏則稱入園只是摘葉並無砍伐。後陳亞貴到案，杜鳳治查明只是梁氏嫌撫署芭蕉葉遮住窗口光線，砍去數片葉，與園丁發生爭吵，所謂伐芭蕉事係園丁嫁禍。撫署花園久已荒廢，「草長可隱人，滿目荒蕪」，園丁常收錢允許人進園採摘草藥。按陳梁氏的口供，其家所住房屋竟以撫署圍牆作屋牆，並朝撫署花園開窗。杜鳳治把陳亞貴押到撫轅請示如何發落，巡撫得知案情後表示無意追究，傳諭杜鳳治責令陳亞貴「嚴束寡媳，毋再滋事」，「從寬施恩釋令去」。杜鳳治想到如果把陳亞貴押回衙署釋放，陳難免要受書吏、差役勒索，於是就在撫署頭門將陳訓斥幾句，「即令回家安業」。[86]

督署、撫署、藩署是省城最重要的衙門，但對冒犯官署的下層執事、庶民等沒有嚴懲，這也反映了清代省城官民關係的另一個側面。

二、杜鳳治的上司同僚

（一）總督、將軍

杜鳳治宦粵十幾年，這段時間有過三位兩廣總督。他到粵時，兩廣總督是瑞麟（1809～1874）。瑞麟字澄泉，滿洲正藍旗人，是晚清任職時間最長的兩廣總督（此前還當了近兩年廣州將軍）。他參與鎮壓太平天國、捻軍，同英法聯軍打過仗，是廣東早期洋務運動的主持者，生前為文華殿大學士（故日記中稱之為「中堂」）[87]，死後謚「文莊」。清廷讚揚他說:「在粵十年，練兵訓士，綏靖邊疆，辦理地方事宜，均臻妥協」。[88] 這自然是溢美之詞，不過，瑞麟任粵督那十年，確實是近代廣東相對平靖的時期。

瑞麟去世後粵海關的報告提到，與瑞麟接觸過的外國官員都對其交口稱譽，並說「他完全可與歐美的模範政治家媲美」。[89] 杜鳳治當了瑞麟八年下屬，且有幾年為首縣南海知縣，經常要謁見瑞麟，瑞麟對杜鳳治也很賞識。日記中對瑞麟有不少感激、欽佩的文字，但杜又毫不隱諱地記下有關瑞麟的負面事實及評論。迄今學術界對瑞麟研究甚少，[90] 如果要研究瑞麟，杜鳳治的日記當為重要史料之一。

同治十三年，杜鳳治得知瑞麟病重的消息，在日記中評論：「中堂在此已十年，諸凡明晰，性復和平，是一最好伺候之上司，且於廣省公事亦非無功效者。如竟以病而去，真令人念念無已。」[91] 這完全是站在一個州縣官的立場發出的感慨。

瑞麟作為清朝在廣東最高級別的官員，對維護清朝的統治秩序不遺餘力，也頗有經驗和成效。瑞麟處理對外事務，以同外人相安無事為原則，經常妥協退讓，對內則以強硬手段治理。方耀、鄭紹忠兩部在清鄉時濫殺，得到瑞麟的許可和鼓勵。瑞麟有一個癱瘓的兒子，天天咒罵父親何故尚不死，杜鳳治覺得這是瑞麟縱容方、鄭濫殺「傷天和不輕」的報應。[92] 晚清廣東審判盜案實行「就地正法」，這本來就容易造成濫殺冤殺，瑞麟較之其他高官更主張從快從重多殺人，諭令不必管有無其他證據，「既有供詞，即可殺之」。[93] 下屬的文武官員多數就秉承瑞麟意旨以嚴厲手段懲辦盜案疑犯。

瑞麟是廣東官員羣體的最高統率者，對待平民百姓嚴厲，但對下屬官員則不失為一個有威望、有能力、有度量的「好上司」。他位高權重，處理官場事務既有決斷也很圓滑，能維護官場的規矩和官員的整體利益，對細節也並不昏聵糊塗。杜鳳治認為，瑞麟「為人諸凡明澈，且有決斷，其短處唯喜聽小人讒言」。有一次，瑞麟對杜鳳治談起糧道貴珊宦囊積蓄數目以及吸食鴉片、愛好男風等隱私。[94] 他顯然有不少渠道和辦法掌握下屬的情況。

瑞麟對下屬官員很注意保持親切謙和的風度，如果單獨接見下屬，即使是首縣知縣，也會讓到炕上坐，遠比其他高官親切。[95] 有一次杜鳳治感冒請假幾天，銷假後瑞麟一見就問候杜是否已痊癒，日記寫道：「中堂於此等處最講究。」[96] 同治十二年文武鄉試和旗營、綠營大閱結束後，杜鳳治為下鄉催徵稟辭，瑞麟對他說：「自八月文闈起，繼以武闈，又逢大閱，日夕忙忙碌碌，直累到如今，費財費力費心，真虧你們，現可少憩，又要下鄉乎？」[97] 杜鳳治聽了覺得很暖心。瑞麟對官員各種不符合典章制度的行為，甚至貪贓枉法，雖然也斥責、查辦，但動真格的時候不多。例如，晚清廣東鹽政敗壞，私鹽充斥，但瑞麟說：「我之令文武拿私者拿其大幫者耳（大幫走私必有數千包），如小小經紀夾帶一二十包借得微利贍家，不必拿也。」[98] 這一指示表面為「小小經紀」，實則還是為照顧官員，因為文武官員乘坐的船隻經常攜帶私鹽（包括杜鳳治），有瑞麟的意旨，關卡更不會認真搜檢官員的船隻。瑞麟也不輕易參劾下屬官員。杜鳳治辭官歸里後，有一次在《申報》上讀到兩廣總督張樹聲參劾鹽運使何兆瀛等一批官員的消息，讚歎瑞麟、張兆棟「性皆寬平和恕」，除極少數做得很過分的官員外，「十年以來從未見以白簡從事」。[99] 杜鳳治欽佩瑞麟，除了「知遇之恩」以外，也因瑞麟是個比較體恤下屬的上司。

對瑞麟的「寬容大度」，官員們當然歡迎，但廣東官場貪瀆之風因此更盛行了。瑞麟本人也以「好貨」著稱。巡撫張兆棟對杜鳳治談論過總督瑞麟納賄委缺，批評布政使俊達過於逢迎總督，甚至同杜議論總督小夫人親屬納賄委缺的事。[100] 同治十二年，新到任的學政章鋆主動告訴杜，瑞麟在京中聲名不佳，杜便問京中人議論什麼，章鋆說無非是索賄的事。[101] 杜鳳治對自己用於瑞麟的大宗支出常有記載，對瑞麟親信以及督署「家人」的額外盤剝勒索更是反感和無奈，認為瑞麟像明末的周延儒，「利歸羣小，怨集一身」，名聲都被這些人搞壞了。[102] 瑞麟是廣東洋務運動的主持者，也不能說沒有成效，但杜鳳治的評論是：「中堂愛體面，肯用錢，如築炮臺、買機器洋炮，費去不貲，其實皆上當事。」[103]

瑞麟死後，杜鳳治在日記中說：「中堂本來有和嶠之名，賣缺鬻官，眾口同聲，死後可以已矣。」又抄錄坐省「家人」的信函，其中提到各店舖對官府強迫路祭瑞麟不滿，「而各舖民有說無錢者，有說中堂無甚好處到民間者，有說設祭要出於人心情願，豈有抑勒壓派者」，只有少數商人不得不「虛應故事」。瑞麟死後，其親屬、「家人」把督署一切物品拆下帶走或賣錢，「聞說督署唯有地皮不鑱」，致使辦事的官員不勝其負擔，民間怨聲載道。日記還抄錄了一首諷刺瑞麟但詞句不通的七律白頭帖。[104]

繼瑞麟任兩廣總督者為英翰（？～1876），字西林，滿洲正紅旗人。坐省「家人」以及其子杜子榕對英翰來粵的排場及各種負面傳聞都一一向在羅定的杜鳳治致函報告，如提到英翰的行裝竟有「種菊花宜興盆數千個，菊花數百種，金魚四大桶，蟋蟀盆及斗柵不計其數，金魚缸數隻，花雕四百罈」。杜鳳治因而判斷新總督「性情於此已見一斑。局面必大手亦必闊」。[105] 英翰還廣收賄賂，「此次宮保到任，各官送禮俱開單，送玉器用手巾包裹，不設扛箱，宮保照常收受」。[106] 到廣東後，英翰設立海防局，為得到新的財政來源不惜讓賭博合法化。杜鳳治覺得這樣做不成體統：「如何說出口？全不顧臉面，此等人能作如此大官，朝廷正倚畀甚殷、聖眷隆重之時，必以為有才能也，而才能乃如是，可歎！」[107]

英翰因設立海防局公開徵收賭餉，以及隨員李世忠等人過於招搖，被廣州將軍長善、廣東巡撫張兆棟聯手參劾，不久即被罷免。

杜鳳治第二次任南海知縣時，兩廣總督是劉坤一（1830～1902）。劉坤一字峴莊，湖南新寧人，是晚清有見識有學問、有守有為的封疆大吏，時譽頗佳，後世評價也不錯。[108] 但劉坤一對杜鳳治不甚賞識，杜鳳治在日記中常連篇累牘批評甚至痛罵劉坤一。

杜鳳治對劉坤一做總督的能力很不佩服，認為劉「心亂」，並進而評論：「此公實欲勵精圖治，無論大小事必欲躬親，而精力、心思不及，得乎此失乎彼，顧了東忘了西，事事欲躬親，遂至事事無就緒，得不心亂乎！」[109]

後來，杜鳳治同劉坤一關係越來越壞，在日記中評論劉「有統帶才而非督撫才」，「政令雜亂無章，不能不令人神往於文莊公時矣」。[110] 辭官歸里時，杜鳳治在日記中對劉坤一做總評，認為劉「勉強自制，不受賕賂」，但「至於才德，實一無可取，斷非督撫之才」，「兩眼不識人，一心無主意，其心亂耳軟，膽小性急」，稱劉「一畏洋人，二畏京官，三畏紳士」，還害怕方耀、鄭紹忠，對司、道也害怕，但對府、廳、州、縣「每堂期旅見，驕蹇之色可掬，傲戾之言時聞」，後來還在日記中直呼其名予以譏評。[111]

不過，日記還是如實記下了劉坤一一件清廉的典型事例。光緒二年，粵海關監督俊啟（星東）丁憂未到任，劉坤一以粵督兼署海關監督，剛好碰上「各清書掣各口簽，照例公禮銀三十萬兩」，但劉坤一把 15 萬兩交給俊啟以彌補其在京中赴任前的開支以及喪葬費用，另外 15 萬兩全交藩庫作為公用。[112]

為何杜鳳治佩服「有和嶠之癖」的瑞麟而不佩服勤政清廉的劉坤一？因為杜鳳治完全是站在州縣官的立場做評判的，他更關心官場中下層羣體的利益，希望上司能夠按照官場「正常」的規則辦事，不喜歡上司嚴格查察下屬。對杜鳳治來說，較之願意接受賄賂、「寬大」的瑞麟，劉坤一更不好伺候。

廣州將軍長善在其時的旗人駐防官員中尚算有學養的人物，但在杜鳳治日記中長善卻是一副貪婪、瑣碎、任性、慵懶的形象。日記記瑞麟死後，長善以為自己有機會署理兩廣總督，誰知後來落空。杜評其讓別人看出得不到署督的不滿，是不知自重，無涵養學問，挖苦長善以為自己一定會當兩廣總督，「不意日復一日，佳音杳如，總督架子已擺足，總督實信終寂然」；「此次瑞相開缺，意謂等了多年，者番捨我其誰。又如石沉大海，能不想殺氣煞」。[113]

日記還記錄了一次廣州府官員抵制為長善站班的事。同治十年，長善因公赴虎門，但廣州知府馮端本以下一干中下級官員以無舊例為理由拒絕為將軍站班。按照清朝典制，駐防將軍地位略高於總督（其時粵督瑞麟兼大學士，地位則高於將軍），長善認為廣州的官員看不起自己，很生氣，致函瑞麟質問，但瑞麟和按察使孫觀都認為各官沒有做錯。[114] 杜鳳治在日記中提及長善，沒有多少敬重的話。於此也反映出，太平天國戰爭後各地滿洲駐防官員的地位進一步下降。

（二）巡撫

杜鳳治剛到廣東時巡撫是蔣益澧（1834～1875），在廣寧紳士上控時，蔣益澧支持杜鳳治，杜對蔣不無感激之情。

蔣益澧，字香泉（或作薌泉），湖南湘鄉人，湘軍驍將，二十餘歲即因與太平軍作戰的戰功升為臬、藩大員，同治五年授廣東巡撫，其時不過 32 歲。翰林楊泰亨曾入蔣幕，贈蔣一聯「中興建節最年少，天下英雄唯使君」，蔣「最得意也，懸之廳事前」。[115] 對蔣益澧這個晚清重要人物，學術界也甚少研究。《清史列傳》之蔣益澧傳，主要篇幅都寫其戰功，對其撫粵經歷，着重寫了兩件事：一是奏革太平關給廣東巡撫衙署每年 25800 兩的規費；[116] 二是被瑞麟奏劾「任性妄為」。[117] 來粵查辦的閩浙總督吳棠奏稱：「蔣益澧久歷戎行，初膺疆寄，到粵東以後，極思整頓地方，興利除弊。唯少年血性，勇於任事，凡事但察其當然，而不免徑情直達，以致提支用款、核發勇糧及與督臣商酌之事，皆未能推求案例，請交部議處。」朝廷最終決定罷免其巡撫職務，降兩級調用。[118] 杜鳳治的日記不僅可補充蔣益澧撫粵及罷免過程的很多細節，而且可了解晚清廣東賦稅徵收的一個影響較大的變化。

蔣益澧來粵後立即做了一件大事，就是奏請減少州縣徵收色米的折價，《清史列傳》的蔣益澧傳完全沒有提及此事。清代各州縣的「正賦」包括地丁（以銀兩徵收）和糧米（實物），後者在廣東有「省米」「府米」「民米」等名目，主要用於發放旗營、綠營的糧餉。但米糧往往不收實物而折合銀兩來徵收，謂之「折色」。早在清朝中期，州縣徵收已不按市場的糧價折算，致使花戶的實際負擔是原定的三四倍。[119] 咸豐、同治初年，正常年景省城一帶米糧售賣價格不過每石值銀一兩左右，但各州縣折色有的竟達市價的五六倍。據蔣益澧所奏，「廣東色米一款，以正耗統計不過銀二兩上下即敷支銷，乃廣州府屬徵收色米，每石徵銀多者八兩有奇，少亦七兩零，惟新安一縣徵銀五兩八錢略為輕減，然較之支銷之數亦浮收甚重」；蔣益澧乃諭飭布政使先在廣州府籌劃，「每石酌減銀若干兩，實徵銀若干兩」，制定章程再奏准全省推行。[120] 不久，以瑞麟、蔣益澧聯銜減少色米折價的奏請得到朝廷批准，自同治六年起，「南海、番禺二縣每民米一石連耗折徵銀五兩八錢，香山、新會、順德、龍門四縣每民米一石連耗折徵銀五兩五錢，花縣、增城、三水、清遠四縣每民米一石連耗折徵銀五兩，東莞、新安、從化、新寧四縣每民米一石連耗折徵銀四兩八錢，此外不准絲毫浮折。通計廣州府屬十四縣每年減徵銀一十六萬五千四百餘兩」;「尋奏續查惠潮嘉、肇羅、韶連、佛岡等屬所收米羨不免浮多，現經核減，通計每年共減徵銀十九萬九千八百三十餘兩」。[121]

減少色米折價的奏請雖由瑞麟、蔣益澧聯銜，但從朝廷到官場、民間都知道這是蔣益澧的主意，本來，徵收、奏銷事務也主要由巡撫負責。

蔣益澧年紀輕輕就被任命為封疆大吏，為報朝廷厚恩頗想有一番勵精圖治的作為。他親自率軍平靖延續多年的土客大械鬥，到任後殺了一名「囤積居奇」的糧商以平抑糧價，又在省城嚴厲禁賭禁娼（但日記說蔣益澧對二者都頗為愛好）。特別是減少色米折價，得益的是需要交納田賦的土地所有者，特別是擁有土地較多的士紳階層。所以，蔣益澧被罷官離粵時，「紳民店戶攀留，無日不送萬民傘、高腳牌，不下百餘份，每日絡繹不絕，堅留餞行者甚多。並紳民有將磚石堵砌城門不肯令去，僉謂廣省督撫最有名者為林文忠公、朱中丞（桂楨），二公猶不逮現在之蔣中丞也」。[122] 雖然日記也記下如此熱鬧的景象背後有蔣益澧用銀收買的內幕：「撫臺每傘一柄賞銀五十，牌一面賞銀若干，頂馬一匹賞十兩，余仿此。為此人情趨利若鶩，更多矣！」[123] 不過，很多士紳感激蔣益澧當為實情。

然而，色米折價是各州縣重要的收入來源，因而也是府、道以上各級上司節壽禮和各項饋送的重要來源。色米折價減收首先損害了州縣官的利益，從而也損害了整個廣東官場的利益。因為蔣益澧減少色米折價的理由冠冕堂皇，且又得到朝旨允准，故各級官員不敢公開反對，但都心懷不滿。杜鳳治在日記中全文抄錄了自己設法得到的一份瑞麟瀝陳「廣東折色民米礙難減價徵收請仍照舊章」的奏稿，其中甚至有「嘉慶、道光以來，廣東督撫諸臣如陳宏謀、朱珪、德保、阮元、成格、林則徐、朱桂楨、祁墳，皆一時名宦良臣，非不知惠愛斯民，何以不輕減則，而待一目不識丁之蔣□□憑臆妄斷、市惠沽名乎」等尖銳詞句。[124] 查同治朝之實錄，未見此奏。請減米羨事瑞麟也列銜，又經朝廷諭旨准行，按理，瑞麟不應以如此尖銳之語再提出相反意見，也許此奏稿並沒有拜發，甚至可能是不滿蔣益澧的官員託名假造的。蔣益澧離粵後，有謠言說他行至湖南時其帶來廣東、後被解散之湘勇把其行囊搶掠一空，蔣亦身受重傷。[125] 因為蔣益澧得罪了整個廣東官場，故有很多對他不利和幸災樂禍的謠言流傳。

杜鳳治在廣寧紳士鬧考期間曾得到蔣的袒護，作為州縣官也因色米折價減收而利益受損，故對蔣益澧的態度有些矛盾。蔣益澧離粵後，杜鳳治仍不時在日記中寫有關這位前上司的舊事，如記：「前蔣香泉由粵西來東公幹，無日不在河下作狎遊。」[126] 蔣被罷免後，方濬師告訴杜鳳治，說其堂兄方濬頤有一次請舊上司蔣益澧吃飯，見蔣「窮不可耐」，贈銀千兩，但蔣「手本散漫，隨得隨消」，「聞在家無事，大開賭局，一夜能輸萬餘金，以故弄得不堪（在軍中久，銀錢來去看甚輕）」。[127]

日記的一些記載很可反映這位年輕的封疆大吏的性格。有一次杜鳳治謁見時與蔣益澧談起作詩，日記記：「（蔣益澧）問予你見我詩否？對以早見，現已和四章呈政。即急言何故無有送進，未曾看見？又對以剛才交巡捕房矣。端茶送出，行時猶言真巧，剛要叫你上來，你恰來了。」[128] 其時蔣益澧的表現有點不像巡撫，而像一個期望別人欣賞其作品的青年文人。日記又記載，有一次杜鳳治等幾個州縣官謁見蔣益澧，蔣向他們大談瑞麟彈劾自己的事。[129] 本來，接見並非親信的下屬時不適合談自己與總督的矛盾，這一細節也反映出這位年輕的巡撫沉不住氣和缺乏官場歷練，他敗於老謀深算的瑞麟是必然的。

蔣益澧在同瑞麟的政爭中失敗，廣東巡撫僅當了一年多就被罷免，但清廷沒有把他一擼到底，只是降兩級調用，以按察使候補，回到 10 年前的官銜。其時捻軍、西北尚未平定，清廷還不想放棄這員能戰的悍將，把他派往老上司左宗棠的軍營接受差委。然而，蔣益澧於此時發病，未能再臨戰陣，同治十三年冬就去世了，終年僅 41 歲。

蔣益澧後繼者為李福泰（1806～1871），李字星衢，山東濟寧人，出身州縣。李福泰與杜鳳治關係一般，杜對李的能力有限和任用私人頗有微言：「李為撫臺，一味引用私人，為此與王補翁成仇。李本無材能，不過向有好人之目，操守是好的，自作巡撫聲名大損，有私故也。不怕羞恥，所用無非私人也。」[130] 同治九年末，李奉旨調桂撫，不久病故。李福泰死後，受其庇護的官員均被撤換。

繼李福泰任巡撫的劉長佑（1818～1887），在粵時間很短。繼劉的張兆棟（1821～1887）任粵撫七八年。張兆棟，號友山（又作酉山），山東濰縣人，與杜鳳治有同年之誼，對杜亦有所照應。張兆棟也是個精於官場世故的官僚，杜鳳治對其較少向屬員推薦領乾脩的掛名幕客、不讓屬員多破費、不甚接受京中及各省大官請託等頗有好評，認為張「清介鯁直，有古大臣風烈」。[131] 杜鳳治論張兆棟與總督劉坤一共事：「事事讓他，不作一專主事，心中有言亦不出口，將權柄全授於彼，得以專行其志⋯⋯至於得封疆大體，中丞最為得體，唯少弱，不肯侵他人之權，漸至己權亦授之人，才稍不逮耳，德則盛矣美矣。」[132] 杜鳳治雖然評價張兆棟最得封疆大吏的大體，但對其才能與擔當則評價不高，曾議論他：

> 唯這位大人閒談則可，即如洋務、鹽務，不關撫臺主政之事，亦喜聞之，然欲其發一言諭司道照辦，或洋務、鹽務有不足於心者，請出一言萬萬不肯也。故雖為一省之主，而不肯多說一語、多管一事，一聽制臺、藩臺所為，兩司回事靡不允從，從無更改，間或有改亦偶然耳。權全授與他人，而公夷然不以為意也，誠大度忠厚人也。[133]

張兆棟在粵撫任上多年，與瑞麟、劉坤一兩位強勢總督共事而能保持其地位，與這種「寬和」「忠厚」的態度大有關係。張兆棟也不是完全無作為，英翰接任粵督後開辦海防局徵收賭餉且其隨員過於招搖，張兆棟便與廣州將軍長善聯手彈劾英翰，使後者被朝廷罷免。

張兆棟也曾與瑞麟產生過相當尖銳的矛盾。同治十二年九月，鹽運使鍾謙鈞因為年老要求引退，按一般慣例應由糧道貴珊署理鹽運使，但瑞麟不喜歡貴珊，想以布政使俊達兼署。張兆棟對俊達事事只聽從瑞麟本就有看法，且認為俊達兼署理由不足，於是放話：如果總督出奏以俊達兼署鹽運使，他將不會銜，如果總督單銜上奏，他將引退辭官。瑞麟想與張兆棟討論署理鹽運使的人選，張卻儘量躲避。此事涉及廣東文官系統地位最高的總督、巡撫、布政使三個人，整個官場都感到不安。按察使、廣州知府無法調和，將軍、學政、副都統、海關監督也紛紛出面勸解。按察使曾問杜鳳治有何好主意，杜提議說服鍾謙鈞銷假繼續任職，按察使認為不錯，但此議被鍾謝絕。杜鳳治曾猜測總督會以廣州知府馮端本署理解決僵局，因為馮是督、撫都接受的人，最後，果然按照杜的猜測由馮端本署理鹽運使。[134]

為何瑞麟可以同張兆棟妥協，而對蔣益澧則不能容忍非要將其劾免不可？杜鳳治的日記透露了部分原因。

清朝制度規定總督可以節制巡撫，但兩人各有獨立的衙門，事權的劃分並不清楚，且都有單銜奏事的權力。有清一代，同城督、撫常有矛盾，這種情況對加強君主集權卻不無好處。由於瑞麟的強勢，一般巡撫自不是他的對手。但作為老官僚，瑞麟深諳為官之道，通常也不願把權力用盡、把事情鬧大做絕，因為總督參劾巡撫，也要付出代價。蔣益澧銳意進取，鋒芒畢露，帶有多名官員和親信軍隊來粵，有把湘系勢力擴展到廣東的意味。差不多同時，有湖北巡撫曾國荃把湖廣總督官文參免之事。官文與曾國荃、瑞麟與蔣益澧這兩組督、撫有很多近似之處，似無資料反映曾、官之爭對瑞麟決意參劾蔣益澧的影響，但以瑞麟的地位、處境和性格，他不可能不關注湖北正在發生的事。蔣益澧挑戰了瑞麟的地位和權力，行事又不大按官場規則，不是一個容易共事的角色，故瑞麟認為必須驅除。而蔣益澧得罪了整個廣東官場，政爭經驗又不足，把柄較多，故瑞麟敢於下手。張兆棟則不甚爭權，對瑞麟不構成權力分配的重大威脅，張兆棟不贊成俊達兼署鹽運使的理由也更符合清朝的制度和慣例。所以，瑞麟開始希望以高姿態來換取張兆棟同意俊達兼署，張不為所動，而瑞麟考量後也明白張兆棟不會銜甚至辭官對自己並無好處，於是不再堅持，督、撫的矛盾終於沒有鬧大。

（三）三司

在地方官員中，三司指布政使、按察使、鹽運使，是督、撫以下級別最高的三名省級文官。

杜鳳治先後做過李福泰、郭祥瑞（署理）、王凱泰、鄧廷枏、俊達、楊慶麟、覺羅成孚等幾位布政使的下屬，日記對這幾位上司都有記載。

郭祥瑞（1812～1873），號毓麓（又作毓六），河南新鄉人，原為廣東按察使，同治五、六年署理布政使。廣寧紳士上控、鬧考時郭祥瑞與巡撫蔣益澧支持杜鳳治，故杜對這位上司也懷有感激之情。

瑞麟視郭祥瑞為蔣益澧一邊的人，參劾蔣益澧「任性妄為」，也參劾郭祥瑞「朋比欺蒙」。吳棠查辦覆奏，內稱：「郭祥瑞於蔣益澧札提軍需局款，並未查明應否給發，擅動庫款籌解，並違例支給幕友脩金，詳委不合例之人代理府、州員缺。其籌送蔣益澧公費一案，於會詳後復又另詳巡撫，增入奉有總督面諭字樣，並商令運司方浚頤於運庫之款，又復會詳，實屬遷就迎合。廣東巡撫蔣益澧濫支帑項，違例任情，署布政使按察使郭祥瑞顯違定例，見好上官。」清廷根據吳棠之奏下旨將郭祥瑞降四級調用。[135] 從此郭祥瑞仕途終結，幾年後去世。杜鳳治在日記中稱郭祥瑞「為曹沖軍糈用一百三十八萬餘兩，難以報銷；又傳言內有二十萬兩並非正款，是另外巴結撫臺的」；[136]「藩臺庫中，巡撫令巡捕往取銀，往往無收付條子，亦無入賬，至今多不記憶，不特曹沖提用軍餉無札子也。今要徹底澄清，撫臺不認，為數頗巨，藩臺焉能賠出？」[137] 可為郭祥瑞的罪名提供細節。

後一任布政使王凱泰（1823～1875），字補帆，江蘇寶應人。杜對王的能力很欽佩。日記讚揚王：「方伯年僅四十五六，處此事煩任重，每事罔不親身過目，頭頭是道，精明可云天縱，而其說話之速，行路之快，精神充溢，又人所不及也。」又說：「方伯真有細心大力者，而又明如水鏡，無微不燭。」[138]不久王升任福建巡撫，離粵前為杜鳳治回任廣寧知縣出了點力。王凱泰比較清廉，日記記：「補翁清廉著名，不准家人收各官門禮，惟委牌之費不在禁內，准家人收取，然必須先行呈上過目，查其多少，方發出公分。」[139]

王凱泰任閩撫後，與杜鳳治仍有聯絡。同治十二年，王寄來入闈監臨即事詩索和，杜鳳治很認真對待此事，又擔心自己寫詩的水平不入王凱泰法眼，特地請朋友、候補道文星瑞代作「恭和補帆中丞仁憲大人《癸酉福建秋闈監臨即事詩》」七律四首。[140]其中有「科名早擅無雙譽，治行應居第一流。楊柳西湖前度種，甘棠南國去時留」等句，高度讚揚王的學問、治績、威望。[141]王凱泰逝世後清廷予謚「文勤」，他並無顯赫戰功，以巡撫去世得此謚可謂曠典。杜鳳治寫道：「幾見一巡撫賜恤有如是者乎？胡文忠公後一人也。故予前於日記中言聞王補翁騎箕信，不禁詫歎愴懷，不為補翁一人惜，實惜朝廷少一好封疆、天下少一好督撫也！」[142]

王凱泰的後任鄧廷枏，號雙坡，廣西新寧州人。鄧是杜鳳治的同年，兩人關係不錯。但杜對鄧廷枏的能力評價不高，在日記中議論：「鄧藩臺不辨事之輕重緩急大小一味寬，張臬臺（按：指張瀛）不論事之輕重緩急大小一味嚴，過猶不及，一言蔽之，皆糊塗也。」[143]同治十一年九月，杜鳳治得知鄧廷枏將免職的消息，同鄧談及，鄧表示：「如此甚好，適合我心，我此藩臺正作不下去，藉此藏拙亦未始非計之得。」[144]杜鳳治認為鄧廷枏人品、風度都不錯，但不適合當布政使，只適合做京官。[145]

下一任布政使俊達（1834～1875），號質堂，滿洲正白旗人，任上一切按瑞麟意旨辦事。瑞麟死後，杜鳳治得到不少關於瑞麟負面評論的消息，在日記中議論說：「前督憲大不堪，予早料之。藩臺不學無術，以為愛中堂，藉以報恩，不知反置中堂於聲名狼藉之中。」[146]但杜鳳治又認為俊達「明白公事」，「為人既精明又寬和」，給下屬留餘地，不向下屬苛索，是一位好上司。[147]杜鳳治讚揚俊達主要是因為他熟諳官場實情和承認官場的規則，州縣官同這樣的上司打交道比較容易。

下一任布政使楊慶麟［1826（一說1830）～1879］，號振甫，江蘇吳江人，也是杜鳳治同年。楊任翰林院侍講學士、京兆尹時，杜鳳治一直致送冰炭敬和禮物。楊任廣東布政使後，對杜不無關照，但杜對這位同年似乎有點期望過高。光緒四年，杜鳳治署理苦缺佛岡廳同知，在這件事情上不滿楊慶麟變卦並不予關照，大為光火，兩人關係轉惡。不久楊慶麟丁憂去職，幾個月後去世。

楊慶麟在翰林中輩分較高，任過京兆尹，人脈廣，所以當布政使時較強勢，專斷獨行，在委缺問題上不大順從督、撫的意見，更不同按察使通氣。有人建議杜鳳治以老同年的身份勸勸。杜鳳治回答：「以前有事未嘗不愷切與言，無如振甫為人大有飾非護短之才，不肯虛心認過，即家人亦為掩飾，尚可與言乎？……故予此時人有託轉求事可言者必為進言，亦蒙採用，倘關係緊要，即便不言，且必六七八日方去見一次，避人言也。」[148] 又評論楊慶麟「非直爽痛快人也」，「疑、忌、克三字，須時留心」。[149] 楊慶麟後來對杜鳳治這個老同年也不無看法。

楊慶麟的後任覺羅成孚（1834～1895）與杜鳳治交集不多，但日記花了不少筆墨寫其舞弊貪贓之事及鬧出的笑話。成孚是皇族，原被任命為廣東鹽運使，因這是著名「肥缺」，所以在北京借錢及花費甚多，但出京前卻奉旨陞補廣東按察使，此職之收益難以彌補此前的債務。成孚陞任廣東布政使後就千方百計弄錢。其妻兄松某「專在外為成招徠搜羅，官場苟走松路，其應如響。門庭如市，缺無空委，隨缺之肥瘠，定價之高下，彰明較著，不畏人言，不怕羞恥」。[150]

杜鳳治到粵時，署理按察使是蔣超伯（1821？～1875）。蔣字叔起，江蘇江都人，在其《南漘楛語》的序《五十自述》中說「予曾值樞府，曾守廣州，與甌北先生同；曾任秋曹，曾權臬事，與淵如先生同」。[151] 把自己比作趙翼、孫星衍，可見其自負。在廣寧紳士控案中，蔣超伯因與署理布政使郭祥瑞不合，認為杜鳳治是郭的人，所以主張寬辦紳士而追究杜鳳治。杜鳳治由於得到巡撫、布政使的支持與學政杜聯的關照，得以免予罷官調署四會。在廣寧任上時，杜因聽從幕客顧學傳的建議，上詳一宗劫案時輕報案情、減報劫匪人數，調往四會後被蔣超伯追查。總督把案子批到肇慶府查覆，肇慶知府有意保杜，知府本人與知府幕客都替杜鳳治出主意。他們勸告杜一方面重新上詳巧妙解釋，一方面找省城有力的人疏通，包括蔣的主要幕僚，杜本人也要到省城面見蔣超伯。他們還特地提醒，臬署幕客處要適當送些銀兩，「廉處亦不可清淡，亦須點綴」。[152] 在廣寧紳士上控和鬧考期間，流傳蔣超伯收受了廣寧紳士 5000 兩賄賂，杜鳳治對此是相信的。[153]

繼任的按察使梅啟照（1826～1894），字小巖（又作筱巖），江西南昌人，在廣東時間很短，不久即調江蘇，後陞巡撫、侍郎、河道總督。但杜鳳治對梅啟照幾乎沒有一句好話。日記評論：「梅向有瘋子、癲子之名，其為臬司新章迭出，斷不能遵行者；又專挑人之小小過失，自詡其明，自矜其嚴，直名之曰不懂公事、名為瘋癲殆不誣也。今去了實也罷了，江寧又不知被他瘋癲到如何地位，唯伊聖眷如此之優，開府一轉瞬事耳。倘謂伊熟悉廣東事轉而為廣東中丞，則滿省州縣官遭殃不少，即藩、臬、道、府亦必皆叫苦連天矣乎！」[154]

杜鳳治經常痛罵的另一位按察使是張瀛（1817 — 1878）。張字石洲（一作十洲），陝西蒲城人。杜鳳治反感張瀛不顧官場實際諸多挑剔為難，在日記中為張起了個外號「髯子」，經常與其他官員惡評張瀛。有一次，杜評論其辦事混沌刻板，方功惠「謂其外面仁義禮智，滿腹男盜女娼」，杜說張瀛與鍾謙鈞「可云異曲同工者矣」。[155] 杜鳳治描寫張瀛假裝謙虛待人，「如娼妓媚人，扭頭飛眼，其狀甚醜」。[156] 另一處說張「強愎險詐而又忌克，蓋外阮大鋮而內李林甫者也。平日所賞拔者皆庸庸闒茸人，最惡有才幹之人，非第恐形其短。古來大奸慝天性如此，惡人有才，根於性生，伊亦未必有心，此奸邪所以為奸邪歟！」[157] 有一次杜鳳治因臬署一份有關羅定積案的公文，評論張瀛說：「此獠不知何意，作輟自由，屙屎自吃，真不要臉！」「彼自詡精深，實則徒滋拖累人民。性情乖張，殆非人類！」[158] 杜鳳治雖在日記中對張瀛破口大罵泄憤，但按察使畢竟是有實權的上司，杜也不敢公開同他叫板。

另一個在日記中出現較多的按察使是周恆祺（1821～1894），周號福皆，湖北黃陂人，後升任福建布政使、山東巡撫、漕運總督。杜與周談得來，對周也佩服，認為周是司道中最有魄力能力、最能通官場上下情的人。光緒三年九月，杜鳳治要到佛山查辦私開闈姓案，周恆祺提醒他：督、撫對禁賭意見不完全一致。劉坤一因御史曹秉哲奏參廣東盜賊多，而治理盜匪是總督主政事項，故特別重視緝捕，「近來絕口不提賭事」；而張兆棟則注意禁賭，且軍政並非巡撫專責，故「從來少提盜案」。如果不認真揣摩督、撫心思，高調到佛山處置闈姓事，萬一總督質問「許多盜案君不下鄉，而為區區闈姓立刻前往」，你怎麼回答？杜鳳治聽後大悟，決定見總督稟辭時「藉一事言之，或查團練，或查清河工程」，不提赴佛山查闈姓。為此杜在日記中寫道：「可知福翁才情真勝人十倍，能不五體投地乎！」[159] 但周恆祺卸按察使任後杜鳳治的賬房送周夫人生日壽禮「門包減送如送候補道之數」，周很不高興。周離粵赴閩藩任，杜又沒有送程儀，周更不滿，對人說杜「不識好歹」。杜後來還懷疑周恆祺向劉坤一進讒言中傷自己。[160]

杜鳳治在日記中經常激烈咒罵的另一個上司是鹽運使鍾謙鈞（1803～1874）。清廷對鍾謙鈞評價很高：「以循聲卓著，予故廣東鹽運使鍾謙鈞交國史館立傳。」[161] 最初，杜鳳治對鍾謙鈞勤政清廉也有讚揚之詞，日記中說他「天生是國家辦事之人」，「可稱好官」。[162] 然而，因鍾謙鈞在一些公務上與杜鳳治為難，杜在日記中大罵：「是何傖夫，以一司事得九品虛銜，一生卑污諂諛，保舉至三品大員，仍然佐雜面目」；「偶得中堂一言半語容與委蛇，看他出來連屁眼都是快活的」；「此公年已六十八歲，無妻無子，功名心大重於人，十二分熱中，大不可解」。[163] 杜鳳治不僅在日記中痛罵，而且經常與其他上司或同僚挖苦、痛罵鍾謙鈞。他私下與方功惠為鍾謙鈞擬了一副對聯：「卑鄙無恥，不脫佐雜習氣；刻薄寡恩，確是絕後行為。」橫匾是「是為賊也」。[164] 有一次，杜鳳治同知府馮端本議論鍾謙鈞如何卑鄙、巴結，稱自己對鍾「不但不作上司視之，並不當人視之」。馮端本馬上對杜說：「凡此皆我們幾個正經人同心私言，勿向人言。」[165]

（四）道員、知府

道員、知府都是州縣官的頂頭上司。道員設置之初，本為布政使、按察使的副職分派各地，有守道、巡道之分。到清代，尤其是清中葉以後，道已成為省以下府以上的一級地方官，道員有時帶兵備、鹽法等銜，但到晚清這些頭銜未必有實際意義。

杜鳳治初任廣寧時，肇羅道王澍（號雨庵）是其同鄉，有親戚關係。在廣寧紳士鬧考時王澍庇護杜鳳治，盡力為杜鳳治開脫，並向督撫、藩臬做了有利於杜的報告，還為杜出主意，杜對這位同鄉兼上司甚為感激。幕客顧學傳等人勸杜鳳治拜王澍為老師，杜開始有點猶豫，顧說「官場不得不爾」，杜乃照辦。[166] 杜鳳治謁見王澍時表露此意。王澍謙讓了幾句就默許了，杜鳳治就送上贄儀 200 兩，再加隨封（給道署「家人」的賞賜），拜年齡與自己相若的王澍為師。[167] 由於杜在北京部吏中有熟人，王澍官職升轉、免引見，都託杜鳳治疏通。

另一位肇羅道方濬師（1830～1889）同杜鳳治的關係更非同一般。方濬師，字子嚴，安徽定遠人，舉人出身，在京曾任御史、總理衙門章京、內閣侍讀等職，外放廣東後長期任肇羅道。方濬師學問不錯，熟悉清朝掌故，著有《蕉軒隨錄》等。同治九年，杜鳳治在鄉試充任外簾官時被提調方濬師賞識。方為杜回任廣寧出了力，同治十年，又向總督推薦杜鳳治為南海知縣的候補人選（並非排在第一位）。杜於廣寧、四會、羅定任職時是方的下屬，方對杜也賞識。日記中提及方濬師的地方很多，既有感激、讚許的言辭，也有抱怨的話。

清代一些文獻提及方濬師貪財，如光緒九年十一月御史鄧承修奏請查辦廣東貪官，把瑞麟、方濬師、杜鳳治都列為「贓私最著者」。[168] 是否如此？杜鳳治的日記提供了若干資料。

方濬師以自己幫過杜鳳治大忙，亦是頂頭上司，需索頗多。日記記載，方濬師出京時「欠京債近萬」，方濬師致函杜鳳治，「言京中舊債未清，到廣以來西號新債已萬餘金，隨時歸還，隨時借取，愈積愈多」。向杜借銀 2000 兩，杜認為：「肇羅缺本清淡，嚴翁應酬又大，手頭又闊，非升運使不能了訖也。」[169] 光緒三年，方濬師俸滿赴京引見，又向杜索去 2000 元。[170]

瑞麟與方濬師關係本好，後來產生嫌隙。瑞麟風聞方以保薦杜居功，「每逢節壽杜令送四百元，伊亦直受不辭，先只攬權，漸將納賄」，要廣州知府馮端本問杜鳳治是否真有其事。杜答覆：「事實有因。初到南海，三月適逢伊老太太壽辰，送以二百元，繼伊夫人生日，未送頗有後言…… 以為予有督、撫、藩、臬大上司，不認得他矣。此後每逢三壽辰，以二百元為例（照廣寧之數），連水禮、門包已三百元出外矣，如送戲則四百元矣（太夫人生日必送外江戲班一日），逢節則無有也（與言自此後）。然伊少爺兩次回家小試，第一次二百金，二次二百元。今歲大少爺一人赴京鄉試，唯贈元卷四十兩。」[171] 杜鳳治對方濬師的例行饋送，雖與瑞麟所聞有出入，但也不少。

日記還記下，方濬師為赴京引見，向屬員、同僚「借」了二三萬金。署高要知縣許肇元是其直接下屬，「借出」不少。方濬師為酬答許，請求布政使成孚讓許肇元署理香山知縣，成孚表示要同巡撫商量才能定。方濬師仗着與巡撫張兆棟有戚誼，說巡撫處他去講，不久對成孚說巡撫已應允。許肇元也對成孚行賄，成孚就掛牌委任許肇元署理香山知縣。誰知方濬師說的並非實話，張兆棟得知後質問成孚：香山是大縣，為何布政使委署知縣不同我打招呼？但許肇元的委任已經公佈，很難收回。張兆棟知道內情後，考慮到同方濬師的關係，沒有追究，許肇元就僥倖當上了香山知縣。[172]

方濬師任肇羅道，與肇慶知府同城。肇羅道員收入微薄，而肇慶知府管轄黃江厘廠，收入是道臺的十倍。有一次，方濬師問杜鳳治，肇慶知府瑞昌對自己有什麼議論。杜回答，瑞昌認為，道、府只差一級，算是屬員，但方不應不顧同年兼舊交情分遇事有心齟齬。杜鳳治沒有如實回答，其實瑞昌曾對杜說方「凡遇廠排事無不齟齬，其意似要我迎合。我如此發財，何不略分與我？不知此錢應是我的，伊豈能分？即要分何不實說，為何借公事示意耳」。[173] 方、瑞兩人表面關係正常，但方濬師對瑞昌不主動奉獻很不滿。

從日記上述內容可見，方濬師確有向下屬需索之事，因為肇羅道收入有限、應酬大、支出多（方是著名藏書家，買書所費應不少），宦囊積累不算豐厚。日記關於總督瑞麟利用各種途徑了解方、杜彼此間的關係和利益輸送，方、瑞兩個同城道、府為銀錢的等記述，對了解清朝官員上下關係尤其是道、府兩級的關係，都是很有趣的資料。

杜鳳治同頂頭上司肇慶知府郭式昌、蔣立昂、五福、瑞昌等，廣州知府梁采麟、馮端本等，關係都不錯，他準時、足額致送節壽禮當是重要原因。廣州知府梁采麟（號山谷），是杜鳳治的小同鄉，但杜鳳治對梁的能力與擔當評價不高。同治十年五月，童生府考時因試卷費鬧事，把禮房砸爛，再闖入府署，梁采麟驚慌失措，不知如何處置。[174] 事後梁采麟就請求卸去廣州知府職務。清朝有俗語說「三年清知府，十萬雪花銀」，此說或有誇大，但梁宦囊尚算充裕，卸任回鄉即將動身時，日記說：「（梁）在廣數十年，官至知府、道銜、花翎，未作州縣，身無累賠，曾任廣、潮二府，約有三四萬金積蓄，可以回家安享，必不出來矣。此官場所難，而況廣東，誰不羨之？」[175]

杜鳳治對另一位廣州知府馮端本有很多讚語，馮字子立，河南祥符人。杜鳳治在四會任上，其好友、同年周星譽從北京來信告知，馮有可能任廣州知府，是官場上用得着的人，囑咐杜鳳治及早結交。[176] 後來馮端本果然任廣州知府，他與杜鳳治對官場規矩的理解相近，兩人建立了良好的官場共事關係，杜稱與馮端本「久為堂屬，氣味最相投合，彼此無話不說，毫無避忌」。[177] 兩人又經常議論其他官員，包括幾個上司，而且不乏尖刻的評論。

馮端本因為有能力，也善於處理官場關係，被各上司器重，督、撫兩面都說得上話，常常出面解決官場上的難題。廣糧通判方功惠承辦同治十二年鄉試科場供應，巡撫張兆棟駁減其報銷數額，瑞麟覺得不能讓方自己賠補，想幫一下方功惠，但想到方功惠被視為自己親信，便授意方請馮端本去同巡撫說，認為比自己親自去說更有效果。馮端本因此警惕，怕總督懷疑自己是巡撫一面的人。[178] 杜鳳治評論說：「本府馮立翁於上遊言及之事最為斟酌盡善，且肯用心，從不令上遊問及至無以對，而公事又復勤奮，是一個十全好首府，真不可及！人有謂其專走上風者，既作首府，不得不爾。」[179] 日記中又說劉坤一任兩廣總督，施政紊亂，巡撫又不大理事，「幸天生一馮子立為之奔走疏附，日不停履，寢饋不遑」，「大樹最尊上司，一心奉令承聲，從不憚勞，吾不知其何所圖也」。[180]

瑞麟對盜案疑犯主張多殺，馮端本「力讚中堂有決斷」，杜鳳治評論：「以一味殺人為有決斷，是亦忍人之所為也。」由是想到周星譽當日對馮「善趨奉」的評論，認為馮確實有能力，「走上風」是為了固榮希寵。[181]

日記裏寫得較多的另一位中級官員是方功惠（1829～1897）。方號柳橋，湖南巴陵人，瑞麟親信，晚清著名藏書家，學識淵博，精於版本目錄之學。杜鳳治宦粵期間方功惠的職務是廣糧通判，有知府銜（後來實任潮州知府）。省城辦事的主要中下級官員為一府（廣州知府）、兩廳（廣府理事同知、廣糧通判）、兩縣（南海、番禺知縣）。杜鳳治在首縣任上經常與方共事，兩人互相欣賞、無話不談，日記還經常記載杜、方加上其他人一起「手談」（賭博）的事。

方功惠是蔭監出身，但對自己的學問很自信，曾說「進士、舉人而不學無術者多多，非進士、舉人而有學有術者亦多」，杜認為「柳橋為此言蓋自謂也，然亦無愧」。[182] 方功惠因學養與辦事能力，的確是杜鳳治在同僚中特別佩服的人物之一。

杜鳳治與方功惠曾聯手脅迫潘仕成出借《佩文韻府》印板印刷。潘仕成海山仙館所印之《佩文韻府》享有盛名，潘因鹽務失敗被抄家後，方功惠向潘仕成提出要借書板印 200 部《佩文韻府》，每印一部予潘仕成板租 4 兩。潘仕成「似乎以板租少，不說不肯，再三支吾，日延一日，推託遷延」。杜鳳治趁潘仕成正在涉訟、高官日漸對其厭煩之際，要南海縣丞傳話：「《佩文韻府》之板，雖是你家之物，然你已抄家，即應歸公。令其好好交出放刷，否則將其人异來押追。」因書板有一半在潘仕成長子潘國榮手中，而潘國榮又因訟事在押，杜鳳治一再逼迫，潘氏父子不得不答應借出印板。[183] 但潘仕成又變卦，不肯讓方、杜僱用的工匠印刷。杜鳳治再次傳話：如果再不借，就把書板提到縣衙估價抵充欠餉。潘仕成只好答應，但擔心「板到別處，用別匠人有糟蹋之事」，「故懇請在伊家對門，並用伊熟悉匠人」。[184] 同治十一年八月，方功惠告訴杜鳳治，「《佩文韻府》已告成，為此一事，翻變何止二三十次，大費周章，幸而得成……書已告成，心力則已費盡矣」。這批《佩文韻府》共印刷了 200 部，兩人都用於奉送上司和親友。[185] 方功惠是這件事的倡議者和具體操辦者，從中可見他既是一個有鑒賞力的藏書家，又是一個倚仗權勢不達目的不罷休的悍吏。

方功惠辦事能力很強，忠於瑞麟，故很受瑞麟信任，官場視其為瑞麟的爪牙心腹。巡撫張兆棟甚至懷疑他是瑞麟納賄的經手人。[186] 杜鳳治不時為方功惠辯解。有一次杜鳳治同方濬師談話，杜說方功惠是督署巡捕出身，不可能不做瑞麟的人，但方功惠不肯倚勢凌人，為人做事也謹慎小心。方濬師也說方功惠人不錯，辦事也辦得好。[187]

方功惠深受瑞麟寵信，招來官場忌恨。瑞麟去世後，方功惠立即由「大紅」變作「大黑」，不少官員落石下井，還傳聞方將會被「甄別」（大計時奏請革職或降調）。杜鳳治猜測尚不至於如此，但若方在官場失勢，原來與方關係很好的官員也未必會出頭為方說話。[188] 方功惠後來雖沒丟官，但在官場上風光遠不如瑞麟時期。杜鳳治在日記中說：「方前大紅今大黑，予於其紅時亦淡淡相交，今仍如前。」[189] 這樣寫有點自欺欺人，杜鳳治與方功惠的交情曾經很深，瑞麟對杜鳳治的器重未必與方功惠無關，但方功惠變「黑」後兩人關係就真的是「淡淡相交」了。

（五）州縣官

州縣官在清朝官僚體制中處於下層，州縣官既掌握實權又很難做是官場的共識。方濬師對杜鳳治說，「州縣官為親民之官，權侔督撫，較督撫更為吃重難做」，不是雜途出身的人可以做的。[190] 杜鳳治的好友翰林周星譽在給杜的信中也說：「看來為督撫難，為牧令尤難，為今日之牧令則更難。在京同人數數論議，謂外官唯督撫、牧令乃可藉手有為耳。」[191] 杜鳳治在日記裏慨歎：「州縣為官中最難作之官。」[192]「作小官真不易，索性小而又小，上司又不理論矣，最難是州縣也。」[193]

日記裏寫到的州縣官數以百計，本目只寫若干有一定名氣或事跡有些特別的州縣官。

任新會知縣多年的聶爾康（1812～1872），號亦峰，湖南衡山人，曾國藩的親家。聶是庶常散館知縣，分發到粵後十幾年間在廣東多處任知縣，曾三任新會，其新會任上的《岡州公牘》《岡州再牘》，[194] 顯示出他是一名頗有能力的地方官。以聶的資格、能力、關係，去世時雖有知府、道員的加銜

（杜日記說這道員官銜「保乎捐乎未深悉」），所任實職卻只是知縣。杜鳳治對聶的評價多數正面，尤其對聶的能力。聶爾康後來似乎不甚做升官之想，只求在州縣任上得到實惠。同治六年，總督瑞麟擬委派聶爾康為讞局總辦，聶則要求回新會知縣本任，「口稱此番入闈費去萬五千金，有人肯出此，任其去接缺」。瑞麟為此生氣，說聶「一時歸知府，一時又歸知縣，新會豈是他霸佔的？」瑞麟雖沒有答應聶回任，但署理新會的方觀海（星槎）還是承擔了 15000 元。[195]

日記還記下聶爾康在新會開創了卸職前「放炮」搶收錢糧的先例：

> 新會一缺，自聶亦峰起，於卸事前減價收錢糧，名曰「放炮」，每當春季即將本年錢糧減價收竣，完戶貪便宜，靡不踴躍。該邑向有此風，尚不至於已甚，大減大收乃聶亦峰作俑也。以故南、番、順、香以及各外缺於乙年奏銷，即以乙年底收足錢糧彌補甲年奏銷，猶寅年吃卯年糧也；而新會則甲年奏銷必須丙年放炮彌補，更延一年矣。[196]

因為這個先例，後來新會知縣前後任便鬧出矛盾。光緒二年四月，新會知縣鄭荌赴任後，得知前任彭君穀「放炮」把當年錢糧收去八成，自己卻必須借二三萬兩辦理奏銷和作公務開支，便要求彭把所收錢糧交出，否則不承擔徵解。彭稱自己前後也有虧墊，無銀可交。鄭表示要稟報上司處斷。杜與番禺知縣袁祖安告訴鄭，上司只管向各州縣要求解銀，印在誰手問誰要，不管其他理由，這是一百多年積下的規矩，向上司報告有害無益。鄭堅持上稟，但督、撫、藩均不予理會。待到光緒二年底，鄭荌仍不解銀，督、撫、藩就認為鄭不僅與前任慪氣，而且與上司慪氣，決定把鄭撤任另委。鄭得到消息才慌忙到省城向杜「叩首泣涕」求助。杜乃向藩臺、巡撫為鄭求情，說明新會縣歷來以本年徵收辦理前年奏銷，如此時將鄭撤任，使鄭無法回收所墊銀兩，無異置其於死地。另一方面，杜督促鄭無論如何要立即解銀，在布政使、巡撫面前為鄭保證會至少解送一萬三四千兩，又出頭向票號擔保使鄭得以借銀應付徵解，終於使上司同意到下一年三月再將鄭撤任，鄭可以像前任一樣在春季上忙「放炮」收得光緒三年大部分錢糧作彌補。[197]《官場現形記》也寫了興國州前任知州王柏臣報丁憂前「放炮」減價搶收錢糧，使後任瞿耐庵咬牙切齒的故事。[198]雖是小說家言，但也說明前任州縣官因「放炮」搶收錢糧與後任產生矛盾的事，並非廣東獨有。

有些州縣官為錢銀糾葛或公務意見不一互相衝突，甚至在上司面前打起來。同治十三年，番禺知縣彭君穀丁憂出缺，布政使放出風聲：誰願意彌補彭的虧空就委誰署理番禺。朱昌言（子善）急於得缺，表示願意承擔二萬八千兩。但朱上任後翻悔，此事又不便正式端上桌面，於是朱、彭兩人在上司面前大鬧。兩人甚至打起來，日記所記頗有幸災樂禍的口氣：

> （十一月）廿三日在撫臺大堂階下，彭與朱又大鬧揮拳，彭兇猛異常，將其髮辮扭住，新雨初晴地甚滑，朱跌倒在地半晌起不來（倒好看）。彭又常南署去鬧，以石鄰曾作中間人也（中丞謂張石鄰多事，信然）。朱則鐵打主意，打也好罵也好，決不拿一文出來矣。[199]

另一個有些名氣的州縣官是徐賡陛（1847～1907）。徐字次舟，浙江烏程人，著有《不自慊齋漫存》，其中多有宦粵期間之公牘，頗受治晚清史之學者重視，徐後升至道員。光緒七年，徐賡陛在南海知縣任上幹了一件寫入今日歷史教科書的事：徐賡陛以近代中國第一家民營機器繅絲廠繼昌隆「機器病民」「奪人生業」「男女混雜，易生瓜李之嫌」為由，下令予以封閉。[200]

徐賡陛年紀輕輕就在官場上小有名氣。同治十二年，清餉局委員張仲英「迷於女優，鬧得虧累不堪」，致使其妻自殺，張被撤後徐賡陛繼任。杜鳳治在日記中記：「次舟年僅二十七歲」，「年雖輕已似老吏，己亦自負不羣，盎然見面，不屑與噲等伍」。杜鳳治正為處置張仲英相關事項煩心，對徐賡陛繼任清餉局委員、自己不必再負責感到高興。[201]

光緒三年，海康知縣申顯曾對縣政辦理不善，「被匪徒窘辱，撕衣毀轎」，布政使委派徐賡陛去查辦。杜鳳治認為徐回來後「在大憲前必有閒言閒語，故申不得不撤」，徐即以通判署理海康知縣。[202]光緒七年（其時杜鳳治已辭官歸里），撫署巡捕姚晉藩關說委署事項索賄，徐賡陛力勸當事人將此事「面呈撫臺」，巡撫不得不處分姚晉藩。杜鳳治認為「此等事人人為之」，對徐賡陛這種不顧潛規則、給官場帶來風波的做法很不以為然。

徐賡陛在南海知縣任上還做了一件對杜鳳治很不客氣的事。光緒四年，杜鳳治任南海知縣時，更練梁丁義等人與大紳士梁肇晉妻之轎伕發生衝突，打壞了轎子，杜鳳治把梁丁義「定以永遠監禁之罪」。徐賡陛於光緒七年上任後「訊明該犯枉屈，當堂責保開釋」，判詞還有幾句對杜鳳治不客氣的話。[203] 杜鳳治原先的判決顯然是做得太過分了，此事的是非曲直無論時人或今人都不難判斷。已辭官歸里在紹興鄉居的杜鳳治，從報紙及友人來信得知此事後，非常惱火，在日記中寫道：「欲顯人之短以形己之長，為釋一梁少亭主政（肇晉）呈送土棍梁丁義永遠礅禁之犯，將予與梁少亭肆口污衊，不遺餘力。少亭與予並非與渠有深仇積恨，無非欲上司及紳民知其精能而且不畏強紳、不庇舊僚，以自表其才、自詡其公耳。小人之能無足較計，古人詠螃蟹詩『看你橫行到幾時』，我亦唯看之而已。人人有前任，人人要作後任，如人人皆如彼存心行事，非天下從此多事乎！」[204]

杜鳳治自視頗高，州縣官中能入其眼者只有少數幾人，同年好友、浙江大同鄉余恩鑅（鏡波）是其中之一。杜稱他「性情爽直，有識見，能辦事，亦正道，惟禍從口出，言實不謹。一日喃喃不已，喜得罪人而又一味自以為是，似天下之大無有能及之者。年六十餘，閱歷已多，又非寡學者，何竟不學無術如是？」[205] 杜為余官運不佳、上司不僅不關照還要刁難打壓大抱不平。但日記也記下，余恩鑅署理海陽知縣時，有一鄉收買路錢，余恩鑅去辦理，鄉人畏懼不敢動，以送兵費名義贈余白銀千兩。余走後鄉人照收買路錢，「大張長紅，謂被余官取去三千金，無所出，只有買路錢加重，前收二十者茲收四十文。以此人人皆知之，且言之中堂矣」。[206]

杜鳳治再任廣寧時，前任是曾灼光（華溪）。廣寧紳民在省城貼出長紅，杜鳳治赴任前瑞麟把長紅抄件交給杜鳳治要他查證，長紅大意是：

> 曾邑侯自蒞任以來，專朘民之脂膏以肥己之囊橐，一衙四官，有

所謂叔太爺者，有所謂姪少爺者，更有所謂外太爺者。以門閽唐濟為爪牙，以傳供馮容為耳目，非財不行，無惡不作。即如今石簡鄉民激變一事，始而聲言辦匪，實則故意害民，有錢則賊匪可放，無錢則良善株連。有官如此，下民何安？謹述片言，以泄公憤，伏望列憲大人另擇賢員往蒞茲土，免致石簡鄉民釀成大禍云云。[207]

後面列舉了曾灼光枉法的各宗案件。後來的日記稱多數枉法案查無實據，但官親、書吏舞弊嚴重，曾灼光是被他們所誤。杜鳳治認為州縣官不可以這樣當，所以說曾灼光「可云如木偶，如傀儡，如聾如瞶者矣」。[208]

曾任高要、東莞等縣知縣的王炳文（質卿）也是話題較多的一個。王有一定辦事能力，且善於走官場門路，方濬師、瑞麟都對王頗有好感，方濬師向瑞麟推薦南海知縣人選時還把王炳文排在杜鳳治之前。但王出身低微，識字不多，據說曾為勝保「家人」，因軍功得官，後又娶了太平天國康王汪海洋的妃子為妾，致使第一任正妻氣死，第二任正妻自殺。民間有一匿名揭帖《送前署東莞縣王炳文靈柩出省歌》，「極言（王）貪賄虐民，為自有東莞以來贓官為第一」。[209] 王炳文既無科舉功名，做事又莽撞，要得到缺差，保住官位，重賄上司、貪贓枉法是必然的事。

杜鳳治自己是州縣官，日記所寫州縣官的內容最多，也最實在、最生動。《官場現形記》等晚清小說作為文學作品自然難以盡信，而杜鳳治所寫則都是親歷、親見、親聞（具體描述則有誇張失實之處），日記中一個個有血有肉的州縣官形象，應可信得多。

（六）武官

咸豐、同治年間因湘軍、淮軍的出現，清朝的軍隊和軍事制度出現了很大變化，然而，湘軍、淮軍在廣東影響有限。杜鳳治來粵前，湘軍左宗棠部曾在粵東與太平軍餘部作戰，蔣益澧任廣東巡撫時也帶了一些湘軍入粵，但時間都不長，蔣益澧被罷免後湘軍基本上離開了廣東。同治後期到光緒年間，清朝在廣東主要的武力是鄭紹忠、方耀的勇營，兩部與湘、淮軍有相似之處，有別於傳統的綠營。瑞麟主要依靠鄭、方兩部兵力維持清朝在廣東的統治秩序，大體上鄭紹忠部負責粵中、粵北、粵西，方耀部主要負責粵東。杜鳳治在日記中寫了綠營、勇營的官員，留下了很多有趣的故事。

鄭紹忠（1834～1896），號心泉，廣東三水人，曾參加陳金的反清武裝，率部圍攻廣寧，同治二年轉投清朝。在清剿太平軍、洪兵餘部以及平息土客大械鬥過程中，鄭立下戰功，受到瑞麟重用，此後鄭所部「安勇」逐步擴大，成為同治、光緒年間廣東戰鬥力最強的一支軍隊。

在杜鳳治來粵當年鄭紹忠已任副將，記名總兵，不久又實任總兵。廣東不少武官是隨鄭紹忠投降清朝的原洪兵起事參與者。日記說：「武弁皆投誠人，往往行伍、科第所不逮，提、鎮、協、參大分位皆此輩居多，其勇往專篤，非人所及，亦自粵匪滋事以來之新事也。」[210] 太平天國戰爭期間，清朝各種軍隊因戰功得到虛銜、功牌的人數以萬計，要變為實職特別是補缺極為困難。但鄭紹忠所部得到瑞麟優待，30 多員武弁「初次保舉即由虛銜保升實職，如都司銜即保參、遊實職，守備銜即保都司實職」，杜鳳治受鄭紹忠之託，為此 30 人正式得到實職疏通兵部書吏。[211] 儘管此事拖了很久，但沒有妨礙安勇武弁出任軍職。如杜鳳治在四會任上的同僚江志，「以五品功牌一保即得都司，現署佳缺」。[212] 鄭紹忠本人更是扶搖直上，投降清朝不到十年，就由低級武官實授二品總兵，加從一品提督銜。鄭紹忠母、父先後去世，瑞麟兩次都「奏請奪情不丁憂」，其實當時廣東並無戰事與動亂。瑞麟對鄭紹忠、方耀的寵信不僅遠遠優於其他武將，也優於多數文官。瑞麟保奏兩人賞穿黃馬褂。咸、同以後雖不少武將因軍功得此賞賜，但方、鄭並無很重大的軍功，故日記說：「中堂於方、鄭二人可云隆重，凡司道皆不及也。」[213] 這在重文輕武的清朝可謂異數。

其時廣東的旗營、綠營，能戰的將領與軍隊甚少，鄭紹忠和他的部下有造反和「平亂」兩方面的實戰經驗，不乏好勇鬥狠之徒，瑞麟恩威並濟，使鄭紹忠死心塌地忠於清廷，對自己畢恭畢敬、聽從調遣，當出現大股盜匪或較大規模民變時，安勇就是瑞麟的王牌。而鄭紹忠秉承瑞麟意旨，只求迅速平定，不惜「一味殘酷任性為之」。日記云：靈山縣百姓因知縣馮詢（諮周）

貪虐，聚眾鬧事，燒毀了縣衙大堂，鄭紹忠帶兵去殺「匪」數千人，「以人殺得多為能」，並以此開銷弁兵口糧和報功。[214] 鄭紹忠到鶴山剿辦「客匪」，濫殺無辜以邀功冒餉，鶴山知縣劉駒認為不應小題大做、隨意殺人，向布政使密稟，得罪了鄭紹忠和同在鶴山主持處置「客匪」的道員齊世熙，乃被撤任。[215] 張兆棟兼署粵督、劉坤一任粵督時鄭紹忠仍果於殺戮，杜鳳治議論說，鄭紹忠「不過冤殺許多平人為自己立功地，是則中堂實使之，不論真假，愈殺得多愈妙，此事仍然是中堂時舊習」。[216]

鄭紹忠治軍也喜怒無常，對部下動輒處死。日記寫：「心泉作紅頭慣了，在軍營慣了，以殺人為常事，曾為馬墮橋殺數馬伕。」[217] 鄭紹忠動輒威脅以軍法從事，其部下的軍官都很怕他。

鄭對杜頗為尊重，杜對鄭雖不無看法，但盡力籠絡，兩人合作良好，並建立了交情。例如，鄭紹忠在廣寧「欲令紳士於緊要處所設局團練，令其緝匪交匪」，在辦理過程中很注意諮詢杜鳳治的意見。[218] 在處置黃亞水二投誠等問題上也願意同杜商量並聽杜的意見，已見於前文。杜鳳治在署理四會被撤任後還有很多稅餉未清，曾打算向鄭紹忠「假二竿」(借兩千兩銀)，鄭借與千金。[219]

另一個主要將領方耀(1834～1891)，號照軒，廣東普寧人，行伍出身，其任副將、總兵時間與鄭紹忠相近。同治九年，杜鳳治奉委到潮陽催糧，其時方耀亦率部在粵東清鄉並為催徵助力，與杜鳳治也有交集。就個人關係而言，杜與鄭紹忠更為密切，但對方耀的印象和評價卻好些。在催徵期間，杜鳳治曾與方耀幕僚張權(松谷)談論鄭、方兩人。張離去後，杜在日記中寫道：

> 鄭鎮出身本不甚正，性情詐偽，近又官階日崇，漸覺驕侈偃蹇，不及照翁，自來未見其有疾言遽色也。照翁年三十八，文雅如書生，性本和平，氣局宏敞，不似營中人物。鄭之驕恣，數年前已漸萌動，茲得記名提督，照翁猶不及之，李星翁亦與並行又甚謙抑，目中尚懼一中堂。無奈中堂豁達大度，謙恭未遑，遂自以為天下莫與京矣。[220]

廣東官場對方耀有不少議論。同治九年，方耀在潮州清鄉，與被委派於該地催徵歷年糧欠的道員沈映鈐不睦，沈向上司報告說：「方鎮辦鄉無有一定紀律，忽爾潮，忽爾揭，忽爾普或澄，此處未辦竣，又去而之他。行蹤靡定，惝恍游移，又不然，忽回家兩三月久居不出。兵勇軍餉浩繁，多辦一日即多一日費用，非同小可。老師糜餉，有意遷延，實不成事體。」[221]沈映鈐後來又說：「方照軒先則遷延徘徊不肯速蕆事，年來緝匪徵糧事畢，又不肯速撤營，不但潮屬徵舊糧百餘萬為伊營消磨殆盡，此外潮州府庫款項及汕頭洋藥、厘金等款又用去數十萬。中堂寵之愈甚，伊亦恃寵更驕。」沈映鈐「言此意頗憤憤」。[222]光緒年間，方耀在粵東清鄉「過於殘忍，冤死不少」，也引起省城一些大紳士的批評，總督劉坤一、巡撫張兆棟因而下劄對清鄉時「就地正法」的實施予以一定限制。[223]

光緒三年，方耀到省城，要求落實每月餉銀二萬兩才肯帶兵勇到惠州清鄉，藩庫拿不出這宗巨額軍費。劉坤一不敢拒絕方耀，巡撫、按察使又都抱事不關己態度不願多出主意（按察使周恆祺已升任福建布政使即將離任），廣州知府馮端本左右奔走，「向糧道庫代善後局借萬金」，方耀「又提東莞所存拿獲花紅及安良局所存花紅合成二萬兩，每月一萬」，暫時解決了方耀率部赴惠州的費用。據說方耀「家資近百萬，不拔一毛，必坐待得銀方歸辦案」，而其時「惠屬亦無大棘手事」。杜鳳治對劉坤一等人如此遷就方耀頗為不解。[224]

日記裏的其他武官雖沒有鄭、方那樣跋扈，但戰鬥力極為低下，腐敗到不可思議的地步。同治十年五月，廣州府童生因試卷費問題鬧事，闖入廣州府署，副將喀郎阿等人率兵丁前去彈壓，喀郎阿到後只是對童生說好話，不敢動真格。杜鳳治評論：「儼然二品武員，平日養尊處優，龐然自大，見了幾十毛童生，即不敢與較，尚何望其攻城殺賊哉！」[225]光緒三年夏，杜鳳治與參將鄧安邦約定擇期一同下鄉緝捕盜匪，但鄧怕熱，提出等天氣涼爽再去，一拖就是兩三個月。[226]鄧安邦又為「省城河面等處著名老鴇」四眼婆半價領回所封房屋，向杜鳳治求情。[227]同治十二年大閱，杜鳳治作為首縣知縣跟隨將軍、督撫檢閱。杜鳳治看了旗營的水陸操演後說：「如看戲法，何益於用？」[228] 待到檢閱廣州的綠營，杜鳳治和其他文官看到平日熟悉的武將「頂盔披甲」的怪樣子都大笑不止。校射的箭靶「高寬而近」，「火槍靶更寬闊更近」，因此，不少武將都得到「全紅」。[229]

同治十三年，撫標右營守備李龍安晚間外出賭博時衙署上房失火，而他在上房收藏了大量鞭炮，致使火勢一度猛烈，幸而此時下起大雨，火沒有蔓延到衙署大堂。李龍安在大堂儲存火藥二三千斤，倘沒有這場及時雨，周邊一大片房屋以及南海縣署、廣糧衙署都會被轟成白地。於此可見武營紀律廢弛以及武官的昏庸荒謬。

除鄭紹忠、方耀等少數督撫親信高級武官外，一般武官，尤其是中下級武官地位是不高的。從日記看，游擊、都司以下的中下級武官對州縣官都畢恭畢敬。武官並無徵收、聽訟等權力，補缺極難，而且較之文官，武職補缺有更多黑幕。在官場中，文官也看不起中下級武官，省城官員們認為，「武營威權不及縣官，唯拿小賭小賊則真能操縱自如，蓋其兵丁與賭竊匪無不通也」。[230]

其時大部分軍隊的軍餉都不能如期發放，廣東亦然，有些軍隊連飯都開不了。杜鳳治在廣寧任上時，駐守當地的陳、馬兩名哨官來求，「為年事在即，餉領不到手，有三四月無餉矣，行將絕糧，求借十兩八兩救急」，杜不可能解決他們的軍餉，只好每人贈以八元作為年禮。[231] 廣東各地積欠的軍餉達「三百九十餘萬之多」。[232] 軍隊出動剿匪的費用經常不能保證。同治六年七月，廣寧城守營千總饒在田率勇緝捕盜匪，杜鳳治了解到縣署沒有給饒支付「伕馬價」，饒只好向典史借十元；杜乃給饒「船飯價」八元。[233] 光緒三年，武營官員拒絕緝捕，說：「不給口糧，勇俱餓跑，一人空拳，能捉賊乎？」經按察使周恆祺、布政使楊慶麟同意，給有緝捕責任的佐雜和武營發放津貼，才暫時解決了問題。[234]

咸豐、同治年間，是近代中國武器更新換代的一個關鍵時期。其時廣東省外的淮軍、湘軍，已經大量裝備洋槍洋炮，在廣東，盜匪也已使用洋槍，但在杜鳳治筆下，官兵似乎沒有普遍使用洋槍。杜初任廣寧時，千總饒在田報告離城三四十里的地方有搶劫事，打算帶兵前往督捕，並借抬槍、藥袋等物。[235]可見，抬槍等較重要的火器保存在縣衙，武營緝捕需要時才臨時借用。在四會任上的日記也記載了都司江志申請領取武器，但軍需局只發給抬槍兩杆、鳥槍四杆、藤牌六面、單刀六把，稍後又「在萬壽宮道及於協臺處取來抬槍、軍器若干，火藥若干」。[236]

然而，在窮得叮噹響的下級武官中也有頗為富有的人。四會營守備蔡釗（劍臣），竟有妾一二十人，娼婦居多。蔡死後各妾星散，杜鳳治的內跟班梁桂娶其第十二房，來嫁時還帶有衣飾財物。[237]在武官序列中，守備級別很低，而且武營還普遍欠餉，蔡守備為何養得起一二十個妾？日記沒有寫蔡釗的財產狀況，但提到有一次蔡的勇丁攜帶私鹽回縣發賣。[238]蔡釗與鄭紹忠關係不好，卻得四會紳商的好感，鄭紹忠打算把蔡撤換，四會紳商想挽留，還打算上省公稟。[239]蔡的財產很可能是通過販賣私鹽、收受紳商賄賂以及做其他生意等途徑得來。

（七）學政、主考

在清代，學政、主考都是與教育、科舉有關的官員，地位崇高，在行政上他們並不直接管轄杜鳳治，然而，杜鳳治作為州縣官，尤其是作為首縣知縣，必須為廣東學政、廣東主考辦差及餽送程儀，故日記留下了不少記載。

清代每省設立學政一人，由朝廷在進士（多為翰林）出身的京官中簡任，各帶原銜之品秩，主管一省的學校、士習、文風。學政雖不是「官」而是「差」，但由朝廷特簡，並非督、撫下屬，即使原為六、七品的翰林院編修、檢討，體制也與督、撫平行，地位在藩、臬之上。[240]

與杜鳳治關係最為密切、日記記載也最多的廣東學政是杜聯（1804～1880）。杜聯號蓮衢，浙江會稽人。同治五年大考翰詹，杜聯得第三名，從正四品的少詹事超升為從二品的內閣學士，不久放為廣東學政，加禮部侍郎銜。杜聯任廣東學政一年後即解職回鄉，十幾年後去世。

杜聯是杜鳳治出了十服的宗親，杜聯中進士、入翰林後，杜鳳治也在京，日記說：「二人同宗、同學、同年，又在京同教書，雖翰苑與公車有別，而家中遭難一箸無存，在都衣粗食淡、徒步無車，自苦自知，景況無不相同。殆予選廣東一月後，伊亦得廣東學政，大小懸殊，同官無異。」[241] 在杜鳳治宦粵初期，杜聯是他最有力的後臺。廣寧士紳鬧考是杜鳳治宦粵遇到的第一次風波，如果沒有杜聯，他恐怕難以平安度過。

杜聯在同治五年外放廣東學政，同治六年九月即不再留任，回鄉後不再出任官職，其中原委，日記沒有多寫。杜鳳治在四會任上時到省城見杜聯，日記記：

> 謁學憲，見，談約一時，見其臉上清減，在京時從未見有如此形容，可見辦事真辛苦，無怪其每有信來，即謂一時無暇，老景日增，白髮滿頭，精神大不逮前，寫字手即發顫…… 蓮云不留真是天恩，如留必將性命放在廣東…… 又私與我說，俟新任到，請假一月不出來矣，外邊切勿張揚，除吾叔外無第二人知也。宦資有虎賁一旅，在人不足，而吾亦算罷了，安敢多望？予即答亦可以娛老矣。[242]

杜聯當了不到一年廣東學政，竟憔悴到如此地步，看來他只適合在翰林院、詹事府這類清閒衙門當京官。杜聯當京官時安貧若素，出任學政宦囊積有 3000 兩銀子就感到滿足，不失書生本色。

接任的學政是胡瑞瀾（1818～1886），號筱泉，湖北武昌人，杜鳳治對他記載很少。胡瑞瀾離任時，兩首縣賡颺、楊先榮沒有按以往「慣例」送程儀 5000 兩（名義上是督、撫以下省城主要官員共送）。因為這宗銀兩要兩縣先墊付，全省各州縣事後攤還，但實際上多數州縣根本不理。賡、楊就只送給胡瑞瀾 4000 元，如按一元相當於 0.72 兩計算減少約四成二。胡瑞瀾起初拒絕收下，「有人勸之，言斯文中事，豈同市儈？璧回不好看，且於督撫面上無光，胡不得已收下，兩縣實省二千餘銀」。[243] 胡瑞瀾雖然不滿，但顧及身份，沒有撕破臉。

後來任學政的何廷謙，號地山（又作棣山），安徽定遠人，離任時擔心杜鳳治、胡鑒繼續按賡颺、楊先榮的標準送程儀，先託將軍、副都統同督、撫說，要求按以往的 5000 兩。杜鳳治、胡鑒明知為此將賠墊 4000 餘兩，但為了廣東官場面子，承諾「五千金必絲毫不短也」。[244] 杜鳳治在日記中議論何廷謙：「何棣翁人皆謂其忠厚老實，到錢財上尚謂之忠厚老實乎？學差三年，又逢拔貢年份，七八萬金意中事也，尚不足也。」杜鳳治懷疑何廷謙在廣寧生員楊作驤考選拔貢一事上納賄，「物議沸騰」，杜鳳治當過廣寧知縣，對楊作驤八股文寫得一般但家境富有的情況很清楚。[245] 後來又寫：「何學臺在廣三年，頗滋物議，即入學如南海額廿名，先取四十名，招覆黜半取半，此非生財之道乎！」[246]

下一任學政是章鋆（1820～1875），號采南，浙江鄞縣人，咸豐壬子恩科狀元，官至國子監祭酒，死於廣東學政任上。章也是杜鳳治甲辰鄉試同年。在羅定知州任上，杜鳳治曾諭局紳轉諭為兒子僱請槍手考試之黃某：請槍手犯法，如果你想兒子中秀才，不如獨力出資完成州內的建橋工程，學政章鋆是我同年同鄉，深有交誼，到時必為力求讓你兒子考中。[247] 雖然杜鳳治的日記對章鋆沒有負面記述，但這件事也說明章鋆在院試中是可以請託的。

後一任學政吳寶恕（1832～1890），字子實，江蘇吳縣人。杜鳳治筆下對他很不客氣，說吳「在粵四年，頗鬧脾氣，視財如命，不愛聲名；而又生性苛刻，待士子更覺不堪，無怪其為御史所劾也，奏中言語亦甚不堪，謂其吸煙好賭，考試草率」，吳被降三級調用，「發財回蘇享福去矣」。[248]

日記稱吳寶恕主持考試場規甚寬，「一切事均委諸親、友、『家人』，以故槍替公行」，「實則內路已通，故裝作無聞無見」。吳父曾任香山知縣，因當年香山紳士不贊成其父入名宦祠，吳寶恕就對香山考生特別苛刻。[249] 在武試時，吳「毫無主見，『家人』攬權」，引發武童不滿和鬧事。巡撫張兆棟有所風聞，便詢問杜鳳治，杜鳳治不留情面地告訴巡撫：吳寶恕為其太太要轎子及要一些物件得不到滿足，就故意少錄和刁難南海縣試和府試名列前茅者。[250]

每逢鄉試之年，朝廷都會向各省派出正、副主考主持考試，主考選拔的資格與學政相近。科舉考試是掄才大典，鄉試主考的地位也很尊崇。同治九年庚午鄉試，廣東正主考王祖培（子厚）入粵後身死，考試由副主考謝維藩（麟伯）一人主持。杜鳳治在這次鄉試中任外簾官，直接同主考打交道的機會不多，日記說「謝麟伯太史毫無脾氣，主考如此好極的了，方圓隨人，從無挑剔之事」。[251]

同治十二年癸酉科鄉試的正、副主考是夏家鎬（伯英）、周冠（鼎卿），廣東官員對夏家鎬印象較好，對周冠則多有批評。杜鳳治記，周冠入粵後就與沿途接待之州縣官過不去，「送酒席不收，要折銀」，「先有信來要新做蟒袍朝衣等物，且要大衣箱四隻」。[252] 出闈後兩主考遲遲不動身，按慣例每日每位主考伙食 12 元，周冠要求 17 兩，後不得不給 10 兩。「每位主考送千金作為程儀，持督撫、司道、府縣帖送去，又門包各百金，又折禮各百五十金。兩縣另送土儀：珍物八色、水禮十二色，各自送，兩處均同。又公送正主考百金，副主考亦同。」與兩主考同年、同鄉或有其他私人關係的官員再加送。周冠為多得程儀，濫認同年；上船後聲稱還要耽擱 10 天，拉扯漁利。傳說新舉人孔昭仁乃鹽商之子，出頭在新科舉人中之有家業者糾集得三四千兩銀贈周，夏家鎬不得不陪着逗留。周冠「無日不小轎進城張羅拉扯，聲名大壞，穢德彰聞」，「無日不拜客，無日不宴會，且無日不到河下飲花酒，要錢不要名」。番禺知縣胡鑒是周冠同年，送乾禮 200 兩，周冠派人質問南海為何不送？杜只好向來人說明送主考禮的規矩，南海縣已按數額送夠了。[253] 兩主考行至清遠，清遠知縣鄭曉如（意堂）因周冠求索太多，鄭「不但程儀不送，於尋常應酬亦多脫略」。鄭與周本有交誼，和周詩云：「嶺南官味如雞肋，海上仙槎有風聲；笑我忝為東道主，廉泉難慰故人情。」表示就算官不當了也不會滿足他的要求。周冠大怒，但也奈何不了鄭曉如。[254]

光緒元年乙亥恩科鄉試副主考朱琛起程後停泊花埭（主考吳寶恕留廣東任學政），「差『家人』向科場廳索補程儀二千五百之數，並說出京時前科副主考周大人說向例科場廳備送程儀五千兩，每位二千五百兩，何以此次不照章送云云。科場廳及兩縣回明撫臺。補送至二千兩方去」。[255]

光緒二年廣東丙子科鄉試正、副主考是王之翰、郁崑，杜鳳治筆下對這兩位主考還算客氣（與郁同鄉且有年誼，對王也頗尊重）。傳聞此前周冠任副主考得萬金，朱琛「由西號只匯一批是七千金」，郁崑對杜說自己這次只共得到六千餘金，正主考還略少些。王、郁對程儀、饋送也頗為斤斤計較，王之翰嫌督、撫贈送程儀只各二百兩太少，不滿形於辭色。郁崑託方功惠購書四部，其中一部方功惠贈送，其餘三部的書價就由杜鳳治「報效」了。[256]

在清代，內閣、禮部、翰林院、詹事府、國子監等衙門的官員被稱為清貴官，出任學政、主考者多為這類官員。他們地位尊崇，本應注重道德形象，但在杜鳳治的日記中，多名學政、主考既不清不廉也不自尊自重。儘管他下筆時因親疏、恩怨、好惡等因素有所偏頗，某些細節或有誇大，但清貴官要錢不要臉無疑是普遍存在的真實情況。這些窮翰林、窮京官，平日收入微薄、生活清苦，好不容易出任學政、主考，對有些人來說這可能是一生唯一可以獲得大宗收入的機會，而且他們回京後應酬支出也不會少，所以就千方百計拚命要錢了。日記中關於學政、主考要錢的生動描寫，是清代「無官不貪」的真實寫照。

三、官場的底層

（一）官場磕頭蟲

在清朝，佐雜被戲稱為「磕頭蟲」，因為佐雜見到比自己高的官員經常得磕頭。佐雜包括州縣官的佐貳官州判、州同、縣丞、主簿，書吏首領官吏目、典史以及雜職官巡檢、河泊所所官等，他們都處於官場底層。佐雜記錄自己宦跡的著作存世者少，即使是州縣官、幕客的著作，有關佐雜的內容也不多。晚清譴責小說有不少對佐雜的描寫，但畢竟是小說家言。杜鳳治日記對這些官場底層人物的生存狀態則有不少可信而又生動細緻的記述。

佐雜地位低微，極個別佐雜因緣際會成為高官，如丁日昌、鍾謙鈞、張蔭桓等，少數佐雜也有可能晉升，但絕大部分佐雜終生只能在官場底層浮沉。不過，佐雜准入門檻低，補缺委差的機會相對也多，又不會像州縣官那樣動輒虧累，因此，願意當佐雜者大有人在。杜鳳治本來想為自己的姪兒杜子楢捐個通判，杜子楢在省城辦事時碰到親戚陶子筠（友松，候補同知），後者極力慫恿他捐典史，杜子楢考慮後就先斬後奏挪用了乃叔的銀兩報捐，並寫信給他說「與其為候補搖頭大老爺，不如作實缺磕頭蟲」，杜鳳治也就認可了。[257]

佐雜畢竟是朝廷命官，在庶民和下層紳士面前也可以威風八面。羅定州署理州判劉源培（少莊）到羅定後盤纏用盡，沒法向船家支付船價，又籌不到赴任所的費用（州判駐羅鏡，離州城 80 餘里），杜鳳治感歎「據此可見作候補小官之難」，乃命賬房借給他十兩銀赴任。[258] 幾個月後劉源培拜見到羅鏡下鄉催徵的杜鳳治，杜發現劉乘坐的是「四人銀頂大轎」，劉另外還有一乘小轎。杜鳳治對這個從七品的苦缺窮官竟有兩乘轎子感到很奇怪。[259] 晉康司巡檢劉嵩齡官更小（從九品），其妻出行也坐四人轎，開鑼喝道，「兩清道旗、四高帽、二皂班，紅傘四人」。杜鳳治還以為乘轎的是西寧知縣。[260] 夜護司巡檢馬炳弧喜歡賭博，在羅定一次就輸一二百元，路過肇慶又賭輸數百元。[261] 如果沒有較多額外收入，這些芝麻官不可能維持如此的排場和開支。

如同州縣官一樣，佐雜不同官缺，境遇大不一樣。例如，廣東省城的河泊所（未入流）曾是著名優缺。傳說雍正皇帝某年除夕微服到內閣，見一供事藍某獨自留守，藍某不知來者是皇帝，但對談間予雍正很好印象。雍正得知供事差滿可得一小官，就問藍某什麼小官最好。藍某答，如果運氣好，選得廣東河泊所所官就高興了，因為「以其近海，舟楫往來多有饋送耳」。後雍正乃諭以藍某任此職。[262] 有一次，布政使問起河泊所是否優缺，杜鳳治回答：「向為極優之缺，今大不如前，尚敷日用，微可沾潤。」[263] 有的佐雜缺收入更豐，杜鳳治熟人之子劉某署理順德都寧司巡檢十個月，「據云可餘五六七千金」，[264] 竟是杜聯任廣東學政一年宦囊的兩倍。

省級高官也未必盡知佐雜各缺的「優」與「苦」。有一次布政使鄧廷枏同杜鳳治談起，瑞麟命予督署監印的邱與春一優缺，於是就予以九江主簿，但「九江缺向無佳名，僅有飯吃耳」；瑞麟又對鄧說九江苦瘠，要另委佳缺。鄧就拿出官缺簿同杜鳳治討論南海縣的黃鼎司、五斗口司、江浦司以及南海典史等缺，杜鳳治又說「番（禺）屬歷來茭塘著名，近來不及沙灣」，兩人還討論了順德、香山、東莞、新會各屬巡檢、典史各缺的優劣。[265] 廣府六大縣這些佐雜缺的所謂優劣，無非是能否獲得額外的「規費」。佐雜缺的優劣由很多因素決定。例如，東莞縣縣丞駐東江商業繁盛城鎮石龍，被視為「廣省縣丞第一缺」。[266] 南海縣縣丞以及五斗口司巡檢也是著名的優缺。而新安縣屬的九龍司巡檢，因「在香港下游海面對過，竟在海外，缺瘠苦，有夷務」，所以佐雜們都視為畏途。[267] 佐雜缺的優劣也不固定，如揭陽河婆司巡檢缺，「以前本有金河婆之謠，今則不特無飯吃，即粥亦無得吃矣」。[268]

佐雜的法定收入（俸祿加養廉）充其量不過一百幾十兩白銀。[269] 佐雜無論如何節省，靠法定收入也難以度日，遑論辦公和饋送上司了。佐雜一般沒有直接徵稅、聽訟的權力，何以能得到額外收入，有些佐雜還收入頗豐？通常，佐雜有緝捕權責，這就是佐雜得到賄賂的重要來源。如羅定州屬下西寧縣的縣治都城鎮，地處水陸交通要道，攤館等賭業發達，典史每年收入一兩千元，主要從收賭規而來。[270] 晉康司巡檢是羅定州知州直接管轄的屬官，但駐地在西寧縣的連灘。「連灘地方甚大，凡有賭館、娼寮、煙館、小押規矩，皆歸晉康司收也。」[271] 賭博違法，但對統治秩序又不至造成嚴重衝擊；要求賭博業者繳納賭規，也不至於像勒索民眾那樣會引致激烈反抗。官員受賄後的默許，是賭業得以公開、半公開經營的條件。州縣官一般不敢直接庇賭收規，而佐雜級別低，無須多所顧忌，又有維持治安權責，因此收受賭規是普遍現象。武弁、書吏、衙役、州縣官「家人」、地方紳士都會庇賭收規，但都很難撇開佐雜。佐雜的賭規收入也會通過節壽禮等形式同州縣官以及更高級的上司分享。

有些佐雜甚至默許在衙門開賭，番禺縣丞就如此。上司覺得不成體統，但廣州知府是因他祭祀誤事才給他記大過一次，並無追究其開賭之事。[272] 杜鳳治的下屬神安司巡檢汪銘恩「在衙門開賭，繼則藉拿白鴿票為名到處督役拿人詐財」，與局紳互控，鬧到新聞紙也登載了，上司才不得不把他撤任。[273] 候補佐雜王光照甚至在布政使衙門庫廳署前私收白鴿票，還持刀砍傷前來索賭規者。布政使鄧廷枏很惱火，要杜鳳治「只飭令他速速遷移，如敢逗留，定行參辦」，杜鳳治按藩臺指示，要王光照三天內從藩署搬走，否則稟報上司參革其功名，但並無更嚴厲的舉措。[274] 可見佐雜庇賭、開賭，只要不鬧出大亂子，各級官員都抱相當寬容的態度。

佐雜手下的資源、人員都不多，對付小股盜匪甚至鬧事鄉民往往也會處於下風。杜鳳治第一次任南海知縣時就有兩個巡檢司衙署被盜匪搶劫。同治十年十月，盜賊二三十人，半夜明火持械入黃鼎司巡檢署搶劫，把巡檢李騰驤（雨村）一家所有財物、衣服搶去無遺，幸而官印未失。巡檢本有緝捕之責，巡檢署竟被盜賊搶劫，故不便稟報上司。杜鳳治同廣州知府商量把巡檢署遭劫改報為「因竊失物」，為李騰驤保全了面子，使其免受嚴重處分。[275] 次年十二月，江浦司巡檢署又被劫，二十餘盜匪夜裏入署將巡檢朱銑（北臺）的財物、衣服搜劫一空。黃鼎司巡檢衙門設於紫洞，江浦司巡檢衙門設於官山，兩處均為人煙稠密、商業繁盛的墟鎮，設巡檢本為維持該處治安，誰知巡檢連自己的衙署也保不住。杜鳳治慨歎：「初設之時原因地方可虞，令其鎮壓，豈知一巡檢耳，弓兵無幾，豈能有為乎？」[276]

杜鳳治任羅定知州時，東安縣下屬的西山司巡檢朱有筠帶領弓兵、差役 20 多人到歐村捉拿命案、竊案疑犯，與鄉人衝突，弓兵賴某被鄉人用竹銃轟斃。賴妻曾氏率數婦人到巡檢署要求撫恤銀 200 兩，朱已躲匿，朱女與之理論，賴曾氏妓女出身，出口粗蠢，「言老爺不見，如無銀與我，只可將小姐拉去賣了，尚可賣得一百八十與我們了事。小姐羞憤服毒自盡」。[277] 朱巡檢已 70 多歲，只能恐嚇欺壓良民，應不具備緝捕能力，出亂子後也無法應付，致使自己的女兒自殺。於此也反映出佐雜缺乏權威及實力的狀況。

佐雜地位低下，沒有自尊，很多佐雜對各級上司委缺委差「不公」以及各種需索懷有不滿情緒。日記提到，有人在同治十二年新年張貼諷刺總督、巡撫的對聯。在瑞麟過生日時，「督署後牆畫一大尿泡，有一人持而吹之，上有題名更不堪也，是皆不得志之佐雜為之也」。[278] 此事也是清代已有政治漫畫的一個例證。

（二）佐雜與州縣官

縣丞、主簿、巡檢、典史等是州縣官下屬的佐雜官，部分州縣佐貳官有單獨的衙署，如南海縣丞駐省城西關，南海主簿駐九江鎮，因為不與主官同衙，權力大一些。巡檢多數不與州縣官同城，也有一定獨立的權力。

近年學界對清代佐雜與州縣的關係頗為關注，一些學者提出，清中葉後逐步形成「佐雜分防制」，佐雜分防管轄一定地域，構成州縣以下一級政權機構。[279] 這些學者的論點有一定道理，有些著作寫得還相當出色。[280] 在本目有限的篇幅內，筆者很難對「佐雜分防制」這個複雜的問題展開太多討論。[281] 考慮到談論本問題的學者多關注廣東，尤其關注廣州府的幾個縣，而在引用的史料中較少州縣官的著述，基本沒有引用過杜鳳治的日記，故本目以杜鳳治與下屬佐雜的關係為例，對已有的研究成果做一些補充。

如果把「分防」理解為在一定轄境內維持治安，那不會有任何不同意見；但如果把「分防」理解為州縣以下的一個行政區劃級別，可能就要斟酌一下了。清朝的職官設置無法支持在全國實行作為行政區劃的「佐雜分防制」。據《光緒會典》，全國共有縣 1314 個，分別設置縣丞共 345 缺、主簿共 55 缺、典史共 1307 缺、巡檢共 908 缺。[282] 從上面的數字可知，每縣設立的行政佐雜官平均不到兩缺，僅此一點即可知普遍建立行政區劃的「分防」制度是不可能的。有的縣佐雜官會多一些，尤其是廣東的縣，如廣府六大縣分別設立巡檢 3～6 缺，但有些州縣沒有巡檢，有些州縣總共只有一兩名佐雜。如廣寧只有一名典史而無巡檢，四會只有一典史、一巡檢，兩縣都不可能實行典章所無的行政區劃「佐雜分防制」。

在杜鳳治的日記中，多個地方的佐雜沒有衙署。如潮陽縣門辟司巡檢衙署早已毀壞，巡檢多年住在縣城。[283] 番禺縣鹿步司巡檢也無衙署，僅借一道觀住。[284] 曲江縣濛里司巡檢「以衙署久廢，在烏石蓋搭篷寮作衙署」，烏石距離濛里 10 里。[285] 羅定州州判與知州不同城，駐在離州城 80 餘里的羅鏡墟，也沒有衙署，州判劉源培租民房居住、辦公，「土牆泥地，破爛不堪」，其前任王廷照借廟宇居住、辦公，條件更差。[286]

巡檢司長期沒有衙署並非個別現象。南海縣五斗口司巡檢是著名佐雜優缺，衙署曾設立於佛山，但相當長時間「巡檢皆僦民舍，並無實署」，何時設在佛山也不可考，幾種方志都說不清楚巡檢衙署所在。[287] 香山縣的黃梁都地處沿海，離縣城很遠，交通極為不便，黃梁都巡檢司又只轄黃梁都一個都，所以如果真有行政區劃的「佐雜分防制」，黃梁都應具有典型意義。然而，同治、光緒年間，在香山縣斗門墟的黃梁都巡檢署「已圮」，「巡檢常僑寓縣城」。[288] 黃梁都司巡檢既然經常駐在遠離轄境的縣城，以當時的交通、通信條件，絕不可能經常、有效地管治轄地。[289] 清末的資料顯示，黃梁都巡檢司下轄的武力遠少於該都士紳掌握的防海公局，知縣有事也直接諭令防海公局局紳辦理，並不通過巡檢司。[290]

如果其時佐雜已成為州縣以下的一級政權機構，那就很難解釋不少佐雜長期沒有衙署，甚至官員長期住在縣城的情況。在杜鳳治的日記中也難以找到事例說明佐雜轄區是州縣以下行政區劃。

州縣官的主要公務是教化、考試、徵收、聽訟、緝捕，如果佐雜是一級權力機構，上述權責也應基本存在。然而，看杜鳳治日記，佐雜比較獨立的權責只偏重於緝捕，所謂分防也只偏重於防禦盜匪。在縣試環節，佐雜或會承擔維持考試秩序等事務，但出題、閱卷、出圖等就不會參與。至於徵收賦稅，只有個別佐雜有徵收權責，如新安縣丞管糧，每年「約有二百餘元餘羨」。[291] 在杜鳳治任職的所有州縣，屬下的佐雜極少參與徵糧，更沒有分管一定轄境的糧務。同治十年九月，九江主簿朱朝征卸任，杜鳳治就請其充任南海縣的催徵委員。[292] 朱在任時卻並未參與催徵。同治十三年冬，杜鳳治面諭署理州判劉嵩齡「接印後代為比較殷丁催糧」。[293] 佐雜劉嵩齡「比較殷丁」只是州縣官單次授權代辦，而非本身日常權責。

同治八年，杜鳳治在四會知縣任上對下屬的巡檢、典史出具考語：

南津司巡檢龔葆球，去臘蒞任，本缺瘠苦殊常，前數署任拘拘窘守，無可施為。該員業已踵補，力圖振作，巡緝頗勤，而於經管基圍，常自親歷查閱，隨時督飭培築。年正壯強，才力似堪造就。

典史謝鈔，莅此數載，紳民均無異詞，人實安詳，辦事亦勤慎，嚴寒酷暑，又肯撫恤罪囚。城內外民居舖戶向多竊案，囚繫纍纍。自去春三月起，諭令鄰、族保領改過，或給小本負販謀生，而於東門外金齡觀設立團防局，與武營輪日梭巡。該員年壯耐勞，無論莛雨深宵，往往不時便衣猝出抽查，並密察兵役勤惰。年餘以來報竊甚稀，頗資臂助。[294]

從杜鳳治的考語可知巡檢、典史都有維護治安之權責，巡檢還要「經管基圍」，典史則要管理監羈，但都沒有提及其他權責。有一次謝鈐面稟數事：「一為奉札查圍基；一為奉封花會賭房桌椅；一為某氏因失一衣與同宗之叔姑爭鬧，已經紳士呈稟事小調處了結；一為倉穀一粒無有，前奉面諭以早造豐收，通告紳士遞稟請捐，按田畝科收。」[295] 杜鳳治與謝鈐堂屬關係極好，但看來謝鈐並無獨立權力，所有任務都是知縣指派，連處置婦女丟失一件衣服的微小案件都要向知縣稟報。

那麼，佐雜是否有「聽訟」權責？近年有學者對清代佐雜審判權做了研究，認為「清代的佐雜逐步獲得了命案代驗權」，「佐雜在州縣之下發揮着一級審判機關的作用」。[296] 杜鳳治日記為討論這個問題提供了不少資料。

按清朝制度，連同知、通判等級別較高的府級佐貳官也不能擅受詞訟。佛山同知喬文蔚「擅受出差，被鄉人毆差致斃」，惹上大麻煩，知府告訴他「凡呈控伊處之案」必須發交南海縣，同知「出差即為擅受」，喬只好找杜鳳治求助。[297]

杜鳳治屬下的佐雜確實有參與審案的。同治六年七月，杜鳳治下鄉剿匪，臨行前將兩三件案子交幕客顧學傳批示，由典史張國恩審訊。[298] 幾年後再任廣寧時，典史仍是張國恩。有一次，杜鳳治對張說：「三倉羈所新拿盜犯未認供者，你有空可來代予研訊取供，分別數等，或應解或應就地嚴辦，或稍有可原磡禁，或真冤者省釋，一有就緒，可以請師爺辦理。」[299] 典史張國恩代為審案是知縣指派，而且最後要「請師爺辦理」，可見他並不是州縣以下一級有審判權的官員。日記還有不少指派、委託佐雜完成審訊、順供（犯人上解前再審訊一次將供詞定稿）、驗屍、勘查、丈量等事務的記載。

然而，有些佐雜擅受詞訟，州縣官卻難以處置。例如，羅定州吏目鍾誥（菊泉）「目無法紀，居然收詞出票、簽差拿人、收押訊斷」，「自以為應如是也」，杜鳳治署理知州後，鍾誥經杜提醒後稍為斂跡，不久又故態復萌，仍受詞押人。杜鳳治大為生氣，嚴詞批飭，並命將所押者立即提到州衙。[300] 但他後來看到鍾詰收入太少日子難過，就又把「無關緊要之事批與數件」讓鍾詰處置。[301] 其實羅定州前任知州饒世貞已同杜談及鍾詰目無上司、把上司交其看管的人擅自釋放、擅自押人等事。[302] 鍾詰的例子，說明佐雜設法分享、侵蝕州縣官司法權力是常見之事。顢頇的州縣官就無可奈何，睜一隻眼閉一隻眼，最多表示一下不滿；而杜鳳治這種精明強勢的州縣官則會予以警告和限制。但完全不讓佐雜聽訟，佐雜又無法獲得額外收入，所以仍會讓佐雜辦一些案件。

佐雜有緝捕的權責，緝捕與聽訟難以截然分開，鄉民有糾紛往往會就近到佐雜衙署控案。同治十三年羅定州發生一宗墳山爭界案，兩造先向州判王廷照提起訴訟，後又告到知州衙署。這次，杜鳳治沒有指責州判擅受，只諭令州判要同紳士一起親臨該山督飭兩姓立定界石，落實知州的判決。[303] 光緒元年，西寧縣發生一宗佃租糾紛案，其中一造到夜護司巡檢署提出控訴，接着，「夜護司擅收呈詞，票差弓役到鄉滋擾」，惹出點小亂子，局紳就向杜鳳治稟報。杜乃派差役傳訊兩造處置，對夜護司巡檢「特札申飭，並令將票收回塗銷，約束弓兵，免干參處」。[304] 在此案中，夜護司巡檢「擅受呈詞」並未帶來很嚴重的後果，如果他能擺平兩造、順利息訟，杜鳳治就不再追究了。

南海縣公務繁忙，杜鳳治把很多案件委派候補佐雜審訊。光緒三年，南海縣審案的小委員祝華封刑訊致死疑犯，按察使周恆祺認為即使知縣派委員訊案，也不應聘請佐雜，巡撫張兆棟更反對佐雜審案。杜向巡撫解釋以佐雜當小委員審案，是因南、番盜案多，同、通、州、縣大委員不可能經常駐在縣署，佐雜住在縣署，可呼之即來隨時審案。[305] 杜鳳治聘請佐雜審案，除便於指揮外，估計還有節省薪水的考慮。知縣對縣署的案件都審不過來，四鄉大量案件，部分由紳士掌控的公局處置，部分則由巡檢司處置了。光緒八年，杜鳳治在紹興家鄉閱讀《申報》，得知昔日的下屬南海縣江浦司巡檢魯元東因「擅受民詞，不安本分」被革職永不敘用。杜在「擅受民詞」下註上「家家賣私酒，不破是好手」十個字，[306] 可見巡檢「擅受民詞」是普遍現象。

南海縣丞恩佑本來沒有緝捕、聽訟的權責，但因有瑞麟信任，也「往往擅發告示、封房屋、收呈詞、審案」。[307]

清朝制度設計有太多脫離實際之處，佐雜不得聽訟即其一端。州縣官特別是首縣知縣，公務繁忙、案件多，不讓佐雜審案是不可能的，各級官員都不得不默認佐雜聽訟的事實。杜鳳治反對的只是佐雜未經自己同意擅自聽訟，或佐雜侵權太過損害了自己的利益，甚至給自己帶來較大麻煩。

（三）多如牛毛的委員

所謂委員，是省、道、府衙門為某項公務臨時委派到下級衙門調查、監督、催促或參與處置的官員。派到州縣衙門的委員，大部分情況下是候補、候缺的佐雜。

在清朝成文的法典上並無委員的位置，「委員」這個稱謂估計也是官場約定俗成而來，因此，有些關於清朝典章制度的工具書也沒有為「委員」設立條目。[308] 魏光奇從「上司對州縣行政的督導檢查加重州縣負擔」的角度，對上級衙門為督導檢查委派官員、候補人員做了論述。[309] 從杜鳳治的日記看，委員是上級衙門對州縣進行管理、監督的常規辦法，不同的上級衙門會因不同原因往州縣派出委員，接待、應對委員成為州縣官的一項煩心事。

在多數情況下，州縣官與上司之間都按會典等成文法規以及各種官場慣例運作，通過公文進行稟報、請示、審批、諭令，還可以通過私人信件溝通（有時是上下級衙門幕客之間或「家人」之間）。在當時的交通通信條件下，上司親臨各州縣督察或命令地方州縣官到上司衙門所在地彙報，很難經常進行，所以，上司要派出專門的代表 —— 委員，到州縣衙門調查、催促、督辦。

如果不是站在州縣官的立場，而是從行政運作的角度看，派出委員具有一定合理性。例如，在省城，實缺在任官員無論如何無法完全承擔所有公務，為了省城的治安，就設立了多名「查街委員」。杜鳳治為審案也在典制規定的範圍外延請了幾位小官做審案委員，為催徵委派了多名佐雜做催徵委員。又如錢糧遲一些上解對州縣官有利，但布政使為保證錢糧足額、準時奏銷就會不斷催促，除公文外再派委員去催促，這樣，州縣官才會隨時感受到壓力，不敢過於拖延。再如，州縣各房違規承充等事，如果上司不監督，州縣官可從違規者那裏獲得更多好處，所以，上司就必須派出人員監督法規的落實。

有時，遇到州縣官難以處置的重大事件、案件，上級衙門會派出級別比較高的委員。如同治六年冬，廣寧士紳因對錢糧徵收不滿抵制縣試，雖然後來定性為「鬧考」而不是更嚴重的「罷考」，但畢竟是非常事件，杜鳳治為此向各級上司發出通稟，督、撫便命藩、臬派出委員調查處置，於是，前雷州知府周毓桂、候補知縣俞增光就作為委員專程到廣寧，會同肇羅道王澍以及肇慶府教授陳遇清（已被委派代理廣寧學官）辦理。鬧考事體大，所以派出的是級別較高的「大委員」。周、俞代表省級高官而來，杜鳳治必須接受其調查、督導，即使王澍也要給兩人面子。杜鳳治本人也在同治九年受藩臺派遣作為委員到潮陽縣催徵。但派出州縣官級別「大委員」的情況較少，杜鳳治接待的多數是例行公事、可有可無的「小委員」。

杜鳳治還未正式坐上縣衙大堂，就見識了委員。同治五年十月，他首次赴任廣寧途經肇慶，遇到一位候補州判李召南（蔭堂），知道他是廣寧查河道之委員。所謂查河道，就是檢查各州縣有無認真緝捕盜匪、保持河道暢通，但此差「向來不去，每月薪水費十兩」。李召南因前任廣寧知縣張希京只按 20 天算每月給 7 兩，特來拜訪要求杜鳳治給足 10 兩。杜鳳治感歎：「可見委員之苦，亦此公卑鄙可知。」[310] 這位李召南一年以後又作為「催府院試經費委員」來到廣寧，其時因為巡撫蔣益澧規定減米羨後「省、府委員在省、府給發盤纏，不准在州縣取索分文，各州縣不准照送程儀」，杜表示要按新章程辦，李懇求不遂乃在縣衙大鬧。[311] 但所謂州縣不准送程儀給委員的新規定根本行不通。

委員程儀成為州縣官的一項大負擔。前文提到的來廣寧處理鬧考事件的知府周毓桂、候補知縣俞增光兩個「大委員」，杜鳳治就分別送「過山禮」100 元和 50 兩。[312]「小委員」雖不必送那麼多，但其人數眾多，紛至沓來，加起來數額也不少。州縣官如果不打點好委員，有時就會有麻煩。同治八年末，委員戴某係巡撫親信，到廣府各屬催兵米，早就通知各州縣程儀「格外從豐」，但東莞知縣葉大同「照常致送」，「此人回省於撫軍面前說葉八百金納一妓女」，於是巡撫打算將葉撤任，雖有藩臺為之排解，但最後葉大同仍被撤。[313]

大部分委員的差事有名無實，多數是上級衙門為調劑、照顧小官、窮官的一種慣例，無缺的窮官、小官也千方百計懇求差使，獲得程儀成為委員的唯一目的，差事本身變得可有可無。委員本人通常不到出差的州縣，只要求州縣官把銷差文和程儀寄去，上司也完全明白。州縣官當然寧可委員不到，因為至少可以節省舟楫、食宿等費用，同時也免得委員找到什麼把柄在上司面前進讒。有些缺乏官場經驗的委員，真的下到州縣，反成為例外。光緒元年三月，杜鳳治得知「交代局委催歷任交代委員」要來羅定，他的第一反應就是「此等扯淡之事，又要老子應酬花費」。不過，這次的委員孫鼎教過杜鳳治的孫子讀書，因此杜對他比較客氣。孫鼎初次得差，所以打算真的到各州縣去。杜鳳治大笑，對孫說：「此等差使本可無須出省，差人去要文件、程儀而已。」於是建議他回省城，應允替他寫信給茂名、石城（今廉江），讓兩地知縣直接把銷差文、程儀寄給他，孫鼎「始恍然欣然叩謝」。[314]

杜鳳治經常會遇到為不可思議的事務派來的委員。同治十三年，候補知縣林兆南奉藩臺委催地丁，去信羅定州衙表示「定須親到，蓋為有奉諭密查事」，透露說是查瑤人投誠事，又提及杜鳳治任南海知縣時差役在三水地方緝匪逼死人命一案，詳情到時向杜面言。但到羅定後林並未再提及三水之事。杜鳳治想到羅定州並無瑤、僮、黎、苗人，但不知就裏，所以就請幕客但鴻恩詳考方志稟覆。[315] 林兆南向杜鳳治透露情況，又故意不說清楚，無非是希望得到額外報酬和拉關係。杜鳳治各任上，來查辦事件的多個委員都向杜鳳治透露相關信息，把省中高官的一些矛盾告訴杜，甚至為他支招。

因為程儀由州縣官承擔，所以上司完全不必考慮委派委員的成本。例如，按察使派委員到羅定州催同治十三年贓贖銀兩，「核查年僅二十兩耳，亦發委員，程儀、一切用項反浮於應解之數」。[316] 而且，上司衙門之間缺乏溝通，不同上司為同一件事重複派出委員是常有的事。如同治七年十月，知府、道臺、按察使便都分別派委員例行查監羈。[317]

候補從九陳明玉為肇羅道童秀春治病有功，童乃委派他到各屬縣「查各房書吏役滿有無逗留把持及應承充典吏事」。杜鳳治對道臺為謝醫而讓州縣破費很惱火：

> 諭門上轉諭各房，譬如惡鬼得病，總須有幾掛紙錢、幾碗酒飯送之出，方可無事。自去見委員，應送規例，如伊不足，稍稍益之，亦無奈何也。此查各房有無冒充及役滿逗留把持或改名頂充典吏，向來道臺只委一差役，照例一查，房中費幾個錢而已。玆為此發委員，越弄越新鮮，道臺何知，皆這班不要臉之委員設法去鑽求。陳明玉又拿出密札來看，亦與札中語大同小異，亦係力求討來，可以加意恐嚇。上司不明白，嗣後作牧令者更難矣！

陳委員胃口很大，想每房出洋 10 元，但書吏只肯總共送 12 元。陳一再要求見杜鳳治，杜不勝其煩，要其見師爺、賬房，或與門上說，並說明「各房實清苦，不能多出，即我亦無法也」。[318]

杜鳳治曾覆函番禺知縣胡鑒討論委員之弊，抱怨上司衙門完全不體諒州縣官的艱難。信中提到藩司為催同治十年到十二年的奏銷冊籍，連委四員，而道臺奉藩司移會又派三員，但人都不到，只要程儀。杜鳳治認為州縣官為了前程不可能不解奏銷冊籍，而且羅定州實際上早已經上解。糧道派委員催米更是沒有道理，因糧道無參、劾、揭、摘之權，州縣官不理，糧道也無可奈何；而且不區別清解與未解的州縣，一律派委員去催，不解的州縣反佔便宜。高明知縣吳福田沒有什麼後臺，但不理糧道，糧道也拿他沒有辦法。[319]

（四）窮官、苦官、老官

在清朝，當官是最有地位、最可牟利的職業，然而，官員羣體中也有一批向隅而泣的可憐蟲。

較長時間無缺無差的「黑官」「冷官」，尤其是下層官員，很大可能就成為窮官、苦官。清人的著述中已對清朝候補官員多，無缺無差者日子難過的情況做了概括：「自咸、同以迄光緒，其間捐例迭開，納粟入官之徒，各縣皆有，多至恆河沙數。」「光、宣間，各省官僚自道員以至未入流，多者可數千人，需次者日多，槁餓以死者所在皆有。」[320] 晚清各種筆記以及《官場現形記》等小說對這些羣體有不少生動描寫。有學者也依據各種資料對這些長期無缺可補、無差可委的下級官員的境地做過論述。[321] 杜鳳治在日記中對窮官、苦官的大量記述，均為親見親聞。

清朝只給在任實缺官員發放俸祿和養廉，而且計算得很摳門，一旦撤任或離任，俸祿、養廉立即停發。雖然俸祿、養廉只是官員收入的一部分，對州縣官而言甚至只是小部分，然而，一旦無缺，所有合法非法、合慣例不合慣例、公開的或上不了桌面的收入就基本沒有了。在當時，無缺的官員，除謀得差使或為其他官員做書啟幕客、幫忙閱文等以外，很難另謀職業獲得收入，但其本人、家庭甚至親族的生活仍要支出，此外還得維持官員的起碼排場，如果沒有足夠積蓄、田產或商業投資收入就會窮困不堪。杜鳳治卸任四會後大約有四個月賦閒，然後有赴潮陽催徵幾個月的差事。他本是個窮書生，初任廣寧和署理四會時不僅沒有積蓄，且有虧累，一段時間補缺前景又不明朗，在最困難的時候，向銀號借債也借不到。再任廣寧後，杜鳳治與另一位知縣王壽仁（溥堂）談起無缺十多年的旗人文焌署理封川知縣，王說十餘年未見此人署事，不知其如何度日。杜從文焌的事就說到自己僅僅賦閒一年多，有月入百元之差使，尚有不堪之勢，如不能再任廣寧，真朝不及夕，不堪設想。[322]

杜鳳治在日記寫了不少窮官。他的浙江同鄉柳應喬（子謙）因案撤任，離恩平時財物被紳士指使的盜匪搶劫一空。[323] 幾年過去，柳應喬無缺無差，懇求杜鳳治在肇羅道方濬師面前說好話。杜鳳治就向道臺說，柳「近來際遇，真是山窮水盡，寓中早不謀夕，竟有斷炊之憂」，求道臺即使不能設法使之得缺，也要給他一個差事以便度日，但被方濬師拒絕了。[324] 柳應喬「家口繁多，每日饔飧不繼」，家有病人無錢醫治，一籌莫展，只好不斷向杜鳳治求借，說是借，其實不可能還，杜鳳治感歎「無底之壑如何填得滿乎！」[325]

另一位窮冷的知縣屈鳴珍（子御），同治五年與杜鳳治一起選官分發來粵，曾任海豐知縣，幾個月後被撤任，後委署苦缺陵水，不久又撤。屈在杜筆下是一個老實委瑣、能力有限的人，上司知府馮端本看不起他，於是長期賦閒。杜鳳治任南海知縣時，有一次方濬師來省城同杜說屈鳴珍「賦閒太久，家中連茶碗都賣盡矣，即不能另委缺或回任，可否予一常差，俾得有飯啖就可矣」，想到杜鳳治同知府馮端本關係良好，希望杜向馮進言。杜雖然口頭答應，但心裏想：「大人只知道屈子御，同、通不計，即州、縣官廳中，且勿論候補者，其曾任實缺而冷灶無煙早不謀者，豈獨一屈子御哉！」[326]

杜鳳治的遠親陳元頊（幼笙）無缺無差，「光景已將斷炊，典質殆盡」，杜鳳治乃延請他在南海縣審案，每月 50 元。[327]

杜鳳治第一次署理羅定州的後任張觀美（硯秋），自稱 63 歲，「到廣十二年，僅署嘉應州一次，現第二次，五子十四孫，人口嗷嗷，筋疲力盡」。杜鳳治由此想到來廣東當官可以發財之說真是誤人。[328] 不過，有機會接署羅定知州，張觀美的境遇會立即改善。

如果州縣官在任上有虧累，一旦身故，家屬立即失去生活來源，而且清朝還有向虧累官員子孫追償的規定，這些「故員」親屬便會陷入困境甚至絕境。同治六年十二月，杜鳳治的同年四會知縣雷樹鏞（達夫）病死，杜收到雷署名的信件，判斷是雷死後其家人所寫。此信以雷樹鏞名義說自己病情日重，「殆將不起，家貧子幼，家鄉萬里，在粵十年，前署清遠即有虧累，兩任四會交代雖無牽連，而身上虧空不下四五千金，誠恐家口難歸。同年至好，及未填溝壑，以家口為託，俾得回家不致流落云云」。[329] 杜對雷的親屬稍有幫助，接任後不得不承擔了雷的部分虧空。自肇羅道臺、肇慶知府以下各官給雷的親屬捐湊了一筆銀兩，守備蔡釗等官又在四會紳士中張羅了六七百金，雷的親屬方得動身扶柩回省城。[330]

對窮官、苦官以及已故窮官的親屬，上司會定期予以一定資助。同治十一年元旦前，廣州府發放窮員賙恤銀兩，包括杜鳳治在內一干同、通、州、縣官也到場，「各省皆有人，以便認識，免其假冒」。[331] 第二年年末，廣州府又按等級發放窮員度歲賙恤銀，已革道員朱某 50 兩，同、通、州、縣「三十、二十不等」，佐雜「極貧十金，有老而貧者加五兩，次貧五金或酌加二金三金不等」，但「不貧而冒者頗多」。[332] 同治十二年十二月廿七日，廣州府仍按慣例「放散窮員銀兩並故員家屬貧不能歸者」，「窮員有極貧、次貧、又次貧之分，五兩、七兩、八兩、十兩、十二兩，至十五兩極貧矣。家屬一律每家銀五兩」。日記說，這項對窮官的資助措施是瑞麟倡議的，舉行了五六年，由闈姓提款，南海、番禺兩縣每縣也捐 300 兩。發放時「人多嘈雜，爭多厭少」，南、番兩首縣要到場監放。[333] 於此可見「窮員」之多。丁浩（松亭）曾任廣州、瓊州知府，身故後家屬也要來領窮員運柩銀兩，杜鳳治覺得實在太丟官場臉面，於是請示廣州知府馮端本另行辦理。[334]

清朝沒有法定致仕的年齡，一些下級官員耄耋之年還在官場趨附奔走。日記也記錄了多名這樣的老官。通判張淦（忍庵）來廣東 30 年，已 70 多歲，無缺無差，一再懇求杜鳳治幫忙。有一次杜鳳治為他求安良局差事，按察使說張「龍鍾太甚，足不能行，目不能視」，怎能當差？後來還是得到「稟催各州縣秋工經費」的差事，本人不必去也不能去，杜鳳治只好為他致函各州縣把程儀從豐寄送。[335] 羅定州判王廷照（曉山）年近七十，腿腳有病，一步都不能走，因其缺一年可收入千餘元，戀棧不去，「大家亦原諒，上遊不深知也」。[336] 比杜鳳治先來粵十年的徐寶符（契之），曾署理過番禺、香山等大缺，但都虧累。到杜鳳治再任南海時徐年已七十，中風稍愈，極苦望缺，扶病見杜求幫，杜乃為其在藩臺楊慶麟面前求缺，杜的理由是「契之現病雖愈，望缺甚切，倘竟寂然，恐其復舉。再舉則性命休矣」。不久徐得署潮陽，赴任前謁見督撫，總督劉坤一因徐老朽糊塗，對楊委徐頗為不解。[337]

日記還記載了幾個七八十歲的佐雜。五斗口司巡檢俞鳳書（杜鳳治的紹興同鄉），因總督私人鄧紹忠署理五斗口司無法回任本缺。俞已年近八十，布政使打算讓其署理三水巡檢，但三水巡檢缺極苦。俞鳳書不想去，懇求杜鳳治幫忙。杜就在布政使鄧廷枏處同番禺知縣胡鑒一起討論，鄧說：「這老兒年紀雖大，尚健，人亦正派，其在五斗亦無不是，實為調劑鄧紹忠之故。」打算委其署理慕德里司巡檢。胡鑒說，慕德里司不及茭塘、沙灣，與祿步相等，千元尚可到手，是「中平之缺」。鄧廷枏就說：「是亦不惡，何不即與這老兒。」[338] 三水巡檢缺苦，是因為衙署與縣衙同城，在知縣眼皮下，牟利的空間很小；慕德里司巡檢每年能獲得千元，是巡檢中等缺的標準。這個數目，已遠超巡檢法定的「歲俸三十一兩五錢二分、養廉銀六十兩」的收入了。[339]因為慕德里司衙署荒涼，俞鳳書不敢帶家眷赴任，家眷留在省城每月要花費百元，慕德里司的收入不足應付，所以，他念念不忘回任「佐雜第一缺」、年收入萬元的五斗口司巡檢。杜鳳治說，俞回任一年就可以有錢攜眷回鄉了。[340]但五斗口司巡檢始終被瑞麟用於調劑私人，俞鳳書乃得署理河泊所大使。河泊所所官前一年冬要墊繳漁課，次年春徵收其他款項補回。同治十二年冬，有上司更動俞之風聲。俞到杜鳳治處「老泪橫流，長跪不起」，杜答應會盡力為俞爭取，後又到巡撫處為俞求情。[341]杜對布政使說，如果讓俞墊賠漁課後卸事，「老性命休矣」，經杜力求，布政使應允「必不換人」。[342]

日記還記載了一位特別窮、特別苦的高壽候補從九沈錫章。沈是杜鳳治山陰同鄉，來粵四十年，已將八十，兒子俱死，身邊還有一個兩三歲的孫子，窮困不堪，衣衫襤褸，跪求杜幫忙為其婿楊琨謀一差事。[343]誰知楊琨得差後不久也病死。沈錫章祖孫和女兒一家都無以謀生，經常到南海縣署門房請求轉懇杜鳳治，杜只好每月資助沈 10 元。杜調離南海前，特地向後任張琮（石鄰）交代請其繼續給沈老人每月 10 元，「俾其女及幼子、小外孫等不至餓死」。[344]張琮任南海知縣時間很短，兩年後杜鳳治回任南海，日記再沒有沈老人的記載了。在當時的社會，這個家庭是很難存活的。

四、州縣衙門的附屬羣體

（一）幕客與官親

幕客是官員私人聘請的顧問或助手，清代有不少幕客寫了著作，時人和後人對幕客的論述也不少。本目所關注的是杜鳳治日記中州縣官與幕客共事的細節。

就施行州縣政務而言，幕客是真正的「專業人士」。州縣官處理考試、徵收、緝捕、聽訟等政務，一個人肯定忙不過來。而且，州縣官無論正途、異途出身，任職前多數沒有系統研究過清朝的法律、則例，對官場的慣例、潛規則等更不可能全面、深入了解。而幕客則是通過師承相授、經過長期學習的專業羣體，他們可以為州縣官出謀獻策，參與處理政務，尤其是錢糧、刑名兩個「大席」，更是關乎州縣衙門能否正常運作的重要顧問。幕客的優劣對州縣官的宦途順逆與收支盈虧有很大影響。幕客之間通過同鄉、親戚、師承等關係形成圈子，互相推薦，有事上下級衙門、平行衙門之間更易溝通。

幕客這個行業，浙江紹興人佔相當大的比例，而杜鳳治恰恰是紹興人，親朋戚友中有不少幕客，因此，他對幕客之道是熟悉的。杜鳳治因多年在北京的處館和歷練，人也算精明冷靜，所以，任州縣官後同幕客的相處比較融洽。

杜鳳治每次赴任前都要做各項準備，聘請幕客是其中最重要的事，尤其是聘請錢糧、刑名兩個「大席」，此外還得聘請書啟、閱文、收糧、教讀等若干個「小席」。「大席」幕客的脩金比杜鳳治法定的俸祿加養廉還要高。杜鳳治初任廣寧時，聘請「大席」幕客顧學傳（小樵）兼辦錢糧、刑名，每年脩金千兩，伙食銀每月十兩。[345] 杜鳳治再任廣寧時，請但鴻恩（叔衡）兼辦刑錢，脩金八百四十兩，另外加伙食等費。知府幕客孫應堃（石泉）推薦其外甥陳鳳儀就徵比「小席」，原在南海每月脩金十兩、火燭三兩，但廣寧是小缺，只能共給十兩。交代局委員鍾承熙（達夫）推薦其妻舅章棟為「小席」，每月十元。藩署幕客戴堯恩所薦的諸雲龍也是每月十元。[346]

從制度、倫理、習慣看，幕客並非州縣官的下屬或僱傭人員，其身份與州縣官平等，報酬也稱為「束脩」。在杜鳳治日記中，幕客通常被稱為「朋友」或「師爺」，杜鳳治拜客、餽送的對象，除主官外，往往也包括對方的幕客。其他官員，包括上司，對杜鳳治的幕客都以禮相待。同治六年冬，道臺王澍作為省級高官委派查辦廣寧紳士鬧考案的「大委員」來到廣寧，同杜鳳治以上司下屬的禮節相見，對杜年輕的幕客顧學傳則很客氣，說要親自來拜候顧（顧表示不敢當，擋駕），又以商量的口吻請顧代擬稟稿。[347] 同治九年十月，杜鳳治再到廣寧赴任時路過肇慶府城，道臺方濬師宴請杜鳳治，在城的一干官員、官幕作陪，杜鳳治的幕客但鴻恩被推坐首席，杜鳳治同高要知縣王炳文等坐在但鴻恩的下位。[348] 這樣安排等於給杜鳳治面子，也是對師爺的尊重。杜鳳治再任廣寧後不久舉行縣試，正在五覆時師爺但鴻恩家眷到，因為考試縣署封門，杜鳳治「以師奶奶初到不由大門入不好看」，了解到已有人交卷，於是命打開衙署大門讓轎子抬入。[349] 這些細節都體現了幕客的地位和官員與幕客之間相處的禮節。

杜鳳治署理南海知縣時，幕客班子就不是廣寧、四會可比了。日記記載了幕客們的姓名和脩金：客案席姚詩南（振伯），將軍所薦，每年脩千二百金；刑席戴堯恩（雲墀），臬臺薦，脩千二百金；刑席李政卿，糧道薦，脩千二百元；刑席但鴻恩，原廣寧幕客，脩千二百元；刑席吳存履（愛亭），肇慶府幕客吳楨薦，脩六百元；錢穀孟星航，杜自請，脩千元；錢穀陳文江，藩臺薦，脩千元。教讀兼書稟李紫珊，書稟諸青田、陸芷言、黎丹卿，徵比陳商盤、陳韶九、章槤（硃筆墨）、陳森林，又涂厚山之姪。[350] 僅七位「大席」的脩金就共六千兩銀，還要加上伙食等費。因為南海公務繁忙，幕客之間還有分工。幾位刑名「大席」中，戴堯恩辦理捕屬、五斗口屬刑名兼洋務，李政卿辦黃鼎、神安二屬刑名，但鴻恩辦江浦、九江二屬刑名，吳存履辦金利、三江二屬刑名。[351] 嘉慶年間，御史張鵬展奏稱，其時廣東番禺、南海幕客每年脩金有 1500 兩到 1900 兩。[352] 同治年間，南海幕客收入有所下降，南海主要幕客每年的脩金為七八百兩到 1200 兩，但他們還可以獲得其他收入。

從日記可知，所有重要公務杜鳳治都會同「大席」幕客反覆商量，但杜鳳治必須對決定負責，所以，他對幕客的建議以及擬定的公文初稿都會認真考慮和修改。杜鳳治外出催徵，「大席」幕客留在縣署「代拆代行」，但只處置小問題，較大事務，包括對放告日呈詞的批語，都定期派差役把裝有公文、批語稿的包封送給杜鳳治審核、修改、決定。

同治十一年八月，杜鳳治在南海知縣任上，廣州知府馮端本因其屬案幕客趙霞村身體不好，有時延誤公事，就同杜鳳治商量，希望杜鳳治把刑席戴堯恩（雲墀）「讓」給自己。杜鳳治感到為難，因為「幕中人雖多，唯雲墀能辦事，現在刑名則雲墀總持一切」。[353] 可見有名氣、有能力的幕客在官場「搶手」的程度。後戴還是被知府「挖」了過去，脩金也是 1200 兩，但「屬案每節各屬節敬約可收至五百數十金，三節計有千六七百金，連正脩幾及三千金」。[354] 杜鳳治也經常給上司衙門的幕客送節禮，州縣衙門的幕客同樣也收受佐雜、書吏、衙役、紳士的節禮，同時在徵收、訴訟、保釋等事項中還有牟利的機會。較之州縣官財務「大進大出」、容易陷入虧累，幕客的收支狀況要穩定得多。

杜鳳治頗為自己同幕客相處得好而自豪。他對幕客很尊重，防範他們濫權牟利也比較得法。另一些州縣官則不然。杜鳳治舊幕客金玉墀（楚翹）後被南海署理知縣賡颺（元輔）延請，「為賡元輔無空令少爺代畫行，乃少爺提筆將楚翁公事亂改，心頗不悅」，於是很懷念杜鳳治這個老東家。[355]

杜鳳治也遇到過幕客給自己造成麻煩的事。杜鳳治第一次任廣寧卸事時，幕客顧學傳（小樵）「將予任及前任所有未報之搶劫案均詳報上去，今已由部發回。張柳橋一件小樵未查，謂柳橋匿報，部議綦嚴，柳橋發通稟辯明。如柳橋真漏報，則咎在柳橋，如未曾漏報，則予誣稟，咎在予，兩邊必有一咎」。按官場的潛規則，搶案本可技術性處理再報以免影響前後任的考成。顧學傳卻據實上報，杜鳳治因卸任前事務紛繁，在審核稟稿時未能看出問題。但這樣一報，如再回任廣寧就有「四參案纍纍，且已將到」的問題，必須花費銀兩去打點。[356] 後來此事果然給杜鳳治帶來麻煩，杜因而對顧學傳很不滿。[357] 四會任上的幕客金玉墀，杜鳳治認為其「品學固無可瑕疵，但亦平穩一路，刑名則非所專。現四會有數起命盜案發回重辦，以故益信不可不請老手」。[358] 所以，南海任上「大席」全請老手。不過，廣寧、四會等小缺要延請名幕也不容易。

在州縣衙門參與政務的另一批重要人物是官員自己的親屬，有時，州縣官的幕客就是官親。杜鳳治署理羅定州時，因為一時找不到錢穀師爺，於是以女婿陶志煥（錦泉）充當，每年脩金 500 元，但負擔其妻與兒女的生活費用。兒子杜子杕同陶志煥皆管賬房兼徵比，硃筆墨杜心淵、監印婁玉林（菊臣）都是親戚。[359] 這種情況很普遍。如高要縣刑幕孫方增（竹安）、錢穀孫兆祿（筠軒）、賬房孫士廉（瑤琴）分別為知縣孫鑄的胞叔、堂叔、堂兄弟。[360]

杜鳳治的兩個兒子杜子榕、杜子杕大部分時間在衙門辦事，他的兩個堂兄杜鳳筠（四哥）、杜鳳誥（八哥）都作為官親入署辦事。四哥只能教讀、看風水，在縣考時也幫助閱文，八哥則總管賬房。最初，具體賬目由外甥莫雨香管，後來轉給內弟婁又庵。[361] 儘管有官員主張賬房「宜請老成精細之人司之」，「一用子弟至親，百弊叢生」。[362] 但清代州縣財政實際上已形成公私不分的「家產制」，「各州縣均存在大量法外收支，貪污、中飽、陋規、攤派被合法化、制度化」。[363] 因此，對州縣官而言，賬房主管「老成精細」與否是其次，最重要的是親近可信，於是，官親管理州縣賬房就成為常態了。杜鳳治長子杜子榕來粵後長期在衙門管賬，畢竟親生兒子最可信。杜子榕死得比父親早，杜鳳治在日記中評價他：「四會、二次廣寧、初任南海三年，均伊獨掌賬房利權，身上早捐同知，性善貿易，一切經理頗有條理。」[364] 杜鳳治還常常把自己與兄弟、子姪討論公務、收支、人事安排以及州縣考試時兄長、兒子參與閱卷的事記入日記。此外，官親還經常性參與催徵等公務。

然而，即使是親戚、子姪有時也不能完全託付。在第一次任南海時，杜子榕將暫存賬房的公款銀 1100 兩挪用後未及時補回，結果交代時被催還，杜鳳治覺得很丟臉。[365] 有的官親會給州縣官惹來大麻煩。如咸豐元年，東莞知縣的女婿高居北在收糧時與秀才黎鳳梧等發生衝突，知縣將其兄黎子驊鎖押，拘押期間，高居北又對黎子驊進行威脅並動手，黎子驊此後自殺，於是引發東莞紳士的「長紅罷考案」（也稱「紅條罷考案」）。[366] 但總的來看，杜鳳治對自己親屬的約束還是有效的。

（二）參與公務的「家人」

所謂「家人」，就身份言是官員的僕役，有的著作稱之為「長隨」。[367] 無論在當時還是日後的論著，州縣官的「家人」基本是以負面形象出現的。如既當過幕客又當過州縣官的汪輝祖就認為，幕客、書吏、長隨都會把州縣官架空，但官離不開這三種人，幕客中還會有端人，書吏中也有守法者，「長隨則罔知義理，惟利是圖，倚為腹心，鮮不僨事」。[368] 從日記看，杜鳳治雖說不上把「家人」倚為心腹，但在他任職之州縣，「家人」都協助他監督、溝通書吏、衙役，聯絡紳耆、地保，參與徵糧、守衛、緝捕、用印、文牘、門政、出行安排等大量公務，向上司餽送賄賂、官場應酬的安排等也多由「家人」去做，他對「家人」的信任和依靠超過書吏與衙役。

「家人」社會地位很低，其後代不可參加科舉考試、出任職官。但「家人」可以利用官員的權力牟利，且沒有賠累等擔憂，在當時沒有太多職業可供選擇的情況下，官員的「家人」是很多人趨之若鶩的職業。日記中有大量別人向杜鳳治推薦「家人」的記載，推薦者有老師、上司、同僚、同鄉、親友，以及上司衙門的僚屬、幕客。杜鳳治剛確定赴粵任廣寧知縣，其「薦師」、左副都御史潘祖蔭就專函向他推薦「家人」。到廣東後，一天之內，從藩、臬衙門就收到「家人」推薦單十多張。[369] 清朝曾三令五申限制州縣官「家人」的人數，杜鳳治赴任前到按察使郭祥瑞處稟辭，郭囑咐赴任不可多帶「家人」，但「臬署門房已送七八條，剛自內出門，門房又攔送一條」。出發赴廣寧前，杜鳳治決定收者 20 人，暫收令其自去者 14 人，不收者 70 餘人。路過肇慶時，頂頭上司肇慶知府徐嵩生一見面又推薦兩名「家人」。[370] 首任南海時，打算共用「家人」百餘，廣寧舊人有 50 餘人，但所收到的「家人薦條總可在四百以外」，人數太多，只好拈鬮定取捨。[371] 繼杜任南海知縣的張琮到任前收到的「家人」薦單竟共有 500 餘名。[372]

高級官員的少數「家人」亦有官銜。在一般人心目中，州縣官的「家人」是文化不高、地位低下的僕役，但日記反映的情況不盡如此。杜鳳治的「家人」嚴澄，是榜眼許其光所推薦，許、嚴早年是同學，許為翰林、嚴為「家人」，兩人地位懸殊，但維持着交情，「至今相交如兄弟」。[373] 同治九年鄉試，杜鳳治帶嚴澄入闈，闈內各官按慣例互贈詩歌、書法。外簾提調道臺方濬師寫不過來，委託杜鳳治寫一部分，「尚餘五六方，叫嚴澄來書之，孫壽卿摺扇面託定要寫王字，亦令嚴澄書之」。[374] 可見這位「家人」嚴澄具備一般士人的素養。後來，嚴澄因與其他「家人」有矛盾，一度辭去，推薦其友趙榮繼任，稱趙「甚有識見，文理字俱佳，書稟、四六均去得，如小缺份即無稟啟師爺，伊亦可代辦」，「此人曾得軍功，以都司用，戴花翎，又有勇號」。[375] 於此看來，趙榮應屬士紳中人。「家人」還會入闈協助州縣官閱文，另一個「家人」黃詳「曾隨雷達夫入簾，頗懂文藝」。[376] 日記又提到嚴澄「挈其第四妾月升回省」，[377]「家人」能娶多個妾，可見其富有。在晚清，「家人」子孫不能參加科考、不能當官的規定實際上已被打破（但考中後被揭發出身於「家人」之家，仍會被革除），廣東社會對有財有勢的「家人」也一改以往歧視的態度，承認他們的地位。先後當過南海縣署、撫署「家人」的何貴，其長子是廩生，拜在杜鳳治門下，曾署連州訓導；次子亦出考。[378] 另一位「家人」高陞兒子也出考、當官。大紳士也同嚴澄、何貴等「家人」往來。

官員所寫的官箴書往往會提醒只能讓「家人」做一些事務性的事，不可使之干政，然而這是不切實際的。杜鳳治的親信「家人」不僅參與公務，甚至會參與機密。同治六年冬，肇羅道王澍前往廣寧處理紳士鬧考事，杜鳳治當時面臨大麻煩，省中大憲對杜鳳治的態度尚不可測，杜的「家人」李榮建議，由他先去見道臺，把情況報告後杜再去謁見。見面後，王澍同李榮的對話相當深入、坦率，不僅明確表示自己的傾向，還通過李榮給杜鳳治支招，他完全沒有顧及兩人地位的懸殊，把李榮視為杜鳳治的親信與代表。[379] 同治九年杜鳳治再任廣寧時，因前任曾灼光收受紳士為數不多的銀兩就同意永遠不再查禁廣寧大量存在的紙廠，杜鳳治認為紙廠有可能「窩匪」，且要求辦廠者給他支付「公禮」，於是派「家人」嚴澄「與各紳共議於曲水萬洞之社學」，多數紳士被迫聽從。[380] 這時，嚴澄也是以知縣代表的身份同紳士們商議的。

清朝本規定禁止官員向省、府兩級衙門所在地派駐「家人」。[381] 但杜鳳治在廣寧、四會、羅定任上，都向省城、府城派出坐省、坐府「家人」，以辦理向省城、府城各衙署送禮、接待等事務，而另一個重要的任務是打探、通報信息。坐省、坐府「家人」通常把信寄給門上，除身份、體制的因素以外，也有萬一內容泄露不至直接牽連本官的考慮。坐省、坐府「家人」的信函，不可能進入檔案、公牘，今日存世的應該很少，州縣官也不會寫入自己的著作，杜鳳治日記則記錄了不少坐省、坐府「家人」來信的內容。

杜鳳治初任廣寧時與紳士產生矛盾，紳士赴省上控，署理布政使郭祥瑞命扣押紳士周友元等人，但署理按察使蔣超伯卻袒護周友元等人，讞局總辦知府嚴先佑秉承蔣超伯的意思處置此事。如果對周友元等人從寬，則有可能對杜鳳治不利。巡撫蔣益澧支持郭祥瑞，對嚴不滿。其時杜鳳治正為此事上省城，通過「家人」李芳在督署的熟人，打聽到總督瑞麟傳見嚴先佑、蔣超伯詢問的具體情形。[382] 杜鳳治由此了解到高官對廣寧紳士上控的不同態度，這正是杜鳳治急切要知道的信息。此前，李芳在信中向杜鳳治建議：「目下各憲實係作主，請於附城各大戶或差『家人』，務要拿人完糧，不可縱寬。此後見各紳不可太謙，另要改換聲色，嚴厲待之；尤不可者，無論彼是何官，既到堂例應跪訴，不可令其起立。」[383] 李芳的口氣，完全不像僕人對主人說話。

同治十三年夏瑞麟病重，八月去世，在此前後廣東官場人心惶惶。因為杜鳳治頗受瑞麟器重，儘管杜一再否認自己是瑞麟親信，但難免擔心瑞麟死後自己在官場的處境。從瑞麟病重到新總督英翰來粵的幾個月間，坐省「家人」不斷向杜鳳治報告各種信息，有些顯然來自各級衙門，有些則是坐省「家人」在民間收集的，包括各種傳聞、謠言。坐省「家人」明白杜鳳治的心情，所以有聞必錄。光緒元年（1875）正月，杜鳳治署理羅定知州，其時正面臨巡撫將署理總督、新總督來粵之時，坐省「家人」報告說目前只有廣府六大縣上了省城，「向來四直州從不上省拜年」，建議杜「可以勿來，來則白白多花數百兩銀也」。杜很讚賞坐省「家人」為自己着想。[384]

在南海知縣任上還有「聽事家人」，隨時報告上司的活動。如同治十年八月廿三日布政使祭祀南海神廟，杜鳳治必須到碼頭送行。當日是督撫衙門期，杜鳳治清早就到督署向總督稟報事件，然後趕緊回縣署吃早飯，「未完即聞聽事來報，藩臺已傳伺候」，於是立即放下筷子趕赴天字碼頭去送藩臺。[385] 坐省、聽事「家人」保證了上下級衙門的消息暢通，杜鳳治可以根據自己在官場的位置和權責，及時、合規地應對各級上司。

在某些緊急或關鍵時刻，「家人」會比吏、役可靠和主動，因此，州縣的衙署、監羈、倉庫等地一定會派「家人」守衛或監督衙役守衛。同治十三年二月的一個晚上，守備署失火延燒到南海縣羈所，80 多名犯人齊呼「我輩即有罪卻不應燒死」，一起衝出。「眾家人不得已押到守署對門箭道暫存」（只逃走了 3 人）。[386]「眾家人」如此勇敢決斷，究其因，既出於對主人的忠誠，同時他們也知道，如果多名羈犯燒死或越獄，主人官位將不保，自己「南海縣家人」的位置也不復存在了。

日記很多地方提到「家人」按股份分銀，如在廣寧徵糧時就有「家人」分錢糧股的記錄。[387]「家人」更是會利用各種機會牟利，在四會任上，門上趙榮、簽稿汪泰私自在番攤勒派銀兩，每月可得 50 多兩，杜鳳治知道後只是要求趙、汪上交部分分給其他「家人」。[388]

「家人」是一支幾十人的隊伍，內部經常發生糾紛，幕客、官親、「家人」之間也常常鬧矛盾。師爺但鴻恩因為「家人」趙榮對他無禮，積怨多時，發怒要辭館，杜鳳治「婉說再四，甚至衣冠叩謝」，說好說歹，但鴻恩才答應留下，杜乃決定不再用趙榮。[389] 杜鳳治對「家人」，也如對下屬、書吏一樣，經常召集訓話，也會針對某項事務或某個「家人」下諭單。如同治六年末，杜鳳治奉布政使委牌調署四會，他對「家人」的去留做了很多考慮和安排。同治七年元旦，就召集「家人」訓諭，對留用者逐一指出其長短處，並提出今後的要求，對不留用者也予以教誨。[390] 杜鳳治對自己御下的能力頗為自豪，日記記載恩威並濟管理「家人」的內容很多。

「家人」大多會利用其親近州縣官的地位擅權納賄。杜鳳治四會任上縣民李亞輝強姦 10 歲幼女，李家多方營救。先打通「家人」趙榮關節，趙來說情時杜查案卷，以案情重大不允保釋。趙榮又報其有病要求保釋，但拒絕檢驗，杜鳳治從各種跡象懷疑「家人」有鬼，後又發現皂班總役給李亞輝叔伯教其送銀打點的密信，不禁勃然大怒，感歎：「作令須要牛馬精神，四面八方皆為欺我蒙我之人，稍一精神不到，隨口答應，不及細思，即上其當。……門簽其不好用，換一個如此，再換一個亦如此。此係要緊人，即予所常言官無眼無口，以門簽代視代言；官無手無足，以書差代作代行；如無主意，人並無心，以師爺為心。書差本多靠不住，全仗門簽，門簽靠不住，要官時時留意，哪有如許精神？至師爺靠不住，如顧小樵者則更難矣 …… 為牧令不亦難乎！」[391]

（三）書吏對州縣官的利益輸送

無論是當時官員、幕客，還是日後的學者，寫到清代書吏時基本上也是負面評價。但州縣衙門沒有書吏無法運作，州縣官、幕客、官親都是外地人，而書吏則是本地人。一個能幹的州縣官，既要保證書吏為自己所用，同時也要防範他們牟利虐民過了頭給自己添麻煩，還有很重要的一點就是要書吏、衙役乖乖地按規則向州縣官奉獻部分法外收入。鑒於關於書吏的研究成果已經不少，[392] 這一目着重寫書吏充任的問題。

清朝州縣衙門「編制」內的書吏數量不多。如廣寧縣額定 7 房書吏共 23 名。[393] 南海縣是廣東首縣，還要管治省城，縣衙書吏自然要比廣寧多很多。同治十年三月杜鳳治署理南海知縣時，南海書吏有 15 房：吏房、戶房（分典、司兩房）、糧房（分司、左、右三房）、倉房、庫房、冊房、禮房、兵房、刑房、工司房、工典房、承發房。[394] 杜鳳治沒有記下南海縣書吏的人數，但從南海公務的繁忙、其時處理公務技術條件的落後以及書吏可以牟利等因素考慮，南海 15 房僅「編制」內的書吏肯定就不少。

各州縣書吏的實際人數，是「編制」內人數的數十倍甚至上百倍。據明末清初的侯方域估計，其時一個縣的書吏已超過千人；而清中葉的洪亮吉則估計大縣上千人，中縣七八百人，小縣一二百人；與杜鳳治同時代的游百川的估計是大縣兩三千人，小縣三四百人。[395] 杜鳳治在日記中沒有記他任職州縣書吏的人數，但應不會少於洪亮吉、游百川所說的數量。

州縣官對書吏、衙役任免有實際的決定權，而且可以隨時獎懲。如果州縣官要懲處書吏，後者只能服從。杜鳳治再任廣寧時革免、羈押了戶房典吏湯新，訓飭了倉房典吏楊俊。杜鳳治革免、羈押湯新的理由主要是湯新充任的「公禮」短交了 500 兩。戶房典吏算是縣衙的實權人物，但湯新被革、被押還加上刑具只憑杜鳳治幾句話。杜鳳治對倉房典吏楊俊說：你是前一任署理知縣曾灼光委充的，現在讓不讓你當我說了算，你要繼續當下去就得交一筆銀兩。[396] 此後，湯新表示自己「實不善經理，充典吏虧累，情願退役」，掌案書識羅坤願意接充，但杜鳳治知道，羅坤只是出名應官，典吏其實是大宗族扶溪江姓要做。杜鳳治同意湯退羅接，但要湯新繳清短交的「公禮」，羅坤繳交「充費」一千（日記沒有說明是兩是元）。落實後湯退羅接的手續馬上辦妥，湯也獲得釋放。[397] 可見，當書吏同當州縣官一樣，都要善於經營，否則會虧累，即使是一般人認為收益豐厚的戶房、倉房典吏也是如此。願意接充的羅坤背後有大宗族扶溪江姓，羅坤本人不姓江，這說明有錢有權勢的紳士會通過各種手段收買、扶持書吏充任，以保障和擴大自身和宗族的利益。充吏也如生意，書吏收入採取按股份的方式分配。充任時學官、佐雜、門上等都會參與說項，其中也必然有利益輸送。

杜鳳治署理四會知縣時，正值書吏役滿，日記有很多篇幅敘述書吏充任的種種細節和內幕。

同治八年二月，戶司典吏劉珍充任五年役將滿，傳供陸光情願承充。杜鳳治先行批准，然後陸光同門上馬玉訂以「兩詩佛頭」（600 元），杜鳳治命先繳交 200 元。[398]

與此同時，兵房典吏已役滿，願接充者託南津司巡檢龔葆球（榕門）來說，「內外一切在內名世佛番」（500 元），杜鳳治表示「一切不在內」或可照辦。龔又來說兵典陳珍及工房新充典吏兩項「五五佛頭數」（550 元），得到同意。一個月後龔又來說，「充兵典共五百五十元（工房在內），已繳二百，尚有三百五十元明日繳進」。[399]

戶司充吏陸光也通過馬玉來說，表示充費加其他費用可共合「孟津一會」（800 元）。[400]

六月，倉房典吏吳輝役將滿，里圍塘生員鄧相賢有堂兄弟願充，託學官黃聖之（紀石）做中間人向杜鳳治說項。吳輝非四會縣人，各房非本縣人多，鄧某則是本縣人。倉房典吏有較多牟利機會，上次充費「在孟津元元」（1600 元）之上。杜表示：「予不管本地人與外人，只看孰肯報效即與誰充。為日尚早，看若輩進說如何後再覆命。」此事本來典史謝鈐（鶴汀）經手，早與賬房言之，但沒有同門上談妥不敢出頭。賬房勸其轉一彎子託黃學官，因知縣會更給學官面子。[401] 此後黃聖之、謝鈐替鄧相賢來討價還價，「先說倉書典吏，鄧相賢尚未去，昨鶴汀轉告說堂臺有月半（1500元）之說，雖不能及此，大約竿一二元數（一千一二百元）已肯出矣。予謂為時尚早，且從緩議，伊如不能到月半元，如以兩論，一竹（1000兩）不可少矣」。[402]

書吏充任的「公禮」是州縣官收入的重要來源。「公禮」的多少雖有一定慣例和幅度，但具體數額則有待州縣官與書吏的討價還價。但求充書吏者不會直接同州縣官談，都是通過佐雜、學官等州縣官的下屬，或與州縣官的師爺、官親、「家人」談。日記用隱語記載「公禮」數額，可見杜鳳治自己也明白這類「常例」收入不是光彩的，但作為州縣官他收得理直氣壯。

布政使衙門對書吏的充任有形式上最終批准和監管的權責，其管理辦法是派出委員到各州縣清查。杜鳳治四會任上書吏期滿正在醞釀改充時，布政使派來「查房委員」師華甫，此人在廣寧查房得到50元，到四會要求照樣，但「廣寧戶房、倉房典吏向在藩司署充當，惟以吏房兼倉房，其吏房典吏則未上充者，故肯出錢。自此兩房外，禮、兵、刑、工、承發則只有書緘，並典吏之名而無之。若會邑地丁歸戶司、戶典、兵典、兵司四房，僧多粥薄，民米歸倉房，屯米歸庫房，此外吏房極苦，較禮、工尤甚。故凡官抵任無禮，即新充如戶司者，送八百元公禮為極多。各房清淡。以故寧可於查時花小錢，而無一房於府、道、藩署報充者也」。於是四會各房書吏表示最多給師某20元，「如要多，只可任憑帶上府，照例可也」。杜鳳治令各房自去同師華甫說合。[403] 可見，所謂布政使衙門和其他上司衙門對書吏的監管只是空話，書吏對上司衙門的委員並不買賬。他們清楚，真正決定他們是否可以充任的還是本州縣的印官。

杜鳳治認為自己收受「公禮」還是比較有原則和節制的。其後任烏廷梧，「於（同治十三年）七月間伊所充各房典吏俱已役滿應另充，伊手辣可得二萬餘元」，杜懷疑臬臺張瀛從中也有分潤。[404] 同治十三年杜鳳治署理羅定知州到任時，前任饒世貞告訴他：「倉房典吏公禮有二千數百元，此缺各房皆清苦，唯糧房管地丁、倉房管兵米為最佳也。」[405]

南海縣書吏的充費不是廣寧、四會可比，日記對南海縣書吏的充費沒有詳細記載，但有一次杜鳳治到巡撫衙門，巡捕姚晉藩請杜到其房見撫署門上何貴（何跟隨過杜），何提出：「兵房陸韶頂充，一切在內四千元之數，可以允之，內賬房二少爺有四百元在外，向來定價如是，已到。所云七竿非確論也，況時事亦非昔乎！」[406] 兵房典吏的充費曾有 7000 元之說，只是因為「時事」變遷降為 4400 元（其中 400 元直接歸內賬房）。兵房在州縣衙門中屬於「油水」較少的，戶、糧、倉、庫、刑等房，獲取利益的機會較多，充費自然就要超過兵房了。

（四）衙役

對州縣衙役前人研究亦多，本目也主要根據日記內容，選取其他著述不甚關注之細節進行論述。

清朝州縣衙門「編制」內的衙役數量有限。如廣寧縣額定壯、皂、快三班衙役 78 名，另有巡船 1 隻、勇目 1 名、勇丁 11 名。[407] 至於南海縣衙役，杜鳳治記：「衙役壯班人最多，快班次之，無皂班，只有頭役而無總役名目。」[408] 根據道光《南海縣志》，南海縣額定的衙役有門子 7 名、皂隸 12 名、馬快 8 名、轎傘扇伕 7 名、庫子 4 名、鬥級 14 名、禁卒 8 名、仵作 4 名，上述各役每歲工食銀 6 兩，遇閏加 5 錢。民壯 30 名，每名工食銀同上，不加閏。舖兵 69 名，工食、閏銀與各役同。[409] 南海縣公務繁忙，還要管理省城，額定的衙役肯定遠不夠用，而且每年 6 兩的「工食」，連本人餬口也不夠，遑論養家了。這些紙面上的規定並無意義。

一個州縣實際上的衙役遠超法定數額。瞿同祖列舉了幾個數字：湖南一般有數百人，浙江、山東為 1500～1600 人，巴縣知縣劉衡說他的縣衙曾有 7000 人，絕大部分在他上任後辭去。[410] 據近年學者對四川南部縣檔案的研究，道光年間南部縣額定的「正役」只有 33 人，但「幫役」人數是「正役」的 10 倍多，而且這還是兩次大幅裁減以後的人數，數字最高時接近千人。[411] 南海縣非南部縣可比，因此，儘管杜鳳治沒有記錄南海縣衙役的實際人數（恐怕他自己也不清楚），但人數數千當極有可能。即使是一字簡缺（「疲」）廣寧，靠 78 名衙役也絕對無法管治這個 2400 多平方千米、30 多萬人口的縣。衙役實際上的人數肯定多得多。杜鳳治日記在提及總役、頭役時經常也提到幫役。同治九年，杜鳳治作為委員在潮陽、揭陽催徵錢糧，因為揭陽的總役經常要處置本身的公務，未能全力催徵，杜鳳治沒有衙役可用，於是報告督徵的道員沈映鈐：「言其總役，各廠皆有應催之村，固難分身，令多用幾個夥伴，其各村總役可告之下鄉往催。」[412] 這說明正役在官員允許或默許下可以隨時擴招「夥伴」，但這些「夥伴」沒有「編制」，沒有合法地位，連微薄的「工食」也得不到，他們的酬勞全部要靠法外的方式取得。同治十二年，杜鳳治處理一宗對外交涉案。因新豆欄盈豐店欠德商加羅威治三萬餘兩銀，加羅威治通過德國署理領事要求總督命南海縣下劄查封該店，不久，德署領事又照會總督要求揭封。杜鳳治奉總督命派差執行，但頭役沒有去，派去的小差似乞丐，且人數太多，加羅威治等人懷疑縣差為假冒，將衙役、地保扣押送到德國領事館再轉送到督署。[413] 在省城地面，充當南海縣幫役者也形同乞丐，可見這個羣體地位之低下（正役社會地位也不高）和生存狀況之艱難，充當幫役者很可能是貧民、流氓、地痞之類。但充當官差畢竟有牟利的機會，其時在城鎮找一份職業謀生頗不容易，所以願意充當幫役的人還是不少。

很多衙役的名字只是一個符號，頂其名者未必是真身。初任廣寧時，杜鳳治的「家人」郎慶派頭役周超送信、押犯，但周都耽誤了。杜鳳治就把周超羈押重責，看他言談「村俗不似公門中人」，問其他衙役，知道這個「周超」只是替身。他不僅是替身，而且還說假話、耽誤公務，但杜鳳治並未將其革除，懲責後仍讓其繼續當差，只是讓「家人」予以監督。[414]

衙役的職名可以作欠款的抵押，如廣寧衙役梁昌欠下何廣的錢，就將總役名作抵押。後梁昌因事革役，其他衙役聯名具結稟請開復梁昌之名。但其時的「梁昌」是何廣的弟弟。這個「梁昌」同樣耽誤公事。杜鳳治也知道他並非真梁昌，卻沒有把不准開復的話說死，對替「梁昌」稟請開復的衙役江瑞說：「何廣弟事予已盡知，要巴結差使才好乞恩。今屢誤，汝等各總役何故保？予不但不准復名，且將重責之，汝等告伊使知。」[415] 從這個案例可知，役名也是一宗財產，可以抵押轉讓，實際充任者為誰並不重要，官員已完全認可這種狀況。

頂充衙役者當中甚至有著匪。杜鳳治回任廣寧前，得知頭役「馮高」即「著匪」馮亞來，係傳供馮容包庇得以頂充。杜到任後點名時點到「馮高」，一問應點者，自稱名王祖。於是傳皂班總役馮安等訊問：「『馮高』之頭役係馮亞來頂充，汝等何得庇匪？」當即將「馮高」頭役名斥革，王祖羈押。[416]在這件事情上，「馮高」之名由馮亞來頂充，而王祖則受馮亞來之託到衙門應付點名。頭役的職位不通過州縣官就私相授受，衙役之間視以為常、互相包庇。但這次因為是「著匪」成為頭役並受到上司的追查，且是前任的事，杜鳳治自然無須包庇，而且趁機斥革了一批舊衙役，既可樹立權威、換上聽自己話的人，也可收穫若干新衙役的充費。

衙役大都為本州縣人，往往還是同鄉村、同宗族者。同治十三年，杜鳳治審理羅定州塘杜氏與左氏一宗田土糾紛案，查出杜姓「人眾勢強，倚恃伊族人多充捕班衙役，膽敢捏情延累，希圖兩相推諉，欠糧抗納，洎糧差催拘，尤敢拒捕奪犯，不法已極」。於是拿押了欠糧的杜挺球，但「拒捕奪犯」的杜亞鋭等走脫。[417]幾個月後杜亞鋭仍未到案。原來杜亞鋭的父親杜緯昭在武營充兵，已升為記名外委，杜姓還有杜坤、杜章、杜泰、杜珍、杜芳、杜榮等充羅定州捕班正總役、副總役、頭役，「勢焰如熾，在鄉恃強欺弱，魚肉善良」。杜鳳治一怒之下，命板責杜坤、杜章，杜泰、杜珍、杜芳、杜榮俱不准復充衙役。[418]這個杜氏宗族沒有士紳，卻成為地方權勢家族，主要靠族內多人充當衙役。然而，這種權勢缺乏根基，知州一下子就可以把多名杜姓衙役革免。不過，杜鳳治離任後，被革杜姓衙役有很大概率會重新報充。

從日記看不出縣衙對衙役的能力有何種考核或培訓，州縣衙門對衙役的管理也很鬆懈。同治七年九月，在四會任上，杜鳳治下鄉勘驗搶劫現場和驗屍。那幾天「陳興、丁貴、林昌三總役值班，三人總役中之最劣者，形同乞丐」，杜鳳治知道他們不能辦事，添派另一衙役陳光先行準備。到勘驗之日，轎子等也沒有備好，杜鳳治到了勘驗之地很久，林昌才到，陳、丁不到。到了驗屍現場，地保才用幾竿木、一張席搭棚，桌椅均無，杜鳳治大怒，地保與林昌互相推諉，杜鳳治用靴腳踢打林昌一頓，回縣署後立即把丁貴、陳興斥革。此二人極少來縣衙，屢傳託病不到，即縣衙門上亦不認識他們。林昌因為畢竟到了現場，又已被打，所以免革。[419] 衙役素質低下，杜鳳治平日不管或管不了，氣頭上斥革了兩個衙役，但還是留下了林昌，因為縣衙終究要靠衙役才能運轉，新報充的衙役素質也不會比已革者好。

杜鳳治經常派出「家人」帶領或監督衙役辦案。同治九年閏十月，杜鳳治要拘拿廣寧境內的「訟棍」，乃派「家人」嚴澄帶值日總役謝吉、黃標、陳高及頭役數名捉拿「訟棍」黃某，派「家人」梁陞帶值日總役陳雄、邱慶及頭役數名捉拿「訟棍」郭某。[420] 杜鳳治擔心衙役會通風報信或故意放走「訟棍」，所以要派「家人」帶隊。

同治十二年四月，南海縣崗頭鄉發生搶劫命案，杜鳳治下鄉勘驗，命該鄉出花紅懸賞緝捕。勘驗前，杜鳳治傳來緝捕差劉標等人大加申飭：「平日從不下鄉辦案，聽任幫夥所為，往往以無辜人搪塞，且有指平人為匪拿押訛錢、得贓私釋之事，實堪痛恨，二年以來十餘名緝捕差從未聞拿獲一真要犯。」[421] 南海是廣東首縣，縣衙衙役尚且不能拿獲要犯，可見州縣衙役在維持治安方面所起作用有限。

衙役卻經常勒索良民作為收入來源。羅定州學正黃怡（榮伯）同杜鳳治談及本州衙役「希冀有命案呈報，伊可於中得利」，「若輩只怕無事耳，既為命案，其親戚本家有錢者皆怕連累，即屍親、兇犯兩造精窮，而彼旁敲側擊，不患不中飽也」。杜大笑說：「此情久知，廣東謂之紅袍金，又謂樹上開花。羅定山僻窮州，而亦有此風乎，真可惡可恨也！」[422]

衙役不僅「工食」很少，而且辦理公事的大部分經費得自籌，還要向州縣官及其幕客、「家人」奉獻（如充費、州縣官節壽禮等），除了藉公事敲詐勒索外，庇賭收規是衙役經常性收入的重要來源。從州縣官到督撫都知道並默許。同治十一年正月，杜鳳治在南海知縣任上，因南海縣差羅邦、羅非開白鴿票，總督瑞麟命人向杜鳳治傳話：「番攤為武營出息在此，南、番兩縣衙役靠此養家辦公，如紳士告即飭封，不告我裝作不知。白鴿票、花會則害人太甚，不得不禁，不能不嚴。」[423] 當總督查問時，杜鳳治只是要二羅收斂，但並未予以懲處。[424] 署理按察使鐘謙鈞（本職為鹽運使）接任後下劄命封賭館。因為賭規是南海縣署公務經費的補貼來源，杜鳳治不了解鍾謙鈞的真實意圖，對是否應嚴格執行拿不定主意。後來，鍾謙鈞也就實話實說，稱劄上的是官話，「應如何辦理，你去辦可耳」。[425] 杜鳳治認為令西關賭館具結不開「可云笑談」。[426] 有一次，巡撫張兆棟稱讚順德知縣張琮的禁賭成績，杜在日記中評論說，如賭博永遠禁止，門房、小差的伙食費都沒有着落，處決犯人時用筐舁犯也需出錢現僱了。[427]

有些衙役的富有程度甚至令杜鳳治感到驚訝。同治十年，承包闈姓的廣信堂三年期滿，繼續承包。作為例行手續，司道、善後局委員、營將、兩首縣知縣等一干文武官員在善後局接見承包闈姓為首者，確定捐餉數額（此前先已議定）。廣信堂「係南海頭役劉標為首共五家」組成，承餉額為 40 萬元。[428] 晚清廣東承包賭餉者，要先向官府交按餉（押金）、預餉（先繳一定比例的餉項），餉額 40 萬元的按餉、預餉數目不會少，非財力雄厚者繳不出。劉標能做廣信堂的為首者，肯定是財力雄厚之人。

註釋

[1] 道光《廣寧縣志》卷 7，「職官志」。

[2] 民國《羅定志》卷 5，「職官表」。

[3] 道光《南海縣志》卷 19，「職官表二」；宣統《南海縣志》卷 9，「職官表」。道光志稱道光年間廢河泊所，宣統志未載，但杜鳳治日記中有河泊所所官，很可能是咸豐年後復設。

[4] 關曉紅：《從幕府到職官：清季外官制的轉型與困擾》第 1 章第 3 節「局所的濫觴與擴張」，生活· 讀書· 新知三聯書店，2014。

[5] 這些衙署的所在地基本在今日廣州越秀區的中心，東起大東門，西至海珠路，南起文明路，北至東風路，這片城區的面積大約三四平方千米。地圖見中國第一歷史檔案館等編《廣州歷史地圖精粹》，中國大百科全書出版社，2003，第85～89 頁。

[6] 《日記》，同治十一年七月廿二日，《清代稿鈔本》第 14 冊，第 204 頁。

[7] 《日記》，同治十年四月廿五日，《清代稿鈔本》第 13 冊，第 195～196 頁。

[8] 《日記》，同治十二年十二月廿二日，《清代稿鈔本》第 15 冊，第 280 頁。

[9] 《日記》，同治十三年正月十二日，《清代稿鈔本》第 15 冊，第 302 頁。

[10] 《日記》，同治十年正月初七日，《清代稿鈔本》第 13 冊，第 80 頁。

[11] 《日記》，同治十一年三月初二日，《清代稿鈔本》第 14 冊，第 28 頁。

[12] 《日記》，同治十二年二月初五日，《清代稿鈔本》第 14 冊，第 454 頁。

[13] 《日記》，同治十三年三月廿八日、五月初十日，《清代稿鈔本》第 15 冊，第417、497 頁。

[14] 《日記》，同治七年二月二十日，《清代稿鈔本》第 10 冊，第 507 頁。

[15] 方濬師：《蕉軒隨錄 續錄》卷 12，盛冬鈴點校，中華書局，1995，第 454 頁。

[16] 《日記》，同治十年十一月十二日，《清代稿鈔本》第 13 冊，第 481～482 頁。

[17] 《日記》，同治十三年三月初八日，《清代稿鈔本》第 15 冊，第 378 頁。

[18] 《日記》，同治十三年五月十三日，《清代稿鈔本》第 15 冊，第 511 頁。

[19] 《日記》，同治八年八月初十日，《清代稿鈔本》第 11 冊，第 510 頁；同治十一年七月廿三日，《清代稿鈔本》第 14 冊，第 206 頁。

[20] 《日記》，同治十一年八月廿六日，《清代稿鈔本》第 14 冊，第 263 頁。

[21] 《日記》，同治十一年九月十八日，《清代稿鈔本》第 14 冊，第 293 頁。

[22] 《日記》，光緒三年六月十九日，《清代稿鈔本》第 18 冊，第 371～372 頁。

[23] 《日記》，同治十一年三月廿六日，《清代稿鈔本》第 14 冊，第 63 頁。

[24] 《日記》，同治十三年三月廿七日，《清代稿鈔本》第 15 冊，第 418～419 頁。

[25] 《日記》，同治十年十一月廿八日，《清代稿鈔本》第 13 冊，第 508 頁。

[26] 《日記》，同治十年五月十七日，《清代稿鈔本》第 13 冊，第 227 頁。

[27] 來新夏：《林則徐年譜新編》，南開大學出版社，1997，第 673 頁。林則徐有關此案的奏稿見《林則徐全集》第 4 冊「奏摺卷」，海峽文藝出版社，2002，

第 412～415、457～464、502～504、540 頁。

[28] 《日記》，光緒庚辰九月初四日後補記部分，《清代稿鈔本》第 18 冊，第 643～644 頁。

[29] 《日記》，同治七年十二月初二日，《清代稿鈔本》第 11 冊，第 233～234 頁。

[30] 《日記》，同治十年二月十六日，《清代稿鈔本》第 13 冊，第 132～133 頁。梁山翁為知府梁采麟，方柳橋為廣糧通判方功惠。

[31] 《日記》，同治十年四月廿三日，《清代稿鈔本》第 13 冊，第 192 頁。「捕、巡各屬」指在省城和各巡檢司的下屬。

[32] 《日記》，同治十年四月廿四後各日，《清代稿鈔本》第 13 冊，第 192～206 頁。

[33] 瞿同祖：《清代地方政府》，第 29 頁。

[34] 《日記》，同治七年三月初五日，《清代稿鈔本》第 10 冊，第 531 頁。「兩司」指布政使、按察使。

[35] 方濬師：《蕉軒隨錄 續錄》卷 2《官廳》，第 43～44 頁。

[36] 《日記》，同治十一年七月十三日，《清代稿鈔本》第 14 冊，第 184 頁。

[37] 《日記》，光緒三年五月初六日，《清代稿鈔本》第 18 冊，第 298 頁。

[38] 《日記》，同治十三年正月廿三日，《清代稿鈔本》第 15 冊，第 311 頁。

[39] 《日記》，光緒三年九月初四日，《清代稿鈔本》第 18 冊，第 471～472 頁。

[40] 《日記》，同治十一年七月初二日，《清代稿鈔本》第 14 冊，第 175 頁。

[41] 《日記》，同治七年十月十五日，《清代稿鈔本》第 11 冊，第 182 頁。

[42] 《日記》，光緒元年十一月初八日，《清代稿鈔本》第 17 冊，第 441 頁。

[43] 《日記》，光緒二年三月初八日，《清代稿鈔本》第 17 冊，第 587 頁。

[44] 《日記》，光緒三年五月初三日，《清代稿鈔本》第 18 冊，第 296～297 頁。

[45] 清朝時廣州府的南海、番禺、順德、香山、東莞、新會被稱為廣府六大縣，有時簡稱為六大縣或「六大」。

[46] 《日記》，同治十二年十二月初八日，《清代稿鈔本》第 15 冊，第 259 頁。

[47] 參見劉鳳雲《清代督撫與地方官的選用》（《清史研究》1996 年第 3 期）、魏光奇《晚清州縣官任職制度的紊亂 —— 透視中國傳統政治的深層矛盾》（《河北學刊》2008 年第 2 期）、劉偉《同光年間州縣官選任制度的嬗變》（《安徽史學》2010 年第 1 期）等文。

[48] 如魏光奇的《有法與無法 —— 清代的州縣制度及其運作》的第三章第二節就相當詳細深入地論述了督撫在州縣官任命中的權力，佐雜的委、署更是如此。

[49] 《日記》，同治九年七月廿一日，《清代稿鈔本》第 12 冊，第 332 頁。

[50] 《日記》，同治八年六月十五日，《清代稿鈔本》第 11 冊，第 445 頁。

[51] 《日記》，同治九年二月廿一日，《清代稿鈔本》第 12 冊，第 172 頁。

[52] 《日記》，光緒七年十月十五日補記，《清代稿鈔本》第 19 冊，第 321 頁。

[53] 程存潔編著《朱啟連稿本初探》下冊，文物出版社，2014，第 984～1043 頁。

[54] 《日記》，同治七年三月初四日，《清代稿鈔本》第 10 冊，第 530 頁。

[55] 《日記》，光緒三年九月初十日，《清代稿鈔本》第 18 冊，第 488 頁。

[56] 《日記》，光緒三年九月十五日，《清代稿鈔本》第 18 冊，第 498～499 頁。

[57] 《日記》，光緒三年九月十六日，《清代稿鈔本》第 18 冊，第 503 頁。

[58] 《日記》，光緒三年九月十六日，《清代稿鈔本》第 18 冊，第 501 頁。「兩吊光景」指收入 2000 兩。

[59] 《日記》，光緒三年十月初三日，《清代稿鈔本》第 18 冊，第 526 頁。

[60] 《日記》，同治十年二月廿八日，《清代稿鈔本》第 13 冊，第 155 頁。「二方以外」指兩萬多。

[61] 《日記》，光緒元年六月十二日，《清代稿鈔本》第 17 冊，第 169 頁。

[62] 《日記》，光緒元年二月廿四日，《清代稿鈔本》第 16 冊，第 502～503 頁。

[63] 《日記》，同治八年十一月初五日，《清代稿鈔本》第 12 冊，第 41 頁。

[64] 《日記》，同治八年十一月十四日，《清代稿鈔本》第 12 冊，第 52 頁。

[65] 《日記》，同治十二年二月初七日，《清代稿鈔本》第 14 冊，第 457 頁。

[66] 《日記》，同治十一年正月初六日，《清代稿鈔本》第 13 冊，第 565 頁。

[67] 《日記》，光緒三年九月初七日，《清代稿鈔本》第 18 冊，第 479 頁。

[68] 《日記》，光緒三年九月初五日，《清代稿鈔本》第 18 冊，第 476 頁。

[69] 《日記》，同治十一年十一月十八日，《清代稿鈔本》第 14 冊，第 372 頁。

[70] 《日記》，同治九年二月十八日，《清代稿鈔本》第 12 冊，第 163 頁。

[71] 《日記》，同治八年十一月廿七日，《清代稿鈔本》第 12 冊，第 69 頁。

[72] 《日記》，光緒元年十一月十七日，《清代稿鈔本》第 17 冊，第 454～455 頁。

[73] 《日記》，光緒元年七月廿八日，《清代稿鈔本》第 17 冊，第 258～259 頁。

[74] 日記中的散頁，光緒二年三月初二日，原為杜鳳治黏貼的插頁，《清代稿鈔本》未影印。

[75] 《日記》，光緒元年八月廿四日，《清代稿鈔本》第 17 冊，第 312 頁。

[76] 同治《南海縣志》卷 4，「建置略一」。

[77] 同治《番禺縣志》卷 15，「建置略二」。

[78] 伍慶祿、陳鴻鈞：《廣東金石圖志》，線裝書局，2015，第 402～403 頁。

[79] 《日記》，同治十年十一月十六日，《清代稿鈔本》第 13 冊，第 500～501 頁；《日記》，同治十二年十一月廿五日、十二月十九日，《清代稿鈔本》第 15 冊，第 238、274 頁。

[80] 《日記》，光緒三年九月十二日，《清代稿鈔本》第 18 冊，第 490～492 頁。

[81] 《日記》，同治十一年二月廿六日、三月二十日，《清代稿鈔本》第 14 冊，第 18～19、54～56 頁。

[82] 《日記》，同治十二年七月初一日，《清代稿鈔本》第 15 冊，第 70 頁。

[83] 《日記》，同治十年七月廿九日，《清代稿鈔本》第 13 冊，第 333 頁。

[84] 《日記》，光緒三年十月廿四日，《清代稿鈔本》第 18 冊，第 558 頁。

[85] 《日記》，同治十二年五月初三日、廿一日，《清代稿鈔本》第 14 冊，第 559、582～583 頁。

[86] 《日記》，同治十二年閏六月初二日、初六日，《清代稿鈔本》第 15 冊，第 20～21、24～25 頁。

[87] 瑞麟咸豐末年一度授大學士，後革去，但廣東官員仍稱其為中堂，同治十年再次授大學士。

[88] 《清史列傳》第 12 冊，王鍾翰點校，中華書局，1987，第 3663 頁。

[89] 《近代廣州口岸社會經濟概況 —— 粵海關報告彙集》，第 121 頁。

[90] 以關鍵詞「瑞麟」在「中國知網」中檢索，找不到研究他的專題論文。

[91] 《日記》，同治十三年七月十七日，《清代稿鈔本》第 16 冊，第 61 頁。

[92] 《日記》，同治十三年八月廿二日，《清代稿鈔本》第 16 冊，第 144～145 頁。

[93] 《日記》，同治十二年閏六月廿六日，《清代稿鈔本》第 15 冊，第 62～63 頁。

[94] 《日記》，同治十二年十月初三日，《清代稿鈔本》第 15 冊，第 181 頁。

[95] 《日記》，同治十二年六月十一日，《清代稿鈔本》第 14 冊，第 610 頁。

[96] 《日記》，同治十二年八月十八日，《清代稿鈔本》第 15 冊，第 127 頁。

[97] 《日記》，同治十二年十一月初十日，《清代稿鈔本》第 15 冊，第 223 頁。

[98] 《日記》，同治十三年五月初八日，《清代稿鈔本》第 15 冊，第 494 頁。

[99] 《日記》，光緒六年十一月初六日，《清代稿鈔本》第 19 冊，第 55 頁。

[100] 《日記》，同治十二年閏六月初十日、同治十三年正月十二日，《清代稿鈔本》第 15 冊，第 33、302 頁。

[101] 《日記》，同治十二年十二月廿四日，《清代稿鈔本》第 15 冊，第 284 頁。

[102] 《日記》，同治十二年九月廿九日，《清代稿鈔本》第 15 冊，第 175～176 頁。

[103] 《日記》，同治十二年九月十七日，《清代稿鈔本》第 15 冊，第 153 頁。

[104] 《日記》，同治十三年十二月廿九日，《清代稿鈔本》第 16 冊，第 425～426 頁。和嶠是西晉大臣，時人稱其有錢癖。

[105] 《日記》，光緒元年正月三十日，《清代稿鈔本》第 16 冊，第 472 頁。

[106] 《日記》，光緒元年三月十九日，《清代稿鈔本》第 16 冊，第 538 頁。

[107] 《日記》，光緒元年五月十五日，《清代稿鈔本》第 17 冊，第 105 頁。

[108] 可參看王玉棠《劉坤一評傳》，暨南大學出版社，1990；崔運武《中國早期現代化中的地方督撫：劉坤一個案研究》，中國社會科學出版社，1998。

[109] 《日記》，光緒三年二月三十日，《清代稿鈔本》第 18 冊，第 178 頁。

[110] 《日記》，光緒三年十月廿五日，《清代稿鈔本》第 18 冊，第 564 頁。瑞麟謚文莊。

[111] 《日記》，光緒庚辰九月初四日後補記部分，《清代稿鈔本》第 18 冊，第 617 頁。

[112] 《日記》，光緒三年四月十七日，《清代稿鈔本》第 18 冊，第 264～265 頁。

[113] 《日記》，同治十三年十一月初十日，《清代稿鈔本》第 16 冊，第 307 頁。

[114] 《日記》，同治十年九月初九日、初十日、十六日，《清代稿鈔本》第 13 冊，第 392～393、396、403 頁。

[115] 《日記》，光緒元年二月初一日，《清代稿鈔本》第 16 冊，第 474 頁。

[116] 蔣益澧罷官後瑞麟兼署巡撫，認為如果沒有此項收入，撫署將無法運作，於是奏請在太平關耗餘項下按月提給廣東巡撫津貼銀 1600 兩。見《日記》，同治

八年正月十五日，《清代稿鈔本》第 11 冊，第 271 頁。

[117] 瑞麟參奏蔣益澧「任性妄為，劣跡彰著」，郭祥瑞「朋比迎合，相率欺蒙」。見《瑞麟摺參蔣益澧郭祥瑞等款由》（同治六年六月十四），中國第一歷史檔案館藏《軍機處錄副· 同治朝· 內政類· 職官》，縮微膠卷 4632 卷，41 號。

[118]《清史列傳》第 13 冊，第 3919～3920 頁。

[119] 瞿同祖：《清代地方政府》，第 237 頁。

[120]《穆宗毅皇帝實錄》卷 190，同治五年十一月辛巳。

[121]《穆宗毅皇帝實錄》卷 196，同治六年二月丙申。

[122]《日記》，同治七年正月廿六日，《清代稿鈔本》第 10 冊，第 478 頁。

[123]《日記》，同治七年二月二十日，《清代稿鈔本》第 10 冊，第 506～507 頁。

[124]《日記》，同治七年十月十七日，《清代稿鈔本》第 11 冊，第 182～183 頁。

[125]《日記》，同治七年三月三十日，《清代稿鈔本》第 10 冊，第 551 頁。

[126]《日記》，同治八年十月二十日，《清代稿鈔本》第 12 冊，第 28 頁。蔣益澧任粵撫前曾任廣西按察使。

[127]《日記》，光緒元年二月初一日，《清代稿鈔本》第 16 冊，第 474 頁。

[128]《日記》，同治六年九月十六日，《清代稿鈔本》第 10 冊，第 245 頁。

[129]《日記》，同治六年九月廿八日，《清代稿鈔本》第 10 冊，第 281 頁。

[130]《日記》，同治十年十一月二十日，《清代稿鈔本》第 13 冊，第 494 頁。

[131]《日記》，同治十二年十二月初五日，《清代稿鈔本》第 15 冊，第 254 頁。

[132]《日記》，光緒三年十月廿五日，《清代稿鈔本》第 18 冊，第 564 頁。

[133]《日記》，光緒三年十一月廿五日，《清代稿鈔本》第 18 冊，第 608～610 頁。

[134]《日記》，同治十二年九月二十七日至十月初七日，《清代稿鈔本》第 15 冊，第 169～187 頁。

[135]《穆宗毅皇帝實錄》卷 216，同治六年十一月辛酉。

[136]《日記》，同治六年六月十三日，《清代稿鈔本》第 10 冊，第 126 頁。

[137]《日記》，同治六年九月廿九日，《清代稿鈔本》第 10 冊，第 286 頁。

[138]《日記》，同治八年十月廿七日、九年六月廿九日，《清代稿鈔本》第 12 冊，第 34、304 頁。

[139]《日記》，同治九年九月廿七日，《清代稿鈔本》第 12 冊，第 474 頁。

[140]《日記》，同治十三年二月十一日，《清代稿鈔本》第 15 冊，第 342 頁。

[141] 詩箋尚存世，原件係種芸山館收藏，感謝安東強教授惠寄詩箋照片。

[142]《日記》，光緒元年十二月廿三日，《清代稿鈔本》第 17 冊，第 505 頁。

[143]《日記》，同治十三年三月十三日，《清代稿鈔本》第 15 冊，第 385 頁。

[144]《日記》，同治十一年九月初八日，《清代稿鈔本》第 14 冊，第 279 頁。

[145]《日記》，同治十一年九月廿一日，《清代稿鈔本》第 14 冊，第 297～298 頁。

[146]《日記》，同治十三年十二月廿九日，《清代稿鈔本》第 16 冊，第 425 頁。

[147]《日記》，同治十三年正月十三日，《清代稿鈔本》第 15 冊，第 303 頁。

[148]《日記》，光緒三年五月廿九日，《清代稿鈔本》第 18 冊，第 331 頁。

[149]《日記》，光緒三年四月廿五日，《清代稿鈔本》第 18 冊，第 287 頁。

[150]《日記》，光緒庚辰九月初四日後補記部分，《清代稿鈔本》第 18 冊，第 643～644 頁。

[151] 蔣超伯：《南漘楛語》，《筆記小說大觀》第 35 冊，江蘇廣陵古籍刻印社，1983，第 119 頁。

[152]《日記》，同治七年閏四月廿八日，《清代稿鈔本》第 11 冊，第 28 頁。「廉」指蔣超伯，因按察使又稱「廉訪」。

[153]《日記》，同治七年二月十九日，《清代稿鈔本》第 10 冊，第 502 頁。

[154]《日記》，同治八年六月廿六日，《清代稿鈔本》第 11 冊，第 461～462 頁。

[155]《日記》，同治十三年二月十六日，《清代稿鈔本》第 15 冊，第 352 頁。

[156]《日記》，同治十三年七月十六日，《清代稿鈔本》第 16 冊，第 59 頁。

[157]《日記》，同治十三年十月廿四日，《清代稿鈔本》第 16 冊，第 279 頁。

[158]《日記》，同治十三年十二月十八日，《清代稿鈔本》第 16 冊，第 401～402 頁。

[159]《日記》，光緒三年九月廿六日，《清代稿鈔本》第 18 冊，第 516 頁。

[160]《日記》，光緒庚辰九月初四日後補記部分，《清代稿鈔本》第 18 冊，第 625 頁。

[161]《穆宗毅皇帝實錄》卷 374，同治十三年十二月壬申。

[162]《日記》，同治八年十一月十六日，《清代稿鈔本》第 12 冊，第 57 頁。

[163]《日記》，同治十年八月十二日，《清代稿鈔本》第 13 冊，第 354 頁。

[164]《日記》，同治十一年十二月十一日，《清代稿鈔本》第 14 冊，第 396 頁。

[165]《日記》，同治十年十二月初九日，《清代稿鈔本》第 13 冊，第 526 頁。

[166]《日記》，同治六年十一月初八日，《清代稿鈔本》第 10 冊，第 504 頁。

[167]《日記》，同治七年二月十九日，《清代稿鈔本》第 10 冊，第 370～371 頁。

[168]《德宗景皇帝實錄》卷 174，光緒九年十一月丙申。

[169]《日記》，同治十二年四月廿三日，《清代稿鈔本》第 14 冊，第 545 頁。

[170]《日記》，光緒庚辰九月初四日後補記部分，《清代稿鈔本》第 18 冊，第 628 頁。

[171]《日記》，同治十二年十月十二日，《清代稿鈔本》第 15 冊，第 192 頁。

[172]《日記》，光緒六年十一月初六日，《清代稿鈔本》第 19 冊，第 57 頁。

[173]《日記》，同治十三年七月初五日，《清代稿鈔本》第 16 冊，第 49 頁。

[174]《日記》，同治十年五月十九日、二十日，《清代稿鈔本》第 13 冊，第 231、233 頁。

[175]《日記》，同治十一年七月初九日，《清代稿鈔本》第 14 冊，第 180 頁。

[176]《日記》，同治八年六月二十日，《清代稿鈔本》第 11 冊，第 456 頁。「漢仗」即儀錶。

[177]《日記》，同治十三年四月初四日，《清代稿鈔本》第 15 冊，第 431 頁。

[178]《日記》，同治十三年二月廿五日，《清代稿鈔本》第 15 冊，第 365 頁。

[179]《日記》，光緒三年六月初六日，《清代稿鈔本》第 18 冊，第 347 頁。

[180]《日記》，光緒三年十月廿五日，《清代稿鈔本》第 18 冊，第 564 頁。東漢馮異有「大樹將軍」之稱，日記常以「大樹」指代馮端本。

[181]《日記》，同治十二年閏六月十八日，《清代稿鈔本》第 15 冊，第 47 頁。

[182]《日記》，同治十年十二月十九日，《清代稿鈔本》第 13 冊，第 541 頁。

[183]《日記》，同治十一年三月二十一日、二十三日，《清代稿鈔本》第 14 冊，第 55、58 頁。

[184]《日記》，同治十一年四月初八日，《清代稿鈔本》第 14 冊，第 79 頁。

[185]《日記》，同治十一年八月初八日，《清代稿鈔本》第 14 冊，第 237 頁。

[186]《日記》，同治十三年正月十二日，《清代稿鈔本》第 15 冊，第 302 頁。

[187]《日記》，同治十三年五月十一日，《清代稿鈔本》第 15 冊，第 501～502 頁。

[188]《日記》，同治十三年十二月廿四日，《清代稿鈔本》第 16 冊，第 416 頁。

[189]《日記》，光緒元年三月廿四日，《清代稿鈔本》第 17 冊，第 169 頁。

[190]《日記》，同治十一年七月十九日，《清代稿鈔本》第 14 冊，第 194 頁。

[191]《日記》，同治七年七月廿二日，《清代稿鈔本》第 11 冊，第 97 頁。

[192]《日記》，同治十三年七月三十日，《清代稿鈔本》第 16 冊，第 90 頁。

[193]《日記》，同治七年六月初四日，《清代稿鈔本》第 11 冊，第 55 頁。

[194] 這兩種公牘合編為《聶亦峰先生為宰公牘》，1934 年刊本。

[195]《日記》，同治六年九月二十日，《清代稿鈔本》第 10 冊，第 261 頁。

[196]《日記》，光緒三年二月初八日，《清代稿鈔本》第 18 冊，第 154 頁。

[197]《日記》，光緒三年二月初八日、廿八日，《清代稿鈔本》第 18 冊，第 154～157、172～174 頁。

[198] 李寶嘉：《官場現形記》，第 40 回、第 41 回，人民文學出版社，1957。

[199]《日記》，同治十三年十一月十三日、十二月初七日，《清代稿鈔本》第 16 冊，第 312、365～366 頁。「石鄰」指南海知縣張琮。

[200] 李侃等：《中國近代史》第 4 版，中華書局，1994，第 155 頁。

[201]《日記》，同治十二年二月十四日，《清代稿鈔本》第 14 冊，第 465 頁。

[202]《日記》，光緒三年四月廿四日，《清代稿鈔本》第 18 冊，第 284 頁。

[203]《平反枉獄》，《申報》1881 年 6 月 9 日，第 3 版。

[204]《日記》，光緒七年六月初八日，《清代稿鈔本》第 19 冊，第 251 頁。

[205]《日記》，同治九年二月廿九日，《清代稿鈔本》第 12 冊，第 182 頁。

[206]《日記》，同治十二年三月初四日，《清代稿鈔本》第 14 冊，第 492 頁。

[207]《日記》，同治九年十月十一日，《清代稿鈔本》第 12 冊，第 507 頁。

[208]《日記》，同治九年閏十月初七日，《清代稿鈔本》第 12 冊，第 546 頁。

[209]《日記》，同治十二年二月十五日，《清代稿鈔本》第 14 冊，第 466 頁。

[210]《日記》，同治六年十月十七日，《清代稿鈔本》第 10 冊，第 332～333 頁。

[211]《日記》，光緒元年四月廿九日，《清代稿鈔本》第 17 冊，第 81～82 頁。

[212]《日記》，同治七年七月廿六日，《清代稿鈔本》第 11 冊，第 104 頁。

[213]《日記》，同治十二年十月十五日，《清代稿鈔本》第 15 冊，第 194 頁。

[214]《日記》，同治十三年八月廿二日、九月初八日，《清代稿鈔本》第 16 冊，第 142～143、173 頁。

[215]《日記》，同治八年正月廿四日，《清代稿鈔本》第 11 冊，第 282 頁。

[216]《日記》，光緒二年正月廿二日，《清代稿鈔本》第 17 冊，第 530 頁。

[217]《日記》，同治七年十月三十日，《清代稿鈔本》第 11 冊，第 208 頁。

[218]《日記》，同治六年十月初六日，《清代稿鈔本》第 10 冊，第 298 頁。

[219]《日記》，同治八年八月廿三日、九月廿九日，《清代稿鈔本》第 11 冊，第 521 頁；第 12 冊，第 9 頁。

[220]《日記》，同治九年正月十六日，《清代稿鈔本》第 12 冊，第 135 頁。「李星翁」為巡撫李福泰，「中堂」指瑞麟。

[221]《日記》，同治九年七月十八日，《清代稿鈔本》第 12 冊，第 329 頁。沈映鈐提及的地名為潮陽、揭陽、普寧、澄海。

[222]《日記》，同治十二年三月廿四日，《清代稿鈔本》第 14 冊，第 510 頁。

[223]《日記》，光緒三年八月廿三日，《清代稿鈔本》第 18 冊，第 454～455 頁。

[224]《日記》，光緒三年九月廿二日，《清代稿鈔本》第 18 冊，第 510 頁。

[225]《日記》，同治十年五月二十日，《清代稿鈔本》第 13 冊，第 235 頁。

[226]《日記》，光緒三年六月十八日，《清代稿鈔本》第 18 冊，第 368 頁。

[227]《日記》，光緒三年十月二十日，《清代稿鈔本》第 18 冊，第 549 頁。

[228]《日記》，同治十二年九月初七日，《清代稿鈔本》第 15 冊，第 140 頁。

[229]《日記》，同治十二年十一月初八日，《清代稿鈔本》第 15 冊，第 217～218 頁。

[230]《日記》，光緒二年八月二十日，《清代稿鈔本》第 18 冊，第 38 頁。

[231]《日記》，同治六年十二月廿五日，《清代稿鈔本》第 10 冊，第 453 頁。

[232] 程存潔編著《朱啟連稿本初探》下冊，第 1769 頁。

[233]《日記》，同治六年七月十五日，《清代稿鈔本》第 10 冊，第 164 頁。

[234]《日記》，光緒三年五月三十日，《清代稿鈔本》第 18 冊，第 333 頁。

[235]《日記》，同治五年十一月初二日，《清代稿鈔本》第 10 冊，第 90～91 頁。

[236]《日記》，同治七年六月十五日、七月十二日，《清代稿鈔本》第 11 冊，第 63、84 頁。

[237]《日記》，同治十三年六月初二日，《清代稿鈔本》第 16 冊，第 4 頁。

[238]《日記》，同治七年閏四月初十日，《清代稿鈔本》第 11 冊，第 11～12 頁。

[239]《日記》，同治七年閏四月初八日，《清代稿鈔本》第 11 冊，第 10 頁。

[240] 關於學政，安東強的《清代學政規制與皇權體制》（社會科學文獻出版社，2017）做了全面深入的研究。

[241]《日記》，同治六年九月初七日，《清代稿鈔本》第 10 冊，第 229～230 頁。

[242]《日記》，同治六年九月十四日，《清代稿鈔本》第 10 冊，第 235～236 頁。「虎賁一旅」指三千之數，從古籍稱周武王有虎賁（勇士）三千而來。

[243]《日記》，同治十二年十二月初四日，《清代稿鈔本》第 15 冊，第 251 頁。

[244]《日記》，同治十二年十一月初九日，《清代稿鈔本》第 15 冊，第 218 頁。

[245]《日記》，同治十二年十二月十一日，《清代稿鈔本》第 15 冊，第 264 頁。

[246]《日記》，同治十三年七月十六日，《清代稿鈔本》第 16 冊，第 59 頁。

[247]《日記》，同治十三年十月十八日，《清代稿鈔本》第 16 冊，第 270 頁。

[248]《日記》，光緒庚辰九月初四日後補記部分，《清代稿鈔本》第 18 冊，第 629 頁。

[249]《日記》，光緒元年十月廿八日，《清代稿鈔本》第 17 冊，第 428～429 頁。

[250]《日記》，光緒三年八月十四日、廿九日，《清代稿鈔本》第 18 冊，第 442～443、464～465 頁。

[251]《日記》，同治九年九月十九日，《清代稿鈔本》第 12 冊，第 446 頁。

[252]《日記》，同治十二年八月初四日，《清代稿鈔本》第 15 冊，第 115 頁。

[253]《日記》，同治十二年九月廿四日、廿五日、廿八日，《清代稿鈔本》第 15 冊，第 162～163、165、172～173 頁。

[254]《日記》，同治十二年十月三十日，《清代稿鈔本》第 15 冊，第 207 頁。

[255]《日記》，光緒元年十月十三日，《清代稿鈔本》第 17 冊，第 399 頁。

[256]《日記》，光緒二年九月廿五日，《清代稿鈔本》第 18 冊，第 94～95 頁。

[257]《日記》，同治九年十二月廿五日，《清代稿鈔本》第 13 冊，第 56 頁。同、通、州、縣都被稱為「大老爺」。

[258]《日記》，光緒元年三月廿一日，《清代稿鈔本》第 17 冊，第 11 頁。

[259]《日記》，光緒元年十月初十日，《清代稿鈔本》第 17 冊，第 390 頁。

[260]《日記》，同治十三年五月二十日，《清代稿鈔本》第 15 冊，第 515～516 頁。

[261]《日記》，同治十三年八月二十日，《清代稿鈔本》第 16 冊，第 134 頁。

[262]《供事藍某特授河泊所所官》，徐珂編撰《清稗類鈔》第 3 冊，中華書局，1984，第 1357～1368 頁。

[263]《日記》，同治十年四月廿八日，《清代稿鈔本》第 13 冊，第 200 頁。

[264]《日記》，同治十一年正月初六日，《清代稿鈔本》第 13 冊，第 561 頁。

[265]《日記》，同治十年十一月二十日，《清代稿鈔本》第 13 冊，第 493 頁。

[266]《日記》，同治十一年九月十八日，《清代稿鈔本》第 14 冊，第 295 頁。

[267]《日記》，同治十年七月初四日，《清代稿鈔本》第 13 冊，第 299 頁。

[268]《日記》，同治八年正月廿九日，《清代稿鈔本》第 11 冊，第 292 頁。

[269] 艾永明：《清朝文官制度》，商務印書館，2003，第 134、137 頁。

[270]《日記》，光緒元年十一月初五日，《清代稿鈔本》第 17 冊，第 439 頁。

[271]《日記》，同治十三年六月初十日，《清代稿鈔本》第 16 冊，第 19 頁。

[272]《日記》，同治十一年四月初二日，《清代稿鈔本》第 14 冊，第 72 頁。

[273]《日記》，同治十一年三月廿四日、四月初五日，《清代稿鈔本》第 14 冊，第 59、73～75 頁。

[274]《日記》，同治十年六月初二日，《清代稿鈔本》第 13 冊，第 253 頁。

[275]《日記》，同治十年十月廿九日，十一月初六日、初七日，《清代稿鈔本》第 13 冊，第 461、471、473 頁。

[276]《日記》，同治十一年十二月廿五日，《清代稿鈔本》第 14 冊，第 413 頁。

[277]《日記》，光緒元年正月十八日、廿七日，《清代稿鈔本》第 16 冊，第 454～455、464 頁。

[278]《日記》，同治十二年六月十三日，《清代稿鈔本》第 14 冊，第 614～615 頁。

[279] 如太田出的《清代江南三角洲地區的佐雜「分防」初探》（張國剛主編《中國社會歷史評論》第 2 卷，天津古籍出版社，2000，第 105～116 頁），張研的《對清代州縣佐貳、典史與巡檢轄屬之地的考察》（《安徽史學》2009 年第 2 期）吳佩林的《萬事胚胎於州縣乎：〈南部檔案〉所見清代縣丞、巡檢司法》（《法制與社會發展》2009 年第 4 期），王兆輝、劉志松的《清代州縣佐貳官司法權探析》（《西南大學學報》2014 年第 4 期），胡恆的《「司」的設立與明清廣東基層行政》（《清史研究》2015 年第 2 期）等。

[280] 如魏光奇的《有法與無法 —— 清代的州縣制度及其運作》，胡恆的《皇權不下縣？ —— 清代縣轄政區與基層社會治理》（北京師範大學出版社，2015）的相關部分對此問題都做了系統、深入而有説服力的研究。

[281] 典史、巡檢有緝捕權責，故有一定「分防」範圍，廣東很多州縣有州縣衙門直接管理（「捕屬」）和巡檢司管理（「司屬」）之分。筆者高祖是宦遊來粵的外省人，子孫後來定居廣東省城；母親家族榨粉街梁氏，祖籍新會，估計明代已定居省城，成為世居省城的家族。故邱、梁兩家人的籍貫都寫「番禺捕屬」。但不少居住省城的人，與家鄉仍有聯繫（如回鄉拜祠祭祖），籍貫則仍寫家鄉的鄉鎮。

[282] 劉子揚：《清代地方官制考》，紫禁城出版社，1994，第 110～113 頁。屬州（散州）的地位以及佐雜員缺的設置情況同縣相近。

[283]《日記》，同治八年十一月廿九日，《清代稿鈔本》第 12 冊，第 73 頁。

[284]《日記》，同治十年十月初四日，《清代稿鈔本》第 13 冊，第 432 頁。

[285]《日記》，光緒六年九月十三日，《清代稿鈔本》第 19 冊，第 10 頁。

[286]《日記》，光緒元年十月初十日，《清代稿鈔本》第 17 冊，第 396～397 頁。

[287] 乾隆《佛山忠義鄉志》卷 2，「官典」；道光《佛山忠義鄉志》卷 3，「官署」；民國《佛山忠義鄉志》卷 3，「建署」。

[288] 光緒《香山縣志》卷 6，「建置」。

[289] 斗門墟離香山縣城石岐鎮直線距離約三四十千米，即使縣城到斗門墟也非當天可達。黃梁都西南部沿海地區離縣城直線距離約 80 千米，清朝時並無陸路直達，中間是多道珠江出海口的彎曲河汊，20 世紀五六十年代乘坐輪船也得十多個小時。

[290] 邱捷：《清末香山的鄉約、公局 —— 以〈香山旬報〉的資料為中心》，《中山大學學報》（社會科學版）2010 年第 3 期。

[291]《日記》，光緒三年六月初一日，《清代稿鈔本》第 18 冊，第 334 頁。

[292]《日記》，同治十年九月廿五日，《清代稿鈔本》第 13 冊，第 421 頁。

[293]《日記》，同治十三年十二月初三日，《清代稿鈔本》第 16 冊，第 356 頁。

[294]《日記》，同治八年六月廿五日，《清代稿鈔本》第 11 冊，第 460 頁。

[295]《日記》，同治七年六月二十日，《清代稿鈔本》第 11 冊，第 65 頁。

[296] 如茆巍《萬事胚胎始於州縣乎？ —— 從命案之代驗再論清代佐雜審理權限》，《法制與社會發展》2011 年第 4 期。此文很有新意及啟發性。

[297]《日記》，同治十二年六月廿二日，《清代稿鈔本》第 15 冊，第 4、8 頁。

[298]《日記》，同治六年七月初四日，《清代稿鈔本》第 10 冊，第 144 頁。

[299]《日記》，同治九年閏十月廿一日，《清代稿鈔本》第 12 冊，第 566 頁。

[300]《日記》，同治十三年九月廿四日、十一月十四日，《清代稿鈔本》第 16 冊，第 212、318 頁。

[301]《日記》，光緒元年八月初四日，《清代稿鈔本》第 17 冊，第 273～274 頁。

[302]《日記》，同治十三年六月初六日，《清代稿鈔本》第 16 冊，第 11 頁。

[303]《日記》，同治十三年八月初四日，《清代稿鈔本》第 16 冊，第 101 頁。

[304]《日記》，光緒元年七月廿一日，《清代稿鈔本》第 17 冊，第 241 頁。

[305]《日記》，光緒三年四月廿一日，《清代稿鈔本》第 18 冊，第 274～275 頁。

[306]《日記》，光緒八年正月十九日，《清代稿鈔本》第 19 冊，第 394 頁。

[307]《日記》，同治十一年十月廿五日，《清代稿鈔本》第 14 冊，第 348 頁。

[308] 如李鵬年等編著《清代六部成語詞典》（天津人民出版社，1990），朱金甫、張書才主編《清代典章制度辭典》（中國人民大學出版社，2011）都沒有設立「委員」條目。

[309] 魏光奇：《有法與無法 —— 清代的州縣制度及其運作》，第 405～406 頁。

[310]《日記》，同治五年十月十八日，《清代稿鈔本》第 10 冊，第 86 頁。

[311]《日記》，同治七年正月十三日、二月十九日，《清代稿鈔本》第 10 冊，第 472、506 頁。

[312]《日記》，同治六年十二月初九日，《清代稿鈔本》第 10 冊，第 431 頁。

[313]《日記》，同治九年正月廿一日，《清代稿鈔本》第 12 冊，第 139 頁。

[314]《日記》，光緒元年三月廿一日，《清代稿鈔本》第 17 冊，第 16～17 頁。

[315]《日記》，同治十三年十一月十九日、廿七日，《清代稿鈔本》第 16 冊，第 329、344 頁。

[316]《日記》，同治十三年十月十六日，《清代稿鈔本》第 16 冊，第 266 頁。

[317]《日記》，同治七年十月十九日、三十日，《清代稿鈔本》第 11 冊，第 190、207 頁。

[318]《日記》，同治七年十月初四日、初六日，《清代稿鈔本》第 11 冊，第 173～174 頁。

[319]《日記》，光緒元年四月三十日，《清代稿鈔本》第 17 冊，第 82～83 頁。

[320] 徐珂編撰《清稗類鈔》第 3 冊，第 1360 頁。

[321] 參看蕭宗志《候補文官羣體與晚清政治》第 2 章第 4 節第 1 目「候補文官的生活狀態」，巴蜀書社，2007。

[322]《日記》，同治十年正月廿二日，《清代稿鈔本》第 13 冊，第 96 頁。

[323]《日記》，同治九年四月十九日，《清代稿鈔本》第 12 冊，第 233～234 頁。

[324]《日記》，同治十一年七月十九日，《清代稿鈔本》第 14 冊，第 193～194 頁。

[325]《日記》，同治十二年閏六月十八日，《清代稿鈔本》第 15 冊，第 48 頁。

[326]《日記》，同治十三年七月初五日，《清代稿鈔本》第 16 冊，第 47、50 頁。

[327]《日記》，同治十年四月十二日，《清代稿鈔本》第 13 冊，第 170 頁。

[328]《日記》，光緒二年三月十七日，《清代稿鈔本》第 17 冊，第 601～602 頁。

[329]《日記》，同治六年十二月十八日，《清代稿鈔本》第 10 冊，第 442 頁。

[330]《日記》，同治七年正月十九日，《清代稿鈔本》第 10 冊，第 474 頁。

[331]《日記》，同治十年十二月廿八日，《清代稿鈔本》第 13 冊，第 551 頁。

[332]《日記》，同治十一年十二月廿六日，《清代稿鈔本》第 14 冊，第 414 頁。

[333]《日記》，同治十二年十二月廿七日，《清代稿鈔本》第 15 冊，第 288 頁。

[334]《日記》，光緒三年三月廿五日，《清代稿鈔本》第 18 冊，第 227 頁。

[335]《日記》，光緒三年七月十一日、九月初一日，《清代稿鈔本》第 18 冊，第 406～407、468 頁。

[336]《日記》，同治十三年八月十二日，《清代稿鈔本》第 16 冊，第 117 頁。

[337]《日記》，光緒三年二月初八日，《清代稿鈔本》第 18 冊，第 145～146 頁。

[338]《日記》，同治十一年五月初二日，《清代稿鈔本》第 14 冊，第 113 頁。

[339] 同治《番禺縣志》卷 19，「政經略· 祿餉」。

[340]《日記》，同治十一年十二月十四日，《清代稿鈔本》第 14 冊，第 401 頁。

[341]《日記》，同治十二年十一月初五日、初七日，《清代稿鈔本》第 15 冊，第 213、215 頁。

[342]《日記》，同治十三年四月廿八日，《清代稿鈔本》第 15 冊，第 482 頁。

[343]《日記》，同治十二年二月初五日，《清代稿鈔本》第 14 冊，第 454 頁。

[344]《日記》，同治十二年十二月初三日、十三年三月初十日，《清代稿鈔本》第 15 冊，第 250、382 頁。

[345]《日記》，同治五年十月初四日，《清代稿鈔本》第 10 冊，第 78 頁。

[346]《日記》，同治九年十月初四日、初八日，《清代稿鈔本》第 12 冊，第 493、501 頁。

[347]《日記》，同治六年十一月三十日，《清代稿鈔本》第 10 冊，第 406 頁。

[348]《日記》，同治九年十月二十日，《清代稿鈔本》第 12 冊，第 523 頁。

[349]《日記》，同治九年十一月十二日，《清代稿鈔本》第 12 冊，第 591 頁。

[350]《日記》，同治十年五月初九日，《清代稿鈔本》第 13 冊，第 217～218 頁。

[351]《日記》，同治十一年正月廿一日，《清代稿鈔本》第 13 冊，第 583 頁。

[352] 張鵬展：《請釐吏治五事疏》，賀長齡編《皇朝經世文編》卷 20「吏治」6，光緒十二年思補樓重校本。

[353]《日記》，同治十一年八月十九日，《清代稿鈔本》第 14 冊，第 251 頁。

[354]《日記》，同治十一年八月廿一日，《清代稿鈔本》第 14 冊，第 256 頁。

[355]《日記》，同治九年五月十八日，《清代稿鈔本》第 12 冊，第 271 頁。

[356]《日記》，同治八年六月初四日，《清代稿鈔本》第 11 冊，第 424 頁。

[357]《日記》，同治八年六月十九日，《清代稿鈔本》第 11 冊，第 453～454 頁。

[358]《日記》，同治九年五月初六日，《清代稿鈔本》第 12 冊，第 248～249 頁。

[359]《日記》，同治十三年五月初四日，《清代稿鈔本》第 15 冊，第 488 頁。

[360]《日記》，同治十三年五月十二日，《清代稿鈔本》第 15 冊，第 503～504 頁。

[361]《日記》，同治六年十一月十一日、十二日，《清代稿鈔本》第 10 冊，第 372～375 頁。

[362] 何士祁：《賬房不可任用至親》，徐棟輯《牧令書》卷 3「持家」。

[363] 魏光奇：《清代州縣財政探析（上）》，《首都師範大學學報》（社會科學版）2000 年第 6 期。

[364]《日記》，光緒庚辰九月初四日後補記部分，《清代稿鈔本》第 18 冊，第 637 頁。

[365]《日記》，同治十三年十一月初四日，《清代稿鈔本》第 16 冊，第 292 頁。

[366] 民國《東莞縣志》卷 35，「前事略七」，第 381 頁。張金鑾：《大搜秀才記》，

張其淦、張鴻安纂修《張氏如見堂族譜》卷 28《雜錄譜》，莞城驛前街福文堂 1922 年鉛印本，第 31 頁。

[367] 瞿同祖、魏光奇的書都寫了「家人」。有關論文也不少，如周保明《清代州縣長隨考論》，《華東師範大學學報》（哲學社會科學版）2008 年第 5 期。

[368] 汪輝祖：《學治臆説· 論用人》，賀長齡編《皇朝經世文編》卷 21「吏政」7。

[369]《日記》，同治五年五月初九日、十月初二日，《清代稿鈔本》第 10 冊，第 21、77 頁。

[370]《日記》，同治五年十月初五日、十一日、十八日，《清代稿鈔本》第 10 冊，第 79、82、85 頁。

[371]《日記》，同治十年二月廿七日，《清代稿鈔本》第 13 冊，第 149 頁。

[372]《日記》，同治十三年三月廿四日，《清代稿鈔本》第 15 冊，第 410 頁。

[373]《日記》，同治十三年五月初六日，《清代稿鈔本》第 15 冊，第 491 頁。

[374]《日記》，同治九年九月十九日，《清代稿鈔本》第 12 冊，第 449 頁。

[375]《日記》，同治六年十二月廿九日，《清代稿鈔本》第 10 冊，第 457 頁。

[376]《日記》，同治九年七月十六日，《清代稿鈔本》第 12 冊，第 328 頁。

[377]《日記》，光緒元年正月十八日，《清代稿鈔本》第 16 冊，第 454 頁。

[378]《日記》，同治十三年五月初六日，《清代稿鈔本》第 15 冊，第 491 頁。

[379]《日記》，同治六年十一月廿九日，《清代稿鈔本》第 10 冊，第 403～404 頁。

[380]《日記》，同治九年十一月十一日，《清代稿鈔本》第 12 冊，第 590 頁。

[381] 瞿同祖：《清代地方政府》，第 141 頁。

[382]《日記》，同治六年九月廿一日，《清代稿鈔本》第 10 冊，第 263～264 頁。

[383]《日記》，同治六年六月十三日，《清代稿鈔本》第 10 冊，第 125 頁。

[384]《日記》，光緒元年正月十三日，《清代稿鈔本》第 16 冊，第 446 頁。

[385]《日記》，同治十年八月廿三日，《清代稿鈔本》第 13 冊，第 371 頁。

[386]《日記》，同治十三年二月初六日，《清代稿鈔本》第 15 冊，第 332 頁。

[387]《日記》，同治六年八月十六日，《清代稿鈔本》第 10 冊，第 195 頁。

[388]《日記》，同治七年十二月廿四日，《清代稿鈔本》第 11 冊，第 256 頁。

[389]《日記》，同治八年二月廿三日，《清代稿鈔本》第 11 冊，第 310～311 頁。

[390]《日記》，同治七年正月初一日，《清代稿鈔本》第 10 冊，第 461～462 頁。

[391]《日記》，同治七年八月十一日，《清代稿鈔本》第 11 冊，第 126 頁。

[392] 如周保明的《清代地方吏役制度研究》(上海書店出版社，2009) 對清代書吏、衙役就有很全面深入的研究。

[393]《日記》，同治五年十月廿八日，《清代稿鈔本》第 10 冊，第 89 頁。

[394]《日記》，同治十年三月初一日，《清代稿鈔本》第 13 冊，第 163 頁。

[395] 瞿同祖：《清代地方政府》，第 70 頁。

[396]《日記》，同治九年十二月十八日，《清代稿鈔本》第 13 冊，第 42 頁。

[397]《日記》，同治十年正月廿一日，《清代稿鈔本》第 13 冊，第 94 頁。

[398]《日記》，同治八年二月十四日，《清代稿鈔本》第 11 冊，第 302 頁。《詩經》收錄詩歌 305 首，古代一般概稱「三百首」，「一詩」指 300 之數。清代俗稱銀元為「番佛」「佛頭」。

[399]《日記》，同治八年二月十八日、三月廿一日，《清代稿鈔本》第 11 冊，第 305、335 頁。《孟子· 公孫丑下》有「五百年必有王者興，其間必有名世者」之句，故以「名世」指代五百之數。

[400]《日記》，同治八年二月廿五日，《清代稿鈔本》第 11 冊，第 313 頁。古籍記載，周武王伐紂時八百諸侯會於孟津，故用「孟津之會」指代八百之數。

[401]《日記》，同治八年四月十七日，《清代稿鈔本》第 11 冊，第 357～358 頁。

[402]《日記》，同治八年四月廿七日，《清代稿鈔本》第 11 冊，第 377 頁。杜鳳治日記通常以「一竿」「一竹」指代一千之數。

[403]《日記》，同治八年三月十二日，《清代稿鈔本》第 11 冊，第 329～330 頁。

[404]《日記》，同治十三年六月初六日，《清代稿鈔本》第 16 冊，第 11 頁。

[405]《日記》，同治十三年六月十七日，《清代稿鈔本》第 16 冊，第 29 頁。

[406]《日記》，同治十一年七月初一日，《清代稿鈔本》第 14 冊，第 173 頁。

[407]《日記》，同治五年十月廿八日，《清代稿鈔本》第 10 冊，第 89 頁。

[408]《日記》，同治十年三月初一日，《清代稿鈔本》第 13 冊，第 163 頁。

[409] 道光《南海縣志》卷 14，「政經略」。

[410] 瞿同祖：《清代地方政府》，第 99～100 頁。

[411] 蔡東洲等：《清代南部縣衙檔案研究》，中華書局，2012，第 144 頁。

[412]《日記》，同治九年五月十四日，《清代稿鈔本》第 12 冊，第 263 頁。

[413]《日記》，同治十二年二月二十日，《清代稿鈔本》第 14 冊，第 471 頁。

[414]《日記》，同治六年九月十八日，《清代稿鈔本》第 10 冊，第 337 頁。

[415]《日記》，同治六年九月十八日，《清代稿鈔本》第 10 冊，第 337 頁。

[416]《日記》，同治九年閏十月初四日，《清代稿鈔本》第 12 冊，第 541 頁。

[417]《日記》，同治十三年十一月初二日，《清代稿鈔本》第 16 冊，第 290 頁。

[418]《日記》，光緒元年六月十二日，《清代稿鈔本》第 17 冊，第 168 頁。

[419]《日記》，同治七年九月十一日，《清代稿鈔本》第 11 冊，第 155～156 頁。

[420]《日記》，同治九年閏十月廿三日，《清代稿鈔本》第 12 冊，第 570 頁。

[421]《日記》，同治十二年四月十九日，《清代稿鈔本》第 14 冊，第 537 頁。

[422]《日記》，光緒元年六月廿二日，《清代稿鈔本》第 17 冊，第 189 頁。

[423]《日記》，同治十一年正月初六日，《清代稿鈔本》第 13 冊，第 562 頁。

[424]《日記》，同治十一年正月初七日、初八日，《清代稿鈔本》第 13 冊，第 563、565、566 頁；二月十三日，《清代稿鈔本》第 14 冊，第 4 頁。

[425]《日記》，同治十一年三月十九日，《清代稿鈔本》第 14 冊，第 53 頁。

[426]《日記》，同治十一年六月廿四日，《清代稿鈔本》第 14 冊，第 165 頁。

[427]《日記》，同治十三年五月初一日，《清代稿鈔本》第 15 冊，第 486 頁。

[428]《日記》，同治十年十二月初五日，《清代稿鈔本》第 13 冊，第 516 頁。

第四章
州縣衙門的公務

一、州縣官與科舉考試

（一）縣試的舉辦

在清朝科舉考試中，縣試（州試）是童試的第一級考試，因而也是整個科舉考試的第一級考試。以往，研究清代州縣制度的學者對知縣在科舉考試中的職權不是很關注，這種情況近年有所改變。《中國科舉制度通史· 清代卷》對科舉考試每個環節都進行了系統的論述，以往不受注重的縣試也佔了該書相當多的篇幅，但所據資料主要是《大清會典事例》以及各朝實錄，來自州縣官的記述甚少。[1] 因此，所論述的基本是紙上的典章制度，對縣試的實際運作言之不詳。

縣試的試官是知縣或知州，杜鳳治日記中有其多次主持縣試以及主持羅定州州試的記錄。他通常會不厭其煩地詳細記下各次考試的題目，有時還說明出題旨趣，對各次出圖、頭圖的姓名都會按次序記下，有時還記下排列名次的考慮。此類細節，豐富了我們對科舉考試底層環節的認知。

杜鳳治不僅對主持考試極為重視，勉力完成這項公務，而且，作為乙榜出身的知縣，當官後他仍保持了較高的時文寫作能力。同治九年鄉試杜充任外簾官，他在闈中擬作的制藝和試帖詩受到上司、同僚的讚許。同治八年三月，杜鳳治主持四會綏江書院官課考試，為童生出的詩題是「河陽一縣花」（以「花」字押韻）。他對嚴文傑、區子璡等多人的詩一一修改，發下作為示範。[2] 知縣如果在學問方面沒有水平會被童生看不起。高要知縣王炳文（質卿）並非正途出身，有「沒字碑」的名聲，同治九年高要縣試，童生們聲言「我輩倘取案首，何屑與不識字人為門生」，「至初覆，童生嘩言王太爺正場取文不公，將大轎及一切舖設均行打爛，一哄散去」。道、府只好另外委派官員來主持縣試。[3]

下面以杜鳳治同治九年主持廣寧縣文武縣試為例，討論一下知縣在科舉考試中的權責。

在完成各項通告、資格審查等程序和派定「家人」管理縣試各種事務後，杜鳳治宣佈同治九年閏十月廿四日廣寧縣試頭場開考。

廿四日黎明，杜鳳治出至儀門外點名，典史張國恩早來協助處置考場外事務，點名後，杜鳳治就坐大堂出題，又懸牌宣佈「二十八日下午出圖，十一月初一日初覆，初二日考性理、《孝經》，諭一同出圖」。[4] 到「晚四更時共收卷八百四十三本（有三本無卷）」。[5] 杜又命禮房轉諭諸童生：「初二日《孝經》、性理論，係奉旨特設一場考試，所有童生務須親到趕考，如不到即將其名扣除，不送府、院試。」頭場試卷廿七日黃昏閱畢，廿八日未申間發榜出圖，共考童生 846 人，扣除「攜卷私出未繳」的幾人，共招覆童生 840 名。[6]840 名考生都要一一排列名次，但杜鳳治只需認真斟酌前列者的名次。

十一月初一日是每月例行祭祀的望日，又是冬至，所以要完成各項祭祀儀式後再舉行初覆考試，「文童到者四百四十四卷，又補考二十九名」，也是當場出題。考試的場面是：「一圖之五十名提進宅門內關試，二堂坐三十名（廿一名起五十名止）。關帝正殿兩旁坐十名（一名起十名止），外殿坐十名（十一名起二十名止），餘仍坐大堂外，故有內外場之分。此間槍手最多，大堂外雖封門，處處可通，知題紙下即早飛出內場，另出題使其與飛出之題不符也。」[7]

初二日考《孝經》、性理論，酉刻即放頭班，二更淨場。初四日閱卷畢，杜鳳治自定一、二圖名次，初五日出初覆案。[8]

初六日三覆，點名實到童生 249 卷，又補考 7 卷。初七日出二覆、《孝經》、性理論場案。初八日出三覆案。初覆案首譚淦，年僅 18 歲，素無能文名，眾童生都說是槍手代作。三覆關門面試，譚淦文章則大減色，筆路亦大不同，於是把譚挪置三圖；又出示懸牌，令諸童如見有槍手即時捆送，必為按辦。[9]

初九日四覆，到者 150 餘人，招而不到者 30 餘人，譚淦亦不到。規定酉刻繳卷，不准給燭，作全卷者為數不多，但也有晚上繼續作卷的。杜鳳治閱卷時發現三覆案首劉繼猷之文初看尚覺通順，復閱則滿篇疵瑕，竟是一篇極不通之文，斥之不錄。傳聞外間有一槍手李為霖，譚淦、劉繼猷文皆其手筆。十一日下午出四覆案圖。[10]

十二日五覆，到者百十餘人，十四日出案。十六日早上傳五覆第一、二、三、五名歐維新、莫子珍、薛賡颺、江清才面試。因莫、薛二人文「不相軒輊，難定優劣」。莫 41 歲、薛 36 歲、江 39 歲、歐 18 歲。杜考慮到「莫甚寒苦，思成全其功名。而薛為予前次所取十名，至今未入學，亦思成其功名」。因為大案案首按慣例院試會被錄取，但第二名往往不能入學，第三名入學機會也大。杜鳳治想到上年府試知府對歐維新甚為看重，歐即使在府試不得案首，也有很大機會入學，所以決定歐第二名。對莫、薛兩人「躊躇久之」，後想到莫年紀更大，又到神前拈鬮，亦得莫，於是就決定大案前三名順序為莫子珍、歐維新、薛賡颺。[11]

文童縣試結束後不久又開始武童縣試。

十一月十七日，杜鳳治到教場考武童正場，千總饒在田、典史張國恩監射馬箭、步箭。十八日看閱武童弓、刀、石、技勇，十九日發武試正場榜，考試完畢的 64 人全列名。二十日武試初覆，先閱步箭，次閱開弓。二十一日定武童初覆案。二十二日三覆武童，看閱步箭及大刀。二十三日發武試二覆榜，二十四日繼續看箭、石。二十六日發武試大案，錄 40 名，前三名是陳應韶、彭星銓、李廷光。[12]

在這一個多月時間內，杜鳳治最主要的公務就是主持文武縣試，日記逐日記載，其間他還要審理多宗案件和處理其他公務。同治十年、十一年、十三年，光緒二年、三年，杜鳳治在南海知縣任上主持的五次縣試在程序上也與廣寧的縣試大同小異，只是南海縣試童生的人數要多得多。

光緒二年，杜鳳治在羅定州任上也主持了一次州試。羅定是直隸州，下屬東安、西寧兩縣，但知州也有自己的轄境，所舉辦的州試仍是最基礎的考試，與縣試同。杜鳳治此時已得到回任南海的確信，但他仍主持文童州試後才動身赴省城。

與科舉考試其他環節不同，縣試基本是州縣官包辦，命題、閱卷、錄取（儘管多數願意參加府試的童生都可通過送考）、排列名次都由州縣官一個人主持、決定。文童一般進行六場考試，廣寧縣試前後六場加起來共有 1800 多份考卷。杜鳳治在十幾天內無論如何看不過來，於是安排四哥杜鳳筠（附貢生）、兒子杜子榕（童生）與教讀師爺諸青田代閱，事先為三人定好批閱符號及注意事項，自己只看部分考卷和出圖時決定排名。[13] 羅定州州試童生 1700 人，杜鳳治自然也看不過來，就請了教讀師爺趙步瀛和州學學正黃怡幫忙閱卷。但趙「一生訓蒙」，並無閱卷能力，黃則草率了事，杜鳳治認為「一寬一嚴，均不得其平，受屈與幸邀者必多矣」。[14] 南海縣赴考童生有三千六七百到四千二三百人，[15] 杜鳳治更看不過來，因為在省城，自不便再讓親屬閱卷，必須請有正途功名者。在光緒二年的縣試，杜就聘請了書啟教讀師爺徐蓋升（副貢）、左紹鑾（即用令）等六人閱卷。[16]

參加縣試的童生人數眾多，州縣官擁有的行政資源有限，經費大部分實際上也要州縣官承擔。杜鳳治儘管對這項政務十分重視，但要嚴格執行場規、杜絕弊端也不可能做到。在主持光緒二年的羅定州試時，杜鳳治自己親臨考場，「於中堂設座，整日危坐」，派出親信「家人」監督，但一千六七百名考生的考場還是照顧不過來，有考生擅自進出、攜卷出場，有考生挾帶《四書味根錄》、詩韻入場，甚至還有毀門攜卷外出請人代作，再偷偷回考場交卷者。[17] 南海、番禺縣試一起在省城貢院舉行。兩縣知縣到場出題後就離去，因首縣公務多，不可能一直在貢院監考，只能聘請一些同通、州縣班無缺的官員監場。兩縣考生加起來超過 7000 人（但每次招覆人數都會次第減少），只能不點名，封門也只是虛行故事，「槍手或入內或由外傳遞，聽其所為」，[18]「在貢院作文者不過數百名，餘皆在寓所作文，皆槍手操刀也」。[19]

光緒三年番禺著名的老槍手沈儷徐被取為案首，杜鳳治和番禺知縣袁祖安笑談:「與以案元，入學後，小考不能入場作槍手矣。」[20] 因案首基本能夠入學。

武童考試混亂的情況更嚴重。光緒三年，杜鳳治看武童射箭，發現有人重複射兩三次，原先懷疑是頂替，詢問兵房書吏才知道武童往往一人有兩三個甚至三四個名字，希冀用考試成績最優的名字入選。[21]

（二）對縣試排名的裁量

儘管縣試在漫長的科舉考試流程中是最底層的環節，但士子不過這一關，就不能參加後面的考試。縣試的排名對府試排名和院試錄取也有一定影響。縣試案首基本可以被學政錄取入學。知府在府試、學政在院試中肯定不會過於參照縣試排名（故縣試第二名在院試中常常不被錄取），但對縣試排名又不能完全不顧，學政如果把縣試排名很後的童生錄取入學，容易引起物議。因此，縣試名次在前者未必能入學，但名次太後就很難入學。而且，縣試名次影響童生及其家長的聲望，排名在前是光彩的事。童生即使通過縣試，知縣也可以找個理由不准其參加上一級考試。如廣寧武童程顯揚武藝不錯，各次出案也排名在前。杜鳳治在武試開考前諭令他必須交出「族匪」程定晚公、程亞飽，「如不將二匪交案定然扣除不送府、院試，功名大事，切勿自誤」，「否則即使程顯揚已入學亦必詳革之」。[22] 廣寧縣學額是文生員 9 名、武生員 9 名。[23] 新中的廣寧童生少數會撥入府學。如按文縣試頭場入場 846 人計算，廣寧文童得入縣、府學的機會是 1.5%～2%，而南海縣童生多，機會就更低。因此，對各個童生的命運、紳士家族的聲譽及文化權力的確立鞏固，州縣官可以通過州縣考起很大的作用。

排名、確定案首由州縣官一個人說了算，沒有任何監督制約。前文已寫同治九年廣寧縣縣試拈鬮決定案首事，同治十年南海縣縣試，杜鳳治對莫廷賡、梁增嘏二人誰當案首一時難定，「因作兩鬮，令太太隨意拈一，拆看乃莫字也，竟定莫作榜首矣」。[24] 光緒二年羅定州州試時，杜鳳治認為閱卷的趙步瀛、黃怡兩人「一笨一率」，恐怕遺漏了佳卷，於是「特將書院中平日常取前列者數卷尋來」，但也找不到好的，只好「短中取長」。[25]「特將書院中平日常取前列者數卷尋來」這個細節，說明州縣試並無彌封（即使有也不嚴格），而且州縣官可以公然尋找自己中意考生的試卷。從日記看不出杜鳳治尋卷有受賄、徇私的考慮，但足以說明州縣官在閱卷、排名環節可隨意作為。

名次排列，尤其是案首的確定，是州縣官收納賄賂的機會。出身富家的廣寧武童陳廷魁想通過杜鳳治的「家人」吳芳賄買案首，兩個姓楊的也想賄買，但最終沒敢開口。[26] 廣寧武童黃鑒州也曾託人暗求杜鳳治太太，「願獻千金得武案首」。[27] 州縣官如果決意讓某一童生入學，除了把此人定為案首外，還可以有其他辦法。

杜鳳治當然不會寫自己賣案首的事。他的第一個幕客顧學傳「常說作官錢是定可要的，案首定可賣的」。[28] 因為州縣官賣案首既不難操作，又不會有後果。日記記其他州縣官賣案首的事不少。杜鳳治調署四會未到任前，短暫署理的沈鉞就在武縣試賣一武案首得四五百金。[29] 在一般人心目中，買南海縣案首要二三千金。[30] 杜鳳治聽說張琮在順德知縣任上把案首賣給大族巨富張某，「售得六千數，元乎兩乎未確知也」。番禺知縣胡鑒告訴杜鳳治，張琮所定順德案首「竟是不通的，抑且滿篇別字，眾目共見，羣相詫異」。但張虧累兩萬多，只好千方百計求生發。[31] 杜鳳治在羅定時，生員黃煥炘告訴杜，前任知州饒世貞「一州兩縣文武六案首均為學院棚費無出概行貨買，本州案首聞說係二千元（門上得二百，大約官得千八百元），東、西兩縣案首每處一千四百元，武案首本州千元，東、西兩縣一處七百元，一處六百元」。[32]

州縣官對考生出圖的排名有更大的自由裁量權。如在羅定，杜鳳治就囑咐兩位代閱卷的人把年過八十的童生卷子挑出，不論其考得如何都排在一、二圖（即排名在 50 或 100 名內）。[33] 這是為照顧老童臉面，沒有利益的考慮，但說明州縣官可以完全撇開試卷水平來排名。日記記下很多縣試中徇私排名的情況。

例如，同治十三年南海縣試杜鳳治沒有考完就調署羅定知州了，臨行時開了個條子給繼任南海知縣張琮，要張在此後的覆試排名中關照潘葆銘、李家裕、黃勳元三人，關照潘是同情他「功名偃蹇」，希望張琮出大案把潘定為案首或第三名，以保證潘得以入學。李家裕是佛山局紳李應材之孫、山東道臺李宗岱之子，杜鳳治雖覺得「其文難保無假借」，但仍希望張琮予以第二名或第三名。黃勳元是都司黃添元的堂弟，前兩次縣試，黃添元已託人向杜鳳治說情，請求列在前十名，杜鳳治想到黃勳元「文理劣甚」，「安可列入十名以招物議」，最後只把他列入頭圖敷衍黃添元。三年以後，黃勳元的八股文「未見進境」，但黃添元請託更力，杜鳳治只好在頭場把黃勳元列為第十名，並向張琮交代：「黃都司添元我們祭祀朔望常常相見，時有交往，公事以和好為最要，與以後十名如八九十者以光其臉，亦不得不然之事也。」[34] 當年黃勳元終於得以入學。杜在日記中評論：「此人文理未順，亦得獲雋，真運氣佳也。」[35] 然而，杜鳳治本人也是使其入學的重要推手。

光緒二年的羅定州試，杜鳳治對局紳黃亨衢、王寓宸的子姪以及紳士陳殿鏞、黃煥炘的兒子在大案排名中都予以照顧。陳殿鏞、黃煥炘兩人的兒子文章低劣，但也都「置二十名內以榮之」。童生吳鵬家富，杜鳳治知道「其列第三名、第一名文皆代槍也」，但也沒有改變排名。陳殿鏞、黃煥炘懂醫術，經常為杜鳳治一家看病，杜就在出案排名時照顧兩人的兒子作為回報。出案後次日，杜鳳治還對來診病的陳殿鏞一一說明自己排名的考慮。[36] 可見，州縣官在縣試時即使徇私，從官府到民間都不會大驚小怪，州縣官本人也不怕說出來。

杜鳳治的好友、榜眼、在籍廣西道員許其光之幼子許福身 17 歲，光緒三年參加番禺縣縣試列 17 名，府試頭場又名列頭圖 15 名。府試出圖後，許其光老實對杜鳳治說：「赴試亦無非令其經歷經歷。此次府試，文係某人代作，不意蒙府尊取列高名」，「福身實未入門，斷不令其覆試」，但怕知府馮端本覺得自己不領情，所以託杜鳳治向馮端本解釋。[37] 許其光「令其經歷」的說法難以令人相信，在縣試、府試中，許其光不僅請了槍手，顯然也有所請託，如果真的只是要兒子經歷一下考試，考完後面各場也無妨。為何他改變主意？日記沒有更多記述。許其光是榜眼，目標較大，說不定許福身縣試的排名在外間已有議論。此外，許其光是廣西實缺道員，其時與廣西巡撫涂宗瀛關係極惡劣，他最終放棄，應該是體察情形權衡利弊後的決定。此事也說明縣試、府試環節槍替與徇情之風嚴重，即使基本不能寫完一篇八股文的人也有可能名列前茅甚至考取入學。

二、州縣官的審判權力

（一）審案時的種種考慮

審案是杜鳳治日記很重要的內容，數以百計詳略不等的案例，是研究清代法制史很有價值的史料。有學者研究了杜鳳治在羅定州審理的梁寬殺妻一案，比較刑部檔案與日記後，發現杜鳳治審訊此案後上報的看語、申詳同日記所載有不少出入，認為日記更有助於了解此案的真相。[38] 對杜鳳治所審各案件的真相，筆者沒有能力一一探討，本目着重討論杜鳳治審理案件時的種種考慮。

本來，古今中外的審判，都應以事實為依據，以法律為準繩。作為州縣官，杜鳳治所依據的法律是《大清律例》，審案時雖極少引述律例條文，但經常會把王法掛在嘴邊。然而，《大清律例》及官方頒佈的判例，不可能涵蓋審判實踐中遇到的各種複雜情況。而且，杜鳳治經常會不顧律例條文做出判決，後文寫到的非刑審訊、長期羈押和自行處決犯人的案例，可說嚴重違法，但杜鳳治等州縣官都經常這樣做。律例、會典規定的司法權責，州縣官很難嚴格遵守，他們主觀上也無意嚴格遵守。

杜鳳治審案也很努力去弄清案情。他會仔細地查勘現場及證據；聆聽疑犯、事主、證人和其他涉案人的供詞、證詞，依據常識和自己的經驗做分析，尋找涉案者言辭的破綻；還通過吏役、「家人」、紳耆、地保等人正面或側面了解案件的細節和真相，核對已掌握的案情，把口供、物證、旁證等進行比較再做出判斷。作為州縣官，杜鳳治在審案時態度至少可說認真。然而，限於當時的刑偵技術，即使杜鳳治盡了力，很多案情仍是無法搞清楚的。而所有涉案的當事人都有可能隱瞞、歪曲、誇大、捏造事實，各種記錄、稟報、證詞，甚至上報的司法文書，也可能因漫不經心[39]或有意作假而失實。杜鳳治本人即使有枉法受賄的事，日記也不會記錄，但日記仍記下衙署裏有人舞弊生財，如提到幕客顧學傳與「家人」陳芳聯手賣批的事。[40]杜鳳治一到廣東就聽說，由於州縣虧累，不少州縣官要靠「開桌面」（在訴訟中牟利）才可以應付開銷。[41]在清朝的政治、司法、財政制度下，州縣官也很難不利用司法權力來為自己牟利以及維持衙門的運作。再者，由於語言不通，杜鳳治與多數涉案者都不能直接對話，必須經過吏役、紳士翻譯。種種原因使杜鳳治難以獲得事實真相，而他本人也經常有動機不按事實來審理、處置案件。

如果細讀日記所記數以百計的案件，我們不難發現，杜鳳治審案時除要考慮是否符合《大清律例》以及真實的案情外，還有很多其他考慮，有時這些考慮還會置於《大清律例》和真實案情之上。

杜鳳治當然首先考慮自己的利益，如審判結果是否會使自己被參劾，是否會讓上司有看法，是否會損害自己與同僚的關係，是否影響自己在紳民中的聲名，是否會造成麻煩及額外支出，等等。這些，都會同遵守法律、依據事實等原則通盤比較、斟酌，最終找出一個對自己最有利的方案。如果違反律例、違反事實的判決對自己更有利，又不至於被上司追究，杜鳳治就不會拘泥於律例與案情。

杜鳳治在聽訟時很注意維持官場的潛規則。知縣齊同浩同杜鳳治關係惡劣，齊同浩兒子與僕婦有姦情，後又有糾紛，鬧到僕婦自殺。但杜鳳治審理此案時沒有落井下石，接案後就表示只要齊同浩擺平苦主，自己絕對不會苛求。[42]為避免「訟棍」日後教唆苦主找齊同浩的麻煩，杜鳳治還抽換了對其不利的齊家「家人」的稟詞，並改動了證人的口供。[43]杜鳳治遵循官官相護的規則枉法維護齊同浩，既減少了麻煩，也有助於提高自己在官場上的聲譽。

簡訟是杜鳳治行使司法權力的一個重要原則。按清朝的法律制度，在州縣，只有正印官可以理訟，雖然實際上會委派委員、諭令或默許佐雜聽訟，但如果紳民健訟，案子就肯定審不過來。所以州縣官就必須教化紳民不要輕易興訟，涉訟後要儘快遵斷不得纏訟。杜鳳治對能說會道的當事人，不管是否有理都會很反感，有時還特地讓其吃點苦頭，除了為迫使其具結了案外，也是為警誡其他紳民不可健訟。如果碰到很堅持訴訟主張的涉案人，杜鳳治就會認定背後有「訟棍」教唆，甚至會暫時不理案件本身，先命其供出「訟棍」。在所任州縣，杜鳳治經常嚴查「訟棍」予以懲處，在南海知縣任上還按照督撫的意旨把有知府頭銜的大「訟棍」潘崢嶸關押致死。對涉案人的親屬、家族成員「扛訟」（參與和支持訴訟），杜鳳治也持嚴苛態度，動輒予以懲處。

杜鳳治強調簡訟，未嘗沒有體恤紳民的考慮。日記經常提及「訟累」，紳民只要惹上官司，不管是罪案嫌疑人，還是嫌疑人的直系親屬、關係人（如疏遠同族、同村、鄰居），甚至無辜者，或錢債田土等案的當事人、關係人，都會被羈押。被羈押的涉案人和無辜者，不僅費時失業，羈押期間飯食得自行料理，還要受差役、管監「家人」的勒索。即使是錢債田土等糾紛，各種訴訟費用也都由當事人承擔。例如，羅定陳、黎兩姓爭祠堂基址，黎姓強烈要求知州杜鳳治前來勘驗。這次知州本人與書吏、差役沒有要錢，但僅僅打點轎伕、執事人、門號房，黎姓也花費了十餘千文錢，而此案判決結果只是陳姓補償黎姓地價兩千文錢而已。[44] 其他案件涉案人付出的要更多。日記記載了多宗無辜涉訟者家破人亡的事，杜鳳治曾慨歎：「衙門官司不可沾着，一沾即可破家。」[45] 所以他要求紳民儘量不要興訟、纏訟。

大事化小是杜鳳治理訟時常見的做法。無知百姓不知王法，往往無意中陷入重罪，如果盡法懲治，甚至會判斬、絞。杜鳳治不忍心也不可能都如此判決。而且上詳的每宗大案重案，都意味着州縣官的銀錢負擔。把大事化小，既遷就現實，也符合自己利益。例如，民間訴訟為抵制對方，常捏造對方搶劫、擄掠、姦拐、傷殺、挖墳毀骸等情節，如都按律例反坐就判不勝判，杜鳳治在多數案件中都只是把反坐作為迫使誣控者具結的手段，基本沒有真正實行過。有些今人看來很嚴重的案件，杜鳳治也會大事化小。如光緒元年，羅定州陳鍾英六歲姪兒學大人叫一寡婦為淫婦，被寡婦以扁擔追打時落井淹死。族老調和令寡婦夫兄陳明基等罰錢 20 千文埋葬小兒了事，但陳明基等沒交錢，陳鍾英等就牽走陳明基的牛，陳明基等以對方搶牛告到州衙。

杜鳳治了解原委後，只就誣控「搶牛」一事諭飭紳士調解，卻沒有提及小孩被打落井而死的情節。[46] 致死小孩本是人命案，但此小孩看來並無父母，既然族老已調和，杜鳳治就不再深究了。

杜鳳治對某些類型案件的審理有他個人的特點。例如，對多數姦案，杜鳳治都說沒有確據，對姦情的指控不予採信。在當時檢驗條件下，絕大多數姦案都不易找到確證，要辦成鐵案很難，杜鳳治排除姦案，也許是出於避免日後麻煩的考慮，同時認為否定姦案對受害人及其家族更有利。杜鳳治對以姦案提起訴訟又並非受害人者通常會鄙視，對姦案嫌疑人則以其他罪名予以重懲，而故意忽略姦案情節。對被牽連入各種案件的節婦、孝子，杜鳳治尊重並體恤，對訴訟中孤寡貧弱的受害人，杜鳳治也會同情，有時還自掏腰包予以幫助。杜鳳治聽訟難免會偏向富人與士紳，但又要求紳富不要做得太絕，當涉訟兩造一貧一富時，杜鳳治往往實行「富者少與體面，貧者少令便宜」的辦法以求兩造接受調解以息訟。[47] 杜鳳治作為士大夫、州縣官，對嚴重作奸犯科的人疾惡如仇，對一些情節惡劣民憤很大的案件，甚至會超出法律予以嚴懲，不怕擔責。同治十二年，在佛山抓獲搶擄女孩的罪犯，幕客按律例擬定為絞監候，杜鳳治主張定為搶劫罪，因為按搶劫罪才可以「就地正法」。但案情畢竟不是搶劫，幕客不肯擔責。杜鳳治就親自修改案犯口供，並爭取到知府的同意，兩人一起特地見督撫面稟，杜鳳治自己又稟報按察使請求批准。[48] 由於州縣官在聽訟時實際上有很大的自由裁量權，杜鳳治的個人性格對其行使司法權力有很大影響。

（二）刑訊與羈押的權力

清朝司法特別重視口供和具結。在命、盜等案件中，疑犯認供等於自判死刑，獲取口供的主要辦法就是不斷刑訊逼供，各種案件具結的獲得，也基本上要靠訓飭、威脅、勸誘甚至拘押、動刑等手段。清朝對罪犯的懲罰有五刑，即笞、杖、徒、流、死，前兩者是肉刑。州縣官審案，刑訊逼供是常有之事，羈押、處罰罪犯也使用刑具。但清朝法律對刑具有規定，只允許使用一定重量的荊條、竹板、枷、鐐，此外的刑具屬於非刑，如果刑傷疑犯，官員要承擔法律責任。州縣官可以對民事案件以及笞杖、枷號輕罪罪犯做判決，徒、流以上，州縣官不可以判決，也不可以判決案犯監禁。然而，從杜鳳治日記看，這些法律和規例都是具文，州縣官實際上在刑訊、羈押方面有很大權力，甚至可以任意而為。

出了命、盜案，到一定期限破不了，州縣官要承擔很大責任，甚至官位不保。廣東的《緝捕提綱》還明確規定「凡承緝不力之案只參知縣」。[49] 一旦捉獲疑犯，從州縣官到書吏、衙役，都希望疑犯儘快認供結案以避免處分，嚴刑就是實現這個目標的主要手段。杜鳳治審訊命、盜案疑犯，基本上是「嚴刑訊供」「嚴刑熬審」，疑犯有時還「刑傷甚重」。光緒三年，杜鳳治聘請的南海縣審案「小委員」祝華封審訊三名盜犯，「用刑過重，吊跪時久，已出大汗，猶不肯放，迨看似不妥，急放下已氣絕矣，究之三名無一認供」。三名身強力壯的盜犯同日因酷刑致死而沒有供詞，有可能帶來麻煩。杜鳳治與讞局委員、族姪杜承洙（菊人）商量後，「改判作為認供因病身亡」。[50] 即使審訊案情較輕的疑犯，也會用重刑。同治十一年，杜鳳治秉承總督命令拘押了據說有知府職銜的著名「訟棍」潘崢嶸，關了一年多，不停審訊，「罰跪，加重吊其手」，後來又吊板凳，審訊到更餘。但潘就是不承認是「訟棍」，終於受不了如此苦楚瘐死獄中。[51] 潘崢嶸是紳士，交遊頗廣，「訟棍」也算不了特別重的罪，但杜鳳治在上司支持下也以非刑審訊。

不僅對疑犯，有時對證人、無辜涉案者也實施嚴刑。同治十三年三月，省城發生一宗懷疑下毒殺人案，杜鳳治所請的審案委員為取得供詞，對談論過此案的十三四歲小使嚴刑拷打致傷。新聞紙報道了此事，總督和按察使都過問，杜鳳治不得不對受刑小孩予以治療、撫慰，但仍庇護兩個委員。[52]《大清律例》本規定 70 歲以上、15 歲以下不可拷訊，官員違反者要按失入人罪懲處。[53] 這次被拷訊的小孩並非疑犯，只是可能知情的人，拷打之事又發生在督、撫、藩、臬眼皮底下，但杜鳳治仍認為沒什麼大不了，毫無顧忌地為審案官員辯護，還理直氣壯地寫入日記，杜鳳治本人和這兩個官員也未因此事受到任何處分。於此可見州縣衙門法外刑訊的普遍性。

日記記載其他州縣實施法外酷刑的例子甚多。如清遠縣監犯連斃 17 人，因為卸任清遠知縣宋錫庚（西堂）同按察使關係不好，後任又不為他隱瞞，所以被查。死亡者「據禁卒供均由剜目、炙背、剔筋、碎髁而死」。但這名酷吏並未受到懲罰，上司還曾打算讓他署理首縣番禺縣。[54]

清朝法制規定的五刑中，徒、流兩刑是剝奪自由。但清朝的徒刑，在《大清律例》中寫得很含糊，徒刑最多只有三年。[55] 日記裏提到，廣東向來不辦流、徒，因辦流、徒州縣官要多費銀錢，多改為礅禁，致使「羈館皆盈，枷亦無此多枷，礅亦不勝其礅」。[56] 按法律，州縣官無判處罪犯徒、流之權，對疑犯和民事、刑事訴訟涉案人更無長時間羈押的權力。但從杜鳳治日記可知，實際上不少人因嫌疑、輕罪甚至無辜涉案被長期羈押。如在四會知縣任上，杜鳳治釋放了因咸豐八年案件「扛訟」被押十餘年的蘇亞華。[57] 在羅定州任上，他釋放了為搶案牽涉、證據明顯不足且未認供、從 17 歲押至 31 歲的陳華新，[58] 又釋放了已關押 7 年、未認供之搶牛疑犯雷五穀以及關押了 10 多年的盧觀鄰、盧亞辛。日記說明：「二盧係盧亞全命案內人證，久押拖累，實為冤枉，幸十年尚未瘐斃。」[59] 羅定州的林鳳鳴為搶案牽連，局紳、鄉紳均查明其與案無關，仍被押了 14 年，經歷數任知州，在杜鳳治任上才被釋放。[60]

上述這些人都是杜鳳治前若干任州縣官所羈押。清朝州縣官一任平均只有一兩年，杜鳳治自己下令羈押的人，他離任時往往也未釋放，被押者究竟會關多久，州縣官們並不在意。

州縣官決定羈押一個人是相當隨便的，但因為案情未搞清，或「攻保各異」，被羈押者通常都不會輕易釋放。同治七年，四會紳士嚴鳳山要求保釋被武營誤拿、已押兩年之伍亞發，但城守李輝稱伍為著名「爛仔」，杜鳳治就沒有答應嚴鳳山。[61]「謀搶未成，搶人衣服一次」的疑犯劉亞南，解上省在南海縣監禁了十七八年，又發回四會。日記只提及再審，很可能杜鳳治調離後劉亞南仍在關押中。[62]

羈押是州縣官迫使涉案者服從判決或屈從官員意志的有效辦法。同治九年到十一年，已被抄家的前浙江鹽運使（未赴任）潘仕成與其姪潘銘勳為出售家族產業涉訟，潘銘勳出售給英國人的產業包括潘氏家族早就典給美國人的一片土地。因為案情複雜、審理不易，杜鳳治就命把潘銘勳父子及潘仕成愛子潘瑞榴（潘仕成因年老病重無法羈押）扣押在南海縣丞衙門，待到潘銘勳、潘仕成雙方分別出銀把地契從美國商人手中贖回才允許保釋。[63]

杜鳳治諭令羈押的人，既有疑犯，也有書吏、衙役、士紳、欠糧者、殷丁，甚至還有只是冒犯了他或他看不順眼的人。同治六年，姦拐案的事主鄧傳能被羈押在差館，「拷打狼藉」，但杜鳳治下鄉催糧一個月就把他忘記了。回來後記起鄧傳能請求釋放的呈詞「言語不順」，於是追查出代寫呈詞的「訟棍」江潤頤，就把江拘押審訊。杜鳳治對他說：「鼎鐺亦有耳，汝豈不知本縣事忙在鄉一月？交差小事，偶爾不憶，汝敢出言？」[64] 杜鳳治明白無誤地表示，羈押、拷打並無過錯的受害人並忘記釋放沒什麼大不了，反倒是質疑知縣權威的人要受到懲處。次年，他在四會任上審理梁柏香控葉有庸爭屋案，梁柏香沒有到案，傳到堂後梁稱葉一方實際當事人葉有庸的兒子沒有到案，所以不來。杜鳳治聽後大怒，認為怎樣審案由官決定，梁的辯解是「目無官長」，於是偏偏不審，先把梁柏香收押。[65] 因為審訊案件必須傳齊所有涉案人，州縣官為審案的便利就把不論何種原因涉案的人都關起來，以便能上堂應訟。此案只是一宗普通民事官司，實際上的被告不到案，原告梁柏香因而也不到案。杜鳳治因兩造均不到而生氣，於是不管梁柏香是原告且是紳士，也要把他拘傳到案並收押，又把被告年老的父親葉有庸羈押。同治十三年，杜鳳治在羅定審一宗田土、欠租糾紛案，其中一方的當事人李廣明避匿不到案，而讓自稱已有八十高齡且耳聾的老父李逢皋出頭。杜鳳治大為生氣：「廣明不出，而以將死之老朽出頭質訊，計亦狡矣！伊以為李逢皋老憊至此，官必不能責之押之，豈知責固不可，押則何妨？將李逢皋收押土地祠，即或老病將死，亦聽其死在押所。」[66] 同年，杜鳳治正打算釋放久交差館羈押的歐朝典、陳仕朝，恰好有人要保釋，杜突然生氣，認為陳以財賄脫，明知其冤枉，也要多押兩月再放，以示恩威皆出自官。[67]

無辜誤被羈押者並非個別現象，有時還包括高齡老人。在南海縣一宗叔侄互控案中，姪兒不到案，就把他 70 歲的管門僕人林順羈押。此案不是杜鳳治經手，杜鳳治也認為林順與該案無關，卻又認為羈押他沒有錯，並評論說：「無論南海，即在外縣，既押後往往忘之，此人無出期矣。以一人觀之，乃知如此者殆不少也。」[68]

州縣羈押處所有多種。大抵監倉用於羈押已定罪的犯人，羈所既羈押疑犯也羈押其他涉案人，值日館（或班房、號房）是在衙役住宿或待命休息之處（或附近）設立之羈押所，土地祠是借用來羈押的廟宇，省悟軒是專門羈押紳士或有一定地位者的處所。羈所往往羈押多人，條件較監倉更差，號房則稍好。涉嫌欠債自稱職員、監生的周會漢，因審訊時強辯，杜命「掌嘴二十收祠勒追」，周被羈押後通過刑房書吏表示願意遵斷，「懇提出土祠交號房看守」，杜認為：「本來伊不能算有功名人，況此等功名何異白丁，押祠何妨？既云遵斷，姑准交號房。」[69] 杜鳳治有時會把文武生員「發學」，即交給學官羈留。

王法雖有提供獄囚飲食的條文，但官府的財政卻不保證這項開支，往往得由州縣官自行籌措。如南海縣「羈所三處押犯五六百名，逐日口糧由縣給付，無款可籌，均係捐廉發給」，此前靠充公賭館等費用支付，後此款被鍾謙鈞署理按察使時收去，杜鳳治只得另想辦法。[70] 由於監獄、羈所經費缺乏來源，州縣官也不願籌錢改善，因此監羈條件極為惡劣，如果被羈押者無力納賄、無人送飯，還要受刑，羈押一段時間就會死亡。日記記載了很多這樣的例子，杜鳳治有時也會表示同情。如同治八年四會被保釋的袁亞錦、麥亞二出監羈後很快死去。杜鳳治也明白死因是監禁條件惡劣：「撲不甚重，枷亦不至死，大約無食之故⋯⋯二犯罪固非輕，唯不至死，心頗憫之，恐有覺察不到之處。為官作孽，此等即是。二犯本擬枷十餘日，不必滿月釋之，安料其一枷即死耶？」[71]

杜鳳治認為自己對獄囚算是比較有仁者之心的了。番禺差館「如黑暗地獄」，南海羈所雖較番禺好，也是「羈人如此多，晚間地下睡宿，欲求一尺寬六尺長之地而不可得」，但杜鳳治認為受活罪的都是不願做好人的賤骨頭。[72] 所以，他對獄囚的同情也有限，只是瘐死者集中出現時才稍做補救。同治十一年正月初天氣寒冷，南海監羈「共瘐斃十二人」，杜鳳治「查其棉襖破，添百餘件與穿，又每日放粥一餐，必不致飢餓死」。日記說死亡的多是到讞局受審者，讞局本身沒有羈所，犯人都在兩縣關押。「讞局受刑既重，往往半夜後回，即冷飯亦無有，受刑且餓，得不死乎？」[73] 杜鳳治明知讞局刑訊是被押者瘐死的主要原因，而且特地寫了自己對獄囚的救濟，但寒冬時節每日一粥也只能使被押者苟延殘喘而已。有一日寒冬天氣，杜鳳治看到廣寧縣衙門外「一犯臥石條上呻吟聲喚」，查問知道是搶劫疑犯高華帶，因病要地保暫時保出，但「家中無人，醫藥無資，故臥於此」。杜表示：「如不可醫，聽其自死可也。」[74] 獄囚的困苦狀況是清朝監獄制度造成的，杜鳳治本人不可能改變。

羈押任何人都有可能為官員、吏役、幕客等人帶來利益。在押期間疑犯為得到較良好的待遇，只要略有能力就會行賄，一押一放之間更是創造了大量納賄機會，即使明知蒙冤收押，並冤押多時，釋放時也要擔保。為迫使被押者行賄，看守者通常會使用各種逼迫手段。同治六年，廣寧紳士副貢周友元等到省城上控，被羈押在南海縣羈所，「押首縣羈所，乃是有名費錢之地」，「在羈所身上帶練粗於栲栳，種種苦情」。[75] 紳士被羈押尚且如此，一般人就更可想而知了。

（三）死刑的判決與執行

剝奪人生命的權力，即判處死刑的權力，應該是審判程序中最重要的權力。清朝對死刑的審判、執行有嚴格而詳細的法例和規定。在執行正常程序的死刑案件中，勘查、緝捕、初審等環節都在州縣進行。對有可能判處死刑的案件，查清案情後，州縣官出具看語（州縣、府一級的審判文書），敘述案情並根據《大清律例》提出案犯屬於何種罪名、應判何種死刑（凌遲、絞或斬，立決或監候），並詳報府、按察司、督撫，將案犯上解府。如果此後各審判層級複審後結論與州縣的看語一致，過程大致是：府將案犯上解省，按察使親自複審後上報督撫，督撫正式做出死刑判決向皇帝具題。案件又經刑部審核，再經刑部、都察院、大理寺三法司會審後具題，最後由皇帝「批紅」決定「立決」還是「監候」，「立決」的案犯由刑部下發釘封文書命令執行。[76] 死刑案由皇帝最終判決，雖只是一種儀式，但顯示只有皇帝才有最終的生殺大權。

作為審判的第一個層級，州縣官並無判處死刑的權力，不過，證據、案情、罪名基本是在州縣定下的。在戰亂時期，州縣官還可以便宜行事。如民國《香山縣鄉土志》記載，咸豐五年四月，香山知縣擒獲洪兵首領吳萬剛、鍾成後立即處決，「賊黨四百餘枷斃之」。[77] 承平時期的州縣官當然不可如此。但清朝在太平天國被鎮壓以後，仍長期把強盜案件（一度也包括賣「豬仔」的人犯）的死刑審判權下放給督撫，實行「就地正法」。[78] 光緒元年，御史鄧慶麟奏請將死刑終審權收回朝廷，但廣東巡撫張兆棟復奏，同意停止對誘拐出洋匪犯「就地正法」，但對盜犯「請仍照就地正法章程辦理」。[79] 一直到清朝滅亡，廣東對盜、「逆」等犯人都實行「就地正法」，基本上是先斬後奏，督撫有時還會把殺人權進一步下放。在按照「就地正法」的辦法處置犯人時，州縣官的司法權力要比正常程序大很多。

「就地正法」的程序大致是州縣審訊後上詳報府或直隸州，再上報按察使，巡撫批准後，在省城的犯人就由兩首縣知縣到撫署請大令押赴刑場處斬，外州府則由按察使發下釘封文書在當地處斬。犯人如果在府、直隸州翻供，就發回州縣再審，這就意味着又一輪嚴刑逼供。同治十三年，羅定州屬下西寧縣上送的殺人犯程亞存等翻供，杜鳳治仍命西寧知縣陳杞（采珊）在州城再審，使用「責孤拐」（敲腳踝）、吊板凳、吊跪等刑。杜之刑名師爺但鴻恩以案情未確，不肯照縣詳把五犯都作為盜劫案辦立決，建議改為謀殺案，按正常程序辦理，免致五人不分情節輕重都被處死。但杜鳳治認為，「若辦謀殺，必須招解，必然翻供，必日久不能了結」，堅持作為「明火搶殺」案辦理。[80]

從杜鳳治的日記看，按「就地正法」程序處決的犯人比按正常程序處決的多得多。同治十一年，全廣東上報辦理秋審的名單有 35 人，同治十二年才 13 人。[81] 但每年南海、番禺知縣在廣州監斬「就地正法」者數以千計（包括外地解送來者），劊子手殺人有時一次就有四五層，共三四十名。[82] 同治七年十月，杜鳳治從四會解送搶犯陳灶妹等四人上府，不久四人病死一人，其餘三人便在肇慶府城斬首。[83] 同治十三年，杜鳳治在羅定知州任上收到按察使下發的釘封文書，「西寧從逆搶殺人犯張發鞍三、羅亞有二名，前任稟請就地正法者」，「茲奉撫憲批准剳飭擇不停刑日期就地正法」，杜鳳治即升堂提犯驗明正身，委派吏目與城守監斬。[84]

因為每有一名解臬轅的「正常」死刑案犯，州縣就要交 20 兩作為秋審費（其他費用還未計算），按察使還得為秋審賠幾百兩。[85] 因此，從省級官員到州縣官，都更願意按「就地正法」章程處置罪犯，因更省錢省事。

在清鄉期間，處決的程序比一般「就地正法」更為簡捷。光緒三年，南海縣舉行清鄉期間規定，捉獲的人犯由主持清鄉的彭、夏兩位知府訊明，會同清鄉武官稟請核辦，即時批准，發到行營立可就地正法，不必再到撫署請大令。[86] 還有比這更簡捷的，同治九年，杜鳳治作為委員在潮陽催徵，知縣朱尹伯帶領兵船到柳崗等地勒令交「匪」，當地紳耆被迫交出參與械鬥、不安本分的「爛匪」十餘人，只經過簡單的審訊，便在當地將他們斬首。[87] 同治十一年南海縣清鄉，僅二月下旬，就殺了 38 人。[88] 杜鳳治作為南海知縣，雖非清鄉主持者，但拘捕、處理案犯都參與意見。康有為的祖父康贊修對負責清鄉的副將戴朝佐不滿，認為他「辦得太寬」。康贊修曾通過杜鳳治指證一個叫方亞芬的人是盜匪，不久，方就被斬決。[89]

光緒三年，省城西關有一個「搶奪多案」的花子會，很可能是個乞丐的祕密會社，從廣州知府的告示看，「花子會」的「罪行」無非「每遇民間婚喪，勒索訛詐不堪，黨羽眾多，兇暴昭著」。[90] 杜鳳治其時任南海知縣，雖知道他們罪不至死，但因西關有很多手工業工人，「動輒恃眾滋事」，要殺一儆百，便向知府、按察使稟請處決「花子會」為首者兩人，斬決後本不必梟示，但杜鳳治仍命將兩人首級示眾。[91]

在上面的事例中，州縣官並非判決者，只是在死刑案件中起間接作用。但日記還記載了多宗州縣官不經正式程序直接下令處死犯人的案件。

同治七年，經杜鳳治審訊，周年、周德不認供，杜認定兩人「劣跡鑿鑿可據，毫無疑義，既不承認，本擬用立籠站死，茲候另辦」。[92] 站籠是一種刑具，可以把犯人裝在裏面示眾，如站籠放在日曬雨淋之處，斷絕飲食，犯人被卡住脖子，會在兩三天內受盡痛苦死亡。杜鳳治就曾下令把搶劫殺人犯江亞華用站籠站死。[93]

同治九年閏十月，杜鳳治再任廣寧知縣後不久，就下諭兵房及行杖皂班添置站籠三個，加舊存共六個，又「釘人架子」兩個。[94] 幾天以後「釘人架子」就派上了用場。杜鳳治親自督率差、勇、團練圍捕盜匪黎亞林等人，因黎亞林等拒捕以洋槍打死幫役梁盛，杜鳳治在抓獲黎亞林等人後，便命「黎亞林、黎亞晚、程亞保、程亞養俱不必細問，各重責藤條百下，四犯分四架用釘釘定，舁至墟場碼頭示眾」，兩日後四人先後斷氣。杜鳳治命令示眾五日，過了十三日墟期方准殮埋。[95] 據杜鳳治在日記所畫，「釘人架子」是一「工」字形木架加上「X」狀交叉木條。用「釘人架子」釘死犯人是歷代典籍無載的酷刑。

不久以後，廣寧縣容村公局又捕獲犯「搶案多多」的首匪容美慶。容美慶拒捕受了頗重的槍傷，杜鳳治為避免其傷重死亡，逃脫死刑，就命把垂死的容美慶枷釘南門外示眾。[96]

盜竊犯周亞有越獄被捉，杜鳳治因對其越獄生氣，下條子令手下準備站籠，把周亞有和不肯供認的幾名搶劫疑犯一同站死。親信「家人」嚴澄提醒：「周亞有所犯案是偷竊，情節不重，罪不至死，還請斟酌。」杜在氣頭上最初認為「此犯斷不可留，雖為竊犯，兇惡過於搶劫」，但轉念一想，嚴澄所說有道理，於是「且將條收回暫緩辦理」。[97]

杜鳳治再任廣寧後幾個月間，先後釘死五人，還準備以站籠站死四人。杜出此狠手，大概因為上一任知縣曾灼光庸懦無能，他希望以嚴刑峻法震懾盜匪。他到任不久就下令添制站籠、釘人架子，說明實施這樣的酷刑雖不符合王法，但已成為慣例，杜鳳治並不擔心自己這樣做會受到上司的追究和處分。幾年以後，他還不無自豪地憶述：「於石狗地方活釘四人，搶案立止，河道暢通，夜亦可行。時李星衢中丞移節西省，道出端江，晤方子嚴現察，一見即言杜某大有才能，一路頌聲洋溢，惜不早知之。」[98]

在署理羅定知州時，杜鳳治也有令犯人站死的記錄。光緒元年，他按照戴姓族紳的意願，把用刀「傷母致死」的犯人戴大全「捆綁打入立籠，釘緘堅固，舁出頭門示眾」，戴大全次日氣絕身死。[99] 從日記所記看，戴大全

「傷母」的情節很可疑，即使他確實忤逆，對 78 歲老母毆打則可能，動刀子就太背離常理。其母是多日後病故，因傷致死只是族紳的一面之詞。[100] 然而，貧窮無業的戴大全平日與戴姓紳耆頗多衝突，其兄又是參與會黨起事的外逃者，不能排除戴姓族紳想藉知州之手除去戴大全這個惹是生非的族人。在處置戴大全之前，杜鳳治要戴的舅父容亞一和其他親屬出具戴大全窮兇極惡、要求知州從嚴懲辦的具結，以便作為非刑處死戴大全的依據。[101]

在羅定知州任上，杜鳳治屬下東安知縣劉彬把咸豐年間殺斃六命的犯人李德明「訊明將其活釘」。日記說，案發時雖有事主控告，「未詣檢驗，其案不辦」，到光緒元年事主攔輿喊控才把李德明拿獲。[102] 日記記此案只有寥寥數語，但案件發生在一二十年前，並非劉彬經手審理，憑事主控告就把李德明釘死，按照清朝法律，甚至按照「就地正法」的章程，這樣做也是草菅人命。

光緒三年再任南海知縣時，杜鳳治打算以站籠處死強姦幼女的罪犯張亞志，為此他同按察使周恆祺有一番對話：

> 予向臬臺言張亞志已六十四矣，如照例詳辦，歸入秋審亦需兩年，或逢部駁則又一年。犯如許年歲，設獄中病斃，豈不幸逃顯戮？故不如外辦，案情、供詞已確鑿無疑，將犯枷立木籠，抬至犯事地方示眾。廣東人心浮，聞有站籠之犯，定傾城往觀，必然無人不知，互相論議，足以示誡，用法莫妙於此。臬臺謂天下刑之重未有重於立籠者也。求死不得，強壯少年必需三四日，年老怯弱者亦需一日，其受苦殆難言語形容，倒不如一刀之痛快決絕。此案外辦甚是，該犯亦應令其受苦而死，唯不可令其站死，於心難忍。死法甚多，用重枷枷死亦無不可。予甚以臬臺所說為然。[103]

杜鳳治的話反映了州縣官實施「外辦」處死犯人的一般想法，按察使的話反映了高層官員對「外辦」默許的態度，上下級都認為用酷刑處決某些犯人可以起到廣泛的震懾作用。上文以站籠站死江亞華一案，杜鳳治是同幕客反覆討論後決定不上報而「外辦」的。以「釘人架子」釘死黎亞林等人後，參與圍捕的武官江志託人轉詢「石狗（地名）釘辦黎亞林等一案曾否通詳」，杜鳳治回答說：「以道憲深念團練、保甲事，囑予沿河親往勸辦，故自初五出門，十四日歸，其中一切情形夾單稟之……現已安靜，故發通稟，非石狗一事也。」[104] 杜沒有正面回答江志提出的問題，但杜鳳治對上司的默許是毫不懷疑的。

廣東其他州縣官「外辦」非刑處死犯人的也不少。例如，惠來知縣陳元頊「自言辦土匪甚認真，就地正法及拿到即殺者共有二十餘名」。[105] 杜鳳治再任廣寧的前一任曾灼光，也曾把疑犯釘死兩名、枷死兩名。[106] 遂溪知縣白樸因枷犯乘風雨夜逃逸，「釘犯一名斃」；幾天後「捉獲枷犯一名，當即釘示」。[107] 四會知縣烏廷梧因疑犯林建、李志越獄，「嗣將林建拿到，一頓亂棒打死，李志亦將於監中餓死，報病死了案」。[108] 清遠知縣鄭曉如抓回逃走羈犯，不待其認供，「立將立籠站死數名」。[109] 徐賡陛任陸豐知縣時甚至活埋一人。[110]

以站籠、釘人、活埋等非刑處決犯人的事，在清朝各種官方記載、檔案以及州縣官、幕客的私人公開著述中都不易找到。[111] 杜鳳治的日記留下了罕見而真實的記錄。

三、杜鳳治審案案例

（一）命案

中國歷史上各個朝代都標榜人命為重，作為第一級承審官員，州縣官的看語對命案疑犯的命運至關重要。杜鳳治宦粵十幾年處置的命案不少，本目主要寫杜鳳治審理過的幾個複雜離奇的命案。

1. 羅亞水殺死三人案

廣寧人羅亞水於同治四年五月殺死羅天祐、羅天中、羅紹勳三人，廣寧知縣王炘前往驗屍時，羅天祐妻范氏、羅紹勳妻潘氏及羅天祐四子亞概即亞啟等均具結打手掌模攔驗，情甘領屍回葬。結內聲稱羅亞水殺死三命後即行逃走，族眾追拿，趕至高要羚羊峽口，羅亞水畏罪跳河身死，兇犯既然死亡，情甘罷訟。到杜鳳治任廣寧知縣後，同治六年六月，羅紹勳妻潘氏及羅亞啟，線人盧保、鄒北養，紳耆潘定明、莫溥萬等又拿獲一個羅亞水捆送來縣衙。但按縣衙保存的文書，殺死三人的羅亞水已投河死亡。杜鳳治立即訊問，潘、莫二紳耆和線人盧、鄒都願意具結保證送來的人是羅亞水真身。又訊問潘氏、羅亞啟當年為何具結，兩人答說當日係羅耀南、羅輝南令子羅華養冒充亞啟具結打掌模，屍親並不知道，攔驗是被羅耀南等哄阻。追問不知道為何領屍，何又領屍無結，潘氏、羅亞啟的供詞含混，總推到羅耀南等身上。杜鳳治又了解到，當日經羅姓本家調和，羅范氏、羅潘氏、羅亞啟等得到 200 餘兩銀後情願了結，故此攔驗，范氏等具結謂亞水已死，領屍完案。羅亞水親屬在衙門官吏、門役也各花費數百兩銀。然而，投河的是羅亞水之弟羅亞灶，他並未傷人，投河後也沒死，在同治五年因其他原因死去。羅亞水與羅天祐等原為爭家傳靛秤起事，天祐為亞水五服內之堂叔祖，紹勳亦長一輩。此前羅亞水之父被羅天祐等砍死，亦未報官，和息了事。杜鳳治比對潘氏、亞啟手掌模，與具結的相符，判斷當日他們確實願意和息，但事後復翻。當時的廣寧知縣王炘對此案未驗屍更未詳報，接任的知縣張希京雖有稟報，但語多籠統，曾將羅耀南、羅輝南羈押勒交兇犯，杜鳳治接任後兩人以病保釋。此時，羅潘氏賄和復翻不難處理，最難辦的是如何回護王、張兩位前任知縣和使自己免責。杜鳳治乃命將羅亞水收禁，將送羅亞水來的一干人等交差役看管等候複訊。[112]

至此似乎已案情大白，但杜鳳治調離廣寧署理四會時尚未結案。總督根據按察使的報告批示：「案關三命，情節何等重大，王令既不能查出真情，率聽屍親攔驗和息，接任之張令、杜令又以屍親控情變幻，任意耽延，以此顢頇無能、玩視民命，必須據實參辦，以肅吏治而雪沉冤。」三任知縣都將因此案被追究。[113]

但官場往往是雷聲大雨點小，過了一年多，王炘已丟官，而張、杜仍在官位上。日記稱賄和復翻的原因是羅亞水族人承諾的銀兩沒有到羅潘氏等人之手。杜鳳治已向按察使稟報過，但按察使不接受杜的解釋，又派委員到廣寧調查。[114] 後任廣寧知縣饒繼惠同杜鳳治一樣不想得罪幾位前任，也是拖拖拉拉，到離任時沒有結案。同治八年六月，杜鳳治到肇慶府城，同新接任廣寧知縣謝樹棠（蘗舟）、肇慶知府幕客趙光垣（梅洲）、道臺幕客吳楨（詠帆）、謝的幕客姚卓堂等人議論此案，「共談羅亞水案必要檢驗。梅洲謂亞水如死，案亦了矣，監禁二年餘又不死。詠帆看稿畢，亦謂非亞水死不可，惟餓死與病死等耳，大家一笑」。[115] 幾個人都認為此案要避免繼續追查，不牽連幾任廣寧知縣以及當日參與賄和命案的幕客、書役、差役、「家人」、紳耆，最好的辦法就是在監獄中把羅亞水弄死。從一眾官員、幕客取得共識時的輕鬆愉快神情來看，州縣枉法處置命案是平常事。同治九年杜鳳治回任廣寧，日記再沒有出現羅亞水的名字，大概已死於獄中，此案便不可能再追查下去了。

2. 諶郭氏因姦引發人命案

在四會任上，杜鳳治處置了一宗因姦引發的人命案。同治八年四月十四日晚上三更，在縣城開餛飩麵店的諶經初由店回家，開鎖進門後再關門，突然有一年輕大漢赤條條手持刀要出門，諶經初覺得此人想行兇，就一面執火枝同他格鬥，一面呼救。該男子見鄰人快到，就撞開屋瓦從屋頂逃走。地保李揚明來到，問明情況，認為是姦情無疑。諶家屋後有一大廢園，有不少樹，園外是一條河，鄰居到時此男子已無蹤影。諶妻郭氏不肯說實話，諶經初知道其妻做這樣的事不止一次，見姦夫已走，打算就此罷休。沒想到第二天河裏發現了一具屍體，因為前夜有人從諶經初家房頂逃走，地保判斷就是此人，事關人命，便稟報知縣。[116]

杜鳳治前往勘驗後確定此人係生前落水淹死，再勘查諶家房屋，情形與地保的稟報相符；驗畢，命將諶經初、諶郭氏、婢女喜彩、李揚明及左右鄰七八人均帶回縣衙訊供。左右鄰的口供同地保的稟報一致，杜鳳治訊後即將他們釋放。諶郭氏開始抵賴，掌嘴四次後供出死者名李亞興，常至店吃麵，兩人勾搭上，趁丈夫不在家通姦三次。當晚以為諶經初在店裏過夜，想不到諶經初突然回家撞破，致使李亞興逃走落水喪命。杜鳳治了解到郭氏此前曾離家出走月餘，有人見其與龜婆同行，必然是去做娼妓。因為諶經初做的餛飩很好，生意不錯，勤儉度日，有些積蓄，郭氏在外不如在家溫飽，故仍回家。諶經初沒有責備郭氏，一切含忍，如果沒有李亞興落水死的事，諶經初將繼續含忍下去。杜鳳治對諶經初說：「汝辛苦儉勤，稍有飯吃，為婦浪費已屬不貲，此種婦留之，將來恐汝有性命憂。願棄之乎？」知縣說到這個份上，諶經初只好叩頭說願棄。雖然知道諶經初還是有點留戀，而且按律例他有權領回，但杜鳳治認為「風化攸關」，即按律例判將郭氏官賣，以懲辦惹出命案的「淫婦」。對老實巴交、無辜牽入命案的諶經初，杜鳳治有點同情，對他說：「此番事由汝起，命案重矣，衙門如許虎狼，均知汝有幾個錢，盡可以破汝家。但若輩亦辛苦為汝辦事，小小茶資不能不應酬一二，如署內外人等勒索多資，汝切勿與，逼汝太甚，竟來大堂大聲喊冤可也。」[117] 所謂「小小茶資」，肯定也不是幾吊幾兩可以打發的，但有杜鳳治這番話，諶經初也許不至於破家失業。

3. 唐、梁兩姓互控命案

光緒元年五月底，杜鳳治在羅定知州任上，接到唐姓、梁姓互控命案。唐姓一方呈稱：唐灶敏牧牛於梁姓村後官山，梁姓稱係本族人種松樹的私山，要來牽牛，相爭中梁灶火將唐灶敏戳傷致死。梁姓一方則控告唐姓砍死其叔。杜鳳治派人調查，得知的案情是梁姓看到唐灶敏已死，唐姓必然報官，就將本族年老患痲風之族人梁日旺弄死，捏稱相爭時被砍身死，希圖以一命換一命。[118]

六月初，杜鳳治審訊此案。唐灶敏妻陳氏背負兩幼女應訊，杜鳳治覺得「情實可憫，賞錢一千文」。接着審訊梁日旺「被毆斃」的情節，梁姓稱是唐雷公五所為，又審明傷斃唐灶敏的人是梁灶火，便命將梁姓應訟的梁亞章和地保梁亞德羈押，令交出梁灶火，再等候下一步審訊。該地生員黃榮、唐龍淵、唐桐輝等十餘人來到衙門呈遞公稟，都說是梁姓毆斃唐灶敏，自將梁日旺致死抵制，並願具結承擔所說屬實，此公稟與杜鳳治得到的信息相同。杜鳳治又了解到，梁日旺年已七十七八，無妻無子無女，孤苦一身，當廟祝靠早晚香火餬口。梁姓人雖多，並無紳衿。[119] 地保、紳士都證實梁姓一方傷斃唐灶敏是真，而梁日旺則是梁姓自行殺死作為抵制。梁姓無紳士，在這次訴訟中處於不利地位。

案件前後審了兩個多月，梁姓指殺死梁日旺的兇手是唐雷公五。此人供稱名為唐五，因未娶妻前人叫他寡公五，梁姓稱之為「唐雷公五」，顯然是想讓官員認為此人很兇暴，這是清代民間訴訟的常見手法。杜鳳治又傳當日具結的紳耆到公堂質訊。還傳來證人陳亞茂，他在唐灶敏因傷而死的第二日，親眼見到梁姓致死梁日旺。據陳亞茂供：當時自己由素龍趁墟回時已傍晚，經過中村之楷芃岡，見白頭髮之梁亞松同不識姓名後生二人在山坡用竹篷遮蔽，聞聲係梁日旺叫喊，似受砍傷疼，旋即無聲，自己畏兇怕累不敢近前。又供梁日旺係其伯母之兄弟，平時呼之為舅，故認識，聞聲知其為梁日旺。又提唐五、唐義訊供，兩人均供並不在場。生員黃榮等到案質證，力保唐五、唐義必無毆斃梁日旺之事，係梁景泰、梁日寬等起意令人致梁日旺死，以為抵制。提梁亞章、梁亞德三面質訊，杜鳳治因兩人「眾供確鑿，猶敢狡卸」，予以重責後繼續收押。被控殺人的唐五、唐義雖有紳士力保，但仍沒有當堂釋放，繼續羈押候訊。又諭令差役儘快拘捕涉嫌殺死梁日旺的梁景泰、梁日寬、梁亞錦等，提同質訊。[120]

梁亞章、梁亞德是出頭控告唐雷公五毆斃梁日旺之人，杜鳳治單獨提訊梁亞德，說你是地保，在官人役，不妨據實直陳，免致拖累，如怕本族人怨恨，可以推說身為官役，公事公辦，不得不說。但梁亞德吞吞吐吐，總說自己不在家未經目見，訪聞村中老小男婦都說梁日旺被唐雷公五、唐山佬二等毆斃。杜鳳治認為梁亞德顯有情弊，說日後訊明，就要辦該地保以謀串斃命之罪。

此案案情可說基本清楚，杜鳳治派人調查弄清了真相，十餘紳耆的證詞更是杜鳳治做判斷的主要依據。梁姓為抵制唐姓的控告殺死本族老人，反映了民間訴訟手段有時非常可怕。不過，日記也沒有記載此案的結案與上詳，因為被指控傷斃唐灶敏的梁灶火和致死梁日旺的梁景泰等真兇都沒有到案。當時疑犯離開本州縣境後要緝拿歸案很難。幾個月後，杜鳳治就回任南海了。州縣官普遍任期短、流動大，也是很多案件難以結案的原因之一。

（二）姦拐案

1. 羅文來被控強姦姪媳案

同治七年十月至十二月，杜鳳治在四會知縣任上，審理了羅綺林控告有服族叔羅文來強姦其妻王氏一案。杜鳳治的門生、廣寧增生黃憲書來函，為其內弟羅綺林妻被族叔羅文來強姦請求嚴究。此案已呈告一次未准，因為黃憲書的關係，案件被受理。杜鳳治先諭請羅姓族紳羅元華等就此案公稟，以便核奪。[121]

羅文來得知黃憲書出面控告，反控黃憲書訛索，杜鳳治就勸告黃憲書回廣寧，不要留在四會參與訴訟。[122] 黃憲書此後再沒有參與。

提訊時，羅綺林及妻王氏控三服叔羅文來強姦。羅文來有州同職銜，頗富有，供稱並無其事，咬定黃憲書唆聳訛索。杜鳳治早諭令羅姓族紳羅元華、羅翰華、羅述華、羅翠華、羅心源等稟覆，但羅姓族紳並無一詞。杜鳳治也猜出幾分，仍判令着羅元華等秉公查處稟覆候奪。[123]

典史謝鈐奉杜鳳治委託審訊了羅文來，向杜鳳治報告：羅文來「見羅王氏少艾美貌，伊有錢思淫，雖倉卒未必成姦，而兩次調姦或所不免」。杜鳳治當時就打算等待羅元華等稟覆後罰羅文來千金充公了結此案。[124]

杜鳳治對案情的判斷是：羅王氏少艾，「羅文來多財思盪、見色起淫，雖一時不能用強，綺林及王氏供姦已成未必有其事，而文來手足語言調戲恐所必有」。因為羅文來「身為尊長，罔識羞恥」，乃交捕廳「嚴行看押」。羅文來設法走杜鳳治門上的門路，但杜鳳治認為「羅文來多財心蕩，見色起淫，既捐職銜，又屬尊長，人面獸行」，對其態度頗為嚴厲，門上不敢進言。街正、廩生李方銈自稱羅文來中表，請求保釋，也被杜鳳治拒絕。[125]

然而，族紳羅元華等經過幾個月後，很可能是探聽到杜鳳治的口風，終於出頭做出有利於羅文來的表態，認為姦案無據。杜鳳治以其事出有因，罰羅文來一筆城工費後省釋。[126]

日記對審訊此案的細節沒有太多記錄。如果僅僅是調戲而無其他忍無可忍的情節，羅綺林夫妻肯定不會捏造事實控告有財有勢的族叔，因為這並不是一件光彩的事，且誣控有服長輩強姦將會反坐受嚴懲。族紳也許是無法查清真相，也許是有心包庇羅文來，幾個月都不敢明確表態，但又不敢指稱羅綺林誣控，從日記的字裏行間，也可知杜鳳治猜到羅綺林所控為實。若羅文來強姦有服姪媳罪名成立，那是死罪。羅文來是富紳，姦案沒有直接鐵證，如果羅姓族紳包庇，杜鳳治很難定其姦罪，定了也不符合杜鳳治的利益。於是，杜鳳治就大事化小，把強姦有服親屬的重案辦成調戲的風化輕案，重罰羅文來一筆銀兩了事。富人被控姦案，官員、幕客、吏役、「家人」、紳士都有可能從中獲利，羅文來除罰款外其他費用肯定也花費了不少。結案後日記對羅綺林再沒有記載，既然黃憲書出了頭冤情都不能申雪，羅綺林夫婦大概只能忍氣吞聲了。

2. 劉亞同被控強姦使女案

在南海知縣任上，杜鳳治審理劉亞同姦案，與上一案也頗為相似。同治十二年閏六月，使女歐天彩控告劉亞同強姦。杜鳳治在日記中判斷：「看其情節，定是和姦，允與歐銀兩翻悔。」劉亞同母李氏為抵制，控告歐天彩偷竊。杜鳳治不相信有偷竊的事實，於是將劉亞同交差帶候，歐天彩是年輕女子不便羈留交保，「候傳亞同妻及其弟、弟婦二嫂又亞同子亞耀到案質訊核奪」。[127] 這些親屬不可能做出不利於劉亞同的證詞，顯然，杜鳳治一開始就想大事化小。

其間，按察使幕客孫應堃（石泉）出面為劉亞同說情，因劉亞同有本家侄與孫有交情。杜鳳治在堂訊時對歐天彩「諭以一控姦一誣竊，均無確據」，因劉亞同欠歐天彩工銀 20 兩，打算判劉亞同出銀 60 兩給歐了案。但歐哭求申冤，不肯收銀具結。[128] 劉亞同連工銀都不支付，「和姦」之說就很不合情理，從日記描寫歐天彩的態度，可知她所控當可信。不過，杜鳳治大事化小的主意已定，不准歐天彩再控。後來也是判罰劉亞同一千兩銀子，過了一段時間，杜鳳治同孫應堃又提起此案，「詢石泉劉亞同如罰不起千金，稍減亦可」。[129] 劉亞同後來繳交了 60 兩，估計還繳交了幾百兩罰銀。但直到杜鳳治離任，付給歐天彩的 60 兩銀仍存放在縣衙，很可能是她不願意去領取。但知縣已決意不採信強姦之說，弱女子歐天彩即使堅持控告也沒有用。

3. 陳、梁互控姦拐案

同治十三年，杜鳳治在羅定知州任上所辦的陳賢書控鄰居梁奀六火等恃強輪姦伊女，梁袁氏控陳賢書之姪陳木成、陳金水誘拐伊姪梁奀六火之妻陳氏一案，情節相當曲折離奇。

據梁陳氏供，因被其夫梁奀六火責打，鄰居陳賢書妾蔡氏勸梁陳氏暫避至其外家。蔡氏令其姪陳木成、陳金水帶領梁陳氏到一處不知何地、日久始知為附城辛屋寨辛木安家，陳木成兄弟不知去向，梁陳氏就在辛家一住四月有餘才被家人尋回，但在這四月餘並未遭到姦淫。杜鳳治認為梁陳氏所說尚似實情，陳木成、陳金水「拐賣之跡未露，拐賣之情實真」；又認為「陳賢書控梁奀六火等姦情，毫無憑證，所有情節僅出陳賢書一人之口，安知非梁袁氏控姪誘拐，架捏抵制」。其時陳賢書女已出嫁，不便提案驗訊，杜鳳治當堂將陳木成、陳金水薄責，陳賢書堅持說「拐虛姦實」，杜鳳治就判令交出其女及妾蔡氏再行核斷。[130] 杜鳳治不採信案情較重的「輪姦」情節，也是出於大事化小的考慮。

審理此案時正屆晚稻收割季節，互控兩造都在羈押之中。因為案情難以理清，短期內不可能結案，杜鳳治就把全案男女以及地保等都釋放，理由是以免耽誤農務，等陳賢書妾、女到堂後再審訊。[131]

誰知梁袁氏、梁奀六火、梁陳氏回去後，當晚梁陳氏便羞憤自盡。梁奀六火、兩個伯母梁袁氏和梁戴氏具呈請求免予驗屍。在此前的審訊中，杜鳳治因知道梁奀六火家貧，梁陳氏只有 16 歲，自幼當童養媳，外家已沒有人，因此對她頗為同情，初訊、複訊對梁陳氏「並未申飭一語」，並不准梁奀六火以後再毆打凌辱其妻。為何一離縣衙梁陳氏就自殺？杜鳳治判斷，為陳氏逃亡及取贖回家，又與陳姓涉訟，梁家費去百余餘千錢，將所有田、房全數賣去，日後將難以度日，梁袁氏、梁戴氏、梁奀六火肯定對梁陳氏埋怨嘮叨。梁陳氏受不了，起了輕生之心。當地斷腸草又容易找到，於是就服斷腸草而死。既然丈夫及兩伯母（看來梁奀六火的父母已不在）力請免驗，梁陳氏又無外家，允准了也不會留下麻煩，杜鳳治就同意免驗，令梁奀六火等具結後歸去。[132]

本來，杜鳳治釋放全案男女回家收割，案件其實也就到此為止了，因為再次傳集全部涉案者到案審訊很難做到，後續了解到的情況令杜鳳治也感到困惑。杜鳳治向練紳潘燦等四人打聽陳賢書為人如何，潘燦說：「此人平日教讀為業，不聞有不法事。」四人還說拐賣梁陳氏的人並非陳賢書之姪陳木成等，乃羅平人陳亞燦。至於陳賢書控梁奀六火等輪姦其女，四位練紳「俱言恐無其事，一控其姦，一控其拐，互相抵制耳」。杜鳳治聽了以後覺得此前自己對案情的判斷有偏誤，即寫硃諭命羅平練紳梁羨珍等確查此案。[133] 不過，陳賢書是讀書人，說他捏造自己的女兒被輪姦的情節抵制，未免太不合情理。

後來日記又記：「予在鄉訪聞梁袁氏控陳賢書姪陳木成等誘拐伊姪梁奀六火妻陳氏一案，實係羅平地方陳亞燦誘拐賣與辛木安，與陳木成等無涉。因陳賢書控梁奀六火強姦其女，以是挾嫌牽控。又訪查得陳賢書女已出嫁，強姦、誘拐者實係陳賢書族人，與梁奀六火亦無干也，提出陳木成釋之。」[134] 從這段話看，拐案疑犯一開始就定錯了，但後來認定的陳亞燦卻沒有到案。陳賢書女被姦案是否發生過，疑犯何人，杜鳳治自己也糊塗了。

一兩個月後陳賢書病死，而梁陳氏此前已自殺，陳、梁兩家肯定無力再把官司打下去，兩家油水已經榨乾，書吏、差役、紳士也不會再感興趣。日記在陳賢書死後再沒有記載此案，顯然是沒有再辦下去。

由於勘驗技術等條件所限，更由於涉案各方都有意隱瞞、歪曲、偽造事實，日記所記的姦拐案往往都是詭異百出、真相難明，成為杜鳳治筆下的「羅生門」。通過這些案件既可看到其時中國社會的各種陰暗面，也可看到州縣官審理姦拐案面臨的困境。

（三）婚嫁家庭案

1. 熊梁氏控梁陳氏將女改嫁案

同治十三年，杜鳳治在羅定州任上審理了一宗婚姻糾紛案。熊梁氏控梁陳氏悔婚將女改嫁潘以昌。梁陳氏則稱其女原聘嫁熊梁氏長子，未過門此長子已死，算來今年 25 歲，已女 23 歲；熊梁氏次子熊亞木代兄出頭，硬稱是其聘妻。杜鳳治初審時發現，熊梁氏次子自稱 21 歲，身材只像十五六歲光景，即使真的 21 歲，也與梁陳氏所繳婚帖八字不符。但杜鳳治認為，梁陳氏既知婿死，應請媒人與熊梁氏說明將婚帖取回方可改嫁；熊梁氏有「訟棍」教唆，所以屢控不已。[135]

在審理中杜鳳治對熊梁氏說:你兒子最多十六七歲，把你兒子帶到街市，沒有人會相信他有 21 歲。婚帖上寫你長子係庚戌生，死已久，人人皆知。你聽「訟棍」設計，以次子冒充長子。你要娶之媳婦，是你次子之嫂，難道你次子忍心以嫂為妻？你不過因為聘定媳婦花費不少，長子死了人財兩空，想為次子謀一媳婦而已。你不妨說明真相，本州為你判還聘錢，讓你另娶一媳婦何如？熊梁氏供熊家三代單傳，一定要原媳。杜鳳治又多方開導說：你原來聘的媳婦已經被潘以昌娶去，再娶回來，聲名也不好聽。你說單丁三代，要娶媳婦生子，但並非只有梁陳氏之女能生子，可以娶其他人。但熊梁氏不為所動，執意要判歸原媳。杜鳳治想到，一定是「訟棍」教她執定要原媳，但原媳已嫁，木已成舟，官如判准還原媳，便可多索錢財。杜鳳治便暫時不問熊梁氏母子，提梁陳氏、潘以昌上堂，亦暫不訊供。又提潘以昌媒人岑某到案，責備其不應冒昧做媒將有夫之婦改配與人。岑某供稱自己鄉愚無知，以為其婿已死人人皆知，另配無妨，想不到熊梁氏會執婚帖興訟。杜鳳治又查得州署刑房書識熊禧為熊梁氏作呈詞，若不對熊禧示以利害，熊梁氏、熊亞木就不肯了事。於是就退堂把熊禧傳來，熊禧辯解說自己沒有唆訟，但杜鳳治認為，必須使熊梁氏母子知道靠山沒有了，才會願意收回聘金了案，於是命將熊禧收押到羈所。[136] 本來對略有地位的涉案人通常會交條件稍好的書吏房或差館看管，這次把熊禧押入羈所顯然是為造成更大壓力。

紳士彭肇莊曾為熊梁氏的呈稟作保，稱熊梁氏所控情真事實。杜鳳治把彭肇莊找來，要彭勸說熊梁氏自認虛揑，認了也不會追究，而且會判還一些錢讓其次子可以聘妻；果再執迷不悟，就要追究其揑情詐索，到時就人財兩空了。杜鳳治還提醒彭肇莊，你作為紳士對呈稟濫保也有責任，如果你說服了熊梁氏具結了案，對你的過錯就不追究了。[137]

因為熊梁氏不遵斷，杜鳳治就轉過來着重審訊梁陳氏、潘以昌和做媒之岑某，責備梁陳氏不應未將婚帖取回、聘禮送還，就擅將一女兩許，潘以昌不應冒昧娶有夫之女，如果有心，更為可惡。岑姓做媒，不探詢確鑿，亦有不是。梁陳氏供得潘以昌聘錢 26 千文。杜鳳治就斷令梁陳氏將聘錢 26 千文交還潘以昌，因為不應兩邊得聘金，岑姓將謝媒之銀亦送還，判潘以昌繳洋銀百元存庫，俟熊梁氏母子具結後給予作為另娶之資。此邊先斷，繳銀就可以先釋。潘以昌訴窮苦不能出這麼多銀，岑某為之代懇，杜鳳治就減為 80 元，限五日繳案。[138]

杜鳳治知道潘以昌一定繳不出 80 元，後決定判他繳出 20 千文。剛好此時練紳潘燦來州城，他可能與潘以昌同族，表示願意幫助潘以昌 10 千文，共合成 30 千文。杜鳳治想到 30 千文還是不夠聘一媳婦，以熊禧多事幫熊梁氏興訟，又罰熊禧 10 千文，共 40 千文。然後杜鳳治提熊梁氏、熊亞木、梁陳氏、潘以昌、熊禧到堂，令熊梁氏據實具結，承認長子已死，以次子頂代冒控，現蒙知州寬恩，追聘金使可另娶，已知錯自悔。杜鳳治就做出判決，判語大意為：「熊梁氏具結稱長子早故，因梁毓寬未將聘金交還，私將女改嫁與潘以昌，母子憤激，妄瀆憲轅，玆蒙訊飭，只得實供等語。梁陳氏不將聘錢交還熊梁氏，私嫁其女，誠有不合。熊梁氏既經實供，情尚可原。判令潘以昌同梁陳氏繳銀八十元，實緣貧苦，未能多繳，求懇減數，現共繳錢三十千文，當堂給與熊梁氏母子領去，為亞木娶妻以續香燈。熊禧恃充刑書，包攬訟事，為熊梁氏設計以次子冒充其兄誣控，以為妙策，梁姓一邊無策可以破之，計殊不佳，一喝即破，反因是而大家受累，倒不如一到堂即據供明，此案早了結矣。即此可見熊禧之不安本分，本應重責革退刑書，姑寬，亦罰令出錢拾千文助潘以昌交與熊梁氏，合共肆拾千文，為娶媳之需。熊禧倘從此改悔，准其仍在科房幫同辦事，如再有包攬詞訟之事，不但責革，定干嚴辦不貸。」兩造及熊禧均具結完案。[139]

杜鳳治審理此案對兩造雖有所威脅，但實際上施加的壓力不大。如對潘以昌，原先要他繳交百元，但最終繳出 20 千文就算了。兩造都是窮民，杜鳳治只求儘快結案息訟，判決對兩造都有照顧，也充分考慮到執行的可能性。

2. 陳天錫搶婚案

同治十三年，杜鳳治在羅定州任上審理了一件搶親案。陳天錫強搶歐臨昌之女，當晚即令與其姪圓房。職員陳天健、監生陳發陽扛幫做證。對做證的兩個陳姓紳士，杜鳳治的前任已訊實詳辦，擬以革去功名、礅禁三年；但被按察使批駁，因捐職監生不宜擬以礅禁，劄飭改擬。杜鳳治便再提訊三人，三人均翻，不認強搶。杜鳳治最初打算從寬了結，但幕客但鴻恩查了律例和案例，認為陳天錫令姪陳長國與該女子圓房，罪應加等，最輕也應擬流。杜鳳治則認為，陳長國雖不應姦污女子，唯事皆其叔所為，叔既定罪，長國與中、保人等均可寬釋。陳天健、陳發陽業已詳革應勿庸議。[140] 稍後，陳天錫被擬滿流，陳天健、陳發陽獲保釋。[141]

被害人之父歐臨昌當然不滿這個判決，於是赴按察司上控，稱杜鳳治的門上嚴澄受賄播弄，判決不公。然而按察司衙門不僅沒有受准，反而認為歐臨昌不服上控背後一定有「訟棍」唆使，諭令羅定州查出該「訟棍」懲辦。杜鳳治決定讓歐臨昌吃點苦頭，供出背後的「訟棍」，乃將歐臨昌拘傳到州衙，追問何人教其上控。歐臨昌供稱是一算命先生為其作呈，但上控是自己去的。杜鳳治認為他設詞推諉，說這個算命先生就是主唆「訟棍」，責令歐臨昌交出，並要其交出行賄嚴門上過手者何人。歐臨昌供實在交不出，杜鳳治斥責說既交不出，何故妄控？令責三百並枷號，要「訟棍」交出再行釋放。[142]

歐臨昌枷號了十多天，杜鳳治知道他肯定交不出「訟棍」與指出過手行賄的人，見他已吃了苦頭，於是就以農忙為理由，令其出具悔狀，稱案經斷結，自後斷不敢再事翻控。歐臨昌不敢堅持，甘願具結。保釋前杜鳳治仍要歐臨昌供出「訟棍」，歐臨昌只得說出算命先生姓馮，鶴山人，對他說如果上控，不但可使已釋之陳天健、陳發陽受懲處，所失奩物亦可追回。歐臨昌就把耕牛一頭賣去得銀七兩，盡數交馮某作為上控費用。但馮姓如何上控，呈中如何措辭，歐臨昌並不知道。杜鳳治就對歐臨昌說，如果你把馮某扭送來州衙，或報告州衙捉拿，可以替你追回那七兩銀子。杜鳳治發現歐臨昌手背有傷，歐臨昌供是押在枷亭時，差役為索賄，將其兩手反縛不令轉動，家屬張羅得錢三千文給予差役，但差役嫌少，又將其小衫剝去。差役推說歐臨昌手腫係生瘡所致，杜鳳治驗得是銬傷，就命責懲差役。[143]

在《大清律例》，對搶婚的懲處歸於《戶律·婚姻》類下，規定：「凡豪強勢力之人，搶奪良家妻女，姦佔為妻妾者，絞監候。婦女給親（婦歸夫，女歸親）。配與子孫、弟姪、家人等，罪歸所主，所配男女不坐（仍離異歸親）。」[144] 這宗搶親案，只處罰陳天錫，而強行與歐女圓房的陳長國被寬釋，雖不符合今人心目中的法理道義，但沒違反清朝律例。歐臨昌作為受害人，家庭受到嚴重傷害，先前的判決沒有提及給予他任何補償，認為判決不公、背後有弊完全有理由。然而，他不僅沒有爭來公道，反因為不服上控受到懲處，關押枷號時還被差役勒索刑傷，於此可見普通小民的冤苦無告。

3. 馮謝氏、馮楊氏控馮鳳祥欺嫂噬姪案

同治六年，杜鳳治首任廣寧時審理了馮謝氏、馮楊氏呈控馮鳳祥欺嫂噬姪一案。馮氏有三兄弟，長兄馮麒祥於娶謝氏之當年病死，謝氏 17 歲守寡，守了 29 年，已快合旌表之例。二子馮麟祥七八年前也已去世，妻為馮楊氏。麟祥長子過繼給大宗麒祥，事經同族在祖祠公議繼定。而老三馮鳳祥提出自己也要過繼一個兒子給麒祥，很明顯是為爭家產，馮謝氏、馮楊氏不願，於是興訟。杜鳳治在公堂對馮鳳祥說明王法的定例重大宗，大宗無嗣以次房之長子承祧，如次房亦只一子，才於又次房擇繼，而且你嫂不願意，不可違例妄爭。但馮鳳祥一再說是其父遺命，不願遵斷。杜鳳治被惹怒，當堂斥責馮鳳祥「人面獸心」，並說即使你父真說過，也是臨終亂命，到了公堂就得按國家定例，何況你僅憑口說，沒有遺囑做依據。馮鳳祥本來已因錢債案羈押在條件稍好的號房，杜鳳治命改押值日館，作為對馮頂撞和不遵斷的懲罰，並嚴催其所欠錢糧。[145]

關進值日館後，馮鳳祥表示願意清還債務，家產也願公分，再不敢得罪嫂子，也不敢再提自己兒子過繼與長嫂的事。杜鳳治就把馮鳳祥改回號房收押，等還賬、分家、過繼事了再行釋放。[146]

此後杜鳳治因應付廣寧紳士鬧考之事，沒有時間審案。馮鳳祥在過年時私賄差役離開號房回家，杜鳳治知道後即命人將其提回關入值日館。其時杜鳳治已奉調署理四會，臨行時把此案交代給接任的知縣饒繼惠，特別說明謝氏青年守節 30 年，自己如此判決是為「定繼子以安貞節之心」。此前杜鳳治為馮謝氏旌表之事已上詳，又函託藩司和禮部的書吏，承諾辦此事不花費馮謝氏一個錢。臨行又再三囑咐典史張國恩關照，把馮謝氏節婦旌表的事辦妥。[147]

在此案中，杜鳳治一是看不上馮鳳祥欺負寡嫂爭產，二是反感馮鳳祥的頂撞，但最重要的是對節婦馮謝氏的敬重，所以就堅持按律例辦，完全滿足了馮謝氏妯娌的訴訟要求。

（四）錢債田土墳山案

1. 邱官之子與鄧權惠上代錢債案

同治十二年三月，杜鳳治在南海知縣任上審理了一宗兩造都有後臺的錢債案。臬署幕客孫應堃找杜鳳治，說曾任新會、香山知縣的邱才穎（已故）之子向參將鄧勛（已故）之子鄧權惠索債，鄧已被典史拘押；孫當年曾在新會當幕客，故為邱子來打招呼，並講述當日借債情節，稱有借票。邱子是督署幕客陳光照的女婿，要求鄧權惠歸還本銀一千兩、利息一千兩，多餘的利息願意充公。而杜鳳治的親家吳廷傑，受原廣西布政使康國器委託為鄧權惠說項，鄧與康有親戚，鄧稱「欠固渺茫，票亦捏造」，康國器不便親自來，除託吳廷傑外，又託安良局局紳陳朴作函關說。此前是南海縣審案委員審理此案，因為兩造背後都有來頭，杜鳳治不敢怠慢，答覆雙方說自己將親自審理此案，訊後再說。[148]

因為鄧權惠被押，吳廷傑又來說鄧方願意還債，但希望能保釋出去自行向邱方面議。據稱欠票分兩張，一張 600 兩、一張 400 兩，其利按月二分，債務已 20 餘年，如按年按月計算利息不貲。杜鳳治說保釋也可以，但保家要可靠，定期十天或半月。鄧一方不肯按年月計算利息也是可以的，遠年債務可按一本一利歸還。吳廷傑說鄧一方只願意歸還本金，不計利息。杜鳳治就提鄧權惠審訊，對鄧說最好找人同邱說合，不要再說借票為偽，也不要再以為何 20 年一直不追債為藉口，因為有證人在場目擊，很難推掉。[149]

康國器又託杜鳳治的好友兼親戚許其光來關說，說鄧權惠的堂兄是康國器的女婿。據稱如要罰鄧權惠捐書院膏火經費一千、二千都可以，若要還邱姓一文無有。杜鳳治說，這樣罰款沒有來由，既然鄧權惠願意繳銀就好辦了，叫他拿一千兩來，別管我交給誰，鄧權惠就可以馬上釋放。許其光滿口答應，立即去回覆康國器。杜鳳治想到必須給康國器面子，所以只要求鄧權惠還本金一千兩，沒有要求還利息，因為陳光照也說過還本就可以了。杜鳳治收到這一千兩銀後就轉交給邱了結此案。[150]

此案是上一代事隔 20 年的錢債案，按父債子還的規矩處置。從此案可知，在錢債案中有地位的證人很重要，錢債糾紛被控欠債一方，即使如鄧權惠這樣的有後臺者也會被羈押，作為追債的手段。遠年債務不按債票、時間計息，而按一本一利計算。因兩造背後都有人，杜鳳治審理此案時除儘量做到合法合情合理外，也儘量照顧兩造後臺的面子。

2. 林勝揚、蔣光俊爭田案

同治十三年七月，杜鳳治在羅定知州任上審訊了林勝揚與蔣光傑、蔣光俊兄弟爭田一案。案情大致是蔣姓批耕林田，歷年繳租，蔣光傑父故後，蔣姓兄弟即不交租，林姓將田收回自行耕種，蔣姓率眾趕逐，將牛牽去，雙方涉訟。蔣一方稱其父並無批耕林姓田畝事，現耕之田係自己祖業，前被大水沖塌，近年挑築修復耕種。等到傳集人證候訊，蔣光傑躲匿不到堂，後蔣光俊來案。杜鳳治查驗兩方田契，林契土名黃金蕑不錯，而蔣契於土名處將字挖去，只餘第一字，依稀可認是黃字，且有塗改痕跡。杜鳳治就對蔣光俊說：「汝無土名，何足妄爭？」蔣供：「土名現在，是蟲咬的，黃字尚存，可見不錯。」蔣光俊一到堂即振振有詞，滔滔不絕，說林姓有錢，請了無數鄉鄰來為見證，我無錢，只一人挺身出來，且供並無兄弟，書名光俊，一名光傑，田實祖業，水沖築復，工本不少，並無批耕林田之事。杜鳳治最討厭能言善道的涉案人，加上蔣契有明顯瑕疵，且田鄰都說蔣無理假契謀佔，於是判斷蔣光俊「將新印假契，瞞控攙奪」，斥責其無理妄控、挖破塗改田契，判令蔣光俊將兩年欠租交還，田還林另批人耕，不許再妄爭，免治誣告之罪。蔣光俊仍嘵嘵辯解，杜鳳治就將其薄責收押。[151] 這類田土錢債細故案件，只要州縣官判決了，當事人不服也沒有用。在此案中，杜鳳治判案的依據是發現了蔣姓契據明顯有瑕疵，還有田鄰的證詞。於此也可知田土案中偽造契據的事肯定甚多。

3. 彭球璋、吳天爵爭墳山案

羅定知州任上，杜鳳治審訊了彭球璋與吳天爵爭墳山案。同治十三年冬，彭球璋控吳天爵掘其子墳墓毀滅屍骸，杜鳳治令該地紳士查覆，紳士稟報並無其事，彭不肯放棄指控，於是被押了幾個月。其間太平墟的紳士遵照知州諭令提出調處辦法：山場本係官山，允許吳天爵建墳埋葬，吳天爵出錢 20 千文，彭球璋為此案久押，加罰吳天爵 10 千文與彭球璋以示體恤，並將彭球璋葬子處所留出，俾有拜掃之所。光緒元年六月，杜鳳治把吳天爵傳到，判諭兩造：彭球璋所控「掘墳盜骸」為「訟棍」伎倆，是「輕聽誣控」，被收押數月，「情殊可憫」，諭令按紳士調處辦理，又諭紳士彭肇莊等前往踏看定界，不許再爭。但吳天爵以判錢太多不肯具結，也被羈押。[152] 杜鳳治查知吳天爵家貧如洗，交不出 30 千文，請求減少。杜鳳治又減去 5 千文，吳天爵還是說交不起，於是要求吳先具結，再諭飭練紳周榮元等為之商酌調停，准情度理妥為了結，又諭彭球璋不得執意要拿足所判的錢文。然後就把兩人省釋。[153]

一個多月後，吳天爵交到 10 千文，紳士們又助錢 5 千文，杜鳳治自己也捐出 5 千文，合共 20 千文。彭球璋供稱紳士還沒有定好界，杜鳳治讓他再等一兩天，紳士一定會為之定界，不必擔心。[154] 幾天以後，杜鳳治傳彭球彰、吳天爵到來，因吳天爵只能交出 10 千文，紳士助錢 5 千文，杜鳳治原先允諾捐助 5 千文，此時加到 10 千文，作為墊發，共湊足 25 千文交彭球璋領去，並諭飭紳士儘快定界。杜鳳治還表示，他墊發的 10 千文如吳天爵和紳士都湊不出，就算他賞給算了。此案到此完全審結。[155]

這宗墳山案兩造都是窮人，為何州官和參與處置的紳士都要自掏腰包貼錢了案？日記沒有透露太多情節。日記多處提到，廣東的墳山都是官山，如有空地允許民間埋葬，但很多墳山沒有契據管業，估計彭、吳都沒有業權。此案開始杜鳳治對彭球璋十分嚴厲，以誣控、不遵斷為理由羈押他幾個月，但後來對他很客氣、很體恤。杜鳳治開頭的做法應該是為息訟，打壓堅持控告、不願遵斷的一方。但民間墳山爭執中不識王法的窮民「挖墓滅骸」並非不可能，紳士雖沒有包庇窮民吳天爵的動機，但有可能是根據杜鳳治的態度才做出「並無其事」稟覆的。被挖墳且被無辜羈押數月的彭球璋，如在「訟棍」指引下上控，可能會鬧出點麻煩。杜鳳治對彭球璋軟硬兼施，並大度地予以資助結案，除息訟的考慮以外，大概是想花點小錢把麻煩事先消解。

四、州縣官的緝捕權責

（一）州縣緝捕的一般做法

緝捕是州縣官主要公務之一，緝捕的本意應該包括緝查拘捕一切違法犯罪者，但在晚清，廣東有「盜甲天下」之稱，緝捕幾乎專指緝捕盜匪。然而，「盜匪」既可合稱，也可分指為「盜」與「匪」，前者專指搶劫的強盜，後者則指其他各種嚴重違法者，如「會匪」（祕密會社成員）、「鬥匪」（參與大規模械鬥者）、「賭匪」（開設賭業及以武力護賭者）、「票匪」（違法售賣白鴿票等彩票者）、「爛匪」（平日不務正業經常有違法行為者）、「竊匪」（盜竊犯）等。上述這些「匪」有時也會犯下搶劫、抗官等嚴重罪案，與搶劫的強盜無異。督撫對州縣緝捕搶劫的盜匪尤其重視。杜鳳治有一次同四會紳士黃翰章說做知縣有四大要務：「學校、緝捕、催科、聽斷。」黃翰章常有機會見到總督瑞麟，笑着對杜說：「中堂只言二字，謂最者緝捕。」[156]而朝廷、京官對廣東的盜匪問題又很注意。光緒三年，御史鄧華熙、曹秉哲奏粵省盜匪橫行、弁兵差役包庇、捕務廢弛、大吏瞻徇，請飭勒限嚴緝。清廷據此下旨諭令廣東文武官員對盜匪「緝拿懲治，毋稍寬縱」。[157]粵省督撫劉坤一、張兆棟受到很大壓力，於是向州縣官施壓。

下面敘述杜鳳治主持、參與緝捕的一般做法，晚清廣東其他州縣官也大抵如此。

1. 簽差緝拿

對零星盜劫案和一般的「匪類」，杜鳳治會首先利用州縣衙門的力量，發簽命令差役緝捕案犯。在此過程中，他會不斷比責差役，限定日期破案。同治七年幾個月內四會同時發生三宗劫案，杜鳳治都簽差捉拿。日記在這段時間常有比責原差（最早接案的差役）的記載，如：「比羅湖案原差，重責，限三日再重比，又比倉岡、遠昌二案差。」「羅湖案原差總役胡安重責，倉岡案原差陸昭重責。」[158]「下午比羅湖吳廣德（已府控）搶案原差，總役李泰、胡安、謝章避匿不到，立將三役當堂發條革役，三役幫夥枷號，俟獲犯日釋放。日前押土祠之更練亦同枷號，並簽票嚴拿李泰等。」[159]

差役的裝備、破案技術條件有限，無非靠查訪、購線等笨辦法，在州縣官壓力下，他們只求儘快抓到人，有意無意錯抓的不在少數。但杜鳳治和所有州縣官一樣，要依靠這些差役緝捕盜匪。

2. 會營緝捕

所謂會營，就是州縣官派出差役會同武營弁兵一起緝捕盜匪。茅海建指出：維持社會治安、保持政治秩序是清軍最重要、最大量的日常工作。[160] 分散駐紮在各州縣的營、汛，平日的主要職責就是防範和緝捕盜匪。如果劫匪人數較多，或者持有火器，差役不易對付，就必須會營緝捕。

同治八年五月，四會鄧村龍頭鄉張英書報案，稱其米雜舖被匪明火強劫，失去銀百數十餘兩、錢三十餘千。鄧村紳士、黨正陳天寵等亦同遞紅呈報案請求會營嚴辦。[161] 紳民在報案時就已請求會營緝捕，可見這是官、紳、民都熟悉的慣常做法。

為緝捕，杜鳳治很注意同武營合作。如杜鳳治再任南海時，九江一帶劫案頻仍，杜鳳治此前曾對九江守備何殿材有所接濟，同何關係良好，於是就表示願意每月幫助何 200 元作為招勇購線辦匪費用，又命頭役劉開帶領四艘緝捕艇到九江聽候何殿材調遣，合力會同緝匪，每十日或一月一報，以便轉稟上憲。[162]

3. 責成士紳協助緝捕

本來，明清兩朝設立保甲制度的初衷就是要維護王朝的統治秩序，遇有盜匪案件，地保、更練等都有防衞、稟報、追緝等責任，盜劫案發後如果未能當場獲匪，地保、更練會受比責。但州縣官也明白地保、更練不可能起太大作用。遇有盜劫案件發生，杜鳳治更多是責成士紳協助緝捕，方式有諭令公局、團練的武力協助，要求局紳、族紳交出本族本鄉的盜匪，要求紳士購線緝拿盜匪、對被拘押的盜匪嫌疑人做出攻保、提供官府清剿盜匪的費用和懸賞緝拿的花紅，等等。對士紳在緝捕中的作用，將在本書第六章相關部分再詳為論述。

在緝捕盜匪時都會株連親屬、宗族，而實施株連和造成威懾都要通過族紳、局紳。例如，同治十年要緝拿南海良寶鄉盜匪廖亞覃，廖亞覃已逃走，杜鳳治派汛官、巡檢等督差往拆廖亞覃住屋，所拆實則其弟之屋；又封廖亞覃家族的分支祠堂，並勒令廖姓士紳繳交緝拿廖亞覃的花紅。[163] 廖亞覃逃到省城後，在親屬資助下逃往新加坡。杜鳳治打聽到生員廖鴻乃廖亞覃近房，平時不願意到公局辦事，躲避在其父職員廖守謙於省城所開的煤舖，就下硃簽命差役捉拿幫助廖亞覃的親屬，並傳廖守謙、廖鴻來縣衙責訊。[164]

對較大的案件，就派出差役並會營、會同當地局紳、練紳一起緝捕。例如，同治十年四月，廣西布政使康國器族人康晉被盜劫，瑞麟對此案很重視，通過廣州知府催促破案。杜鳳治回覆說：「昨日下衙門已嚴飭幹役限十日必要破案，並會營劄飭金利司協同紳耆查拿務獲。不惜重賞，案必可破。」[165] 光緒三年五月，佛山疊滘的「賭匪」將被捕的開白鴿票的疑犯搶走，並將杜鳳治派去提解疑犯的差役毆傷擄去關禁。該村紳耆見事情鬧大，恐惹大禍，便遞稟將仍戴着手銬、足鐐的兩名差役送回。其時督撫力主禁賭，且「賭匪」奪犯拘差的行為嚴重違反王法和挑戰官府的權威，杜鳳治就通稟各上司請示核辦，簽緝捕頭役督帶巡船三號，會同佛山同知、佛山都司、五斗口司巡檢以及佛山大奎堂練紳前往疊滘調查、封舖、緝匪，並諭令將包開白鴿票廠的紳士陳維屏拘辦。[166]

4. 親自帶隊緝捕

同治五年十一月，杜鳳治到任廣寧後不久，就有舉人陳應星來報告，說得石狗墟文通書院紳士生員陳天寵來信，稱兩三個月來盜匪頭子謝單支手帶領三四十人屢屢攔截過往船隻訛索銀物，聽說還要「豎旗召眾」，因石狗墟處於廣寧、四會交界，所以分別向兩縣知縣報告。杜鳳治即決定會同四會縣以及會營緝捕，自己募勇親自帶隊前往，作為自己任知縣的「破題」。[167] 此後，杜鳳治在任職的其他州縣也有親自帶隊緝捕的經歷。

杜鳳治對自己緝捕的能力頗為自許，曾在日記中評論自己四會任上緝捕的勞績：「初蒞此時搶案迭出，其大者如倉岡竹館、東門外遠昌店、鳳鳴舖吳廣德數起。急辦團練，東北門設局巡查，與守備、把總輪值，十日中每處三日，逢十日均出至東門外金齡觀相會彈壓督率，不時與捕廳步行抽查，又拿獲巨匪謝單支手、劉九二名解府正法，盜風頓息，平靜至今。」[168]

5. 清鄉

所謂清鄉，就是派出較多兵勇，對一個州縣甚至更廣闊的地區大面積地清剿、緝捕盜匪。清鄉通常由督撫決定舉辦，或由州縣官稟請督撫派兵勇在自己的轄境清鄉，無論何種情況，州縣官都有責任配合。同治六年秋冬，副將鄭紹忠親自率領所部安勇數百人清剿廣寧、四會黃亞水二和謝單支手兩個盜匪團夥。作為廣寧知縣，杜鳳治也率領差役和自募的勇丁配合，經常與鄭紹忠商議，派出親信「家人」郎慶跟隨鄭紹忠辦理封船運兵、聯絡等事項，還為鄭部提供了部分費用。在杜鳳治配合下，鄭紹忠稟報總督後把黃亞水二招安，此後謝單支手也被捉獲。同治八年、九年杜鳳治奉委到潮州催徵，其時總督指派方耀率兵勇大規模清鄉，各縣知縣、催徵委員也配合方部的軍事行動。同治十一年正月，因南海劫案太多，瑞麟派出副將戴朝佐、候補知府林直赴南海清鄉，杜鳳治也奉到總督諭令共同辦理的劄文。杜鳳治為戴、林開列了 500 多名盜匪姓名，以便清鄉時捕拿。[169]

廣東是械鬥嚴重的省份，械鬥甚至使用火炮、抬槍等重火器，一些宗族、村莊在大規模械鬥時還會聘請職業盜匪幫鬥，「鬥匪」焚屋、搶劫、擄人、殺傷人命、武力對抗彈壓的弁兵、差勇也是常見的事。一旦發生大械鬥，州縣官都要會同武營前往彈壓剿辦。平息一場大械鬥，相當於一次範圍較小的清鄉。

同治十一年七月二十四日，九江屬大桐堡顯岡鄉民與村尾鄉民互毆，顯岡鄉死數人。顯岡陳姓聚族而居，強於村尾，準備報復，「連日兩村皆糾眾置器，鼓譟成羣，將有械鬥之勢」。杜鳳治得訊後一面行文當地九江主簿等文武官員，一面諭令兩村士紳趕速解散械鬥，又函請正在南海縣境主持清鄉的副將戴朝佐、候補知府林直就近派遣弁兵多名馳往彈壓，希望在大械鬥爆發前將其平息。[170] 然而，械鬥還是發生了，兩村以槍炮互攻，一天內雙方就共打死七人，多人受傷，並有召集「外匪」、焚祠堂、劫財物等事。[171] 杜鳳治即將情形稟報督撫，並親自帶差役百餘人奔赴鬥鄉。[172] 杜鳳治抵達時，戴朝佐已到。汛官李某稟報已在此十餘天，彈壓不住。杜、戴召見並責備兩村士紳首領、局紳顯岡舉人陳鑾泉與村尾生員戴異，兩紳稱「無才能，不能約束村眾」。杜鳳治以兩人都是局紳，責有所歸，先威脅要扣押，在戴朝佐託人緩頰後，則諭令兩紳十日內交出下手殺人者與外來幫鬥之匪，繳出所有火槍、大炮。[173] 這場大械鬥主動一方在顯岡鄉，陳鑾泉雖是舉人，但年老長厚，平日不能約束族眾，此時更交不出鬥匪。[174]

其他鄉村大械鬥處置情況與顯岡、村尾的械鬥大都近似，無非州縣官與武官帶領大批衙役弁兵將械鬥暫時平息，然後責成兩方紳耆交匪繳械。因為公局、團練也需要武器防匪，不可能完全清繳。而「鬥匪」因有人命，被捕難免被「就地正法」，因此早就遠逃他處，即使能捕獲若干，也未必是主兇、真兇。

（二）杜鳳治的緝捕案例

下面稍為詳細地介紹杜鳳治緝捕盜匪的幾個案例，以進一步反映州縣官緝捕的細節。

1. 緝捕四會倉江劫匪

同治七年三月十二日五更，四會縣西北倉江村有兩家竹木舖被 20 餘名盜匪搶劫。事主廣昌店報稱搶去銀 290 兩、錢 15 千文，廣隆店報稱搶去銀 80 兩，尚有衣物未開列。77 歲的廣昌店主譚瑞瑛以及地保嚴實芝、更練葉亞新等受傷。杜鳳治熟知劫案事主多數誇大失贓，並不相信，但搶劫傷人案則是真的。案發時壯勇三班聞信即去拿捕，據稱劫匪已渡河上岸奔逸，只繳獲船一隻。

次日，杜鳳治即會同城守把總李溶晃踏勘搶劫現場，得知進屋劫匪只三四人，其中有一人塗臉，故判斷是熟人作案。因為銀到店不到三日，故判斷劫匪對廣昌情況相當熟悉。勘查後將當地地保、更練帶回縣衙，各打 20 巴掌，諭令原差邵昌帶同地保、更練緝賊，限三日破案，逾限帶案嚴比。

以後，隔幾天就嚴比原差、地保、更練，限日破案，差役、更練緝交了梁仁照，但梁在刑訊下沒有認供。為加強緝捕力量，杜鳳治添派都總役伍元辦理，幾天後，伍元就緝獲了一個叫謝亞旺的人，又查得四五個姓謝的人。杜鳳治立即提訊各疑犯，「藤條重責，未供。提至花廳跪鏈」。至此，謝亞旺認供：「前月十一晚去搶，早二日謝亞泰起意，云知道竹店有銀同去發財，其船亦係亞泰僱來，不知何人之船。同去共十人，只認得五人，供出亞泰、亞晚、王帶三（後文又寫作黃帝三）等，那日塗臉及砍傷事主者皆亞泰為之，搶得三百金，尚有衣物，十人作十一股俵分，亞泰起意得二股，每股卌二兩，衣服亦折銀。」杜鳳治認為口供確鑿，劫案已破，下一步是繼續緝捕謝亞泰等人。

原來，謝亞旺在另一宗遠昌店劫案發生後一天到倉江典當布匹，典當夥計懷疑布匹來源不正不肯收，當地鄉人（當為更練、團勇之類）便把謝亞旺拿獲，伍元得訊即前往把謝亞旺捆起送案作為己功，被指為贓物的布匹已被鄉人分掉，沒有送案。

四月底，四會守備蔡釗又拿到一名倉江劫案疑犯謝亞乾，杜鳳治立即會同蔡釗一起審問，最初謝亞乾不承認，杜鳳治認為謝亞乾在審訊時「時時左右顧，言語吞吐，如聾如癡」，判斷其為真犯，「嚴刑拷訊，果認亞泰、黃帝三為首起意，與謝亞旺供大略相同」。[175] 後來，謝亞旺、謝亞乾都被作為倉江劫案的盜匪解送肇慶府處斬了。[176]

此案是靠差役、武營辦理的劫案。杜鳳治曾把此案作為自己四會任上緝捕的勞績之一。但所捉獲的謝亞旺，物證是布匹，而倉江案事主的失贓並無布匹，且所指為贓物的布匹又沒有呈堂，是否贓物也難判定。倉江案事主所報失贓中的大量銀錢始終沒有下落，最初拘捕的梁仁照以及謝亞旺所供的同夥謝亞泰等人在日記中沒有下文。最後，根據嚴刑下獲得的口供，謝亞旺、謝亞乾被處斬。

2. 緝捕廣寧羅洞洋槍傷人的盜匪

同治九年閏十月，杜鳳治再任廣寧之初便專程到各鄉檢查團練辦理情形。到程村、石狗一帶時，紳士陳錦帆等稟報羅洞著匪黎亞林招集 20 多人打算滋擾搶掠程村，請杜鳳治派差役前往拘捕。杜就派出差役偕同紳士率團勇前往，黎亞林等開洋槍打傷幫役梁盛（當晚傷重致死），杜鳳治得知後即致函守備江志請其發勇 50 名前來。程村及各鄉紳耆「各處鳴鑼糾集八九百人將羅洞黎亞林家圍得水泄不通」。黎亞林等無法突圍，不停開槍射擊，團勇不敢靠近。杜鳳治再致函江志「速督勇百名親自前來」，又通過局紳嚴鳳山諭紳士及衙役等不可疏忽致黎亞林逃脫。在局紳組織下，各村均送飯給圍捕的團勇，並送數缸燈油以供照明。局紳又於近處加募勇壯 70 名協助夜間防守，並宣佈拿獲盜匪的花紅賞格。黎亞林團夥的多數人乘夜逃去，只圍住黎亞林等幾個人。第二天。江志所帶的官勇趕到，黎亞林等火藥用盡，紳士所招的 70 名勇壯破門直入，拿獲了黎亞林等八人（其中有黎亞晚之妻鄒氏）。杜鳳治同江志、陳應星（局紳）進入羅洞村，命壯勇將黎亞林和另一著匪羅啟的房屋焚毀，責令紳耆羅紹安等人「即速將羅啟及餘匪交出」。杜鳳治當日便命將黎亞林等 4 人用釘人架子釘死，並命將鄒氏官賣，鄒氏父母願意出 20 元為其贖身另嫁，杜鳳治就把這 20 元賞給中槍身死的幫役梁盛家屬作為撫恤。[177]

這次緝捕行動，紳士動員的壯勇多達八九百人，並將黎亞林等人捉獲。知縣本人親自在現場督捕，是紳士、武弁出力的重要因素。

3. 南海低田緝捕

同治十年十月底，杜鳳治到南海各鄉催徵，瑞麟諭令多帶兵勇在催徵時一路捕拿盜匪。杜鳳治想到多帶兵勇要增加口糧支出，所以，就決定「令差伴多帶百餘名，各穿號衣充壯勇」下鄉。[178]

十一月初六日路經羅村，杜鳳治入村拜祭座師羅文俊，羅文俊子羅廷琛對杜說鄰近的低田村梁、劉二姓匪甚多，目無法紀，開槍傷人，還打算搶劫羅村，請求「務要大懲創一番」。杜鳳治乃臨時決定到低田村緝捕，當即致函附近隆慶汛把總馮錦華請其帶 20 人前來，但馮拖拖拉拉，來到時天已近晚，杜鳳治只好把入村時間改為次日，杜鳳治和馮錦華所帶的差、勇十三船共百餘人停泊在羅村附近河面上。

次日五更，杜鳳治命親信「家人」嚴澄等督帶差役，會同馮錦華的兵勇共百餘人冒寒（那幾天天氣特別冷，極罕見地下了雪）往低田村圍捕。低田村港汊複雜，板橋抽斷即不能飛越。差、勇看到「各匪」在田裏飛奔，但一個都抓不到，只把墟長父老梁亞如帶到杜鳳治的座船訊問，杜諭令其「具限十日將匪交出」。因覺得馮錦華留下也無用，便令其帶部下先回去，打算次日派「家人」督率自己帶來的差、勇再四面兜捕。

十一月初八早晨天微明，杜鳳治的差、勇再入低田村，梁、劉二姓空村逃逸，拿得梁姓父老梁亞順一名，以及互鬥斃命案的疑犯梁亞日一名。又在梁姓宗祠貼一硃諭，「諭紳耆速交匪，遲則必稟大憲飭戴協臺統兵痛剿，燒毀房屋祠宇，拿到匪犯就地正法，毋貽後悔」。又諭令劉姓某舉人將曾到其家飲喜酒之盜劫疑匪廖亞覃交出，否則詳革。[179]

這是一次中等規模的緝捕行動，知縣親自帶隊，所帶差、勇百餘人之多，營弁也參與了，先後進行三日。但差、勇顯然都不得力。馮錦華的兵勇不僅拖沓，可能還有通風報信的嫌疑。從杜鳳治所描寫的部署看，根本不可能抓到真正的盜匪，實際上連脅從者甚至無辜者都沒有抓到，只好對紳耆威脅一番離去。

4. 緝捕西寧連灘劫匪

光緒元年正月廿八日，羅定州屬下西寧縣紳士譚坤、譚芳在連灘所開的洋席店被劫，事主稱劫匪有 30 餘人，「以斧劈門而入，連放洋槍，嚇禁店夥，搜劫洋銀四千二百零、錢十餘千，並洋錶、翠鐲等物」，分別向西寧縣和羅定州報案，請求州、縣會營緝捕。因盜匪有洋槍，且劫贓數額巨大，杜鳳治當即致函晉康司巡檢劉嵩齡、連灘汛汛官把總甘靖邦，又致函都司顏金。杜鳳治認為，劫匪人數眾多，必有蹤跡可尋，此時仍未逃散，贓物也未全銷，囑請顏金轉飭附近之安勇哨官實力嚴捕，能獲得首犯者給賞花紅銀

120 元，得從犯者 60 元。不久，顏金手下的弁勇就密緝拿得陳觀鳳一名，陳供夥搶是實，但只承認是從犯，自願作線引捕首賊。一兩天後引捕得「首犯」林亞進、彭亞憲二名。[180]

但杜鳳治審訊顏金送來的林、彭二人時，兩人呼冤，稱案發之日在家或在工主家，有人可證。[181] 再提審陳觀鳳，發現陳的口供支離含混，與劫案發生現場的情況出入甚大。又得知彭亞憲係本城人，曾幫同捕班周青辦案，並無不法情事，周青願保，如有不法事甘與同罪。杜鳳治決定嚴審陳觀鳳，如果陳認供，得有一名真搶之犯亦算破案。誰知審訊中陳供出真情，據供：陳居住於北門，有一堂兄陳國炳現充候補外委。陳觀鳳曾因盜竊被周青拿捉，安勇王亞釗知道陳曾犯案，便將其捉去，教陳認供夥搶，對其說如果照供可請求營主保你作線購獲首犯贖罪，營主自向知州大老爺說情免辦你罪，並可加你堂兄陳國炳馬糧。你如不從，立刻將你送到州署請州主嚴刑打死，並將你堂兄馬糧革了。陳國炳也來相勸，又朦騙威脅陳觀鳳母親要兒子快快照供，可以免死，否則必要拖斃。後來王亞釗又拿到林亞進、彭亞憲，並叫陳觀鳳供此二人是首犯。據說林素為匪，彭則是當日陳觀鳳犯竊下手捉拿的人，陳也就此報復。到此時陳觀鳳明白自己不能脫身，會與林、彭一起被斬首，所以說出真相。杜鳳治雖急於破案，但也不敢明知疑點重重也置三人於死，於是先讓彭亞憲保釋，然後傳王亞釗、陳國炳質訊。[182]

此後日記再沒有有關陳觀鳳、林亞進的記錄。真正的案犯既然沒有捉獲，陳、林兩人也不會輕易被釋，很可能在杜鳳治離任後兩人繼續被關押。

此案基本是武營辦的，杜鳳治只負責審訊。可見武營與差役一樣不善於緝捕，更未認真緝捕，為立功求賞，毫無顧忌地草菅人命，誣良為匪是常事。杜鳳治甚至慨歎：「從未聞兵、差能拿獲一真賊者！」[183]

上面四案分別涵蓋了杜鳳治任職的幾個州縣，於此可見州縣官、差役、武營進行緝捕的一般情況。

（三）「借盜銷案」

「借盜銷案」是州縣官讓被捕的盜匪承認是其他未破之案的案犯，藉以規避緝捕責任、處分的做法。

清朝對州縣官緝捕責任有很嚴格的規定，盜劫案發生後，必須立即勘驗、限期詳報，如在規定時間內不能破案，可以延期三次，即共有四個期限，到第三個期限和第四個期限仍未破案，州縣官就要受到處分，即所謂的「三參」「四參」期限。督撫、布政使往往會主動幫助州縣官規避，在三參、四參期限到以前將其調走。[184] 由於前人已對州縣官的緝捕責任做過深入研究，筆者沒有必要重複，故本目着重寫杜鳳治規避緝捕責任的一些故事。

清朝很多法規、制度脫離實際，其中有關州縣官緝捕責任及懲處的規定就是典型例子。光緒元年，劉坤一任粵督，鑒於盜劫案件多發，制定了一個他認為較之《吏部處分則例》寬鬆的州縣緝捕章程，規定「如南、番、順、香、東、新向來盜案多者，每月不准過三次，有三次盜案而不獲犯破案，記過一次，過多議參議撤。有盜案而向不甚多者不得過兩次，向不輕有盜案者不得過一次」。[185] 即使如此，也遠遠脫離廣東實際。以南海縣而論，在晚清人口已超過百萬，省城一半歸南海管轄，境內還有佛山這個人口眾多的城市。由於鴉片戰爭後社會變化迅速，各種利益衝突、觀念矛盾尖銳、對外交往頻密、人口流動加快等因素，包括盜劫案的各類案件迅速增加，要求一個月內盜案不得超過三起絕對做不到。杜鳳治說過，南海縣「每月所報（盜案）不下二三十起，甚至一日數起、一搶數家」。[186] 在晚清，南海這樣的縣份每月發生劫案二三十起其實也很正常，實際上發生的盜劫案肯定遠不止二三十起。即使是平常盜案不多發的中簡缺州縣，每月也不可能只發生一兩宗劫案。以清朝文武衙門的能力、效率以及當時的技術條件看，多數盜劫案最終都不可能破案獲犯。

首任南海時，杜鳳治在接到一宗搶劫並洋槍傷人案時感歎：「搶案迭出，結習如是，即夫子蒞此亦恐無術止之！」[187] 他認為就算讓孔子來南海也無法制止劫案，任何官員都不可能做到吏部則例的規定。按察使周恆祺在劉坤一制定此章程時就認為行不通，認為「如照章辦，南海應月月換人」。[188]

然而，朝廷的則例與上司所定的章程，州縣官是不可以公然違反的，但又無法照此執行，於是官場上下就找出各種掩耳盜鈴的辦法，以規避州縣官的盜案處分。

把案件壓下不上報是其中一個辦法。同治十年到同治十一年初，南海詳報盜案 41 起，番禺不到 30 起，外縣最多二三十起。[189] 對照光緒初年南海每月二三十起的報案數，同治年間的案件少得不合情理。同治年間瑞麟為總督，雖重視捕務，但御下寬和，又熟知廣東情形，故州縣敢少報。同治十年十二月，安良局一次就向南海縣送報劫案五起。杜鳳治馬上想到，「倘詳報出去，大不好看」，於是找到安良局局紳陳樸、梁葆訓，囑咐兩人了解此五案有無「捏竊作搶」。又請兩人轉致安良局總辦聶爾康，不要同時把五案都報上去，同南海縣彼此知會、對案情統一說法後再詳稟。[190]

其實，「捏竊作搶」無論對官員還是對局紳都沒有好處，杜鳳治實際上是示意陳、梁設法把劫案改報為竊案。「以盜作竊」是州縣為減少上報盜案數字常見的做法。同治十一年院試期間，有人在傍晚持刀到考生寓所搶奪衣物，番禺知縣與廣州知府商量，因為案發在考試期間的省城內城，且非夜間，如作為盜劫案詳報太傷官府面子，打算作為強竊上報。[191] 當年冬天，署理江浦司巡檢朱銑稟報自己衙署被劫，20 餘盜匪將衣物搜劫一空，失贓所值百餘金。衙署被劫更損害官府體面，杜鳳治明確要朱銑把這宗大劫案報為竊案，並允諾代朱向廣州知府說明。[192]

但瞞報、改報只能在文牘上減少部分盜劫案，而且這兩種做法對州縣官有一定風險，因為一旦「見諸公牘」，州縣官就必須對公文內容的真實性負起責任，如果事主上控，或日後劫匪被獲，州縣官就會有麻煩。杜鳳治自己就遭遇過詳報案件文書有漏洞被上司挑飭的事，初任廣寧和四會時，署理按察使蔣超伯認為杜鳳治是自己政敵一邊的人，抓住杜鳳治一宗渡船劫案中少報劫盜人數以及沒有嚴格區分「劫」與「搶」，於是大造文章，在上報督署的杜鳳治的詳稟上批示「該令以劫報搶，是何居心？是否諱盜？」[193] 本來按清朝法律，劫、搶的區別並不重要，但杜鳳治不得不應付，費了很多心思，做了很大努力，還花費了不少銀兩，才把事情擺平。州縣官如果要規避處分，又不想留下把柄，瞞報、改報、捏報都不是好辦法。從杜鳳治的日記看，「借盜銷案」更是常用的辦法。

因為規定州縣官只要抓獲盜劫案犯，哪怕只抓獲部分案犯，案件就算已破，三參、四參就可免去了。而且，劉坤一的章程還規定，「每三案報一案獲犯，六案則報二案獲犯，則功過可抵」。[194] 也就是說，只要破了一案，就可免除三案的處分。州縣官為破案避免處分，可能會鼓勵、默許差役、武營弁勇隨便抓人塞責，但明目張膽誣良為匪，一則有風險，二則做多了良心上也會過不去，而「借盜銷案」，上面兩個問題便不復存在。「借盜銷案」就是勸誘（如免於拷打、給予食物煙酒等）、逼迫被捕定案的盜犯承認未破之劫案是他們做的。這些盜犯已認供，多一宗少一宗對他們來說都沒差別，如果不瘐死，也必然是不分首從就地正法。把沒有做的劫案加到他們頭上，各級官員、幕客、書吏都不會有心理負擔。只要文書做得周密，日後也不易查清，因為死無對證。這樣，「借盜銷案」就成了最常用的辦法。

同治十三年四月，杜鳳治到候補道林直家弔喪，遇到與林一起在南海清鄉的知縣邱蔭梅，兩人商量了「營中正法人犯可以銷南海搶劫案，開列名姓移至南海可以銷三四參案件」的事。[195] 兩天後，杜鳳治又向署理按察使鍾謙鈞解釋，監獄內瘐死的犯人延遲上報，「此乃幕友通融辦理，必將此藉以銷案也」。[196] 幾個月後，同知饒世貞將赴南海西樵參與副將戴朝佐主持的清鄉，與邱蔭梅一起幫同審訊。杜就致函饒，「並附手摺一份，內開南海搶劫案屆三參者共三十起，內（同治）十年所報之案已過三參者十一起，特為簽出，囑伊赴西樵會同戴弼臣協臺辦匪時，獲犯情實，先列入已過三參之十一起借盜銷案」，饒世貞允諾必為照辦。[197] 光緒三年十一月，清鄉時拿獲搶劫渡船的兩名疑犯，其一在審訊前自殺，杜鳳治就同鄧安邦商議將其作為「已認供急病身死」的首犯。幾天後，杜鳳治又託話給鄧安邦，如果清鄉時所獲疑犯認供，「借銷（同治）十年、十一二年各案」。[198]

各級上司對杜鳳治的「借盜銷案」不僅允許，有時還予以指點或幫助。光緒二年九月，杜鳳治向按察使周恆祺面呈「前任南海時已到三參各案手摺」，並說明再任後「到三參者不下二十餘起」，擔心日後有機會升官會因此被部吏駁詰勒索，請求周「囑託師爺將各案匯入現辦各盜案消彌」，周恆祺當即爽快答應。[199] 因為案未銷完，次年六月，杜鳳治再次向周恆祺呈借盜銷案手摺，周恆祺提醒杜「不要全數彌縫，被上看出，近乎有意，不妨多少參差」，而且可引用「平日官聲甚好」的條文，即使記過多次也不至於參撤，還指點杜如何安排獲犯、記過、記功，以更妥帖地銷案。[200] 兩個月後，廣州知府馮端本對杜鳳治說：「借盜銷案一事，臬臺已面諭飭讞局照辦，如有可以借銷之案為之斡旋，我亦與讞局各委員言之。」因為有周、馮的授意，讞局委員以及府署、臬署師爺都會予以配合。[201]

杜鳳治自己也幫助下屬「借盜銷案」。羅定州屬下的西寧縣連灘發生劫案，知縣陳杞一賊未獲，致函杜鳳治請求入監賄買在州城正街搶案拿獲之四賊認搶連灘案，杜鳳治也立即允許。杜鳳治認為，正街劫案案犯按照就地正法章程都是斬立決，行劫次數多者，從重也無非是梟示，總之一死而已。陳杞賄買盜犯多認一案，使他們在獄中可以享受酒肉、鴉片，反得到好處。[202]

「借盜銷案」要辦得順當，除了上司的默許與維護之外，打點上司衙署的幕客也必不可少。杜鳳治首任南海已屆三參、四參之案，本來已得到按察使周恆祺的允許，但臬署兼督署幕客陳光照示意杜鳳治酬謝 800 兩，杜沒有答應，陳光照就在臬署的詳文中刪去了所借盜犯姓名。但杜鳳治族姪杜承洙是讞局委員，得知此事後立即告訴叔父，杜鳳治再同周恆祺說明，周恆祺便命其他幕客另辦文書。[203] 府署幕客沈梅生也曾挑飭讞局為南海「借盜銷案」的文書，原先所借之盜「皆各屬搶犯已斬決者」，沈認為「辦得不得法，案無根據，恐有後慮，不如用病故各犯無痕跡」，其實是因為該「借盜銷案」的詳文由杜承洙起草，而沈同杜承洙有過節，故意讓杜承洙難堪。[204] 但於此也說明無論斬犯或瘐死之犯，都是可借為銷案的對象。不過，杜鳳治平日很注意同上司衙署老幕客劉復齋、劉十峰兄弟搞好關係，不僅都支付了豐厚的干脩，而且對劉十峰所控的錢債案十分用心，在二劉的協助下，加上知府、按察使本來就同意，府、臬衙署都沒有再為難，南海縣這次「借盜銷案」終於得以完成程序。

五、南海知縣的特殊公務

（一）首縣知縣的地位

在清朝，南海、番禺是廣東省首府廣州府的附郭縣，一般也可稱為廣東省首縣，省城分屬南海、番禺兩縣管轄，南海管省城西部，番禺管東部。晚清省城人口已過百萬，南海所轄的西關是省城人口最密集之處，也是全省商業的中心。此外，佛山鎮也在南海縣地面，人口有數十萬。佛山雖設立了同知衙門，但按照清朝制度，作為地方正印官的南海知縣，較佛山同知有更大的行政責任。

南海縣是「沖、繁、疲、難」四字俱全的最要缺，知縣須請旨補授。南海又是全國著名的大縣、富縣，應考的童生人數為全省之冠，地丁和其他賦稅額遠超其他州縣，盜案數目在全省也最多，因此，南海知縣遠比一般州縣官忙。杜鳳治稱，「南海公事較外縣多至十倍」。[205] 布政使楊慶麟也說過「首縣豈人人可為者乎？必須有才能、有氣度、能肆應、能鎮定，能辦洋、旗事務，能聽斷、緝捕方勝其任」。[206] 另一位布政使鄧廷枏對小病新愈銷假的杜鳳治說過：「首臺是不可病的，與錶一樣，你病了幾天，如錶停了擺了。」[207]

按照清朝的制度，知縣只是「微員」，即使是首縣南海知縣，本身的官職也不過六品（杜鳳治加捐同知，並加銜至四品，一般知縣為七品），在整個官僚架構中處於偏下的位置，但在官場中的地位非其他州縣官可比。

同治十二年四月廿三日（1873 年 5 月 19 日）是杜鳳治 60 歲（虛歲）生日，其中一副賀聯由大學士直隸總督李鴻章撰、軍機大臣工部尚書李鴻藻書（二李是杜鳳治的鄉試同年），附名的還有多位最低為四品京堂的京官。外官表示祝賀的「以道員止共三十餘位」，「屏紅緞金字四幅，同寅金底墨字子立首府（馮端本）撰，午橋（張炳炎）同年書，府、縣均列名共十六幅」。布政使、署理按察使、廣州知府、諸候補道、候補府均親到縣署祝賀，來祝賀的還有右都統、粵海關監督。如果杜不是廣東首縣南海的知縣，不可能有這樣的場面。杜鳳治任廣寧、四會知縣時，署理按察使蔣超伯對他諸多刁難，是他仕途上的第一個剋星。但調署南海知縣後，杜鳳治去謁見蔣超伯，其時蔣雖沒有實職，但品級還在，從日記對兩人見面的描寫來看，蔣超伯的客氣和禮遇甚至有點過頭。蔣之所以前倨後恭，也是因杜鳳治首縣知縣的身份。品級很高、任過高官或翰林出身的大紳士如梁綸樞（二品銜）、梁肇煌（曾任京兆尹）、康國器（原廣西布政使、護理巡撫）、馬儀清（翰林出身，在籍道臺）等對杜鳳治也都很客氣。

杜鳳治在日記中也經常流露出躊躇滿志的心態。據說廣東的首縣比其他省首縣更神氣。有一次，廣州知府馮端本與杜鳳治談起以往見南海、番禺知縣時他們高傲的態度時，引用了一段廣東官場的流行語：「以前廣東有四大之謠：葉中堂官銜大（中堂總督、太子少保、一等男爵），城隍廟燈籠大，老舉腳大，兩首縣架子大。」[208] 他着重的是最後一句。杜鳳治任南海知縣後，架子也不小，對一些並非頂頭上司的候補道、府官員常常不給面子，對大多數同、通、州、縣更不放在眼裏。杜鳳治說只要自己在家，「求差之同、通、州、縣絡繹不絕，記不勝記」。[209] 如果來客與他關係一般，或者沒有重要公事，杜鳳治往往不見，「外間頗有怨言，謂首府比督撫難見，首縣比司道難見」。[210] 說「首縣比司道難見」或過甚其詞，但也反映出想要見首縣知縣的官員之多。這些人多數無非是沖着杜鳳治首縣知縣的地位而來。

由於首縣經常接近督撫，了解督撫的意向，一些地位相當高的官員也要通過首縣了解信息。例如，學政吳寶恕希望繼續留任廣東，想知道督、撫的意見，便囑杜探詢，「一有信息，即馳告之」。[211]

光緒二年九月，署理廣州知府樓震到任後向杜鳳治請教首府的公務，杜回答：「唯首府無甚要事，最重者是讞局，此地必要留心。子立初到時，□亦以此言首先告之。伊於讞局可云慎重，其出色亦在此，如今初到，尚無把握，一切責成晏畫舫賜書、杜菊人承洙二人，自無廢事矣。」[212] 一般州縣官不會用這樣直言不諱的口氣同頂頭上司說話。但樓震新接署廣州知府，必須得到杜鳳治這位老資格首縣知縣的協助，從日記的描寫看，樓震不以為忤，反對杜表示感謝。後來按察使周恆祺告訴杜鳳治，曾聽到督撫議論樓震：「首府樓人實無他，唯生手，幸得杜令諸凡匡助，尚無貽誤。」[213]

但凡在省城舉行的重大政務活動，如學政院試、文武鄉試、閱兵會操、例行的祭祀、臨時的祈禳等，首縣知縣除按規定或慣例參堂、站班外，要負責籌備、供應、操辦等事宜，有時還得充當溝通的角色。如同治十二年癸酉科鄉試，從點名、巡邏、處理突發事件、延請謄錄書手，到放榜、舉辦鹿鳴宴，杜鳳治作為首縣知縣都要安排、照料和負擔部分費用。鄉試考畢，廣東要以督、撫名義致送正、副主考豐厚的程儀，送多少、怎樣送，以及這些銀兩如何湊集，都由兩首縣辦理，包括以私人信件的方式提醒同主考有年誼、鄉誼的官員厚送程儀。督、撫名義致送的程儀則由兩首縣先墊付，事後再致函各州縣分攤歸還。[214] 再如光緒二年武鄉試，杜鳳治雖不必全程參與，但舉行一些儀式時作為首縣知縣要在場，還要每天去校場看看上司有什麼事要交辦，日記記「去必掌燈，回必掌燈，如此者必有四十餘日方畢，所謂戴星出入，非歟？」[215]

因為首縣知縣經常承辦各種具體事務，熟悉規矩和慣例，督撫會向首縣知縣詢問有關禮儀細節等事項，而首縣知縣也會主動提醒上司。光緒二年廣東鄉試主考王之翰是四品官，級別不高，但杜鳳治想到王係日講起居注官，皇帝侍從之臣，於是就通過督署巡捕轉稟總督，等到主考回京時「各大憲應寄請聖安」。[216] 光緒三年春雨水過多，總督派巡捕詢問杜鳳治應否祈晴，杜回覆：「即於明日起兩縣先赴城隍神前默禱，三日如仍未晴，俟廣府三日假滿再行設壇府、縣同祈，或請司、道虔禱。廣府亦差人來詢，亦答以明日起默禱三日，不設壇。」[217] 總督、知府之所以要詢問杜鳳治，是因為首縣因經常承辦各種祈禱、祭祀，所以熟悉典禮，而且縣衙有檔案文書記錄可查。

兩首縣還是為各級上司衙署提供服務的機構。督、撫、藩、臬、學政到任、去任，衙署的修理以至某些日常用度，兩首縣既要出力還要出錢。按慣例，為上司辦差的經費，南海負責六成、番禺負責四成。每逢年節督、撫、藩都會賑濟「窮員」以及「故員」的貧困親屬，首縣負責具體措辦，已見前文。南海、番禺兩首縣有分別「值月」的慣例，番禺輪值單月，南海雙月。[218] 值月的首縣知縣承辦該月的官場事務。

不僅公務，督、撫、藩、臬、道、府很多私人事務也要首縣承辦。如同治十二年正月巡撫張兆棟的老太太壽辰前一日，杜鳳治就要去安排，「卯初二刻至撫署，至子初一刻方得歸」，次日「尚須打點坐一日」，搞到疲憊不堪。[219] 當年六月，新任按察使張瀛接印後兒媳婦病死，其後事也靠兩首縣備辦。[220]

首縣知縣很風光，但又很不好當。清朝儘管有很多「則例」之類的行政法規，但法規、制度條文往往不會被嚴格執行。官員們對麻煩事能推即推。因為在省城同城的頂頭上司多，首縣知縣需要請示的人也多，兩首縣知縣無異是十幾個婆婆管束下的兩個媳婦。但上司之間關係複雜，未必都有明確指示，最後還是靠首縣知縣自己決定、執行和承擔責任，所以，首縣知縣做起事來格外艱難。杜鳳治曾歎：「不論何事，有難定主意者，上游往往不肯專主，必推之兩縣，到兩縣則無可推矣，故兩縣不易為也。」[221] 首縣知縣收入雖然高於其他州縣，但除了公務支出特別多之外，為滿足上司及他們的幕客、親信等的各種索求，額外支出也要比其他州縣官多得多，一不小心就會嚴重虧累，所以，杜鳳治兩任南海知縣，做一段時間就要求卸任，寧可調到收入少得多的州縣任職。

（二）官場運作中的要角

被選為首縣知縣並能當下去的官員，必須是總督、巡撫、布政使都接受並且有能耐的人。總督對求見的下屬往往會不見，但對首縣知縣，「不論何時來必見，見必有許多話」。[222] 首府和兩首縣是除布政使外單獨見總督最頻繁的官員。[223] 杜鳳治只要人在省城，大多數日子要謁見督、撫、藩、臬等上司或被他們召見，上司們予以諭令、指示，經常同他討論各種問題，杜鳳治則常在各級官員之間傳話溝通，在官場中所扮演的角色與一般州縣官有很多不同，除事務性的公務外，還參與了大量「會典事例」所規定的知縣職責以外的公務。

清朝地方官員架構的設計，既複雜又有太多空白模糊之處，不能應付官場實際運作的各種情況，有很多必須經常做而又不可「見諸公牘」的事。例如，為免戶部、刑部書吏對廣東秋審、奏銷挑剔，廣東每年致送兩部書吏

「筆資」3000 兩銀，這筆錢必須送，但又絕對不可以在官方文書中出現，都是藩、臬委託兩首縣具體辦理，先墊付解送，然後兩首縣以私人信函的形式要求各州縣分攤（但「解者寥寥」）。[224] 又如，督、撫、藩的故舊或翰林來粵「打把式」，這是年年必有之事，但不可用督、撫、藩的名義和其衙署的文書要求各地道、府、州、縣致送銀兩，發信的事同樣落到兩首縣頭上。

有時，某些重要公務，督、撫出於種種考慮不願直接出面或通過正式公文處置，首縣知縣就負起溝通督撫與具體辦事官員的責任。同治十一年春，番禺鹿步司雞公崀村與其他村莊械鬥，參將鄧安邦（寶臣）率兵勇會同番禺知縣胡鑒前往彈壓。雞公崀村不願繳械、亦不願交出「鬥匪」，還與彈壓的官兵對峙月餘，其間向官兵發射抬槍。按照清朝法律，民間不准擁有大炮、抬槍等重型火器，槍擊官兵更是形同叛逆。但如果這些情節都通過正式公文稟報，就只能按王法嚴加剿辦，死傷必多，事後也要誅殺多人。總督與署理按察使商議，認為既不能聽之任之，又不想事情鬧得太大（雞公崀離省城不遠），希望以威懾的辦法使雞公崀等村繳械交匪，只求事件平息。但這些想法不符合王法，所以就不能見諸公牘。於是，處置事件過程中，胡鑒以私人信函的形式把雞公崀情況告知杜鳳治，讓杜鳳治再向各級上司稟報。總督、按察使、知府等上司的指示以及上司一些具體細緻的想法，又由杜鳳治以私人信函的形式告知鄧安邦、胡鑒，使鄧、胡兩人及時了解上司意旨，不至進退失據。最後，雞公崀村表示願意服從官府，交出武器和若干名「鬥匪」，繳交花紅銀 1400 元了事。[225] 杜鳳治在日記中頗為自豪地記下：「此次若非予為上下周旋，信息如飛通報，則上下不通，中堂初甚怪寶臣，幾乎撤去，予急通信，即時進兵，方得成功。」鄧、胡兩人事後得到總督的讚許，也很感謝杜鳳治。[226]

遇有州縣官因交代、緝捕等事項拖延有可能引致處分，督、撫、藩、臬往往會讓首縣寫信或傳口信，提醒有過失者趕快彌補改正。如果由督、撫、藩、臬直接出面，就等於追責進入程序，由首縣轉達，既讓有過失者知道上司的態度，又留有轉圜餘地。同治十一年十一月，新任布政使俊達讓杜鳳治提醒卸任興寧知縣張琮，因張在興寧任上「虧短正項五六千金，部款千餘金」，要儘快籌解，「如不籌解，必然揭參」。如果張琮能清解，「我必與以一缺，即請君為中證，斷不食言」。[227] 光緒二年八月，順德賭風甚盛，兵丁包賭，總督劉坤一要杜鳳治轉告順德知縣林灼三：「留城弁兵漁利包賭恐必不免，但此地方官之責也。林令當予初到時循聲卓著，人言嘖嘖，今見一年碌碌庸庸，未見其行一事建一言，直同泥塑木雕，為循吏者固如是乎？君必以我言告之。」[228]

上司有時會把一些涉及全省的政務交給首縣知縣調查、報告。同治十二年，因為很多州縣官不僅捐攤、雜款觀望不解，其他款項亦不解，致使清餉局無銀，武營領餉無法應付；布政使俊達便命杜鳳治發信給各州縣官，並要杜查明各州縣缺之優劣及欠解數目呈報。杜鳳治很快向俊達密呈各官欠項及貧富情況，但請求布政使為其保密免招怨恨。[229] 光緒三年四月，巡撫張兆棟又要求兩首縣查明各州縣欠數、貧富開單呈閱，以便嚴追。[230] 杜鳳治這次沒有抓緊做，20 多天後，巡撫催促，杜回去後只好把全省州縣官分上、中、下三等開列名單應命塞責。[231] 上面提到的布政使、巡撫交辦事件，就不屬於南海知縣的職責，但因為杜鳳治是首縣知縣，與各州縣官經常交往，且居官省城，有較多了解信息的渠道，所以布政使、巡撫特地叫他去辦。首縣知縣還會參與討論、制定涉及全省的章程。州縣交代是個大難題，積重難返，蔣益澧奏減米羨後州縣官收入大減，交代時虧空的情況更多。同治十二年，布政使俊達打算制定一個新的章程規範州縣官的交代，初稿擬出後，除了藩署師爺、交代局作簽注外，俊達又召集廣州知府和兩首縣知縣討論，赴藩署前知府馮端本先找兩首縣知縣統一意見，杜鳳治頗為詳細地記載了府署討論的情況。到布政使預定的時間，三人到藩署，俊達諭令門上，其他人無論何人一律不見。三人帶來在府署簽註過的章程稿本，同俊達一起「悉心逐條酌議」，俊達基本上接受了三人的意見。[232]

首縣知縣經常參與委缺、委差的討論，並有頗大影響力。杜鳳治兩任南海的日記，都有布政使同他詳細討論委缺、委差的記錄，有時總督、巡撫也會就此詢問他的意見。當一個「苦缺」空出時，通常是首縣知縣出面從候選人處得到明確答覆後，督、撫、藩才決定任命；有時甚至事先讓首縣在候缺官員中放風聲詢問誰願意任某缺，再確定候選人。[233]

光緒三年二月，布政使楊慶麟接見杜鳳治和番禺知縣袁祖安，同他們討論長樂、增城、新寧、潮陽、河源、陽春、高明、饒平、儋州等州縣任缺事，事前楊慶麟命杜查問何人願意到儋州任職，杜當場把名單呈交布政使。[234] 幾天以後，楊慶麟再與杜商議博羅缺調何人署理為好，又討論潮陽、揭陽兩大缺知縣的更動。因不少官員不願赴苦缺任，楊慶麟打算定一新章程，規定任苦缺者到一定時間予以調劑，委託杜鳳治把各缺情形分成五個等級開單作為制定章程的依據。[235]

按察使周恆祺也曾要杜鳳治開列同、通、州、縣十餘員，以備充任赴各州縣辦理積案的委員，又要杜推薦讞盜局審案委員的人選。[236]

杜鳳治不止一次參與了知府、直隸州知州委缺的討論。同治十一年九月，布政使俊達問杜鳳治嘉應州缺之優劣，又問張曰銜（翰林出身，實缺同知）是否可以署理此缺，杜回答說可以，後來掛牌的結果就是張曰銜。[237] 光緒三年春，知府徵霖有機會補韶州府缺，布政使楊慶麟問杜鳳治，徵霖和另一知府鳳貴誰更合適。徵霖曾多次求見杜，顯然有請杜美言之意，又請託杜幫忙致函部吏照應。[238] 後來，楊慶麟告訴杜鳳治，徵霖就算補不上韶州府，也可以得雷州府。[239]

杜鳳治還協助上司處理官場的難題。如署理南海縣丞恩佑是總督瑞麟的親戚兼親信，署理這個著名優缺已期滿，又稟留過一次，按制度和官場慣例都應該讓其他人當。瑞麟向布政使鄧廷枏示意要讓恩佑繼續署理，鄧廷枏認為如此會招物議，又以為瑞麟未必會太在意一個佐雜缺，最初不打算按瑞麟的話辦理。杜鳳治通過方功惠等人了解到瑞麟對恩佑很有情，對此事也很上心，為此特地謁見鄧廷枏，提醒其犯不着為一個佐雜缺與總督意見相左。但瑞麟這樣做確實是阿私，官場一定人心不服，所以不宜公開稟留恩佑。最好的辦法是裝作忘記恩佑署理期已滿，既不派人接任也不稟留，讓恩佑再做半年，等過年後看情況再說，在單獨謁見瑞麟時婉轉說明，估計瑞麟就不會見怪了。鄧廷枏表示也只可如此。杜鳳治又把恩佑找來把情況告知，提醒其不要聲張。[240]

杜鳳治還經常在上司面前為其他州縣官求情。新會知縣鄭棻、香山知縣張經贊、順德知縣林灼三都因事可能被撤，杜鳳治作為首縣代他們求情，請求不要在錢糧旺收時撤任。杜鳳治對上司說，自己「與鄭、張、林三令初無深交，亦無年、世之誼，既為州縣領袖，可為之緩頰，無不盡心力為之」。[241] 他覺得做這類事是首縣知縣應盡之責。

（三）維護省城治安

維持省城治安是首縣知縣極為重要的公務。南海縣並無歸其節制的兵勇，[242] 雖說省城內緝捕責成武營重於兩首縣，但一旦有重大劫案發生，首縣知縣也必然要擔責。省城劫案大部分疑犯都是武營捉獲後送來的，南海縣也出動衙役緝捕，但主要是審訊武營送來的疑犯。

省城遇有大規模的聚眾鬧事、騷亂，首縣知縣的責成就重於武營了。下面以光緒三年七月十七日在省城先後突發的兩宗大規模騷亂事件為例，看看首縣知縣是如何處置的。

當日是院試末場，南海縣署外班騎馬飛報雙門底出現罷市。原來是新會縣一個十六七歲的童生到紙舖買紙，店夥發現他支付的一元洋銀是銅銀，便將銅銀扣下。此童父兄糾集新會文童多人到該紙店將招牌、物件搗毀，引發街眾與新會童生、家長的衝突，街眾抓到新會童生、家長六人。雙門底是南海、番禺的分界，事發的店舖在番禺轄區，杜鳳治得知廣州知府馮端本和番禺知縣袁祖安已到雙門底，便飯也不吃趕過去。馮、杜、袁在雙門底街廟簡單商議後就把六人帶到廣州府署審訊，四營將 [243] 也趕到府署。接着，馮端本、袁祖安、杜鳳治三人到了讞局，讞局委員也全到，並把送考到省城的新會學官、廩保傳來。在審訊時掌責被捉獲者，然後由新會學官、廩生將六人保釋。

新會童生、家長滋事案還未審完，就有杜鳳治的「家人」跑到讞局報告說，剛才西關玉石器行的人去龍津橋龍珠茶店飲茶，因打碎茶碗、店夥索賠互相爭鬧，玉石器行就「糾合數十百人來店大鬧，碎器毀門，其勢洶洶，竟同搶劫。街坊鳴鑼聚合，約眾抵禦互鬥」。西關歸西關千總、南海縣丞直接管理，兩人聞訊立即帶領弓兵、差役前往彈壓，捉獲七人，為首鬧事者逃脫。

兩聚眾鬧事事件都發生在鬧市區。童生院試期間，容易發生聚眾鬧事。其時大批外府縣應考童生仍留在省城，雙門底衝突發生後如不及時平息，事情鬧到多大難以預料。所以，官員們相當緊張，知府、兩首縣都立即趕到事發現場會同處理，四營將也來到府署。西關聚集各行業數以萬計的手工工人，他們有自己的行會，不少人好勇鬥狠，擁有冷熱兵器，甚至洋槍。而清代廣州各街道的商民又有一定的自治、自衞機制，擁有街勇等武力，如果街眾同手工工人衝突升級，也會造成嚴重的死傷。從上述兩事件看，省城負責維護治安的文武官員對大規模聚眾滋事的警惕性相當高，也有應對機制，南海縣丞、西關千總在很短時間內至少向知縣送了兩次書面報告，反應可說迅速。各級文武官的配合亦可稱默契，所以，事態得以迅速平息。[244]

防火救火也是大城市治安的重要內容，首縣知縣防火救火的責任甚至比緝捕還重。其時廣州的房舍都是磚木結構，人煙稠密，火災經常發生。每逢失火，杜鳳治都會立即趕赴火場親自督促灌救。同治十年九月，省城雙門底著名成藥店陳李濟之店鋪失火，杜鳳治立即趕赴火場，「差、勇排列，獨坐彈壓」，稍後又派人持手本稟知來到火場的布政使、廣州知府。等到火熄滅、上司回署後杜鳳治才離開。[245] 同治十一年十月，杜鳳治正在為兒子杜子杕的婚事行聘禮，聽事報西關下九甫失火，杜鳳治立即放下一切奔赴火場，聽取地保與保甲委員的報告。副將喀郎阿、署理按察使鍾謙鈞、保甲局督辦沈傳經等一批文武官員也先後來到。這次火災燒去娼寮七八間。[246] 同治十二年十二月，西關故衣街一私售火藥的洋貨店二更時分起火，延燒左右，杜鳳治聞訊即率領兵勇前往救火，番禺知縣胡鑒也到場，按察使、鹽運使、廣州知府以及幾位武官也到達火場。各官在城樓上坐鎮，具體指揮者主要是南、番兩縣。按察使提出拆毀一些房屋截斷火路，因要取得房主同意，杜鳳治乃請西關千總羅祺傳諭。第二天，杜鳳治又去火場調查起火原因，勘查舖屋被焚及人員傷亡情況。[247] 光緒三年三月新城正南門外蓑衣街夜間發生火災，杜鳳治也是聞報立即起牀趕赴火場，水龍車十多部前往灌救，杜鳳治為此感歎：「可見廣州水車之多！」[248] 官府並無專門的消防隊伍與設施，水車、水龍都是民間的。但杜鳳治作為首縣知縣帶領兵勇到達火場，一方面通過地保了解起火原因、傷亡情況等，並協助救火、臨時處置（如決定拆房斷火路）；另一方面維持秩序，防止趁火打劫等案發生。趕赴火場的雖有按察使等高官，但他們都不直接指揮救火。南海、番禺兩縣遇有火警不會很嚴格劃分轄境地界。如同治十二年十二月西關的火災，番禺知縣也到場，而西關是南海縣轄境。

首縣知縣必須設法防止劫案、盜案在省城發生，最常見的辦法是舉辦團防。與鄉村地區不同，大城市舉辦團防基本是以街區為單位，把原先各街的更練、壯勇整合，添僱有防衞、追捕能力的人員。同治九年，省城多次發生劫案，番禺縣幕客李啟征受番禺知縣楊先榮之託大辦團防，其時杜鳳治作為委員在潮陽催徵，杜在省城的公館與李啟征的住宅都在豪賢街，所以杜宅也出了辦團防的錢。[249] 光緒三年秋，省城「西關各廟屬俱因時屆冬令，應辦團防」，杜鳳治不僅提倡，而且同廣州知府、廣州協參將分別捐銀贊助。[250]

每逢冬天，劫案、竊案、火災都會多於其他季節，故每年冬天省城都加派查街委員。「南海老城內總查（同、通、州、縣）一員、小委員一員、新城一員、西關兩員；番禺亦一總查，如南關、東關、老城、河南亦四小委員」，由按察使下劄委派，但由兩首縣知縣提出名單，並監督、管理。[251] 杜鳳治自己經常晚上上街查夜，如果番禺縣知縣外出不在省城，他巡查的範圍就包括番禺縣轄境。[252] 有時，巡撫、按察使、廣州知府也會出其不意地出署查夜，兩首縣知縣既要應付上司，又要監督佐雜、委員落實巡查，次日還必須處理繁忙的公務，所以格外辛苦。杜鳳治就與按察使、廣州知府商量，如果他們兩位出來查夜自己就不去了，只有巡撫查夜時才出去謁見。[253]

省城盜竊案多發，杜鳳治認為只要解決了竊匪窩家的問題就可以減少竊案。同治十二年，他出告示規定「不論何街何巷被竊，將該處所有二煙館、娼寮、賭場全行封禁」，日記稱實行以後「城中夜間較前安靜多矣」。[254] 二煙館、娼寮、賭場等不大可能都是竊賊的窩家，大概是因為這些都是盜、匪經常出沒之地，而煙館、娼寮、賭場與社會上各式閒雜人等聯繫密切，也有自己的保衞人員，怕被封，不得不在防止竊賊問題上與官府合作。

同治十年，杜鳳治向按察使建議：「洋槍為害非淺，固不能禁夷人之不賣，尚可禁我們各店之不賣，並不准各家收藏此物。晚間街上行人如見其形跡可疑，即飭委員、兵勇搜其身上，如帶洋槍作為盜匪正法嚴辦。」[255] 同治年間是洋槍大規模流入中國民間之始，廣東民間流入的洋槍最多。但《大清律例》只有嚴禁民間擁有大炮、抬槍的條文，對民間擁有鳥槍則留有口子，對洋槍則還沒有增補條文。杜鳳治作為其時廣東的地方官，痛切感到民間洋槍氾濫對治安的威脅，但這個問題不是制定一些禁令就可以解決的。

（四）對省城的其他管治

教育、醫療、衞生、交通、郵政、就業、城市規劃、社會救濟等，都是近當代城市管理的重要內容，清代官府並沒有管理這些事項的機制、法規，更沒有專門機構、人員和經費。兩首縣着重為各上司衙署提供服務，但廣州畢竟是人口百萬的大城市，諸如治安、交通、排水、賑濟、居民生活等問題，官府不能不管，而首縣知縣則是直接管理這些事務的主要官員。杜鳳治的日記裏也記下很多關於修理城牆、疏浚城內水道、清理街道、賑濟盲人、封禁合族祠、舉辦義學、辦保甲、查門牌、管理工商、平抑糧價等今天我們可理解為「城市管理」的公務。

按慣例，維修省城城牆「向係千金以下兩縣墊辦，千金以上通省州縣派修，各縣不解分厘，是一片紙上賬目」。[256] 光緒三年，城牆維修需二萬兩銀，兩首縣墊付不起，藩庫又不能提供經費，知府馮端本提出官捐之法。[257] 由廣州府、兩首縣帶頭簽捐，各優缺、鹽務官員、外府各府分攤其餘部分。[258] 南海縣雖然剛遇上水災，但因為是首縣，所以捐 800 兩，番禺捐 600 兩。[259] 兩首縣還要負責向各府、縣催收修城分攤以及彌補收不上來的款項。

六脈渠、玉帶河是省城主要排水道，隔若干年就必須疏浚。布政使與廣州知府商量，「擬不委大委員，恐其肥己，多責成兩縣督率」，杜鳳治認為兩首縣沒時間兼顧，並建議以藩臺最器重的候缺知縣孫鑄當委員。[260] 杜鳳治還向布政使進呈了六脈渠、玉帶河上次疏浚情況的節略，稟報縣中可以提取的經費數額。[261] 南海、番禺分別諭令兩縣典史、河泊所「先查六脈渠，後查玉帶河，逐段按查繪圖註說」，呈送布政使，再籌集款項。[262] 布政使選委疏浚工程的大小委員都會聽從兩首縣知縣的意見，工程進行時兩縣也要提供種種協助。

省城有大量商人和手工業工人，杜鳳治管治省城，經常要小心應對這兩個羣體。在同治至光緒初年，商人階層仍處於「四民之末」的地位，到了 19 世紀末、20 世紀初，在上海、廣州等城市商人的地位才迅速提高並受到官府的尊重。儘管杜鳳治不太把一般商人放在眼裏，但商人人數眾多，又有財力，城市的運作、居民的生活離不開商人，所以，處置涉及商人的事項時杜鳳治還是比較小心的。光緒三年六月杜鳳治處置了一宗街道土地所有權的爭執案，於中可反映首縣知縣與省城商人的關係，以及對省城「官地」的管理慣例。

著名大紳商梁綸樞、伍崇暉的懷仁堂同十三行六約的紳商圍繞西關靖遠街一個碼頭的所有權發生爭執。六約商民認為該地段歸本街道所有，曾糾集六七百人到南海縣、廣州府上控。梁綸樞則要求官府給予「地係懷仁堂業」印據，日後如有蓋廠聚賭等事，准懷仁堂指控。雙方主張對立，梁綸樞是有地位的大紳商，而六約商民人數眾多，處理起來頗為棘手。杜鳳治到靖遠街履勘後，斷定該地係填河而成，既然雙方都拿不出地契，故應斷為官地，但「任民間店舖出入、擔水、貨物上落」。該處街門有一橫匾寫有「六約通津」四字，是六約商民認為碼頭及街道是本街產業的主要依據。所以，懷仁堂表示接受官府關於「官地」的主張，請求拆卸橫匾的牌坊。杜鳳治也認為牌坊如留下會繼續引發業權爭端，就判令六約商民自拆，「又批如果拆卸牌坊實有為難之處，不妨據實稟明候再核奪。茲既勘明地已歸官，一切仍照原判，而牌坊建立日久，成功莫毀，不必拆卸，着將『六約通津』四字改為『南邑官衢』四字」。並出示禁止「在街內搭寮蓋廠窩匪開賭，希圖侵佔官衢」，如有違反，准紳商、居民稟究。梁綸樞仍請求於判決上「如有窩賭匪等准紳商居民稟究」一句的「紳商」前面加上「懷仁堂」字樣，杜鳳治認為這樣六約商民將更加不服，所以不能照辦。南海衙役和工匠更換六約街匾時遭到商民兩次聚眾強抗，只得暫時作罷。[263] 但杜鳳治後來想辦法終於把這件事辦成，日記沒有記載如何辦成，不過，幾個月後杜鳳治再臨此地時，街匾的「六約通津」已改為「南邑官衢」了。[264]

清朝官吏通過行會管理城市的手工業者。杜鳳治在就任南海知縣之初，就了解到「西關機房、闌干作房及花梨行人多分立堂名拜會，搶攤館、滋事」等情況，於是出示禁止，「並傳各堂會首來諭之」。[265] 差不多同時，煙絲行東、西家發生糾紛，已做出判決，但西家行不遵，杜鳳治就將西家行行首蕭啟謨羈押。看審的煙絲行行眾百餘人起鬨，請求把在場的所有人都一起羈押，作為要挾。但杜鳳治以強硬態度對待，威脅說：「如敢不遵作反叛論，必令首領不全。」西家行眾不敢再反抗。[266] 後又以「名為東家、偏袒西家，於中播弄唆聳，令不具遵，借得延訟罔利」的罪名扣押了煙絲行東家譚嘉樂、黃華應兩人。[267] 日記對涉訟的案情沒有多寫，杜鳳治顯然不甚關心雙方的是非，羈押譚嘉樂、黃華應的理由也很牽強，無非是認為他們滋事、興訟予以打壓。日記還記載了幾次對手工業工人打壓的事。

省城糧食供應是極為重要的民生事務，從日記看不出首縣知縣為維持糧食供應有何常規的辦法，但會經常予以關注，在米價上漲得厲害時出告示諭令米商減價、不得囤積。同治十年冬，米價上漲，杜鳳治親自着便衣到米埠調查存米及米價情況，諭令米商「目下先行減平，倘再敢違諭增價，定干查封」。杜鳳治也知道強令米商減價不是辦法，所謂囤積、增價查封云云，不過是說官話。一些米商有很硬的後臺，有的米棧還是大紳開設的，不是說封就可以封的，而且，如果真的實行，「米更無有來者，民食更窘矣」。[268]

日記又記載了幾次封禁合族祠的事。所謂合族祠，是同姓不宗的宗族，在大城鎮（尤其是省城）湊資建立的祠堂。清朝官府認為合族祠不符合禮法，且有聚眾滋事的隱患，所以禁止，而倡建合族祠的宗族則會以書院等名義敷衍官府。同治十年，杜鳳治封禁了鄰近督、撫、藩、臬衙署的衞邊街新會黃姓合族祠。新會黃姓呈請撤封，稱該處是凌雲書院，是新會考生赴省城考試時的寓所。但書院內有神牌，黃姓又辯稱不是神牌而是為書院出資者的長生祿位。杜鳳治認為，「即長生牌假書院糾銀亦干厲禁」，示意衞邊街街眾遞呈抵制新會人。[269] 幾個月後，杜決定把書院充公，改為廣州府義學，並把書院內 700 多塊木主焚毀。[270]

在人口眾多的省城，首縣知縣不可能事事都直接管治。在官府默許下，省城街區有商民自行管治的慣例或機制。街道的坊眾有事會在街廟集議，討論決定本街事務，有時甚至超越王法處置民、刑案件。官府承認街區組織的地位，通過街區組織維持秩序、宣達官府意圖、落實官府對城市的管治。[271] 街區還設有「街正」「街副」，通過某種推舉程序產生，由首縣知縣確認。同治十年六月，南海、番禺辦理保甲查門牌事，需要清查城內和近郊的寺觀、書院、宗祠等處，維修各街柵門，落實柵夫、更夫的僱請。辦理這些事情需要錢，查門牌等事項既煩瑣又會擾民，於是就派委員督促，會同各街紳士去辦。[272] 當年秋末，保甲局委員恩隆辦理查街，「向兩縣要差要勇要燈籠火把，大張聲勢，開銷正項」，保甲局總辦聶爾康和杜鳳治都認為，「以照去年令各街巷自辦為簡捷」。[273] 因為街巷有自己的組織和機制，還有公項和僱傭的武裝人員更練、街勇等，街道的紳士有地位且熟悉情況，所以聶、杜認為街巷自辦更好，且可節省官府的支出。

光緒三年七月發生了一件民間糾紛案，日記記載：

> 又訊李何氏踞梁王氏店屋，屢傷差，委捕衙令出屋，恃病違抗。日前梁王氏偕四婦往催，婦女口角爭鬨，自然嘈雜紛拿。乃街坊、值事人等左袒李何氏，指為兇匪，三四十人（實無一男人）將四婦扣留送廟押至三日之久，至今日不得已而送官，殊屬可惡。梁王氏既稟官而自往吵鬧固屬不應，而街坊偏私左袒，膽敢將婦女扣留，荒唐謬妄！大施申飭，從寬令具結，限三日飭李何氏出屋還主完案，則與街坊無涉，眾司事又不敢具結，更可惡矣！不便全押，於中摘出六店司事交差帶候，必待李何氏出屋交還梁王氏方釋。[274]

這是一宗普通房屋糾紛演變為街眾將婦女押在街廟三天的事件，街眾扣人的理由可能是不能允許有人在本街道滋事，但挑戰了知縣的權威。李何氏倚仗街眾的袒護，不僅抗不遵判，而且還「屢傷差」，但婦女不可能對差役造成嚴重傷害。街眾拘押婦女數日不僅違法，且有可能釀成複雜的訴訟，甚至導致嚴重衝突。從日記描述看，主持街道事務的是若干店舖的司事，杜鳳治就對為首的司事施加壓力，以使李何氏一方心服。日記特地記下街眾參與衝突、拘押的「實無一男子」，似不合情理，但這是防止事態擴大的伏筆。從此案看，街眾維護本街區利益時有時會做過頭，但知縣則儘量息事寧人，只是要求街眾儘快遵守縣判，沒有追究他們對抗知縣判決和非法扣押婦女的行為。

（五）協助兩廣總督處理涉外事務

第二次鴉片戰爭後，清朝成立了總理各國事務衙門辦理涉外事務，但在各省並沒有設立相應的外事機構，在外交事務特別多的廣東，對外交涉仍像兩次鴉片戰爭前一樣由兩廣總督直接負責。南海、番禺知縣是總督處理對外事務的重要助手，選任首縣知縣時都以能否辦洋務為條件之一。首縣知縣級別不高，總督可指揮裕如，加上首縣管治省城地面，幕客、書吏、衙役人數多於其他衙署，辦事也較易落實。杜鳳治說過：「兩縣則洋務為最要務，堂期詢問亦常常有之，蓋洋務倒與藩、臬、運、糧、府無涉，在下則兩縣，在上則制臺，即撫臺處亦不甚關涉。」[275] 有時一天即有七八件洋人事務，「無不轇轕者，首縣難作，此其一端」。[276] 光緒三年為避免外國人動輒找上總督，曾委派道員高從望辦理洋務，但高「既無局又無事，即有洋務亦仍在兩縣上」。[277] 當年終於設立了一個洋務局，由榜眼、在籍廣西道員許其光任總辦，但很多交涉還是首縣知縣承辦，有時許其光還要到杜鳳治處打聽洋務事件辦理的進展，並託杜把自己的意見向總督轉達。[278]

從杜鳳治日記看，外國領事甚至領事館一般官員，都會為各種事項直接求見總督。杜鳳治經常接到總督交辦的麻煩棘手事。外國領事一旦不滿意，就會向總督控告，甚至要告到北京的總理各國事務衙門，有時還做出更多威脅，來函口氣往往如同上司訓飭下屬。杜鳳治雖然氣憤，但只能忍氣吞聲，儘量滿足外國人的要求。他因瑞麟輕易接見外國領事館官員議論說：「無如中堂既肯輕見若輩，又不肯與之作難，為若輩看透，結習已成，積重難返，不但兩縣不好作，即將來繼中堂者亦必掣肘，養癰已久，稍立風骨必決裂也！」[279]而劉坤一對外國領事館官員更為客氣，對華人翻譯也超規格禮遇。杜鳳治在日記中寫：「若輩以制軍尚如此優待，視我輩兩縣如草芥矣。」[280]

廣東是兩次鴉片戰爭爆發之地，第二次鴉片戰爭時，英法聯軍打進廣州，擄走粵督葉名琛。此後，廣東高官在外國人面前都如驚弓之鳥，對此，日記有大量生動的記述。在杜鳳治筆下，瑞麟「畏鬼如虎」，「只求中外相安無事，一味羈縻，不計其他」。[281] 而劉坤一更怕洋人，杜鳳治對劉不敢直接同洋人交涉，推給官卑職小的首縣知縣出頭很不以為然，認為劉坤一派自己與外人交涉，是想到萬一洋人翻臉，就諉過於小官，「定必拿小官參罰以謝洋人」。[282] 光緒三年，發生赤溪教民劫殺民船一案，劉坤一「初則雷霆大震，必欲嚴辦，且欲立時正法」；但法國領事館翻譯來干預後，劉「忽然改變，欲釋此教民，又難於立釋自相矛盾，飭讞局發回赤溪審訊，暗中授（意）一到赤溪聽人保釋」。廣州知府馮端本認為：「制臺如此無耐心，如何辦洋務？」杜鳳治說劉坤一辦洋務還不如瑞麟。[283] 他在日記中慨歎：「洋務最棘手。寬了，上游謂不善辦理，以後洋人無厭，進而愈進；嚴了，上游又謂洋人不懌，必與上游喋聒，失了和好之意，亦是辦理不善，左右皆非所可。」[284]

杜鳳治曾與幾個西方大國的駐粵領事打交道，他在日記裏對幾個外國領事做出評論：

> 南海法國事最少，最多者是美國，以趙羅伯糊塗…… 有丕承業洋人，亦非端士，以故事最多。次之福署德國領事官，亦不安分。英國羅領事人極利害精明，而公事尚明白，故頗安靜。呂宋之翻譯官沙位耶最不安分…… 英國翻譯官嘉託瑪，人頗長厚，亦講情理，最刁黠者法國翻譯官薩來思，幸無事也。[285]

杜鳳治對這些外國官員應該知之不多，只能從有無給自己多添麻煩着眼，做出的評論也是中國官場的套語。

按照條約，中外爭訟的案件，中國應該派官員同領事會審。杜鳳治是科舉中人，不懂外語，更無外交經驗，縣署幕僚當然也不懂外交，從日記看，交涉的翻譯都由外國領事館的人員擔任。同治十一年八月，總督瑞麟同杜鳳治談起澳葡官員從道光二十九年起即拒交澳門租銀，「中堂言五百金事無實據」。杜鳳治根據《瀛寰志略》和來粵後的了解，對葡萄牙租借澳門的由來、澳門不同於香港以及澳門土生葡人等事項做出了比較準確的敘述，瑞麟「當諭將瀛寰志呈看」。[286] 這個細節很能反映鴉片戰爭後 30 年廣東官員辦「洋務」的水平。

杜鳳治署理南海知縣後不久，便與英國副領事討論退還前任南海知縣不當收取的稅契銀一事，日記是這樣記載的：「予謂非予事，當轉向前任索取。貝領事言予不管，只知向南海縣要。」[287] 又有一次，杜鳳治見知府馮端本，馮對杜說起昨天同美國領事趙羅伯會審了一天案，當天還得繼續去，馮抱怨說：「如我們案要照他們審法，讞局委員即有百餘亦不能了結，可云累贅。」[288] 杜鳳治當然有同感。顯然杜鳳治等官員是在對外國法律知識缺乏起碼了解的情況下就參與對外交涉的。

杜鳳治初任南海時，因有廣東商人在出口茶葉內摻假及摻鐵砂，外國領事過問，瑞麟就把以往禁止這種行為的告示稿發交杜鳳治轉送與英國領事許士看。許士將告示做了很大修改送回。杜立即把洋人所改告示呈送瑞麟，瑞麟表示許士所改「尚無違礙字樣，盡可用之」。[289] 瑞麟、杜鳳治都沒有意識到這樣做損害了中國主權。

日記還記載了多宗中外商人陷入經濟糾紛的案件，而這些外國商人很可能是被中國訴訟當事人故意拉進來的。很多中外經濟糾紛都會由外國領事直接向兩廣總督提出要求，這類案件，如果兩造都是中國人，總督大多數情況下不會過問。而一旦外國領事出面，案件就不是單純的錢債，而成了「洋務」，杜鳳治就必須細心審理，隨時向總督報告和請示，求得外國領事不再聒噪。

由於經常被外國領事弄得十分煩惱，中國官員普遍認為洋人涉訟是一些中國人挑撥、教唆的結果，所以對受僱於外國領事館的華人非常痛恨。美國駐廣州領事趙羅伯是在日記裏反復出現、令廣東官員十分頭痛的人。日記稱他既糊塗又貪婪，經常介入、干預各種案件，給瑞麟和杜鳳治出難題。瑞麟與杜鳳治都認為，趙羅伯不通漢文、漢語，都是受翻譯富文（美國人）以及華人通事黎廣、王明谷擺弄，所有文書都出自王明谷之手。但王明谷後面有美國領事，中國官員對他無可奈何。同治十三年二月初，瑞麟得到趙羅伯被撤任、王明谷被領事館辭退的消息，立即面諭杜鳳治捉拿王明谷，並佈置好控告他的人。[290] 王明谷被捕兩個多月後因急病死於羈所（其時杜已卸任）。杜鳳治的接任者張琮對杜說，即使王明谷沒有病死也要把他磨死，因為總督特別痛恨王明谷，「必欲置之於死地」，作為中國人充當外國司事、藉洋人勢力無所不為者的前車之鑒。[291]

日記還記載了首縣知縣協助總督辦理越南、琉球等「屬國」官員來粵的事項。同治十一年，琉球國八重島副使等官來中國進貢，歸程遇風暴漂流到越南（日記稱安南），越南派出官員乘坐輪船護送獲救琉球官員來粵，請求廣東官員將琉球官員轉送福建再覓便回國。越南、琉球官員抵粵後請求登陸。瑞麟便傳見布政使和杜鳳治，諭令杜立即查案卷稟報以往接待越南、琉球官員的規格和禮儀。杜鳳治查出道光二十三年、二十四年越南官員謁見總督的禮節單，以及在粵停留時間、所帶貨物如何販賣、補貼薪水數額等，立即通過布政使稟報總督。杜鳳治再查其他年份的成案，對琉球官員的補貼額也提出建議。瑞麟又單獨傳見杜鳳治，指示以「天朝上國體統」為原則，按照成案允許越南船隻出售隨帶貨物，落實伙食薪水補貼等細節。[292] 日記還相當細緻生動地記錄了瑞麟以下一干廣東文武官員接見越南、琉球官員的情景。兩國官員已多年不來粵，通事已語言不通，同中國官員的溝通要靠紙筆問答。[293]

（六）杜鳳治參與過的對外交涉案例

下面介紹若干宗杜鳳治參與過的對外交涉案例。

1. 有關粵海關扣押走私船案的交涉

同治十二年夏，粵海關緝獲三艘裝載硝石等貨物的走私船，港英總督通過領事羅伯遜向瑞麟抗議粵海關越界緝私。受瑞麟委派，杜鳳治是參與談判的主要中國官員。杜鳳治便會同英國領事會審駕駛粵海關緝私船的三名英國人，以及被指控走私的船主等人。經會審，斷定有兩艘船是在廣東水域扣押的，另一艘則緝私船水手、走私的船主等人說法不一致。瑞麟指示杜鳳治：如果判定三艘船都並非在香港水域緝獲，港英總督很沒面子，以後就會找更多事與我們為難。這個案子如果告到北京總理衙門，總理衙門也會說我們辦理不善，所以對這艘船不要討論在什麼地方緝獲、是否越界了，索性含含糊糊連船帶貨還給港英方面，香港總督和英國領事得了面子，這件事就了結了。[294] 杜鳳治就按瑞麟「顧全大局」的意思去辦。但歸還時在估算船與貨物價值時出了麻煩。粵海關方面提出船值 40 元、貨值 140 元，港英方面提出船值 400 元、貨值 1700 元。瑞麟指示，多給一兩百元看看能否了結，港英方面當然不答應。原來雙方估價不同，是因為中方把硝石作為違禁物沒收了，而港英方面仍計入貨價。但清朝官員歸還船隻就是承認越界緝捕，沒收硝石就沒有理由了。於是只好把硝石也歸還港英方面，只是歸還時提醒香港方面不要讓船主把硝石用於接濟盜匪。[295]

杜鳳治所記的案情細節不一定準確，他在審訊時應該聽不懂雙方船隻如何在海上定位以及有無越界。海關駕駛緝私船的英國水手都說沒有越界，他們沒有故意越界的理由。以當時的技術，港英方面在海面應該也難以準確判定是否越界。日記稱走私船是從內地向香港走私硝石似乎不大合理。但日記所記瑞麟的指示以及廣東方面的處置則是真實可信的。瑞麟、杜鳳治處置此案的思考和手法，是認為同洋人講道理講不通，鬥又鬥不過，於是按照中國官場的習慣思維，以為給英國人面子，英國人也會給還面子，卻沒想到英國人沒有這種規矩。既然承認了越界緝捕，就不是面子問題了，最後只好完全接受港英方面的要求。

2. 英國領事干預華林寺房產案

有時，外國領事所介入的官司不僅與外人無關，而且很瑣碎。廣州著名叢林華林寺有一處房產因為租客開賭被杜鳳治的前任查封，婦女羅李氏交銀揭封領去。但華林寺僧人一再向廣州知府請求，稱房屋是寺廟產業，租客開賭與寺廟無關，知府便「嚴劄連催撤封歸寺」。羅李氏曾在英國領事館服役，領屋時託過領事羅伯遜幫忙，如今要面臨「銀屋兩空」，於是求羅伯遜干預，羅伯遜便往見瑞麟要求「飭縣調處」。但羅李氏自報所交銀兩與南海縣衙登記的數目相差很大，顯然大部分落到經手的官吏、幕客手中，無法如數退還。因為羅伯遜出面，瑞麟就一再催促杜鳳治迅速辦理；最後，杜鳳治「遵督憲批」做出判決：房屋因賭被封，寺僧不得諉為不知，不准寺僧領回，仍交還原領之羅李氏。[296] 在此案中，華林寺僧找到知府也不管用，因為羅李氏背後有英國領事向總督施加壓力，杜鳳治當然得聽總督的。

3. 外國人與華人合資設立企業的糾紛案

同治十一年二月，杜鳳治奉總督委派到美國領事館會訊一宗案件：美國副領事富文與華商馮春庭等合股開設紡紗廠，延請美國人科歌拿「在行打工掌紡車」，後「生意不前，勢將拆伙」，馮春庭被控欠銀及欠科歌拿「工銀」。杜與美領趙羅伯會訊，判令將行中貨物發賣清還。[297] 如果案情屬實，就說明那時廣州已有中外合資的近代紡織企業。但日記提到華商「假名洋人，免多費用」，有事則洋人出面呈控的事。[298] 此案也可能是華商合股建立紡紗廠，延請美國技師掌管機器，出現了債務糾紛後才請富文出頭打官司。

同年，又有佛山人歐陽子貞、廣州人甘老四（甘炘）向法國人實德棱購買一艘小火輪船往來省城、佛山「載人牟利」。官府認為「事並未知會地方官、火船可作兵船」，如果輪船通行，「繼而效尤者必然接踵而起」，成千上萬船民疍戶便無以謀生，乃下令把輪船及甘老四扣押。[299] 歐陽子貞是佛山缸瓦商人，甘老四有功名，出面向法國人實德棱買船；而實德棱「向在中國火輪船上作司事」，因法領的推薦曾被督署聘請，但此時已解聘，索取了回國盤費後仍逗留中國。甘老四供稱，輪船是在黃埔製造，由歐陽子貞等人共同出資，實德棱對他們說此事已經由法領向總督說明，可以放心營運。瑞麟對此事非常惱火，命杜鳳治嚴訊，即使將甘老四置之死地也不足惜。後來甘老四又供稱實德棱出資千元，法領也出頭干預，最後杜判決把甘革去功名、杖八十釋放，並建議設法把實德棱打發回國。[300] 從日記看，實德棱是否真為投資者是很可疑的。

4. 法商與華商商業糾紛案

光緒三年，法國商人與廣州絲行商人衞榮藩因生絲買賣發生糾紛，爭執的焦點是雙方最初是否就價格達成了協議。法國領事及翻譯一再求見總督劉坤一，認為華商違反了協議，要求補償法商損失。劉坤一命杜鳳治傳絲行商人詢問，絲行商人集廟討論後表示：法商並無雙方已達成協議的憑據，不能給予補償。開始劉坤一指示杜不可以官勢壓華商補償外商，法領館翻譯則聲稱公使要求迅速了結此案，否則就向總理衙門投訴，劉坤一又轉而示意設法讓華商出點錢給法商了事。杜鳳治在日記中對總督懼怕外人、指示雜亂無章感到十分無奈和不滿。但華商始終拒絕補償。[301] 海關的報告對事件的敘述與杜鳳治的日記可以互相印證。[302]

5. 美國人富文插手的訟事

美國人富文曾是副領事，卸任後在旗昌洋行任職，仍以副領事身份干預詞訟。佛山王某、謝某因錢債涉訟。借據寫的是王某向謝某借銀 1600 兩，富文卻出頭稱謝為美國洋行買辦，銀是富文交謝轉借與王的，於是此案就變成了美國人是債權人了。富文和謝某還在水道上攔截王某乘坐的船隻，掠去王的物品，扣押了王的店夥。王某逃脫，到南海縣控告謝某搶掠擄人。此案很可能是王某對官員或幕客行賄致使謝某無法追回借款，而謝某（也是美領館僱員）就找外國人出頭為其追債。富文見事情鬧大，就以副領事身份寫信給杜鳳治，稱王某誣控，要求杜鳳治不要相信。杜鳳治此時首先要搞清楚的不是錢債案的曲直和搶擄案的真假，而是富文是否仍是副領事。於是去函詢問趙羅伯，但趙羅伯多日都不回覆，卻照會瑞麟說杜鳳治吹毛求疵，並說杜無權查問美國官員的任免。杜鳳治對瑞麟說明並非無故查問，是因為富文以副領事身份干預案件不得不問，且向瑞麟報告「趙領事無錢不要」，「蓋富文為伊求財也」。[303] 日記沒有記載此案的下文。因為富文已不是外交官，且也實在無理，謝某最終未必能勝訴。

富文還干預了另一宗刑事案件。旗昌洋行的僱工梁亞暖據說是「屢犯搶劫積匪」，被官兵騙出洋行外拘捕。趙羅伯根據富文的話，指責官兵不應在洋行中捕人，要求釋放梁亞暖，並要求主持其事的鄧參將道歉。杜鳳治認為美國領事館來文是富文的手筆，加添了許多領事沒說過的話，「狂言縱恣，直無倫理，竟同申飭，閱之令人大怒」。因為並非在洋行內拘捕，交涉一個多月，瑞麟沒有讓步。[304] 於此案可見，即使是江洋大盜，進了美國人的企業或居所，雖然並非外交機構，中國官府如果拘捕了疑犯也會惹來交涉。

註釋

[1] 李世愉、胡平：《中國科舉制度通史· 清代卷》第一章第二節、第九章第一節，上海人民出版社，2015。

[2] 《日記》，同治八年三月初四日，《清代稿鈔本》第 11 冊，第 320 頁。次年他主持廣寧縣試，出的詩題也是「河陽一縣花」。

[3] 《日記》，同治九年閏十月十五日，《清代稿鈔本》第 12 冊，第 560 頁。

[4] 州縣試的複試稱為「覆」，各次考試後均出榜，50 人寫一榜，榜上姓名寫成圓圈，稱為出圖（或出圈），第一榜稱為頭圖，餘類推（州縣試複試用「覆」字而不用「複」字，係根據《中國科舉制度通史（清代卷）》。據作者胡平說，課題組曾就「覆」、「複」兩字討論過，決定用「覆」字）。

[5] 《日記》，同治九年閏十月廿四日至廿九日，《清代稿鈔本》第 12 冊，第 571～577 頁。

[6] 《日記》，同治九年閏十月廿八日，《清代稿鈔本》第 12 冊，第 576 頁。

[7] 《日記》，同治九年十一月初一日，《清代稿鈔本》第 12 冊，第 578 頁。

[8] 《日記》，同治九年十一月初二日至初六日，《清代稿鈔本》第 12 冊，第 579～583 頁。

[9] 《日記》，同治九年十一月初六日至初十日，《清代稿鈔本》第 12 冊，第 583～589 頁。

[10] 《日記》，同治九年十一月初十日至十四日，《清代稿鈔本》第 12 冊，第 589～595 頁。

[11] 《日記》，同治九年十一月十六日，《清代稿鈔本》第 12 冊，第 597 頁。

[12] 《日記》，同治九年十一月各日日記，《清代稿鈔本》第 12 冊，第 578～614 頁。

[13] 《日記》，光緒二年二月二十日，《清代稿鈔本》第 17 冊，第 566 頁。

[14] 《日記》，光緒二年二月初八日，《清代稿鈔本》第 17 冊，第 548～549 頁。

[15] 《日記》，光緒三年三月十七日，《清代稿鈔本》第 18 冊，第 212 頁。

[16] 《日記》，光緒三年三月十四日，《清代稿鈔本》第 18 冊，第 208 頁。

[17] 《日記》，光緒二年二月十八日，《清代稿鈔本》第 17 冊，第 559～560 頁。

[18] 《日記》，同治十年四月初十日，《清代稿鈔本》第 13 冊，第 156 頁。

[19] 《日記》，光緒三年三月十七日，《清代稿鈔本》第 18 冊，第 212 頁。

[20] 《日記》，光緒三年四月廿四日，《清代稿鈔本》第 18 冊，第 286 頁。

[21] 《日記》，光緒三年五月初四日，《清代稿鈔本》第 18 冊，第 297 頁。

[22] 《日記》，同治九年十一月廿二日、廿四日、廿六日，《清代稿鈔本》第 12 冊，第 605、610、613 頁。

[23] 道光《廣寧縣志》卷 9，「學校」。

[24] 《日記》，同治十年四月十八日，《清代稿鈔本》第 13 冊，第 179 頁。

[25] 《日記》，光緒二年二月十一日，《清代稿鈔本》第 17 冊，第 552 頁。

[26] 《日記》，同治六年十二月十五日，《清代稿鈔本》第 10 冊，第 439 頁。

[27] 《日記》，同治九年閏十月十一日，《清代稿鈔本》第 12 冊，第 554 頁。

[28] 《日記》，同治七年閏四月廿一日，《清代稿鈔本》第 11 冊，第 22 頁。

[29] 《日記》，同治七年十一月初八日，《清代稿鈔本》第 11 冊，第 215 頁。

[30] 《日記》，同治十年五月初七日，《清代稿鈔本》第 13 冊，第 215 頁。

[31] 《日記》，同治十三年四月初十日，《清代稿鈔本》第 15 冊，第 447 頁。

[32] 《日記》，同治十三年六月廿五日，《清代稿鈔本》第 16 冊，第 35 頁。「東、西兩縣」指東安、西寧兩縣。

[33] 《日記》，光緒二年二月十五日，《清代稿鈔本》第 17 冊，第 549～550 頁。

[34] 《日記》，同治十三年三月廿三日，《清代稿鈔本》第 15 冊，第 409 頁。

[35] 《日記》，同治十三年七月十六日，《清代稿鈔本》第 16 冊，第 59 頁。

[36] 《日記》，光緒二年三月初八日、初九日，《清代稿鈔本》第 17 冊，第 584、586 頁。

[37] 《日記》，光緒三年五月初五日，《清代稿鈔本》第 18 冊，第 298 頁。

[38] 徐忠明、杜金：《誰是真兇 —— 清代命案的政治法律分析》，第 105 頁。以後各頁有更具體的分析。

[39] 例如，日記提到，有一宗傷人致死案的申詳竟沒有附屍格，於是要求補填（《日記》，同治十一年九月廿二日，《清代稿鈔本》第 14 冊，第 298～299 頁）。驗屍後屍體通常當即由家屬領葬，此時屍格只能憑空填寫。

[40] 《日記》，同治七年三月廿七日，《清代稿鈔本》第 10 冊，第 549 頁。「批」是州縣官對呈、稟、狀的批示，即處置決定或意見，往往由幕客草擬。此處是説陳芳與顧學傳勾結，得到賄賂後按行賄者的意願擬草批。

[41] 《日記》，同治五年九月廿九日，《清代稿鈔本》第 10 冊，第 74～75 頁。

[42] 《日記》，同治十一年三月初十日，《清代稿鈔本》第 14 冊，第 38、41 頁。

[43] 《日記》，同治十一年三月十三日，《清代稿鈔本》第 14 冊，第 45 頁。

[44] 《日記》，同治十三年十二月十六日、廿一日，《清代稿鈔本》第 16 冊，第 394、408～409 頁。

[45] 《日記》，同治十三年九月十四日，《清代稿鈔本》第 16 冊，第 188～190 頁。

[46] 《日記》，光緒元年十二月初四日，《清代稿鈔本》第 17 冊，第 480～481 頁。

[47] 《日記》，同治六年十一月十六日，《清代稿鈔本》第 10 冊，第 380～381 頁。

[48] 《日記》，同治十二年二月十八日，《清代稿鈔本》第 14 冊，第 469 頁。

[49] 程存潔編著《朱啟連稿本初探》下冊，第 1213 頁。

[50] 《日記》，光緒三年四月十九日，《清代稿鈔本》第 18 冊，第 271 頁。

[51] 《日記》，同治十二年三月初二日，《清代稿鈔本》第 14 冊，第 487 頁。

[52] 《日記》，同治十三年三月三十日、四月初三日，《清代稿鈔本》第 15 冊，第 422、428、431 頁。

[53] 《大清律例》，第 616 頁。

[54] 《日記》，同治七年閏四月初十日，《清代稿鈔本》第 11 冊，第 11 頁。

[55] 《大清律例》，第 89 頁。

[56] 《日記》，光緒三年四月初九日，《清代稿鈔本》第 18 冊，第 249 頁。

[57]　《日記》，同治七年五月十五日，《清代稿鈔本》第 11 冊，第 42 頁。

[58]　《日記》，同治十三年八月初八日，《清代稿鈔本》第 16 冊，第 111 頁。

[59]　《日記》，同治十三年八月廿八日，《清代稿鈔本》第 16 冊，第 153 頁。

[60]　《日記》，光緒元年六月十三日，《清代稿鈔本》第 17 冊，第 171 頁。

[61]　《日記》，同治七年閏四月初六日，《清代稿鈔本》第 11 冊，第 7 頁。

[62]　《日記》，同治七年五月二十日，《清代稿鈔本》第 11 冊，第 45 頁。

[63]　《日記》，同治十年十二月初四日，《清代稿鈔本》第 13 冊，第 514～515 頁；《日記》，同治十一年五月十一日、十二日，《清代稿鈔本》第 14 冊，第 121～122 頁。

[64]　《日記》，同治六年八月初二日，《清代稿鈔本》第 10 冊，第 184 頁。

[65]　《日記》，同治七年七月廿三日，《清代稿鈔本》第 11 冊，第 102 頁。

[66]　《日記》，同治十三年九月初二日，《清代稿鈔本》第 16 冊，第 158 頁。

[67]　《日記》，同治十三年十一月初七日，《清代稿鈔本》第 16 冊，第 298 頁。

[68]　《日記》，同治十年五月廿九日，《清代稿鈔本》第 13 冊，第 246 頁。

[69]　《日記》，同治七年八月卄七日，《清代稿鈔本》第 11 冊，第 144 頁。

[70]　《日記》，光緒三年十一月廿五日，《清代稿鈔本》第 18 冊，第 609 頁。

[71]　《日記》，同治八年三月初五日，《清代稿鈔本》第 11 冊，第 321 頁。

[72]　《日記》，光緒三年五月廿一日，《清代稿鈔本》第 18 冊，第 318 頁。

[73]　《日記》，同治十一年正月初六日，《清代稿鈔本》第 13 冊，第 562 頁。

[74]　《日記》，同治九年十二月廿四日，《清代稿鈔本》第 13 冊，第 54 頁。

[75]　《日記》，同治六年十一月廿五日，《清代稿鈔本》第 10 冊，第 397 頁。

[76]　鄭秦：《清代司法審判制度研究》，湖南教育出版社，1988，第 149～152 頁。

[77]　民國《香山縣鄉土志》卷 3，「兵事錄」。

[78]　可參見李貴連《晚清「就地正法」考》，《中南政法學院學報》1994 年第 1 期；邱遠猷《太平天國與晚清「就地正法之制」》，《近代史研究》1998 年第 2 期；韓廣道《「就地正法」辨析》，《濮陽教育學院學報》2001 年第 2 期；王瑞成《就地正法與清代刑事審判制度 —— 從晚清就地正法之制的爭論談起》，《近代史研究》2005 年第 2 期；娜鶴雅《清末「就地正法」操作程序之考察》，《清史研究》2008 年第 4 期；等等。柏樺對有清一代「就地正法」的沿革做了全面

梳理，指出就地正法之制並非始於晚清，而是清代刑事審判制度的組成部分。見柏樺：《政治法律制度史析》，天津人民出版社，2019，第 438 頁。

[79] 《德宗景皇帝實錄》卷 3，光緒元年正月庚子。

[80] 《日記》，同治十三年十一月十四日、十五日、廿七日，《清代稿鈔本》第 16 冊，第 314、316、322、345 頁。

[81] 《日記》，同治十一年二月廿三日、十二年四月初四日，《清代稿鈔本》第 14 冊，第 15、523 頁。

[82] 《日記》，光緒三年九月初五日，《清代稿鈔本》第 18 冊，第 475 頁。

[83] 《日記》，同治八年正月廿二日，《清代稿鈔本》第 11 冊，第 278 頁。

[84] 《日記》，同治十三年六月廿三日，《清代稿鈔本》第 16 冊，第 32 頁。

[85] 《日記》，光緒三年四月初九日，《清代稿鈔本》第 18 冊，第 248 頁。

[86] 《日記》，光緒三年十月廿三日，《清代稿鈔本》第 18 冊，第 558 頁。

[87] 《日記》，同治九年二月廿七日，《清代稿鈔本》第 12 冊，第 178～179 頁。

[88] 《日記》，同治十一年二月廿七日，《清代稿鈔本》第 14 冊，第 19 頁。

[89] 《日記》，同治十二年七月初十日，《清代稿鈔本》第 15 冊，第 89～90 頁。

[90] 《廣州府正堂馮告示》，《申報》1877 年 11 月 23 日，第 2 版。

[91] 《日記》，光緒三年九月初五日，《清代稿鈔本》第 18 冊，第 474 頁。

[92] 《日記》，同治七年閏四月二十日，《清代稿鈔本》第 11 冊，第 20 頁。

[93] 《日記》，同治七年十月廿五日、廿八日，《清代稿鈔本》第 11 冊，第 203、204 頁。

[94] 《日記》，同治九年閏十月初三日，《清代稿鈔本》第 12 冊，第 540 頁。

[95] 《日記》，同治九年閏十月初九日，《清代稿鈔本》第 12 冊，第 550 頁。

[96] 《日記》，同治九年十一月廿一日，《清代稿鈔本》第 12 冊，第 605 頁。

[97] 《日記》，同治九年十二月廿四日，《清代稿鈔本》第 13 冊，第 54 頁。

[98] 《日記》，光緒元年十一月廿八日，《清代稿鈔本》第 17 冊，第 469 頁。

[99] 《日記》，光緒元年四月三十日、五月初一日，《清代稿鈔本》第 17 冊，第 84～85 頁。

[100] 《日記》，光緒元年四月十七日、十八日，《清代稿鈔本》第 17 冊，第 56～57、59～60 頁。

[101]《日記》，光緒元年四月十九日，《清代稿鈔本》第 17 冊，第 60～62 頁。

[102]《日記》，光緒元年五月十二日，《清代稿鈔本》第 17 冊，第 100 頁。

[103]《日記》，光緒三年四月初二日，《清代稿鈔本》第 18 冊，第 234～235 頁。

[104]《日記》，同治九年閏十月廿八日，《清代稿鈔本》第 12 冊，第 575～576 頁。

[105]《日記》，同治八年十一月初九日，《清代稿鈔本》第 12 冊，第 44 頁。

[106]《日記》，同治九年閏十月初四日，《清代稿鈔本》第 12 冊，第 540 頁。

[107] 白樸：《筱雲日記》第 5 冊，同治九年四月初十日、十六日，中國社會科學院近代史研究所藏。

[108]《日記》，同治九年十月廿五日，《清代稿鈔本》第 12 冊，第 528 頁。

[109]《日記》，光緒三年二月初八日，《清代稿鈔本》第 18 冊，第 151 頁。

[110]《日記》，光緒八年三月十二日，《清代稿鈔本》第 19 冊，第 447 頁。

[111] 李伯元的《活地獄》寫了一些酷吏以非刑處死被捕者的故事。其中一個是安徽亳州知州單讚高以五枚釘把人犯在門板上釘死；到任不及半年，站籠站死了將近 2000 人。「皖北州縣，沒有一個沒站籠的。」（氏著《活地獄》，上海古籍出版社，1987，第 106、113 頁）。小說家言或有誇大，但可與杜鳳治的日記互相印證。

[112]《日記》，同治六年六月初一日，《清代稿鈔本》第 10 冊，第 114～116 頁。

[113]《日記》，同治七年三月初一日，《清代稿鈔本》第 10 冊，第 522 頁。

[114]《日記》，同治八年四月十三日，《清代稿鈔本》第 11 冊，第 350 頁。

[115]《日記》，同治八年六月初二日，《清代稿鈔本》第 11 冊，第 420～421 頁。

[116]《日記》，同治八年四月十六日，《清代稿鈔本》第 11 冊，第 356～357 頁。

[117]《日記》，同治八年四月十七日，《清代稿鈔本》第 11 冊，第 358～359 頁。

[118]《日記》，光緒元年五月廿八日，《清代稿鈔本》第 17 冊，第 136～137 頁。

[119]《日記》，光緒元年六月初四日，《清代稿鈔本》第 17 冊，第 150 頁。

[120]《日記》，光緒元年八月廿四日，《清代稿鈔本》第 17 冊，第 312～313 頁。

[121]《日記》，同治七年十一月十三日，《清代稿鈔本》第 11 冊，第 219 頁。

[122]《日記》，同治七年十二月初八日，《清代稿鈔本》第 11 冊，第 240 頁。

[123]《日記》，同治七年十二月初九日，《清代稿鈔本》第 11 冊，第 241～242 頁。

[124]《日記》，同治七年十二月十三日，《清代稿鈔本》第 11 冊，第 246 頁。

[125]《日記》，同治七年十二月十八日、廿三日，《清代稿鈔本》第 11 冊，第 251、256 頁。

[126]《日記》，同治八年四月初八日，《清代稿鈔本》第 11 冊，第 349 頁。

[127]《日記》，同治十二年閏六月十一日，《清代稿鈔本》第 15 冊，第 37 頁。

[128]《日記》，同治十二年閏六月十五日、三十日，《清代稿鈔本》第 15 冊，第 42、68 頁。

[129]《日記》，同治十二年七月三十日，《清代稿鈔本》第 15 冊，第 108 頁。

[130]《日記》，同治十三年九月初七日，《清代稿鈔本》第 16 冊，第 171～172 頁。

[131]《日記》，同治十三年九月十一日，《清代稿鈔本》第 16 冊，第 184～185 頁。

[132]《日記》，同治十三年九月十四日，《清代稿鈔本》第 16 冊，第 188～190 頁。

[133]《日記》，同治十三年九月廿一日，《清代稿鈔本》第 16 冊，第 209 頁。

[134]《日記》，同治十三年十月廿四日，《清代稿鈔本》第 16 冊，第 278 頁。

[135]《日記》，同治十三年七月十四日，《清代稿鈔本》第 16 冊，第 57 頁。

[136]《日記》，同治十三年七月十七日，《清代稿鈔本》第 16 冊，第 62～63 頁。

[137]《日記》，同治十三年七月廿一日，《清代稿鈔本》第 16 冊，第 74 頁。

[138]《日記》，同治十三年七月廿六日，《清代稿鈔本》第 16 冊，第 81～82 頁。

[139]《日記》，同治十三年八月廿一日，《清代稿鈔本》第 16 冊，第 140～141 頁。

[140]《日記》，同治十三年七月廿四日、九月十一日，《清代稿鈔本》第 16 冊，第 78、185 頁。

[141]《日記》，同治十三年十一月十四日，《清代稿鈔本》第 16 冊，第 317 頁。

[142]《日記》，光緒元年六月廿一日，《清代稿鈔本》第 17 冊，第 185～186 頁。

[143]《日記》，光緒元年七月初一日，《清代稿鈔本》第 17 冊，第 202～203 頁。

[144]《大清律例》，第 222 頁。

[145]《日記》，同治六年十一月十六日，《清代稿鈔本》第 10 冊，第 380 頁。

[146]《日記》，同治六年十一月十九日，《清代稿鈔本》第 10 冊，第 386 頁。

[147]《日記》，同治七年正月廿六日，《清代稿鈔本》第 10 冊，第 479 頁。

[148]《日記》，同治十二年三月十一日、十三日，《清代稿鈔本》第 14 冊，第 499、502 頁。

[149]《日記》，同治十二年三月二十日，《清代稿鈔本》第 14 冊，第 507～508 頁。

[150]《日記》，同治十二年四月初六日，《清代稿鈔本》第 14 冊，第 526 頁。

[151]《日記》，同治十三年七月廿六日，《清代稿鈔本》第 16 冊，第 82～83 頁。

[152]《日記》，光緒元年六月初五日，《清代稿鈔本》第 17 冊，第 151 頁。

[153]《日記》，光緒元年六月初七日，《清代稿鈔本》第 17 冊，第 154～155 頁。

[154]《日記》，光緒元年七月廿八日，《清代稿鈔本》第 17 冊，第 260 頁。

[155]《日記》，光緒元年八月初三日，《清代稿鈔本》第 17 冊，第 73 頁。

[156]《日記》，同治七年五月十八日，《清代稿鈔本》第 11 冊，第 45 頁。

[157]《德宗景皇帝實錄》卷 56，光緒三年八月庚子、甲辰。

[158]《日記》，同治七年閏四月十八日，《清代稿鈔本》第 11 冊，第 18 頁。

[159]《日記》，同治七年六月初三日，《清代稿鈔本》第 11 冊，第 54 頁。

[160] 茅海建：《天朝的崩潰：鴉片戰爭再研究》，生活·讀書·新知三聯書店，1995，第 51 頁。

[161]《日記》，同治八年五月初一日，《清代稿鈔本》第 11 冊，第 385 頁。

[162]《日記》，光緒三年九月十三日，《清代稿鈔本》第 18 冊，第 495 頁。

[163]《日記》，同治十年十一月初五日，《清代稿鈔本》第 13 冊，第 468 頁。

[164]《日記》，同治十年十一月初三日，《清代稿鈔本》第 13 冊，第 464 頁。

[165]《日記》，同治十年四月廿九日，《清代稿鈔本》第 13 冊，第 202 頁。

[166]《日記》，光緒三年五月廿七日，《清代稿鈔本》第 18 冊，第 326～327 頁。

[167]《日記》，同治五年十一月十二日，《清代稿鈔本》第 10 冊，第 93 頁。

[168]《日記》，同治七年十一月三十日，《清代稿鈔本》第 11 冊，第 230 頁。

[169]《日記》，同治十一年正月廿三日，《清代稿鈔本》第 13 冊，第 586 頁。

[170]《日記》，同治十一年七月廿八日，《清代稿鈔本》第 14 冊，第 216～217 頁。

[171]《日記》，同治十一年七月三十日，《清代稿鈔本》第 14 冊，第 220 頁。

[172]《日記》，同治十一年八月初一日，《清代稿鈔本》第 14 冊，第 221～222 頁。

[173]《日記》，同治十一年八月初三日，《清代稿鈔本》第 14 冊，第 227 頁。

[174]《日記》，同治十一年七月廿八日、三十日，八月初一日、初三日、初八日，《清代稿鈔本》第 14 冊，第 216～217、220～222 頁、227、237～238 頁。

[175]《日記》，同治七年三月十二日、十三日，四月初一日、十一日、廿九日，《清代稿鈔本》第 10 冊，第 536～537、543、545、560、579 頁。

[176]《日記》，同治八年正月廿二日，《清代稿鈔本》第 11 冊，第 278 頁。

[177]《日記》，同治九年閏十月初八日至初十日，《清代稿鈔本》第 12 冊，第 546～552 頁。

[178]《日記》，同治十年十月廿八日，《清代稿鈔本》第 13 冊，第 458～459 頁。

[179]《日記》，同治十年十一月初六日、初七日、初八日，《清代稿鈔本》第 13 冊，第 471～472、475 頁。

[180]《日記》，光緒元年二月十二日，《清代稿鈔本》第 16 冊，第 481～482 頁。

[181]《日記》，光緒元年二月十四日，《清代稿鈔本》第 16 冊，第 485 頁。

[182]《日記》，光緒元年二月十六日，《清代稿鈔本》第 16 冊，第 494～495 頁。

[183]《日記》，光緒元年二月廿九日，《清代稿鈔本》第 16 冊，第 512 頁。

[184] 參看瞿同祖《清代地方政府》，第 202～205 頁；魏光奇《有法與無法 —— 清代的州縣制度及其運作》，第 249～252 頁。

[185]《日記》，光緒二年九月初八日，《清代稿鈔本》第 18 冊，第 59 頁。

[186]《日記》，光緒三年六月十五日，《清代稿鈔本》第 18 冊，第 361 頁。

[187]《日記》，同治十二年五月廿九日，《清代稿鈔本》第 14 冊，第 591～592 頁。

[188]《日記》，光緒三年三月初四日，《清代稿鈔本》第 18 冊，第 186 頁。

[189]《日記》，同治十一年正月初七日，《清代稿鈔本》第 13 冊，第 564 頁。

[190]《日記》，同治十年十二月十二日、十四日，《清代稿鈔本》第 13 冊，第 530、532 頁。

[191]《日記》，同治十一年九月十四日，《清代稿鈔本》第 14 冊，第 288 頁。

[192]《日記》，同治十一年十二月廿五日，《清代稿鈔本》第 14 冊，第 413 頁。

[193]《日記》，同治七年四月廿四日，《清代稿鈔本》第 11 冊，第 23 頁。

[194]《日記》，光緒三年六月十二日，《清代稿鈔本》第 18 冊，第 355 頁。

[195]《日記》，同治十三年四月初二日，《清代稿鈔本》第 15 冊，第 427 頁。

[196]《日記》，同治十三年四月初四日，《清代稿鈔本》第 15 冊，第 57～58 頁。

[197]《日記》，同治十三年六月初六日，《清代稿鈔本》第 16 冊，第 9～10 頁。

[198]《日記》，光緒三年十一月初二日、初七日，《清代稿鈔本》第 18 冊，第 574、583 頁。

[199]《日記》，光緒二年九月廿二日，《清代稿鈔本》第 18 冊，第 90～91 頁。

[200]《日記》，光緒三年六月十九日，《清代稿鈔本》第 18 冊，第 368 頁。

[201]《日記》，光緒三年八月十九日，《清代稿鈔本》第 18 冊，第 451～452 頁。

[202]《日記》，光緒元年六月初十日，《清代稿鈔本》第 17 冊，第 160 頁。

[203]《日記》，光緒三年五月初三日，《清代稿鈔本》第 18 冊，第 295～296 頁。

[204]《日記》，光緒三年七月十五日，《清代稿鈔本》第 18 冊，第 412 頁。

[205]《日記》，同治十一年六月初五日，《清代稿鈔本》第 14 冊，第 147 頁。

[206]《日記》，光緒庚辰九月初四日後補記部分，《清代稿鈔本》第 18 冊，第 618 頁。

[207]《日記》，同治十一年六月廿二日，《清代稿鈔本》第 14 冊，第 162 頁。

[208]《日記》，同治十二年閏六月十四日，《清代稿鈔本》第 15 冊，第 41 頁。葉中堂即葉名琛。「老舉」指娼妓。

[209]《日記》，光緒二年九月初六日，《清代稿鈔本》第 18 冊，第 56 頁。

[210]《日記》，光緒三年九月初五日，《清代稿鈔本》第 18 冊，第 476 頁。

[211]《日記》，光緒二年八月廿一日，《清代稿鈔本》第 18 冊，第 39 頁。

[212]《日記》，光緒二年九月十六日，《清代稿鈔本》第 18 冊，第 78 頁。

[213]《日記》，光緒三年二月廿二日，《清代稿鈔本》第 18 冊，第 165 頁。

[214]《日記》，同治十二年八月、九月，《清代稿鈔本》第 15 冊，第 116～149 頁。

[215]《日記》，光緒二年十月初一日，《清代稿鈔本》第 18 冊，第 101 頁。

[216]《日記》，光緒二年九月廿三日，《清代稿鈔本》第 18 冊，第 92 頁。

[217]《日記》，光緒三年三月廿六日，《清代稿鈔本》第 18 冊，第 227 頁。

[218]《日記》，同治十年五月初十日，《清代稿鈔本》第 13 冊，第 219 頁。

[219]《日記》，同治十二年正月十六日，《清代稿鈔本》第 14 冊，第 441 頁。

[220]《日記》，同治十二年六月十八日，《清代稿鈔本》第 14 冊，第 621 頁。

[221]《日記》，同治十二年七月廿七日，《清代稿鈔本》第 15 冊，第 105 頁。

[222]《日記》，同治十年十一月初十日，《清代稿鈔本》第 13 冊，第 479 頁。

[223]《日記》，同治十二年十二月初五日，《清代稿鈔本》第 15 冊，第 255 頁。

[224]《日記》，同治十年七月廿一日，《清代稿鈔本》第 13 冊，第 319～320 頁。

[225]《日記》，同治十一年二月三十日，四月初七日、十一日，《清代稿鈔本》第 14 冊，第 24、77、83 頁。

[226]《日記》，同治十一年四月十一日，《清代稿鈔本》第 14 冊，第 83 頁。

[227]《日記》，同治十一年十一月廿五日，《清代稿鈔本》第 14 冊，第 376～377 頁。

[228]《日記》，光緒二年八月廿一日，《清代稿鈔本》第 18 冊，第 39 頁。

[229]《日記》，同治十二年二月初九日、廿二日，《清代稿鈔本》第 14 冊，第 460、474 頁。

[230]《日記》，光緒三年四月初九日，《清代稿鈔本》第 18 冊，第 248～249 頁。

[231]《日記》，光緒三年五月初七日，《清代稿鈔本》第 18 冊，第 301 頁。

[232]《日記》，同治十二年三月初三日、初四日，《清代稿鈔本》第 14 冊，第 488～489、491 頁。

[233]《日記》，同治十一年十二月初一日、初六日，《清代稿鈔本》第 14 冊，第 383～384、389 頁。

[234]《日記》，光緒三年二月十五日，《清代稿鈔本》第 18 冊，第 159 頁。

[235]《日記》，光緒三年二月廿四日、廿八日，《清代稿鈔本》第 18 冊，第 168～169、172～173 頁。

[236]《日記》，光緒三年二月初五日，《清代稿鈔本》第 18 冊，第 136 頁；《日記》，光緒三年五月廿一日，《清代稿鈔本》第 18 冊，第 322 頁。

[237]《日記》，同治十一年九月十八日，《清代稿鈔本》第 14 冊，第 295 頁。

[238]《日記》，光緒三年三月廿二日，《清代稿鈔本》第 18 冊，第 219 頁。

[239]《日記》，光緒三年六月十九日，《清代稿鈔本》第 18 冊，第 371～372 頁。

[240]《日記》，同治十一年七月十五日，《清代稿鈔本》第 14 冊，第 188 頁。

[241]《日記》，光緒二年九月十九日，《清代稿鈔本》第 18 冊，第 84 頁。

[242]《日記》，光緒三年六月初七日，《清代稿鈔本》第 18 冊，第 347 頁。

[243] 四營將，廣東省城級別最高的四名綠營武官，分別是督標中營中軍副將、廣州協副將、撫標左營中軍參將、撫標右營游擊。

[244]《日記》，光緒三年七月十七日，《清代稿鈔本》第 18 冊，第 414～415 頁。

[245]《日記》，同治十年九月初三日，《清代稿鈔本》第 13 冊，第 383 頁。

[246]《日記》，同治十一年十月十五日，《清代稿鈔本》第 14 冊，第 335 頁。

[247]《日記》，同治十二年十二月二十日、廿一日，《清代稿鈔本》第 15 冊，第 276～278 頁。

[248]《日記》，光緒三年三月十五日，《清代稿鈔本》第 18 冊，第 209 頁。

[249]《日記》，同治九年五月十八日，《清代稿鈔本》第 12 冊，第 271 頁。

[250]《日記》，光緒三年八月廿六日、廿八日，《清代稿鈔本》第 18 冊，第 459、462～463 頁。

[251]《日記》，同治十一年九月十九日，《清代稿鈔本》第 14 冊，第 295 頁。

[252]《日記》，光緒三年十一月廿三日，《清代稿鈔本》第 18 冊，第 607 頁。

[253]《日記》，同治十一年十二月廿三日，《清代稿鈔本》第 14 冊，第 412 頁。

[254]《日記》，同治十二年七月十八日，《清代稿鈔本》第 15 冊，第 98 頁。

[255]《日記》，同治十年十月初六日，《清代稿鈔本》第 13 冊，第 433 頁。

[256]《日記》，同治十年六月十六日，《清代稿鈔本》第 13 冊，第 276 頁。

[257]《日記》，光緒三年九月初四日，《清代稿鈔本》第 18 冊，第 469 頁。

[258]《日記》，光緒三年九月初五日，《清代稿鈔本》第 18 冊，第 475 頁。

[259]《日記》，光緒三年九月初八日，《清代稿鈔本》第 18 冊，第 480 頁。

[260]《日記》，同治十一年十二月十三日，《清代稿鈔本》第 14 冊，第 400 頁。

[261]《日記》，同治十一年十二月初十日，《清代稿鈔本》第 14 冊，第 395 頁。

[262]《日記》，同治十二年六月廿三日，《清代稿鈔本》第 15 冊，第 5 頁。

[263]《日記》，光緒三年五月廿八日，六月初四日、初六日、十六日，《清代稿鈔本》第 18 冊，第 329、340～341、345、364 頁。

[264]《日記》，光緒三年十月廿八日，《清代稿鈔本》第 18 冊，第 566 頁。

[265]《日記》，同治十年五月十一日，《清代稿鈔本》第 13 冊，第 220 頁。

[266]《日記》，同治十年五月廿五日，《清代稿鈔本》第 13 冊，第 241 頁。

[267]《日記》，同治十年八月初五日，《清代稿鈔本》第 13 冊，第 341～342 頁。

[268]《日記》，同治十年十一月初九日、廿六日，《清代稿鈔本》第 13 冊，第 477、

504 頁。

[269]《日記》，同治十年五月初一日，《清代稿鈔本》第 13 冊，第 206 頁。

[270]《日記》，同治十年十一月十四日，《清代稿鈔本》第 13 冊，第 483 頁。

[271] 邱捷：《清末廣州居民的集廟議事》，《近代史研究》2003 年第 2 期。

[272]《日記》，同治十年六月十六日，《清代稿鈔本》第 13 冊，第 276 頁。

[273]《日記》，同治十年九月初七日，《清代稿鈔本》第 13 冊，第 389 頁。

[274]《日記》，光緒三年七月廿八日，《清代稿鈔本》第 18 冊，第 426～427 頁。

[275]《日記》，同治十年八月廿四日，《清代稿鈔本》第 13 冊，第 372 頁。

[276]《日記》，同治十年四月十六日，《清代稿鈔本》第 13 冊，第 174 頁。

[277]《日記》，光緒三年五月初一日，《清代稿鈔本》第 18 冊，第 292 頁。

[278]《日記》，光緒三年十月廿九日，《清代稿鈔本》第 18 冊，第 570 頁。

[279]《日記》，同治十二年二月二十日，《清代稿鈔本》第 14 冊，第 471～472 頁。

[280]《日記》，光緒三年十一月廿六日，《清代稿鈔本》第 18 冊，第 611～612 頁。

[281]《日記》，同治十年六月十一日、十一月廿二日，《清代稿鈔本》第 13 冊，第 270、550 頁。

[282]《日記》，光緒三年三月初二日，《清代稿鈔本》第 18 冊，第 190 頁。

[283]《日記》，光緒三年三月廿二日，《清代稿鈔本》第 18 冊，第 221 頁。

[284]《日記》，同治十年五月十七日，《清代稿鈔本》第 13 冊，第 227 頁。

[285]《日記》，同治十二年閏六月廿二日，《清代稿鈔本》第 15 冊，第 55 頁。

[286]《日記》，同治十一年八月十七日，《清代稿鈔本》第 14 冊，第 247 頁。

[287]《日記》，同治十年五月初七日，《清代稿鈔本》第 13 冊，第 216 頁。

[288]《日記》，同治十一年七月廿四日，《清代稿鈔本》第 14 冊，第 206 頁。

[289]《日記》，同治十年四月十一日，《清代稿鈔本》第 13 冊，第 169～170 頁。

[290]《日記》，同治十三年二月初三日，《清代稿鈔本》第 15 冊，第 327～328 頁。

[291]《日記》，同治十三年四月廿三日，《清代稿鈔本》第 15 冊，第 470 頁。

[292]《日記》，同治十一年五月廿五日、廿七日、廿八日，《清代稿鈔本》第 14 冊，第 133～134、136～137、139 頁。

[293]《日記》，同治十一年六月初一日，《清代稿鈔本》第 14 冊，第 144～145 頁。

[294]《日記》，同治十二年閏六月初六日、初九日，《清代稿鈔本》第 15 冊，第 25～26、32 頁。

[295]《日記》，同治十二年閏六月十八日、二十日、廿三日，《清代稿鈔本》第 15 冊，第 45、50～51、56 頁。

[296]《日記》，同治十一年六月廿八日，七月初三日、初七日，《清代稿鈔本》第 14 冊，第 169、176、179 頁。

[297]《日記》，同治十一年二月二十二日、二十四日、二十五日，《清代稿鈔本》第 14 冊，第 14、16～17 頁。

[298]《日記》，同治十年四月三十日，《清代稿鈔本》第 13 冊，第 205 頁。

[299]《日記》，同治十二年五月十八日，《清代稿鈔本》第 14 冊，第 575～576 頁。

[300]《日記》，同治十二年閏六月初九日、七月初四日，《清代稿鈔本》第 15 冊，第 30～31、75 頁。

[301]《日記》，光緒三年三月初二日、初六日、十三日、廿二日，《清代稿鈔本》第 18 冊，第 181、189～190、205、221 頁。

[302]《近代廣州口岸社會經濟概況 —— 粵海關報告彙集》，第 171～172 頁。

[303]《日記》，同治十二年閏六月廿二日、廿四日，七月廿八日，《清代稿鈔本》第 15 冊，第 54、58～59、106～107 頁。

[304]《日記》，同治十二年閏六月初八日、廿九日，《清代稿鈔本》第 15 冊，第 29～30、66 頁。

第五章
賦稅徵收與州縣官的收支

一、錢糧的徵收

（一）廣東州縣徵糧難

有關清代賦稅，中外學界的研究成果可以用汗牛充棟來形容。[1] 筆者在這方面沒有做過研究，不可能對清代賦稅提出太多新觀點，更無意同已有成果進行討論或商榷。鑒於目前研究清代賦稅的著作基本沒有引用過杜鳳治這部有大量州縣徵收內容的日記，且在研究清代賦稅的成果中又很少寫到州縣官徵收的具體細節，杜鳳治所記州縣官如何把錢糧收到手，以及在這個過程中的所見所聞所想所為，可能會引起研究者的興趣，所以，本節僅僅是提供一些未被研究者充分注意的細節而已。但要在數百萬字的日記中選出有一定學術價值的細節亦非易事。筆者撰寫此節前曾拜讀過若干論著，但限於筆者以往的積累和學術理解力，所選擇的細節、故事未必得當，其中部分內容相信研究清代賦稅的學者早已熟知，但為銜接前後文的敘述，仍留在書中。

杜鳳治先後在廣寧、四會、南海、羅定、佛岡任官，除佛岡任外，他任職其他州縣時日記中都有很多關於徵收錢糧的記載，他在潮陽任催徵委員時的日記更是集中於此。

道光《廣寧縣志》卷六的「賦役」、光緒《四會縣志》編三的「政經志」、民國《羅定志》卷六的「賦役」以及光緒《潮陽縣志》卷九的「賦役」，予人的印象是各州縣的方志有關賦稅的寫法大同小異，大致都是寫錢糧的銀米數目以及徵收數額的變化沿革，數字之詳細到了今人認為脫離常識的地步。[2] 從上述幾種方志完全看不出錢糧是如何徵收的，再對照杜鳳治的日記，會予人文獻記載與實際徵收有天淵之別的感覺。例如，從光緒《潮陽縣志》完全看不出當地很多宗族村莊長期欠糧抗糧、官府必須暴力催徵。日記與方志記載的差異，後文會做稍微詳細的討論。

同治七年，布政使王凱泰到粵後不久，曾同杜鳳治談及浙江錢糧徵解與廣東的不同，打算在廣東推行自己在浙江的做法（王凱泰此前任浙江布政使）。杜在日記中議論：「方伯言如此，蓋欲清釐徵收一事，此地苦於抗糧者多，紳民類多疲頑，徵不起者十有八九，直是十縣統十縣皆然，不得不移舊挪新。方伯蓋未知徵收之難，故不比江浙到時自行踵門充納、不短分毫、年年皆然者也。」[3] 日記最後幾本是杜鳳治在紹興故里生活的記錄，雖沒有直接記紳民「自行踵門充納」的事，但於中也看不到紳民疲頑抗糧，以及州縣官親自率隊下鄉以各種暴力方式催徵的情況。或許日記前後兩階段杜鳳治身份大不相同（一為州縣官，一為林下富紳），感受不一，但他所說的廣東徵收與江浙差別很大，廣東「紳民類多疲頑」，各州縣糧都難徵，則基本上可信。

在杜鳳治筆下，廣東各州縣都有長期欠糧的宗族和村莊。如廣寧厚街，「糧欠舊多於新，此村專出盜賊，向不完糧」。[4] 新招、永泰兩村「疲玩成習，相率抗延，即富有者亦然。大抵自恩赦後未曾破白，未赦以前其不完糧概可知矣。滿村婦女小子幾幾乎以催糧為異事」。[5] 他到白沙催糧，男婦大小均各遠避，日記為此議論說：「廣東風俗以抗糧為本務，竟有數村以垂髦之年不知納糧為何事者。官不來則一味抗玩，官來則奔逃避匿，逼之已甚則聚眾拒捕。」[6] 潮州府欠糧抗糧更為普遍，如潮陽南陽郭姓，「即道光時每年亦完不到三成，咸豐迄今從未破白」。[7] 在羅定，即使是紳士、富家，「於國家正賦，設法偷漏飛灑，神出鬼沒，不可思議，可謂大沒出息者矣。如官稍軟弱，則竟抗糧不納，真化外也」。[8] 光緒元年，殷丁陳日路控陳東偉欠糧多年抗不完納，經查，杜鳳治發現陳東偉的陳英先戶從道光二十年後 30 餘年都一直沒交過糧。[9] 光緒三年杜鳳治到南海紫洞催徵，一個李姓村落抗糧，「為催數十年未完之舊糧而起」。[10] 南海是廣東首縣，紫洞與省城距離不遠，竟然也有長期欠糧的宗族和村莊。

杜鳳治前後兩任南海知縣共五年多，在南海因為其他公務繁忙，他親自下鄉徵糧的時間不及在廣寧、羅定時多，但日記中有關徵糧的記載也不少。

同治《南海縣志》的「圖甲表」及其按語，歷來被研究清代賦稅的學者重視，該按語提到，南海「每圖分為十甲，每年輪值，以一甲總一圖辦納之事，謂之當年。為當年者於正月置酒傳十甲齊到，核其糧串，知其有欠納與否，有則行罰」;「以甲統戶，戶多少不等，有總戶，有子戶，子戶多少更不等。然由甲稽其總戶，由總戶稽其子戶，雖零星小數，而花戶真姓名可稽，所應納者無從逃匿，法至善也」。[11] 雖然按語也寫了胥吏飛灑、附甲等弊端，但所述與詳盡的圖甲表（宣統《南海縣志》卷七仍有詳盡的圖甲表），予人印象是南海的業戶在圖甲制下錢糧基本上是「正常」交納的。

但在杜鳳治的日記中，南海徵糧絕不像方志所寫的那樣順當，否則，他就不必在南海設立多個糧站，聘請酷吏為催徵委員嚴比糧差、業戶，而自己更不必多次親自率領一兩百人下鄉催徵了。杜鳳治自己和南海縣兩位前任知縣陳善圻、賡颺都要實施很多嚴酷手段才得以把錢糧徵到手。日記又稱：「南邑銀米大半出於大家，往往宗祠中公業為多，完糧向有舊章，到冬至前全清。貧民無糧，即有糧亦廿居其一耳。」[12] 稍後，他又因說明必須下鄉理由時對總督劉坤一說：「納糧者非耕種之人，南邑多半宗祠、義學、公產，皆有家業人所完，與窮苦人無涉，蓋窮人納糧十成之中不及五厘。」[13] 杜鳳治所說南海縣的錢糧多數來自宗祠、義學、公產，似乎不合常理，難道很多富戶把自己的田地登記為宗族祭產（杜鳳治自己在家鄉浙江山陰就是如此）[14]，抑或杜鳳治筆下的「大家」即方志所說的「總戶」？為何杜鳳治的說法與方志所載有如此之出入，對此筆者也無法解釋。

還有一點令筆者很困惑的是：在杜鳳治數百萬字的日記中，「圖甲」一詞竟從未出現過。詳細編列了圖甲表的同治《南海縣志》恰在杜鳳治任南海知縣時付刻，所列的主修者中有「欽加同知銜南海縣知縣杜鳳治」之職名。杜鳳治不是顢頇的人，有良好的閱讀習慣，不可能不讀這部自己任職期間修成的本縣方志，更不會忽略與賦役有關的內容。筆者再以「各圖」「本圖」「每圖」「該圖」「圖籍」等詞檢索日記全文，均未發現與圖甲制有關聯的語句。日記提及「里甲」僅一次，且並非廣東之事。檢索「里正」，出現過四次，都出現在同治六年十月廿五日這一天，其時杜鳳治在廣寧知縣任上；檢索「里長」「甲長」「甲首」「總戶」「子戶」，全都是「無匹配項」。杜鳳治下鄉徵糧時同書吏、糧差、紳士、殷丁、花戶等人打交道，多數會在日記中記下各人功名、職銜、職業、年齡、貧富以及所居鄉鎮村等信息，但都沒提及他們在圖甲中的身份或地位（偶爾會記涉訟田畝屬何圖何戶）。為何杜鳳治數百萬字的日記中完全沒有顯示有關圖甲制的內容？筆者不敢對此做出過度解讀，但可否認為：這至少反映了圖甲制並非杜鳳治催徵時念念在茲的事？圖甲制也許仍在運作，但與圖甲直接打交道的是杜鳳治的代理人和書吏、糧差，圖甲制的戶只是一個賦稅登記單位，某個糧戶屬於何圖何甲，作為州縣官，杜鳳治無須多加關注，只要收到錢糧就行。何況有關錢糧的冊籍都未必真實，杜鳳治即使花時間也看不過來，更未必能看明白冊籍上的戶和應交稅之「的丁」的關係，這樣，他沒有把圖甲放在心上和筆下就可以理解了。至於這是否與片山剛所說的「清代中葉以後圖甲制日益明顯的動搖」[15] 有關，筆者就沒有能力進行探討了。

（二）錢糧難徵的原因

前人研究都指出了錢糧徵收與官府對地方基層社會控制的對應關係。杜鳳治筆下廣東錢糧普遍難徵的狀況，一定程度上也反映了兩次鴉片戰爭以及咸豐、同治年間大戰亂後官府對基層社會的控制出了問題。但同一時期江浙所經歷的戰亂較之廣東或許更嚴重，為何廣東的糧比浙江難徵呢？

州縣官要收到錢糧，就必須確定田土真正的業主，咸、同大戰亂導致包括田土冊籍在內的官方檔案毀失，是真正業主難以找到的原因之一，這點廣東與江浙皆同；而早在咸、同大戰亂以前，土地流轉（特別是買賣後不契稅推收割戶）導致冊籍上的業戶與真實業戶分離，這點似乎廣東更為嚴重。杜鳳治在羅定催徵艱難時慨歎：

> 鄉人有升斗之糧，往往指東影西，無奈州中無尺籍可稽，任其影射，無術破之。粵東民間買賣田畝，私相授受，既不割戶稅契，官署又

無魚鱗冊，亦無字號，紊如亂絲。貿貿催徵，唯以肉鼓吹討生活，予實不能為此等事，在他處予已自向催科，政拙至此州，更窮於術矣！[16]

在杜鳳治催徵過的州縣中，羅定州還不是最嚴重的。官府對鄉村基層社會管治能力的減弱、土地冊籍的混亂和書吏、圖差、紳士、殷丁的彼此勾結舞弊，使逃避錢糧徵收成為不難辦到的事。到了本族、本鄉欠糧、抗糧者越來越多時，原來不欠不抗的業戶也會因期望法不責眾而轉而成為欠抗戶了。

在官府對鄉村控制特別薄弱的地方，惡紳、土豪往往不納糧。如潮陽富紳「陳來遠家素豐盈，且多無糧之田（貧村賣與者，賣田不賣糧，貧村目下無田有糧，苦極，而彼已安享多年矣）」。[17] 另一個富紳陳朝輔，「每年可收數千挑租穀，而無毫厘錢糧，其田皆無糧，非強霸即賤價得來，柳崗大房公祭田俱為朝輔謀霸，現在完糧又遲延觀望，不肯認完」。[18] 其他地方也有，如羅定富紳羅洪麟的祖父（已故）當過全國著名優缺四川夔州知府，「白契管業不稅」。[19] 富紳有田無糧，其糧由原業戶或被「飛灑」的業戶承擔，但相當部分肯定沒有着落。不僅紳富，「民間買賣田房，從不推收割戶，非寄人之戶完糧，即仍留原戶，為此官吏一概不知，民間有幾多稅契無從查考、無從差催」。[20] 民間不推收割戶或許是為逃避稅契，而風氣一旦形成，就會有更多田糧分離、官府無法催收的空戶了。

冊籍混亂、錢糧難收對州縣官是不利的，但對書吏、差役、殷丁甚至州縣官的駐糧站幕客、「家人」來說卻是牟利的機會。杜鳳治在四會任上，諭令糧站「家人」嚴查飭禁「糧差舞弊得錢則有欠而以為無欠，無錢則已納而牽扯本家他人未清之戶，向其訛索」。[21] 同治六年，生員歐陽瑞的田早已賣絕多年並稅契，但因「倉戶房誤查」，仍作為欠戶被羈押。[22] 這名業戶是生員，尚因「誤查」被當作欠戶，書吏、糧差有意製造的冊籍混亂就更難查清真相了。同治八年，南海監生羅邦賢來四會稟控：自己的田已於同治四年全部賣去，但四會糧差來催，竟有三圖四戶共稅二頃五十三畝五分飛入其羅秀戶。[23] 此案審了一個多月，案情大致是書吏與四業戶勾結，假造出一個羅秀盛戶作為四業戶田畝的買主，而指羅邦賢的羅秀戶為羅秀盛戶。所有到案的書吏、業戶、中人的供詞都狡詐萬分，都儘量推在已死、已逃者身上。杜鳳治審了一二十天都理不出頭緒，面對真偽難別的冊籍十分困惑：「如契未稅，何以出有推照？如已稅，何以流水簿上無號？轇轕萬狀，案關糧稅，非一時可能了。」[24] 後來訊明所謂「羅秀盛戶」確實與羅邦賢的羅秀戶無關。[25] 這些田畝即使不涉訟，四會縣要越境到南海縣向在四會已無產業的「冤戶」羅邦賢徵糧幾無可能，這 253 畝多田地的錢糧就只能空掛了。

杜鳳治曾說過，四會是自己任職州縣中錢糧相對好徵的縣份，但即使在四會，花戶主動納糧也會被書吏、差役設法刁難。同治七年二月，一位主動帶頭要當堂納糧的老者稟訴，自己按四會縣勒石規定的辦法交納銀米，「倉房勒索過重不肯收」。[26] 因為房書克扣，「非重平暗剝，即藉糧串勒索多錢」。杜鳳治「擬在大堂設櫃試收一月」，但房書不願使用規定的「司碼公砝」，杜鳳治也不想以強硬手段禁止書吏使用「重平」；因為知道「大堂收糧事大礙科房」，就派「家人」傳諭書吏：「予非不知，但若輩收舊糧手太重，又單三用四，向例如此，而又意外需索，舊糧不旺，非若等故乎？稅契亦寥寥。只要若等對得住我，我又何必出新章哉？」[27] 可見書吏、糧差也會設法使「自封投櫃」難以實行，知縣不敢採取過於強硬的辦法推行，不得不對書吏妥協，只求他們不要太過分。

在四會，「有完戶已付銀而遲遲不給串者」，書吏甚至改寫卯簿、調換糧串。[28] 業戶以為自己已經完糧，但銀兩實際上並未收入官府，州縣官難以一一查明，於是就成為虧空。廣寧書吏沈大文「以白單收糧入己，藉作本錢販樹木」，沈不願承認，但杜鳳治心中有數，因要倚靠沈大文徵糧，不打算追究，只要求沈「其速將白單收回，立時扯印串去」。[29]

由於交糧需交現銀，業戶必須把糧食販賣換銀才可交糧，但收穫時節糧價會下降，業戶惜售或運售不易，也會造成錢糧徵收的困難。廣寧縣以產竹著稱，很多業戶靠出售竹子的銀兩交糧，同治九年竹價大跌，民間拮据，杜鳳治就很擔心：「此非好事，與錢糧必大有礙矣。現收徵甚無起色，非此故乎？」[30]

日記記錄了杜鳳治在羅定州羅鏡糧站同糧站師爺章樋（子貞）有關徵糧

的討論：

> 相見坐談，即詢糧如何，則言尚不到六成。予聞大駭，何至於是？伊呈一單，言此數大戶數最多，花丁、殷丁均疲玩，催無起色，故先在此等候，紳士來見須責成催納。予閱單所開，陳壽戶新舊二百石外，葉鍾盛戶亦新舊二百石外，陳疇戶新舊百四十石，沈萬秀戶新舊百石，蔡永華戶新舊七十餘石，蔣騰邦戶新舊亦七十餘石。以上數戶，本花丁家無二三人，亦無多糧，俱係他姓寄糧。他姓喜寄伊戶者，以伊戶門衰祚薄，一線將絕，日後子孫無戶，希可報作亡戶。而本戶亦喜人來寄糧，幸得催糧沾潤，故均是本的丁出充殷丁，官刑捱得過，伊得無限便宜人情。狡詐至斯，別無生財之道，於國家正供中設法偷漏，以肥囊橐，此等存心，即便受刑至死亦不冤屈。以故無花丁可催，只可專逼殷丁。令殷丁供出寄糧者為何人，至死不肯說出，蓋一說出，官有花丁可追，殷丁無利益矣。本州不過割戶柱，又糧多寄戶，徵收一日難似一日，且一日短於一日。予常謂非一概從新丈量，明立戶柱，一莊設立一莊書專管買賣田地、房屋，推收賣者，推出買者，收入冊上註明，如此則糧反有羨餘，而徵收亦易矣。（何以有羨余，蓋山田新開者不知凡幾，官山開田據為己有，但羅定、肇屬皆然，通省亦何莫不然，而能行之者誰歟？）[31]

從兩人對話可知糧難徵的一些原因：業戶欠糧嚴重、「寄糧」、殷丁作弊等使難以找到花丁納糧，徵糧必然一日難於一日。在羅定任上，杜鳳治在日記裏寫了不少關於錢糧改革的議論，如說：「論羅屬糧務之敝，必至日難一日、日絀一日，予一言蔽之，非全行清丈不可也。」[32]「全行清丈」並非一州一縣的事，談何容易，杜鳳治只能在日記裏空發議論。

（三）催徵的各種脅迫手段

在日記中，幾乎看不到花戶「自封投櫃」繳納錢糧的記載。當然不能據此認為杜鳳治所任州縣錢糧全靠威脅、暴力手段徵來。現存的清代廣東族譜中，很多有關於按時納糧的族規，宗族傳記也常記錄督促全族按時納糧使宗族免受官差擾累的先輩。杜鳳治收到的錢糧，部分應該也是通過圖甲、糧差「正常」徵來的。但杜鳳治一般不會記下「正常」納糧的細節或故事，因為他下鄉催徵就是要對付疲玩、抗延的業戶，故所記偏重於以威脅、強迫手段徵糧的情況。不過從日記看，使用威脅、強迫手段徵糧並不是偶然、零星的事。

刑責是催徵的常用手段。日記所記刑責的對象首先是糧差和殷丁，在羅定的日記有時連日記載刑責糧差迫使其傳出殷丁，刑責糧差和殷丁以迫使他們向業戶催徵。這幾乎是催徵中的例行程序，杜鳳治、其代理人、其他州縣都如此。南海糧站委員繆枝春（蓉生）被人議論「用刑太酷」。[33] 徵糧委員多數為佐雜，又不在缺上，無論對糧差還是其他人均無刑責之權，顯然是因杜鳳治的默許甚至委託，繆枝春才會濫施刑責。在羅定，杜鳳治聘請佐雜唐稜（實甫）參與徵糧，日記記：「晚比附城莊殷丁，唐實甫屢比尚寬，予分別輕重嚴予重比枷號，限十五日再比。」[34] 唐稜並非心慈手軟之輩，在南海縣審後樓房下毒案時曾因對被認為知情的無辜小孩用刑太重而被督、撫、臬司斥責，但杜鳳治仍嫌他比責殷丁太寬。

對糧差還有拿押、革役、株連家人等懲罰。同治十年，杜鳳治「為徵收短絀事」，革除頭役何昌、黃昭、譚榮、劉超、吳高等五人，「仍飭值皂票拿該役懲辦，有城西堡糧差陳滔更為可惡，拿之尤嚴，並拿六役家屬」。[35]

對欠戶也經常採用羈押的辦法。如在羅定平塘，因林旺戶完不及三分，杜鳳治本來打算將生員林自清帶押（上一年前任知州饒世貞也曾押林完糧），後知道林自清已完七成餘，才暫免羈押。[36] 林自清兄弟三人都是生員，一旦欠糧也難免要被拿押催完。

不僅欠戶會被羈押，徵收中隨意株連是普遍現象。同治六年，廣寧妙村拿到一「欠戶」謝某，他本人糧已訖，欠糧的是祖上公產，「兄弟眾多，無可着落」。杜鳳治對謝某說：「既汝公共有分，即着落汝身完訖，兄弟眾多，何處尋找？汝自去告知，予不知也。」[37] 如果謝姓其他族人逃匿或不予理會，這個不幸被押的謝某只能或被迫承擔祖產欠糧，或被繼續羈押。同治七年，四會欠糧之李亞鑒已戶已完，但其伯母之糧未訖，杜鳳治令其出限狀告知伯母速完釋之。[38] 按清朝法律，姪兒沒有為伯母代納錢糧的責任，但李亞鑒仍被拘拿到官，出具限狀才獲釋放。如果到限其伯母未能完納，李亞鑒很可能被迫代納或再被羈押。同治十二年在南海徵糧時，「茶頭鄉黃姓自來不完錢糧」，有人還對催徵糧差「出言唐突」。杜鳳治下鄉催徵到該地，即傳黃姓耆老黃英、黃元亨，威脅要羈押，先行封宗祠。二人被帶到糧局，「完納清訖」才免予深究。[39]

南海的潘許氏「被潘仕芳串同糧差陳滔勒令完納公產錢糧，又鎖其幼子」。但潘許氏有一位當翰林侍讀學士的弟弟許應騤（後仕至尚書、總督，未必是潘許氏同胞親弟，或為堂弟、族弟），是廣州知府馮端本的會試同年。許應騤出面過問，杜鳳治乃「枷責陳滔，枷在潘許氏門口，而責成潘仕芳將糧查清，不得每年擇肥而噬」。[40] 潘仕芳大概是被責限催糧的潘姓族紳，潘許氏是否欠糧無從判斷，潘仕芳與糧差陳滔不可能不知道潘許氏娘家省城高第街許氏的聲勢，但仍敢於對潘許氏施壓，並「鎖其幼子」，可見催徵時拘押之濫，對士紳家族也不客氣。但這次許應騤來頭實在太大，杜鳳治只能給他面子責懲潘仕芳和糧差陳滔。

封祠堂是杜鳳治經常採用的一種催糧措施。如在羅定州催糧時，因椽子山張族紳衿具結願十日內新舊糧米全清，但新者僅完八分零，舊糧基本不完，張族紳衿躲匿不出。杜鳳治便親自帶領差、勇至椽子山，將張族大宗祠及分支宗祠三所俱行封禁，並威脅如再不振作完糧，「定查伊族文武生員詳請斥革，以為抗欠國課者戒」。[41] 杜鳳治首任廣寧時前任知縣張希京還把欠糧宗族祠堂的祖先木主鎖來押在羈所，意即因子孫欠糧拘押其祖先，對士紳而言，「辱及先人」比封禁祖祠造成的壓力更大。杜鳳治也覺得這種做法太過分，故接任後「查得即時發放，招人來領」。[42]

如果欠戶有其他產業如店舖等，也會被封。羅定州羅鏡有一戶「其花丁蔣為邦開源興當、蔣侯邦開源昌雜貨店，飭差往傳二人，避匿不出」，杜鳳治就威脅查封其當舖及商店，二人表示願新舊全清，並很快就完糧十石。[43]

催徵時往往故意默許差、勇、弁兵滋擾民眾。同治六年在廣寧催徵時，在該處清剿盜匪的武弁陳廉養向杜鳳治建議「請發二諭單與永泰、井頭及中村，限以五日，如再抗延，我們將帶勇屯扎其處，勿厭滋擾」。杜鳳治十分贊成，並拜託武弁幫催。[44] 對差役、弁勇勒索「轎茶資」，杜鳳治認為「歷來有之，不能禁亦不肯禁，蓋無此即千百勇下去若輩亦不怕」。[45] 有時，杜鳳治只要放出風聲自己將帶隊下鄉，當地紳耆怕大批差、勇來村滋擾，就會主動納糧。同治九年，杜鳳治打算親自到廣寧附城一帶催徵，日記記：「各鄉紳耆聞之，畏予去，前來懇請不去，所有應完糧欠、有一二畝田山者均令其速完可也，請勿勞駕。予亦未必就去，所以昨日下條者，亦欲若輩之一緊耳。」[46]

杜鳳治還經常焚燒欠糧逃匿及抗糧者的房屋，作為懲罰與威懾的手段。同治十三年十二月，羅定城莊「有蔡黃昌戶黃姓花丁躲匿不出」，杜鳳治的「家人」潘陞帶差往催，「反為婦女多人持刀及糞穢物亂擲肆詈」，杜鳳治便命「焚燒其後進及廂房屋兩間而歸」，黃姓花丁不得不託人表示「願新舊全訖」。[47] 半個月後，駐素龍糧莊的「家人」杜英稟報殷丁躲匿、糧務無起色，杜鳳治大為生氣，「諭撥安勇十名交杜英帶去，並撥數差與一硃諭往殷丁家，如不見人，將其住屋焚拆，以婦女出頭，則將其母或妻年約四十以上者帶回衙門押交，卻不可動其一草一木。焚屋時進去看明，留心有無小孩在內熟睡，有無輜重物件，如有，將其取出點交鄰右暫為代收，俟糧清交還。並遍諭如殷丁不出、花丁抗納，亦照此辦」。[48] 從杜鳳治的指示可知，地方官對以焚燒房屋作為催徵手段已很有經驗和章法。

杜鳳治還曾以「焚村」威脅。光緒元年，羅定州分界村李姓欠糧，並將糧差、殷丁毆傷，將被拘欠戶搶去。杜鳳治就傳來保正陳懿元，囑其轉諭李姓交兇、納糧，否則「定親督差、勇到彼洗盪其村」。又令陳懿元轉諭「歷年不納糧」的陳塘下村順從完納，「否則亦必焚毀其村也」。[49] 十幾天後杜鳳治來到陳塘下村，雖未將全村焚毀，但也將糾眾搶奪被拘欠丁之陳昌繼的房屋焚毀。杜在下令焚燒前「出門步行至昌繼等住處，屋有五間三進，頗寬大，其中空空，除一二破爛桌椅外無一物，是早預備焚燒者矣」。日記還記，在道光年間任羅定知州的秀山已經燒過陳昌繼之屋，[50] 可見催徵時焚屋在廣東早有傳統。洗盪或焚毀一村，雖是恐嚇之辭，杜鳳治在自己任官的州縣似乎沒有實施過，但在潮陽作為委員催徵時，催徵官兵確實曾焚燒「多匪」、抗糧的村莊。

催糧的手段還有不完糧不准演戲酬神、不准收割晚稻、如男子逃避即拿婦女掌責、封禁房屋將屋內財產估抵糧欠等。[51] 總之，一切可以造成壓力、威懾的辦法都會被想出來付諸實行。

因為使用了大量暴力手段，杜鳳治光緒元年羅定徵糧較上年多徵 80 餘石，但還遠少於兩位前任知州黃光周、饒世貞。杜鳳治慨歎：「催科政拙，予實愧之，然即此足徵羅欺善畏兇，如強盜一般方可作羅定之官，所謂莫如猛也。人言粵人知威不知恩，信然！」[52]

但威脅手段也不能說了就都付諸實行。杜鳳治說過：「催糧亦是半嚇半勸半騙，不能認真，一認真便不好收場 …… 所謂糊弄得一天是一天也。」[53]

無論在任何朝代，絕大多數業戶不會有納糧的自覺性和積極性，交納錢糧最直接的動力是懼怕王法的懲處。官府對疲玩延抗者進行懲罰，才可以使其他人不敢效仿，所以，多數州縣官都不可避免地在催徵時使用暴力。然而，「催徵嚴酷」對州縣官而言並非佳評，因此，杜鳳治不會誇大自己在催徵中的暴力作為，他在日記中所記的各種暴力強迫手段，毫無疑問都是真實的。

杜鳳治催徵手段夠嚴厲了，但他認為自己還是不如其他州縣官，南海縣兩位前任知縣陳善圻（京圃）、賡颺（元輔）徵糧的手段都遠超自己，日記記：

> 陳京圃徵糧有能名，淋漓盡致，不怕血腥，其親家（按：指方功惠）謂其糧固徵得多，而為欠糧押死者亦纍纍，真不怕罪辜。京圃聲之壞半由於此（呼之謂陳三皮，謂括盡地皮、剝盡人皮、不要臉皮也。嗣又呼為陳五皮，又不知何兩皮）。賡亦能收舊糧，往往出於孤兒、寡婦、絕戶、窮丁。又廣東風氣往往賣田不賣糧（其初兩有所圖），年深日久，糧則仍在，其田輾轉賣往何處不可知矣。陳、賡徵舊糧有法，如有其人桁楊嚴逼，如無其人則令糧差擇其同姓之有錢者，指為伊名下欠，不容置辯，押之梏之，至病劇將死猶不肯釋，此已死又提一人逼之，如此有不多徵乎！[54]

方志記載：「同治戊午，知縣陳善圻催徵尤迫，絕戶即詭寄各戶欠糧，悉責之正圖正甲，逮捕纍纍，受累之家無不破產，而積欠亦自始一清。」[55] 杜鳳治日記與方志的記載可以互相印證。

（四）杜鳳治潮州催徵經歷

同治八年到九年，杜鳳治作為委員到潮州催徵積欠多年的錢糧，他的經歷和所見所聞，很能反映廣東錢糧徵收的積弊與暴力徵收的情況。

同治八年初冬，廣東督、撫向朝廷奏報，派委總兵方耀、道員沈映鈐等赴潮州府查辦搶擄、械鬥等積案，清鄉緝捕盜匪。[56] 這次清鄉的另一個目的是徵收潮州府多年的錢糧積欠。同治八年十一月，卸任四會數月、正在候缺的杜鳳治奉藩臺劄委，充任此次催徵的委員，先後在潮陽縣的南陽、赤寮、門辟、柳崗以及揭陽縣的槎橋糧站催徵。

抵達潮州後，沈映鈐的隨員孫應霖（子珊）向杜鳳治詳細講述了潮州錢糧積欠情況及該次催徵的目標。第一，「潮俗向不完糧」，田產買賣「往往賣田而不賣糧」，民間「不完糧亦不為慮」，且敢於武力抗徵。第二，當地州縣官每年只能收到錢糧的二三成或四五成，對風俗強悍、欠糧最多的村莊「則督勇往辦，槍炮齊施，彼村亦督眾抗拒，兩相轟擊」，如官勇打不進村，就「不特此村無望其完納一文，即他村亦效尤矣」。如果打進村，威脅要拿人辦罪，才可以徵得若干錢糧，還要該村罰繳勇糧軍火費。第三，因為村人不知道應該繳納皇糧，也不知道自祖宗以來欠糧幾何，只是因為打不過官勇才交納，交了錢糧也不知道要割串，因此，官收到錢糧，「官可大發財源，入己輸公，聽官自便」。這次方耀督重兵來拿辦搶劫、械鬥各案，趁此機會催徵歷年舊欠。因朝廷已豁免咸豐九年以前的欠糧，要催徵的是咸豐十年到同治八年共十年的錢糧。同治六年以前的為舊糧，七年奏銷未辦及八年的為新糧，所徵得之錢糧八成為舊欠歸府庫，以二成作為新糧歸縣官。[57]

杜鳳治在幾個月的徵糧過程中，對潮州長期欠糧的情況與原因有了更多的了解。

例如赤寮糧廠，「每年僅收新糧不過三四百金，並無一分一厘完舊者」，下屬各村積欠共 6 萬餘元（潮州納糧以銀元計算）。一些宗族相當富有，但「祖父以來不識完糧為何事，積習相沿，擁資抗拒，官竟不敢過而問之」。[58] 洋貝附近各村積欠數額如下：洋貝 2929 元，洋貝田東 1816 元，樹下 3768 元，橋頭 4635 元，陂頭 1589 元，金溝 1592 元，上底 1184 元，東湖 1076 元，大祠堂 5944 元，下底 6405 元，堂後 3865 元。[59] 其時每擔稻穀正常年景價格為 1 元上下，潮州多數鄉村靠種植為業，每村在短期內繳交一千多到數千元的錢糧，可說是難以承受之重。雖說是十年積欠，但其中部分「欠糧」，其實業戶已繳銀兩，只是被官員、書差吞沒而沒有割串，在冊籍上仍屬欠戶，官府此時也一例催徵。此前官府的徵糧書吏、差役不可謂不多。如潮陽縣有 13 個糧廠，赤寮鄉周姓聚居有 8000 丁，督催總役 3 人，圖差糧差 10 餘人。[60] 柳崗鄉糧廠每年額徵只 1200 餘元，每兩地丁米 3 斗 3 升。知縣派有「家人」駐廠督徵，糧廠有戶、倉書各 1 名、總役 5 名、督催 1 名、糧差 10 名。杜鳳治議論：「如此小窮廠，要此許多人何用？」[61] 這近 20 名徵糧人員竟然每年徵不上多少糧，他們主要靠各種規費作為收入來源，其中的弊端就不難想見了。

潮州地區語言、風俗特殊，歷來以民風剽悍著稱，有抗官的傳統。官府對潮州鄉村地區的管治成效不如廣州府、肇慶府，省城官紳對潮州地區更為隔膜。在入粵的太平軍餘部失敗以及洪兵起事、土客大械鬥等動亂被平息後，同治中期，粵中、粵西、粵北秩序逐步「正常」，於是整治潮州地區的秩序被提上日程。

潮州械鬥多、盜匪多、錢糧長期難徵，官府對鄉村基層社會近於失控，原來的鄉里制度在部分鄉鎮基本瓦解，錢糧都靠官員、吏役、兵勇直接下鄉徵收。杜鳳治在潮州的日記完全沒有提及過地保，看來這些鄉鎮即使有過保甲制，也已名存實亡了。潮州府的官府與紳士的合作顯然也不如廣、肇等府，杜鳳治在所到的潮州鄉鎮，多數沒有提到公局一類機構，或者有而完全不起作用。因此，潮州的州縣官不容易依靠有組織的士紳力量深入各鄉各村維持清朝的統治秩序與催徵錢糧。潮陽富紳鄭維金對杜鳳治「大談潮屬風俗之不醇，亦紳衿不肖有以致之，始而養癰，後遂紳衿亦勢同騎虎，固結而不可解矣」。[62] 潮州紳士未能協助官府治理鄉村，有些甚至成為明目張膽對抗王法、紳匪不分的地方權勢人物。日記用很多篇幅寫到的柳崗鄉豪強陳同（陳開華）就是典型的例子。

陳同其時已 68 歲，是「職員」，大概是捐納而得的虛銜，子姪眾多，擁有武力（後交出三門大炮），「一村皆聽其指揮，不准完糧」。多年前巡撫李福泰任潮陽知縣時已將「陳同」拿獲正法，但「被伊買人頂替脫去」，陳同真身繼續在柳崗作惡橫行，把柳崗經營得像《水滸傳》中的祝家莊一樣。[63] 他經常發起械鬥，擄人勒贖，甚至隨意殺人，在本村以外，還「專保各小鄉不令輸納」，致使糧差不敢下鄉，官府傳見也不予理睬。[64] 據說陳同前後所殺數百人。[65] 惡紳、劣紳陳同，靠暴力把若干村落變成自己的勢力範圍。此前的潮陽知縣對他無可奈何，官府的力量無法進入鄉村，錢糧自然就收不上來。不過，潮州惡紳基本上都是在本村本鄉橫行的地頭蛇，彼此經常械鬥，難以結合成與官府對抗的力量。因此，當官府動員比較強大的力量清鄉催徵時，陳同這種地頭蛇很快就會降服。杜鳳治評論說：「設其村村一心，早為化外矣，可懼哉，可幸哉！」[66]

在潮州的催徵與在其他州縣徵糧一樣都是要依靠權術、威脅和暴力，只是暴力的規模要大得多。杜稟辭時，布政使王凱泰明白地對他說：「現同方鎮督兵辦匪，秉有兵威，藉以徵糧，故沈道以此往，你即速航海去，多一催官，多設一催徵之地，多徵幾許亦好。交匪都是假的，但潮人均可殺，即假亦不冤，倒是徵糧為有實際，好好辦去，就此委缺亦未可知。」[67] 王凱泰的話說明官府要藉兵威徵糧，也要趁清鄉徵糧重整在潮州地區的統治秩序。杜鳳治作為徵糧委員，主要職責是督促、監督知縣和徵糧人員，出面勸說、威脅各鄉紳士具結和催收本族本村的錢糧。直接催徵的仍是知縣派下的書吏、糧差，杜鳳治則坐鎮糧廠，定期和隨時向沈映鈐報告請示，而完成催徵任務就必須藉助方耀清鄉武力的威懾。

仍以陳同所在的柳崗鄉為例，同治九年二月，方耀清鄉的主力來到柳崗鄉附近，在方營辦事的知縣朱用孚還帶來一艘裝有大炮的火輪船。在此壓力下，一直躲避的陳同，不得不同紳士陳炳坤（恩貢生）、陳忠愛（監生）來見杜鳳治。杜對三人勸諭訓飭了一番，便命陳同料理陳姓一族和外鄉外村欠糧，不容分說，命陳立下限狀，把欠糧完納八成，按具結日期分批清繳，而且要求陳同「交匪」。[68] 陳同仍軟磨硬抗，回去後又躲匿。朱用孚一度威脅說，如柳崗紳耆不將陳同交出就開炮轟村。杜鳳治認為轟村的辦法不行，建議朱用孚先焚燒「匪村」新寮，「以服人心，以嚇匪人，而完糧亦心中生畏」，向紳民表明抗糧者燒屋之說並非空言恐嚇。[69] 杜鳳治曾建議只拿辦陳同以造成威懾，但後來朱用孚決定既不轟村，也不追究陳同，只要求陳同交出若干名年輕匪徒，並承擔催徵之事。杜鳳治想到糧廠應徵六萬數千元，柳崗一鄉佔了一萬五千元，這樣處置有助於徵收，就沒有提出異議。[70] 朱用孚命在陳同家設局「交匪」、徵糧，陳同賭咒發誓，如不「交匪」、催糧「甘以身受炮」。[71] 不久，陳同就捆送了幾名參與械鬥的「爛匪」，幾天後這些「爛匪」都被斬決。[72] 杜鳳治和朱用孚都知道這些人不是首惡，甚至是冤枉的。但官員並不在乎是否罰當其罪，也不管是否真兇，只要有人可殺造成威懾，使紳民怕官趕快交糧就行了。

經過這些暴力強制手段，此後柳崗催徵雖仍未能一帆風順，但總算逐步擠繳出不少銀兩。

與在其他州縣一樣，在潮州催徵過程中官員首先爭取正途科舉紳士或與官府關係良好的紳士支持。如同知職銜郭廷集（賢堂）是巡撫李福泰在潮陽任知縣時的舊識，此時丁憂在鄉，方耀、沈映鈐對他都很倚重，南陽鄉郭姓就是由郭廷集出面得以具結確定繳納成數，官府也看在郭廷集的面子上予以適當寬限。[73] 同時，官員們也儘量利用各種鄉村權勢人物，包括以往帶頭對抗官府的惡紳。方耀就籠絡外號「土皇帝」的「爛仔頭」鄭四爺，「令伊傳諭各村。伊深知何人欠糧多，何村欠糧久，一一分派，照數獻出，不用一兵，可以成功」。[74]

對各處紳士都是軟硬兼施，而以施壓為主，又允許士紳以各種暴力手段催徵。如杜鳳治親自入村，到欠糧多、「無糧之田多」的紳士陳來遠家，陳躲避，杜命在其門口標字「三日無人無糧，必焚其屋」。[75] 士紳如不願承擔責任，不願具限，或到限期本族本村未能按數繳交，則召來斥責、威脅甚至拘押。柳崗的陳忠愛本身的錢糧已完八成，但本族公戶、貧戶多未繳交，於是杜就派人「將陳忠愛拿來，以憑押追」。[76] 前洋鄉糧欠責成生員陳其祥，職員陳德泉、陳陽意三人催繳，「如各家抗違，准三人指名稟知飭差協勇按拿、封屋，倘敢避匿，拿其妻子」。[77] 又要求富者代貧者籌墊。在柳崗徵糧局，命陳同之姪陳廷高入局為董事。規定富家承管貧戶並管公戶錢糧，「貧者將田或租押銀，不得託故不受」。[78] 這樣，官府可以收到欠糧，而富戶得到貧戶的田產作為抵押，日後貧戶不還，富戶就有機會低價獲得貧戶的田產。

杜鳳治是個了解實際的聰明官員，又有廣寧、四會的催徵經驗，他明白十年的積欠一時全清很難做到，「民間蓋藏已竭，室如懸磬，倘重加呼追，實有不堪之勢」，能收到六七成也就差不多了。[79] 徵得沈映鈐同意後，杜鳳治把柳崗廠各鄉分為上、中、下鄉，分別完納所欠錢糧之七成、六成、五成。於糧戶中也為分上、中、下戶，上戶令其全完，中戶九、八、七、六、五、四成不等，下戶三、二、一成。[80] 分別貧富減成徵收的辦法使各鄉各戶有可能承擔，但判定貧富本來就不易，更難核實，官員、書差、紳士有太多自由裁量的空間，也就有大量納賄的機會。

杜鳳治在潮州徵糧的時間大約為 7 個多月，同治九年六月交卸前他負責的門辟廠屬下各鄉村共欠糧 9 萬餘元，具限減成後，已收 53682 元，待收 4856 元；柳崗糧廠原欠 6 萬餘元，具限減成後，已實收 20560 元，待收 19393 元。[81] 在槎橋糧廠，杜鳳治經手收銀九千數百元，待收 600 餘元。[82] 不算開頭短暫在南陽、赤寮糧廠的催徵，杜鳳治在門辟、柳崗、槎橋 3 個糧廠就徵收錢糧超過 83000 元，稍後有把握續收到的有 24849 元，合計近 108000 元，折合約 77760 兩。潮陽全縣每年地丁正額加上米石折色共五萬兩到五萬二三千兩。[83] 這是清末的數額，同治六年前折色未減時要多一些。這次催徵僅 3 個糧廠屬下的若干村莊就收到七八萬兩，可見杜鳳治的出力，也可見這次催徵對官府而言是成功的，但民間的痛苦就不言而喻了。

因為是十年的錢糧藉助兵威一次性徵收，杜鳳治認為，「地方官即以所得三成，全解兩年奏銷，尚且多有餘羨」，所以對潮陽知縣張璿「庸庸多福，大發財源」有些羨慕，對其只分給委員數額無多的「厘頭」十分不滿。[84]

同治九年六月廿九日，杜鳳治正式接到布政使調其任鄉試簾差的劄，即將催徵事務交代，經汕頭、香港回省城，在潮州沒有待到催徵結束。

二、徵收羣體與利益分配

（一）州縣官及屬下的人員

在所有公務中，徵收是同州縣官仕途與宦囊關係最密切的一項。杜鳳治在所有任職的州縣都把催徵作為最重要的公務，在徵收的重要環節無不親力親為。除在四會任上，杜鳳治在廣寧、南海、羅定任上雖都派了代理人駐在各鄉鎮糧站，但自己仍要花很多時間親自下鄉催徵。日記寫：在廣寧，「銀米一項，非官自駐鄉沿門親催不肯完納，故予任寧時一年實有半年在鄉催徵」，還說自己「官而親作糧差」。[85] 同治六年七月，賓坑糧站的「家人」梁陞報告說：「該處糧站不好收，非老爺親去不可。」[86] 可見廣寧經常出現州縣官不親自下去，糧就徵不上來的情況。

兩任南海首縣時因公務特別繁忙，南海糧米額也遠多於其他州縣，杜鳳治不可能經常親自下鄉，為此他聘請了多位催徵委員，然而，只要稍為抽得出時間，他仍會率隊下鄉催徵，主要是督促和檢查各委員各糧站徵收情況。如光緒三年杜鳳治親自到南海各鄉，發現「各堡均有短絀」，兩個小委員邱某和婁駿（杜的親戚）都不在糧站，「頭役亦多不到」。大委員知道杜鳳治親到，才派人持函報告徵收情況。[87] 此外，杜鳳治下鄉時還會傳見各地紳耆（尤其是局紳）協助完糧。

杜任羅定知州時，因羅定州有直接徵收錢糧的轄境，且羅定其他公務不多，杜鳳治就把大量時間用於下鄉徵收。他在上糧道之稟中說「此間情形必須交冬親身下鄉挨家嚴催方有起色」。[88] 他又在回覆上司訊問稟報羅定州概況時說：「（羅定）徵糧極難，歷來須官親到，自九月下旬即赴鄉，冬至前後旋署一轉又行，逼除方歸，一村不到，則皆以官尚未來為辭，觀望不前，一冬勞勞奔走，新舊統核亦僅及八成已耳。」[89] 同治十三年九月杜鳳治到羅定各糧站催徵，行前擬定了一份《鄉徵照向章行轅駐紮先後日期》:「先到素龍約駐二日，羅平駐三日（提船步卯到比），羅鏡駐十日（提太平卯到比），太平駐二日，船步駐十日（提羅平卯，並莿塘），莿塘駐二日，金雞駐四日，平塘駐四日，圍底駐六日，回衙。」[90]「照向章」，一次鄉徵就計劃外出 43 天。這次催徵由九月十三日到十月十七日共用了 35 天，提前回到州衙，但十一月十五日又再次下鄉，直到十二月十八日才趕回州衙，因為十九日要封印，第二次又用了 34 天。同治十三年九月到十二月，杜鳳治有一半以上時間離開州衙下鄉徵糧。作為知州大老爺，鄉徵期間杜鳳治雖有很多人侍候，但所居住的地方往往不蔽風雨，經常是白天到各鄉村催徵，傳見紳士軟硬兼施要求他們完本族本村之糧，晚上比責糧差，做完後已經三更，還得處理州衙派人送來的公文，第二天早上又要到另一個地方催徵。催徵期間的勞累、慪氣和無奈，自不待言。

州縣官屬下參與徵糧者大體有三類。

1. 州縣官指派的代理人：委員、幕客、官親、「家人」

本來，書吏、糧差也可以視為州縣官的代理人，但委員、幕客、官親、「家人」等則完全是州縣官私人指派的代理，他們參與徵糧、督促書吏和糧差，在法律、則例中都找不到任何依據。然而，州縣官在鄉鎮設立糧站，本人不可能隨時去，又很難放心地把徵糧事務交給基本上是當地人的書吏、糧差，所以必須派出「自己人」常駐糧站。杜鳳治首任廣寧剛到任，就派出親戚、徵收師爺沈燮亭與「家人」梁陞赴石狗墟糧站，另一位徵收師爺婁煥章（也是遠親）偕「家人」李福、蕭榮赴江屯墟糧站，「家人」馬玉赴森洞舖糧站收糧。[91] 在四會任上，也派官親金十四爺和「家人」馬玉、梁陞、李福常駐塔塱等處糧站，而自己兩個堂兄、兩個兒子和四舅老爺則總管城鄉各處糧站，隨時抽身往查。[92] 官親、「家人」都不熟悉當地情形，也未必有徵糧的能力和經驗，但對州縣官而言，他們要比書吏、糧差可信。

在南海縣，杜鳳治還委派了總催、分催徵糧委員。南海錢糧數額巨大，故徵糧委員要由布政使下劄，但確定人選、支付報酬都是南海知縣的事。甚至有同、通、州、縣願意當南海的徵糧委員。杜鳳治初任南海時就婉拒了兩位願就徵糧委員的候缺州縣官，稟請藩臺下劄聘請縣丞班的葉振甫為總催委員，因其「有葉瘋子之名，南海催糧老手，最出名，有起色，向肯認真辦事」。[93] 南海縣各屬又派了分催委員：五斗口屬王鑣（兼管捕屬、城西堡舊糧），黃鼎屬繆枝春，江浦屬俞恩棠，九江屬鄭金源，金利、三江屬韋慶清。他們均為候補、候缺之佐雜。[94] 南海縣有些地方，「糧差、完戶有必待總催到方完納者，歷來如是，牢不可破」。[95] 看來，催糧委員都是對南海縣地方事務、催徵業務比較熟悉和有一定能力的人。

2. 書吏、糧差

前人研究清代賦稅無不注意書吏、糧差，故筆者無須多寫。按道光時香山舉人林謙所說，香山的圖差是由民壯僱來幫辦的散役。[96] 但是否各州縣都如此，筆者無從判斷。杜鳳治在潮陽做催徵委員時，赤寮有「糧廠督催總役姚美等三人，又有圖差、糧差共十餘人」。[97] 可見糧差、圖差兩者並非等同。杜鳳治在日記中甚少用「圖差」一詞（只用過 25 次），同治九年三月二十八日後的日記中這個詞就再也沒有出現過，很可能是把「圖差」籠統地包含在「糧差」之中了。杜鳳治同其他州縣官一樣深知糧差靠不住，但又知道「廣東糧差可打而不可革，可病而不可死」，[98] 徵糧少不了他們。如南海縣有兩名糧差，外號「大王甘」「軍師徐」，「兇惡無比而情形熟悉，催糧非二人不可」。[99]

3. 衙役、兵勇

州縣官下鄉催徵通常隨帶很多衙役以便實行刑責、拘捕。如同治六年十月，杜鳳治「帶五十餘名差役、吏戶刑書吏、行杖皂班往附城各大家親督催徵，兼帶圖差令指引各家，不論男婦，如有延抗即行鎖帶回縣押比追納」。[100] 光緒三年在南海下鄉催徵，所帶「門、印、跟、茶、號、三小、轎伕、執式、差頭、壯勇將二百人」。[101]

各汛地弁兵不歸州縣官直接管轄，但州縣官可以知會轄境內汛官的上司要求弁兵參與催徵。在清鄉、催糧同時進行時，兵威所及，徵收會相對順利。同治六年八月，杜鳳治寫信給在廣寧石狗一帶剿匪的安勇武弁：「如上水一路辦匪，即請枉過各村，藉熊虎之威，或知畏懼，庶銀米少有起色，全仗大力玉成。」[102] 同年冬，廣寧森洞糧站徵收較往年旺，「為有安勇三十人在此，究竟順手」。[103] 為徵糧，杜鳳治自己又招募勇丁 50 人，連同衙役四五十人共百餘人下鄉催徵，後留下 30 名壯勇隨帶催徵，「各予號背心一件，上印『廣寧縣正堂親軍』七字」。[104] 但杜鳳治此後在其他州縣再沒有組建類似的「親軍」。

（二）參與催徵的殷丁

在杜鳳治任職的所有州縣，催徵無不責成、依靠士紳，特別是族紳、局紳。關於士紳與徵收的關係，擬在本書第六章第二節集中論述。在杜鳳治任職羅定州的日記中，有很多關於殷丁參與催徵的內容。如果要了解清代廣東殷丁如何參與徵糧，杜日記是難得的史料。

以「殷丁」為關鍵詞檢索「中國古籍庫」和「中國方志庫」，廣東以外省份檢出的條目極少（外省的「殷丁」條目多與漕運有關），廣東的香山、南海（佛山）、揭陽、清遠等縣的方志則有若干條，但內容都甚為簡略。當然，方志不記有種種原因。杜鳳治在羅定任上的日記有很多殷丁參與催徵的記錄，但羅定的方志卻完全沒有提及殷丁。

乾隆《揭陽縣志》稱：「他郡邑則都有堡，堡有啚，啚有甲，以糧多者為甲長，為殷丁，使督催一甲之糧。」[105] 該志編撰者認為潮州以外各府、縣都有殷丁參與催徵。民國《香山縣志續編》稱，屯田徵糧「擇屯丁身家殷實者派為殷丁」包收包解，每所一人。[106] 道光年間香山舉人林謙留下的文書，則表明香山原來「糧務只責成甲首（即本戶殷丁），而以里長督之（里長本稱『督催』）」，「里長催十戶殷丁，殷丁催各甲花戶」。但後來弊端日甚，圖差兼里長、甲長，肆意勒索陋規而不在意糧務。[107] 林謙這批文書（包括其致官員的信函）要旨是站在士紳的立場上指控圖差之弊，對殷丁沒有多寫，所謂「里長催十戶殷丁，殷丁催各甲花戶」很可能只是理想化的說法。杜鳳治對羅定殷丁的記述，與林謙這些話有較大差距。

片山剛根據佛山、九江的方志資料，對清代南海的殷丁做了相當細緻的研究，他認為清代南海九江的殷丁是一種傜役，「殷丁的職務乃是處於實際的土地所有者與官府中間，完全壟斷了掌握這些土地所有者的稅糧數額以及向官府報告的權力」。到了乾隆、嘉慶年間，每由無業刁民充當殷丁，出現飛灑、乾沒等弊端，造成逋欠，宗族便以家法駕馭殷丁，由祖祠代收完賦。佛山二十圖的資料則說明殷丁「負有徵集各甲稅糧向官交納的任務」。「佛山堡的殷丁乃是由擁有總戶的宗族內的族人承擔，是管理和操持總戶的具體人」，宗族對殷丁的控制力是很強大的。[108] 從片山剛的研究可以知道，即使在乾隆、嘉慶以前圖甲制運作較為正常的時候，同在南海縣，佛山和九江的殷丁地位與作用也是有差別的，故林謙筆下的香山殷丁與杜鳳治筆下的羅定殷丁差異很大不難理解。

到了杜鳳治任職南海知縣時，似乎該縣仍有殷丁存在。如南海縣簡岸的簡建康，於洪兵戰亂後主持家族祭祀事務，「公意嘗產未豐，皆不以微薄廢禮，而必先完國課，按戶甲親投糧局，不假手殷丁」。[109] 但從杜鳳治的日記看，到了同治年間，殷丁在南海徵收過程中似不起多大作用了。在他兩任南海知縣五年多的日記中，有關徵收錢糧的記述不少，但從未提及「殷丁」一詞。而他在羅定署理知州一年零九個月的日記中提及「殷丁」則有 317 次。杜鳳治羅定之任恰好在兩任南海之間，如果殷丁仍經常性地參與南海的催徵，他不應完全不記。

根據杜鳳治日記，羅定州的殷丁大致情況如下。

第一，如同片山剛所說的那樣，殷丁是一種傜役，不可推卸。羅定的殷丁顯然都沒有功名、職銜，即使昔時殷丁出自殷實之戶，但到同治、光緒年間殷丁已與貧富無關，以貧者為多，都是地位低下的庶民。知州每到之處，殷丁都要與糧差一起「跪接」。知州因「催徵不力」比責殷丁時，可隨時實施羈押、枷號、打藤條、板責、打孤拐等刑罰。杜鳳治曾說：「殷丁之疲玩至羅鏡極矣，每比責孤拐百餘、數百亦不畏也。」[110] 羅定的殷丁參與催徵似乎沒有酬勞，日記也沒有提及殷丁隨徵時食宿如何解決。因此，殷丁能躲則躲，能逃則逃，要靠捕捉、刑責等暴力手段逼迫其參與徵糧。

第二，殷丁的產生與冊籍所記糧戶有關。如羅鏡糧站陳壽等五大糧戶

「欠多又疲」(陳壽欠新舊糧 200 石),各戶殷丁隱匿不出,無法催徵。晉康司巡檢劉嵩齡受杜鳳治委託「竟能將五殷丁弄到」,杜鳳治為此十分高興。[111]「陳壽」等糧戶名只是賦稅冊籍中的登記單位,而且是多年前已載入冊籍。但如何從「陳壽戶」這種登記單位中產生殷丁?從日記對一宗訴訟的記載看,殷丁似乎由糧戶自行產生,且可私相授受,官吏只要該戶有人出任殷丁,誰當都無所謂。[112] 不僅大戶要出殷丁,小戶也不能免,故羅定殷丁總人數不少。杜鳳治催徵到素龍糧莊,「到時有二三十人於路跪接,詢知皆殷丁。嗣知區區一小莊,殷丁有百餘,到者僅三十餘人,來迎接者二三十人,殷丁未到者勒糧差限兩日傳來」。[113] 殷丁由各花戶產生,顧名思義,應該出自有糧可交、比較殷實的花戶,但在杜鳳治筆下,殷丁卻未必有糧。當年設計此制度時很可能認為本戶殷丁應該知道誰是真正業主,即使田產轉手也應有所知聞。官府依靠糧差找到殷丁,如果找不到殷丁或殷丁躲匿就比責糧差,找到各戶的殷丁後,通過殷丁找到應納糧的花戶。

第三,羅定的殷丁似乎並不經手錢糧,其責任只是向知州統率的徵糧人員提供花丁信息,指證欠糧之花戶。日記記:

> 殷丁知糧之所在,伊不言,竟無人知。糧房、糧差形如木偶,毫無所知,殷丁有權,因而多弊,往往包庇糧戶,受賄延欠,伊得其賄,情甘比責,詢以花丁所在,庶可飭差督勇往催,抵死不言。而花戶中有不遂其欲,且與之有隙有仇,則已完亦謂未完,捏情妄稟,張揚其事。官亦無知,唯一味嚴比,向其要糧,伊則訴某某抗納,某某拒捕,官有不聽其而怒之而飭差督勇拿人燒屋者乎?而不知其中挾嫌捏稟者正多也。[114]

杜鳳治所說糧房、糧差「形如木偶,毫無所知」或有誇張,但從日記看,在羅定確實離開殷丁就無從開徵,而殷丁則往往利用指引催徵的機會包庇、報復、索賄。

第四,殷丁不僅要向官、差指明欠丁,而且可以向官舉報任何欠糧者,不論被舉報者是否與此殷丁同族同村。如在圍底糧莊，「有梁姓殷丁稟杜村陳姓每年九斗餘米，自九年至今一粒不完，去催大出惡言，任告莫奈」，杜鳳治即諭令明日派兵勇「再赴杜村拿陳姓欠丁，如已避匿，即將其住屋焚拆」。[115] 殷丁雖是庶民身份，但也可指證士紳欠糧。如荔枝埇生員陳彝德等戶「無殷丁出來」，但另有殷丁指控陳彝德有三石米，「屢催不肯完納」。[116] 後來陳彝德、陳彝教對杜鳳治說本戶「向無殷丁，自行上納」。杜就對他們說：「凡荔枝埇陳姓之糧盡交與二位代收代納。」[117] 於此看來並非所有糧戶都有殷丁，何戶有殷丁知州不易查清，很可能在書吏、糧差處也是一筆糊塗賬，否則，杜鳳治就不會見到二陳時才知道該村陳姓「向無殷丁」了。

第五，即使殷丁指控欠戶不實，一般也不會受到追究懲罰。殷丁唐灶石攔輿控告監生唐岳元瞞糧匿稅，唐岳元亦反控唐灶石飛糧偷稅。杜鳳治批：「兩造控詞各執，唐灶石身充殷丁，催糧是其專責，唐岳元何故為伊所持，劣跡多端，恐非盡屬子虛，亦必有因。」後唐姓二生員奉杜鳳治之命調查回覆，稱「唐灶石飛糧匿稅，將素龍飛入外莊，外莊又不完納，漸成亡戶，伊有田無糧，坐享年久」，唐岳元「請飭家人督同書差清丈」。[118] 唐岳元敢於請求清丈，很可能是理直的一方。但杜鳳治一開始的批示偏向殷丁唐灶石而不是紳士唐岳元，顯然是出於鼓勵殷丁舉報的考慮。後來杜鳳治也只責令唐灶石完糧，懲罰其抗丈田畝，並未追究其誣控唐岳元一事。[119]

第六，殷丁利用催徵機會狐假虎威，有時也會滋事。同治十三年九月，糧差、殷丁到金平糧莊催徵時，有殷丁得知鄉民李可維賣牛後身上有銀，捏指李欠糧搜搶，並將其毆傷，引起眾憤。墟眾把一名糧差當作殷丁捉到練局，知其身份後立即釋放。李可維回家後怕自己被作為禍首查拿，服毒自殺。杜鳳治為處置此事頗費了一番心思。[120]

杜鳳治在羅定催徵時特別依靠殷丁，但也靠士紳。日記記：

> （羅平）糧莊家人羅文說此莊又與素龍異，糧米不責限殷丁而責限各紳士（亦責限殷丁，不過亦可責限紳士耳），即如山田陳姓糧最多，陳炳標為族長，自來未肯完納，催亦不理，其意蓋等官到俟官限出若

干，一律照納，庶得臉好看。予謂限紳士究比限殷丁有拿搦，素龍各殷丁皆如叫化乞丐，伊或完不出，或有心延誤，即打死他容何益？着落殷丁之糧恐日久必不能行，何者？伊名為殷丁，實則並無身家，即性命亦不甚愛惜者也（往往每年大眾族中或村中公舉一人輪值，出受比責，稍有身家人斷不充殷丁也）。當初作此名為殷丁，責成身家殷實之人，作法甚良，日久流弊一至於是，故吾知其久必不可行也（顧名思義，作法本良，今則徒存殷丁之名，一花子耳，如何向於身上要錢乎！必至比死殷丁而後改也）。[121]

「亦責限殷丁，不過亦可責限紳士耳」是杜鳳治在日記裏對糧莊「家人」所說的話的補充或修正，說明該州徵糧時對殷丁、紳士都有責限，但「限紳士究比限殷丁有拿搦」當係實情。在廣寧、四會、南海等縣並無殷丁參與催徵，對紳士的責限就更加明顯了。

杜鳳治寫了殷丁、士紳參與催徵，在其他州縣，參與徵糧的人物有時會令人大感意外。與杜鳳治同時代的海康知縣徐賡陛到任後發現：「海康縣屬日久相沿，有錢糧店包納錢糧之弊。在官不過略圖安逸、不親簿書之勞。而日久弊生，致有逐月加費、連年滾算之惡習，小民欠米一石，歷時既久，有完至百數十千及十餘千文不等者。」[122]「錢糧店」看來是因包納錢糧而形成的「行業」。各種史料顯示，錢糧越難徵，弊端越多，某些參與徵收的羣體就越有機會獲利。各種參與錢糧徵收的羣體的存在與濫權舞弊，進一步加劇了錢糧難收的狀況，形成惡性循環。

（三）州縣徵收的利益分配

龔自珍有一句著名的詩「國賦三升民一斗」，說的是紳民實際賦稅負擔超過額定的幾倍。龔自珍是江浙人，江浙錢糧定額本高，如果實際徵收是定額的幾倍就會覺得很離譜了。然而，在廣東，紳民在徵收時的實際付出則遠遠不止「三升」與「一斗」的比例。

杜鳳治認為廣東錢糧極輕，「核計將田中所出之草賣以納完尚有多餘」，對紳民不願完糧感到不解。[123] 作為州縣官，他不可能不知道實際情況，只是站在「官」的立場上空發感慨。從表面看，廣東的賦稅似乎並不重。如廣寧人口 30 餘萬，共有額田地山塘水共約 207937 畝，地丁正銀稅額 7406.18 兩（遇閏加 153.4 兩），本色米 1700 石，官民米共 8478.5 石。[124] 平均每畝土地或每戶居民的負擔都不算重。然而，在實際徵收中，「照向章每兩條銀收一兩八錢」，加收 80% 已經成為規矩。同治六年，在士紳上省控告浮收的風頭上，書吏們還想比「向章」再加收一錢。[125] 同時，錢糧徵收中米石折色浮收也極為嚴重，同治年間正常年景市場價每石米約值銀一兩多，但廣州府各縣徵收折色每石達七八兩，其他州縣也要四五六兩。經巡撫蔣益澧奏減，各州縣米羨自同治六年後每石減少二三兩，廣寧定為每石 4.4 兩。[126] 也就是說，僅米石折色一項，州縣一級按慣例已是定額的三四倍了。在潮州各縣，地丁新糧一兩要繳納 5 元，舊糧則 7 元。[127] 廣寧每兩條銀收一兩八九錢、每石收四五兩，以及潮州的新糧一兩繳 5 元、舊糧繳 7 元，也只是指縣衙按各級官府認可的慣例收到的數額，在徵收過程中徵收人員巧立名目的進一步浮收，州縣官都難以搞清楚。在羅定徵糧時，杜鳳治注意到只有少數紳士知道「錢糧為正供」，「愚夫愚婦則實不知，以為官勒索之也。故殷丁每當責罰時皆供稱上緊催糧與大老爺，直謂大老爺要之也」。[128] 殷丁的說法很直觀，因為錢糧不僅是「大老爺」來收，而且花戶所交之銀兩當中，不少也落入了「大老爺」本人及其手下的腰包。

冊籍上額定的地丁和米石都是要上解藩庫的，但州縣官基本上不會足額上解（解夠一定成數即不礙考成）。州縣實際上徵收到的銀兩遠超冊籍規定的數額，除上解部分以外，則在州縣官及參與徵收的各色人等中分配。州縣官的收入固然有相當部分來自於此，各州縣依靠徵收作為收入主要或重要來源的人也數以千百計，日記透露了不少州縣官及以下各種參與徵收的人員在這個過程中獲利的細節。

後一節會對州縣官包括徵糧在內的各種收入做論述。這裏先舉一個例子，杜鳳治在潮陽催徵時主管門辟、柳崗兩個糧廠（站），催徵所得要交給潮陽縣知縣張璿。到同治九年五月，杜鳳治計算出門辟、柳崗兩廠已收 6 萬餘元。三成歸潮陽縣完新糧，張璿可得 18000 元，折合 12600 兩，而兩糧廠所收最多實解藩庫 8300 兩即已足夠，餘下的 4300 兩就是張璿的收益。此外還有「厘頭等項」，而且兩個糧廠仍在催徵，尚有後續收入。[129] 因為這次催徵除新糧外還要追收舊欠，一般情況下州縣官收益率沒有那麼高。日記沒有提及杜鳳治自己在這兩個糧廠有無直接收益，但寫了自己帶去潮陽的「家人」李福「常有銀寄家」。[130] 李福只是催徵委員的「家人」，竟也有額外收入，而這些收入不可能由糧廠發給，肯定直接、間接來自業戶的賄賂。

嚴重加收的米石折色，相當部分也在州縣官以及參與徵糧羣體中分配。如晚清的清遠縣：

> 清遠屯糧每石徵銀四兩一錢，實解藩庫銀二兩九錢五分，羨餘雜費銀一兩一錢五分。內分屯丁銀二分五厘，解費銀二錢，撥費銀七分，找差銀三分，巡司督徵銀一錢，門費銀六分，倉費銀一錢，印費銀四分，房費盤查上司差規共銀三錢四分五厘，賬費四分，鬥給二分。內司督徵銀四分，殷丁銀五分，押差銀三分…… 民糧串票每張五分，屯糧串票每張三分。內分公費三厘，印費三厘，門費三厘，房費二分一厘。屯田執照每張二錢。內公費銀八分，錢席銀二分，賬費銀二分，督徵銀三分，房費三分，門費一分，印費一分。俱撥縣署公費。[131]

由此可知，清遠米石徵收，大約有 28% 是留在本縣分配的。糧戶除按規定（包括按不合理價格比例的折色）數額交糧外，串票等還要另外付費。但在方志的記載中沒有顯示知縣本人所得，也許是隱藏於五花八門的多項費用之中吧。

杜鳳治四會任上的日記有記：

> 民米向收四兩六錢，歸官四兩二錢，其四錢房費，二錢（倉規一錢）署內門、印眾「家人」向各派分，今減每石僅四兩，歸官三兩六錢，似乎減在官而若輩一文不減，殊非情理。昨晚下諭飭之，今詢得倉一錢

已提入賬房，擬令照辦。串費三分，歸房一分，其餘門、印、賬房、眾「家人」、三小子均有派分。[132]

於此可見蔣益澧奏減米羨前後四會縣民米折色的分配。「歸官」的部分，知縣首先要用於上解藩庫，剩餘的也要用於各種公私開支，再剩下的才是知縣的宦囊收入。跟隨知縣的「家人」，甚至三小子（依附於書吏、衙役、「家人」，供差遣奔走的人，並非正式的衙役或「家人」）也有「派分」，但並非出自知縣的宦囊，而是出自「倉規」「串費」。

州縣官會定期給「家人」分配錢糧催徵的收益。日記記下了同治六年中秋節杜鳳治為「家人」分錢糧股的情況：

此節外間大賬共卅二人，每股約分三兩零，共五十二股。李芳、郎慶優給二股，錢糧上十人，每人分二金，李高、陸安二人跑上房、內簽押房，於錢糧股中每月劃出二元賞之。[133]

此時杜鳳治初任廣寧不到一年，當年徵收尚未完成且不順利，但一次分給「家人」的錢糧股已達一二百兩。

同治十三年末，杜鳳治在羅定州「為眾家人分股賬」：

錢糧厘頭共得一千零數十兩，作一百股分；又錢糧上尚有小賬，共銀二百六十二兩零，作二十六股，以其餘賞隨同下鄉之茶房阿茂。何老茶房自廣寧跟隨至今將十年矣，人極小心安靜，給與股半約十兩零銀，裁縫、剃頭亦各與一股。[134]

羅定州一年的地丁額不過 9000 多兩，而一次的「錢糧厘頭」就有一千二三百兩，沒有參與催徵的「家人」，甚至裁縫、剃頭者都「各與一股」。日記沒有說明「錢糧厘頭」的具體來源，但來自催徵時的額外浮收應無疑問。

杜鳳治的親屬，無論是否參與催徵也分享徵收的陋規。同治七年初，杜鳳治派分「賬房應得戶、倉房規例及傳呈各費」320 餘兩，分給其外甥莫雨香、內弟婁又庵、自己的兩位堂兄、姪兒杜子楢、兒子杜子榕，杜鳳治自己也提取 36 兩。[135] 杜鳳治此前也定下「在署子、姪、女、媳每月均與月費兩千、一千不等，每月每節公賬上亦各有分，視其用錢之繁簡分與錢之多寡」。[136] 因為州縣官的賬房是公私不分的，而「公賬」的收入很多也來自徵收。

州縣官所聘的徵糧委員、幕客，在薪酬、脩金外還會有其他收入，大致來自勒索或擅自額外浮收。杜鳳治的遠親陶桂熙請求杜鳳治向東莞知縣葉大同推薦自己主管東莞某個糧站，「蓋向有千金，今不如前，尚每年出息有八百元也」。[137] 糧站幕客在正常的「出息」以外也可以再設法牟利。杜鳳治在羅定聘請的糧站師爺陳森林懶於下鄉親催，「遣其僕人往，其僕以騎馬到處來往，得賄糧站師爺並將殷丁放去」。[138] 羅定是個錢糧額不多的窮州，徵糧師爺脩金不高，而在廣東騎馬養馬的費用卻不低，陳師爺的僕人竟可「騎馬到處來往」，主僕的額外收入當不少。

書吏、糧差可說是專靠或主要靠賦稅的浮收作為收入來源的羣體。杜鳳治對他們的收入沒有直接記載，但從一些側面記述可知書吏、糧差收入之豐。如廣寧糧書沈榮被控舞弊逃匿，其兄沈大文為倉書，兩人均捐有職銜，「大起祠屋，費數千金」，「祠屋夏間落成，雕甍畫棟，金碧輝煌，前後三進，擺設精工，正室中設神龕，雕鏤金飾，奢華極矣」。[139] 書吏、糧差收入之豐在其他資料中也有很多佐證。如林謙在道光二十三年因林族值年，一次就被圖差勒索了 200 兩銀。林謙還說，香山圖差每年開印強迫繳納所謂「金花銀」，名義上是縣衙門、印所得，但「門印之所沾四百元耳，而糧房借是以訛於圖差者四五千員，圖差借是以訛於值年者且至萬員」。香山「私抽之項，比正賦有加數倍、數十倍者」。[140]

弁兵、差、勇參與催徵也有所分潤。在羅定時，哨官何某帶兵勇跟隨催徵，事後杜贈以「謝資」40 元。[141] 兵勇隨徵期間的伙食等費應該也是杜鳳治承擔的。同治十三年十月羅定催徵時，都司顏金主動表示「徵糧要勇即可撥奉聽用」，但杜鳳治怕賞費太高婉拒了。自己帶 40 名差、勇，每日也需

3200 文伙食費。[142]

州縣參與催徵的龐大人羣，使錢糧徵收的成本極高。如同治六年七月，杜鳳治親自下鄉 20 多日，「銀米共約收二百六十金」，但僅壯勇費用就要幾十到百餘兩。[143] 同治十二年在南海一次下鄉催徵，「自省赴鄉共七艘，官座、轎傘、執事人等各一，均河頭船；廚房船一，小於河頭而穢雜不知何名；門上船一，乃紫洞艇也；書差緝捕船，船皆紫洞艇」。[144] 如此多的船隻、人員，加上原先已在鄉的徵糧人員，都會通過各種額外加徵應付開支和獲取收入，而這些最終也都成為紳民遠超「國賦」定額的實際負擔。

三、州縣官的銀兩

（一）州縣官的收入

州縣官的宦囊收入首先是法定的俸祿與養廉。據方志記載，廣寧知縣每年俸祿 45 兩、養廉 600 兩。[145] 南海知縣歲支俸銀 45 兩（實銀 43.151 兩）、養廉銀 1500 兩、心紅紙張銀 30 兩。[146]

如果按照王法和則例，那只有俸祿和養廉是合法收入。俸祿為數不多，養廉表面上不少，但如係署理就減半，還經常打折。州縣官的養廉要應付捐攤，即使有剩餘，還要抵扣其他稅餉、經費，布政使衙門書吏還要扣 5% 左右的「領廉司費」。[147] 所以州縣官實際上拿到手的養廉微乎其微。

由於很多公務開支要州縣官自己承擔，加上必不可少的向各級上司的饋送等，每年正常開支，廣東州縣至少要一萬數千兩，而南海這種大缺數額就更多。州縣官不太可能靠俸祿、養廉維持縣衙的基本運作，更不必說過上官員的生活了，因此，州縣官必須獲取俸祿、養廉以外的收入，這是朝廷、各級上司、紳民都知道的事實。

前文提過，杜鳳治性格謹慎，在日記裏支出會詳細記載，收入則未必，但日記內容多，杜鳳治又是喜歡寫的人，所以在幾百萬字的日記中我們還是可以窺見州縣官獲取各種額外收入的途徑或機會。

法定收入以外的收入，賦稅徵收的陋規當屬大頭。

同治六年，日記所抄錄瑞麟瀝陳「廣東折色民米礙難減價徵收請仍照舊章」的奏稿，其中有：

> 粵東守令大異西北兩省，除米價贏餘而外別無絲毫陋規，而緝捕之費，繁難之缺動輒一二萬金，中簡之缺每年亦數千金，驛站向無開銷正項錢糧，每年亦須律貼，而贍養家口亦所不免。月俸所入不足辦公，所資者止此米羨耳。今欲盡革而去之，則必屏妻子、去僮僕、廢緝捕、誤驛遞而後可，如其不能，必將取給於詞訟。夫至取給詞訟，其弊有不堪設想者。[148]

這份奏稿似乎沒有拜發，筆者甚至對其真偽也有懷疑。奏稿的主旨是指責蔣益澧減米羨引發官場混亂，說廣東州縣官「除米價贏餘而外別無絲毫陋規」自非事實，但上引大段話反映了米羨是州縣官法定以外收入的主要來源。即使蔣益澧減了米羨，米羨收入仍是廣東州縣官陋規收入的大宗，只是因為州縣官的支出是剛性的，必須另想辦法彌補米羨的減少。

杜鳳治的收入自然也有很大部分來自米羨和其他徵收中的陋規。他的日記關於徵收的記錄很多，通常會記錄徵收的經過，某天為止收到地丁、米石多少，某日上解多少。但日記不是賬本，所以從中看不出杜鳳治在賦稅徵收中有多少收入宦囊。不過，杜鳳治在所任州縣都勤於催徵，上節提到，杜鳳治經常為官親、「家人」分「錢糧股」，杜鳳治自己自然不會倒貼。

日記記錄了其他幾個官員徵收時的收入。上節提過的潮陽知縣張璿是一例。還有一例是署理東莞知縣張慶鑅由增城調署東莞，「正值辦鄉之時，徵收大有起色，人又勤能，公私俱順，東莞卸篆即乞得一差回江西，攜回囊資約有十餘萬金」。[149] 但張慶鑅自己說沒有那麼多。光緒六年十一月，杜鳳治辭官歸里時路過江西玉山，拜會「滿載而歸」的張慶鑅，張親口對杜說：「我東莞卸事足有實現銀五萬兩，不敢要一意外錢，均係銀米羨餘。」[150] 即使張沒有隱瞞，一任東莞「銀米羨餘」竟有五萬兩，數額也夠巨大了。當然，其他州縣官沒有張慶鏃那麼走運，徵收時順利，徵收後找到機會，不必交代清楚就把東莞收入攜帶回家，因為張鑽了空子，上司也奈何他不得。

州縣官從稅契（也稱契稅）中也可獲得額外收入。稅契是田地、房產買賣過戶時所收的稅。稅契照例徵收產價的 6.5%。民間平時為避稅不願交稅割戶，但州縣官卸任前會把稅契減為產價的 4%，甚至減到 1.5%。[151] 部分業戶為使所買產業合法，也會趁此機會稅契。杜鳳治第一次任南海將卸任時，幾個最親近的官親連夜搶收稅契，日記記：

> 八兄、四姪、桂兒午初回公館，予昨晚差楨兒早進署去幫助用稅契印，恐八兄、桂兒熬一夜太辛苦。巳初都歸，云前後共收稅契產價五十四萬兩，較之賡任短少二十餘萬，予減收至二兩四錢止，斷不肯再減，賡減至一兩八錢，故多少相去遠甚，況予平日不減時所收已多，無怪卸事時少也。[152]

54 萬兩產價，按 2.4% 計算，可收 12960 兩；其前任賡颺徵收的產價 74 萬兩，按 1.8% 計算，可收 13320 兩。

按清末的《廣東財政說明書》，所有州縣的契稅實收都遠高於契稅歲額，如南海縣每年契稅稅額 4749 兩多，但光緒三十二年實收 67910 兩多，宣統元年實收 139372 兩多。[153] 杜鳳治任職時期的實收數額應該不如清末（因清末經濟發展，地價、田價均大幅上漲），但實收數遠高於歲額（杜鳳治稱南海每年稅契須解 5000 兩，與《廣東財政說明書》記載相近）的狀況則已存在。州縣官只要多收，就有更多盈餘歸自己支配，減價就可多收。但前任減價，後任稅契就會難徵。

一些州縣還會有其他固定的收入。有一次杜鳳治與督署、府署名幕劉復齋聊天，劉談及羅定「向來每年有萬金船稅，分厘都不用解的，裁去久矣」，杜回答：「與廣寧之竹木稅每年八千金同，亦久無之。」[154] 杜鳳治任廣寧、羅定時，船稅、竹木稅已被裁去，兩人的對話反映了有些州縣存在州縣官可較自由支配的雜稅。

州縣官的一項重要收入是書吏、衙役的充任「公禮」。書吏頂充時州縣官與書吏的講價還價，第三章第四節已有比較詳細論述。書吏、衙役的「工食」低微，但可倚仗衙門權力謀私牟利，前文也提到某些書吏、衙役擁有驚人的財富。因為州縣官對書吏、衙役的充任有決定權，「公禮」便成為州縣官分享書吏、衙役法外收入的一種方式。逢年節、生辰，書吏、衙役也會給州縣官饋送。

一些商業、手工業、礦業，因為盈利較多（如典當、銀錢業），或容易被人指控（如採礦以及僱人較多的某些手工業），也要向州縣官送「公禮」或「官禮」。廣寧有紙廠 24 處，「每年應查有無聚匪，向有公禮，合計千餘二千之則」。[155] 廣寧的押店初開時要送 50 兩「官禮」，另外還得送知縣的「到任及節、壽禮」。連州學官康贊修在石狗開設押店，倚仗其堂弟康國器為廣西布政使，一概不送，官員憤憤不平而又無可奈何。[156] 羅定有當舖 30 家，為領照每當各要送三四十元。杜鳳治到任時，30 家當舖每家送一兩二錢到任禮，共 36 兩，另送門、印、跟班禮。[157]

第四章第一節寫了多位州縣官藉縣試「出售」案首獲得數千兩賄賂的事，杜鳳治當然不會在日記裏寫自己賣案首，但也寫了有人想向他買。縣試考名列前茅以及院試後入學的生員，都會在拜見州縣官時致送贄敬。例如，同治九年廣寧武案首陳應韶來見杜，就送了 100 元。[158]

在日記中杜鳳治經常記自己璧還紳士贄儀、饋送，但這正說明紳士會向州縣官致送銀兩，日記也零星記下了一些收受的事例。如杜鳳治初任廣寧時，紳士陳應芳（道銜）、馮慶猷（捐同知）、馮俊猷（生員）來回拜，「各送贄儀」。[159] 同治十二年，杜鳳治以南海知縣身份親臨佛山，解決了疏河捐款等難題，疏河公局紳士就致送了「船轎、火燭費銀百兩，伕行工食銀百兩，又『家人』賞犒銀三十兩」。日記稱再四推辭不了，只得暫時收下。[160]

州縣官本人與其父母、太太節壽，喜慶、升官、調任等也有禮可收，屬員、吏役、「家人」、士紳等會致送。同治六年十一月，杜鳳治太太生日，日記記「紳士唯楊承訓送乾禮四元」。[161]「唯」字隱含了一些不滿，其時廣寧士紳與杜鳳治有衝突，且杜鳳治已有撤、調的風聲，其他士紳就沒有按「慣例」送了。同治十一年十一月，杜鳳治為兒子杜子杕娶親，「賀禮如官場、幕道、紳士、西商不下二百餘分」。[162] 上司、同僚的禮物通常為喜幛之類實物，有時還要璧還全部或部分。但下屬、吏役、「家人」、商人等所送的很可能是銀兩或貴重物品。如同治十三年，杜鳳治調署羅定知州，舊「家人」高陞、何貴就送了「元茶」白銀百兩。[163]

由於州縣官在審案、羈押、罰款等方面的權力實際上沒有監督、限制，故都有可能帶來非法收入，羈押者的保釋也可以勒索受賄。杜鳳治在日記中自然不會寫自己藉審案、羈押牟利，但日記寫了其他州縣官藉審案、羈押牟利的事。同治十一年，杜鳳治在南海審理羅玉鼎、潘鴻儒互控案，兩造後來都承認誣告。杜諭令：「二人所為倘從輕發落，將來恐人效尤，不可不薄罰以示懲儆。羅玉鼎罰銀千兩，潘罰銀二百兩充公，作為修理衙署、監獄之費。」[164] 這類罰款州縣官是很容易挪用，甚至直接收入腰包的。日記還記錄了杜鳳治的一些零星收入，如離任後把衙門的物品帶走寄回家鄉。[165] 在羅定州任上，「家人」嚴澄搭硝商扒船回省城，「上房有白鹽二十包，交伊帶去付泰興暫存」。[166] 可見，杜鳳治也會運帶私鹽賺些錢。

杜鳳治的親屬也有自己的私蓄，妻子陶氏之豐厚私蓄在杜鳳治宦粵後期大部分被用於彌補虧空，但歸鄉時仍有數千兩，其兒媳陳氏也有積蓄千餘兩。[167] 這些銀兩，其實也是杜鳳治作為州縣官的「額外」收益，只是直接收受者是其妻、兒媳而已。

日記有關其他州縣官貪贓枉法勒索的記載甚多，前面第三章第二節已寫了一些，下面再抄錄兩則事例。

同治十一年，東莞知縣王炳文的委員、「家人」、書差胡作非為引發鄉民抗官，王炳文放出風聲要請兵剿辦，「鄉人知之，浼人與說願出三竿謝禮消泯無事，伊不允，定要一萬」。[168]

高明知縣吳福田「大能生發」，光緒元年，有一村出一著匪已正法，吳飭令該村紳富交出餘匪，「自駐村中兩月餘，每日要匪族紳富糾銀四十兩呈繳作火燭，族中按田畝均派，又按親疏以定多寡。此四十金專送官的，門丁、家人、書差、執式、轎伕人等尚在外也。該村為族匪連累費去約萬金」。[169]

這些勒索而得的銀兩，就全部直接落入州縣官的腰包了。

（二）州縣官的支出

州縣官把各項收入收到賬房後（部分則由本人或妻、子等親屬直接收起，不入賬房），用於各種項目的開支。

最主要的支出就是上解地丁米石等各項賦稅，對此，日記記載很多，但這是人所共知的事，此不贅述。

州縣官要上解的銀兩有捐攤（或稱攤捐）一項。捐攤一詞常見於杜鳳治的日記與其他清代文獻，但筆者以往不清楚捐攤具體是什麼。周健指出，捐攤是「地方政府以強制攤扣官員養廉銀的方式，籌措無法『作正開銷』的公務經費」。[170] 杜鳳治兩任廣寧共兩年六個月，一任四會一年七個月，四年「共有捐攤八千餘金」。不過，廣東的州縣官對捐攤能拖就拖，杜鳳治幾次交代捐攤都沒有交清。他說，儘管「捐攤不論年限，准以三成抵兌兵餉（按：即以 30 兩實價購買武營 100 兩的餉單，可用於抵交 100 兩捐攤等項，但不可用於抵交正、部款），可謂便宜矣，上憲恩亦厚矣，而未聞有人解捐攤一分一厘者，則各州縣目中無捐攤可知也」。[171] 說是這麼說，但要交代脫身、委缺升官，捐攤還是要繳交的，只是不用按原額十足繳交而已。杜鳳治後來也是基本清繳了各任的捐攤，才得以順利告病離粵歸鄉。

上解後餘下的部分，還要用於各種公務開支。例如，州縣官幕客的脩金是一筆不菲的支出，遠多於州縣官的俸祿加養廉。州縣官的「家人」很多參與了公務，但其酬勞只能由州縣官承擔。前文所述杜鳳治親自給「家人」分錢糧股，就是州縣官從賬房收入向「家人」支付酬勞。不過，有重要外務的「家人」，尤其是南海縣任上的「家人」，自有不少收入渠道，但沒有外務的「家人」，就要州縣官全額或大部分予以酬勞。

衙署、監羈、學宮、祠廟以及轄境內城牆、道路、橋樑、堤圍等的維修，按典制都沒有「正常」的經費來源，基本上要靠州縣官設法籌集，此類工程如要舉辦，州縣官本人通常也要有所付出。杜鳳治接署羅定知州後，發現州衙破爛得不成樣子，稍為修葺就要花費 600 兩。[172] 四會縣城門一次小維修，杜鳳治也要帶頭捐 10 元。[173] 省城城牆維修首縣知縣支出更多。

在第四章第二節也提到過，獄囚上解、重大案件上報等，州縣官都要承擔不少的費用。有時剿匪的軍費也得州縣官自籌。杜鳳治首任廣寧知縣時清剿土匪謝單支手、黃亞水二，鄭紹忠帶兵勇千餘人來廣寧剿捕。杜要添募勇丁以及增加團練，還要為鄭部籌辦船隻等，支出費用不少。這些費用不能挪用地丁正項，只能以雜款如稅羨等項先墊付，而且上司一再指示，清剿滋事土匪的費用不准報銷，最後須杜鳳治個人籌還。[174]

州縣官一項很大的支出，是向各級上司的餽送。日記說過，各種上解後的負擔，「外州縣最巨者莫如一年之道、府節壽禮，如廣寧每年須二千四五百金」。[175] 這項支出超過了捐攤，而且不可以像捐攤那樣能拖就拖以及用三成餉單支付。由於各種原因，州縣官有時還得對道、府上司額外餽送，對他們的幕客、官親、「家人」也要打點。在南海知縣任上，杜鳳治餽送各級上司以及用於各級上司衙署的支出，就遠高於廣寧縣、四會縣和羅定州。同治十一年，杜鳳治所記為各上司衙署的支出如下：督署 11114 兩、撫署 3445 兩、臬署 1355 兩、藩署 823 兩、糧署 265 兩、府署 460 兩、學署 825 兩、將軍署 113 兩。但杜鳳治特地註明，一些「外雜差」和所送的玉器等貴重禮物不包括在內。[176] 在日記另一處，杜鳳治說督署「每年費用約在二萬金以外」。[177] 同治十一年三月總督瑞麟過生日，當時瑞麟兼署廣東巡撫，所以壽禮要加上巡撫的一份，杜鳳治所送的珠寶、綢緞等加起來價值 3000 兩以上。[178] 同治十二年，總督瑞麟添了個孫女、巡撫張兆棟兒子娶親，各官送禮，杜鳳治除送禮的支出外，督署、撫署的門包加起來近千兩。[179]

州縣官參見上司，要給上司衙署守門「家人」門包。同治六年九月，杜鳳治因廣寧紳士上控赴省城謁見各級上司，原先預計門包要 300 兩，但實際上超過此數，帶去的 600 兩很快就用完，不得不在省城借 200 兩。[180] 杜鳳治其時任官不到一年，收入有限，債累未清，短期內門包就要幾百兩，雖說當時情況有點特殊，但也說明上司衙署的門包是州縣官一筆不小的開支。

上司請吃飯，州縣官也要費錢。同治十年七月，杜鳳治赴瑞麟的宴請，打賞了瑞麟的「家人」20 串錢，還有「壓席」12 元。[181] 另一次赴按察使孫觀之宴，「壓席」則是 16 元。[182]

每逢新的督、撫、學政、藩、臬到任，兩首縣要為之辦修理衙署、添置用物之差（前任高官之官親、「家人」會把衙門的物品帶走，甚至門窗也拆去），無不賠貼大宗銀兩。例如，新巡撫到任，按慣例可以領 3000 兩銀，但遠不夠。同治十年，劉長佑短暫任廣東巡撫，次年的日記記曰：「劉撫臺事最為易辦，於三千外兩縣補墊千四百餘金。」[183] 為其他高官辦差，賠補就不止 1400 兩了。

上司的其他公務，首縣知縣也要全部承擔或補貼各項支出。同治十年，南海神廟秋祭，為總督或巡撫可以從座船登岸，必須修建浮橋，僅此一項就要二三百兩，此外，「一切船隻、伙食、伕馬，所費不貲」，費用由南海、番禺分攤。[184] 同治十一年正月，新春公宴，名義上是在省城的布政使、按察使以下各官每位「分資」18 兩，但不夠支出，兩縣的補貼加本身的「分資」共 380 兩。[185] 在省城萬壽宮舉行朝賀禮，杏仁茶、茶水等費兩首縣每次也要花費三四十兩銀子（實際上無須此數，因上司衙門承辦者中飽）。[186] 光緒三年十月，督、撫閱兵，「代兩院備賞，藩、運各百千，臬、糧五十千，府、縣各二百千，又綢緞、銀牌、豬酒、頂戴各件，皆兩縣備辦」。[187] 過年前兩首縣還要向督署、撫署、學署等上司衙門送油、米等物品。日記說送油、米「用項實不輕，亦唯廣東為然」。[188]

遇到督、撫去世等大事，首縣知縣花錢就如流水了。同治十三年八月瑞麟去世，「將軍、撫臺、海關、右都吊份以及司、道、候補各道份資，皆南海承墊。督署內喪事一切用度，其數甚巨，上司以及門閽、巡捕人等只知問首縣，而南海一人都扛在肩上」，到靈輿、家眷啟行時，費用更浩大。此間，新總督英翰將要到，首縣又是一宗巨額負擔，所以南海知縣張琮（石鄰）「在官廳見人即叫苦連天，說要跟中堂同去」。[189] 因為瑞麟的親屬、「家人」要把督署一切可帶走的東西都帶走，「兩縣辦差只板箱一項已用去七百餘金，蒲包、繩索用去四百餘金」。[190] 六大縣知縣都要送較多奠敬，「南海五百兩，新會六百兩，舊香山田八百兩，加二門包，張石鄰真弄得不得了。此次喪事，其用度竟有匪夷所思者，即白布四人轎要用幾乘，日後出殯，高腳牌七十二對，俱要兩面全金，以及一切儀仗，不知多少銀方辦得下來」。[191] 因為瑞麟的靈柩要走水路到南雄再轉陸路，據說，「沿河州縣聞之紛紛上稟求卸」。杜鳳治卸任南海時曾想署任「優缺」南雄知州，後未如意。瑞麟死後，杜鳳治想到瑞麟靈柩與親屬路過南雄時正當歲末，「擬在南雄度歲，供億浩繁，不問可知。明歲春季新制軍英宮保又須經此」，不禁為自己當年春天未能接署南雄而慶幸。[192]

「作州縣官用錢無定，忽一事來用去數十金、百餘金不等。」[193] 外州縣任上，打發委員的程儀是一項可觀支出，已見前文，還有應酬上司推薦的乾脩師爺（只掛名不到衙署，白領脩金）以及來粵「打把式」的官員、資助已故的窮員等。杜鳳治剛接署南海，就確定每年致送將軍衙門師爺陳道村乾脩 120 兩、按察使所諭的游士劉應星乾脩 120 兩、督署教書師爺乾脩 240 元。[194] 同治十一年十月十四日的日記記了佽助故員、窮員教官王伯良（進士）、大挑令毛春巖（舉人）、通判彭克應、知府昌善、光署正吳焜等人，杜本人共佽助 48 元，還要寫信給各地州縣官，以總督等上司名義請他們佽助。[195] 來廣東「打把式」的官員絡繹不絕，六大（廣州府六大縣）、三陽（潮州府的潮陽縣、海陽縣、揭陽縣）都是重要目標。[196] 僅同治十二年四月初八日這一天，杜鳳治就應付了三位來粵「打把式」的翰林院庶吉士，其中有日後任尚書、軍機大臣的瞿鴻禨。對翰林瞿樹鎬，兩首縣各資助 50 元，順德、東莞、香山、新會也各資助 50 元，另外兩人未記資助數額。[197]

州縣官通常會給同自己有交情又有地位的京官致送冰敬、炭敬。杜鳳治致送的對象有潘祖蔭、李鴻藻、周星譽、楊慶麟等人。如同治六年冬的炭敬，就致送潘祖蔭 80 兩、李鴻藻 60 兩、羅家福與周星譽各 30 兩。[198] 日記經常有為「河陽師」「伯師」（均為對潘祖蔭的尊稱）購物、購書的記載。光緒三年有一則日記記：「又得伯師信，又欲發棠，請假毛詩。本為恐其請益，每年兩節每百，一年二百，較前已倍，不料仍有此請，大是難事，然不得不應酬之。」[199] 此前日記已多次記下潘祖蔭借銀之事。日記從未記載潘祖蔭還銀（其他人還銀有記），作為門生，杜鳳治也肯定不會追討。

杜鳳治的收入，除了用於本人、家庭用度以外，他對家族、親屬也頗為慷慨，為此支出不少。

在日記第 33 本中有一張夾頁，可窺見杜鳳治作為州縣官額外支出的一些側面：

> 中堂奠五百五十兩，京炭三百六十兩，觀風八十兩，借菊六百兩，捐翎七百七十兩，晨來三百五十兩，婁病、娶四百兩，科場二百兩，章奠七十兩，河陽三百兩，俊奠三百兩，祠捐一百四十兩，花紅二百十兩，元卷六十兩，書院二百兩。[200]

其中，「中堂奠」「章奠」「俊奠」是瑞麟（總督）、章鋆（學政）、俊達（布政使）的奠儀；「京炭」是致送潘祖蔭、李鴻藻等京官的炭敬；「河陽三百兩」是潘祖蔭所「借」；「觀風」是羅陽書院考試的支出；「借菊」是借給族姪杜承洙（菊人）捐官的銀兩；「捐翎」是自己捐花翎的費用；「晨來」是族姪杜汝霖（晨芝）來粵的花費；「婁病、娶」是為內姪婁玉林（菊臣）治病、娶妻的花費；「祠捐」是對廣東省城浙江鄉賢祠的捐助；「花紅」本義是賞金，此宗花紅不知為何而賞，也可能是杜鳳治此前挪用了緝匪花紅，此時填還；「科場」應是鄉試所攤羅定州之份額；「元卷」是對赴鄉試生員之餽贈；「書院」似乎是維修羅陽書院的捐助。上述各項共 4590 兩，均係來羅定後，從瑞麟去世到俊達去世這不到兩年中若干較大宗的額外支出，例行支出與零星小數均未寫入。

（三）州縣虧累問題

此前有不少學者討論過清代州縣的虧空問題。[201] 劉增合指出：「清代州縣在交代時出現虧空是非常普遍的現象，雖經過不斷追繳、減免、清理，但陳欠未完，新虧又生，形成積虧。」[202] 清代巡撫、布政使通常會要求後任州縣官承擔前任的虧空，「少者數千，多者數萬，不接不能到任」。[203]

杜鳳治日記經常提到的「虧累」（或簡稱為「累」），含義與「虧空」不盡相同，但兩者有聯繫。「虧累」一詞是站在州縣官立場而言，意思是州縣官因虧空而受累，不能委缺升官，甚至被參揭罷免，還會貽累子孫。入不敷出、積虧已多的州縣便被視為「累缺」。

州縣官的各種賦稅上解、捐攤、公務支出、上司饋贈、往虧流攤，一直到家庭生活開支等是必不可減的，一些突如其來的支出如委員程儀、衙署維修、辦差、賻儀、賀儀、「打把式」等，也是難以避免的。州縣法定收入的項目不多，額外收入有很大隨機性，因此，當州縣官就得善於經營，膽子大、心思細、手段多，還得要運氣好，否則就會虧累。

同治五年，杜鳳治剛到廣東還未去廣寧赴任，就得知「（廣東）七十餘州縣中十有九累，不得缺則已，一經接印竟有終身掛礙不克清釐者」，幸好廣寧「歷任無甚虧累，又無攤款及一切差使」，是個優缺。[204] 四會任上，杜鳳治在致友人潘其璿（順德人，時在浙江任州縣官）函中說：「（廣東）通省情形大不如昔，又值蔣中丞騾減米價，在民未見富有，且未必知感，而州縣艱苦不可言，著名如貴邑（順德）自此亦不可為。捐攤、雜款之累甲於天下，牧令不綰綬尚為完人，一經南面，非特終身不得潔淨，有為子孫之累者矣。」[205] 在此後的日記記載中，上至督撫，下至州縣官，都說廣東州縣多虧累之缺。例如，肇慶府首縣高要縣是著名累缺，肇慶府幕客吳楨對杜鳳治說：「高要每年必要賠八千金。」[206] 同治七年，有風聲說肇慶知府不滿意高要知縣葉大同，有薦舉杜鳳治接署之意，杜鳳治大為吃驚，因「高要署名賠累之缺」，「以上歷任無不虧累」，自己廣寧任上已有虧累，「再調高要，豈不身家性命均擱在內乎？」[207] 但這只是一場虛驚。三水縣地當西江、北江交匯，是高級官員往來必經之地，辦差支出特別多，「為最累之地」。同治十二年，蔡忠沼任三水幾個月，「已虧徵存四千餘金，加以捐攤、雜款，此刻下來約虧八九千金之則」。[208] 蔡署任三水時刻了一枚印章「從今長作嶺南人」，意思是自己任這個著名累缺，交代難清，恐怕難以回家鄉了。後來蔡忠沼沒等到調劑優缺的機會就病故了，杜鳳治擔心他死後會「抄家追款，子孫拖累，顛沛流離」。[209]

日記曾記：「番禺早列入累缺，東莞且列入最累缺。」[210] 此後，有一次杜鳳治與巡撫張兆棟談話，張說到廣東「安得有不累之缺？」杜鳳治則談到一些著名優缺已大不如前，「番禺、東莞早成累缺」。[211] 番禺、東莞都屬於「廣府六大縣」，番禺還是首縣，竟都被視為「累缺」，未免出人意表。廣東巡撫李福泰、潮州知府何廣齡都當過番禺知縣，任上都虧累，李福泰是升任鹽運使之後（一說升任布政使後）才把番禺任的虧空清理，何廣齡未清理完就去世了。冒澄、徐寶符、張曰銜、楊先榮、胡鑒任番禺知縣無不虧累，[212] 可見番禺為累缺係實情。

日記裏記載了很多因虧累而苦不堪言的州縣官，其中不乏兩榜出身者。如唐泰灡原先是歲貢教官，50 多歲時連中舉人、進士，到廣東後任過黃岡同知，黃岡是苦缺，必然虧累，唐後任安良局委員，收入無多，死後蕭條。[213] 杜鳳治認為他原先當學官雖然清苦尚可溫飽，當地方官則要虧累。彭君穀是翰林散館「老虎班」知縣，來粵後八年一直有缺，還兩任新會優缺，但「累日重一日」。[214] 張曰銜也是翰林散館的州縣官，任過南澳同知、嘉應知州，得病去世，「官虧且莫論，閒住日久，私債叢積」。[215]

州縣官本來就難做，上司多，經常受氣，而且很辛苦，「十缺九累」，既然如此，為何候缺、候補官員還要想盡辦法補缺？別說番禺、東莞這樣的大缺，即使高要、三水這樣的著名累缺，也不會沒人願任。這其實也不難解釋。其時的官員，除了當官，幾乎沒有別的「就業」途徑（能當幕客的也不多），長期無缺的官員會度日艱難，只有補了缺，才可以過「出則輿馬，入則高坐；堂上一呼而下百諾；見者側目視，側足立」[216] 的日子，親屬也可過富裕生活。有缺愁累，無缺想補，州縣官無不如此。缺有優劣肥瘠，爭赴優缺肥缺、怕赴累缺瘠缺是人之常情，但得缺的機會轉瞬可變，並非人人有後臺、有本事挑肥揀瘦，因此，任何累缺、瘠缺都不至於無人赴任。州縣官任累缺、瘠缺一段時間後，通常會被調劑到較優之缺作為補償，這是累缺、瘠缺州縣官的指望。此外，所謂虧空、虧累，是指是否完解正、部、雜各款而言，但州縣官收入來源不僅是賦稅。很多時候，虧空的是府庫，州縣官本人未必真虧。只要有心計、會經營、運氣好，累缺、瘠缺未必沒有盈餘。如「開建雖名苦缺，然按部就班作去，每年尚可仗二千之則」。[217] 如前文所說的張慶鑅，在所謂「累缺」東莞只署理一任，就獲得五萬兩。知府張崇恪早年任州縣官時善於理財，「甚如韶州府最苦之缺，卸事後餘剩二千四百金」。[218]

即使著名優缺，也是有的人做滿載而歸，有的人做就虧累不堪。南海縣是全國著名、廣東第一大優缺，錢糧額是一般州縣的很多倍，獲得額外收入的機會也特別多，但支出非其他州縣可比，是個大進大出的缺。杜鳳治的兩位前任賡颺、陳善圻善於催徵，日記雖沒有寫他們的宦囊如何豐厚，但也沒說兩人虧累，以常理言，收入應該不少。但杜鳳治的後任張琮，人有點書生氣，太顧情面，在錢銀上心不算太狠，杜鳳治早預見他會吃虧。[219] 張琮任上又碰上瑞麟喪事、英翰到任、俊達喪事等大事，支出頗巨。巡撫張兆棟原先就對張琮有看法，因張琮西樵禁賭辦理不善，將張撤任。本來，在州縣官已墊付大宗開支後，上司一般會給予時間彌補收入再撤任，但張琮突然被撤，他自己說這樣一來要虧八萬兩。杜鳳治認為沒有那麼多，大概是三四萬到六萬兩。日記說張琮不僅欠下錢莊、銀號大宗借款，私人債務也不少，其賬房一空如洗，連挑伕錢也拿不出。杜鳳治感歎：「真自來南海卸事所未有者也。」[220]

但也要看到為虧累叫苦連天是州縣官的例行表演，無論累缺、瘠缺、中缺、優缺都如此。叫苦求卸，往往是想在沒有收入卻有開支的時段卸任，或想調劑到更優之缺，或求減少、推遲上解數額，或訴窮以避免「打把式」等額外支出。真虧空者固然有，隨時面臨虧空的也不少，但州縣官實際的虧空，往往不如他們自己說的那樣嚴重。有一次，廣州知府馮端本（其時署理鹽運使）同杜鳳治議論番禺胡鑒為何說「虧累至極」，但又要繼續當下去（胡鑒未引見署理首縣，本不合例）。杜鳳治回答：

> 南海一進一出尚無出入，不過自己用去，而歸咎於缺中用去，人人皆有此技倆，所謂官虧私不虧。其實缺何負人？番禺即以去年論，南海丁米收至十四萬三千兩，番禺收至十三萬四千兩，解款較南海短少萬餘，豈不與南海同乎！稅契一項，南收產價七十餘萬兩，番亦收六十餘萬兩，以四六分派，南實吃虧。南勝於番者，只封賭館一項每年有一萬

元進項耳。以此比較，南尚進出可以相準，番何獨不然乎？若夫妻兄弟，窮奢極欲，衣服器皿、飲食起居靡不講究，揮霍散漫，到時算總賬，不言自己靡費，而歸咎於應酬上司、幫貼同寅用去，則看各人良心，難言之矣。[221]

杜鳳治對南海、番禺收支的比較有片面之處，但「官虧私不虧」五字道出了很多州縣官「虧累」的真相。他所說胡鑒生活奢侈，也部分解釋了胡鑒想繼續當首縣知縣以及虧累的原因。

同治三年，巡撫蔣益澧奏定了一個「奏銷處分」，規定「未完不及一分者均照例停其升轉，罰俸一年」，未完八分以下者有不同處分，「未完五分以上照例革職」。也就是說，所有州縣完糧九成即可，但多數州縣官不甚理會這個規定，杜鳳治認為，「處分倘如此認真辦理，廣東州縣要無此等處分者百無一人」。[222] 法不責眾，很多州縣官即使有錢也不清解。如四會是瘠缺，烏廷梧任四會七年，「共短解正款銀七千兩零」，但私人有巨額資金存於銀號生息，「人言共有五六萬」。[223] 普寧知縣宋錫庚卸任後仍欠徵存六千兩，徵存是已徵收並割串的錢糧，必須上解。面臨參劾，宋錫庚懇求首縣知縣杜鳳治向上司求情，先解三千兩免參劾，但布政使讓杜鳳治轉告宋至少得解五千兩。因為宋還有其他可參的情節，宋希望上司承諾此時不參，年終也不列入大計。宋錫庚擔心解了五千兩年終仍被參，上司就認為宋患得患失、有錢不解。[224] 巡撫有一次問杜鳳治，前開建知縣俞增光交代未清，「聞甚有錢，何故觀望？」[225] 光緒二年，交代局總辦沈傳經（拜庚）稟告總督：杜鳳治、彭君穀、胡鑒等官「或賫項歸家置田產，或將銀留此存舖貪重利，而交代公事則置若無事然」。[226] 杜鳳治說沈是惡意中傷，但從杜的日記看，沈所言確為事實。杜鳳治交代未清，但寄了很多銀兩回鄉購置產業，為子姪、親屬捐官，還在家鄉投資了錢銀店。

（四）杜鳳治的宦囊

魏光奇指出，清代州縣財政實際上實行州縣官個人「大包乾」制度，收支是公私不分的，各種錢糧解送、公務支出、上司饋贈後的剩餘，才是州縣官的淨收入。[227] 杜鳳治的日記為「州縣官的宦囊」提供了一個資料雖不系統完整但極為豐富生動的案例。

前面幾目也寫了杜鳳治的收支，本目集中討論杜鳳治不同任上的宦囊收入。

杜鳳治本是一介寒儒，赴粵前可說一錢不名，還背上了巨額債務。他抵達廣東後，在省城等候赴任的一個月內就花費了1300兩銀，杜鳳治慨歎:「生平何嘗如此用錢！作官真可危也！」[228] 他赴任前後所借之債共8000餘兩，所借京債是到粵差不多兩年後在四會任上才全部還清的。[229]

廣寧本是優缺，但杜鳳治一上任就碰上對黃亞水二、謝單支手兩團夥的剿捕，花費了不少餉銀；尤其因廣寧紳士上控浮收、鬧考，杜鳳治無法在錢糧旺收季節多下鄉，還增加了上省城謁見上司、應酬委員等支出；與紳士關係惡劣，獲得其他雜項收入的機會又必然減少，結果，他首任廣寧「統共虧萬零九十餘金，除認解款另列二千百餘金，實虧捐攤、部雜款七千二百餘金」。[230]

署任四會幾個月後，日記記:「會邑窘瘠異常，為肇郡首屈一指，著名苦缺，真乃作一日賠一日，一年統計進項不及三千，而公私用項實計七竿。」[231] 四會卸任前，杜鳳治計算收支，認為此任「賠墊無疑矣」。[232] 不過，杜鳳治運氣稍好，剛好碰上書吏期滿另充，可以抵消「地丁新舊正款兩千多兩」，餘下的「部款如稅羨有限，尚可彌縫，耗米贏餘等款約計千數百金無着落」。也就是說，四會虧空為數不多，賬面上只有一千幾百兩。但廣寧的虧欠自然不可能用四會任上的收入來清理。[233]

四會卸任後，日記記:「予作令三年，只增身累，未名一錢，僅得三年妻子兒女食用快活而已，家中待臣舉火者雖無晏子之多，然亦有數家，只苦予一人而已。」[234] 他說此時尚無積蓄卻有虧累當可信。

同治八年、九年杜鳳治被委赴潮陽催徵，委員薪水、夫價每月共「銀七十五兩二錢」。[235] 即使催徵時尚有其他收入，扣除本人所用，仍不夠家庭在省城的開支，估計基本靠借新債應付。

杜鳳治再任廣寧前，籌措赴任費也不容易，省城的廣裕銀號原先應允借一千兩，但後來反悔，杜通過新收的門上何貴同另一家銀號商量，才張羅到一千兩，答應到任後兩個月即歸還。[236] 其時杜鳳治已兩手空空，但有把握到任後兩個月就還清這筆千兩的債務，可見他對補缺後可以得到較大宗收入是有信心的。果然，到任不足兩個月，就得以應付各種開支，並歸還大部分借債，還寄給家鄉親屬 310 元。[237] 其時尚未大舉開徵，杜鳳治顯然是靠到任禮等額外收入應付的。兩個多月後，徵收進入旺期，杜鳳治除解送大宗錢糧上省外，把餘下的私債清理完畢，又致送一批應酬銀兩，還給岳母陶老太太帶了 120 元。[238]

杜鳳治再任廣寧期間，大概從這個優缺中獲得了「正常」收入，調署南海之前，日記記：「任廣寧，移四會，正款毫無虧短，只廣寧尚欠稅羨千餘金，而有養廉可抵；此外捐攤、雜款約及萬金，清餉兌交三千金可了。」[239] 也就是說五年宦粵共虧 3000 金。但他此時手頭未必空空如也，甚至會稍有節餘。

接署（不久實補）廣東甚至全國著名大缺、優缺南海縣後，杜鳳治手頭銀錢進出如流水，日記不斷說自己虧累。接任後數月，日記記：「予作南海五十日已用去萬八千金，零用需十二萬金，正款需解十萬，此缺盡收糧極旺可得十六萬金，尚短三四萬金，捐攤款尚不計在內，奈之何哉！」[240] 同治十一年十一月，杜鳳治稱自己不善徵求，「實虧萬八千金」，「倘徵收短四五萬，均是向西號貸款，如何了結？子子孫孫不得了矣！」[241] 日記中類似的話引不勝引。杜鳳治的日記是寫給自己看的，沒有必要對自己說假話，可見他怕虧的焦慮。但他所說的虧未必是實情，因為收支都是動態的，未離任、會算前杜鳳治也難以預知該任最終的盈虧。

日記一些記載則反映了南海任上收入的另一面。同治十三年四月，杜鳳治將卸任南海赴羅定，日記記，交代仍虧短 2 萬兩（尚未會算），但在任南海知縣的第二年就寄 5000 兩回家鄉買祭田百畝，清還了家族的各種債務，在紹興投資錢舖等，兩次寄回家鄉 17000 兩，「統計應酬、幫項、借貸，朋友累我者，此三年中二萬元有多無少也，本家亦萬元有餘矣」，廣寧、四會交代未清之款也在南海初任時清理完。[242] 應酬、幫項等 2 萬元，與本家 1 萬元，以及寄回家鄉之 17000 兩，可能其中互有包含，不可就此相加，但這些作為宦囊收入，無論如何都相當可觀。他又說過：「所得者昏天黑地用了三年，妻子媳女享了三年福，每人均有衣飾私儲，親戚宗族俱有沾光，凡此算叨南海光耳。」[243]

首次署理羅定應該所得無多，因羅定錢糧有限，屬於瘠缺，最多只是平缺，但日記也沒說首次署理羅定有虧累。

再任南海之日記記錄收支不如首任時詳細，其中仍不乏對虧累的擔憂，再任南海日記也沒寫到卸任，但在光緒三年，杜鳳治僅為孫子在家鄉結婚、購置房屋就兩次匯寄 8000 元回鄉。[244] 此後再任羅定，「河頭船十五六號，護送扒船兩號，此外尚有家人自帶家眷船四五號，共船在二十號以外，晚間停泊竟成一村。初任羅定亦如此，南海餘波豈不闊乎」。[245] 上面兩個細節，可反映出他再任南海也是有盈無虧的。

再任南海卸任後，杜鳳治的仕途逐漸不順利，署理佛岡同知小有賠累，再任羅定期間，辦學政按臨考差費去二千兩，方濬師又「借」去 2000 兩，可能收入也不多，日記說「羅牧大賠」。杜鳳治任佛岡、再任羅定沒帶家屬，家屬在省城的公館日用浩繁，加上其他支出，用去 2 萬餘兩，兒子杜子榕在家鄉又虧折了五六千元。[246]

光緒三年再任羅定卸後，杜鳳治希望能署理廣糧通判、香山知縣等缺彌補此前虧累，但希望落空，日記說「賠墊費用已耗去二三萬金」。[247] 日記不同地方所記虧去之金額不一定是實數，同樣應有互相包含之處，不可相加。杜鳳治對是否回任南海既有希冀也有憂慮，「兩年來將太太積蓄用去二方」，曾想再回任南海彌補，又想到當官如同賭博，賭輸了想再賭撈回，但未必不會輸得更多，前思後想，杜鳳治終於決定為保住既有宦囊不再冒險，引疾求退。[248]

光緒八年春，其時杜鳳治已 68 歲，回鄉已一年幾個月，他寫了一份「分房另爨條款」，把財產分配給子孫。從條款可知，杜鳳治宦粵後先後置買、贖回稻田 240 餘畝；錢莊存本 30000 元；典居大屋一間，典費加修理費共

6300 千文；當舖本錢約 9000 元；油車（榨油作坊）本錢 2100 元；店屋基地四五畝；三間街屋，每年共可收租錢 79 千文多，應都是小房屋；此外還有從廣東寄回、帶回之銀錫瓷木器皿、衣物、皮綿夾單紗、玉器等件。另外妻子陶氏尚有數千兩、兒媳陳氏有千兩私房。[249]

「分房另爨條款」基本包括了杜鳳治十幾年宦囊的結餘（還有大批藏書未列入，清代書價相當貴，這些藏書也是一宗財產，但如出售則價值大打折扣），即使他手頭尚有若干機動使用的銀兩，估計也不會多，因為杜鳳治始終維持自己在家庭、宗族中的權威，沒有必要留私房錢，如未列入「分房另爨條款」的錢財太多，反會導致日後子孫的爭端，有違他制定這個條款的本意。

我們就以「分房另爨條款」為基礎估算杜鳳治宦粵十幾年的「純收入」。把 240 餘畝稻田姑且折價為 6000 兩；按「九千元數核錢有一萬串零」的比價，[250] 條款中的錢文可折約 4000 兩；錢舖的 30000 元折合 21600 兩，當舖、油車本錢合共可折約 8000 兩；再加上妻子、兒媳的私房數千兩，還有衣物、玉器、首飾、書籍等。以上各項相加，可以認為，杜鳳治宦粵十幾年，除了自己和家庭過着寬裕生活、還清債務、為子姪捐了好幾個官、接濟幫助了很多親戚朋友之外，從廣東帶回家鄉的財產至少值白銀 45000 兩。前文提到，杜鳳治宦粵最後兩三年用了兩三萬兩，兒子杜子榕在家鄉虧折了數千元，如果杜鳳治及早辭官歸里，杜子榕投資不失誤，杜鳳治帶回家鄉的財產總額可達 70000 兩以上。

45000 兩是個怎樣的概念，為讓今人有更直觀的了解，不妨以 2020 年 7 月初的銀價、金價和糧價來折算一下。2020 年 7 月初，廣州銀價約 3.6 元 1 克，金價（金條）約 400 元 1 克，中下白米約 3 元一斤。按 1 司碼兩 37.3 克算，45000 兩為 1678500 克。如按銀價，45000 兩約值人民幣 604 萬元。同治年間廣州金銀價為十九換，[251]45000 兩銀可換黃金約 88342 克，按金價約值人民幣 3534 萬元。如按米價，同治年間廣州府正常年景中下米每石價格約為一二兩（省城會貴些），廣東米糧很多從外地外洋輸入，故本省、外省甚至外國的豐歉都會影響米價，姑且以每石中下米 1.5 兩計算，其時 1 石約等於今日 120 斤，45000 兩銀如按現在米價約值人民幣 1080 萬元。如果按美元折算，2020 年 7 月初每盎司（31.1 克）黃金 1805 美元上下，以黃金再折合美元計算，杜鳳治的 45000 兩銀就相當於約 513 萬美元。[252]

杜鳳治很為自己沒有虧累、還可攜資回鄉深感慶幸：「唯宦粵十五年，屢膺繁劇，浮湛巨浸，任聽升沉。粵中同僚凡任大邑者類皆空缺負累，予則刻意儉勤，不敢沾染宦途惡習，俸廉所入，稍積羨餘。雖云囊資微薄，而無累歸家，上憲同僚歎為絕無僅有。」[253] 他還說過：「目下兒孫子姪均得溫飽，門庭顯赫，錦天繡地，俱由廣東得來，雖云天恩祖德亦不可忘，粵人之厚我為不淺也。」[254]

杜鳳治所說「凡任大邑者類皆空缺負累」，「無累歸家，上憲同僚歎為絕無僅有」並非虛言。筆者的高祖邱才穎（1791～1864）就是一個例子，他是福建舉人，大挑知縣，分發來粵後歷任大埔、饒平、西寧、高明、新會、東莞、香山知縣及佛山同知。[255] 東莞的方志說他「以貪酷聞」，香山的方志則說他是深受紳民愛戴的好官。[256] 有人撰文對兩種縣志截然相反的評價做過討論，指出兩種評價都各有其理由。[257] 筆者長輩說先高祖沒有留下多少財產，因此他不能歸葬福建故鄉，子孫都留在廣東，既不能回福建應試，又無力在廣東捐考棚入籍考試。多年後，先祖父成年後家境好轉，才得以將先高祖遺骨歸葬福建，並回原籍考中秀才。杜鳳治的日記也為先高祖的子孫「清苦不堪」提供了零星的佐證。[258]

其時北京、廣東、紹興都有人認為杜鳳治當了五年多南海知縣，宦囊至少有二三十萬兩銀。[259] 光緒九年，給事中鄧承修參奏廣東官員中「贓私最著者」，「請旨責令罰捐巨款」，列舉了瑞麟以下多名官員，其中有杜鳳治之名（其時杜鳳治已經去世），清廷乃諭令彭玉麟確查覆奏。彭調查的結果是鄧所參各官「或業經病故，或早經離任，既無丁書可訊，亦無項目可推，均難指其贓私確據」。[260] 連剛直的彭玉麟都查不出個所以然來，最後只能不了了之。

註釋

[1] 筆者拜讀過劉志偉的《在國家與社會之間 —— 明清廣東地區里甲賦役制度與鄉村社會》（中國人民大學出版社，2010）和《貢賦體制與市場：明清社會經濟史論稿》（中華書局，2019）、魏光奇的《清代民國縣制和財政論集》（社會科學文獻出版社，2013）、周健的《維正之供：清代田賦與國家財政（1730～1911）》（北京師範大學出版社，2020）等著作以及若干篇研究清代賦稅的論文。這些論著使筆者對清代賦稅徵收的一般情況及這個領域的學術史有了粗淺的了解。因同事之便，筆者也多次請教過劉志偉教授。

[2] 例如，光緒《潮陽縣志》所列舉的賦稅額，地丁銀精確到千萬億分之一兩，米石精確到十億分之一升。

[3] 《日記》，同治七年三月初一日，《清代稿鈔本》第 10 冊，第 519～520 頁。

[4] 《日記》，同治六年八月初二日，《清代稿鈔本》第 10 冊，第 185 頁。

[5] 《日記》，同治六年十月廿九日，《清代稿鈔本》第 10 冊，第 359 頁。

[6] 《日記》，同治六年十二月十七日，《清代稿鈔本》第 10 冊，第 441 頁。

[7] 《日記》，同治八年十二月初八日，《清代稿鈔本》第 12 冊，第 92 頁。

[8] 《日記》，同治十三年十二月十一日，《清代稿鈔本》第 16 冊，第 384 頁。

[9] 《日記》，光緒元年六月初五日，《清代稿鈔本》第 17 冊，第 151 頁。

[10] 《日記》，光緒三年九月廿九日，《清代稿鈔本》第 18 冊，第 521～522 頁。

[11] 道光《南海縣志》卷 6，「政經略· 圖甲表」。

[12] 《日記》，光緒三年十月十九日，《清代稿鈔本》第 18 冊，第 548 頁。

[13] 《日記》，光緒三年十月廿四日，《清代稿鈔本》第 18 冊，第 557 頁。

[14] 杜去世前説過：「有田二百畝，全撥三代祭產。」見《日記》，光緒八年三月十七日，《清代稿鈔本》第 19 冊，第 450 頁。

[15] 片山剛：《清末廣東省珠江三角洲地區圖甲制的矛盾及其改革（南海縣）——稅糧、戶籍、宗族》，明清廣東省社會經濟研究會編《明清廣東社會經濟研究》，廣東人民出版社，1987，第 361 頁。

[16] 《日記》，光緒元年十二月初九日，《清代稿鈔本》第 17 冊，第 484 頁。「肉鼓吹」指用刑。

[17] 《日記》，同治九年三月初六日，《清代稿鈔本》第 12 冊，第 190 頁。

[18] 《日記》，同治九年五月十六日，《清代稿鈔本》第 12 冊，第 266 頁。

[19] 《日記》，光緒元年十月廿六日，《清代稿鈔本》第 17 冊，第 425～426 頁。

[20] 《日記》，光緒元年五月十六日，《清代稿鈔本》第 17 冊，第 109～110 頁。

[21] 《日記》，同治七年六月十九日，《清代稿鈔本》第 11 冊，第 65 頁。

[22] 《日記》，同治六年十月十五日，《清代稿鈔本》第 10 冊，第 326 頁。

[23] 《日記》，同治八年五月二十日、廿四日，《清代稿鈔本》第 11 冊，第 406、410 頁。

[24] 《日記》，同治八年六月廿四日，《清代稿鈔本》第 11 冊，第 459～460 頁。

[25] 《日記》，同治八年七月初三日，《清代稿鈔本》第 11 冊，第 470 頁。

[26] 《日記》，同治七年二月十三日，《清代稿鈔本》第 10 冊，第 496 頁。

[27] 《日記》，同治七年閏四月初九日、十二日，《清代稿鈔本》第 11 冊，第 10、13 頁。

[28] 《日記》，同治八年六月初八日、十一日，《清代稿鈔本》第 11 冊，第 437、440 頁。

[29] 《日記》，同治九年閏十月十七日，《清代稿鈔本》第 12 冊，第 563 頁。

[30] 《日記》，同治九年閏十月廿一日，《清代稿鈔本》第 12 冊，第 567 頁。

[31] 《日記》，同治十三年十一月廿一日，《清代稿鈔本》第 16 冊，第 334～335 頁。

[32] 《日記》，光緒元年正月十七日，《清代稿鈔本》第 16 冊，第 452 頁。

[33] 《日記》，同治十三年三月廿六日，《清代稿鈔本》第 15 冊，第 414 頁。

[34] 《日記》，光緒元年十一月初十日，《清代稿鈔本》第 17 冊，第 444 頁。

[35] 《日記》，同治十年十二月三十日，《清代稿鈔本》第 13 冊，第 553～554 頁。

[36] 《日記》，同治十三年十二月十三日，《清代稿鈔本》第 16 冊，第 388 頁。

[37] 《日記》，同治六年十月廿八日，《清代稿鈔本》第 10 冊，第 358 頁。

[38] 《日記》，同治七年四月十二日，《清代稿鈔本》第 10 冊，第 561 頁。

[39] 《日記》，同治十二年十一月十二日，《清代稿鈔本》第 15 冊，第 223 頁。

[40] 《日記》，同治十二年三月初三日，《清代稿鈔本》第 14 冊，第 489 頁。

[41] 《日記》，同治十三年十二月初三日，《清代稿鈔本》第 16 冊，第 355～356 頁。

[42] 《日記》，同治五年十月廿九日，《清代稿鈔本》第 10 冊，第 89 頁。

[43] 《日記》，同治十三年十二月初二日，《清代稿鈔本》第 16 冊，第 355 頁。

[44] 《日記》，同治六年十月廿三日，《清代稿鈔本》第 10 冊，第 349 頁。

[45] 《日記》，同治九年五月十四日，《清代稿鈔本》第 12 冊，第 264 頁。

[46] 《日記》，同治九年十二月十六日，《清代稿鈔本》第 13 冊，第 37 頁。

[47] 《日記》，同治十三年十二月初二日，《清代稿鈔本》第 16 冊，第 355 頁。

[48] 《日記》，同治十三年十二月十七日，《清代稿鈔本》第 16 冊，第 398～399 頁。

[49] 《日記》，光緒元年十一月廿一日，《清代稿鈔本》第 17 冊，第 459 頁。

[50] 《日記》，光緒元年十二月十二日，《清代稿鈔本》第 17 冊，第 490 頁。

[51] 《日記》，同治六年十月十二日、十九日，《清代稿鈔本》第 10 冊，第 315、340 頁。

[52] 《日記》，光緒二年正月初三日，《清代稿鈔本》第 17 冊，第 515 頁。

[53] 《日記》，同治六年十二月二十日，《清代稿鈔本》第 10 冊，第 446 頁。

[54] 《日記》，同治十一年十一月廿八日，《清代稿鈔本》第 14 冊，第 380 頁。

[55] 民國《佛山忠義鄉志》卷 4「賦稅志·圖甲」。按：同治無戊午年，陳善圻署理南海知縣在戊辰年即同治七年（1868）。

[56] 《穆宗毅皇帝實錄》卷 274，同治九年正月戊寅。

[57] 《日記》，同治八年十一月廿六日，《清代稿鈔本》第 12 冊，第 66～67 頁。

[58] 《日記》，同治八年十二月初一日，《清代稿鈔本》第 12 冊，第 80～81 頁。

[59] 《日記》，同治八年十二月十九日，《清代稿鈔本》第 12 冊，第 109 頁。

[60] 《日記》，同治八年十二月初一日，《清代稿鈔本》第 12 冊，第 80 頁。

[61] 《日記》，同治八年十二月十四日，《清代稿鈔本》第 12 冊，第 100 頁。

[62] 《日記》，同治八年十一月廿五日，《清代稿鈔本》第 12 冊，第 66 頁。

[63] 《日記》，同治八年十二月廿五日，《清代稿鈔本》第 12 冊，第 111～112 頁。

[64] 《日記》，同治八年十二月十四日，《清代稿鈔本》第 12 冊，第 100 頁。

[65] 《日記》，同治八年十二月廿五日，《清代稿鈔本》第 12 冊，第 111～112 頁。

[66] 《日記》，同治八年十二月十九日，《清代稿鈔本》第 12 冊，第 109 頁。

[67] 《日記》，同治八年十一月十二日，《清代稿鈔本》第 12 冊，第 48 頁。

[68] 《日記》，同治九年二月十四日，《清代稿鈔本》第 12 冊，第 157～158 頁。

[69] 《日記》，同治九年二月十九日，《清代稿鈔本》第 12 冊，第 166 頁。

[70] 《日記》，同治九年二月二十日，《清代稿鈔本》第 12 冊，第 168 頁。

[71] 《日記》，同治九年二月廿五日，《清代稿鈔本》第 12 冊，第 176～177 頁。

[72] 《日記》，同治九年二月廿七日，《清代稿鈔本》第 12 冊，第 176～177 頁。

[73] 《日記》，同治八年十二月初三日，《清代稿鈔本》第 12 冊，第 83 頁。

[74] 《日記》，同治八年十一月廿四日，《清代稿鈔本》第 12 冊，第 65 頁。

[75] 《日記》，同治九年三月初六日，《清代稿鈔本》第 12 冊，第 190～191 頁。

[76] 《日記》，同治九年五月初六日，《清代稿鈔本》第 12 冊，第 224 頁。

[77] 《日記》，同治九年二月廿三日，《清代稿鈔本》第 12 冊，第 176 頁。

[78] 《日記》，同治九年三月廿二日，《清代稿鈔本》第 12 冊，第 207 頁。

[79] 《日記》，同治九年五月十六日，《清代稿鈔本》第 12 冊，第 266 頁。

[80] 《日記》，同治九年六月初一日，《清代稿鈔本》第 12 冊，第 282 頁。

[81] 《日記》，同治九年六月廿六日，《清代稿鈔本》第 12 冊，第 302 頁。

[82] 《日記》，同治九年七月初一日，《清代稿鈔本》第 12 冊，第 305 頁。

[83] 《廣東財政說明書》，第 47、52 頁。

[84] 《日記》，同治九年六月廿九日，《清代稿鈔本》第 12 冊，第 304 頁。

[85] 《日記》，同治七年十月十五日，《清代稿鈔本》第 11 冊，第 182 頁。

[86] 《日記》，同治六年七月廿七日，《清代稿鈔本》第 10 冊，第 180 頁。

[87] 《日記》，光緒三年十一月初九日，《清代稿鈔本》第 18 冊，第 585 頁。

[88] 《日記》，光緒元年五月十五日，《清代稿鈔本》第 17 冊，第 108 頁。

[89] 日記中的散頁，光緒二年三月初二日，《清代稿鈔本》未影印。

[90] 日記第 29 本之夾頁，《清代稿鈔本》未影印。

[91] 《日記》，同治五年十一月初六日，《清代稿鈔本》第 10 冊，第 91 頁。

[92] 《日記》，同治七年十二月二十日，《清代稿鈔本》第 10 冊，第 491 頁。

[93] 《日記》，同治十年六月十二日，《清代稿鈔本》第 13 冊，第 274 頁。

[94] 《日記》，同治十一年二月初一日，《清代稿鈔本》第 13 冊，第 596 頁。

[95] 《日記》，同治十年十一月初二日，《清代稿鈔本》第 13 冊，第 463 頁。

[96] 黃彥輯《林謙文選》，《近代史資料》總 44 號，中國社會科學出版社，1981，第 2 頁。

[97] 《日記》，同治八年十二月初一日，《清代稿鈔本》第 12 冊，第 80 頁。

[98] 《日記》，同治十一年十二月十五日，《清代稿鈔本》第 14 冊，第 401～402 頁。

[99] 《日記》，同治十一年十一月十二日，《清代稿鈔本》第 14 冊，第 363 頁。

[100] 《日記》，同治六年十月十一日，《清代稿鈔本》第 10 冊，第 311～313 頁。

[101] 《日記》，光緒三年十一月初六日，《清代稿鈔本》第 18 冊，第 580 頁。

[102] 《日記》，同治六年八月廿三日，《清代稿鈔本》第 10 冊，第 203 頁。

[103] 《日記》，同治六年十二月十七日，《清代稿鈔本》第 10 冊，第 441 頁。

[104] 《日記》，同治六年七月初二日、十七日，《清代稿鈔本》第 10 冊，第 143、167 頁。

[105] 乾隆《揭陽縣志》卷 1，「都鄙」。該志編撰者特地說明「啚」並非「圖」字，相當於「鄙」字。

[106] 民國《香山縣志續編》卷 5，「經政」。

[107] 黃彥輯《林謙文選》，《近代史資料》總 44 號，第 2、5、6、7、12 頁。

[108] 片山剛：《清末廣東省珠江三角洲地區圖甲制的矛盾及其改革（南海縣）——稅糧、戶籍、宗族》，《明清廣東社會經濟研究》，第 345～348 頁。

[109] 《粵東簡氏大同譜》卷 11，「簡岸係建康公」，民國 17 年鉛印本。

[110] 《日記》，同治十三年十二月十四日，《清代稿鈔本》第 16 冊，第 389 頁。

[111] 《日記》，同治十三年十二月二十日，《清代稿鈔本》第 16 冊，第 407 頁。

[112] 《日記》，光緒元年九月初二日，《清代稿鈔本》第 17 冊，第 326 頁。

[113] 《日記》，同治十三年九月十三日，《清代稿鈔本》第 16 冊，第 188 頁。

[114] 《日記》，同治十三年十二月十五日，《清代稿鈔本》第 16 冊，第 392～393 頁。

[115] 《日記》，同治十三年十二月十七日，《清代稿鈔本》第 16 冊，第 398 頁。

[116] 《日記》，同治十三年十月初六日，《清代稿鈔本》第 16 冊，第 247 頁。

[117]《日記》，同治十三年十月十一日，《清代稿鈔本》第 16 冊，第 259 頁。

[118]《日記》，同治十三年十一月十五日，《清代稿鈔本》第 16 冊，第 322～323 頁。

[119]《日記》，同治十三年十二月廿一日，《清代稿鈔本》第 16 冊，第 410 頁。

[120]《日記》，同治十三年九月廿五日，《清代稿鈔本》第 16 冊，第 215～217 頁。

[121]《日記》，同治十三年九月十六日，《清代稿鈔本》第 16 冊，第 193 頁。

[122] 徐賡陛：《不自慊齋漫存》卷 4，沈雲龍主編《近代中國史料叢刊》第 78 輯，臺北，文海出版社，1972，第 335 頁。

[123]《日記》，光緒元年十二月初十日，《清代稿鈔本》第 17 冊，第 488 頁。

[124] 道光《廣寧縣志》卷 6，「賦役」。

[125]《日記》，同治六年十月廿四日，《清代稿鈔本》第 10 冊，第 350 頁。

[126] 廣東清理財政局編訂《廣東財政説明書》，第 50 頁。

[127]《日記》，同治八年十二月廿九日，《清代稿鈔本》第 12 冊，第 120 頁。

[128]《日記》，光緒元年十月三十日，《清代稿鈔本》第 17 冊，第 431 頁。

[129]《日記》，同治九年五月十七日，《清代稿鈔本》第 12 冊，第 267 頁。

[130]《日記》，同治九年四月初九日，《清代稿鈔本》第 12 冊，第 226 頁。

[131] 民國《清遠縣志》卷 12「田賦」。

[132]《日記》，同治七年三月廿五日，《清代稿鈔本》第 10 冊，第 547 頁。

[133]《日記》，同治六年八月十六日，《清代稿鈔本》第 10 冊，第 195 頁。

[134]《日記》，同治十三年十二月廿七日，《清代稿鈔本》第 16 冊，第 422 頁。

[135]《日記》，同治七年正月初三日，《清代稿鈔本》第 10 冊，第 465 頁。

[136]《日記》，同治六年十一月十三日，《清代稿鈔本》第 10 冊，第 373 頁。

[137]《日記》，同治八年七月廿四日，《清代稿鈔本》第 11 冊，第 497 頁。

[138]《日記》，同治十三年正月初五日，《清代稿鈔本》第 16 冊，第 433～434 頁。

[139]《日記》，同治六年十二月二十日，《清代稿鈔本》第 10 冊，第 444～445 頁。

[140] 黃彥輯《林謙文選》，《近代史資料》總 44 號，第 2、3、14 頁。

[141]《日記》，同治十三年十二月二十日，《清代稿鈔本》第 16 冊，第 407 頁。

[142]《日記》，同治十三年十月十六日，《清代稿鈔本》第 16 冊，第 267 頁。

[143]《日記》，同治六年七月廿六日，《清代稿鈔本》第 10 冊，第 177 頁。

[144]《日記》，同治十二年十一月十五日，《清代稿鈔本》第 15 冊，第 226 頁。

[145] 道光《廣寧縣志》卷 6，「賦役」。

[146] 道光《南海縣志》卷 14，「政經略」。

[147]《日記》，同治八年十月初八日，《清代稿鈔本》第 12 冊，第 18 頁。

[148]《日記》，同治七年十月十七日，《清代稿鈔本》第 11 冊，第 183 頁。

[149]《日記》，光緒三年八月三十日，《清代稿鈔本》第 18 冊，第 466 頁。

[150]《日記》，光緒六年十一月初六日，《清代稿鈔本》第 19 冊，第 51 頁。

[151]《日記》，光緒庚辰九月初四日後補記部分，《清代稿鈔本》第 18 冊，第 619 頁。

[152]《日記》，同治十三年三月廿五日，《清代稿鈔本》第 15 冊，第 413～414 頁。

[153] 廣東清理財政局編訂《廣東財政説明書》，第 189～192 頁。

[154]《日記》，同治十三年四月廿三日，《清代稿鈔本》第 15 冊，第 472～473 頁。

[155]《日記》，同治九年閏十月初四日，《清代稿鈔本》第 12 冊，第 541 頁。

[156]《日記》，同治九年閏十月廿一日，《清代稿鈔本》第 12 冊，第 567 頁。康贊修是康有為的祖父。

[157]《日記》，同治十三年六月初六日，《清代稿鈔本》第 16 冊，第 10～11 頁。

[158]《日記》，同治九年十一月廿七日，《清代稿鈔本》第 13 冊，第 4 頁。

[159]《日記》，同治五年十月廿七日，《清代稿鈔本》第 10 冊，第 88 頁。

[160]《日記》，同治十二年七月十七日，《清代稿鈔本》第 15 冊，第 97 頁。

[161]《日記》，同治六年十一月十八日，《清代稿鈔本》第 10 冊，第 383 頁。

[162]《日記》，同治十一年十一月初七日，《清代稿鈔本》第 14 冊，第 359 頁。

[163]《日記》，同治十三年五月初六日，《清代稿鈔本》第 15 冊，第 491 頁。

[164]《日記》，同治十一年二月十四日，《清代稿鈔本》第 14 冊，第 5 頁。

[165]《日記》，同治十三年十二月初八日，《清代稿鈔本》第 16 冊，第 373 頁。

[166]《日記》，光緒二年正月初六日，《清代稿鈔本》第 17 冊，第 515 頁。

[167]《日記》，同治十三年十二月初八日，《清代稿鈔本》第 16 冊，第 375 頁。

[168]《日記》，同治十一年六月廿五日，《清代稿鈔本》第 14 冊，第 166 頁。

[169]《日記》，光緒元年七月廿三日，《清代稿鈔本》第 17 冊，第 249 頁。

[170] 參見周健《維正之供：清代田賦與國家財政（1730～1911）》，第 38～41 頁。

[171]《日記》，同治十一年八月廿六日，《清代稿鈔本》第 14 冊，第 262～263 頁。

[172]《日記》，同治十三年五月廿六日，《清代稿鈔本》第 15 冊，第 523 頁。

[173]《日記》，同治七年八月初八日，《清代稿鈔本》第 11 冊，第 121～122 頁。

[174]《日記》，同治七年九月初七日，《清代稿鈔本》第 11 冊，第 152 頁。

[175]《日記》，同治十一年八月廿六日，《清代稿鈔本》第 14 冊，第 263 頁。

[176]《日記》，同治十二年二月初五日，《清代稿鈔本》第 14 冊，第 451 頁。

[177]《日記》，同治十一年二月廿五日，《清代稿鈔本》第 14 冊，第 477 頁。

[178]《日記》，同治十一年三月廿六日，《清代稿鈔本》第 14 冊，第 63 頁。

[179]《日記》，同治十二年二月廿四日，《清代稿鈔本》第 14 冊，第 476 頁。

[180]《日記》，同治六年九月初八日，《清代稿鈔本》第 10 冊，第 231 頁。

[181]《日記》，同治十年七月十二日，《清代稿鈔本》第 13 冊，第 314 頁。

[182]《日記》，同治十年四月廿四日，《清代稿鈔本》第 13 冊，第 194 頁。

[183]《日記》，同治十一年四月三十日，《清代稿鈔本》第 14 冊，第 108 頁。

[184]《日記》，同治十年十月初三日，《清代稿鈔本》第 13 冊，第 429 頁。

[185]《日記》，同治十一年正月十三日，《清代稿鈔本》第 13 冊，第 531 頁。

[186]《日記》，同治十一年九月初三日，《清代稿鈔本》第 14 冊，第 271 頁。

[187]《日記》，光緒三年十月初四日，《清代稿鈔本》第 18 冊，第 528 頁。

[188]《日記》，同治十二年十二月廿四日，《清代稿鈔本》第 15 冊，第 283 頁。

[189]《日記》，同治十三年八月廿二日，《清代稿鈔本》第 16 冊，第 143 頁。

[190]《日記》，同治十三年十月三十日，《清代稿鈔本》第 16 冊，第 286 頁。

[191]《日記》，同治十三年九月二十日，《清代稿鈔本》第 16 冊，第 205 頁。

[192]《日記》，同治十三年十月二十日，《清代稿鈔本》第 16 冊，第 275 頁。

[193]《日記》，同治七年八月初四日，《清代稿鈔本》第 11 冊，第 115 頁。

[194]《日記》，同治十年五月廿七日，《清代稿鈔本》第 13 冊，第 245 頁。

[195]《日記》，同治十一年十月十四日，《清代稿鈔本》第 14 冊，第 334 頁。

[196]《日記》，光緒三年三月廿二日，《清代稿鈔本》第 18 冊，第 220 頁。

[197]《日記》，同治十二年四月初八日，《清代稿鈔本》第 14 冊，第 529 頁。

[198]《日記》，同治七年正月廿二日，《清代稿鈔本》第 10 冊，第 476 頁。

[199]《日記》，光緒三年九月廿七日，《清代稿鈔本》第 18 冊，第 518 頁。「發棠」本意是開倉賑濟，「毛詩」即 300 兩。

[200] 此夾頁夾於日記第 33 本中，大致記載同治十三年、光緒元年的部分支出，《清代稿鈔本》未影印。

[201] 如李映發《清代州縣財政中的虧空現象》，《清史研究》1996 年第 1 期；魏光奇：《清代州縣財政探析（上）》，《首都師範大學學報》（社會科學版）2000 年第 6 期；陳鋒：《清代的清查虧空》（連載），《遼寧大學學報》（哲學社會科學版）2008 年第 5、6 期；劉鳳雲：《康熙朝的督撫與地方錢糧虧空》，《清史研究》2009 年第 3 期；劉鳳雲：《雍正朝清理地方錢糧虧空研究 —— 兼論官僚政治中的利益關係》，《歷史研究》2013 年第 2 期；李光偉：《清中後期地方虧空與錢糧蠲緩研究》，《安徽史學》2014 年第 6 期；等等。

[202] 劉增合：《「財」與「政」：清季財政改制研究》，生活·讀書·新知三聯書店，2014，第 8 頁。

[203] 程存潔編著《朱啟連稿本初探》下冊，第 1590 頁。

[204]《日記》，同治五年九月廿九日，《清代稿鈔本》第 10 冊，第 74～75 頁。

[205]《日記》，同治七年六月廿九日，《清代稿鈔本》第 11 冊，第 72 頁。

[206]《日記》，同治八年十月十五日，《清代稿鈔本》第 12 冊，第 20～25 頁。

[207]《日記》，同治七年七月廿三日，《清代稿鈔本》第 11 冊，第 101～102 頁。

[208]《日記》，同治十二年六月初一日、初六日，《清代稿鈔本》第 14 冊，第 596、603 頁。

[209]《日記》，光緒二年九月初二日，《清代稿鈔本》第 18 冊，第 50～51 頁。

[210]《日記》，同治十年十月廿八日，《清代稿鈔本》第 13 冊，第 460 頁。

[211]《日記》，同治十二年二月初五日，《清代稿鈔本》第 14 冊，第 450 頁。

[212]《日記》，同治十年十月廿八日，《清代稿鈔本》第 13 冊，第 460 頁。

[213]《日記》，光緒三年六月初九日，《清代稿鈔本》第 18 冊，第 351 頁。

[214]《日記》，同治十二年五月廿九日，《清代稿鈔本》第 14 冊，第 591 頁。

[215]《日記》，同治十二年六月十九日，《清代稿鈔本》第 14 冊，第 622 頁。

[216] 蒲松齡：《聊齋志異》卷 5，「夜叉國」。

[217]《日記》，同治八年七月廿九日，《清代稿鈔本》第 11 冊，第 501 頁。

[218]《日記》，光緒三年七月十九日，《清代稿鈔本》第 18 冊，第 418～419 頁。

[219]《日記》，同治十三年三月十四日，《清代稿鈔本》第 15 冊，第 390 頁。

[220]《日記》，光緒元年二月十五日，《清代稿鈔本》第 16 冊，第 486～487 頁。

[221]《日記》，同治十三年二月十四日，《清代稿鈔本》第 15 冊，第 350～351 頁。「四六分派」指省城公務支出兩首縣的賠墊，南海六成，番禺四成。

[222]《日記》，同治十年二月廿二日，《清代稿鈔本》第 13 冊，第 143～144 頁。

[223]《日記》，光緒三年九月初六日，《清代稿鈔本》第 18 冊，第 477 頁。

[224]《日記》，同治十年八月廿六日，《清代稿鈔本》第 13 冊，第 375 頁。

[225]《日記》，光緒三年六月初二日，《清代稿鈔本》第 18 冊，第 336 頁。

[226]《日記》，光緒二年十月初七日，《清代稿鈔本》第 18 冊，第 108 頁。

[227] 魏光奇：《清代民國縣制和財政論集》，第 279 頁。

[228]《日記》，同治五年十月十四日，《清代稿鈔本》第 10 冊，第 84 頁。

[229]《日記》，同治七年九月廿四日，《清代稿鈔本》第 11 冊，第 163 頁。

[230]《日記》，同治七年八月十四日，《清代稿鈔本》第 11 冊，第 128 頁。

[231]《日記》，同治七年六月廿九日，《清代稿鈔本》第 11 冊，第 72 頁。

[232]《日記》，同治八年七月初四日，《清代稿鈔本》第 11 冊，第 472～473 頁。

[233]《日記》，同治八年七月十九日，《清代稿鈔本》第 11 冊，第 485 頁。

[234]《日記》，同治八年十一月初七日，《清代稿鈔本》第 12 冊，第 43 頁。

[235]《日記》，同治九年六月廿一日，《清代稿鈔本》第 12 冊，第 298 頁。

[236]《日記》，同治九年九月廿九日，《清代稿鈔本》第 12 冊，第 479 頁。

[237]《日記》，同治九年閏十月廿四日，《清代稿鈔本》第 12 冊，第 572～573 頁。

[238]《日記》，同治九年十二月初九日，《清代稿鈔本》第 13 冊，第 25、27 頁。

[239]《日記》，同治十年九月廿六日，《清代稿鈔本》第 13 冊，第 422 頁。

[240]《日記》，同治十年四月廿六日，《清代稿鈔本》第 13 冊，第 163 頁。

[241]《日記》，同治十一年十一月廿八日，《清代稿鈔本》第 14 冊，第 381 頁。

[242]《日記》，同治十三年四月初九日，《清代稿鈔本》第 15 冊，第 445～446 頁。

[243]《日記》，光緒元年正月三十日，《清代稿鈔本》第 16 冊，第 424 頁。

[244]《日記》，光緒三年六月廿七日、九月初十日，《清代稿鈔本》第 18 冊，第 387、485 頁。

[245]《日記》，光緒庚辰九月初四日後補記部分，《清代稿鈔本》第 18 冊，第 627 頁。

[246]《日記》，光緒庚辰九月初四日後補記部分，《清代稿鈔本》第 18 冊，第 637 頁。

[247]《日記》，光緒庚辰九月初四日後補記部分，《清代稿鈔本》第 18 冊，第 640～641 頁。

[248]《日記》，光緒庚辰九月初四日後補記部分，《清代稿鈔本》第 18 冊，第 645 頁。

[249]《日記》，「分房另爨條款」前之記述，《清代稿鈔本》第 18 冊，第 652～667 頁。

[250]《日記》，「分房另爨條款」前之記述，《清代稿鈔本》第 18 冊，第 659 頁。

[251]《日記》，光緒三年十一月二十日，《清代稿鈔本》第 18 冊，第 598 頁。

[252] 本段金銀價格數據從網絡 gold.cngold.org（金投網）、goldprice.cn/gold-price.html 查得（2020 年 7 月初），廣州米價係筆者在糧店、超市所見。

[253]《日記》，光緒庚辰九月初四日後補記部分，《清代稿鈔本》第 18 冊，第 650 頁。

[254]《日記》，光緒六年十二月廿八日，《清代稿鈔本》第 19 冊，第 122 頁。

[255] 福建光澤縣《洋營邱氏族譜》卷 7，1940 年刻本。也見相關方志的「職官表」「宦績」等。

[256] 民國《東莞縣志》卷 35《前事略七》；光緒《香山縣志》卷 12「宦績」。

[257] 王一娜：《方志中的歷史記憶與官紳關係 —— 以晚清知縣邱才穎在方志中的不同記載為例》，《社會科學研究》2016 年第 6 期。

[258]《日記》，光緒三年六月廿三日，《清代稿鈔本》第 18 冊，第 381～382 頁。

[259]《日記》，光緒庚辰九月初四日後補記部分，《清代稿鈔本》第 18 冊，第 639～640 頁。

[260]《德宗景皇帝實錄》卷 174，光緒九年十一月丙申；卷 178，光緒十年二月辛酉。

第六章
州縣官與士紳的合作與衝突

一、日記中的廣東士紳

（一）龐雜的士紳羣體

「士紳」是一種政治、文化、社會身份，是一個社會階層的概念。在清朝，成為紳最主要（但未必是人數最多）的途徑是科舉，獲得生員以上功名而未獲得官職者，被視為「正途」紳士。任過實缺的官員，因致仕、守制等原因居鄉，則同時被視作「官」與「紳」。官員的父、祖等長輩通過貤封獲得散階者，因軍功、勞績等被保舉獲得官銜、頂戴者，也是紳。在清朝，尤其是太平天國戰爭以後，捐例大開，很多人通過捐監生、捐官銜進入士紳階層，使士紳成為一個人數頗多的龐大羣體。[1]

不少學者討論過「士紳」的定義以及「士」和「紳」的區別。[2] 如瞿同祖就認為，「紳」指政府官員，「士」指有功名或學銜而尚未入仕者，瞿同祖是根據大量清朝權威文獻做出這個界定的。[3] 然而，在杜鳳治幾百萬字的日記中，無論他本人還是其他官員，似乎並不注重「士」「紳」分野。與之打交道的，大多數是鄉村中下層的「士」，但日記一律稱之為「紳」或「紳士」，哪怕是捐納的監生、佐雜。可見，在晚清社會，「紳」的概念已經不限於「縉紳」，所有擁有功名、職銜者，即使他從來沒有也不可能補缺任職，但都被官員、民眾視為「紳」，他們自我認同的身份也是「紳」。

有人根據張仲禮對正途紳士的估算方法（文生員為學額的 21 倍，武生員為 10 倍）估算出太平天國戰爭前清代廣州府正途科舉紳士人數為 7111 人，而太平天國戰爭後因學額增加，文生員增加到 7266 人，加上武生員當超過萬人。而僅僅咸豐前期幾次「捐生」助餉的記錄，估算出這幾年通過捐納獲得監生功名者約 11000 人。[4] 在洪兵起事期間，很多庶民因「軍功」「助餉」等原因獲得職銜、頂戴。在清末，要通過捐納取得一個功名、職銜，實際上所費無多。公開的規定是，由監生、附生捐貢生需銀 144 兩，由增生捐貢生 120 兩，由廩生捐貢生 108 兩，由俊秀（童生）捐監生 108 兩。捐低級職銜的，州同等官 300 兩，州判等官 250 兩，縣丞等官 200 兩，縣主簿等官 120 兩，從九、未入流者 80 兩。[5] 但捐納的價格一再打折，實際價格往往只為原規定的幾分之一，甚至不到十分之一。保舉頂戴、職銜也很濫，僅為同治年間平定天地會戴永英一事，羅定州「保五品者不下八九十名」，[6] 加上五品以下的當數以百計。日記說：「近年功令寬，十餘金即捐一監生，故不成器人皆充紳士，況紅匪鬧後六七品功牌亦多，亦自以為紳士。即不然，年至六十外即自稱『老民』，官前充耆民矣。」[7] 清代很多文獻都「紳」「耆」並稱，按制度，並非但凡年老就自然成為「耆」。杜鳳治再任廣寧時，清查禮房典吏馮賢舞弊，其中一項劣跡是「不奉明諭私報充耆民四十餘名」。[8] 可見「耆民」需要州縣推舉並在上司衙門備案，但手續並不嚴格。因為「紳」的門檻低，「耆民」在州縣官眼裏與下層士紳也基本相當。

捐納職銜的門檻本來就低，據說「四兩銀可買一從九職銜」，且假印照多。[9] 以當日的檔案管理水平與技術條件，不可能一一檢驗數量巨大的低層官銜印照的真偽，杜鳳治即使對某個紳士身份的真偽有懷疑，但除非涉及官司，多數情況下都不會去查核。鄉鎮的「紳」當中肯定有不少是冒牌的，他們本人也未必清楚自己的士紳身份是真是假（有可能在捐納或購買印照時被騙）。

日記隨處都反映出咸、同年間的廣東，紳士數量很多。杜鳳治有一次為一宗墳地糾紛到四會縣沙塘勘查，「就地紳士在者約二十餘人，梁姓高要、四會兩邑亦十餘人 …… 予初到，迎上跪接者皆紳士，兩邊約四五十人」。[10] 杜鳳治每到一處鄉鎮，會逐一記下來迎者的姓名、功名、職銜，往往一個鄉鎮就有一二十名紳士，多數是生員、捐貢、捐監及捐職。如同治十三年在羅定知州任上到太平墟催徵，當地紳士 14 人來見，姓名職銜如下：六品武生彭肇莊、同知銜例貢生都正陳榮基、花翎都司梁光宗、六品監生陳琳高、職員陳榮仁、封職例貢生周培楨、五品頂生員梁附周、六品頂武生陳永楷、六品頂武生陳榮元、生員陳榮燊、生員陳汝楷、武生彭高綸、職員陳鶴年、監生陳正寬。[11] 太平墟是較大鄉鎮，故正途士紳佔了一半。幾天後到合水墟，紳士 12 人來見，「無一略文秀之人，有蹋鞋者，類皆土俗不堪，有三武生尚成樣，無一文生」。[12] 一個州縣文生員總數不過數百人，自然不可能每個鄉鎮都有。

士紳的地位、經濟狀況差異很大。如在籍尚書羅惇衍、在籍太常寺卿龍元僖，是同治後期廣東很有影響力的大紳。省城文瀾書院大紳梁綸樞（鹽運使銜、二品銜）、伍崇暉（道銜、三品銜）、馬儀清（翰林、在籍道臺），西關的大紳梁佐中（在籍道臺、曾署蘇藩）、梁肇煌（在籍順天府尹）、李文田（探花、在籍翰林院侍讀學士）、蘇廷魁（原河道總督），省城書院的山長，南海西樵的大紳康國器（原廣西布政使、護理巡撫，康有為叔祖）等都會受到督、撫等高官的禮遇。在鄉鎮，一些任過州縣實缺的紳士，居於地方士紳階層頂端。杜鳳治在南海知縣任上，對九江公局局紳明之綱很尊重，其中重要原因是明之綱為進士出身，任過實缺知縣。有舉人、五貢正途功名的紳士，多數會在該州縣的士紳中具有影響力，杜鳳治即使心裏對其中一些人不甚尊重，也會給他們面子。

從日記看，中下層士紳富有的不多，日記中對他們的生活狀況有不少有趣的記述。廣寧著匪謝重官之兄亦捐監生，日記對此事評論：「咸豐三四年起自捐項通融以來，鄉曲無賴、僻壤陋夫，無不監生、職員矣。一有頂戴，最肯見官，其進退起居禮節，真堪噴飯。名器至是，真不堪也！」[13] 在四會，杜鳳治有一次辦案路過龍灣墟，要找紳士督促業戶繳納錢糧，「此地竟無紳士，有一父子新捐監生，家開油店，頗有幾錢，即算是他。然尚短衣，黑早出野拾牛犬等糞也」。[14] 在羅定，杜鳳治對一些下層紳士的土氣與窮窘也有生動描寫。在金雞墟見到生員陳家驄：「看甚寒酸，年四十餘，以教讀為生，着一藍衫而穿一雙方頭靴，舊敝不堪，不知何朝物 …… 不知何處借來，或向戲班借來亦未可知。」在平塘墟又見到幾名監生，穿着儉陋，「大抵皆耕田者」，老年監生陳其進說自己只是租種四五畝田，「除繳租外不敷一年口食，尚須為人助工餬口也」。[15]

捐納虛銜的士紳地位遠不如正途生員。杜鳳治在潮陽下底、堂後鄉催徵時，該地捐職五品同知黃潛德為求延遲清繳本族錢糧，向從九品的實缺巡檢下跪哭求。杜鳳治到該地接見紳士處置催徵事務，從日記描寫看，生員地位都高於捐職。[16] 杜鳳治自稱對正途士紳、碩德耆老很給面子，「而最恨者近日之監生、八九品職員，往往盡情唾罵，亦生性使然，未始非正直之氣使然」。[17] 杜鳳治等州縣官之所以看不起捐納的下層紳士，既因為他們人數眾多、地位不高，也因為他們缺乏文化與教養，但仍承認他們「紳」的地位。

由於廣東通過捐納獲得士紳身份的人數特別多，而廣東又有「重商」「重利」的風氣，因而士紳總體而言也顯得「好利」。官員儘管本身貪污受賄，但又對廣東士紳「好利」表示蔑視。瑞麟曾對杜鳳治說「廣東紳士不愛臉，見利忘義」。幾天後署理按察使蔣超伯也對杜鳳治說：「廣東風俗重利無恥，即正途科舉紳士亦不能免，為地方官亦正是難。」[18] 杜鳳治對治下士紳印象好的不多，如任廣寧時評論說：「廣寧紳士，無論舉人進士，只要有人送與數錢銀，便為出力。」[19] 拔貢何瑞圖（後於同治六年中舉，不久身故），方志稱其「饒智略，兼善青囊之術」，在咸豐四年洪兵起事時曾率領鄉勇收復縣城。[20] 但日記中杜鳳治在其姓名旁加註：「訟棍，時時上控。」[21] 對舉人陳應星則記「當秀才時品向不端，中（舉）後無事不管，無錢不要」，「一寒士不三年富矣」。[22] 杜鳳治再任廣寧知縣時同陳應星關係改善，但仍稱陳「為人做到一邑人恨之，一族人恨之，即平日與聯手辦事之人亦無不忌之恨之，則其為人，概可知矣」。[23] 日記中把欠糧的生員周森、羅萬鍾稱為「坐地虎」：「不敢遠寸步，萬不敢至城，倘至城，為官所得，要如何便如何，毫無能事矣！可笑人也！廣寧紳富類如是也。」[24] 四會生員劉泰升等與千總銜李運澄等對被捕疑匪李佑攻保互異，杜鳳治由此大發感慨：

> 本縣束髮侍宦楚南，壯歲遊歷吳、皖、齊、宋、燕、趙，羈京最久，天下土俗民風頗知梗概，未有見重貨財、輕廉恥如此邦者也。不論為盜、為賊、為娼優、為卒隸，一經發財即造祠堂、捐頂戴，自謂般

戶，自謂端人，自謂紳士，人亦斷不追問其財之所由來與其身之所自出，見其富厚即以殷戶、端人、紳士尊之，風俗之壞、品流之雜，積習已深，堪為浩歎。[25]

然而，包括杜鳳治在內的廣東州縣官，仍不得不依靠這些「重利無恥」、流品甚雜的士紳治理鄉村基層社會。

清代廣東士紳的勢力往往與宗族勢力緊密結合，廣州府尤其如此。公局局紳的地位一方面由本人功名職銜決定，另一方面與宗族勢力有關，局紳多數也是某族的族紳。著名的番禺縣沙灣仁讓公局的局紳，同時也是沙灣大姓何姓宗族「樹本堂」的族紳。[26] 如果沒有宗族為後盾，即使任過高官的在籍大紳也不會有太大影響力。同治十二年四月，杜鳳治與安良局局紳陳樸（西樵人）說打算拜會康國器，商議勸說西樵紳耆設局治理盜匪事。陳樸認為：「亦無益，設局先要措資，伊鄉前曾辦過，因是不成，今更難。且康係小姓，族微人少，鄉人恐不為用也。」[27] 因為康氏家族勢力不夠大，當過廣西布政使、護理廣西巡撫的康國器說話也不管用，這從反面證明世家大族的紳士必然具有較大勢力。士紳的政治、文化權力與宗族勢力結合，使紳權在廣東鄉村地區具有穩固的基礎。

廣東士紳還有一個特點是不少宗族、公局直接掌控一定武力，特別是廣州府的香山、順德、東莞等縣。如香山縣，士紳一直擁有可觀的武裝，在嘉慶年間就組建了固圉公所（附城公所），[28] 很多炮臺、炮位、巡船、巡勇都是士紳捐辦並統率管理的。[29] 該縣大車鄉舉人林謙，在鴉片戰爭期間就在本鄉倡建了有防禦、緝捕功能的鄉局，在道光後期，「分東鄉為六局，督鄉團，察遊匪，設總局於邑城之東」。[30] 其他州縣的士紳在咸豐、同治之前都已有規模不等的武力，因而在平定洪兵起事時發揮了相當大的作用。第二次鴉片戰爭時期，大紳羅惇衍、龍元僖、蘇廷魁奉旨在廣東大辦團練，使廣東士紳武裝得到進一步發展。杜鳳治任職的廣寧等縣，在杜蒞任前士紳已擁有規模不等的武裝。由於有武力為倚仗，廣東士紳對鄉村基層社會就有更大的控制力，這個因素對官紳關係也有一定影響。

（二）鄉紳與公局

吳趼人的《二十年目睹之怪現狀》第56回提到：「我們廣東地方，各鄉都設一個公局，公舉幾個紳士在那裏，遇到鄉人有什麼爭執的事，都由公局的紳士議斷。」[31]「公局」一詞常見於晚清廣東的文獻。從字面看，「公局」的含義是「公同辦事的處所」，但在多數情況下特指士紳在鄉村地區的辦事機構，有時也稱為「公約」。[32]

在清朝中葉之前，廣東的鄉村地區也有由士紳主持的鄉約，按明清王朝原來的設想，鄉約是單純的教化組織，以補助官治之不足；如果說它們有權力，這種權力也只偏重於文化，並不具有強制的力量。公約是在乾隆年間出現的，其名稱當從鄉約而來，稱之為公約是強調這個機構是為地方「公事」而設，公約管轄地域通常是若干個鄉。順德是廣東最早出現公約的縣，該縣在乾隆年間建立的勒樓公約，擁有巡船、水勇，專門負責江面的巡邏、防範和緝捕盜匪，已有維護地方治安的權力。[33]嘉慶年間，順德知縣沈權衡下令在全縣各鄉普遍建立公約，他授予公約「保良攻匪」的權責，[34]還授權公約可以處理民間糾紛，對公約的辦事地點、如何遴選任命主持公約的士紳等做出規定，並頒發作為行使權力象徵的戳記。[35]沈權衡下令普設的公約，已經具備了後來鄉村士紳權力機構的許多職能。與此同時或稍後，鄰近的縣份也有了由紳士建立、以防衛為主要職能的組織。

在19世紀四五十年代鴉片戰爭與洪兵起事時，在官府的授意和支持下，廣東各地士紳紛紛舉辦團練。原先設立的公約通常是團練的主持者，未設立公約的地方，也設立了專門辦理團練的「團練公局」。

清王朝能夠平定咸、同年間的農民大起事，士紳階層的支持是重要原因。事後，大的動亂雖然暫時平息，但動亂的因素仍潛滋暗長，中小規模的盜劫團夥遍佈廣東全省。面對動盪變化的社會，官、紳共同的反應便是設法加強對鄉村基層社會的控制。因此，已設立的公局不少得以延續，在官府的倡導下，還建立了一些新的公局。同治、光緒年間，在廣東各級地方官員的提倡鼓勵下，公局普遍設立，逐步演變為常設機構，這正是杜鳳治宦粵時期的事，故日記中有很多關於公局和局紳的記載。

在各級公約、公局辦事的紳士通常被稱為「局紳」，局紳候選人是由本鄉本鎮紳士、耆老通過一定程序選舉產生，再由州縣官下諭單委任。出任局紳者多為生員，或異途、虛銜士紳，大公局會有舉人、貢生，但進士極少，任過實缺官員的也很少。[36]

前面說過，廣東士紳眾多，但中下層士紳向上流動的途徑不多，公局則為他們提供了掌握權力、提升社會名望的機會以及收入穩定的職位（局紳多有薪水、轎費等收入）。維持鄉村社會的秩序，也有利於士紳，入局辦事還有可能給局紳的家庭、宗族和個人帶來額外利益，因此，公局這種非法定的權力機構獲得了士紳的廣泛支持。

按照清朝的法律和制度，國家最基層的政權建立在州縣。但各州縣官員以及「編制」內的人員都有限（儘管實際上人數要多得多），以當時交通、通信等方面的條件，州、縣政府不可能直接完成對轄境的有效管治。要在鄉村地區徵收賦稅、維持社會秩序、把國家的統治貫徹到每個鄉鎮、村落，就必須依靠鄉村基層社會的一些「中介」，廣東的公約、公局，正好適應了清王朝把統治延伸到縣以下基層社會的需要。杜鳳治的日記顯示，州縣官是依靠公局等機構實現對鄉村基層社會管治的。

清朝重視保甲，但早有學者指出，不宜只根據保甲制度的設計高估其成效，實際上，保甲制度總的來講是沒有效率的。正因為如此，朝廷才不得不時常重申這一政策。[37] 道光年間，廣東巡撫祁墳劄令通飭全省舉充地保，其中提到：「本部院披閱各州縣詳報命盜等案，非稱該處向無地保，即謂地保病故未充，一律千篇，幾同印版文字，可見各該州縣平日於保甲一事廢弛已久。」[38] 於此可知，沒有地保的情況早就很普遍。即使有，地保均係庶民，在地方上缺乏權威，既無歸其指揮的武裝人員，更無穩定充足的辦事經費，只能奉官府諭令執行一些奔走性的事務，稍為重要的事就無力承擔。杜鳳治在日記裏也常提到地保，但遇到大事都找士紳。選拔地保也會徵求士紳的意見，例如，廣寧縣妙村新招舖無地保，杜鳳治就令來見之士紳推薦人選並予以擔保。[39]

杜鳳治初任廣寧時，「到任即奉督撫諭令紳士團練」，先令石狗等五地紳士於緊要處所設局團練，令其緝匪、交匪。此事先由副將鄭紹忠出面勸辦，日記記下杜鳳治到石狗時與士紳的對話：「眾紳謂無本官諭，如何興辦？予言協臺已告我，只要將紳耆名開上，予即發諭。」[40] 可見，儘管鄭紹忠品級比杜鳳治高，且正在廣寧負責剿匪，但士紳仍認為必須有知縣的諭令，辦團設局才有合法性。此後，杜鳳治在各鄉發諭單任命團練公局的局董。在江積，杜鳳治接見年輕的紳士王繼曾，以王「家本素封，甚有宦興」，當場就決定以王為局董，並命「將一村紳士名單開來，以便發諭帖與之辦（團）」，又令其擬定一抽收竹木排籌集局費的章程。接見生員李桂芬、武生陳餘業等人時，以陳餘業「尚能說話，似有才能」，當場令其任團首。[41] 他到各鄉時隨身帶有設局辦團的空白諭單，遇到合適的士紳即填上。同治九年杜鳳治重任廣寧知縣時，多數鄉已設立了公局。對尚未設立的春水、石狗等鄉，杜鳳治找紳士嚴鳳山等了解「何以無局」的原因，並責成設法從速建立。[42] 廣寧縣萬洞有居民數百家，同治六年曲水紳民建一集賢社學於此，團練局即設於此。同治九年閏十月，杜鳳治到萬洞查驗團練，曲水紳士 20 餘人均集於此等候。[43] 他到江積時，「有三手本來，二係紳士、一係團練總局」。[44] 可見，「團練總局」也成為上手本的主體了。

公局雖無法定地位，但已被納入官府的管理。有一次，廣寧縣曲水鄉老婦莫陳氏報搶劫案，稱有 60 餘名盜賊搶劫其子之店舖，並將其子莫亞保擄去。杜鳳治不相信 60 餘盜匪搶劫一小店並擄人的情節，後查得莫亞保是因其他糾紛被對頭扣押，其間有人乘機搶物，莫陳氏被人唆擺以其名義誇大案情捏報，局紳接受莫陳氏的報案，並作為劫案稟報縣衙。杜鳳治調查後很生氣，責備局紳說：「如何以此等莫須有之事為之遞公呈作證？即使有之，汝鄉局現有團練，何任賊匪鴟張？有不好看。」後來莫亞保找到，杜鳳治諭局紳命莫陳氏修改原來報案的呈狀，並教訓局紳：「謊狀太不近理，且六十餘人搶案，不但予處分重，汝輩鄉紳既有團局，責成亦不輕也。」[45] 可見，在維持地方治安方面，實際上形成了知縣、局紳分別承擔責任的制度。因為 60 餘人搶劫是大案，如案情屬實，就要拘捕甚至處決多名案犯;如劫匪逃逸，知縣、局紳都要擔責；如係虛報捏報，知縣、局紳也要受處分。

同治九年四月，方濬師劄飭肇羅道屬下州縣舉辦保甲團練，親自制定了《保甲團練章程》24 條，規定「令紳耆舉老成可靠保正一人」，再由保正選定牌長、甲長，在此基礎上舉辦團練，「合保甲、團練為一事」。又規定保甲辦公「一切費用均由地方官備辦，絲毫不用百姓花費一錢」。又對各鄉村建立望樓、備辦器具、壯丁巡守等事項都做了規定，望樓、器具費用由各村派捐。[46] 保甲團練的日常公費由地方官提供自不可能，士紳、壯丁沒有報酬也不切實際。方濬師並非顢頇之人，不會不明白，章程不提，主要是因為有些事不便見諸公牘，他屬下的州縣官自會相機行事。如廣寧舉人陳應星是倉務局紳士，又是公局局紳，「（在）各鄉勒索寫捐，抑且大膽在東鄉抽茶厘」，「又為勇糧不足，向各渡船、竹木排設法籌派」，杜鳳治也知道倉穀有巨額虧欠，陳應星「憑空開銷，私肥己橐」，因陳勇於辦團緝匪，便允許其抽收。[47] 陳應星等紳士得寸進尺，又請求在茶葉產銷時「於江谷、東鄉等四處設站，延請紳士坐辦，並僱募壯勇扼要抽收」。這就等於擅自設卡抽厘了，不僅嚴重違反王法，也侵害了知縣的權力，杜鳳治乃不予允准，但「准仍照舊章酌量田戶及竹木、土茶各行勸諭捐收，至茶客所捐，渡夫茶客互相推延，准飭差催令清繳」。[48] 不難想像，所謂「勸捐」無非也是強制徵收。因為其時設立公局是督撫以下各級官員推行的要政，不辦公局就無法辦團練，無法依靠士紳維持地方治安、辦理救荒等事務，無法通過公局催徵錢糧，但官府又不可能提供公局經費，只能同意局紳採取不那麼明顯違反王法的方式去徵收。

在四會，杜鳳治也鼓勵、督促士紳設立公局。同治七年九月，因威整舖一宗劫殺案前往驗屍後，杜召集當地士紳說：「以此地離城太遠，官如何能照料及此？我看紳富尚多，必須設局辦理團防方是。」回縣衙後立即發告示命威整舖一帶舉辦團防。[49] 次年，杜鳳治去大沙墟處置案件，到該地鄉約，「乃伊村紳士議事之處也。為首諸紳俱在，隨來者尚有三十餘人，中設公案」，進見者為當地黨正、副以及一班生員等人。[50] 鄉約本應是鄉村民間「講信修睦」的場所，但其時大沙墟的鄉約已演變為縣官授權、士紳掌控的常設的鄉村基層權力機構了。

鄉村基層社會的控制要靠文化權力和「武化權力」。在古代、近代中國的鄉村，宗族、祭祀、教育、水利、救濟、保甲等組織、機構也具有一定權力，但不是兩者兼備，所行使的權力也只偏重於某個方面。而公局有州縣官授權，有紳士擔責任職，有常設機構，有辦事制度，可徵收局費作為日常運作的資源，而且公局幾乎都有數目不等的武裝人員，如更練、局丁，有時還擁有經過組織訓練、人數更多、武器更好的常設或半常設的團練。這些條件，使公局雖無法定的地位，但得以成為真正具有權力和執行能力的基層權力機構，在州縣官授權下具有一定的行政、徵收、防衛、緝捕、司法等權力。

局紳的充任既要自願，也要推舉，州縣官下諭任命，一旦出任則不可自行推搪卸職。如南海縣良寶鄉盜匪多，紳士廖慶謀（候補知府，升補用道，已罷官）等設立了團練局，有勇丁 30 人。在鄉辦事的原來還有舉人、大挑一等知縣廖翔等紳士。廖慶謀常年在佛山鎮居住，以西樵發生搶劫絲船案歸鄉懸紅購線緝匪，廖翔則在省城教書。[51] 因為盜匪多事難辦，且本身不在家鄉居住，二廖都想避匿不管，其他廖姓紳士更不願意出頭。杜鳳治便鼓勵、督促廖慶謀繼續出頭管事，尤其是要緝捕本族盜匪。杜鳳治得知廖翔其時在省城，正捐辦免大挑截留，想速赴廣西試用，就認為廖翔想規避責任，「實屬狡猾異常」，便命典史到廖翔在省城的住處「將其留住」，並託人轉告：不要以為去廣西就沒事，「予必詳稟上憲將其扣留，一面出差持票傳拘，不為留臉」。[52] 廖慶謀、廖翔都是高級士紳，因不願意承擔局紳責任出頭辦事，知縣也毫不客氣地予以督促甚至威脅。

公局這種士紳掌控的鄉村基層權力組織是廣東特有，還是其他地方也有？筆者對其他省份沒有研究，不敢輕易判斷。但既然州縣官要依靠士紳把清朝的統治延伸到基層社會，士紳必然要有一定權力，有具體組織。就研究本問題而言，杜贊奇的《文化、權力與國家：1900～1942 年的華北農村》是一本有借鑒意義的著作。但杜贊奇論及華北鄉村基層權力機構的主持者時很少強調他們的士紳身份。[53] 而在杜鳳治筆下，廣東鄉村基層權力機構主持者則全是士紳，較大公局的主持者通常還是科舉正途出身的士紳。徐茂明對江南士紳與江南社會做了較長時段的研究。從他的成果看，咸、同以後江南士紳權力也全面提高，他們掌控了鄉村鄉約、社學、慈善組織等，在教化、里甲、保甲等方面也發揮了很大作用，但看不出有廣東公局那樣的具有行政、防衛、緝捕、司法等職能的基層權力機構，尤其看不出士紳的組織直接掌握一定的武力。[54] 在杜鳳治最後幾本寫家鄉紹興生活的日記中，也看不出有類似廣東公局那樣的士紳鄉村基層權力機構。也有學者對兩湖地區的士紳、鄉村基層社會、晚清團練組織等問題做了研究，[55] 所揭示的情況與廣東也有很大不同。在討論清代士紳的鄉村基層權力組織時，把廣東與其他地區相比較，或許有不少問題值得討論。

對公局在緝捕、司法、催徵等方面如何協助州縣官，後文會做稍為詳細的論述。

日記裏提到過的都正副、里正副、保正副、堡正副、黨正副、練正副、墟正副、街正副等人，多數是文武生員及有職銜者，由舖戶等推舉，州縣官批准任命，經常要完成州縣官交辦的各種事項。他們應該有相對固定的辦事地點（如廟宇、社學之類），有若干供他們驅遣的人員，也應該有日常的經費。練正副顯然就是團練公局主持者，但其餘的都正副等與局紳是否有交叉或分界，日記沒有寫，筆者也沒有在其他資料中查到。看來，有關清代基層社會士紳權力機構，還有很多細節需要進一步研究。

（三）城鎮的士紳

關於清朝士紳，學者們關注的多為「鄉紳」，謝放早些年提出應該也關注「城紳」—— 在城市的士紳。[56]「城紳」並非嚴格的或約定俗成的概念，士紳應該比多數庶民更容易在城鄉之間流動，不少士紳在城、鄉都有居所，鄉居士紳可能在城內有職務、職業或產業、商業，居住在大中城鎮的士紳也有可能到鄉下的公局當局紳，因此，要將某個具體的人確定為「城紳」或「鄉紳」並不容易。一般來說，晚清大中城鎮的「紳商」多為「城紳」，在省城、府城、州縣城長期居住的紳士，也可以視為「城紳」。

杜鳳治的日記增加了我們對晚清廣東的「城紳」的認識。

在廣東省城，官紳關係明顯不同於鄉村地區，也不同於一般州縣所在的城鎮。如前所述，在廣東，州縣以下的鄉村基本上建立了士紳控制的權力機構 —— 公局，省城郊區也是如此。例如，位於省河以南的番禺屬的南洲書院，就是鄰近 30 餘鄉的公局所在地。[57]

官府在鄉村地區，不通過士紳機構就很難進行有效管治。但在省城則大不相同，城裏文武衙署林立，官員的數量較多，且駐有綠營、旗營官兵，衙署有各種差役，還有數目更多的候補官員可擔任各種維持治安的差事。省城的治安由官府、武營直接管理，並無紳士主持的具有司法、緝捕等權力且擁有武裝的機構（省城的安良局、保甲局有官有紳，但由官員主持，也沒有直接掌握的武力）。西關文瀾書院雖被稱為省城紳士的「公局」，但很大程度只是省城士紳議事之所，與鄉村的公局很不相同。與城區接壤的近郊公局，也往往被認為沒有必要存在。杜鳳治以西關外的叢桂局局紳呂元勛「喜管事漁利」，下諭撤之，「並令繳戳」（「局戳」是公局行使權力的印章），「其地與西關保甲甚近，可以兼顧，辦理該局紳士俱撤之矣」。[58] 鄉村地區的局紳「喜管事漁利」者亦不少，但都沒有全局被撤，但因為叢桂局所管地域與西關城區已連成一片，官府可對這個地段按照城市的方式管治，就不必像鄉間那樣繼續維持士紳掌控的公局。

在省城雖也有聚族而居的家族，但遠不如鄉村地區普遍，官府也有意識在大城市限制宗族勢力。大城市士紳流動的情況普遍，且地位高的大紳多，這就使士紳中不容易產生有威望的領袖人物。例如，同治十一年十月，因西關發生嚴重劫案，安良局奉督撫之命邀集官、紳商議各街保衞之法，但西關士紳領袖、文瀾書院大紳梁綸樞（鹽運使銜、二品銜）、伍崇暉（道銜、三品銜）、馬儀清（翰林、在籍道臺）都不肯出頭管事，理由是「說亦人不聽」。[59]

杜鳳治下鄉執行公務或巡視，一般會首先召見局紳。他在外州縣任職，到任後一兩天就會拜會該州縣地位較高的紳士。但他首任南海知縣時，幾十天後才搞清楚西關士紳領袖、文瀾書院大紳梁綸樞、伍崇暉、馬儀清三人的姓名，並首次拜會他們。[60] 因為杜鳳治處理公務，可隨時就近請示城內的各級上司，無須過多顧及士紳意見。他任南海知縣時的兩任總督瑞麟、劉坤一，都曾面諭他不必害怕士紳。

在省城的西關，官紳關係與在老城區相比又有微妙的差別。

如前所述，清朝時期廣州的政治中心在城牆內的老城區（包括內城、新城），但商業中心則在西關。如果按照今天「城市」的概念，西關自然屬於廣州的重要組成部分，但在清朝，儘管在一般人的心目中西關也屬於省城，但它卻完全處在城牆以外。西關本由鄉村發展而來，始終沒有建築城牆，繁華的商業區與鄉村之間沒有明顯的邊界。在明末清初，西關尚屬郊區，「逾龍津橋而西，煙水二十餘里」，到了清朝中期，西關才逐漸發展成繁華的商業區，著名的十三行就在西關。到同治、光緒之際，「紳富初辟新寶華坊等街，已極西關以西」，光緒以後西關繼續向西拓展。[61]

在內城，城市治安基本由官府直接負責，但在西關，只有南海縣丞、西關千總兩名級別不高的文武官員常駐，故西關有普遍開辦團練之慣例，主其事者是西關的紳商。在老城區，大紳士更多在文教、公益等方面發揮作用。越華、越秀、應元、菊坡等「課士、講學、習藝」的大書院設立在老城區，山長都是著名大紳，督、撫等高官會定期到這些大書院巡視、監考，對山長都予以很高的禮遇。同治十二年，瑞麟 65 歲大壽宴請官紳，卸任在籍的原廣西布政使康國器、原江南道員（曾署理布政使）梁佐中的座位都排在四大山長之後。[62] 廣東最大的義倉惠濟倉，由應元書院山長史澄、菊坡精舍山長陳澧總理，但「西關紳富言：義倉之款，溯厥由來，還不是我們西關人捐的」，[63] 所以，西關紳商對義倉的管理也有很大的發言權。

廣州的城市佈局，一定程度上造成士紳勢力集中在西關。因為官紳之間需要合作，但也有矛盾與衝突，官府勢力相對薄弱之處，就會留給士紳更大的權力空間。所以，很多在籍大紳不住在內城而住在西關，省城紳商的議事中心和「公同辦事」的公局也設在西關的文瀾書院。文瀾書院是嘉慶年間以十三行為主的紳商捐建的，開始時也有講學、習文的功能，但到了同治、光緒年間，只是省城紳商集議和辦事的處所了。文瀾書院大紳梁綸樞、伍崇暉、馬儀清均來自十三行家族。此外，一些外地士紳也僑居在西關，如順德人、探花、在籍翰林院侍讀學士李文田和高要人、原河道總督蘇廷魁等。

李、蘇與十三行家族士紳有矛盾，蘇廷魁就曾向總督劉坤一表示，對梁肇煌（在籍順天府尹，梁綸樞姪）「目中無人」非常不滿。[64]

同治、光緒之際是廣東紳商世代交替的時期，由於絲業的初步發展帶動了廣東商業格局的變化，一批新的紳商逐漸初露頭角，省城九大善堂之首的愛育善堂在同治末年建立，商界的「集成行會」七十二行也在這個時期開始成為全城商界的代表。[65] 西關新興紳商便與居住於西關的外地大紳交結，對抗原來十三行家族的紳商。日記稱，梁肇煌以李文田非西關土著排擠他，李則與愛育善堂紳董交好，官府如果信任梁而不信任李，愛育善堂就不踴躍捐款。[66] 因為劉坤一曾任江西巡撫，其間李文田任學政，兩人共事過，劉坤一很支持李文田出來辦省城之事。日記還提到，西關紳士多不睦，同一家族士紳亦各具一心。[67]

廣州是富庶的大城市，其中有大量可供權勢者謀取的利益，官紳在廣州也常出現「爭利」的情況。光緒三年四月，北江石角圍決口，威脅省城的安全，省城的各級官員和大紳一再開會討論修堤之事。丁憂在籍之順天府尹梁肇煌主張立即開局辦理維修石角圍之事。總督劉坤一開頭不贊成，因為他擔心士紳藉此向居民收捐。杜鳳治報告說，西關紳士想抽房捐、舖捐已非一朝一夕，總督劉坤一和知府馮端本都指示杜鳳治要設法防止西關士紳宣稱奉總督諭徵收舖捐。[68]

佛山位於南海縣境，晚清時是廣東人口僅次於省城的大城鎮，有佛山同知、五斗口司巡檢、都司、千總四個文武衙署。在清中葉以後，佛山士紳控制的大魁堂主管了佛山祖廟嘗款以及公益事業的開支，並議決鄉事。同治年間，大魁堂管事的有王福康（候選道，按察使銜）、李應棠（在籍知府）等人。[69] 杜鳳治作為南海知縣，有時也要同佛山士紳打交道。

城鎮街道有街正、街副，州縣城也如此。杜鳳治在四會任上的日記寫到街正較多，下面以四會為例做些分析。

四會縣城不大，全縣城就只設立街正一人、街副一人。原先四會縣城十七街街正是「六品頂戴藍翎附貢生徐名誥號麟堂」。[70] 但徐誥年已 80 歲，「且錢一入手即不忍拿出，口中尚說賠墊，以故眾心不服」，各店遞稟公請廩生李方銈做街正。[71] 杜鳳治認為李「人品尚端謹，眾所悅服，可以接辦。予因此決意退徐用李，論簽押明日即將徐誥及東門各舖呈稟批出」。與此同時，「徐誥遞呈退街正」。[72] 徐誥、李方銈都是正途出身的紳士（徐的貢生是捐的，附生則是考的），兩人的進退都經由縣城及近郊舖戶遞稟，知縣決定後再批准辭職或接任。

新街正李方銈接任後來見杜鳳治，討論了縣城查夜問題。李還表示，他將與徐誥不同，「只辦街中公事，不經理銀錢，銀錢另有人經手」。[73] 稍後，因需舖戶湊錢建一棚廠供駐守之安勇駐紮，李方銈表示糾集搭棚廠的錢有困難，杜鳳治託人傳話：「紮勇亦為保護街坊各店居民，非我們私事，為街正而不能糾錢，安事此街正為？」[74] 因橋東地保李紹泰被竊，杜「批交捕廳協街正李方銈詳查密察，為之調處息事」。[75] 又有一次，一間雜果店發生糾紛互控，杜「判令街正李方銈會同街副將伊等賬目清釐，應着落何人，迅速稟覆再行核斷」。[76]

從日記的記載看，杜鳳治把街正李方銈、街副李顯廷（監生）都視為四會的重要紳士，予以相當禮遇。但委派他們所辦事項似乎不及鄉村地區局紳所辦的重要。

在南海知縣任上，可能因為其他公務繁忙，日記對省城街正副的記載很少。同治十年，南海縣署附近的馬鞍街發生劫案，街眾拿獲案犯一名，是漢軍旗人，送到安良局，安良局知道是旗人便不肯收受。旗營官員請求街眾將疑犯交由旗營自行處置，街正、街副均不允，乃將案犯解送南海縣衙。[77] 從此案可見，省城街正副擁有一定權力。其時旗人特權地位雖仍存在，但官、紳、民都已經不甚懼怕，反倒是旗營官員不得不低聲下氣求街紳和街眾高抬貴手。同治十一年冬，巡撫命清查各街祠堂、書院、旅店、煙館，按察使與杜鳳治商議，待街正、街副選定後再全城「挨查」。[78] 兩人也是考慮到沒有街紳的配合，「挨查」是很難進行的。

二、州縣官與士紳的合作

（一）州縣官與士紳的一般關係

州縣官代表清朝治理一方，紳為官民中介，州縣官本身具有政治、法律權威，又通過考試、教化、祭祀建立和強化在紳士中的文化權威，還以各種手段駕馭、籠絡，對士紳的基層權力機構予以鼓勵、授權，聽取他們對地方事務的意見。另一方面，州縣官對下層士紳可以拘押，可以向上司詳請斥革其功名。

局紳的人選要經州縣官批准任命，杜鳳治有時還直接指定公局的首事紳士。州縣官向公局頒發「局戳」（木製印章）作為行使權力的憑證，公局比較正式的文書（如對州縣官的稟）要加蓋局戳。州縣官與公局之間的文書往來也參照衙門行文的規範，命令局紳辦事用「諭」，局紳的回覆、報告用「稟」。如杜鳳治再任廣寧，到任不久即在各鄉村貼告示，又「諭紳士團防、保甲、交匪，諭帖亦每鄉一份」。[79] 告示是對全體居民的曉諭，諭帖則相當於專門對局紳的命令。

杜鳳治下鄉催徵、緝匪，所到之處都會接見當地局紳和紳士，官紳相見的禮儀也參照官場的做法。如同治十三年十一月杜鳳治到羅定的羅鏡墟催徵，「眾紳上手本，分兩班見」，「均不令坐」，杜鳳治命將未能按上次承諾催完本族錢糧的張姓紳士六人收押，又申飭其他催糧不力的紳士，待眾紳表示畏懼後方「讓之兩邊分坐」。[80] 局紳有事求見州縣官，也如同下級官員見上司那樣要送門包。同治六年七月，廣寧局紳嚴鳳山到縣衙繳交剿匪費用 400 元，門包也要 40 元。[81]

在多數地方，州縣官下車伊始就要拜會當地紳士首領，杜鳳治首任廣寧時，接印後連續三日與廣寧紳士拔貢何瑞圖、舉人陳應星、舉人馮毓熊、同知銜楊承訓、道銜陳應芳等互相拜候。[82] 再任廣寧時，儘管此前同廣寧紳士有過節，但接印後次日仍拜候紳士（多數紳士表示客氣擋駕），還特地出城拜候新進士楊桂芳。[83] 在廣寧、四會、羅定任職時，杜鳳治接印前手頭已有當地同僚、主要紳士的「官紳單」。如署理羅定時，「官紳單」除列出文武官員外，還有「安良局紳士梁以文、黃亨衢、王寓辰、蘇應春、陳殿鏞、黃燎炘、黃暾林、譚肇章，德義祠理直紳士賴洲、陳榮時、彭肇莊」。[84] 所以，杜鳳治未到任即已對主要士紳有所了解。

在多數情況下，官員以正途出身的「正紳」為依靠對象，尤其依靠公局局紳。州縣官會以召見、接見、公私函件往來等方式與士紳商討公務及其他事務。如同治十三年十月十八日，羅定州局紳黃亨衢、陳曉閶便衣請見，同杜鳳治商量了五件事：一、陳永義控梁子佐案，梁實理屈，茲判令充公，飭局紳飭梁子佐繳銀；二、令黃亨衢等轉諭縣試僱請槍手之黃某：如捐助橋工，不僅不追究，且可與學政關說令其子入學；三、商議落實《幫助育女章程》；四、查覆總督劄諭本州辦理義學情形；五、託以附城糧務。[85] 這次討論的問題涉及糧務、司法、考試、教育、橋工、救濟等多項事務，官紳之間的討論相當坦率務實。

做地方官者，本人無不注重「民望」，上司對州縣官的評價也是如此。一般庶民百姓文化不高，同州縣官很隔膜，也難有表達對官員態度的途徑；而地方士紳不僅有較多機會接觸州縣官，且有表達態度以及擴大影響的辦法，因此，一個州縣官的所謂民望，基本上就是本地士紳對他的評價。清代曾任知縣的何耿繩說：「凡紳士為一方領袖，官之毀譽多以若輩為轉移。」[86] 杜鳳治很介意紳士、縣民對自己的評價。日記中不厭其詳記載了不少紳、民的奉承話以及紳民所送萬民傘等禮物。如同治七年十二月四會紳士致送德政匾額、高腳牌、萬民傘等物的細節，詳細記下參與此事的紳士姓名、印象。[87] 又如同治九年六月，他在潮陽縣當催徵委員，因為不甚暴虐，當地紳士寫了幾首詩為杜鳳治歌功頌德，儘管杜自己也認為「詩均惡俗不佳之至」，但也在日記裏全文抄錄。[88]

州縣官也會注重去職後或身後之名。一般州縣官雖難有機會進入皇朝的正史，但有可能在地方文獻留下記錄。而一個州縣官在方志中的形象，基本上是由他與當地士紳，特別是與當地士紳領袖人物關係決定的。多數州縣修志雖以州縣官做掛名主持，但實際撰寫的都是本地士紳，方志就反映了他們的集體記憶和評價。

作為一個比較成功的州縣官，杜鳳治在處理與士紳關係方面可謂費盡心血（尤其是首任廣寧之後），如廣寧舉人何瑞圖，杜鳳治私下對他評價不高，但何畢竟是在當地士紳中有影響的人物，他中舉人後到各地祭祖牟利，不幸落水溺亡。其時杜鳳治已調署四會，但當何瑞圖棺柩路過四會時，杜「為之封船、撥役、發口糧送之東鄉，人皆哄然傳頌」。[89] 此舉在廣寧、四會士紳中贏得不少好感，對杜鳳治後來再任廣寧有一定助益。

州縣官有時還得冒着一定風險支持地方士紳。同治十年八月，南海石灣士紳通過安良局報來一宗搶劫案，稱拿獲十餘名「劫匪」，乃緝拿私鹽扒船之巡丁。[90] 經調查，巡丁均係夜間在村內捉獲，勇丁夜間入村本違法違規，就算確實是入村查緝私鹽，事先也應該知會地方官。杜鳳治知道，這是一起棘手案件。如果案件定為巡丁搶劫，案犯有可能被就地正法，緝私官員至少也要撤任。如果不是搶劫，石灣士紳則要反坐。但在南海縣審訊過程中，石灣士紳態度非常強硬，而巡丁一方的供詞和證人的說法都漏洞百出。鹽運使鍾謙鈞偏袒緝私官員，要求杜鳳治向士紳施壓，讓他們承認誤拿勇丁，承諾不追究其誤拿之罪，就此了事。杜鳳治知道士紳們不會答應，就示意他們上控，士紳說如果上控，就不得不把知縣也控告在內。杜鳳治表示：「不妨儘言予審斷不公，有心護庇紳士，官官互相照應，愈說得利害，愈為予卸火，紳等亦不必到案矣。」[91] 石灣士紳就按照杜鳳治的提示辦理，杜鳳治推卸了責任，案件轉由廣州府讞局審理。此案的巡丁明顯違法，人被捉獲，緝私官員、巡丁在審理中的表現又太愚蠢，村裏即使曾有私鹽，證據早已消弭，石灣士紳處於主動地位。杜鳳治在得罪鹽運使鍾謙鈞和得罪士紳之間面臨着選擇，他沒有按照鹽運使意思去做，肯定做過權衡：鹽運使畢竟不是督、撫、藩、臬等「正經上司」，對自己仕途難起關鍵作用，得罪了大不了受些氣。但如果按鹽運使意思向士紳施壓，於法於理都說不過去，士紳不會接受，而南海的士紳盤根錯節，背後的勢力多大、何人會介入難以預測，一旦事情鬧到不可收拾，自己有可能成為犧牲品。最聰明的辦法是對士紳表示同情，再設法把這個案子推走，杜鳳治做到了。在南海任上，杜鳳治官做得比較穩，其中一個原因也是他善於處理官紳關係。

（二）士紳協助維持地方治安

杜鳳治兩次任廣寧知縣，下車伊始所發的告示，都稱「學校、徵輸、聽斷、緝捕為四要務」。[92] 相比較而言，維持治安（緝捕）大概是州縣官對士紳最為依靠、責成最重的一項。

杜鳳治再任南海時在勸勉各鄉團練的手諭中稱：「必須紳耆和衷辦事，若責成於官，即化億萬千身，又如何遍歷一村一鄉而保護之？…… 紳耆中之良者，務期互相聯絡，鄉村中紳耆有通賊為內詗、作米飯主，或民人中有素不安分常出為賊者，密稟官長，協力捆縛除滅，一面立法團防，有備無患。」[93] 州縣官無法隨時保護各處鄉村，各鄉紳耆就必須同官府合作維持地方治安。

公局本以防衛為主要職能，很多公局還辦了團練，在官府監督下士紳掌管了有一定規模和訓練的常設或半常設武裝。清王朝平時不允准跨州縣的大團練，在杜鳳治任職之州縣，通常是數十人最多百餘人的鄉鎮級團練。公局即使沒有常設的團練，也會有零星的更練、局丁之類武裝人員可實施防衛、緝捕等事務。前文提到，杜鳳治兩任廣寧兩次親自率隊會營的大規模緝捕都依靠士紳的武力。杜初任廣寧緝捕謝單支手時，程村紳士職員伍蕃昌、秦皀紳士軍功黃國芳「各有壯勇五十名候調遣」。[94] 在該地，一個鄉鎮士紳統率的壯勇比一般巡檢司的弓兵多得多。杜再任廣寧圍捕黎亞林等人時，周邊鄉鎮紳士發動的壯勇達八九百人，而且在官勇趕到前已將匪首黎亞林等人捉獲。

州縣官對「正紳」建立、掌管的武力都會予以鼓勵、支持。杜鳳治初任廣寧時，與四會知縣雷樹鏞商討緝捕事宜，兩人都認為「如欲留兵防守，難乎為繼，唯有令紳士團勇防剿」。[95] 杜鳳治在任職的地方都要求士紳設局、團練，並為之制定章程。例如，他率隊到廣寧縣石狗緝捕著匪謝單支手，79歲的生員陳天寵等來謁見，傳各舖戶諭話：

> 嗣後不論白日黑夜，如聞鳴鑼報警，大舖出二人，小舖出一人，預

備器械、燈籠，與書院丁勇齊心防捕。如避差不出或遲到，大舖罰制錢一千文，小舖五百文，倘不受罰，稟知加罰。居民人等除老幼外，所有丁壯齊出協助，均聽書院總紳士陳天寵調度，又發硃諭交陳天寵轉諭。又諭陳生：書院團勇僅二十人，恐不敷用，宜再團集四五十名，謝匪意存窺伺，不可不防。[96]

有官府的鼓勵、支持，辦團紳士就更有合法性，更容易解決增加團勇、徵收經費、購置火器等方面的困難。

州縣官對士紳在緝捕盜匪過程中的各種違法甚至濫殺行為會採取寬容的態度。同治五年十一月的緝捕行動中，曲水舖紳士溫良華等稱，昨晚三更有賊匪 80 餘人搶掠綢舖，以炮轟死一人，生擒二人，將二人及轟斃者首級來報。溫良華以路遠無轎為理由請求知縣免於驗屍。杜鳳治立即起疑，堅持即使步行也要去勘驗。次日，又得到報告稱，另一名劫匪黃亞自亦被獲，而典史張國恩接着報告，該處紳士以擔心押解時路上疏失為由，已將黃亞自殺死。擅自殺死已捕獲的疑匪，既違法也違背常理，杜鳳治就猜測其中可能有隱情，殺人是為滅口或仇殺都有可能，甚至被殺者是否真為黃亞自也很難斷定。但溫良華、陳天寵等士紳在緝捕過程中非常合作，作為知縣，杜鳳治犯不着為一個疑匪被殺而破壞同士紳的關係。他決定只要動手殺人者與主使者及各紳士出結保證死者「實係黃亞自」，「恐其遁逸或被搶去，以此殺之，並非有仇，亦無他意」，屍親領屍時也具結「黃亞自一向為匪，死當其罪」，就了結此案。並令典史把「姑不深究」的處理原則在勘驗前轉告各紳士。[97]

在大規模清鄉行動中，紳士的參與更必不可少。同治十一年副將戴朝佐、候補知府林直到南海、順德一帶清鄉，康有為的祖父、連州教官康贊修以南海西樵紳士的身份同去，戴朝佐認為：「（清鄉）不可無本地紳士，以其深悉其人，熟識各鄉紳耆也。」[98] 光緒三年四月，九江著名紳士明之綱等通過省城的安良局告急，要求再舉辦大規模清鄉。杜鳳治囑咐安良局局紳陳樸請明之綱等「先將匪名查明，其米飯主、包庇各姓名亦查記，以便一到責成交匪」。[99] 是年秋天，廣州府為舉辦清鄉，知府決定親自召集兩首縣、四營將及大鄉局局紳先面議辦法。因為擔心清鄉兵勇出發前盜匪會聞風逃逸到港澳，所以「先令局紳各抒所見，或先捆送，或設法羈絆，俟官往拘，或懸立重賞，商定後行」。[100] 不久，康國器、明之綱等南海著名大紳應邀來到省城參加會議，「各紳各呈章程，本府與諸君商議酌定」，明之綱等提議殺掉著匪崔亞芬。廣州知府本以其年紀太輕擬從寬礅禁不殺，杜鳳治向眾紳說：「你們各必欲辦之，到府中遞稟可也。」[101] 後來就按照士紳的建議將崔亞芬處決了。

地方上，防衛、調查、緝捕、羈押、拘傳、初審、解送等很多事項是由公局的紳士承擔的。同治六年，杜鳳治在廣寧森洞驗屍後，除簽差緝拿殺人兇犯外，「並諭林芹香、歐春潮等就地紳士協同兜拿，恐其日久遠颺」。[102] 重任廣寧知縣不久，杜鳳治便向局紳陳應星索要「逃往德慶、高要各著匪姓名、鄉村，以便行文移緝」。[103]

州縣官經常會責令紳耆「交匪」，所交之「匪」很可能會被「就地正法」，所以，絕大多數「匪」不會自動投案。而既然是盜匪，必有一定拒捕能力，並非一般紳民可以輕易控制送案。日記很少記載紳耆是用什麼辦法把「匪」交出的，但相信部分是依靠公局團練的武力，部分或用欺騙手段，很多情況下所交出的「匪」只是犯有一般過失的貧窮鄉民甚至是無辜者。

為使士紳交匪，杜鳳治常會採用各種逼迫手段，日記中這樣的例子比比皆是。如同治六年，為拘捕搶案匪首程三苟、程二飽，杜命差役將厚街村程姓紳耆程爵官等四人傳來，「責其交出三苟、二飽及全案控匪，將程爵官等三人交差，釋一人回，指定回軍要人，否則焚毀村屋，玉石不分」。[104] 同治九年，杜鳳治扣押羅洞紳士羅紹安、鄒福昌，要求交出著匪羅啟始釋放，後由陳應星等擔保暫釋。[105] 局紳陳應星報告，荔洞水曾村鄉匪徒曾連英、曾子英、曾麻子餅三人是妙村著匪謝仲關兇夥，行劫多次，請求杜鳳治密諭該鄉紳耆曾友光等設法拿獲捆交到案，如敢遲延，即治以庇匪通匪之罪。杜鳳治即親筆硃諭轉交陳應星派人送交該處紳耆，限五日內立將曾連英等匪交到。[106] 不久，曾村紳耆便把曾連英、曾麻子餅解送公局轉送縣衙。[107]

杜鳳治規定各族各鄉「捆送」盜匪的人數達不到數額，即予申飭甚至懲處。對士紳要求保釋的疑犯，只要不是「著匪」而士紳又出具書面保結，就予以釋放。對士紳「捆送」或「保釋」的人，杜鳳治一般不甚關心證據是否充分。例如，同治六年永泰舖紳士來保兵勇捕獲之兩人，「肯交出四匪換此二人去」，杜鳳治立即批准。[108] 廣寧局紳陳應星還向杜鳳治建議，士紳「交匪」後，「如匪家父、兄、妻、子前往紳耆家挾詐圖賴，除嚴密訪拿外，准紳耆捆送懲辦」。[109] 這就使士紳「交匪」時更無顧忌，即使冤枉，被冤者的家屬也很難申訴。

除緝捕外，紳耆平時在本鄉本村亦行使維持治安的權力。如同治九年十二月，廣寧江屯酬神演戲三日，糧站門口燈籠上的字被人挖去，又發生了會真堂搶案，杜鳳治除命令地保、更練查燈籠挖字之人外，「下諭飭差至江屯禁戲，並諭紳耆何不先禁，何以不稟？」又「諭團練順查會真堂案由」。[110] 紳耆可以自行決定禁止演戲，如果禁不了也可以稟報知縣。搶劫案本應由知縣派差役偵緝，但知縣會諭令、授權公局查案。

州縣官經常依靠紳耆制止械鬥、禁止賭博。光緒元年，羅定太平鄉陳、彭二姓為爭廟基事將要械鬥，杜鳳治除簽差會營撥勇前往彈壓外，「並諭練紳陳宗虞、彭肇莊、梁附周、周榮光等（尚有陳萬基、彭松年又參入）調處息事，如滋事端，唯紳等是問」。[111] 光緒三年，南海梧村、河滘鄉因排水水道問題械鬥，杜鳳治「連日邀集兩邊各鄉村紳耆到公局勸喻立約永遠不得械鬥」。[112] 康國器曾與按察使周恆祺言及南海鄉間賭博嚴重的事。周回拜康國器時說：「官何能禁賭？官到皆逃，官歸仍賭，倘紳士及司、汛文武官不收規自無賭。紳士更着重，一村有一村之紳士，各自嚴禁自然絕矣。」杜鳳治對周恆祺說，禁賭的事「看九江主簿屬便知，紳士明立峰辦局務最公正，即禁大弛時該處亦無賭，紳民自禁也」。[113]

在南海這樣的大縣，知縣更是把維護治安的事寄託在士紳身上。再任南海時，杜鳳治草擬了一份兩千數百字的「密諭各鄉村堡紳富衿耆弭盜禦盜簡便易行一稿」。其中心內容就是號召「各鄉村堡紳富衿耆」公舉若干人為董事，「遵照本縣所定禦盜章程會商舉行」，以弭盜禦盜。[114] 杜鳳治通過這種辦法把部分維護地方治安之責「外包」給了士紳，又通過章程規定了士紳的權責，這是一種很聰明的辦法。

（三）士紳與州縣司法

如果用今天「訴訟法」的觀念去看清朝的審判制度，法律明文規定最低層級的審判機關是州縣衙門，只有州縣官才有聽訟的權責。但不少學者早就注意到，清代很多民事糾紛並不由官府審判，而在宗族、保甲、鄉約等處得到調解和處置。這些學者對有關問題做了頗為深入的研究，提出了不少獨到見解。[115] 在杜鳳治日記裏可看到大量民事糾紛案例，涉及田土、錢債、鬥毆、婚嫁、家族、墳山之類。按照法律，受理詞訟的應該是州縣官，很多情況下州縣官卻交給士紳「理處」，當事人如果直接向衙門提起訴訟，州縣官會要求他們先「投局」，直接到州縣衙門告狀甚至被視同越訴。

杜鳳治在收呈日往往會收到二三十張狀紙，如果是涉及宗族，通常要求告狀者「投族」，由族紳、族老主持調處，或根據族紳的意見處理。如果是其他糾紛或案件，則會諭令局紳或當地紳耆理處。對一般民事糾紛或案件，杜鳳治經常下諭「邀公正紳士出來理處」，如同治六年廣寧的幾個爭山案，他就下諭請拔貢龔經賢、生員江汝舟等理處。[116] 同治九年十一月，杜鳳治命當地江姓紳耆理處扶溪江昆聘與江清源爭山案，判詞稱：「扶溪紳富耆老最多，生長於斯，必能深悉，着秉公查明詳稟，以憑複斷。抑或兩造紳耆均同一本，念切同宗，紳等為之公平調處了結，則更簡捷。」[117]

民間租佃糾紛是經常發生的事，日記雖記載有租佃案件，但不算多。有實力的士紳地主自可依靠本身力量催租；中小地主遇到欠租，若走訴訟一途，催回的田租很可能彌補不了打官司的花費。對租佃糾紛，州縣官通常也會交由宗族、公局紳耆處置，或根據紳耆的稟覆做出判決。且中小地主與佃戶的欠租糾紛，數額一般不會太大，屬於「錢債細故」，多數就會在宗族、公局解決，不需要告到州縣衙門。

州縣官沒有足夠的人員與資源對各種案件都進行調查取證，而且，即使派出書吏差役，也不能保證他們秉公辦事和有能力查清案情，更難預測的是當地士紳對案件的態度，因此最簡單的辦法就是讓士紳調查，依據士紳的意見判決。同治七年，四會鄉民鄧世信與駱仁鳳爭田爭山，經幾次審理，兩造反覆相爭，最後的處置是「判仍遵前斷飭差協紳丈量，並令該處廩生羅元華等秉公體察，撥冗悉心確查稟覆核奪」。杜鳳治把丈量田土的責任交給紳士，差役只是協助，而且明確表示將會依據廩生羅元華的稟覆做最後的判決。[118] 次年，杜鳳治在四會審理一宗錢債案，債主提供了欠單做證據，但被告否認欠單是自己所寫，杜鳳治無法判斷真偽，只好「判令延請就近無論四會、廣寧有公正紳士本縣所素心信者前來證明真假，再行比對筆跡核斷」。[119]

鄉民有糾紛會首先「投」士紳要求理處，根據宗族、住地會投不同的士紳，但士紳的理處也會有偏袒。當事者對局紳理處不服，有時也會上告到州縣衙門，但州縣官在複訊時仍不可能很快弄清案情，最後往往還得再令士紳理處，或根據他們的稟覆判決。同治九年，廣寧縣民歐冠麟與梁觀光爭山，紳士理處後不能平息糾紛，於是告到縣衙。杜鳳治驗契後認為梁觀光情虛，「詳細判斥令悔過具遵」，同時「諭紳耆馮紹遠等（歐經投），李國達、黃卓時等（梁經投）兩邊開導勸諭銷案，如梁姓不遵，限二日內稟覆候複訊斷結」。[120]

無論按照當時還是今天的法律觀念，公局局紳的處理均非法定的審判，只是接受知縣的「諭飭」調解糾紛，但公局的處理結果具有一定強制性。各級公局儼然成了調解、審判的一個層級。知縣以「諭飭」的方式委託公局調查、調解、處理案件，局紳必須遵照執行，不可推卸。如同治十三年羅定州楓梢寨梁寬殺妻一案，梁姓紳耆、族老無人願意出頭作證。杜鳳治便命局紳黃亨衢「作函與該處及附近村莊各紳耆即速出來秉公據實稟明，以便提犯研訊，如再觀望不前，請將各紳耆姓名開來，本州按名嚴傳，自取擾累」，黃亨衢立即作函叫各紳按知州所諭公稟。[121]

士紳實際上獲得了民事案件甚至部分刑事案件的調查、調解、仲裁、初審（甚至審結）的「合法」權力，有時，士紳甚至以調解名義處置涉及人命的案件。杜鳳治再任廣寧前，崗邊村因賭債糾紛，打死 3 人，前任知縣曾灼光「急欲了事」，委派局紳陳應星、嚴鳳山調處，崗邊村允諾出 200 元，「屍親」則要求 200 兩「方肯允息」。杜鳳治接任後仍默許士紳繼續調處，只是表示：「予不管此，唯待你們十日，為日太多恐干上詰，十日外不息，亦只可代曾官報出去矣。」[122] 可見，即使是涉及三條人命的大案，且官、紳、民都知道案情，仍可出錢私和。知縣完全委託士紳調處，其間知縣、士紳獲取好處是完全可能的。

在戰亂時期，官府甚至默許局紳處決人犯。在 19 世紀 50 年代平定洪兵起義時，順德縣的公局拘捕了「賊匪」一萬三四千人，大部分在縣城以及各鄉處死。[123] 在非戰亂時期，也有個別紳士敢擅自殺人。如南海縣石灣鄉的局紳吳景星，就曾決定私刑處死一名嗜賭並毆打母親的族人。[124] 公局雖沒有依法判決、執行死刑之權，但因為擁有武力，會在抵禦、清剿、拘捕盜匪時殺死嫌疑者，地方官對士紳在緝捕盜匪過程中的各種違法甚至濫殺行為採取寬容的態度，已如前述。

杜鳳治任南海知縣時，監羈關押了不少已有口供，但無事主指證，或者有供又翻的盜案疑犯。總督瑞麟主張對盜犯從嚴，獲取認罪口供即可殺。巡撫張兆棟不以為然，按察使張瀛建議由兩首縣寫信給各縣：「如有犯供而無報案者，不得以查無報案率覆，必須詳查實在，令該處公局紳耆稟覆方准照辦，如逾兩月限不查覆，即作諱盜論。」[125] 因為審訊盜犯必用嚴刑，有口供即殺肯定會有大量冤案，張瀛的意思是要有公局紳耆的稟覆才可以定罪，公局的稟覆就成為決定疑犯生死的重要佐證。

從日記看，案情稍重的嫌疑人的保釋也要有士紳出面。同治六年十月，鄭紹忠帶勇在廣寧一帶清剿，在妙村捉拿到謝亞胡、陳亞進二人。妙村紳士謝廷琮、陳朝顯、陳進魁來保，杜鳳治「面問二人向安頓否，僉稱向不為匪，即交與三紳帶去」。[126] 次年，四會的一宗搶劫案中捉到榨油之鄭亞添，更練指鄭是匪，但審訊時鄭亞添不承認，該處紳耆一再聯名請保。紳耆中有文生員胡必康、武生員何昌彪，杜批令胡、何二人先到學官處驗明是否冒名頂替，是否真為生員。確定兩人是生員以後，杜即將鄭亞添提出，對胡必康說：如果日後同黨供出、查實鄭亞添有罪，你們就有濫保盜匪的罪名。胡等出具的甘結也寫明「如濫保甘受罪請辦」字樣。杜鳳治就將鄭亞添交給黨正謝成德及胡、何兩人，在場還有黨副賴道忠，具體保領鄭亞添的是地保賴道盛。[127] 鄭亞添雖有更練指攻，但杜鳳治還是相信生員胡必康等人的擔保，把鄭亞添釋放。此案反映了紳士保釋良民的一些程序。

在州縣，士紳的意見往往是決定盜犯生死的依據。杜鳳治再任廣寧時，與前任曾灼光（華溪）的幕客李竹泉有一段對話，杜曰：「華溪拿到土匪有釘死者，有站死者，有解府者，何以異乎？」竹泉言：「釘死、站死者皆局紳意，用以示儆。案經通報，不得不解，故死者三人，解者五犯，為此故也。」[128]「皆局紳意」這幾個字很重要。州縣官非刑殺人如與士紳意見不同，日後士紳向上稟報或支持受刑者家屬上控，州縣官就會有麻煩。

同治十三年，杜鳳治在羅定知州任上審理拐匪邱木泰、林亞旺兩人，嚴刑之下兩人仍不認供。杜鳳治乃授意連灘紳耆、兩姓族老上稟請求處死兩人。紳耆、族老雖希望官府把兩人殺掉，但又擔心他們萬一逃脫死刑被釋放回去會報復，不敢遞稟留下把柄。杜鳳治便讓晉康司巡檢劉嵩齡（玉峰）轉告他們：「予之必要紳耆、族老公稟者，亦孟子國人皆曰可殺之意也」，如果怕兩人日後報復，就更應該聯名稟攻。[129] 此案中的邱、林二人沒有口供，紳耆的稟攻就成為定罪的依據。有紳耆的稟攻，上送的盜案疑犯一般很難逃脫被「就地正法」的命運。

就算不能按紳士的意見把稟攻的盜匪正法，也可以用其他辦法置其於死地。明之綱曾開列「匪單姓名」請求將尚未認供正法者速辦，但杜鳳治回覆說如果疑犯挺刑不認供，就不可以將其處決，「惟有日日嚴磨磨死之一法」。[130] 後來杜鳳治查核明之綱所送盜匪名單，發現名單內的盜匪很多已經「病故」。[131] 盜匪都是年輕力壯者，監禁以後紛紛病死，監禁條件惡劣是一個原因，而其中一部分估計是故意「磨」死的。

（四）士紳與賦稅徵收

在史學研究者以外的人羣心目中，可能會以為清朝官吏主要逼迫農民（庶民）納糧，但實際上清朝是向田土的業主徵糧，而不管業主的身份。雖然很難找到有關清代庶民、士紳分別佔有土地比例的史料，但就常理而言，士紳一般會比庶民擁有更多土地，尤其是在廣東（捐納門檻低，有錢的庶民不難捐個虛銜）。清朝對士紳並無錢糧豁免的優待，因此，州縣官徵糧的對象也包括士紳。在杜鳳治筆下，州縣官催徵對象甚至主要為士紳，而且士紳還經常被責成匯徵一族、一村的錢糧。

按清朝法律，攬納他人稅糧屬於違法行為，但又規定「其小戶畸（殘田）零（零丁不足以成一戶）米麥，因便湊數（於本里）納糧人戶附納者，勿論」。[132] 清末，廣東官府仍認為不可委託士紳徵收，因士紳「平時武斷鄉曲，其行為與書差即無分別，若付以徵收之權，勢必恣意魚肉，而挪移侵匿之弊且無所不至」。[133] 然而，士紳早就參與了徵收，從前文提到過的林謙留下的劄記、書信，可知香山里長（士紳充任）早有輪流承擔「督催」本圖本甲錢糧之責，而糧胥、書總、圖差在徵收過程中還對里長敲詐勒索。[134] 片山剛研究清代珠江三角洲圖甲制的論文，分析了宗族組織在錢糧徵收中的作用，並指出：「換言之，珠江三角洲的圖甲制，是以這種同族組織對族人的控制為基礎施行的。」[135] 片山剛並未特別關注士紳，但晚清廣東士紳眾多，尤其是南海這樣的州縣，能控制宗族的基本上是族紳而不是庶民族老。

士紳與庶民花戶一樣，對錢糧徵收既有延抗的動機，也不乏延抗的事例。晚清一些地方的抗糧事件，甚至由士紳帶頭。在杜鳳治筆下，各地士紳樂輸的罕見，延抗的則不少。如「廣寧讀書有功名人，往往藉以抗糧」，廩生樊樹儀十餘年從未交過糧。[136] 杜鳳治為徵糧採取的緝拿、羈押、威脅甚至燒屋等手段，也往往以欠錢糧的士紳作為對象。江屯紳士江獻圖欠糧300餘兩，年底尚未完納。杜鳳治大怒，派「家人」李福帶30名壯勇前往，杜交代說，如不將糧全迄，就把江獻圖帶回，「如無錢並無人，過年不必歸縣，即在江獻圖家度歲可也」。[137]

杜鳳治拿押欠戶有所選擇，如果拿押貧窮欠戶，押不勝押，且威懾效果不大；如果拿押有地位、有影響的士紳則有可能惹來麻煩，所以，強制手段的對象主要是下層士紳。廣寧生員樊樹儀、樊樹仁欠糧躲避，杜鳳治懸賞捉拿：「無論紳民、差勇，有能拿得一名交案者，立時賞洋銀二十大元，將二名全行拿交者，賞洋銀四十大元，人到即付不誤。」[138] 懸賞數額不低的花紅，是為了威脅其他欠戶，尤其是欠糧的士紳。再任廣寧時，杜鳳治的姪兒杜子楢（師姪）與紳士馮壽山商量後對杜鳳治說：「附城各村各姓錢糧最為緊要，亦最疲玩，年內不嚴催，出年無有矣。必須將不上不下之欠戶嚴辦一二，方共知畏，可望起色。」[139] 於是杜鳳治「令師姪帶家人、書差親往督催，拿到欠戶葉思華、葉亦香二名，一經拿到，糧即清訖，可見家中有錢，有心抗匿，情殊可惡，雖經完納，仍然提訊交押，治以有錢不完糧之罪」。[140] 在南海時，杜鳳治也諭令糧差：「完戶疲玩，准鎖拿押追。」[141] 押追的對象包括士紳。上文提及催徵時的革功名、封祠堂、鎖木主的做法主要也是對付紳士的。

杜鳳治在自己任官的所有州縣，都會諭令、逼迫士紳協助徵糧。他首次任廣寧到任不足一月，傳見紳士陳天寵、嚴鳳山等人，「諭以曲水舖新舊銀米着落該紳等往催，必須新舊全訖。予捐廉辦公非為己私，錢糧上司催解甚急，予以寒士作令，不能為汝等賠墊」。[142] 杜鳳治有生以來第一次以州縣官身份下鄉催徵，就把錢糧的着落壓在剛認識的士紳身上，還說了一番坦率的話，這說明諭令士紳催徵是廣東州縣官的慣常做法。在石狗，杜鳳治又諭令局紳嚴鳳山「代為催糧，並令酌保一二公正紳耆各處幫催」。[143] 到附城一帶催徵時，杜鳳治在各村先後召見楊、陳、林、周、馮等姓士紳，對秀才楊寶珊、楊作驤說「予今將大霧寨一村銀米均交二公身上」，限 10 天完納；廩生周宜繩等 4 人擔保「合族完納不遲」。[144]

杜鳳治着重要求族紳、局紳、大紳協助催徵。南海九江著名大紳明之綱深受杜鳳治敬重，杜「時與通信，託伊幫催錢糧」。[145] 杜鳳治也曾親自寫信給佛山大紳梁植榮、李應材，託其協助催徵。梁、李覆信說明兩家全訖外，會向各親友致意促其完糧。[146] 南海「銀米大半出於大家，往往宗祠中公業為多」，[147] 收糧更要依靠士紳，特別是掌管嘗產的族紳。

士紳協助催徵是不可推卸的，不管本人是否欠糧，往往被責成催完合族、全村之糧，否則就會被懲罰。如廣寧永泰盧姓欠糧者多，杜鳳治就將盧姓一族之糧責成盧姓族紳兼永泰公局局紳、監生盧慶韶三日內全清，另一位局紳岑鵬飛為盧慶韶做擔保。盧慶韶未必清楚本族各花戶欠糧情況，只能依據書、差所說去催，也並沒有強制全族清繳的本事，他稟報「本家人多，糧亦零星，人心非一，不肯聽從」應是實情。杜鳳治就決定親自帶人再到永泰催徵，燒欠抗者之屋，要求盧慶韶在場指引。但杜再到永泰時盧慶韶、岑鵬飛均躲避，只有局紳岑鵬翀（監生）、岑鍾奇（州同銜）來迎接。杜鳳治大為生氣，就命將岑鵬翀、岑鍾奇羈押，要等盧慶韶與岑鵬飛出來、「糧有起色」時才將二岑釋放。[148] 盧慶韶被責成催全族之糧，並被要求引領燒抗糧族人之屋；岑鵬飛因擔保盧慶韶被追責，岑鵬翀、岑鍾奇不欠糧，又非盧姓，只是因為也是局紳，且為岑鵬飛族人，也被無辜羈押。從此事可見催糧時對士紳責成之泛、株連之廣。

在羅定時，杜鳳治為催徵陳姓糧召見陳姓紳士陳彝德、陳彝教，對他們說了一番話，大意是「陳姓人多，官安能人人與言」，只能向有功名之人要糧，我是給你們面子，換了別的厲害州官，把你們收押，到時你們仍不得不清訖。[149] 一個多月後杜鳳治再見到陳彝教，陳解釋說欠糧多的陳永春戶「係五服外之本家」。杜鳳治對他說：「我亦不管，既非你兄弟，你將此戶的丁交出，我自押追他。」[150] 在榃白村，因陳悅來戶舊欠甚多，就要人轉諭例貢生陳鼎晉等完繳，陳回覆說不是自己欠，是族中貧戶所欠，杜鳳治就說：「予安知伊貧戶姓名？」陳鼎晉等人既不肯管，就發硃單拘傳。無法逐一同花戶打交道，所以就要責成族內有功名之人清繳，士紳收不到或不願意承擔就予以懲罰，這是州縣官的邏輯，且不容分說。

在催徵中，士紳為何在多數情況下仍與州縣官合作？杜鳳治在潮陽催徵時曾召集南陽郭姓紳耆訓飭，說道：「讀書人豈不知古什一之制乎？則是夏商周以來亦有完糧之事，歷朝以來誰敢不遵？爾等人非化外，所耕皆國家之土，所居皆國家之屋，而竟以抗官為故常，抗官即抗皇上也，是情同叛逆也。」[151] 這些大道理士紳不能不認同。而不合作的士紳真的會受到懲處，僅在首任羅定時，杜鳳治就以抗糧的罪名詳革三名文生員、兩名武生員。[152] 而且，還有上文所寫的種種逼迫手段。相對於緝捕、司法，徵收是官、紳更容易產生矛盾的領域。

士紳協助州縣官徵糧，是否也有回報？應該說還是有的。例如，杜鳳治對催徵、緝捕事務上合作的士紳都會更給面子，在訟事上更相信他們的意見，他們出面保釋疑犯時會爽快應允，在縣試出圖排名時適當照顧他們的子姪，等等。因為包括徵糧在內的幾項重要公務需要獲得士紳的合作，州縣官對士紳在鄉村地區的權勢就必須予以支持，甚至在一定程度上默許某些強勢士紳武斷鄉曲。在催徵這一具體事項中，士紳承擔了責任，也有可能因此獲得快意恩仇、優親厚友的特權，甚至趁機索賄；有些有辦法的士紳還會利用匯納錢糧的機會牟利。

（五）官、紳在地方事務上的合作

各州縣都有很多地方事務，如積穀備荒、興修水利、賑濟、祭祀、修橋補路等，既無常設經費，更無專管官吏，基本上靠州縣官與地方士紳合作同辦。杜鳳治是個有心的地方官，日記記下了不少他與當地紳士同辦地方事務的事例。

積穀防饑是各州縣官都要同紳士合辦的要事。廣東不少州縣的義倉在咸豐、同治年間或毀於戰亂，或不再儲穀徒有虛名。杜鳳治任廣寧、四會時都與紳士商議過恢復義倉的事。廣寧的義倉由舉人陳應星主持，因陳是個能人，儘管其間弊端甚多，陳本人私入不少，但「伊在文昌宮西立倉務局已三年餘，聞收款不少，穀亦買得不少」，[153] 在杜鳳治任上算是把義倉積穀的事辦成了。杜鳳治與四會的紳士議論義倉之事，日久無成，他決意趁同治七年豐收穀賤時把此事辦成，於是就指定四會富紳戶部員外郎吳壽昌為義倉首董，並請吳「保薦公正能辦事勸捐之紳士四五人」，杜鳳治「按名往拜，或設席延請」，要求這幾位紳士帶頭各捐出一二十兩銀作為義倉設局開辦的經費，然後再「按田畝公派」。[154] 辦義倉是州縣官必須辦的一項地方事務，上司會下公文、派委員催促、檢查，此事本與四會紳士切身利益有關，但最終還是靠杜鳳治提倡，軟硬兼施才得以推進。

在羅定知州任上，因公務相對簡單，日記所記同紳士合辦地方事務的例子最多。有一次，杜鳳治從羅平到太平，半途遇雨，道路即難以通行。杜鳳治認為修理道路「便利行人固有司之責，亦近村堡紳富所宜為也」，「見各紳時以此諭之，謂其有錢打官司吝錢整頓道路，茲輩亦以為是，無言可對，唯唯而已」。[155] 鋪修道路本非難事，經知州這番指責，當地紳富應該會有所動作。而更大的工程，就必須地方官同紳士共同籌款興辦了。羅定州城東門外石橋頭的板橋，「自嘉慶年間傾圮未復」，前任知州黃光周從紳民請，簽捐興工，工未及半，經費告匱，於是停工。杜鳳治接任後想繼續將橋修好，修橋費用尚欠二千兩銀，杜鳳治便率先捐款，再在公款項下撥數百千文，還把多項罰款指定用於橋工，但仍不夠，「又於各紳富家酌量勸諭」，終於使修橋工程再次啟動。「一切鳩工庀材等事，仍責成安良局紳士前署龍門縣教諭梁以文、候選訓導黃亨衢等經理收支數目，職員黃喬炘督工，每月列折開報」。[156] 對羅定這個窮州來說，數千兩不是一筆小數目。兩任知州都提倡並帶頭捐助，設法解決了經費，並指定局紳經管其事。官督紳辦是類似工程的一般模式。

杜鳳治見到羅定男孩甚多女孩很少，得知係溺死女嬰惡俗所致，但要設立育嬰堂收養女嬰則經費不足，為此，他想出了一個資助生育女嬰家庭的辦法，設立助育女嬰公局，「令局紳黃亨衢、王寓宸、陳殿鏞、黃暾林、黃燎炘、譚璧章總理其事，並請王寓宸、陳殿鏞、黃喬炘專司其事，會同黃燎炘公定章程，並囑立一捐簿」，「以便送與同城文武各官、紳士及南門外如當押暨茶桂行各從豐捐助」。杜鳳治自己先捐 200 元，並將罰陳姓款 200 兩撥入，又在章程上寫上「每年則任此州者捐銀一百元」，「各官紳商民亦照此每年捐銀若干兩」。對助育女嬰公局的管事人的責任、酬勞等也做了規定。[157] 杜鳳治卸任羅定前向上司稟報具體辦法是：「貧民生女實在無力撫養者，由嬰長赴局報知，初生時給錢一千五百文，彌月時再給一千五百文，此後每月給錢三百文，周歲截止，或給人或自養，由本父母自便。如生女不報，仍然溺棄，責成鄰、族查檢，按照故殺子孫律治罪。卑職抵任已將兩年，以無閒款可籌，遷延日久，至去冬始有成議，新正開辦。」[158]

順治年間，羅定州州同金芳在南明抗清軍隊攻破羅定州時「殉難」。杜鳳治蒞任後知道金芳雖有本州紳民建立的祠廟，但一直沒有得到清廷的正式表彰，認為應該由當地紳士「查明據實稟請春秋祠祀並請贈爵予謚」。光緒元年六月，杜鳳治請局紳黃亨衢等六人來討論此事。黃亨衢等說已稟請兩次，但「均被大憲衙門斥駁，書吏索費未曾給與之故」。杜鳳治決心同紳士合作辦成金芳立祠予謚之事，示意紳士再次上稟，自己在過年期間上省城再向督、撫、藩、臬等高官面稟此事。接着，他又同六位局紳討論羅定送生員赴省城鄉試賓興酒宴之事，認為來赴宴的只有州城一帶少數生員，不如把酒宴停辦，把該項費用「添上一二十兩為闔州諸生備買試卷」。局紳對這兩件事都感到高興。[159] 支持紳士稟請為金芳「立祠予謚」可以提高本州士紳的榮譽感和認同；為應試生員支付鄉試買卷費，全州生員都沾惠，而且知州派人統一代買，應試生員也可少受苛索。做這兩件事出力、花費無多，但對密切官紳關係則很有幫助。

在南海任上杜鳳治也與紳士合作做了一些事。位於南海、順德境內的桑園圍，是西江、北江下游幹流著名堤圍，維護數十萬畝良田。清代珠江三角洲面積迅速擴大，沿海沙田不斷圍墾，江水出海不暢，西江、北江遇上洪水，桑園圍堤段就會出現險情，平時也要不時進行維修。光緒三年春夏北江大水，部分堤壩被衝垮。是年秋，九江局紳明之綱等紳士提倡趁冬晴水涸之際對桑園圍進行一次規模較大的修葺。桑園圍本有巨額公款，但葉名琛督粵時已將該項公款挪用。布政使、廣州知府認為全部歸還堤圍公款做不到，不過，可以把公款利息用於修堤。雖然大體上定了原則，但由何人牽頭、何人具體負責、如何領款、如何施工，還需要官紳商量決定。明之綱應杜鳳治邀請專程來到省城，送給杜鳳治《桑園圍總記》一部八本。兩人計算修堤可以動用的利息有萬餘兩銀，但要修葺得堅固一點就要兩萬兩以上，不足之數「於圍內各鄉村按田畝照向定章程，民視官發銀數二成科派抽捐」。杜鳳治將兩人商議的結果稟報布政使，打算把自己到佛山查辦私開闈姓店戶的罰金萬兩用於補助桑園圍的修葺，布政使表示同意。[160] 十月間，明之綱等紳士趁赴省參加知府召集的清鄉會議之便，也呈上維修桑園圍的紅稟（正式的申請）。[161] 到十一月下旬，桑園圍修葺開工。杜鳳治為明之綱代領藩庫發出的工程款項，又催促闈姓罰款儘快撥交修桑園圍用。[162] 因為十一月廿七日後日記停記三年多，所以後續情況未知，但經費既已落實，並已開工，此後的修葺應可繼續。方志稱「桑園圍每領歲修官帑，之綱大都率先為倡」，[163] 這次也是如此。知縣杜鳳治與局紳明之綱關係本好，兩人的合作是這次桑園圍修葺工程得以順利開展的重要原因。

在南海任上杜鳳治同紳士合作辦成的另一件大事是清理佛山河道。流經佛山城區的汾江是運輸要道，但隔一段時間就須疏浚，籌款施工難度頗大，加上城區商舖、住戶往往在河道上搭建，拆除阻水建築也會遇到阻力。佛山雖有文武四衙，佛山同知品級比南海知縣還高，但因為南海知縣是正印官，所以杜鳳治出面要比佛山同知出面更有效。杜鳳治首任南海時清河已開始，前後「時經六七年，款用十餘萬」。佛山紳士由梁植榮（春圃）、李應材（仲培）等組織清河公局，得到地方官的支持。杜鳳治曾應清河公局局紳的請求親臨佛山，根據方志、石碑責令佔河店舖拆卸讓出河道，並要求各行商人捐銀作為疏浚經費，不捐即不准在佛山營業，對態度強硬者甚至予以拘押。[164] 杜鳳治明知梁、李「太不避嫌怨，徑遂直行，似乎倚官作勢，以至怨聲載道」，但仍出面為之勒捐、罰款。杜鳳治在清河事將竣時不無自豪地在日記中寫道：「大工冬月可竣，只我一人為彼作了多少人不能為之事，方有今日。」[165] 在大城鎮清河涉及的利益很複雜，僅靠官力也做不成，必須有梁、李這種有地位又勇於任事、不避嫌怨的紳士同杜鳳治這種比較強勢的地方官合作才可推進。

三、州縣官與士紳的矛盾衝突

（一）士紳對地方利益的爭奪

在維護清朝統治秩序這個問題上，官、紳基本上是一致的，官需要紳彌補官力之不足，就必須讓士紳分享官員某些合法和非法的利益。士紳在鄉村社會行使權力很自然會首先考慮本身的利益，公局局紳的行為有時也會超出州縣官授權和允許的範圍而侵蝕官權，甚至會對抗官府。在士紳力量特別強大的州縣，官紳之間就經常發生矛盾和摩擦。例如，道光三十年，東莞縣防禦公局局紳、舉人何鯤被官府指責「武斷鄉曲，假公濟私」，另一個局紳張金鑾竟下令鞭打奉知縣之命下鄉催糧的糧差。知縣飭令拘捕張金鑾等局紳，但未能拿獲。[166] 東莞士紳由於具有經濟實力和武力，所以敢於維護自己在地方上的利益，甚至挑戰知縣的徵收、司法權力。

一些弱勢或糊塗的州縣官有時會被士紳欺騙和利用。繼杜鳳治任廣寧知縣的是饒繼惠，局紳陳應星請求饒將地丁、屯米減少，保證所有新舊銀米全完，且於饒母生日時送匾、傘、牌等物，外送銀三千兩。饒繼惠得到好處，便應允減收地丁、屯米，誰知陳應星並未兌現承諾，饒任上錢糧只收到六成，虧累過萬。杜鳳治認為他上了陳應星的大當。[167]

在四會，一些富紳組織了一個專門收買田畝的合發堂，「自紅匪亂後田多出售，價甚便宜，故數姓有錢者公立此堂收買田畝，其壟斷圖利、魚肉鄉里、貪賤噬貧不問可知」。合發堂對官府的賦稅徵收顯然有害，又會導致糾紛和訴訟，故杜鳳治以「此等設局漁利，大干厲禁」，「飭捕廳查明封禁」。[168]

紳士各自設法維護、擴大自身利益，有時他們之間也會產生矛盾。四會縣黨正、武生謝瑤琮、謝瑤芳等設立租佃頂手，大致辦法是業主如果把田收回另佃，「必要業主及新佃人每畝出頂手銀一兩幾錢，以半與舊佃，半充公修廟」。四會大紳黃翰華、吳壽昌等 40 餘人「指控謝瑤琮歷來霸道武斷，一鄉聽其指揮」，租佃頂手銀「其實皆謝武生等入橐肥己」。前任四會知縣雷樹鏞曾出示禁止謝瑤琮收受頂手，但業主、佃戶因畏懼謝瑤琮等，依然私相授受。[169] 下層紳士謝瑤琮等設立頂手，限制業主隨意退佃，目的大概是要爭取一般佃農的支持，在鄉鎮建立自己的權威和秩序，也為自己謀利。謝瑤琮等人只是武生，如何令「一鄉聽其指揮」？很可能有其他辦法和手段。但他們既然挑戰大紳、富紳對地方的控制，大紳、富紳不會容忍，於是齊出指訐，藉助官力打壓謝瑤琮等人。知州當然首先要依靠黃翰華、吳壽昌等大紳，且謝瑤琮等擅自向紳民勒收錢銀也違反王法，杜鳳治便態度鮮明地站在黃翰華等大紳一方，把謝瑤琮、謝瑤芳拘押，逼迫兩人具結承認收受頂手之罪，承諾日後不會再收。[170] 謝瑤琮等人敢武斷鄉曲，設立頂手，與其為官府認可的黨正身份當有一定關係。

有些紳士利用官府的支持成了橫霸一方的「劣紳」，在杜鳳治筆下，族紳、局紳中「劣紳」不在少數。羅定州生員林華春殘殺三命一案，是劣紳利用管理族事、鄉事之機武斷鄉曲、營私牟利引發大案的極端案例。案情大致如下：同治十二年，林光才、林亞北父子等被控誘拐轉賣林黃氏、林廖氏之媳，此案投明林姓族紳生員林華春。林華春先將林亞北捉回關禁，解至州城投明安良公局，擬將林亞北送官，此時林亞北亦未認是拐帶。因林亞北是否拐帶案情不能確定，故林姓一些族人與局紳勸令暫不將林亞北送官，如被拐帶者當面指證林亞北，即令林亞北賠錢 160 千文；如係林廖氏等誤指，亦要出錢 40 千文與林亞北做利市。但林華春知道林光才、林亞北父子稍有產業，一開始就想藉此事罰林亞北 160 千文。在族人、局紳議定後，林華春要求林亞北另立限約，如到九月初仍找不到被拐帶者，林亞北也要賠錢 160 千文。到九月初，林華春以林亞北人、錢均不交，糾率族眾林紹安、林光揚、林紹榮等將林亞北捆回村，要他以房屋地段做抵，並書寫契約。林亞北之父林光才不肯聽從，引發衝突，林紹安用條凳將林光才頭顱打破，林光才旋即身死。林華春、林光揚等恐林亞北母子報官，事後又前往林亞北家搶奪林光才屍身，在紛亂中林紹榮點放火槍，誤把林光揚打死。林華春見已死兩命，就一不做二不休把林亞北捉去推入河中淹死，然後把打死林光揚之責推到林亞北頭上。杜鳳治認為林亞北被控誘拐，「即使情真事確，其罪不至於死，只為林華春魚肉視之，以為有利可漁，恃強把持，其意無非為一百六十千文之錢，而亦不自料事之潰敗決裂一至於是也」。[171] 誘拐出賣人口這類案件，州縣官通常都會允許甚至責成族紳、局紳理處，本來林姓族人、局紳已做出相對合理的處置。但林姓「劣紳」林華春為勒索林光才父子，不顧族人、局紳所議定條款，鬧出三命大案，此時地方官也無法包庇隱瞞。鬧出三條人命是事出意外，否則，林華春這樣的紳士肯定仍可繼續管理族內、鄉內事務，紳士勒索族人一百幾十千文，官府一般都不會當作一回事。

紳士利用管理地方事務之機舞弊牟利的事經常出現，引發士紳之間的糾紛。光緒元年，羅定州生員張焱等 30 餘人稟控陳景言總理鳳山義學公款有侵吞情弊，但「陳景言等堂呈簿籍，高有尺餘」，杜鳳治委派學官並諭飭安良局局紳梁以文、黃亨衢等和書院值事彭肇莊等「齊集公所，限五日秉公詳悉算楚」再處置。經查，賬目、借據等均有疑點，不無挪用、侵蝕之弊。陳景言年老不管事，均係其子陳裕基、夥伴陳存仁經手。杜鳳治本擬將陳裕基、陳存仁押追，但陳景言謂「陳裕基、陳存仁押候，恐義學經理賬目無人」，杜鳳治只好准許局紳黃亨衢具結保釋了二人。[172] 此案涉及的鳳山義學公項達八九千串錢，在羅定這個窮州算是一宗巨款。陳景言父子弊端顯然，估計杜鳳治也難以搞明白，最終仍只好讓陳裕基、陳存仁保釋以便其繼續管理賬目。

有時，州縣官明知管事的紳士舞弊牟利，但出於種種考慮仍不得不繼續予以籠絡、支持。杜鳳治初任廣寧時的對頭舉人陳應星，藉管理義倉等事務營私，獲利不少。但杜鳳治知道陳應星有能力，願意出頭任事，再任廣寧時杜鳳治特地予以優容，在陳應星首次來見時就給好臉色，邀請其同去各鄉勸諭紳耆交匪，陳應星大喜過望，表現得十分主動，對如何對待各鄉紳耆等提出種種建議，並承諾回去後即開上紳耆、盜匪名單。杜鳳治在日記中評論說：「伊之出力樂於從事者亦有所圖，蓋欲倉務將畢本可保獎，因而竭力辦匪希圖開復（按：陳的功名因鬧考事被暫革），既聞曾（按：指前一任知縣曾灼光）去予來，心頗索然，乃予純用籠絡，樂得用之，於公事不無裨益而彼亦從此可望復故也。然以今日觀之，真能人壞人也！」[173] 陳應星這種既是能人又是壞人的紳士，是州縣官辦事時可依靠的對象。

在朝廷、官府控制力度薄弱的地區，遵守王法的正途士紳（尤其是文貢舉、生員）往往在鄉村地區缺乏實力，一些「惡紳」「劣紳」成為地方權勢人物，官府甚至不得不利用「劣紳」「惡紳」完成催徵等事項。杜鳳治在潮陽催徵日記中多處提及的潮陽柳崗鄉的陳同（陳開華）就是如此。杜鳳治在潮陽時，有一吳姓廩生對他說，在柳崗，「即使讀書入學，倘非強房，又不富厚，一鄉之人不服約束，出言人亦不聽」，官府責成也不管用。杜鳳治雖然知道柳崗有正紳恩貢生陳炳坤，但又知道他「屈於陳同等強房，鄉中不能一言，言亦無益」，於是「將一切責成陳同、陳朝輔、陳廷誥、陳來遠、陳忠愛諸強而且富之諸不逞徒也」。[174] 既然擁有正途功名的紳士不能建立權威，杜鳳治只好利用官吏、兵勇的壓力，將「完糧、交匪」的事責成「強而且富之諸不逞徒」。陳同等人雖非正途，也有捐納職銜，仍屬於士紳範疇，但他們此前同官府基本不合作，使其勢力所及之鄉村「儼然化外」。杜鳳治迫使他們完成官府交辦的事務，是希望把部分地方豪強轉化為官府治理基層社會的助力。

（二）士紳與州縣官的較量

在州縣官與士紳關係中，多數情況下州縣官是主導和強勢的一方，古時有所謂「破家縣令」之說，如果州縣官對付個別的紳士，特別是下層紳士，那自然處於非常強勢的地位。但如果一方士紳集體反抗，那麼，即使是像廣寧縣那樣沒有多少高級士紳的縣，也可以把能幹的州縣官如杜鳳治弄得相當狼狽。

州縣官在很多公務和地方事務上需要同紳士合作，但責成士紳交匪、交糧、協助催徵等，難免會損害士紳利益。例如，催收錢糧、責交族匪時往往會採用封祠堂、鎖神主等手段，首先受到壓力和屈辱的是族紳。士紳甚至會被威脅、叱罵、拘押、責打，乃至燒毀房屋。州縣官一旦重責了士紳，特別是士紳在羈押期間自殺、死亡，就有可能發生嚴重的官紳對抗。

所以，在一般情況下州縣官在羈押、責罰士紳時都會比較小心，刑責一個人之前都會查清楚其是否有功名、職銜，羈押士紳一般會押在條件較好的縣衙，或者發交學官管押。如果誤打了正途出身的士紳，有時會引致撤職。署理新會知縣方觀海，辦事操切，「又為戒尺打一貢生，上控遂被撤」。[175] 在四會任上，杜鳳治審理一宗墳山糾紛案時生員嚴嗣寅「嘵嘵執訟，上堂出語倔強，形神傲慢，小施申飭，齗齗爭論不服判」。杜一怒之下命將其押捕回衙，嚴表示毫不在乎，杜鳳治氣頭上喝令差役掌責，差役卻不敢動手。此時杜鳳治已冷靜下來了，立即派人請來正、副學官，聲稱要對嚴嗣寅予以板責，兩學官配合也很默契，為嚴求情。杜鳳治就順水推舟讓學官把嚴嗣寅帶回管教。第二天，兩學官回報「嚴嗣寅悔罪悟非、懼威知畏，情甘納禮賠罪，已帶來署」。但杜鳳治不在縣衙處置，命把嚴嗣寅帶回學宮明倫堂，會同正副學官對嚴嗣寅申飭、掌責，嚴嗣寅叩頭悔罪求免，又經兩學官懇說，將其暫時釋放。[176] 杜鳳治經歷過廣寧官紳衝突的教訓，所以這次沒有任性而為，處置得比較巧妙。他讓學官參與懲罰、教訓嚴嗣寅，且不在縣衙而在學宮明倫堂對嚴嗣寅掌責，既打壓了「目無官長」生員的氣焰，又讓士紳找不到鼓眾鬧事的藉口。

在官紳矛盾發展到一定程度時，士紳會以各種方式同州縣官較量。

最常見的是採取不合作的態度。一個州縣的士紳數以百計，但如果州縣官同最有影響力的紳士不合，就有可能引發相當部分的士紳對州縣官不滿而不合作，這樣，州縣官要完成緝捕、催徵等公務就會比較困難。

極少數特別膽大妄為的士紳甚至會對州縣官採取違法行動來報復。恩平知縣柳應喬（子謙）有「既貪且酷」的名聲，催糧嚴酷，曾扣押廩生，是紳民都痛恨的官員。其「因案撤任，行時距城僅四十里之地，有盜匪千餘人下船囊篋搜刮，搶掠一空，女眷皆赴水中，幸水淺不致淹死」。後查明「乃該處巨紳馮廷華以強姦人妻案，子謙不與臉面核實辦理，馮恨切骨，故嗾無賴於其行時辱之」。[177] 這是一個「劣紳」「惡紳」以非法行為報復州縣官的極端案例。

日記又記：同治十二年，遂溪知縣白樸「為押死一貢生，偶然到鄉，為貢生鄉人所辱，不但辱毆，且將其鬚撏盡，不但拔鬚，且令婦女褫褲溺入其口。傳聞或甚。如若所言，不堪極矣」。[178] 白樸的日記記：當年九月十七日踏勘搶劫現場，驗屍畢，「仍回北坡，忽龐姓村擁出男女百餘人，攔途截毆，將予擄去，弁兵、丁役均被隔絕，擄予至溝尾村關禁」，次日方放出，在此過程中白樸手指受傷。[179] 接任的遂溪知縣徐賡陛在《覆陳前任白令因案被毆情形稟》中所述案情大致如下：捐納千總龐啟清因買牛未稅，書吏葉高攀將其牛拉走議罰，龐啟清率眾往奪，與葉方爭毆，白樸審理此案，斷令龐啟清罰錢四千作為葉方養傷之資。龐啟清不遵，在羈押於土地祠時「忽患痰迷之症」，保釋回家後不久身死。龐的兒女姻親生員李夢松率龐姓數十人到與葉高攀同姓不同宗的葉世豪等家肆行搶掠並傷人。白樸到被搶之家勘驗後回署，中途被李夢松之父廩生李三元糾集百餘人擁入該村肆行凌辱，並毆傷白之「家人」。[180] 對照三種資料，可知杜鳳治所記事出有因，但細節未必準確。在當時的鄉村，如果沒有李三元父子等有一定影響力的士紳鼓動，一般庶民不會有膽量擄禁毆辱縣官。白樸如果平日處理好與士紳的關係，即使有事，也不至於如此狼狽。

以暴力對待州縣官畢竟是個別例外，而且事後肯定會被追究。在正常情況下，士紳會以合乎王法或稍為偏離王法的方式同州縣官較量。一個州縣通常會有在京、在外省擔任較高官職者，他們同本籍士紳必有聯繫，在籍的中高級士紳，也有可能對州縣官的上司進言以影響州縣官的聲譽乃至任免。

賡颺曾任順德知縣，他說過：「順德甲科最多，官中外者亦多，紳士強大，與紳不睦，真能使你不敢去。」[181] 他因為催糧嚴酷，得罪了順德縣士紳，特別是得罪了龍姓士紳。在籍太常寺卿龍元僖便致函省中各高官批評賡颺，「謂其能催糧、能殺人，可惜順德小縣，大才小用」，賡颺於是被撤任。[182] 另一位順德在籍大紳尚書羅惇衍（椒生）更是對廣東官員進退可以起重大影響的人物。杜鳳治同廣寧紳士發生矛盾後，署理按察使蔣超伯說：如果廣東省的官員把廣寧的舉人辦得太嚴，但未奏革，他們仍可上京會試，如果舉人們製造流言蜚語，一旦羅惇衍相信了他們的話，「由內雷厲風行，大聲疾呼，如泰山壓下」，不僅杜鳳治經受不起，道臺、知府也要受牽連。[183] 署理兩江總督何璟的父親，因兒子的地位也成為很有影響力的大紳。香山知縣田明曜（星五）沒有按何老封翁的意思辦事，又得罪了香山其他紳士，官職幾乎不保。[184]

南海知縣張琮是杜鳳治的後任，因西樵大崗墟有積匪，張會同委員吳廷傑、吳其鑒前往傳十三鄉紳耆交匪，其中十二鄉紳耆稱所有著匪及賭匪俱在大崗墟，若要辦匪，必須於墟場建一社學為十三鄉公局，每鄉公舉一人，紳耆坐局。張琮先捐銀 500 兩為開辦費，其餘由大小村派捐，又查封大崗墟番攤賭館 20 餘家。大崗墟附近有潘姓大族（杜鳳治稱是光祿寺少卿潘斯濂家族）庇賭收規。次日，十二鄉紳耆又見張，稱潘姓不願建社學，官回省後必背約。張即託二吳在墟監督，並借住潘姓宗祠，但二吳入祠後行李被打爛，轎亦被石頭擲毀。張與二吳回省城擬向上司面稟，誰知潘紳先駛快船到省城於各高官面前捏訴反誣張琮，於是張被撤任，布政使掛牌另委人署理南海知縣。[185]《申報》對此案有頗為詳細的報道，也認為張琮因禁賭得罪大紳而被罷免，由是慨歎「為政不難，不得罪於巨室，信哉斯言！」[186] 不排除此案背後是不同宗族的士紳爭奪地方權益，張琮站在大紳潘姓對頭的一面，終被潘姓大紳控告而撤任。

上控也是紳士對抗州縣官的常見辦法。同治十一年，新會舉人趙蓬航在羈押期間自盡，其家人京控，奉上諭交廣東督、撫、臬審訊。趙蓬航家屬控告稱並非自殺，係被人毒死，又控縣衙賬房李某納賄，李聞風逃走，知縣張經贊不得不承擔責任被撤。[187] 在當時，死一個被押者是平常事，但死的是舉人，於是知縣就惹上了大麻煩。同治十二年，廣寧知縣江琛到石狗徵糧，以文通書院作為行館，與同在書院內教讀的高要舉人謝某發生爭論，江琛一時官威大發，掌責了謝舉人五下。謝連夜回高要，先邀集眾舉人在道、府上控，又再向藩、臬、督、撫控告。官員們雖對謝舉人頗有看法，但江琛掌責舉人違反功令，一下處於狼狽地位。[188] 後來江琛在大計時被列入浮躁，仕途基本上就到了頭，杜鳳治評論說:「日後必民強官弱，地方官愈難做矣。」[189]

張貼、散發匿名長紅、揭帖是紳民同州縣官較量的一種手段，執筆者多為下層士紳。各級上司一般不會根據匿名長紅、揭帖就處置該州縣官，因為怕「助長刁風」，但也會對這個官員產生負面看法，至少認為他未能和協紳民。

士紳與州縣官較量的另一個重要手段就是利用州縣試的機會發動罷考、鬧考。咸豐元年（1851），東莞發生的「長紅罷考案」（也稱「紅條罷考案」）不僅震動全省，而且也驚動了朝廷。東莞知縣催糧嚴急，生員黎子驊因被控「欠糧」遭拘禁，在縣衙號房自刎傷重身亡。東莞士紳就聯名呈文控訴知縣貪污，並匿名標貼「長紅」鼓動罷考，又散佈匿名揭帖攻訐知縣。恰逢南海縣西湖書院「因知府將書院經費改斷歸義倉，亦投書罷考」，兩事聯繫，引起督、撫震怒。總督徐廣縉、巡撫葉名琛便奏請「將西湖書院肄業生童並東莞闔學暫停考試」。朝廷准奏，並諭令督撫嚴厲查辦、懲處罷考的東莞士紳。

舉人何鯤、何仁山以及一批生員被「詳革拘辦」。[190] 東莞的方志稱何鯤等人其實並未發動罷考和散發揭帖，然而，不管匿名者是何人，是否受何鯤等人指使，罷考事件畢竟反映了東莞士紳集體對知縣的不滿與反抗。

士紳利用考試發動集體行動也有時機的考慮。在當時，士紳互相溝通、聯絡、發動的方法有限，全州縣士紳共同採取行動不容易，但考試時童生、廩生都會集中並密切交往，是採取集體行動的好時機，又易於造成較大影響。但這種方式不一定能扳倒州縣官，而士紳首先卻會受到嚴厲打壓，東莞的例子就是如此。無論如何，罷考、鬧考都是地方士紳（尤其是中下層士紳）不惜以功名、身家、性命為賭注魚死網破採取集體行動與州縣官一搏的激烈手段。

（三）廣寧鬧考事件

杜鳳治首任廣寧知縣時，初攮印把，經驗不足，對士紳嚴厲催徵錢糧，不怕損害士紳的「體面」，當地士紳乃向省級官員上控，後來還阻擾縣考正常進行以示抗議。這次廣寧的「鬧考」事件，是官紳衝突的一宗典型案例。

同治六年四月，廣寧縣的士紳到布政使司衙門聯名上控書吏浮收。出頭的是副貢周友元和生員劉驥、何應球，背後則是舉人陳應星等人。省城官員以「劣紳刁控，挾制長官，目無法紀」的罪名將上控的廣寧士紳代表拘押。巡撫蔣益澧對士紳控案的態度與署理布政使郭祥瑞一致，主張懲辦；道、府均囑杜鳳治「從嚴辦理，切勿姑息」。上控紳士的功名被暫時斥革。[191]

廣寧士紳雖未預見到在署理布政使處會碰大釘子（周友元是郭祥瑞當主考時錄取的副貢），但他們也是有備而來，上控前設立了「革除陋規公局」，籌集上控經費。[192] 杜鳳治查獲了「設局科錢」的單據，「鄉間紳富糧戶俱給訟費，或一百八十，或一兩數錢」。[193] 地位較高的士紳陳應星、陳益元、馮毓熊、楊桂芳等四舉人躲在幕後。在周友元等人被押之後，廣寧士紳展開了多方營救活動。

廣寧士紳雖沒有把矛頭直接指向知縣杜鳳治，但只要上控成功，他必然要受處分。在廣寧縣城，士紳散發白頭帖，攻訐杜鳳治的幕友顧學傳；省城不久也有了廣寧「官幕凌虐紳士」的輿論，[194]可見省城的官紳也有同情廣寧士紳者。廣寧縣衙有人「時時外出，與紳士交往，走漏公事風聲」；[195]周有元等雖在羈押所，卻仍有辦法到巡撫幕客處打探消息。[196]於此可反映出廣寧士紳有一定的活動能量。

當時，兩廣總督瑞麟與廣東巡撫蔣益澧有矛盾，署理布政使郭祥瑞與署理按察使蔣超伯更是勢如水火，督、臬為一派，撫、藩是另一派。廣寧士紳利用了這種情況，設法爭取到蔣超伯的同情。杜鳳治的日記記下署理按察使蔣超伯和發審局坐辦、候補知府嚴伸之收受廣寧士紳巨額賄賂的傳聞。[197]是否屬實今日自然無法查證，但蔣超伯的確越來越偏袒周友元等人。主張嚴辦的撫、藩，在同督、臬的互鬥中，明顯居於下風，案件逐漸出現了有利於廣寧士紳的轉機。

杜鳳治也沒有坐待事態的發展。涉案的書吏沈榮、馮才、馮殿逃走無蹤，無論是否出於杜鳳治的授意或放縱，也使「浮收」案無法深查。九月初，杜鳳治得知「控浮（收）案大翻」及周友元等將被交保釋放的消息，便放下繁忙的公務動身到省城活動。

杜鳳治先後謁見了各個省級上司，蔣超伯表示同情周友元等人，並責怪杜鳳治。郭祥瑞則向杜說署臬臺得錢偏袒周友元等，並鼓勵杜不要怕蔣超伯，自己和巡撫都會支持他。[198]蔣益澧在接見時告訴杜鳳治，署臬臺一定要開釋周友元等、要把他撤職，但蔣認為廣寧官員並無過錯，「皆是紳士不肖」。[199]在省城逗留期間，杜鳳治與學政杜聯見面五次，首次見面杜聯即告訴杜鳳治，此事對杜鳳治「無大緊要」，只是藩、臬作對而已。[200]杜在謁見瑞麟時感覺總督對自己態度還好，心中也就踏實了。[201]

九月間，傳來朝廷派吳棠為欽差大臣來粵查辦督、撫不和的消息，廣東的高層官員擔心欽差到時羈押在省城的廣寧士紳繼續控告，這對雙方都不利。經過一番「開導」，周友元等在做出「當日呈控縣書浮收錢糧一案，雖事出有因，究屬一時冒昧，聯名上控，今知悔悟」的具結後取保暫釋。[202]巡撫向杜鳳治授意，在書吏中懲辦一人，但把主要責任推在出逃的沈榮身上，以平周友元等人之心，周等如不再控告，則日後再為他們開復功名，了結此案。杜鳳治在省城曾傳見周友元等人，告誡一番並表示願意找到官紳都可下臺階的辦法。[203] 但廣寧士紳卻不肯善罷甘休。

不久，周友元等「在保脫逃」回到廣寧，廣寧士紳策劃了又一次集體行動，提出的訴求是減錢糧以及立時將周友元、劉驥、何應球三人功名開復（三人的功名是「暫革」，尚未出奏），施加壓力的辦法是對即將舉行的縣試攪局。按慣例，次年春天廣東學政出巡，必先到肇慶府，十月間高要、四會縣試已取齊，廣寧縣應於十一月內考畢。杜鳳治出告示宣佈十一月初三開考，但在初一就得知「周友元、劉驥已歸，與陳應星朋比，有阻撓縣試之說」。[204] 他又了解到廣寧士紳做了相當廣泛的發動，陳應星、陳升元、周友元、劉驥「已要諸廩神前焚香設誓」。童生錢某「遞一拜帖」要求「將錢糧減定立碑方考」；諸廩生「已遣抱赴府、省控告，請另簡人考試；岑鵬飛、樊樹儀（俱廩生）亦控催繳過嚴」。[205]

如果廣寧縣試不能如期完成，那麼，肇慶府府試和學政的院試都會受影響，杜鳳治肯定會被罷官，甚至受更重的處分。但如果事情鬧大，對士紳來說後果更嚴重。按清朝法律，「藉事罷考、罷市」，「照光棍例，為首擬斬立決，為從擬絞監候」。[206] 廣寧士紳的做法是不直接抵制縣試，而在「廩保」上做文章。童生必須有廩生或貢舉書面擔保家身清白並無冒籍等才可參加考試。如果廩生不出保，縣試就無法進行。舉人陳應星、被革副貢周友元等出面聯絡廩生拒絕出保，赴考童生因無廩保，可能也受到陳應星等人的影響和壓力，乃紛紛回鄉，縣試終於無法如期舉行。清朝法律並無處罰拒絕廩保的條例，所以，士紳這一策略可以造成考試無法進行的事實，卻避免了「罷考」的罪名。他們事前放出風聲，是希望杜鳳治迫於縣考時限而主動妥協。

但杜鳳治決心與廣寧士紳一搏，他一面說服與陳應星有隙之新科舉人何瑞圖勸說廩生出保；一面囑幕友「先擬稟稿，如若輩中變，先行專足飛速賫省遞呈各大憲，先發制人，縷述非罷考，實為挾制把持而鬧考」。[207] 當縣試不能如期進行已成定局時，杜鳳治即向各級上司呈遞通稟，表示寧肯丟官也不向士紳屈服。但把事件定性為「挾制把持而鬧考」，則留有一些餘地；萬一真的出現「罷考」，他及時報告也可減輕處分。他派出專人送信給學政杜聯，「備述鬧考顛末」，杜聯為此專門致信署理布政使郭祥瑞，並覆信給杜鳳治囑其對紳士「剛柔互用」，尋覓轉機。杜鳳治事前又派人到肇慶府向知府、道臺稟報，道臺王澍是杜鳳治的同鄉、親戚、同年，授意杜「通稟劣紳鬧考」，還下令，如果廣寧縣的士紳到府、道呈控，「即為留住解府，飭高要管押」。[208] 這就使廣寧士紳逐級上控的途徑受阻。

廣寧士紳從省城抄回通稟內容，知道杜鳳治已經取得主動，乃託人試探妥協。杜鳳治提出「若輩只要令諸廩生出頭，考事辦妥」，則可設法把大事化小。[209] 十一月廿三日，陳應星等舉人通過學官求見杜鳳治，但擔心杜趁機把他們扣押，請求知縣下帖召見。杜鳳治這天的日記共 3000 多字，詳細記錄了自己教訓陳應星等人的長篇大論，幾位舉人表示願意勸說廩生出保，就在這時 17 名廩生（包括兩名「候廩」）「請考」的稟單呈遞入縣衙。杜鳳治即命陳應星等轉飭廩生通知各鄉童生三日後開考。[210] 三日後雖未能如期開考，但十一月廿九日、十二月初一日終於有 600 多名童生赴縣考（後一次是補考），杜鳳治沒有讓步便贏了這個重要的回合。

在清朝，鬧考的罪名雖不如罷考重，但也是極為嚴重的事件，署理布政使郭祥瑞奉總督、巡撫批示發下劄文，下令嚴拿舉人陳應星、副貢周友元，又稱「倘杜令實有辦理不善，亦即詳請撤參」。[211] 道臺王澍親到廣寧處置，省裏加派候補知府周毓桂、候補知縣俞增光為委員到廣寧查辦。

杜鳳治成功使縣試完成，事情沒有鬧大，接下來就是怎樣收場的問題了。杜鳳治不想把事情做絕，「在此為官，不肯與若輩為仇也」。[212] 且案情定得越重，自己責任越大，所以也希望大事化小，但又怕與此前的通稟有出入。十二月初二日傍晚，道臺王澍與周俞兩委員、杜鳳治、學官、典史、千總等一起召見廩生岑鵬飛等 10 人，王澍、周毓桂教訓其一番後即入內，然後由杜鳳治、俞增光兩知縣細問諸廩生不出保緣由，杜、俞授意他們寫：「生等皆鄉下人，不知城中事。因縣考出保來城，在寓有一不識姓名者來寓遍邀，據云諸紳士在文昌廟坐候，請為減糧事暫時緩考。」廩生們要求把「為減糧事」改為「求杜大老爺除去浮收糧事緩考」，最後再加上「至文昌廟，不見紳士，亦不見來邀之不識姓名之人」。[213] 這就使鬧考事件成為無頭公案，避免牽連具體的人。

事情鬧大，引起省、道、府各級官員查辦時，被視為鬧考主要的指使者舉人陳應星也害怕了。「伊自知即是東莞鬧考之舉人何鯤，罪擬斬首，報死了事，二子亦舉人，均革職，十分畏懼」，就推卸說是被其他士紳所誤。[214] 道臺王澍讓教官向陳應星轉達：「伊一有錢舉人，不要夜郎自大。我只要不要這道臺，他不特喪元，唯恐家也無有矣。」又將律例說明：「罷考律例嚴，照光棍辦理，重則梟示，即自行投首，又要充軍。」[215] 在震懾了幕後的為首者之後，王澍還親自參與第二次稟稿的草擬，強調事件「並非罷考」，只追究陳應星、周友元等幾個人；但考慮到署理按察使蔣超伯一直偏袒周友元，所以稟詞「語語虛空，可重可輕」。[216] 此前，杜鳳治致信杜聯，「乞轉懇方伯，少從容，且勿急促，將來成考，再發通稟銷案，並為若輩求免罪」。[217] 杜聯告訴杜鳳治署理藩、臬兩人對廣寧鬧考案的意見分歧，以及省裏將派兩委員到廣寧查究，囑咐杜鳳治好好「安頓」這兩個委員。道臺王澍囑杜鳳治致函杜聯「請其探兩院口吻意見」，了解總督、巡撫是否都同意「以大化小」，再做決定。杜聯又授意杜鳳治為被罷官的教諭洗脫罪名，呈請寬宥周友元的罪名。[218] 按照杜聯的囑咐，杜鳳治對委員都饋贈了重金。

總督、巡撫、署理布政使對廣寧士紳鬧考案都主張嚴辦，署理按察使蔣超伯則認為杜鳳治「不洽輿情」，不能只懲辦紳士。但巡撫、署理布政使偏袒杜，總督的批語也只說嚴辦紳士，沒有提及懲辦杜鳳治。[219] 道臺王澍與蔣超伯關係較好，在蔣面前為杜鳳治極力辯解。蔣超伯本來只是與郭祥瑞有矛盾，認為郭偏袒杜，後蔣益澧、郭祥瑞均受譴免職，而杜鳳治又有杜聯、王澍等人為之緩頰，蔣也就沒有再堅持處分知縣之說。王澍想出寬辦周友元等人的辦法：將陳應星、周友元提到再奏革嚴辦，但這兩人肯定會逃避，「是斷提不到的」，案件就可不了了之。蔣超伯按此向總督提出，「中堂未明就裏，亦即點頭」。[220]

因為有硬後臺且處置得當，杜鳳治沒有被撤職，但與士紳關係緊張，無法再留在廣寧。他如果調回省城，就必須等鬧考案結才可委任新缺，這就有可能一拖幾年。後來，杜聯提出讓杜鳳治換一個地方繼續當知縣的建議，得到巡撫、署理布政使的同意，於是杜被調到收入少得多的四會縣。總督瑞麟給朝廷的奏片，關於杜鳳治調職是這樣寫的：「四會縣知縣雷樹墉因病出缺，所遺四會縣知縣篆務，應行委員接署。查有廣寧縣知縣杜鳳治，年壯才明，堪以調署。」[221] 而新任廣東學政胡瑞瀾同治七年關於廣東歲試的奏摺，向朝廷報告各屬考試順利完成，只是廣州府、肇慶府等地槍替比較嚴重。[222] 廣寧鬧考事件完全沒有驚動朝廷，杜鳳治沒有受到任何處分，「官聲」也並未受到多大影響，兩年後再任廣寧知縣，不久又調署廣東首縣南海。而陳應星等人也沒有受到嚴厲追究，仍在廣寧當紳士，一場官紳衝突便這樣平息下來。

不過，杜鳳治在這場官紳衝突中還是有所損失，不僅從「優缺」廣寧調到「瘠缺」四會，而且額外花費不少金錢。廣寧士紳花費巨款，沒有達到目的，也沒有扳倒杜鳳治，反受到一番打壓。杜鳳治在同治九年再任廣寧知縣時，官紳雙方都吸取教訓，非常注意調整關係。杜重任廣寧，「紳士莫不凜凜畏懼，祥軒（陳應星）尤甚」。杜一番優容，使陳應星等人放心。此後，陳應星等對杜鳳治表現得非常恭敬，在剿匪、緝捕事務上異常配合。在這幾個月的日記中有很多陳應星來議事的記載，我們看到的都是官紳合作融洽的記錄。

士紳控告州縣官的事例，清代有不少，但廣寧士紳沒有把矛頭直接指向杜鳳治，杜鳳治一直在士紳面前維持着「父母官」的身份。廣寧的官紳互鬥，雖稍有溢出王法之處，但終究在體制內進行，最後也在體制內取得了息事寧人的結果。這一方面與廣寧士紳的相對弱勢有關，另一方面，各級官員，包括杜鳳治本人，都不想、不能對士紳採取過於強硬的態度。廣寧的官紳較量，多少反映了這兩個階層間較量時的一些「遊戲規則」。

註釋

[1] 參見瞿同祖《清代地方政府》第 10 章第 2 節「『士紳』的定義」、張仲禮《中國紳士 —— 關於其在 19 世紀中國社會中作用的研究》(上海社會科學院出版社,1991)。王先明等學者在論著中也對「紳」的定義和劃分提出了自己的看法。

[2] 徐茂明在《江南士紳與江南社會(1368～1911 年)》(商務印書館,2004)一書「緒論」的第 1 節第 2 目「釋『士紳』」中,對明清到當代「紳」「士」「紳士」「士紳」等概念的含義、變化、不同理解等問題做了詳細的分析,引述了多位知名學者的觀點。徐先生的論述予筆者很大啟發。鑒於杜鳳治在日記中把最低層的捐職、捐監也視作紳士,故本書比較寬泛地使用士紳、紳士的概念。

[3] 瞿同祖:《清代地方政府》,第 290 頁。

[4] 王一娜:《清代廣府鄉村基層建置與基層權力組織 —— 以方志的記述為中心》,南方日報出版社,2015,第 24～27 頁。

[5] 《光緒朝捐納則例》,沈雲龍主編《近代中國史料叢刊》第 3 編第 80 輯,臺北,文海出版社,1996,第 59～78 頁。

[6] 《日記》,同治十三年十月廿一日,《清代稿鈔本》第 16 冊,第 276 頁。

[7] 《日記》,同治六年十二月二十日,《清代稿鈔本》第 10 冊,第 446 頁。

[8] 《日記》,同治九年十二月廿一日,《清代稿鈔本》第 13 冊,第 49 頁。

[9] 《日記》,同治十一年二月三十日,《清代稿鈔本》第 14 冊,第 24 頁。

[10] 《日記》,同治七年七月廿四日,《清代稿鈔本》第 11 冊,第 103 頁。

[11] 《日記》,同治十三年九月廿八日,《清代稿鈔本》第 16 冊,第 222 頁。

[12] 《日記》,同治十三年十月初一日,《清代稿鈔本》第 16 冊,第 229 頁。

[13] 《日記》,同治六年十月十七日,《清代稿鈔本》第 10 冊,第 332 頁。

[14] 《日記》,同治七年九月初十日,《清代稿鈔本》第 11 冊,第 155 頁。

[15] 《日記》,同治十三年十月初六日、十一日,《清代稿鈔本》第 16 冊,第 246、259 頁。

[16] 《日記》,同治八年十二月廿二日,《清代稿鈔本》第 12 冊,第 111 頁。

[17] 《日記》,同治七年十一月三十日,《清代稿鈔本》第 11 冊,第 230 頁。

[18] 《日記》,同治六年九月廿九日、十月初五日,《清代稿鈔本》第 10 冊,第

285、294 頁。

[19] 《日記》，同治九年十二月二十日，《清代稿鈔本》第 13 冊，第 47 頁。

[20] 龔炳章、伍梅編《廣寧縣鄉土志》，出版時地不詳（從內容看似在光緒年間），第 5 頁。

[21] 《日記》，同治五年十一月廿九日，《清代稿鈔本》第 10 冊，第 101 頁。

[22] 《日記》，同治六年五月廿五日，《清代稿鈔本》第 10 冊，第 104 頁。

[23] 《日記》，同治九年十二月廿三日，《清代稿鈔本》第 13 冊，第 53 頁。

[24] 《日記》，同治六年十二月十九日，《清代稿鈔本》第 10 冊，第 444 頁。

[25] 《日記》，同治八年正月廿九日，《清代稿鈔本》第 11 冊，第 290 頁。

[26] 據劉志偉教授提供之《辛亥壬子年經理鄉族文件草部》照片。草簿作者雖未能查清其為何人，但從內容可判定他既是沙灣仁讓公局局紳，也是沙灣大姓何姓族紳。

[27] 《日記》，同治十二年四月初一日，《清代稿鈔本》第 14 冊，第 521 頁。

[28] 民國《香山縣志續編》卷 4，「建置· 局所」。

[29] 同治《香山縣志》卷 8，「海防· 炮位」；卷 15，「列傳」。

[30] 民國《香山鄉土志》卷 4，「耆舊」。

[31] 吳趼人：《二十年目睹之怪現狀》下冊，人民文學出版社，1959，第 439 頁。

[32] 關於晚清廣東公局，可參見邱捷《晚清廣東的「公局」—— 士紳控制鄉村基層社會的權力機構》，《中山大學學報》（社會科學版）2005 年第 4 期；《清末香山的鄉約、公局 —— 以〈香山旬報〉的資料為中心》，《中山大學學報》（社會科學版）2010 年第 3 期。

[33] 民國《順德縣志》卷 3，「建置· 公約」。

[34] 「保良攻匪」是涉及晚清廣東基層權力機構常見的用語，「保良」指出具甘結保證嫌疑人是良民，「攻匪」指控告、指證「匪類」。

[35] 咸豐《順德縣志》卷 21，「列傳· 文職傳」。

[36] 但也不是沒有，如南海縣西樵鄉的公局「同人局」，主持者為進士出身的回籍知府張喬芬。見茅海建《從甲午到戊戌：康有為〈我史〉鑒註》，生活· 讀書· 新知三聯書店，2009，第 59～60 頁。

[37] 瞿同祖：《清代地方政府》，第 253～254 頁。

[38] 程存潔編著《朱啟連稿本初探》下冊，第 1308 頁。

[39] 《日記》，同治六年十月十九日，《清代稿鈔本》第 10 冊，第 339 頁。

[40] 《日記》，同治六年十月初八日，《清代稿鈔本》第 10 冊，第 306 頁。

[41] 《日記》，同治六年十月十三日，《清代稿鈔本》第 10 冊，第 316～317 頁。

[42] 《日記》，同治九年十月廿六日、閏十月初七日，《清代稿鈔本》第 12 冊，第 530、544 頁。

[43] 《日記》，同治九年閏十月十一日，《清代稿鈔本》第 12 冊，第 553 頁。

[44] 《日記》，同治九年十月廿六日，《清代稿鈔本》第 12 冊，第 530 頁。

[45] 《日記》，同治九年十二月初十日，《清代稿鈔本》第 13 冊，第 27 頁。

[46] 方濬師：《嶺西公牘彙存》卷 2，第 32～39 頁。

[47] 《日記》，同治九年十二月廿三日，《清代稿鈔本》第 13 冊，第 52 頁。

[48] 《日記》，同治十年二月初二日，《清代稿鈔本》第 13 冊，第 106 頁。

[49] 《日記》，同治七年九月十一日、十三日，《清代稿鈔本》第 11 冊，第 156、157 頁。

[50] 《日記》，同治八年四月廿六日，《清代稿鈔本》第 11 冊，第 371 頁。

[51] 《日記》，同治十年九月廿四日，《清代稿鈔本》第 13 冊，第 417 頁。

[52] 《日記》，同治十年十一月初四日，《清代稿鈔本》第 13 冊，第 466 頁。

[53] 杜贊奇：《文化、權力與國家：1900～1942 年的華北農村》第 6 章「鄉村政權結構及其領袖」，王福民譯，江蘇人民出版社，1996。

[54] 徐茂明：《江南士紳與江南社會（1368～1911 年）》第 2 章「江南士紳與社會基層組織」。

[55] 楊國安：《明清兩湖地區基層組織與鄉村社會研究》第 5、6 章，武漢大學出版社，2004。

[56] 謝放：《晚清文獻中「鄉紳」的對應詞是「城紳」》，《近代史研究》2000 年第 4 期。

[57] 《日記》，同治十一年十二月初十日，《清代稿鈔本》第 14 冊，第 394 頁。

[58] 《日記》，同治十年十二月廿八日，《清代稿鈔本》第 13 冊，第 552 頁。

[59] 《日記》，同治十一年十月廿四日，《清代稿鈔本》第 14 冊，第 346 頁。

[60] 《日記》，同治十年六月初八日，《清代稿鈔本》第 13 冊，第 265 頁。

[61] 黃佛頤編纂《廣州城坊志》，仇江等點注，廣東人民出版社，1994，第533～534頁。

[62] 《日記》，同治十二年四月初五日，《清代稿鈔本》第14冊，第524～525頁。

[63] 《日記》，光緒三年四月十八日，《清代稿鈔本》第18冊，第266頁。

[64] 《日記》，光緒三年六月初六日，《清代稿鈔本》第18冊，第346頁。

[65] 參見邱捷《清末廣州的「七十二行」》，《中山大學學報》（社會科學版）2004年第6期。

[66] 《日記》，光緒三年四月廿一日，《清代稿鈔本》第18冊，第277頁。

[67] 《日記》，光緒三年四月十八日，《清代稿鈔本》第18冊，第266頁。

[68] 《日記》，光緒三年四月廿三日，《清代稿鈔本》第18冊，第279～281頁。

[69] 參見羅一星《明清佛山經濟發展與社會變遷》第5章第4節第1目「士紳與大魁堂對佛山權力的控制」，廣東人民出版社，1994。

[70] 《日記》，同治七年正月廿八日，《清代稿鈔本》第10冊，第483頁。

[71] 《日記》，同治七年四月初八日，《清代稿鈔本》第10冊，第558頁。

[72] 《日記》，同治七年四月初八日、初九日，《清代稿鈔本》第10冊，第448、559頁。

[73] 《日記》，同治七年四月十一日，《清代稿鈔本》第10冊，第560頁。

[74] 《日記》，同治七年五月初一日，《清代稿鈔本》第11冊，第31頁。

[75] 《日記》，同治八年七月十五日，《清代稿鈔本》第11冊，第480頁。

[76] 《日記》，同治七年六月十五日，《清代稿鈔本》第11冊，第61頁。

[77] 《日記》，同治十年七月廿五日，《清代稿鈔本》第13冊，第326～327頁。

[78] 《日記》，同治十一年十二月初六日，《清代稿鈔本》第14冊，第388頁。

[79] 《日記》，同治九年閏十月初四日，《清代稿鈔本》第12冊，第541頁。

[80] 《日記》，同治十三年十一月廿一日，《清代稿鈔本》第16冊，第336頁。

[81] 《日記》，同治六年七月十七日，《清代稿鈔本》第10冊，第167頁。

[82] 《日記》，同治五年十月廿五、廿六、廿七日，《清代稿鈔本》第10冊，第88頁。

[83] 《日記》，同治九年十月廿八日，《清代稿鈔本》第12冊，第532頁。

[84]《日記》，同治十三年五月廿二日，《清代稿鈔本》第 15 冊，第 517 頁。

[85]《日記》，同治十三年十月十八日，《清代稿鈔本》第 16 冊，第 270～271 頁。

[86] 瞿同祖：《清代地方政府》，第 326 頁。

[87]《日記》，同治七年十二月十九日，《清代稿鈔本》第 11 冊，第 252～253 頁。

[88]《日記》，同治九年七月十二日，《清代稿鈔本》第 12 冊，第 287～288 頁。

[89]《日記》，同治八年十月初十日，《清代稿鈔本》第 12 冊，第 21 頁。

[90]《日記》，同治十年八月初三日，《清代稿鈔本》第 13 冊，第 339 頁。

[91]《日記》，同治十年八月初八、初十日，《清代稿鈔本》第 13 冊，第 347、349～350 頁。

[92]《日記》，同治十年二月廿四日，《清代稿鈔本》第 13 冊，第 147 頁。

[93]《日記》，光緒三年六月廿三日，《清代稿鈔本》第 18 冊，第 380 頁。

[94]《日記》，同治六年七月初五日，《清代稿鈔本》第 10 冊，第 145～146 頁。

[95]《日記》，同治五年十一月十九日，《清代稿鈔本》第 10 冊，第 96 頁。

[96]《日記》，同治五年十一月廿二日，《清代稿鈔本》第 10 冊，第 98 頁。

[97]《日記》，同治五年十一月十九日、二十日，《清代稿鈔本》第 10 冊，第 96～97 頁。

[98]《日記》，同治十一年正月二十日，《清代稿鈔本》第 13 冊，第 579 頁。

[99]《日記》，光緒三年四月廿八日，《清代稿鈔本》第 18 冊，第 290 頁。

[100]《日記》，光緒三年十月初七日，《清代稿鈔本》第 18 冊，第 534 頁。

[101]《日記》，光緒三年十月十七日，《清代稿鈔本》第 18 冊，第 545 頁。

[102]《日記》，同治六年十二月廿一日，《清代稿鈔本》第 10 冊，第 448 頁。

[103]《日記》，同治九年閏十月初三日，《清代稿鈔本》第 12 冊，第 540 頁。

[104]《日記》，同治六年七月初四日，《清代稿鈔本》第 10 冊，第 144 頁。

[105]《日記》，同治九年閏十月初十日，《清代稿鈔本》第 12 冊，第 551 頁。

[106]《日記》，同治九年十一月初一日，《清代稿鈔本》第 12 冊，第 579 頁。

[107]《日記》，同治九年十一月十九日，《清代稿鈔本》第 12 冊，第 602 頁。

[108]《日記》，同治六年十月十八日，《清代稿鈔本》第 10 冊，第 337 頁。

[109]《日記》，同治九年閏十月初二日，《清代稿鈔本》第 12 冊，第 539 頁。

[110]《日記》，同治九年十二月十二日，《清代稿鈔本》第 13 冊，第 30 頁。

[111]《日記》，光緒元年八月廿一日，《清代稿鈔本》第 17 冊，第 309 頁。

[112]《日記》，光緒三年六月廿四日，《清代稿鈔本》第 18 冊，第 382 頁。

[113]《日記》，光緒三年六月初九日，《清代稿鈔本》第 18 冊，第 350 頁。

[114]《日記》，光緒三年八月廿八日，《清代稿鈔本》第 18 冊，第 363 頁。該密諭稿本黏附於日記中，今已不存。但《申報》1877 年 11 月 17 日第 3～4 版以《除暴安良告示》為題全文發表了這份密諭。

[115] 這二三十年，筆者讀過的著作主要有：鄭秦的《清代司法審判制度研究》（湖南教育出版社，1988），梁治平的《清代習慣法：社會與國家》（中國政法大學出版社，1996），吳吉遠的《清代地方政府的司法職能研究》（中國社會科學出版社，1998），黃宗智的《民事審判與民間調解：清代的表達與實踐》（中國社會科學出版社，1998）、《清代法律、社會與文化：民法的表達與實踐》（上海書店出版社，2001）、《法典、習俗與司法實踐：清代與民國的比較》（上海書店出版社，2003），等等。

[116]《日記》，同治六年六月十三日，《清代稿鈔本》第 10 冊，第 127 頁。

[117]《日記》，同治九年十一月十六日，《清代稿鈔本》第 12 冊，第 599 頁。

[118]《日記》，同治七年十二月十三日，八年二月十四日，《清代稿鈔本》第 11 冊，第 246、301 頁。

[119]《日記》，同治八年六月十三日，《清代稿鈔本》第 11 冊，第 443～444 頁。

[120]《日記》，同治九年十一月初十日，《清代稿鈔本》第 12 冊，第 589 頁。

[121]《日記》，同治十三年八月十八日，《清代稿鈔本》第 16 冊，第 130 頁。

[122]《日記》，同治九年閏十月初七日，《清代稿鈔本》第 12 冊，第 544～545 頁。

[123]《順德團練總局始末》，廣東省文史研究館、中山大學歷史系編《廣東洪兵起義史料》中冊，廣東人民出版社，1996，第 873 頁。

[124] 宣統《南海縣志》卷 20，「列傳· 吳景星」。

[125]《日記》，同治十二年閏六月廿六日，《清代稿鈔本》第 15 冊，第 62～63 頁。

[126]《日記》，同治六年十月二十日，《清代稿鈔本》第 10 冊，第 345 頁。

[127]《日記》，同治七年六月十一日，《清代稿鈔本》第 11 冊，第 59 頁。

[128]《日記》，同治九年閏十月初四日，《清代稿鈔本》第 12 冊，第 540 頁。

[129]《日記》，同治十三年六月廿一日，《清代稿鈔本》第 16 冊，第 31 頁。

[130]《日記》，光緒三年十月初二日，《清代稿鈔本》第 18 冊，第 524～525 頁。

[131]《日記》，光緒三年十月廿一日，《清代稿鈔本》第 18 冊，第 552 頁。

[132]《大清律例》，第 233 頁。

[133] 廣東清理財政局編訂《廣東財政說明書》，第 59 頁。

[134] 黃彥輯《林謙文選》，《近代史資料》總第 44 號，第 1～19 頁。

[135] 片山剛：《清代廣東省珠江三角洲的圖甲制 —— 稅糧、戶籍、宗族》，劉俊文主編《日本中青年學者論中國史· 宋元明清卷》，上海古籍出版社，1995，第 565 頁。

[136]《日記》，同治十年正月初七日，《清代稿鈔本》第 13 冊，第 78 頁。

[137]《日記》，同治六年十二月廿五日，《清代稿鈔本》第 10 冊，第 453 頁。

[138]《日記》，同治六年十月廿六日，《清代稿鈔本》第 10 冊，第 355 頁。

[139]《日記》，同治九年閏十月初四日，《清代稿鈔本》第 12 冊，第 541 頁。

[140]《日記》，同治九年十一月廿五日，《清代稿鈔本》第 12 冊，第 611 頁。

[141]《日記》，同治十年十一月初八日，《清代稿鈔本》第 13 冊，第 475 頁。

[142]《日記》，同治五年十一月廿二日，《清代稿鈔本》第 10 冊，第 99 頁。

[143]《日記》，同治六年七月十七日，《清代稿鈔本》第 10 冊，第 167～168 頁。

[144]《日記》，同治六年十月十一日，《清代稿鈔本》第 10 冊，第 312 頁。

[145]《日記》，同治十二年四月廿二日，《清代稿鈔本》第 14 冊，第 540～541 頁。

[146]《日記》，同治十三年三月十五日，《清代稿鈔本》第 15 冊，第 391 頁。

[147]《日記》，光緒三年十月十九日，《清代稿鈔本》第 18 冊，第 548 頁。

[148]《日記》，同治六年十月廿七日、廿九日、三十日，《清代稿鈔本》第 10 冊，第 356、359～360、362 頁。

[149]《日記》，光緒元年十月廿八日，《清代稿鈔本》第 17 冊，第 428 頁。

[150]《日記》，光緒元年十二月十七日，《清代稿鈔本》第 17 冊，第 494～495 頁。

[151]《日記》，同治八年十二月初四日，《清代稿鈔本》第 12 冊，第 87 頁。

[152] 日記中的散頁，光緒二年三月初二日，《清代稿鈔本》未影印。

[153]《日記》，同治九年閏十月初二日，《清代稿鈔本》第 12 冊，第 538～539 頁。

[154]《日記》，同治七年七月十四日，《清代稿鈔本》第 11 冊，第 86～87 頁。

[155]《日記》，光緒元年十月初三日，《清代稿鈔本》第 17 冊，第 378 頁。

[156] 日記中的散頁，光緒二年三月初二日，《清代稿鈔本》未影印。

[157]《日記》，光緒元年十一月初七日，《清代稿鈔本》第 17 冊，第 440 頁。

[158] 日記中的散頁，光緒二年三月初二日，《清代稿鈔本》未影印。

[159]《日記》，光緒元年六月十二日，《清代稿鈔本》第 17 冊，第 170 頁。

[160]《日記》，光緒三年十月初二日，《清代稿鈔本》第 18 冊，第 524～525 頁。

[161]《日記》，光緒三年十月十七日，《清代稿鈔本》第 18 冊，第 545 頁。

[162]《日記》，光緒三年十一月廿三日，《清代稿鈔本》第 18 冊，第 607 頁。

[163] 宣統《南海縣志》卷 14，「人物」。

[164]《日記》，同治十二年七月十五日、十六日，《清代稿鈔本》第 15 冊，第 95～96 頁。

[165]《日記》，光緒三年九月廿八日，《清代稿鈔本》第 18 冊，第 519～520 頁。

[166] 劉志偉、陳玉環主編《葉名琛檔案：清代兩廣總督衙門殘牘》第 2 冊，第 437～438 頁。

[167]《日記》，同治八年十月初十日，《清代稿鈔本》第 12 冊，第 20 頁。

[168]《日記》，同治七年七月二十日，《清代稿鈔本》第 11 冊，第 92 頁。

[169]《日記》，同治七年七月廿一日，《清代稿鈔本》第 11 冊，第 95 頁。

[170]《日記》，同治七年八月初八日，《清代稿鈔本》第 11 冊，第 121 頁。

[171]《日記》，光緒元年三月廿八日，《清代稿鈔本》第 17 冊，第 20～23 頁。

[172]《日記》，光緒元年五月十一日、六月初三日，《清代稿鈔本》第 17 冊，第 97～98、146～147 頁。

[173]《日記》，同治九年閏十月初二日，《清代稿鈔本》第 12 冊，第 538～539 頁。

[174]《日記》，同治九年六月初十日，《清代稿鈔本》第 12 冊，第 290～291 頁。

[175]《日記》，同治七年二月十九日，《清代稿鈔本》第 10 冊，第 503 頁。

[176]《日記》，同治七年八月初六日、初八日，《清代稿鈔本》第 11 冊，第 117、120～121 頁。

[177]《日記》，同治九年四月十九日、五月廿九日、七月廿三日、九月廿三日，《清代稿鈔本》第 12 冊，第 233～234、281、338、462～463 頁。

[178]《日記》，同治十二年十月初一日，《清代稿鈔本》第 15 冊，第 178 頁。

[179] 白樸：《筱雲日記》第 6 冊，同治十二年九月十七日至十九日，中國社會科學院近代史研究所藏。

[180] 徐賡陛：《不自慊齋漫存》卷 2，沈雲龍主編《近代中國史料叢刊》正編第 78 輯，第 135～140 頁。

[181]《日記》，同治七年閏四月廿一日，《清代稿鈔本》第 11 冊，第 21 頁。

[182]《日記》，同治八年三月廿五日，《清代稿鈔本》第 11 冊，第 340 頁。

[183]《日記》，同治七年二月十九日，《清代稿鈔本》第 10 冊，第 501～502 頁。

[184]《日記》，同治十一年六月廿五日，《清代稿鈔本》第 14 冊，第 166 頁。

[185]《日記》，光緒元年二月十三日，《清代稿鈔本》第 16 冊，第 481 頁。

[186]《西樵實略》，《申報》1875 年 4 月 28 日，第 3 版。

[187]《日記》，同治十一年九月廿四日，《清代稿鈔本》第 14 冊，第 304 頁。

[188]《日記》，同治十二年七月初十日，《清代稿鈔本》第 15 冊，第 89 頁。

[189]《日記》，同治十三年十二月廿四日，《清代稿鈔本》第 16 冊，第 417～418 頁。

[190] 民國《東莞縣志》卷 35，「前事略」。

[191]《日記》，同治六年五月廿六日、六月初二日，《清代稿鈔本》第 10 冊，第 108、117 頁。

[192]《日記》，同治六年九月十五日，《清代稿鈔本》第 10 冊，第 240 頁。

[193]《日記》，同治六年六月廿八日，《清代稿鈔本》第 10 冊，第 139 頁。

[194]《日記》，同治六年六月十七日、七月廿七日，《清代稿鈔本》第 10 冊，第 129、178 頁。

[195]《日記》，同治六年六月初三日，《清代稿鈔本》第 10 冊，第 117 頁。

[196]《日記》，同治六年九月二十日，《清代稿鈔本》第 10 冊，第 260 頁。

[197]《日記》，同治六年八月十二日，《清代稿鈔本》第 10 冊，第 194 頁。

[198]《日記》，同治六年九月十五日，《清代稿鈔本》第 10 冊，第 239～240 頁。

[199]《日記》，同治六年九月十六日，《清代稿鈔本》第 10 冊，第 244 頁。

[200]《日記》，同治六年九月十四日，《清代稿鈔本》第 10 冊，第 236 頁。

[201]《日記》，同治六年九月十七日，《清代稿鈔本》第 10 冊，第 252～253 頁。

[202]《日記》，同治六年九月廿一日，《清代稿鈔本》第 10 冊，第 261～262 頁。

[203]《日記》，同治六年九月廿七日、十月初五日，《清代稿鈔本》第 10 冊，第 274～276、293～295 頁。

[204]《日記》，同治六年十一月初一日，《清代稿鈔本》第 10 冊，第 363 頁。

[205]《日記》，同治六年十一月初八日、初十日，《清代稿鈔本》第 10 冊，第 369、372 頁。

[206]《大清律例》，第 311 頁。

[207]《日記》，同治六年十一月初六日，《清代稿鈔本》第 10 冊，第 368 頁。

[208]《日記》，同治六年十一月初八日、十五日、十六日，《清代稿鈔本》第 10 冊，第 371、377～378、381 頁。高要是肇慶府首縣。

[209]《日記》，同治六年十一月十八日，《清代稿鈔本》第 10 冊，第 383 頁。

[210]《日記》，同治六年十一月廿三日，《清代稿鈔本》第 10 冊，第 393～394 頁。

[211]《日記》，同治六年十一月廿二日，《清代稿鈔本》第 10 冊，第 388 頁。

[212]《日記》，同治六年十一月三十日，《清代稿鈔本》第 10 冊，第 408 頁。

[213]《日記》，同治六年十二月初二日，《清代稿鈔本》第 10 冊，第 412～414 頁。

[214]《日記》，同治六年十一月廿二日，《清代稿鈔本》第 10 冊，第 390 頁。日記此處所記與東莞文獻所記有出入。

[215]《日記》，同治六年十一月三十日，《清代稿鈔本》第 10 冊，第 405 頁。

[216]《日記》，同治六年十二月初七日，《清代稿鈔本》第 10 冊，第 424 頁。

[217]《日記》，同治六年十一月十九日，《清代稿鈔本》第 10 冊，第 386 頁。

[218]《日記》，同治六年十一月廿五日，十二月初一日、初八日，《清代稿鈔本》第 10 冊，第 398、409、427～428 頁。

[219]《日記》，同治六年十一月廿五日，《清代稿鈔本》第 10 冊，第 399 頁；同治七年二月初三日，《清代稿鈔本》第 10 冊，第 488 頁。

[220]《日記》，同治七年二月十九日，《清代稿鈔本》第 10 冊，第 502 頁。

[221]《瑞麟奏片》（同治七年三月十七日），中國第一歷史檔案館藏《軍機處錄副·同治朝·內政類·職官》，縮微膠捲 4638 卷，第 80 號。

[222]《胡瑞瀾奏歲試肇慶等府情形由》（同治七年八月廿九日），中國第一歷史檔案館藏《軍機處錄副·同治朝·綜合·文教科舉》，縮微膠捲 5002 卷，第 69 號。

結語

如果在四十年前或更早，杜鳳治這樣的人物恐怕不易入研究者的法眼。現在研究者雖然很願意關注這類「中小人物」，但要做深入的個案研究，足夠的相關資料可遇不可求，因此杜鳳治留下的這部數百萬字的日記就彌足珍貴。這部日記是一個晚清中下級官員的「夫子自述」，通過這部日記，我們可以對杜本人及晚清官場進行深入研究。

杜鳳治當知縣、知州十幾年，處於整個官場的中下層。一方面，他標榜忠君孝親、修身治平、守法循規、勤政廉潔，也算精明務實、恤孤憫貧、好學不倦；另一方面，他又不遺餘力地謀取功名利祿，為當官補缺使出渾身解數，巴結上司從不怠慢，在保證安全的情況下，不會輕易放過收受賄賂的機會，他時時強硬對待平民百姓與一般士紳，對敢違反王法、輕視官威的人毫不手軟，懲處無辜者後也並無愧悔。鴉片戰爭後，外國勢力不斷深入廣東州縣，他不無憂慮，期望抵禦外侮，但同上司一樣既害怕又不了解「洋鬼子」，在咄咄逼人的外國在華官商面前無能為力，不得不經常妥協退讓。上述種種矛盾表現集中於杜鳳治一身，其思想、行為方式在晚清士大夫、州縣官中都有一定代表性。日記還記錄了很多其他州縣官有血有肉的形象。這些詳盡的記錄，為今人提供了大量研究素材。如果我們要研究晚清士大夫、官員羣體，乃至研究晚清社會、思想文化，都可以在這部日記中找到有用的史料。

杜鳳治是官場中人，在日記中、細緻地記錄了晚清官場的方方面面，從中可見晚清官場的真實生態。我們以往都知道晚清官場「無官不貪」，但貪到何種程度並不了解，日記提供了大量具體的例證。清朝的制度設計決定了所有官員都無法靠「法定收入」（俸祿與養廉）維持正常生活與公務開支，更不用說不可缺少的官場饋贈賄賂與維持自身、家庭、家族的生活了。所以，官員們必須千方百計謀取「法外」收入。從督撫到佐雜的各級地方官員，大小武官，北京的各級京官，乃至「清貴官」如翰林以及學政、鄉試主考等，無不千方百計謀取錢財，有時竟到了要錢不要名的地步。「貪」是清朝官場的常態。這部日記有關官員貪污受賄的描寫，像《官場現形記》《二十年目睹之怪現狀》等晚清譴責小說一樣生動有趣，且作為史料則更真實可信。

清朝官場處處講究王法、則例、規矩，官員之間也是等級森嚴、謹言慎行的，但又有大量與王法、則例違背的「慣例」和「規則」，在實際運作和交往中，王法、則例往往還得給「慣例」和「規則」讓路。清朝成文的法規即使對傳統的官僚機構運作也有很多枘鑿之處，鴉片戰爭後中國面臨千年未有之變局，這些法規自然不能適應不斷變化的形勢，使官員們時時處於被動之中。作為一個州縣官，杜鳳治既經常標榜自己按王法、則例辦事，也時時對清朝法規的脫離實際流露出困惑和不滿，還在日記中痛斥刻板地按法規辦事的上司。日記記載了大量公務細節，我們從中可以了解清朝行政效率低下到何等地步。按制度清朝各州縣的佐雜、書吏、衙役人數很少，但為了州縣政權的運作以及把清朝的統治延伸到基層，實際上參與管治的人數是「法定編制」的數十倍甚至更多，包括不計其數的額外書吏、幫役，再加上州縣官自己的幕客、官親、「家人」，還有已經制度化的士紳鄉村基層權力機構的局紳和公局的其他人員。州縣衙門以及公局的運作費用絕大部分是民眾在賦稅以外的額外負擔，除官員外，每個州縣數以千計的吏役實際上由百姓供養，局紳等人也從百姓處獲取多少不等的利益。如果從「百姓負擔」的角度看，清朝的行政成本是極高的。但從州縣政權到基層公局，其職能主要是維持清朝的統治秩序，以及為官員、吏役、士紳帶來收益，卻極少為一般居民提供「公共產品」。作為「親民之官」「父母官」的州縣官，對一般庶民的權責也主要是管治而已。

杜鳳治日記有關「聽訟」的內容十分豐富，案例數以百計，為今人研究清朝各級官員特別是州縣官既在王法之內又在王法之外執法提供了大量案例。從中更可看出清朝法律制度脫離實際、落後時代之處，以及實際執法過程中官員、吏役的貪婪殘暴。

以上這些，將有助於我們加深對清朝官僚機構的實際運作、司法實踐的認識，從而對晚清政治制度改革的社會基礎和思想基礎獲得更深入的了解。

杜鳳治宦粵時，鴉片戰爭已過去 20 多年，廣東最早遭受外國侵略，也最先接觸外國新事物。作為一個關心時局、有見識的士大夫，杜鳳治感受到中國和世界都處於一個大變局之中，日記也反映了社會的變遷。從長時段看，近代中國的變遷是迅速的，但就個人的感受而言，物質、文化生活的變化卻是一個比較緩慢的過程。鴉片戰爭後很長一段時間，包括官制在內的政治制度、官場運作、科舉制度、家庭宗族、人際關係、物質生活等都與鴉片戰爭前相差不大。在杜鳳治筆下，多數官、紳、民對世界和中國大變局的感覺看來並不敏銳。杜鳳治本人的思想和行為沒有走出前現代，其他人更是如此。日記全面細緻地反映了近代中國「變」與「不變」的兩個方面。

在杜鳳治宦粵期間，清朝的政治制度沒有質的改變，統治階級內部要求改革的呼聲極為微弱，官制、官場運作一仍其舊。他宦粵這十幾年是晚清相對安靖的時期。杜鳳治對清王朝統治的「合理性」沒有懷疑，勤奮做官，認真地執行公務，在其治下的州縣基本上維持了清朝「正常」的統治秩序。但他一再在日記中提到「廣東十年內外必有事」，對日後的「大亂」似有預感和擔憂。他當然不會從清朝統治制度等方面尋找原因，只是認為社會動盪是廣東風俗不良、人口眾多等原因造成的。他不可能認識到引發動亂的社會、經濟、政治原因，更不可能想像有太平天國、洪兵、盜匪以外的新式反抗運動。雖然他所說的廣東「十年內外必有事」沒有應驗，但杜鳳治離粵後十幾年，日記裏多次出現的人物康贊修的孫子康有為掀起了維新變法的波瀾；而在杜鳳治來粵當年出生的孫中山在 19 世紀 90 年代也開始了推翻清朝的革命活動。這些，杜鳳治不可能未卜先知，但他設想的廣東千萬「思亂」人羣會被發動起來，卻成為現實。廣東果然成了衝擊清朝統治的「大亂」發源地。杜鳳治日記中大量關於社會動亂因素潛滋暗長的記載，也可使我們看到廣東後來成為近代政治改革以及革命運動的策源地的一些遠因。

附　錄

一　同治年間粵督瑞麟與粵撫蔣益澧的政爭

同治六年（1867），兩廣總督瑞麟奏劾廣東巡撫蔣益澧，使後者被罷免。兩人互鬥的這段公案是晚清廣東政局的一件大事，其中又有一些有趣的細節。

晚清任職時間最長的兩廣總督瑞麟

鴉片戰爭以後 70 多年，廣東省城先後來過 28 位兩廣總督，平均每位總督任期大約只有兩年半。在這 28 位兩廣總督中，林則徐、張之洞、李鴻章、岑春煊等都為人熟知，但對同治年間任粵督近 10 年的瑞麟，史學界研究甚少，一般人可能更不了解。

瑞麟（1809～1874），姓葉赫納拉氏，字澄泉，滿洲正藍旗人。同治二年，瑞麟任廣州將軍，開始宦粵生涯，同治四年，兼署兩廣總督，同治五年實授，一直做到去世。咸豐九年（1859）瑞麟在戶部尚書任上陞為大學士，次年罷免，同治九年又授文淵閣大學士，同治十年改文華殿大學士，故廣東官場都稱瑞麟為「中堂」（大學士的尊稱）。在清朝，文華殿大學士被視為首席大學士。瑞麟是晚清任職時間最長、官銜最高的兩廣總督。

咸豐、同治年間，瑞麟在鎮壓太平天國、捻軍過程中是獨當一面的將帥，也曾率兵同英法聯軍作戰。清廷讚揚他：「在粵十年，練兵訓士，綏靖邊疆，辦理地方事宜，均臻妥協。」粵海關的報告說，瑞麟去世後，同他接觸過的外國官員都對其交口稱譽，並說「他完全可與歐美的模範政治家媲美」。這些當然都是溢美之詞，不過，瑞麟任粵督的 10 年，確實是晚清廣東相對平靖的時期。洋務運動期間，瑞麟在創辦新式學堂、購買船炮、設立官辦新式企業等方面起了一定的作用，但總的成效有限。

瑞麟作為清王朝在廣東級別最高和權力最大的官員，處理對外事務，以同外人相安無事為原則，經常妥協退讓；對內，則維護清王朝的統治秩序不遺餘力，以高壓手段治理廣東。下屬的文武官員，秉承瑞麟意旨，動輒對反抗清朝統治秩序者及盜劫疑犯實行「就地正法」。瑞麟特別倚重方耀、鄭紹忠兩名武將，方、鄭在清鄉時濫殺，很多官員、紳士都看不過眼。瑞麟有一個有精神病且癱瘓的兒子，天天咒罵父親何故尚不死，民間認為這是瑞麟縱容方、鄭濫殺平民、「傷天和不輕」的報應。

但在下屬看來，瑞麟不失為一個有威望、有能力的「好上司」。南海知縣杜鳳治在日記中寫道，瑞麟「為人諸凡明澈，且有決斷」。他位高權重，能處處維護官場的規矩和官員的整體利益，對細節也不昏聵糊塗，掌握了不少官員的情況甚至隱私;但平時對下屬很親切、謙和與體恤。對官員的貪污、違法行徑，只要不鬧大，瑞麟都採取眼開眼閉的態度。瑞麟本人也有貪財好貨的名聲，經常收受下屬賄賂，給親信和行賄者以優差美缺，其親屬、家丁倚仗權勢更是無所不為。杜鳳治在日記中說，南海縣衙為應付督署的各種需索每年要支出白銀約 2 萬兩，逢瑞麟生日及節日，還要饋送珍寶。瑞麟死後，廣東民間對其頗有惡評。出殯時官府強迫商民路祭，「而各舖民有說無錢者，有說中堂無甚好處到民間者，有說設祭要出於人心情願，豈有抑勒壓派者」，只有少數商人應付一下。瑞麟家屬、親信把督署一切物品拆下帶走或賣錢，「聞說督署唯有地皮不鑱」，致使地方官員不勝負擔，民間怨聲載道。

清代最年輕的廣東巡撫蔣益澧

在清代，總督、巡撫被稱為「封疆大吏」。巡撫在一個省有時是第一把手（如山東、山西、河南），有時是第二把手。在廣東，因為兩廣總督駐在廣州，巡撫是第二把手。儘管兩廣總督品級是從一品、廣東巡撫品級是正二品，總督名義上可以節制巡撫，但在官場的實際運作中，總督、巡撫地位是平行的。總督的職權偏重於軍事、外交，巡撫職權偏重於吏治、財賦，但沒有嚴格界限。巡撫可以單銜上奏，因兼兵部侍郎、都察院右副都御史銜，所以也有督兵、彈劾之權。同治年間全國只有 15 個巡撫，四五十歲當上就算年輕了。但在同治五年，廣東迎來了一位新巡撫 —— 湘軍大將蔣益澧，他是清代最年輕的廣東巡撫。

蔣益澧（1834～1875），字香泉（或作薌泉），湖南湘鄉人。咸豐三年，太平軍進攻兩湖地區，攻陷岳州，其時不滿 20 歲的蔣益澧已參加湘軍，他天生是打仗的料，有勇有謀，很快就嶄露頭角。咸豐五年蔣益澧跟隨湘軍大將羅澤南進攻義寧州（今江西銅鼓縣），蔣益澧率領幾百人對陣太平軍七八千人，兇猛衝鋒，將對手擊敗。咸豐七年蔣益澧獲按察使銜（三品），咸豐九年陞為布政使（從二品），同治元年被任為浙江布政使，在左宗棠統率下與攻入浙江的太平軍作戰。同治三年冬，以布政使護理（暫時代理）浙江巡撫，兩年後，又被任命為廣東巡撫，這年他才 32 歲。翰林楊泰亨曾當過蔣益澧的幕僚，贈蔣一聯「中興建節最年少，天下英雄唯使君」，蔣益澧非常得意，把這副對聯懸掛在廳堂最顯眼的地方。當日的湘軍、淮軍將帥出任督撫者不少，但確實數蔣益澧最年輕。創立淮軍、翰林出身的李鴻章當上巡撫時 39 歲，而秀才功名都沒有的蔣益澧當上巡撫時比李鴻章還年輕 7 歲，難怪他躊躇滿志了。

對蔣益澧這個晚清重要人物，學術界也甚少研究。史書上有關蔣益澧的資料很零散，《清史列傳》之蔣益澧傳，主要篇幅都寫其戰功，對其撫粵經歷，着重寫了兩件事，一是奏革太平關給廣東巡撫衙署的每年 25800 兩規費；二是被瑞麟奏劾罷免，其他方面則着墨無多。

杜鳳治在其日記中對蔣益澧也有不少記載。杜鳳治的官職只是知縣，而蔣益澧是巡撫，兩人地位懸殊，但因蔣益澧在杜鳳治任廣寧知縣與該縣紳士發生矛盾衝突時站在杜一方，讓他保住官職，因此，杜鳳治對這位比自己年輕 20 歲的上司懷有感激之情，對其功業、才情也相當欽佩。

蔣益澧來粵後不久就做了一件大事：奏請減少州縣徵收色米的折價，《清史列傳》的蔣益澧傳對此事完全沒有提及。清代各州縣的「正賦」包括地丁（以銀兩徵收）和糧米（實物），後者在廣東有「省米」「府米」「民米」等名目，主要用於發放旗營、綠營的糧餉。官府徵收米糧時往往不收實物而折合成銀兩，稱之為「折色」。但徵收時並不按實際的糧價折算，咸豐、同治年間正常年景廣東米價每石不過 1 兩銀左右，而各州縣折色有的竟達七八兩。完成賦稅上解後，剩餘的部分就成為州縣官的收入。當然，州縣官也不能獨吞，公務開支、饋送上司等銀錢也要從中支付。據蔣益澧奏：「廣東色米一款，以正耗統計不過銀二兩上下即敷支銷，乃廣州府屬徵收色米，每石徵銀多者八兩有奇，少亦七兩零。」蔣益澧認為如此浮收害國殃民，必須改變，乃諭飭布政使先在廣州府籌劃，「每石酌減銀若干兩，實徵銀若干兩」，制訂章程再奏准全省推行。不久，減少色米折價的奏請得到朝廷批准。蔣益澧雷厲風行，立即諭令署理布政使郭祥瑞在廣州府首先執行。

蔣益澧年紀輕輕就被任命為封疆大吏，為報朝廷厚恩，頗想有一番勵精圖治的作為。他親自率軍平息延續多年的土客大械鬥，剿滅了粵西的會黨之亂。他下車伊始，就殺了一名「囤積居奇」的糧商以平抑糧價，又在省城嚴厲禁賭禁娼（但杜鳳治稱蔣益澧對二者都頗為愛好）。減少色米折價，得益的是需要交納田賦的土地所有者，特別是擁有土地較多的紳士階層。所以，蔣益澧被罷官離粵時，「紳民店戶攀留，無日不送萬民傘、高腳牌，不下百餘份，每日絡繹不絕，堅留餞行者甚多。並紳民有將磚石堵砌城門不肯令去，僉謂廣省督撫最有名者為林文忠公（林則徐）、朱中丞（朱桂楨），二公猶不逮現在之蔣中丞也」。雖然日記也記下有人說蔣益澧為鼓勵人送牌、傘花了不少銀兩：「撫臺（按：指蔣益澧）每傘一柄賞銀五十，牌一面賞銀若干，頂馬一匹賞十兩，餘仿此。為此人情趨利若鶩，更多矣！」但廣東紳士感激蔣益澧當是實情。

蔣益澧被瑞麟奏劾罷免

同治六年七月，瑞麟密摺彈劾蔣益澧「任性跋扈，專務更張。署藩司郭祥瑞又復一味逢迎，相助為虐，以致謬妄恣肆，日甚一日，無可挽回」。所參之事有：一、養湘軍自便，虛糜餉銀；二、與郭祥瑞朋比違例，冤枉貧民，顛倒黑白；三、郭祥瑞私動軍需總局公帑，蔣益澧以此歸還廣西欠款；四、郭祥瑞私提藩、運庫公項作蔣益澧規費；五、任用私人；六、插手武職任命；

等等。奉朝旨來粵查辦的欽差大臣吳棠奏稱：「蔣益澧久歷戎行，初膺疆寄，到粵東以後，極思整頓地方，興利除弊。唯少年血性，勇於任事，凡事但察其當然，而不免徑情直達，以致提支用款，核發勇糧，及與督臣商酌之事，皆未能推求案例，請交部議處。」清廷最終罷免了蔣益澧的巡撫職務，但沒有把他一擼到底，只是降二級調用，以按察使候補，回復到 8 年前的地位。其時捻軍、西北尚未平定，清廷還不想放棄這員能征慣戰的年輕悍將，於是把他派往老上司左宗棠的軍營接受差委。蔣益澧於此時發病，未能再臨戰陣，也未再任實缺官職，同治十三年冬去世，終年還不滿 41 歲。

杜鳳治日記的一些記載很能反映這位年輕巡撫的性格。有一次杜鳳治謁見時與蔣益澧談起作詩，日記記：「（蔣益澧）問予你見我詩否？對以早見，現已和四章呈政。即急言何故無有送進，未曾看見？又對以剛才交巡捕房矣。端茶送出，行時猶言真巧，剛要叫你上來，你恰來了。」其時的蔣益澧的表現完全不像巡撫，而像一位期望別人欣賞其作品、讚揚其功業的青年文人。日記又記載，有一次杜鳳治等幾個州縣官謁見蔣益澧，蔣向他們大談瑞麟彈劾自己的事。本來，作為巡撫，接見並非親信的下屬時不適合談自己與總督的矛盾，這一細節也反映了蔣益澧沉不住氣和缺乏官場歷練，難怪會敗於老謀深算的瑞麟。

蔣益澧奏請減少州縣徵收色米的折價使州縣官收入大減，首先損害了州縣官的利益，隨之也損害了整個廣東官場的利益，因為府、道以上各級官員節壽禮等額外收入主要來自州縣官。州縣官每年「合法」的收入俸祿（相當於工資）加養廉（相當於津貼）只有幾百兩到一千五六百兩，而各種支出至少要一二萬兩。州縣官少了按「慣例」的收入大宗色米折價，只能另外設法彌補，從而使得廣東州縣財政狀況更加紊亂。但蔣益澧減少色米折價的理由冠冕堂皇，且又得到朝旨允准，各級官員不敢公開反對，心中的不滿卻不難想見。蔣益澧離粵後，廣東官場一直有很多對他不利和幸災樂禍的謠言流傳。

杜鳳治曾得到過蔣益澧的袒護，但作為州縣官也因色米折價減收而利益受損，故對蔣的態度有些矛盾。蔣益澧離粵後，杜鳳治在日記中仍不時提及這位舊上司，如記：「前蔣香泉由粵西來東公幹（按：蔣益澧曾任廣西按察使），無日不在河下作狎遊」。蔣去世的消息傳來，杜鳳治在日記中記下肇羅道方濬師告訴他的一件事。說其堂兄方濬頤（曾任廣東鹽運使）有一次請舊上司蔣益澧吃飯，見蔣「窮不可耐」，贈銀千兩，但蔣「手本散漫，隨得隨消」，「聞在家無事，大開賭局，一夜能輸萬餘金，以故弄得不堪（在軍中久，銀錢來去看甚輕）」。

有清一代，督、撫常鬧矛盾，這種情況對加強君主中央集權卻不無好處。瑞麟和同治年間的幾位廣東巡撫郭嵩燾、李福泰、張兆棟都有權力鬥爭。同治十二年，鹽運使鍾謙鈞因為年老要求引退，瑞麟打算讓布政使俊達兼署鹽運使。巡撫張兆棟對俊達事事只聽從瑞麟本就有看法，且認為俊達兼署不符官場慣例（慣例應以廣東糧道署理），表示反對。瑞麟想說服張兆棟，張卻儘量躲避，甚至放出風聲會以去就爭。後來，瑞麟沒有堅持讓俊達兼署鹽運使，以張兆棟也看重的廣州知府馮端本署理，以較高姿態化解了僵局。

為何瑞麟可以向張兆棟妥協，而對蔣益澧則非要將其劾免不可？

瑞麟不僅官職高，而且與慈禧太后同族，受到寵信，與恭親王奕訢也有交情，在京城高官中廣有人脈，是一個很強勢的總督，一般巡撫自不是他的對手。但作為老官僚，瑞麟深諳為官之道，不願把權勢用盡、把事情鬧大做絕。因為總督要參免巡撫或將其逼走，也要付出代價。張兆棟能力一般、野心不大，不甚爭權，他不贊成俊達兼署鹽運使的理由也更符合清朝的制度，瑞麟權衡利弊後終於妥協。蔣益澧則不同，他年少氣盛，才華橫溢，鋒芒畢露，銳意進取，行事又不大按官場規則，不是一個容易共事的角色。蔣益澧還帶有多名官員和部分親信軍隊來粵，有把湘系勢力擴展到廣東的意味，對瑞麟的地位和權力形成挑戰，故瑞麟不能忍受，決心驅除。蔣益澧得罪了整個廣東官場，政爭經驗又不足，把柄較多，瑞麟出手勝算較大，終於成功把蔣劾免。

同一年，也發生了湖北巡撫曾國荃把湖廣總督官文劾免之事。官文與曾國荃、瑞麟與蔣益澧這兩組督撫有很多相似之處，沒有資料反映曾、官之爭對瑞麟決意參劾蔣益澧有影響，但以瑞麟的地位、處境和性格，他不可能不關注湖北正在發生的事。兩個湘系年輕巡撫與兩個滿人總督較量，結果是曾國荃獲勝，蔣益澧慘敗。如果把兩件事聯繫起來研究一下，也許可以對同治前期中央、地方權力格局的變化得到更多新認識。

原載《同舟共進》2021 年第 7 期，原題目為《同治年間的瑞麟與蔣益澧》

二　仵作 —— 古代的「法醫」

殯殮工人在今天受到社會的尊重，但在筆者小時候，他們的社會地位還是很低下的。在廣東，殯殮工人被蔑稱為「仵作佬」。所謂仵作，就是古代以殮埋死人為業的人。從漫長的古代到晚清，他們還承擔了驗屍責任。

兇殺案如果發生在今天，人們都知道，陪同警察趕往現場的一定還有法醫。法醫的檢驗和鑒定是偵破、審理案件極為重要的依據。如果兇殺案發生在古代，又是怎樣勘驗的呢？下面我們就看兩個案例。

第一個案例發生在清代江西龍南縣。縣城外 3 里住着一戶何姓人家，一天清晨，發現待嫁的女兒在房中被害，里正知道後，便一面派人到官府報告，一面趕往何家。何家已將現場保護好，一家人在那裏悲哭議論。正搶攘間，趙知縣帶着刑名書吏、衙役和仵作趕來驗屍了。這位知縣不算一個特別勤於政事的好官，但他知道，根據法律規定，如果他不及時趕往現場，以後屍體腐敗了，他就要受處分。在詢問了死者親屬和鄰里之後，驗屍馬上開始。趙縣官和仵作到了停屍處所，命書吏記錄下死者的身高、髮長、年齡，並記下了屍身仰面、和衣、被子掩蓋半身等情況。然後，仵作洗淨屍身的血跡，書吏打開刑部印發的「屍格」和「屍圖」，趙知縣也極力抑制自己的恐懼和厭惡的心情，站在仵作旁邊督驗，死者親屬和里正都在現場充當驗屍的證明人。屍體按正面、背面、左側、右側的順序檢驗。屍格上已詳細標明人體必須檢驗的部位並註明該部分是否致命。書吏按屍格一一唸人體各部位，每唸到一處，仵作就檢查該部位，並高聲報告檢查結果，以便讓在場的人都聽得到。如果沒有損傷，就大聲報「全」，監驗的縣官和在場的屍親、里正沒有異議，書吏就把仵作的檢驗結果填寫在屍格內。當驗到屍格標明致命的咽喉處，仵作大聲報告有刃傷一處，氣、食管俱斷，仵作又用尺子量度傷口，高聲報告傷口的形狀、大小、深淺，並確定該傷為致命傷。書吏便填在屍格上，並在屍圖上用紅筆標明致命傷的位置。當驗到下體時，因死者是女子，改由穩婆（收生婆）在死者女親監看下進行。其他部位繼續由仵作檢驗。驗屍的結果，得出何女是被利刀割喉致死的結論。後來，此案經過一番波折，終於查出兇手就是死者定了親的未婚夫。他長期與另一女子通姦，在那女子逼迫下，竟入戶殺死了何女。在審判時，屍格的記錄成了重要的依據。

另一個案例發生在廣東羅定州。知州杜鳳治在日記中記錄了自己在光緒元年（1875）三月的一次驗屍。該州大屋村人覃英高控告其媳覃吳氏在肉湯下毒毒死其子覃榮時。謀殺親夫是「逆倫重案」，杜鳳治不敢怠慢，接案不久就帶領刑房書吏和仵作到該村驗屍。因為覃英高並非在覃榮時死後立即報案，屍體已髮落甲脫，腐潰不堪，但別無傷痕，所以只須驗是否生前中毒。屍體事前已移放在空地，檢驗辦法是仵作在屍體喉嚨、肛門兩處插入銀針，過一兩個時辰後看銀針顏色的變化。杜鳳治在等候時訊問了覃英高和地保、鄰居等人，又驗視當日死者喝過剩餘的肉湯，但已變成一碗灰黑色的汁液。下午申初一刻，仵作稟報時間已足，杜鳳治就出至屍場驗針。杜站立在高處，仵作先向屍體口中取出一枚銀針，又於肛門取出另一枚，帶到知州面前，事先仵作已將帶來的皂莢熬水一罐。杜鳳治看到兩支銀針「其黑如漆」，即命仵作把銀針放入皂莢水淨洗，驗得口中一針通身全黑，肛門一針亦全黑，尚有露白處，判斷為「遇毒而死毫無疑義」。杜鳳治令仵作再洗，與在場的人眾目共看，其黑色絲毫不變。仵作稟報：「屍停十餘日，早經潰腐，銀針色黑固然，惟穢物之黑銀性不受，一洗即脫，如遇毒則愈洗愈現，此其明證，屢試屢驗者也。」杜鳳治諭令將銀針包封附入案卷，將疑犯覃吳氏以及死者親屬、地保都帶回州城候審，並命將屍體殮埋。在這次驗屍時，動手操作、宣佈檢驗結果、說明判斷依據，全部都由仵作做，州官只是到場監督而已。

從宋代開始，驗屍的情況大致就與上面的案例差不多，官吏監督驗屍，書吏記錄現場勘驗結果，而動手驗屍並作出鑒定的是仵作。官員和仵作都要對驗屍的結果承擔法律責任，但在整個驗屍過程中，只有仵作才是「專業人士」，因此我們可以把仵作看成古代的「法醫」。

我國早就有勘驗非正常死亡屍體及現場的制度。1975 年，湖北雲夢睡虎地一座秦代墓葬出土了一批竹簡，其中有被認為是世界上最早的刑偵和法醫教科書的《封診式》。它記錄了一些驗屍案例。其中一個案例說某個無名男子被殺，官員令史某就帶上牢隸臣某前往檢驗。另一案例是士人伍丙在家縊死，前往勘驗的也是令史某帶上牢隸臣某。這裏的「牢隸臣」，可能是因罪入獄的官奴，也可能是監獄中的賤役。官員因為職責所在，必須到現場檢驗。但在古代，接觸屍體是件不吉利的事；而且，非正常死亡的屍體都是可怕而且污穢的，官老爺當然不想親自擺弄，於是，就讓低賤的「牢隸臣」去動手了。後來的仵作，地位和作用就和「牢隸臣」相似。仵作之名，最早見於五代，又稱「仵作行人」，是以殯殮為業者，在當時自然被視作賤業。仵作因為常與死人打交道，對死亡原因與屍體現象有一定知識，加上沒有一般人畏懼屍首的心理，所以漸漸被官府用作動手驗屍的人員。到了宋代，驗屍制度日臻完善，法令中規定了驗屍必須有仵作參加，不過，那時仵作的責任還不明確，只算是官府臨時僱用的人。到了元代，正式形成了官員監督、仵作動手驗屍的制度，並規定仵作必須對檢驗沒有遺漏和差錯負責。明清兩代沿用這個制度。清代還在法律上明確規定了仵作的定額、招募、培養、考核、待遇和獎懲。若干世紀都充當專職驗屍人員的仵作，到清代才算正式列人官府的「編制」。

仵作多為世代相傳，沒有什麼文化。但千百年來，就是這些仵作，在官員的監督下，承擔了屍體檢驗的重要責任。中國古代法醫學的成就是舉世矚目的，自然，寫出法醫學著作的不可能是仵作們，而只能是參加檢驗的官吏中的有心人。但這些官吏的研究成果，無疑吸收和總結了仵作的實踐經驗。在中國法醫學史甚至世界法醫學史上都有極重要地位的《洗冤集錄》（南宋宋慈著）就多處提到了仵作在驗屍過程中的作用。清代學者許梿在法醫學著作《洗冤錄詳義》中，也寫到了向老仵作詢問的情況。我國古代的法醫學曾在世界上處於領先地位，其中也有這些仵作的貢獻。

仵作的社會地位極為低賤，然而，在科學不發達、司法制度不嚴密的古代，經常出入公門的仵作有很多上下其手的機會，地位的低賤和合法收入的低微，更會使仵作因威脅利誘而謊報驗屍結果，《洗冤集錄》中就談到檢驗官必須警惕仵作受賄作弊。在明代，也有人說過，因為檢驗官往往不肯走到屍體旁邊，仵作在驗屍時就增減傷痕的分寸，甚至隨意捏報。不少冤案、錯案都與仵作謊報驗屍結果有關。清代嘉慶年間，江蘇候補知縣李毓昌奉令查辦山陽縣賑務，查出山陽知縣王伸漢冒領災民賑災糧款甚多。王伸漢就收買李毓昌的僕人李祥等毒死李毓昌，然後偽造上吊自殺現場。屍首七竅流血，又是死後才套上繩索的，一般的仵作不難驗出，但王伸漢是監驗官，所以仵作也就按他的意旨，捏報生前自縊身死。後來，李毓昌叔父李清泰來山陽護送死者靈櫬回鄉，發覺有異，赴京上控，案情才得以大白。清代同治年間發生了一宗有名的楊乃武被誣殺人案，也與驗屍的不實和作弊有關。餘杭知縣劉錫彤的兒子企圖勾引平民葛品連的妻子畢氏（人稱「小白菜」），被畢氏拒絕，劉子疑心畢氏因與士人楊乃武有曖昧關係才拒絕自己，便千方百計設法陷害他們。剛好葛品連暴死，劉子就賄囑死者親屬控告楊、畢二人因姦謀害葛品連。

小白菜的丈夫葛品連是否中毒而死是定案的關鍵。第一次驗屍時，仵作秉承知縣的意旨，以指甲有青黑色、銀針探喉變黑，斷定葛品連砒霜中毒而死。楊乃武與小白菜都被定了謀殺的罪名。後來輿論對此案有很大的反響，官場上不同的派系又利用此案進行政爭，終於使清廷下旨重審。開棺重新驗屍時，屍體已高度腐敗。新派來的仵作依據牙齒和喉骨皆黃白色，判定並非中毒而死，案件得以平反。

但從現代法醫學的觀點看，沒有解剖，也沒有對胃內容進行化學檢驗，靠銀針探喉、察看牙齒喉骨什麼顏色來判定是否砒霜中毒根本不靠譜，前後兩次屍檢實際上都不能確定或排除葛品連之死與毒物有關。前文提到的羅定州覃吳氏毒殺親夫案，靠兩支銀針判斷是否中毒死亡同樣不符合現代法醫學。銀針變黑是銀與含硫化合物發生化學反應所致，屍體腐敗都會產生大量含硫物質，與是否中毒而死不一定有關。即使在今日，法醫判斷是否中毒死亡、因何種毒物中毒而死也不容易，在古代中國，能結合案情以及死者症狀，再用銀針探驗等方法，在當時已屬先進，也無更有效的辦法。但勘驗葛品連、覃榮時已在19世紀70年代，其時歐美醫學、化學、法醫學已有很大發展，中國還在靠仵作用銀針勘驗是否中毒致死，這就未免顯得落後了。

仵作當中也有正直的人。清代乾隆年間，湖北麻城縣民涂如松與妻楊氏不和，楊氏離家出走，後藏在秀才楊同範家。楊氏之弟楊五榮在楊同範教唆下誣告涂如松殺妻，但找不到屍體，沒有證據。恰好這時在河灘發現一具被野狗扒出的男屍，楊同範和楊五榮就去賄賂仵作李榮，要他謊報是女屍，以便冒稱這是楊氏的屍首，以坐實涂如松的罪名，但李榮拒絕了。二楊繼續上下打點，把狀告到湖廣總督那裏。總督派人複驗時，仵作薛某收了楊同範的賄賂，竟謊報屍體是女屍，肋有重傷。結果涂如松被誣殺妻，後來經歷了很多波折才得到平反。拒絕謊報的仵作李榮因「驗屍不實」的罪名，竟早已被拷打致死。

到了清末的宣統年間，法部的官員意識到仵作充當法醫檢驗太落後於歐美、日本，開始設立檢驗士學習所，以培養新式法醫人才，但不久清朝就滅亡了。民國以後，受過醫學教育的法醫才逐漸代替仵作執行屍檢任務。

原載《歷史大觀園》1986年第4期，署名「譚之炳」，有修改補充

三 《杜鳳治日記》點註後記

廣東人民出版社2007年把杜鳳治日記以《望凫行館宦粵日記》為總名影

印出版（收入《清代稿鈔本》），幾年過去，全面、準確地利用這份有價值的史料進行研究的學人仍很少。我想，這大概是廣東人民出版社決定出版點註本的原因吧。

很多古籍手稿的整理成果都以繁體字出版。但出版社編輯同我討論後，大家都認為影印本已承擔了保持文獻原貌的功能，點註本是為具有一般清史知識的讀者（如中文系、歷史系的本科生或碩士生）提供一個方便閱讀的版本，故以新式標點簡體字本為宜。另一個考慮是，這部日記手稿使用了大量異體字、簡體字、俗體字、冷僻字，要改成規範的繁體字，體例很難確定，做起來更易出錯。簡體字畢竟有較嚴格的規範，相對容易操作。對國外、境外讀者不習慣閱讀簡體本的擔心雖非多餘，但研究中國史的國外、境外學者，只要有中文閱讀能力，也基本能閱讀簡體字。如果學者對簡體字點註本有懷疑，可以拿影印本對照。我們的想法是影印本與簡體字點註本各自承擔不同功能，研究者可先看點註本以節省時間，然後查閱、註引影印本。點註本與影印本並行並用，更是大家所樂見。

點註工作的第一件事是確定編寫體例。用簡體字、新式標點的原則定下後，還需要處理不少具體問題。我與出版社的柏峰、張賢明兩位就體例不知做過多少次討論，還幾次召集參與此書的全體編輯開會，把存在爭議的字或標點逐個推敲，以與體例協調，或者修改體例。繁體字、異體字變為簡體字，有很多權威的工具書可查，在大多數情況下不難處理。但這部手稿有幾百萬字，有些問題靠工具書未必能解決。例如，日記寫州縣考試的初覆、再覆等均用「覆」字。最初，我曾參照當代「複試」的用法，把州縣試的「初覆」「再覆」等都作「初复」「再复」。但古代「覆」字還有審查、考察的含義，各種學術著作寫到縣試的初覆、再覆等試時，有的用「複」字，也有的則用「覆」字，所以我也拿不準。我注意到，在《中國科舉制度通史（清代卷）》，州縣試覆試之初覆、再覆等均用「覆」字，於是請教了該書作者之一胡平女士，承蒙她說明：當時課題組對此字曾討論過，最後確定用「覆」字。考慮到《中國科舉制度通史》的權威性，點註本的「初覆」「再覆」等就都用「覆」字了。在日記中，「覆」字有時還有拒絕、推翻、解僱等含義，在工具書沒有此釋義，在這些情況下，「覆」就仍用「覆」，而不改作「复」。就為「覆」與「复」字，我與編輯們討論了多次才定下最後的辦法。對一批字的用法，在遵守體例的前提下，又做了必要的變通。即使如此，我們經常還會有「顧此失彼」的感覺，主觀上希望做到儘量規範、儘量合理、儘量平衡，但肯定還有不妥當或仍有會引起爭議的地方。

有時甚至一個標點的用法，我們也需要反覆討論。如，日記有大量官名連寫的情況，官名之間加不加頓號？如「督撫」「州縣」，已約定俗成不加頓號，但「司道」「藩臬」加不加都各有其理由。「府廳縣」三字之間加不加？在省城，「府廳縣」通常指五位辦理具體事務的主要官員廣州知府、廣州府理事同知、廣糧通判及兩首縣知縣，我的點註初稿在「府廳縣」之間沒有加頓號。但「府廳縣」連寫，是否都專指這五位官員，有時不易判斷，有時則明顯不是，與編輯討論多次，斟酌再三，最後還是通通加了頓號作「府、廳、縣」。

眾所周知，整理古籍，凡改動底本之處都應加上校勘符號。但有些反覆、大量出現的相同改動，如都加校勘符號，會增加不少篇幅，閱讀起來不方便，實際上也不必要。所以體例又規定，對一些反覆、大量出現、相同的明顯錯字採用徑定、徑改的辦法。如杜鳳治為避父諱，把「清」字大部分寫作「青」，如一一校勘，光「青」改「清」就會有幾百上千處，所以，我們就在體例規定，遇到「青楚」「青算」等處就徑作「清楚」「清算」，不出校。但遇到人名、地名又怎麼辦呢？當然不可以把「青」字全都徑改為「清」，這就要逐個斟酌、推敲，甚至要幾個人一起討論，一起查，一起猜，一起判斷。

點註這部手稿，首先面對的是認字難問題。我同編輯在認字方面有不少合作愉快的例子。杜鳳治寫草書未必規範，偶爾還會有錯別字，大量寫在行間、天頭的蠅頭小字更令人頭疼，很多時候只能根據前後文猜測。但遇到人名、地名就不容易猜了。如同知許延穀，字號子雙，因「穀」與「穀」的草書近似，最初我粗心誤作「延谷」，張賢明審稿時發現當為「延穀」，而且，「穀」與其字號「子雙」對應，於是，許延穀這個名字就沒有搞錯。經他提醒，舉一反三，我就注意從本名、字號的聯繫判斷人名用字，避免了另一些人名的錯誤。如廣寧紳士何瑞圖字號羲符，因「羲」與「義」草書難分，我最初也誤作「义符」；佛山都司鄧奮鵬，字號摶雲，因「摶」與「搏」草書難分，我最初也誤認作「搏雲」，後來都根據本名、字號的聯繫確定了正確的用字。

杜鳳治抄錄的上諭、文書涉及很多人名，不少寫得很潦草，無法根據前後文推測，幸而有明清實錄、中國方志庫、中國譜牒庫等數據庫可以檢索，想出不同的檢索用詞，用各種辦法檢索，很多人名就可以查出正確的用字。如果在以前沒有數據庫可檢索的時代，這部手稿相信無人能夠整理，那麼多人名，不是手工查典籍可以完成的。

我曾想過只標點不註釋，因為無論怎樣努力，註釋必然會有錯、漏、不準確等問題，徒然引來更多批評。但與出版社編輯討論後取得共識：既然本書定位是「為具有一般清史知識的讀者（如中文系、歷史系的本科生或碩士生）提供一個方便閱讀的整理本」，適當的註釋是必要的，大致上以幫助讀者字面上讀懂為原則。尤其是一些涉及清代制度細微之處的詞語，如「比責」「條銀」「殷丁」等，在百度、工具書都難查到；官名俗稱、別稱、省稱等，有些雖可在《中國歷代職官別名大辭典》等工具書查到，但有些在工具書也未必能查到。例如，日記有時以「東邊」「西邊」分指總督、巡撫，或分指布政使、按察使。不了解晚清廣東省城督、撫、藩、臬衙署具體方位的讀者，即使很有學問，對此也會一頭霧水。做個簡註，就可節省讀者的時間。

讀懂日記的一個難題是很難搞清楚「誰是誰」。註釋的對象當然要包括人物。日記提及的人數以千計，自然做不到、也沒有必要全部加註。所以我們定下：比較重要的人物、不以本名出現時加註，而與杜鳳治有較密切關係的一般人物，就收入附錄「日記中的主要人物」，不作註釋。原則定下後，做起來還是經常遇到問題。在清代，字號往往可以用同、近音字來寫，杜鳳治寫人物本名也會有不同寫法（有時因為聽錯或記錯）。一般而言，我對重要人物的本名會核對、更正錯字；對一般小官、文人、幕客等人的本名，如可在典籍、數據庫查清則校勘，查不清就只好按照底本了。日記中的人物除用本名、字號、敬稱等稱謂外，又會用各種簡稱（如馮端本，字子立，有時簡稱子翁）、綽號（如稱張瀛為「鬍子」）、隱語（如稱郭祥瑞為「七里」），還經常以官名別稱、官名別稱之簡稱（例如稱布政使為「薇公」「薇」）做稱謂（這也是無法做人名索引，只能設立附錄「日記中的主要人物」的原因）。對這些，我只能盡力而為。例如，對以隱語指稱的人物，只能猜出部分，即使猜出也不可能用太多篇幅把相關典故一一註引、解釋，猜不出的就只好老老實實說不知道了。

杜鳳治有時也會把重要人物姓名、字號寫錯，這就給註釋帶來更多困難。如同治七年十二月十八日，提及一位「溎生爵輔」，「爵輔」指有爵位的大學士，按體例應加註釋。本來以為「爵輔」範圍不大，容易查到，誰知查遍各種人物名號辭典和清代大學士年表，都查不出「溎生爵輔」是誰。後來想到，曾國藩號滌生（不知有無寫作「溎生」的？但我沒有見過），滌、溎音近，而這段話又提及「戊戌」科的榜運，曾國藩是道光戊戌科進士，故「溎生爵輔」指曾國藩無疑。又如，同治十二年正月十八日提到一位「胡竹如司寇」，但從嘉慶到同治年間，並無姓胡、字或號竹如的刑部堂官，後來，在工具書查所有字號為竹如的人物，才猜出此人應該是咸豐年間的刑部侍郎吳廷棟（竹如）。

寫了上面那些，是想說說點註這部日記之難，也想說明，《杜鳳治日記》點註本的署名者雖然是我，但完成這項工作也包含了出版社各位編輯的勞動。由 70 多歲老人獨力把幾百萬字較草行書寫成的日記手稿整理成簡體字點註本，先例似乎很少。如果沒有廣東人民出版社副總編輯柏峰的鼓勵和提供必要的條件，我根本不敢接受這個任務。柏峰、張賢明、周驚濤、唐金英、李沙沙、趙璐等編輯、校對花了很多時間審閱點註初稿，逐字逐句核對底本，發現了點註初稿認字、斷句、註釋的若干錯誤，尤其是發現了不少遺漏的字、句、行、段落。如果沒有他們專業而精心的編輯，我做出的點註本很可能是不及格品。原來我曾為如何處理日記中的大段插寫文字感到困惑，後來編輯們想出了排小字的辦法，這樣，很多令人眼花繚亂的地方就眉目清楚了。他們體諒我年老眼花，把改小字這件大麻煩事全部承擔了，實在令我感動。

本書曾以《杜鳳治日記》之名列入《2011 — 2020 年國家古籍整理規劃》。感謝古籍辦把《杜鳳治日記》點注本列為國家古籍整理出版專項經費資助項目。感謝楊梅芬女士的文字錄入工作，幫我節省了不少時間。感謝紹興市柯橋區實驗中學鄧政陽老師，在本書最後一校時，鄧老師賜告杜鳳治去世的具體時間，並惠寄杜鳳治家譜的幾頁影印件，使我得以補充、更正。

我點註這部幾百萬字的日記，絕大部分是古稀之年以後做的，精力、目力已嚴重衰退，雖然我敢說自己盡了努力，但估計錯誤一定還有不少。我是點註本的署名者，而且，編輯們都很尊重我的意見，因此，所有差錯只能由我負責。

2021 年 6 月 28 日

原載邱捷點註：《杜鳳治日記》，廣東人民出版社 2021 年

參考文獻

（一）史料

陳碧池撰輯《海隅紀略》，《近代稗海》第 10 輯，四川人民出版社，1988。

程存潔編著《朱啟連稿本初探》，文物出版社，2014。

《大清縉紳全書》，愛如生數據庫「中國譜牒庫」。

《大清律例》，張榮錚等點校，天津古籍出版社，1993。

《大清五朝會典》，線裝書局，2006。

道光《廣寧縣志》，《廣寧縣鄉土志》，出版時地不詳（從內容看似在光緒年間）。

道光《南海縣志》，宣統《南海縣志》。

杜鳳治日記，原件，藏中山大學圖書館。

方濬師：《蕉軒隨錄 續錄》，盛冬鈴點校，中華書局，1995。

方濬師：《嶺西公牘彙存》，光緒四年刻本。

官箴書集成編委會編《官箴書集成》，黃山書社，1997。

光緒《潮陽縣志》。

光緒《大清會典事例》，光緒二十五年石印本。

廣東清理財政局編訂，廣東省財政科學研究所整理《廣東財政說明書》，1910 年印行，廣東經濟出版社，1997。

廣東省文史研究館、中山大學歷史系編《廣東洪兵起義史料》，廣東人民出版社，1996。

廣州市地方志編纂委員會辦公室、廣州海關志編纂委員會編譯《近代廣州口岸社會經濟概況》，暨南大學出版社，1995。

廣州香山公會輯《香山東海十六沙居民五十餘年之痛史》，翠亨孫中山故居紀念館藏原件。

黃佛頤編纂《廣州城坊志》，仇江等點校，廣東人民出版社，1994。

黃彥輯《林謙文選》，《近代史資料》總 44 號，1981。

蔣超伯：《南漘楛語》，《筆記小説大觀》第 35 冊，江蘇廣陵古籍刻印社，1983。

《康有為全集》第 1、10 集，中國人民大學出版社，2007。

李寶嘉：《官場現形記》，人民文學出版社，1957。

李伯元：《活地獄》，上海書店出版社，1987。

《林則徐全集》第 4 冊，海峽文藝出版社，2002。

劉志偉、陳玉環主編《葉名琛檔案：清代兩廣總督衙門殘牘》，廣東人民出版社，2012。

民國《赤溪縣志》。

民國《東莞縣志》。

民國《羅定志》。

乾隆《佛山忠義鄉志》，道光《佛山忠義鄉志》，民國《佛山忠義鄉志》。

《清實錄》，愛如生數據庫「明清實錄」。

《清史稿》，中華書局，1977。

《清史列傳》，中華書局，1987。

《清通典》，愛如生數據庫「基本古籍庫」。

《清通志》，愛如生數據庫「基本古籍庫」。

《清文獻通考》，愛如生數據庫「基本古籍庫」。

《清續文獻通考》，愛如生數據庫「基本古籍庫」。

《申報》，愛如生數據庫。

同治《番禺縣志》，民國《番禺縣續志》。

同治《瀏陽縣志》。

同治《香山縣志》，民國《香山縣志續編》，民國《香山縣鄉土志》。

《望凫行館宦粵日記》，《清代稿鈔本》第 1 輯，廣東人民出版社，2007

年影印本。

吳趼人：《二十年目睹之怪現狀》，人民文學出版社，1959。

伍慶祿、陳鴻鈞：《廣東金石圖志》，線裝書局，2015。

咸豐《順德縣志》，民國《順德縣續志》。

《香港華字日報》。

筱雲日記，影印件，原件藏中國社會科學院近代史研究所檔案館。

《辛亥壬字年經理鄉族文件草部》，劉志偉教授收藏。

徐賡陛：《不自慊齋漫錄》，沈雲龍主編《近代中國史料叢刊》第78輯，臺北，文海出版社，1972。

徐珂編撰《清稗類鈔》第3冊，中華書局，1984。

張集馨：《道咸宦海見聞錄》，中華書局，1981。

中國第一歷史檔案館等編《廣州歷史地圖精粹》，中國大百科全書出版社，2003。

（二）專著

艾永明：《清朝文官制度》，商務印書館，2003。

安東強：《清代學政規制與皇權體制》，社會科學文獻出版社，2017。

柏樺：《政治法律制度史析》，天津人民出版社，2019。

蔡東洲等：《清代南部縣衙檔案研究》，中華書局，2012。

常越男：《清代考課制度研究》，北京大學出版社，2010。

崔運武：《中國早期現代化中的地方督撫：劉坤一個案研究》，中國社會科學出版社，1998。

〔美〕杜贊奇：《文化、權力與國家：1900～1942年的華北農村》，王福民譯，江蘇人民出版社，1996。

關曉紅：《從幕府到職官：清季外官制的轉型與困擾》，生活·讀書·新知三聯書店，2014。

何文平：《變亂中的地方權勢——清末民初廣東的盜匪問題與社會秩序》，廣州師範大學出版社，2011。

胡恆：《皇權不下縣？——清代縣轄政區與基層社會治理》，北京師範大學出版社，2015。

胡平：《清代科舉考試的考務管理制度研究》，中國社會科學出版社，2012。

胡平仁：《中國傳統訴訟藝術》，北京大學出版社，2017。

〔美〕黃宗智：《法典、習俗與司法實踐：清代與民國的比較》，上海書店出版社，2003。

〔美〕黃宗智：《民事審判與民間調解：清代的表達與實踐》，中國社會科學出版社，1998。

〔美〕黃宗智：《清代法律、社會與文化：民法的表達與實踐》，上海書店出版社，2001。

〔美〕黃宗智：《清代以來民事法律的表達與實踐：歷史、理論與現實》，法律出版社，2014。

賈熟村：《太平天國時期的地主階級》，廣西人民出版社，1991。

科大衛：《皇帝和祖宗——華南的國家與宗族》，卜永堅譯，江蘇人民出版社，2010。

〔美〕孔飛力：《中華帝國晚期的叛亂及其敵人》，謝亮生等譯，中國社會科學出版社，1990。

來新夏：《林則徐年譜新編》，南開大學出版社，1997。

李侃等：《中國近代史》第 4 版，中華書局，1994。

李世愉、胡平：《中國科舉制度通史·清代卷》，上海人民出版社，2015。

李世眾：《晚清士紳與地方政治——以溫州為中心的考察》，上海人民出版社，2006。

里贊：《晚清州縣訴訟中的審斷問題：側重四川南部縣的實踐》，法律出版社，2010。

梁治平：《清代習慣法：社會與國家》，中國政法大學出版社，1996。

林乾：《清代衙門圖說》，中華書局，2006。

劉平：《被遺忘的戰爭——咸豐同治年間廣東土客大械鬥研究》，商務印書館，2003。

劉偉：《清季州縣改制與地方社會》，北京師範大學出版社，2019。

劉增合：《「財」與「政」：清季財政改制研究》，生活·讀書·新知三聯書店，2014。

劉志偉：《貢賦體制與市場 —— 明清社會經濟史論稿》，中華書局，2019。

劉志偉：《在國家與社會之間 —— 明清廣東地區里甲賦役制度與鄉村社會》，中國人民大學出版社，2010。

劉子揚：《清代地方官制考》，紫禁城出版社，1994。

茅海建：《從甲午到戊戌：康有為〈我史〉鑒注》，生活·讀書·新知三聯書店，2009。

邱捷：《翠亨求學新論集》，廣東人民出版社，2012。

邱捷：《近代中國民間武器》，社會科學文獻出版社，2012。

瞿同祖：《清代地方政府》，范忠信、晏鋒譯，何鵬校，法律出版社，2003。

瞿同祖：《中國法律與中國社會》，中華書局，1981。

〔美〕芮瑪麗：《同治中興 —— 中國保守主義的最後抵抗》，房德鄰等譯，中國社會科學出版社，2002。

商衍鎏：《清代科舉考試述錄》，生活·讀書·新知三聯書店，1958。

王先明：《近代紳士 —— 一個封建階層的歷史命運》，天津人民出版社，1997。

王彥章：《清代獎賞制度研究》，安徽人民出版社，2007。

王一娜：《清代廣府基層建置與鄉村基層權力組織 —— 以方志的記述為中心》，南方日報出版社，2015。

王玉棠：《劉坤一評傳》，暨南大學出版社，1990。

魏光奇：《官治與自治 —— 20 世紀上半期的中國縣制》，商務印書館，2004。

魏光奇：《清代民國縣制和財政論集》，社會科學文獻出版社，2013。

魏光奇：《有法與無法 —— 清代的州縣制度及其運作》，商務印書館，2010。

吳晗、費孝通等：《皇權與紳權》，天津人民出版社，1988。

吳吉遠：《清代地方政府的司法職能研究》，中國社會科學出版社，1998。

吳佩林：《清代縣域民事糾紛與法律秩序的考察》，中華書局，2013。

蕭宗志：《候補文官羣體與晚清政治》，巴蜀書社，2007。

徐茂明：《江南士紳與江南社會（1368～1911 年）》，商務印書館，2004。

徐忠明、杜金：《誰是真兇 —— 清代命案的政治法律分析》，廣西師範大學出版社，2014。

楊國安：《明清兩湖地區基層組織與鄉村社會研究》，武漢大學出版社，2004。

〔美〕曾小萍：《州縣官的銀兩 —— 18 世紀中國的合理化財政改革》，董建中譯，中國人民大學出版社，2005。

張海鵬主編，虞和平、謝放著《中國近代通史》第 3 卷，江蘇人民出版社，2007。

張研：《清代縣級政權控制鄉村的考察 —— 以同治年間廣寧知縣杜鳳治日記為中心》，大象出版社，2011。

張仲禮：《中國紳士 —— 關於其在 19 世紀中國社會中作用的研究》，上海社會科學院出版社，1997。

趙秀玲：《中國鄉里制度》，社會科學文獻出版社，1998。

鄭德華：《土客大械鬥 —— 廣東土客事件研究，1856～1867》，中華書局（香港）有限公司，2021。

鄭秦：《清代法律制度研究》，中國政法大學出版社，2000。

鄭秦：《清代司法審判制度研究》，湖南教育出版社，1988。

周保明：《清代地方吏役制度研究》，上海世紀出版集團，2009。

周健：《維正之供：清代田賦與國家財政（1730～1911）》，北京師範大學出版社，2020。

周振鶴主編，傅林祥等著《中國行政區劃通史》，復旦大學出版社，2013。

（三）論文

陳志勇：《晚清嶺南官場演劇及禁戲 —— 以〈杜鳳治日記〉為中心》，《中山大學學報》（社會科學版）2017 年第 1 期。

韓廣道：《「就地正法」辨析》，《濮陽教育學院學報》2001 年第 2 期。

寬予：《望凫行館手稿跋》，《藝林叢錄》，香港，商務印書館，1973。

李貴連：《晚清「就地正法」考》，《中南政法學院學報》1994 年第 1 期。

李榮忠：《清代巴縣衙門書吏與差役》，《歷史檔案》1989 年第 1 期。

劉鳳云：《清代督撫與地方官的選用》，《清史研究》1996 年第 3 期。

劉偉：《同光年間州縣官選任制度的嬗變》，《安徽史學》2010 年第 1 期。

劉彥波：《清代基層社會控制中州縣官與紳士關係之演變》，《武漢理工大學學報》（社會科學版）2006 年第 4 期。

劉志偉、陳春聲：《清末民初廣東鄉村一瞥 ——〈辛亥壬字年經理鄉族文件草部〉介紹》，柏樺主編《慶祝王鍾翰先生八十五暨韋慶遠先生七十華誕紀念論文合集》，黃山書社，1999。

茆巍：《萬事胚胎始於州縣乎？ —— 從命案之代驗再論清代佐雜審理權限》，《法制與社會發展》2011 年第 4 期。

娜鶴雅：《清末「就地正法」操作程序之考察》，《清史研究》2008 年第 4 期。

片山剛：《清代廣東省珠江三角洲的圖甲制 —— 稅糧、戶籍、宗族》，《日本中青年學者論中國史· 宋元明清卷》，上海古籍出版社，1995。

片山剛：《清末廣東省珠江三角洲地區圖甲制的矛盾及其改革（南海縣）—— 稅糧、戶籍、宗教》，明清廣東省社會經濟研究會編《明清廣東社會經濟研究》，廣東人民出版社，1987。

邱捷：《關於康有為祖輩的一些新史料 —— 從〈望凫行館宦粵日記〉所

見》，《中山大學學報》（社會科學版）2009 年第 2 期。

邱捷：《關於清代香山基層區劃的屬性 —— 兼向劉桂奇、郭聲波兩先生請教》，《海洋史研究》2016 年第 1 期。

邱捷：《潘仕成的身份及末路》，《近代史研究》2018 年第 6 期。

邱捷：《清末香山的鄉約、公局 —— 以〈香山旬報〉的資料為中心》，《中山大學學報》（社會科學版）2010 年第 3 期。

邱捷：《同治、光緒年間廣州的官、紳、民 —— 從知縣杜鳳治的日記所見》，《學術研究》2010 年第 1 期。

邱捷：《晚清廣東的「公局」—— 士紳控制鄉村基層社會的權力機構》，《中山大學學報》（社會科學版）2005 年第 4 期。

邱遠猷：《太平天國與晚清「就地正法之制」》，《近代史研究》1998 年第 2 期。

太田出：《清代江南三角洲地區的佐雜「分防」初探》，張國剛主編《中國社會歷史評論》第 2 卷，天津古籍出版社，2000。

王瑞成：《就地正法與清代刑事審判制度 —— 從晚清就地正法之制的爭論談起》，《近代史研究》2005 年第 2 期。

王一娜：《方志中的歷史記憶與官紳關係 —— 以晚清知縣邱才穎在方志中的不同記載為例》，《社會科學研究》2016 年第 6 期。

王兆輝、劉志松：《清代州縣佐貳官司法權探析》，《西南大學學報》2014 年第 4 期。

魏光奇、丁海秀：《清末至北洋政府時期區鄉行政制度考略》，《首都師範大學學報》（社會科學版）2004 年第 2 期。

魏光奇：《清代州縣財政探析（上）》，《首都師範大學學報》（社會科學版）2000 年第 6 期。

魏光奇：《清代州縣財政探析（下）》，《首都師範大學學報》（社會科學版）2001 年第 1 期。

魏光奇：《清代州縣官任職制度探析》，《江海學刊》2008 年第 1 期。

魏光奇：《晚清州縣官任職制度的紊亂 —— 透視中國傳統政治的深層矛

盾》，《河北學刊》2008 年第 2 期。

吳佩林：《萬事胚胎於州縣乎：〈南部檔案〉所見清代縣丞、巡檢司法》，《法制與社會發展》2009 年第 4 期。

郗志羣：《封建科舉、職官中的「官年」—— 從楊守敬的鄉試硃卷談起》，《歷史研究》2003 年第 4 期。

冼玉清：《清代六省戲班在廣東》，《中山大學學報》1963 年第 3 期。

謝放：《晚清文獻中「鄉紳」的對應詞是「城紳」》，《近代史研究》2000 年第 4 期。

徐忠明：《臺前與幕後：一起清代命案的真相》，《法學家》2013 年第 1 期。

楊念羣：《論十九世紀嶺南鄉約的軍事化 —— 中英衝突的一個區域性結果》，《清史研究》1993 年第 3 期。

張研：《對清代州縣佐貳、典史與巡檢轄屬之地的考察》，《安徽史學》2009 年第 2 期。

張研：《清代縣以下的行政區劃》，《安徽史學》2009 年第 1 期。

周保明：《近年來清代吏役制度研究述評》，《歷史教學問題》2007 年第 5 期。

周保明：《清代縣衙吏役的內部管理》，《北方論叢》2006 年第 1 期。

周保明：《清代州縣長隨考論》，《華東師範大學學報》（哲學社會科學版）2008 年第 5 期。

左平：《清代州縣書吏探析》，《西華師範大學學報》（哲學社會科學版）2011 年第 6 期。

左平、蔡東洲：《從〈南部檔案〉看清代州縣衙役充任》，《歷史教學》2010 年第 10 期。

後　記

近 20 年，我都在讀杜鳳治的日記，不過，前面 10 多年還沒有退休，其他事較多，閱讀只能斷斷續續；2012 年開始標點、註釋，2013 年退休後集中精力做這件事，今年終於初步點註完這部體量巨大、以較草行書寫成的日記手稿。

但凡翻閱過杜鳳治日記的人都知道不好讀，要每個字都認出相當難。我早年沒練過書法，不會辨認草書字體，只好靠書法字典應付。杜鳳治寫字不一定按照草書的規範，偶爾也有筆誤、錯字，行間插寫的蠅頭小字更令人眼花繚亂。我經常只能根據前後文猜測，但遇到「呫嗶」「從臾」「掞藻」等寫得既潦草又不規範的冷僻詞語時，既猜不出，查多種工具書又無濟於事，於是就拍成照片通過微信請教懂書法的朋友。知名度不大的人名、小地方地名如果寫得潦草又有冷僻字，很難根據前後文猜測，懂書法的朋友也認不出，那就只好試用各種笨辦法去碰運氣。幸好，通過多年努力，這三四百萬字總算基本上認出來，也全部讀懂了。在閱讀、點註過程中，我隨手把日記中一些有趣的片段摘錄，這就是本書的基本史料。2011 年，我在廣東省社科規劃辦申報了一個「杜鳳治日記研究」的項目，利用所抄的內容寫出一個初稿，2018 年結項，但我覺得並未達到可以出版的水平。到今年，我才將 2018 年的結項成果增補、修改成這部書稿。也可以說，這部書稿是日記點註工作的副產品。

我曾想過把「杜鳳治日記研究」的項目寫成一本講述杜鳳治故事、適合一般讀者閱讀的書，甚至想過以《浮湛宦海：晚清官員杜鳳治的經歷和見聞》為書名。動筆後，發現這個目標不易達到，因為我不善於講故事，寫不出有趣的長篇。而且，如果寫成一本文學色彩太濃的書必然會枝蔓太多、顧此失彼，難以反映日記豐富的內容；僅憑日記也重建不了杜鳳治一生的歷史。鑒於日記有關清代州縣衙門運作、州縣司法、錢糧徵收、官員生活等方面的記錄都很詳細，我也曾想過就其中一個方面做專題研究，但又擔心未必能寫出學術新意。考慮再三，終於寫成現在的樣子，大抵上是一部讀史劄記，無非是拋磚引玉，希望更多學人注意和利用杜鳳治日記。

因為杜鳳治日記是本書的主幹資料，我一直都在思考：杜鳳治的日記究竟在多大程度上可信？當然，對任何史料其實都有必要提出「是否可信」「在多大程度上可信」的問題。因為這部日記並非為印行與示人而寫，杜鳳治沒有必要造假騙自己。多數日記是當天記下，記憶失誤會少些。根據閱讀全部日記的體會，我認為，杜鳳治有關上司指示、同僚間的言談、事件過程以及自己催徵、審案時的嚴酷手段，對上司的饋送、晚年對財產的處置等記述，當大致可信。然而，日記是主觀色彩特別鮮明的文體，杜鳳治不可能在記錄前做細緻的調查、核證，他聽來的未必是事實，他還會根據自己的好惡與興趣來取捨、剪裁，因此，傳聞失誤、判斷不當、知其一不知其二等情況在所必有，不可以把杜鳳治的記述、觀察與評論簡單地視為信史，但日記所反映的杜鳳治的認識與態度毫無疑問是真實的。日記所寫的主要是杜鳳治眼裏和心中的官場，而這本書則是通過研究杜鳳治的日記，力圖反映清代官場的若干側面與某些細節。

我退休前的學術成果主要集中於孫中山、辛亥革命、近代商人、晚清民國初年中國社會等課題，很少寫有關清代官制的論文，不過，這個題材對我來說並不陌生。我的高祖是宦遊來粵的州縣官，因此，他的後代就成了廣東人。先祖父是晚清秀才，在我幼年時教我認字、讀《千家詩》，他不會講適合兒童聽的童話，所講的除「三國」、「西遊」、「封神」以外，就是清代宮廷、官場的事。先父和先伯、先叔等長輩閒談的內容，往往是清朝、民國的掌故，我在旁聽得津津有味，有時也插嘴提問。因為聽得多，所以，我很早就知道清朝主要官員的品級，知道在廣東當文官的一定是外省人，知道清朝官場上下的稱謂，知道不少官員的別稱，知道任何州縣官都不能只靠俸祿、養廉度日，知道有些佐雜要比州縣官富有（我的外曾祖就是一例），知道鄉試時槍手在考場如何替別人代作，等等。這些知識，使我兒時在別人眼中大概是一個少年版的「孔乙己」。後來，我考上中國近現代史專業的研究生，畢業後以史學為業，幼年和少年時期聽來的閒話就成為有用的專業知識。對研究清朝官制的著作、相關史料，我也一直有興趣去讀。因此，我點註杜鳳治日記時，只要字認出來，對日記的內容以及所反映的清代官場微妙細節都容易理解。而且，在杜鳳治日記中竟然發現了幾段有關我高祖、曾祖、伯祖、祖姑的記述，這就使我懷有更大的興趣去閱讀。

退休之前，我做學問不是抓得很緊，成果談不上豐碩，退休後反倒勤奮起來。尤其是近幾年，想到自己年紀越來越大，如果突然生場大病，點註幾百萬字手稿這件事很難找人接手，就會成為「爛尾工程」，所以不敢放鬆。粵諺有「臨老學吹打」之說，指的是晚年才努力學、努力做某件事，用來形容這幾年的我就相當貼切。

今年夏天，小外孫女點點給我出了個謎語：「頭髮又黑又白，耳朵又大又長，一個人坐在書房，不陪小朋友玩。」猜一個人，謎底當然是我。謎語編得相當傳神。於此我想到，點註杜鳳治日記和寫作本書期間，外孫女果果、點點先後出生，現在果果八歲多，點點也五六歲了。這些年，我每天都一個人坐在書房，對着電腦或者翻書，確實冷落了兩位小朋友，但她們幾年間給我帶來很多歡樂，很希望她們長大後會瀏覽一下外公寫的這本書。

我點註和研究杜鳳治日記，得到不少學者的鼓勵和幫助。向燕南教授在辨認草書字方面多次予我指教；魏光奇教授回答了我有關州縣制度的問題並惠贈著作；劉志偉教授惠贈著作和資料，因同事之便，我多次就清代賦稅問題請教，得到他不厭其煩的回答，並承蒙他提示注意片山剛等學者的成果；胡平女士回答了我有關縣試的問題；沈曉敏教授多次解答我有關紹興方言的提問；程存潔館長惠贈對本書很有參考價值的《〈朱啟連稿本〉初探》。馬忠文研究員寄贈了全部《筱雲日記》的影印件，日記作者白樸是杜鳳治的同僚，兩人的日記也有可相印證之處。馬先生對書名的確定也提出了建議。何文平教授、陳海忠教授、安東強教授、王一娜副研究員，或惠贈了著作，或提供了資料、資料線索。如果沒有以上各位的幫助，我在寫作中遇到的很多問題就難以解決。在此，謹對以上各位表示感謝。

辛苦近十年，總算把杜鳳治日記點註完，「爛尾工程」的擔心可以放下，同時也寫出這本書。大部分工作是我年過七十以後才做的，由於水平有限，積累無多，加以精力、目力都已經衰退，點註本錯誤在所難免。這本書，原先的目標是既可為研究者提供參考，也可為歷史愛好者提供一些故事，我雖不敢草率從事，但很可能這兩個目標都沒有達到。早幾年想過到杜鳳治的家鄉浙江紹興收集資料，因種種原因始終沒有成行，寫杜鳳治家世就只好基本依據日記的內容。當然，書稿的遺憾與不足肯定不止這點。不過，事到如今，要做更多改動也難，只好出版後讓讀者判斷與批評了。

邱捷

2020 年 11 月 15 日於中山大學

晚清官場鏡像
杜鳳治日記研究

邱捷　著　　　　增訂本

責任編輯　俞　笛
裝幀設計　鄭喆儀
排　　版　鄭國偉
印　　務　劉漢舉

出版　中華書局（香港）有限公司
香港北角英皇道 499 號北角工業大廈一樓 B
電話：（852）2137 2338　傳真：（852）2713 8202
電子郵件：info@chunghwabook.com.hk
網址：http://www.chunghwabook.com.hk

發行　香港聯合書刊物流有限公司
香港新界荃灣德士古道 220-248 號
荃灣工業中心 16 樓
電話：（852）2150 2100　傳真：（852）2407 3062
電子郵件：info@suplogistics.com.hk

印刷　美雅印刷製本有限公司
香港觀塘榮業街 6 號 海濱工業大廈 4 樓 A 室

版次　2025 年 1 月初版

規格　16 開（240mm×170mm）

ISBN　978-988-8912-24-7

本書繁體字版由社會科學文獻出版社授權出版，於港澳台地區發行。